D1995304

Das Recht der Tiere und der Landwirtschaft

herausgegeben von
Prof. Dr. Johannes Caspar
und
Prof. Dr. Friedrich Harrer

Band 10

Barbara Felde

Verhaltensgerecht

Tierschutzrelevantes Wissen in Gesetzgebung, Verwaltungsverfahren und Verwaltungsprozess

Nomos

Ausgeschieden von
Landtagsbibliothek
Magdeburg
am 24.8.23

Landtag von Sachsen-Anhalt
Bibliothek
19-0151
Magdeburg

Die Deutsche Nationalbibliothek verzeichnet diese Publikation in der Deutschen Nationalbibliografie; detaillierte bibliografische Daten sind im Internet über http://dnb.d-nb.de abrufbar.

Zugl.: Gießen, Univ., Diss., 2018

ISBN 978-3-8487-5801-2 (Print)
ISBN 978-3-8452-9896-2 (ePDF)

1. Auflage 2019
© Nomos Verlagsgesellschaft, Baden-Baden 2019. Gedruckt in Deutschland. Alle Rechte, auch die des Nachdrucks von Auszügen, der fotomechanischen Wiedergabe und der Übersetzung, vorbehalten. Gedruckt auf alterungsbeständigem Papier.

Vorwort

Die vorliegende Arbeit wurde als Dissertation im Juli 2018 beim Fachbereich Rechtswissenschaften der Justus-Liebig-Universität Gießen eingereicht und von Herrn Prof. Dr. Steffen Augsberg (Erstvotum) und Herrn Prof. Dr. Franz Reimer (Zweitvotum) begutachtet und angenommen. Die Disputation fand am 3. Dezember 2018 statt.

Aktuelle Rechtsprechung und Literatur sind bis zum Beginn der Drucklegung im Februar 2019 nachgetragen worden.

Mein besonderer Dank gilt meinem Doktorvater, Herrn Prof. Dr. Steffen Augsberg wie auch Herrn Prof. Dr. Franz Reimer für die professionelle Betreuung und Hilfestellung.

Ebenfalls meinen besonderen Dank möchte ich richten an meine lieben (ehemaligen) Kolleginnen und Kollegen Simone, Susanne, Jule, Alexander, Sven, Samuel, Anke, Georg, Marlene und Fabian.

Für das Gegenlesen und für wertvolle Hinweise aus fachlicher (naturwissenschaftlicher) Sicht danke ich Andreas Rühle, Torsten Schmidt, Laura Zodrow, James Brückner, Heribert Hofer, Peter Dollinger, Saskia Peters, Madeleine Martin und Eckhard Wiesenthal.

Für das Korrekturlesen danke ich meiner Mutter und meinem Vater, denen ich weiter zu mehr als besonderem Dank verpflichtet bin. Das Formatieren der Arbeit hätte ich ohne meinen Lebensgefährten Matthias nicht geschafft. Danke!

Zuletzt danke ich Herrn PD Dr. Udo Gansloßer, der mich in sein Team aufgenommen hat und mir immer mit Rat und Tat zur Seite steht und meinem großen Vorbild im Tierschutzrecht, Herrn Dr. Christoph Maisack für wertvolle Tipps und seine Freundschaft.

Ich widme diese Arbeit meinen geliebten Hunden Oskar und Lukas.

Gießen, den 20. Januar 2019 *Barbara Felde*

Inhaltsverzeichnis

Abkürzungsverzeichnis

ABl.	Amtsblatt
ABlEG	Amtsblatt der Europäischen Gemeinschaften
AG	Amtsgericht
AgrarR	Agrarrecht (Zeitschrift)
ALTEX	Alternatives to Animal Experimentation (Zeitschrift)
AöR	Archiv des öffentlichen Rechts (Zeitschrift)
AtD	Amtstierärztlicher Dienst und Lebensmittelkontrolle (Zeitschrift)
AUR	Agrar- und Umweltrecht (Zeitschrift)
Az.:	Aktenzeichen
BayVGH	Bayerischer Verwaltungsgerichtshof
Berl.Münch.Tierärztl. Wochenschrift	Berliner und Münchener Tierärztliche Wochenschrift (Zeitschrift)
BGBl.	Bundesgesetzblatt
BGH	Bundesgerichtshof
BGHSt.	Amtliche Entscheidungssammlung des Bundesgerichtshofs in Strafsachen
BMEL	Bundesministerium für Ernährung und Landwirtschaft
BMELF	Bundesministerium für Ernährung, Landwirtschaft und Forsten
BMELV	Bundesministerium für Ernährung, Landwirtschaft und Verbraucherschutz
BMJ	Bundesministerium der Justiz
BML	Bundesministerium für Landwirtschaft
bmt	Bund gegen Missbrauch der Tiere e. V.
BMU	Bundesministerium für Umwelt, Naturschutz, Bau und Reaktorsicherheit
BMVEL	Bundesministerium für Verbraucherschutz, Ernährung und Landwirtschaft
BR-Drs.	Bundesratsdrucksache
BSG	Bundessozialgericht
BSGE	amtliche Entscheidungssammlung des Bundessozialgerichts

BT-Drs.	Bundestagsdrucksache
BUND	Bund für Umwelt und Naturschutz Deutschland e. V.
BVerwG	Bundesverwaltungsgericht
BVerwGE	amtliche Entscheidungssammlung des Bundesverwaltungsgerichts
BVerfG	Bundesverfassungsgericht
BVerfGE	amtliche Entscheidungssammlung des Bundesverfassungsgerichts
CITES	Convention on International Trade in Endangered Species of Wild Fauna and Flora (Washingtoner Artenschutzabkommen)
DFG	Deutsche Forschungsgemeinschaft
DG SANCO	Directorate General for Health and Consumer Protection (Generaldirektion Gesundheit und Lebensmittelsicherheit der Europäischen Kommission) bis 2014
DG SANTE	Directorate General for Health and Consumer Protection (Generaldirektion Gesundheit und Lebensmittelsicherheit der Europäischen Kommission) seit 2015
DIN	Deutsches Institut für Normung
DJGT	Deutsche Juristische Gesellschaft für Tierschutzrecht e. V.
DLG	Deutsche Landwirtschafts-Gesellschaft
DNR	Deutscher Naturschutzring
DÖV	Die Öffentliche Verwaltung (Zeitschrift)
DTB	Deutscher Tierschutzbund e. V.
DTBl.	Deutsches Tierärzteblatt (Zeitschrift)
DtW	Deutsche Tierärztliche Wochenschrift (Zeitschrift)
DVBl.	Deutsches Verwaltungsblatt (Zeitschrift)
DVG	Deutsche Veterinärmedizinische Gesellschaft e. V.
EAZA	European Association of Zoos and Aquaria
EEP	Europäische Erhaltungszuchtprogramme
EFSA	European Food Safety Authority
ENDCAP	The European network to END the keeping of wild animals in CAPtivity
ETÜ	Europäisches Übereinkommen zum Schutz von Tieren in landwirtschaftlichen Tierhaltungen

EuGH	Gerichtshof der Europäischen Union
EuR	Europarecht (Zeitschrift)
FLI	Friedrich-Loeffler-Institut
FS	Festschrift
GA	Goltdammer's Archiv für Strafrecht (Zeitschrift)
GBA	Gemeinsamer Bundesausschuss
GGE	Gütegemeinschaft Ernährung
HdBStR	Handbuch des Staatsrechts der Bundesrepublik Deutschland
i. d. F.	in der Fassung
IGN	Internationale Gesellschaft für Nutztierhaltung
IZW	Leibniz-Institut für Zoo- und Wildtierforschung im Forschungsverbund Berlin e. V.
JuS	Juristische Schulung (Zeitschrift)
JZ	Juristenzeitung (Zeitschrift)
KTBL	Kuratorium für Technik und Bauwesen in der Landwirtschaft e. V.
LANA	Bund/Länder-Arbeitsgemeinschaft Naturschutz, Landschaftspflege und Erholung
LG	Landgericht
MDR	Monatsschrift für Deutsches Recht (Zeitschrift)
m. w. N.	Mit weiteren Nachweisen
NABU	Naturschutzbund Deutschland e. V.
NJW	Neue Juristische Wochenschrift (Zeitschrift)
NuR	Natur und Recht (Zeitschrift)
NVwZ	Neue Zeitschrift für Verwaltungsrecht (Zeitschrift)
NVwZ-RR	Neue Zeitschrift für Verwaltungsrecht Rechtsprechungs-Report (Zeitschrift)
NWVBl.	Nordrhein-Westfälische Verwaltungsblätter (Zeitschrift)
NZS	Neue Zeitschrift für Sozialrecht (Zeitschrift)
OIE	World Organisation for Animal Health
OLG	Oberlandesgericht
OVG	Oberverwaltungsgericht
Prakt. Tierarzt	Praktischer Tierarzt (Zeitschrift)
RdL	Recht der Landwirtschaft (Zeitschrift)
RGBl.	Reichsgesetzblatt
Rn.	Randnummer
Rs.	Rechtssache

RW	Rechtswissenschaft (Zeitschrift)
Slg.	Sammlung
SLT BW	Stabsstelle der Landestierschutzbeauftragten Baden-Württemberg
SZ	Süddeutsche Zeitung
TU	Tierärztliche Umschau (Zeitschrift)
TVT	Tierärztliche Vereinigung für Tierschutz e. V.
VDE	Verband der Elektrotechnik, Elektronik und Informationstechnik
VDI	Verein Deutscher Ingenieure
VDZ	Verband Deutscher Zoodirektoren (bis 2015)
VdZ	Verband der Zoologischen Gärten e. V. (ab 2015)
VG	Verwaltungsgericht
VGH	Verwaltungsgerichtshof
VR	Verwaltungsrundschau (Zeitschrift)
WAZA	World Association of Zoos and Aquariums
WBA	Wissenschaftlicher Beirat für Agrarpolitik, Ernährung und gesundheitlichen Verbraucherschutz
ZJS	Zeitschrift für das Juristische Studium (Zeitschrift)
ZLR	Zeitschrift für Lebensmittelrecht (Zeitschrift)
ZRP	Zeitschrift für Rechtspolitik (Zeitschrift)
ZUR	Zeitschrift für Umweltrecht (Zeitschrift)
ZZP	Zeitschrift für Zivilprozess (Zeitschrift)

A) Problemstellung und Untersuchungsziel

Kaum eine Vorschrift der deutschen Rechtsordnung wurde und wird so missachtet und in ihr Gegenteil verkehrt wie die Tierhaltergrundnorm des § 2 Tierschutzgesetz (TierSchG).[1] Und das nicht nur durch viele Tierhalter, die ihre Tiere nicht den Vorgaben des § 2 TierSchG entsprechend halten und damit gegen diese Norm verstoßen. Vielmehr wird § 2 TierSchG durch den Verordnungsgeber sowie durch die Administrative und oft auch durch die Rechtsprechung missachtet. Letztendlich sind massive Verstöße gegen § 2 TierSchG an der Tagesordnung und durch Behörden und Gerichte geduldet bzw. werden durch diese erst ermöglicht.

Diese Verkehrung – hier Verböserung genannt – beruht im Wesentlichen auf Rechtsverordnungen, die die Norm des § 2 TierSchG konkretisieren.

Der bekannte Tierschutzjurist Wolfgang Schindler beschrieb die Lage in den 1980er Jahren, in denen Millionen Fernsehzuschauern die Zustände in den Legebatterien detailliert nahe gebracht wurden, so: „Mich interessierte dieser offensichtliche Widerspruch zwischen den vollmundigen Aussagen des Landwirtschaftsministers Ertl zum angeblich besten Tierschutzgesetz und der Wirklichkeit. Die Käfighaltung von Legehennen sei – wie die Kälberhaltung in Kleinstkisten – gesetzmäßig, erfuhr ich aus dem Bundeslandwirtschaftsministerium. Das beleidigte meinen Verstand und verletzte mein Mitgefühl."[2]

„Alle rechtlichen Regelungen in Bezug auf das Tier, die sich in der Weltliteratur von früher Zeit an bis heute finden, sind Ausdruck des jeweiligen Standes der Mensch-Tier-Beziehung, also von Kollisionsnormen im Verhältnis zwischen Mensch und Tier."[3]

---

1 So auch schon richtig *Brandhuber*, Die rechtlichen Anforderungen des Tierschutzgesetzes an die Tierhaltung, in: *DVG*, Ethologie und Tierschutz, Weihenstephan, 16. bis 19. September 1998, S. 25 ff., S. 27.

2 *Schindler*, Verhaltensgerechte Unterbringung (§ 2 Tierschutzgesetz) nach dem Urteil des Bundesverfassungsgerichtes vom 6.7.1999 – Beispiel Käfighaltung, in: *DVG*, 7. Tagung der Fachgruppe „Angewandte Ethologie", Thema: Ethologie und Tierschutz, Weihenstephan, 8.-11. März 2000, S. 21 ff., S. 21.

3 *Schultze-Petzold*, Zu den gesellschaftspolitischen und wissenschaftlichen Leitlinien eines neuzeitlichen Tierschutzrechtes, in: *Fölsch/Nabholz*, Tierhaltung Band 13: Ethologische Aussagen zur artgerechten Nutztierhaltung, S. 13 ff. S. 13.

Oftmals aber sind rechtliche Regelungen, die auf den ersten Blick ein gutes und wertschätzendes Verhältnis zwischen Mensch und Tier vermuten lassen, genau das Gegenteil:

Seit 1990 ist im deutschen BGB durch § 90a normiert, dass Tiere keine Sachen sind (Satz 1) und sie durch besondere Gesetze geschützt werden (Satz 2). Bereits seit 1933 bzw. 1972 gibt es ein deutsches Tierschutzgesetz, welches seit 1972 in § 1 Satz 1 das Ziel des Tierschutzgesetzes wie folgt beschreibt: Ziel dieses Gesetzes ist es, aus der Verantwortung des Menschen für das Tier als Mitgeschöpf dessen Leben und Wohlbefinden zu schützen. Nach § 2 TierSchG muss derjenige, der ein Tier hält, betreut oder zu betreuen hat, das Tier seiner Art und seinen Bedürfnissen entsprechend angemessen ernähren, pflegen und verhaltensgerecht unterbringen. Der Wortlaut birgt – jedenfalls in Nr. 1 – keine Einschränkungen.

§ 1 Satz 2 TierSchG stellt den Grundsatz auf, dass niemand einem Tier ohne vernünftigen Grund Schmerzen, Leiden oder Schäden zufügen darf. Sogar in die deutsche Verfassung ist der Tierschutz im Jahr 2002 aufgenommen worden: Nach Art. 20a GG schützt der Staat auch in Verantwortung für die künftigen Generationen die natürlichen Lebensgrundlagen und die Tiere im Rahmen der verfassungsmäßigen Ordnung durch die Gesetzgebung und nach Maßgabe von Gesetz und Recht durch die vollziehende Gewalt und die Rechtsprechung.

Das Tierschutzgesetz selbst enthält weiter umfassende Verbote: Nach § 4 Abs. 1 Satz 1 TierSchG darf ein Wirbeltier nur unter wirksamer Schmerzausschaltung (Betäubung) in einem Zustand der Wahrnehmungs- und Empfindungslosigkeit oder sonst, soweit nach den gegebenen Umständen zumutbar, nur unter Vermeidung von Schmerzen getötet werden. Nach § 5 Abs. 1 Satz 1 TierSchG darf an einem Wirbeltier ohne Betäubung ein mit Schmerzen verbundener Eingriff nicht vorgenommen werden. Auch ist nach § 6 Abs. 1 Satz 1 TierSchG das vollständige oder teilweise Amputieren von Körperteilen oder das vollständige oder teilweise Entnehmen oder Zerstören von Organen oder Geweben eines Wirbeltieres verboten.

Viele Vorschriften verleiten den Leser des Gesetzes zu der Annahme, dass zwischen Mensch und Tier eine enge und wertschätzende Beziehung besteht, in der seitens des Menschen dafür gesorgt wird, dass kein Tier unnötig leiden muss, weil es als fühlendes Mitgeschöpf behandelt wird, von dem Schmerzen, Leiden und Schäden so weit wie möglich abgewendet werden muss, wie man sie auch vom Menschen selbst abwendet.

Selbst die Europäische Union erkennt die Tiere in der Querschnittsklausel des Art. 13 des Vertrags über die Arbeitsweise der Europäischen Union

(AEUV) als fühlende Wesen an, deren Wohlergehen in vollem Umfang seitens der Union sowie der Mitgliedstaaten Rechnung getragen wird.

Die Praxis sieht jedoch anders aus. Die o. g. Rechtsvorschriften werden durch fehlende, aber auch durch vorhandene Konkretisierungen, weiter durch umfassende und zahlreiche gesetzliche Ausnahmevorschriften sowie durch fehlende Vollzugsmöglichkeiten und einen fehlenden Vollzug weitgehend ausgehebelt. Was auf den ersten Blick als strenges Tierschutzgesetz anmutet, wird durch verschiedenste staatliche und semi-staatliche (Konkretisierungs-)Maßnahmen wieder auf ein Niveau herabgeführt, welches eher den Namen TierNutzGesetz verdient.

Besonders deutlich wird dies an § 2 Tierschutzgesetz, der die unbestimmten Rechtsbegriffe *artgemäß* und *verhaltensgerecht* enthält. Nach dieser Vorschrift müssen alle Tiere ohne Ausnahmen verhaltensgerecht untergebracht werden. Insbesondere werden weder wirbellose Tiere noch landwirtschaftliche Nutztiere von dieser Vorschrift ausgeschlossen.

Teilweise werden die unbestimmten Rechtsbegriffe des § 2 TierSchG, der auch die „Grundvorschrift über die Tierhaltung",[4] „Tierhaltergeneralklausel",[5] „wichtigste Schutzvorschrift des Tierschutzgesetzes"[6] oder „Kernstück des Gesetzes"[7] genannt wird, durch Rechtsverordnungen des Bundes konkretisiert, z. B. der Tierschutz-Nutztierhaltungsverordnung (TierSchNutztV), der Tierschutz-Hundeverordnung (TierSchHundeV) oder der Tierschutz-Versuchstierverordnung (TierSchVersV), also durch gubernative, fachministerielle Rechtsetzung. Auch dieser geht – wie oben bereits gesehen – eine Wissensgenerierung aus verschiedenen Fachgebieten, z. B. durch Einholung von Expertengutachten, voraus.

Die Begriffe *artgemäß* und *verhaltensgerecht* werden durch verschiedene Konkretisierungsmodelle näher bestimmt. Nach den erfolgten Konkretisierungen bleibt von den unbestimmten Rechtsbegriffen *artgemäß* und *verhaltensgerecht* oft nicht mehr viel übrig, so dass § 2 TierSchG in vielen Fällen wertlos ist.

---

4 *Lorz*, Das Recht der Massentierhaltung (Intensivtierhaltung), NuR 1986, S. 237 ff., S. 237.

5 *Ennulat/Zoebe*, Das Tier im neuen Recht mit Kommentar zum Tierschutzgesetz, § 2 Rn. 1.

6 *Schindler*, Verhaltensgerechte Unterbringung (§ 2 Tierschutzgesetz) nach dem Urteil des Bundesverfassungsgerichtes vom 6.7.1999 – Beispiel Käfighaltung, in: *DVG*, 7. Tagung der Fachgruppe „Angewandte Ethologie", Thema: Ethologie und Tierschutz, Weihenstephan, 8.-11. März 2000, S. 21 ff., S. 22.

7 *Ennulat/Zoebe*, Das Tier im neuen Recht mit Kommentar zum Tierschutzgesetz, § 2 Rn. 1.

In dieser Arbeit sollen diese Konkretisierungen der tierschutzrelevanten unbestimmten Rechtsbegriffen *artgemäß* und *verhaltensgerecht* untersucht werden.

Es soll untersucht werden, wer dazu berufen ist, die unbestimmten Rechtsbegriffe des Tierschutzgesetzes zu konkretisieren, welches z. B. in § 2 Nr. 1 vorgibt, dass derjenige, der ein Tier hält, betreut oder zu betreuen hat, das Tier *seiner Art und seinen Bedürfnissen entsprechend angemessen* ernähren, pflegen und *verhaltensgerecht* unterbringen muss und nach § 2 Nr. 2 die Möglichkeit des Tieres zu *artgemäßer* Bewegung nicht so einschränken darf, dass ihm Schmerzen oder vermeidbare Leiden oder Schäden zugefügt werden. Hierzu soll dargestellt werden, wie ein Konkretisierungsverfahren durchgeführt wird, welches insbesondere die interdisziplinäre Expertise (oft spezielle Einzelinteressen verfolgender) Dritter mit einbezieht. Schließlich soll dargelegt werden, wie ein Konkretisierungsverfahren ablaufen müsste, um den Vorgaben zu genügen, die der Gesetzgeber für diese Konkretisierungen vorgegeben hat.

Die unbestimmten Rechtsbegriffe *artgemäß* und *verhaltensgerecht* werden im Tierschutzgesetz an verschiedenen Stellen genannt,[8] dort aber nicht weiter konkretisiert; der Gesetzgeber hat sich also dafür entschieden, die Konkretisierungsverantwortung weiterzugeben. Die Adressaten dieses Konkretisierungsauftrags sind zu benennen und auf ihre Expertise hin zu überprüfen sowie ihre Eignung, den gesetzgeberischen Vorgaben entsprechend die unbestimmten Rechtsbegriffe zu konkretisieren.

Juristisch sind die unbestimmten Rechtsbegriffe des Tierschutzrechts nicht leicht zu fassen. Der Konkretisierende, der auch der Konkretisierungsberechtigte sein muss, bedarf jedenfalls interdisziplinären Wissens, um sie konkretisieren zu können. In die Begriffe *artgemäß* und *verhaltensgerecht* fließen biologische, zoologische, ethologische und veterinärmedizinische Komponenten ein, es bedarf folglich neben dem juristischen „Handwerkszeug" eines Bestandes angemessenen interdisziplinären Wissens, um die unbestimmten Rechtsbegriffe des Tierschutzrechts einer Konkretisierung zuführen zu können. Dies ist kennzeichnend für das Fachrecht. Denn eine rein juristische Vorgehensweise bei der Konkretisierung dieser Begriffe ist kaum möglich; der Wandel der Wissensordnung der modernen Gesellschaft unterläuft diese Option[9] nicht nur im Regulierungsrecht und in

8 Vgl. § 2, § 3 Nr. 4, Nr. 8b), Nr. 11, Nr. 13, § 11b Abs. 1 Nr. 1, Nr. 2b), § 16 Abs. 3 Satz 4, § 21 Abs. 5 Nr. 2 TierSchG.

9 *Augsberg, I.*, Multi-, inter-, transdisziplinär?, in: *ders.*, Extrajuridisches Wissen im Verwaltungsrecht, S. 3 ff., S. 10.

Gebieten, in denen sich Technik fortlaufend weiterentwickelt oder gar neue Wissenschaftsgebiete erschlossen werden müssen (Gentechnik, Nanotechnologie o. ä.), sondern auch im Bereich des Tierschutzrechts, in dem die Wissenschaft fortlaufend neue Erkenntnisse über Tierarten, deren Verhalten und daraus anknüpfende Voraussetzungen für Haltungsfragen und -anforderungen gewinnt. Diese neuen Erkenntnisse müssen in das staatliche Handeln, nämlich in die Konkretisierung der Vorgaben des Tierschutzgesetzes und in den Vollzug desselben sowie in die Rechtsprechung transportiert werden. Das hierzu benötigte Wissen ist oft nur bei privaten Dritten (z. B. Haltererfahrung hinsichtlich verschiedener Zootierarten) oder Wissenschaftlern aus anderen Fachgebieten wie z. B. der Verhaltensbiologie zu finden. Die staatliche Steuerung ist deshalb auch im Bereich des Tierschutzrechts vermehrt auf außerstaatliches Wissen angewiesen, welches teilweise gerade bei den Regelungsadressaten (Tierhalter) selbst angesiedelt ist.[10] Gerade hier liegt die Gefahr: Denn wo diese (privaten) Experten ihr Wissen an den Staat weitergeben und sodann selbst durch die staatlichen Maßnahmen (die durch Verwendung ihres eigenen Wissens entstanden sind) als Regelungsadressaten beschwert werden oder auch profitieren können, ist möglicherweise nicht mehr gewährleistet, dass unbelastetes und unabhängiges Wissen im Prozess der staatlichen Wissensgenerierung an den Staat weitergegeben wird.

Interdisziplinarität und Wissensgenerierung aus anderen wissenschaftlichen Fachrichtungen in juristische, unbestimmte Rechtsbegriffe finden auf verschiedenen Ebenen statt:

Bereits lange vor der Entstehung einer Rechtsnorm, z. B. einer Rechtsverordnung, wird vom Verordnungsgeber interdisziplinäres Wissen in Form von Gutachten und Expertenanhörungen eingeholt. Auch erfolgt bereits nach der ersten Erstellung eines groben Rahmens bzgl. der Inhalte einer Verordnung eine Anhörung der interessierten Beteiligten in Form von Verbändeanhörungen. Auch während der Erstellung von Rechtsnormen, so z. B. nach der Veröffentlichung des ersten Verordnungsentwurfs, werden noch einmal Verbände angehört, in denen die interessierte und betroffene Gesellschaft sich organisiert hat. Auch Lobbygruppen (z. B. der Agrar- und Tierhalterindustrie) versuchen und nehmen auch tatsächlich Einfluss auf die Inhalte von Rechtsverordnungen. Dies wird später anhand

10 Vgl. zur staatlichen Informationstätigkeit in der heutigen Wissensgesellschaft und der Verschränkung mit privatem Wissen *Augsberg, S.*, Der Staat als Informationsmittler, DVBl. 2007, S. 733 ff. und *Augsberg I.* (Hrsg.), Extrajuridisches Wissen im Verwaltungsrecht.

der Vorschriften über die Anforderungen an das Halten von Kaninchen, §§ 31-37 TierSchNutztV, dargestellt.

Auch nach der Erstellung und dem Inkrafttreten von Rechtsnormen, z. B. des Tierschutzgesetzes, wird interdisziplinäres Wissen herangezogen, um unbestimmte Rechtsbegriffe des Gesetzes zu konkretisieren. Dies geschieht beispielsweise in vom zuständigen Ministerium gebildeten Sachverständigen-Arbeitsgruppen, die untergesetzliche Gutachten erstellen, mithilfe derer für bestimmte Tierarten konkretisiert werden soll, was *artgemäß* und *verhaltensgerecht* genau bedeutet. Dies soll später am Beispiel des Säugetiergutachtens dargestellt werden.

Letztlich wird interdisziplinäres Wissen auch lange nach der Normerstellung und Normkonkretisierung herangezogen, nämlich bei der Anwendung von Gesetzen und Verordnungen durch die Behörde im Verwaltungsverfahren. Nach § 26 Abs. 1 Satz 2 Nr. 2 VwVfG bzw. den entsprechenden Vorschriften der Länderverwaltungsverfahrensgesetze kann die Behörde insbesondere u. a. Sachverständige vernehmen oder die schriftliche Äußerung von Sachverständigen einholen. Auch das (Verwaltungs)Gericht kann nach § 96 Abs. 1 Satz 2 VwGO u. a. Sachverständige vernehmen und deren (außerjuristisches) Wissen abschöpfen. Schließlich kann das Gericht auch selbst wissenschaftliche Studien aus anderen Rechtsgebieten lesen und sich so eigenen (interdisziplinären) Sachverstand aneignen.

In dieser Arbeit ist zunächst nach einer Beschreibung der alltäglichen Praxis in der landwirtschaftlichen Nutztierhaltung am Beispiel der Tierschutz-Nutztierhaltungsverordnung zu bestimmen, wie diese die unbestimmten Rechtsbegriffe des § 2 des Tierschutzgesetzes konkretisiert: Bereits hier findet eine *Verböserung*, eine (jedenfalls für die Tiere) rückschrittige Konkretisierung dessen statt, was die Begriffe *artgemäß* und *verhaltensgerecht* beim ersten, unbefangenen Lesen vermuten lassen, nämlich eine idealistische Grundhaltung des Menschen gegenüber dem Tier. Diese hehren Ziele werden durch die Vorschriften der Verordnungen stark relativiert bis ganz aufgehoben. So dürfen Mastkaninchen nach Maßgabe der im Jahr 2014 neu in die TierSchNutztV eingefügten §§ 31-37 nun ausdrücklich in Käfigen mit Spalten- bzw. Lochböden gehalten werden, wie es schon lange Praxis ist, bis 2014 jedoch noch keine Regelungen speziell für die Haltung von Kaninchen existierten.

Es ist zu erarbeiten, ob eine solche „*Verböserung durch Konkretisierung*" gesetzlicher unbestimmter Rechtsbegriffe zulässig ist und wie damit umzugehen ist bzw. ob und wenn ja in welchem Maße ökonomische Interessen in den Konkretisierungs- und Auslegungsprozess eingespeist werden dürfen. Es existiert eine merkliche Spannung zwischen der im Tierschutzgesetz enthaltenen, großzügigen, hinsichtlich der Tierhaltung tierfreundlichen Gesetzgebung mit idealistisch anmutenden Begriffen, und dem Ergebnis, dass die Wirklichkeit, insbesondere in der Nutztierhaltung, gestützt durch die Verordnungsgebung, gänzlich anders aussieht. Auf dem Wege der Konkretisierung der unbestimmten Rechtsbegriffe *artgemäß* und *verhaltensgerecht* verlieren diese ihren Idealismus, das Konkretisierungswerk der Rechtsverordnung statuiert viel weniger als das, was die Ursprungsbegriffe im Tierschutzgesetz vermuten lassen, zu behördlichen und gar zu gerichtlichen Entscheidungen kommt es oft nicht. Insbesondere im Bereich der Nutztierhaltung in der Form der industriellen Massentierhaltung findet sich nur wenig Rechtsprechung neben der vielbeachteten Hennen-Entscheidung des Bundesverfassungsgerichts,[11] welche tatsächlich eine Verbesserung der Konkretisierung der unbestimmten Rechtsbegriffe (soweit sie die Konkretisierung der verhaltensgerechten Unterbringung von Legehennen betreffen) mit sich brachte, allerdings erst nach Jahrzehnten der Haltungsform Legebatterie. Auf die Entwicklung des Tierschutzgesetzes, insbesondere auf die Entwicklung der Legehennenhaltung, soll immer wieder vergleichend verwiesen werden; diese Entwicklung stellt anschaulich dar, wie Konkretisierungen unbestimmter Rechtsbegriffe schon seit dem in Kraft-Treten des Tierschutzgesetzes in der Fassung von 1972 erfolgt sind und wer einen ganz entscheidenden Einfluss auf diese Konkretisierungen hatte.

Die weit überwiegende verwaltungsgerichtliche Rechtsprechung zum Tierschutzrecht befasst sich nicht mit den Problemen der Nutztierhaltung in Form der Massentierhaltung, sondern fragt u. a., ob eine bestimmte Einzäunung (Stacheldraht) oder eine ganzjährige Freilandhaltung von Pferden oder Rindern durch private (oft Hobby-) Tierhalter eine verhaltensgerechte Unterbringung darstellt.[12] Die Strafgerichte befassen sich nicht mit den tausendfachen Straftaten in der Agrarindustrie, sondern setzen sich in der

11 *BVerfG*, Urteil vom 6. Juli 1999, Az.: 2 BvF 3/90, BVerfGE 101, S. 1 ff.

12 Vgl. nur stellvertretend für viele *OVG Lüneburg*, Urteil vom 18. Juni 2013, Az.: 11 LC 206/12 (juris); *BayVGH*, Urteil vom 30. Januar 2008, Az.: 9 B 05.3146, 9 B 06.2992 (juris); *VG Oldenburg*, Urteil vom 13. Juni 2012, Az.: 11 A 1266/11 (juris); *VG Trier*, Beschluss vom 9. November 2012, Az.: 1 L 1179/12.TR (juris).

Regel mit einem „krassen Fehlverhalten gegenüber einzelnen Tieren“[13] auseinander.[14]

Nicht erst in den 1980er Jahren erkannte man, dass im Spannungsfeld zwischen Tierschutz und ökonomischen Zwängen unbedingt Kompromisse in der Tierhaltung zu Gunsten des Tierschutzes eingegangen werden müssen[15] und dass moderne Haltungssysteme nicht das Wohl der Tiere zum Ziel haben, sondern oft nur die Wirtschaftlichkeit.[16] Bereits 1964 stellte Ruth Harrison (1920-2000) dies anschaulich dar und veröffentlichte in ihrem Buch *animal machines* die Zustände in der damals modernen Massentierhaltung; darauf folgte eine Auseinandersetzung in der Gesellschaft mit den Methoden der industriellen Tierhaltung, die bis heute anhält, weil sich an diesen Methoden fast nichts geändert hat, wie noch gezeigt werden soll. Warum Kompromisse zu Gunsten der Tiere gerade in der landwirtschaftlichen Nutztierhaltung zu großen Teilen ausgeblieben sind, wird in dieser Arbeit zu klären sein.

Es soll in dieser Arbeit weiterhin eine Bestandsaufnahme der Rechtsprechung zur Tierhaltung gemacht werden und gefragt werden, warum sich trotz impliziter Vorgaben im Tierschutzgesetz gerade in ökonomisch und wissenschaftlich wichtigen Bereichen wie Massentierhaltung, Tierhaltung in Zoo oder Zirkus oder der Versuchstierhaltung nichts Wesentliches ändert, vielmehr durch Verordnungsgebung bestehende Missstände festgeschrieben und legalisiert werden, wie zuletzt im Jahr 2014 mit dem Inkrafttreten der Vorschriften zu den Anforderungen an das Halten von Kaninchen, §§ 31-37 TierSchNutztV, geschehen.

Allerdings bleibt diese Arbeit nicht bei der bloßen Kritik. Stattdessen werden Lösungswege zu inhaltlich tierschutzgesetzkonform konkretisierenden Rechtsverordnungen aufgezeigt. Hier ist an die Wissensgenerierung durch die Beteiligung interdisziplinären Sachverstandes im Verordnungsverfahren anzuknüpfen.

---

13 *Bülte*, Zur faktischen Straflosigkeit institutionalisierter Agrarkriminalität, GA 2018, S. 35 ff., S. 36 m. w. N. sowie *Bülte*, Massentierhaltung – Ein blinder Fleck bei der Verfolgung von Wirtschaftskriminalität?, NJW 2019, S. 19-23.

14 *Bülte*, Zur faktischen Straflosigkeit institutionalisierter Agrarkriminalität, GA 2018, S. 35 ff., S. 36.

15 So *Marx*, Spezielle Aspekte bei der Schweinehaltung, Prakt. Tierarzt 1984, S. 248 ff., S. 252.

16 *Rulffes*, Wertung aus der Sicht des praktischen Tierschutzes, Prakt. Tierarzt 1984, S. 261.

Neben den Bundesrechtsverordnungen und der Allgemeinen Verwaltungsvorschrift zur Durchführung des Tierschutzgesetzes[17] gibt es verschiedenste „Modelle“ zur Erzeugung von Konkretisierungsmaterial: Genannt seien insbesondere die bundesministeriell von dem jeweiligen Ministerium, welchem der Tierschutz zugeordnet ist, herausgegebenen Leitlinien[18] und Gutachten,[19] die von Arbeitsgruppen gefertigt werden, nebst einer Vielzahl von Differenzprotokollen,[20] die von den Gutachten abweichende Konkretisierungsmöglichkeiten selbst vorschlagen und das „Haupt“gutachten so immens abschwächen, da auf diesem Weg ein wissenschaftliches PATT erzeugt wird. Auf Länderebene werden bundesministerielle Gutachten auch z. T. in modifizierter Form angewandt, weil das eigentliche Gutachten als nicht ausreichend befunden wird (so z. B. das sogenannte Nicolai-Gutachten, dazu später). Weiter existieren Empfehlungen von Landesministerien[21] zu verschiedenen Haltungsformen diverser Tierarten, die auch durch Gruppen von Sachverständigen erstellt werden. An diesen Leitlinien, Empfehlungen und Gutachten wirken Personen mit, die weder der Exekutive noch der Legislative unmittelbar zugeordnet werden können und aus verschiedenen Fachgebieten wie z. B. der Tiermedizin, der Ethologie (die Lehre von der Lebensweise und dem Verhalten von Tieren und Menschen;[22] die Ethologie ist eine Teildisziplin der Zoologie.[23] Die Objekte der Ethologie sind die Tiere in ihrem natürlichen Lebensraum; die Ethologie will die Formen und die Gesetzmäßigkeiten des arttypischen Verhaltens von Tieren kennenlernen.[24]), der Biologie etc., aber auch aus verschiedenen Berufs- und Interessengruppen kommen. So wird das vom

17 Allgemeine Verwaltungsvorschrift zur Durchführung des Tierschutzgesetzes vom 9. Februar 2000, veröffentlicht im Bundesanzeiger Nr. 36a, 22. Februar 2000.

18 Vgl. nur Leitlinien für die Haltung, Ausbildung und Nutzung von Tieren in Zirkusbetrieben und ähnlichen Einrichtungen vom 15. Oktober 1990; Leitlinien für eine tierschutzgerechte Haltung von Wild in Gehegen vom 27. Mai 1995.

19 Vgl. nur das Gutachten über die Mindestanforderungen an die Haltung von Säugetieren mit Differenzprotokollen der Tier- und Naturschutzverbände sowie der Vertreter der Zooverbände vom 7. Mai 2014.

20 Vgl. nur das Gutachten über die Mindestanforderungen an die Haltung von Säugetieren mit Differenzprotokollen der Tier- und Naturschutzverbände sowie der Vertreter der Zooverbände vom 7. Mai 2014.

21 Vgl. nur die Empfehlungen für die saisonale und ganzjährige Weidehaltung von Rindern des niedersächsischen Ministeriums für Ernährung, Landwirtschaft und Verbraucherschutz, 1997.

22 Vgl. *Waiblinger*, Die Bedeutung der Veterinärmedizin für den Tierschutz, in: *Grimm/Otterstedt*, Das Tier an sich, S. 172 ff., S. 178.

23 Vgl. *Tembrock*, Verhaltensforschung, S. 8.

24 *Tembrock*, Verhaltensforschung, S. 8.

Bundesministerium für Ernährung und Landwirtschaft (BMEL) herausgegebene Gutachten über die Mindestanforderungen an die Haltung von Säugetieren von einer Arbeitsgruppe erstellt, welche sich u. a. aus Vertretern der Bundestierärztekammer e. V., der Tierärztlichen Vereinigung für Tierschutz e. V., des Deutschen Tierschutzbundes e. V., aus Vertretern anderer Tier- und Naturschutzvereine und aus Vertretern der Zoo(direktoren)verbände zusammensetzt.

Für viele Tierarten gibt es keine Konkretisierung der Vorgaben des § 2 TierSchG durch Rechtsverordnung, Gutachten etc. Hier werden Gutachten, wissenschaftliche Aufsätze und Fachliteratur wichtig.

Für die Auslegung der unbestimmten Rechtsbegriffe des Tierschutzrechts durch die Rechtsprechung ist oftmals die Wissensgrenze der die Gerichte besetzenden Richter erreicht, die als Juristen im Regelfall kein spezifisches Wissen darüber besitzen, was man als *artgemäß* und/oder *verhaltensgerecht* für gerade die Tierart bezeichnen muss, die dem streitgegenständlichen Verfahren und der Entscheidung zugrunde liegt, wenn die Richter nicht gerade selbst eine weitere, (wissenschaftliche) Karriere als Biologe, Ethologe oder Landwirt durchlaufen haben[25] oder sonst, z. B. als privater Halter einer bestimmten Tierart, sachkundig sind.

In Deutschland werden heute darüber hinaus in Privathaltungen wie auch in Zoos, Zirkussen und Tierparks die verschiedensten exotischen Tierarten gehalten, so dass Sachverstand bei einem Richter – sofern überhaupt vorhanden – längst nicht mehr auf Hund, Katze und Maus beschränkt sein dürfte, sondern neben Wolf, Schnappschildkröte, Faultier und Nashorn viele hunderte weitere Tierarten umfassen müsste, die in Deutschland in Menschenhand – in Zoos, Zirkussen wie auch als Heimtiere – gehalten werden.[26]

---

25 So liest man in einem Urteil des *OVG Lüneburg* vom 8. August 1991, Az.: 3 A 175/88, NuR 1992, 440, 441, in dem es um die Größe für Kälberboxen für eine verhaltensgerechte Unterbringung geht, folgendes: „Wegen der Mindestabmessungen kann auf die im Gutachten von [...] enthaltenen Angaben zurückgegriffen werden; [...]. Zu dieser Beurteilung sieht sich der Senat in seiner Besetzung mit einem hauptamtlichen Richter, der eine abgeschlossene landwirtschaftliche Berufsausbildung hat, und zwei ehrenamtlichen Richtern, die praktische Landwirte sind, auch ohne Einschaltung eines Sachverständigen in der Lage."

26 Schätzungsweise werden in deutschen Zoos und Privathaushalten weit über 500 verschiedene Säugetierarten gehalten, so der *Deutsche Tierschutzbund*, Neue Haltungsvorgaben für Säugetiere – eine unendliche Geschichte, in DU UND DAS TIER 3/2014, S. 12.

Hierbei könnte es problematisch sein, dass die ministeriellen Gutachten von oftmals privaten und eigenen Interessen verfolgenden Dritten jedenfalls faktisch geschaffen wurden, die Entscheidung über die Frage der Artgemäßheit bzw. der Verhaltensgerechtheit im Ergebnis nur noch vermeintlich beim Richter liegt, der sich auf diese Gutachten stützt, der aber schon von Verfassung wegen zur Rechtsprechung und damit zur letztverbindlichen (eigenen) Entscheidung berufen ist, wie Art. 92 GG konstatiert. Daher ist bei der näheren Betrachtung der Leitlinien und Gutachten und der Bestimmung ihrer Rechtsqualität die Befugnis zum „Outsourcen" von Gesetzgebung bzw. hier untergesetzlicher (Norm)gebung und Generierung von Entscheidungsgrundlagen für die Rechtsprechung gerade an die Entscheidungsadressaten zu untersuchen. Die Untersuchung soll am Beispiel des Säugetiergutachtens erfolgen. Dieses wurde im Jahr 1977 erstmals veröffentlicht und ist in den Jahren 1996 und zuletzt 2014 überarbeitet und neu vom BMEL veröffentlicht worden.

Die meist privaten Personen in der das Säugetiergutachten erstellenden Arbeitsgruppe bringen ihr Wissen und auch ihre Interessen in das Gutachten ein. Die Arbeitsgruppen sind zwar vom BMEL bzw. bei der Erstellung von Leitlinien auf Landesebene von den zuständigen Landesministerien „eingesetzt". Jedoch bleibt bisher offen, welche Rechtsqualität die genannten Gutachten und Leitlinien haben. Denn sie stellen ministeriell auf Dritte delegierte (Norm)setzung dar, wobei nicht eindeutig klar ist, auf welcher Rechtsgrundlage die Beteiligung Dritter und deren Auswahlkriterien beruht. Ein festgeschriebener, verfahrensrechtlicher Regelungskomplex für die Entstehung des Säugetiergutachtens existiert nicht.

Im Behördenalltag und in der Rechtsprechung jedoch werden nicht selten o. g. Leitlinien und Gutachten von der Behörde oder dem Gericht mit dem Hinweis der fehlenden Rechtsverbindlichkeit und einer Einordnung als „antizipiertes Sachverständigengutachten" einer Entscheidung zugrunde gelegt.[27] Die Inhalte dieser Werke sind oftmals maßgeblich (und daher verbindlichen Rechtsnormen faktisch vergleichbar) für die Entscheidungsadressaten. Die Entscheidungsadressaten kommen oft aus den Reihen der Mitglieder der Arbeitsgruppen. Dies kann beispielsweise ein Zoo sein, der

27 Vgl. *OVG Lüneburg*, Urteil vom 18. Juni 2013, Az.: 11 LC 206/12 (juris); *OVG Berlin-Brandenburg*, Beschluss vom 4. Juni 2013, Az.: OVG 5 S 3.13 (juris); *VG Trier*, Beschluss vom 9. November 2012, Az.: 1 L 1179/12.TR (juris); *VG Würzburg*, Urteil vom 13. September 2012, Az.: W 5 K 11.848 (juris); *VG Oldenburg*, Urteil vom 13. Februar 2013, Az.: 11 A 4220/12 (juris); *BayVGH*, Urteil vom 31. Januar 2008, Az.: 9 B 05.3146, 9B (juris); *VG Mainz*, Beschluss vom 13. Juni 2016, Az.: 1 L 187/16.MZ (juris).

eine Auflage zur Vergrößerung eines Tiergeheges auferlegt bekommt. Behörden und Gerichte richten ihre Entscheidungen nach den Inhalten des Gutachtens aus, die Inhalte werden oft unreflektiert übernommen und trotz der Differenzprotokolle, die z. T. immens vom Hauptgutachten abweichen, nicht hinterfragt.

Die erste hierzu vertretene These lautet, dass das Säugetiergutachten (stellvertretend für die vielen anderen Leitlinien, Gutachten und Empfehlungen im Tierschutzrecht) nicht die Anforderungen an ein antizipiertes Sachverständigengutachten erfüllt. Hierzu ist die Lehre vom antizipierten Sachverständigengutachten darzustellen und für das Säugetiergutachten, welches unter den gleichen Problemen leidet wie viele andere Leitlinien, Empfehlungen und Gutachten, anhand dieser Lehre darzulegen, dass es diesen Maßstäben nicht gerecht wird.

Durch die Beteiligung der verschiedenen Interessengruppen an der Erstellung der Gutachten und Leitlinien, die durch behördliche und gerichtliche Entscheidungen als Adressaten von Einzelmaßnahmen tatsächlich betroffen sind, erfolgt eine legitimatorisch zweifelhafte (Norm)Gebung. Insbesondere ist herauszufinden, ob es für diese (halb)private Konkretisierung durch einen „Ersatzgesetzgeber", hier beispielhaft der Arbeitsgruppe, die das Säugetiergutachten erarbeitet hat, höhere Legitimationsanforderungen gibt, die dem Gutachten eine ausreichende demokratische Legitimation verleihen. Denn nach der hier zu zweitens vertretenen These sind die o. g. Gutachten, Leitlinien und Empfehlungen u. a. mangels festgeschriebener Verfahrensvorschriften und fehlender Transparenz nicht demokratisch legitimiert und daher nicht geeignet, vom Staat unreflektiert als antizipiertes Sachverständigengutachten zur Wissensgenerierung herangezogen zu werden.

Dazu ist am Beispiel des Säugetiergutachtens darzustellen, wie ein solches untergesetzliches Werk entsteht. Das Verfahren ist zu beschreiben und dessen Stärken und Schwächen zu bewerten. Schließlich soll aufgezeigt werden, dass das Verfahren zur Erstellung des Gutachtens diesem nicht genügend demokratische Legitimation verleiht, was eine Heranziehung der Inhalte der Gutachten in Verwaltung und Verwaltungsprozess rechtswidrig macht. Sodann sind Maßstäbe für eine Verfahrensordnung vorzuschlagen, die die demokratische Legitimation der Gutachten herstellen, die nur Vorläufer von zu erlassenden Rechtsverordnungen sein können und dürfen. Auch sind die inhaltliche Richtigkeit bzw. der Bezug zum aktuellen Stand der Wissenschaft der Gutachten oft fraglich und mangels Wissens vom letztentscheidenden Gericht nicht ohne weitere, tiefergehende Recherche in der einschlägigen Fachliteratur überprüfbar. Es sind Verfahrenselemente vorzuschlagen, die die inhaltliche Richtigkeit der Gutachten soweit wie möglich gewährleisten, auch im Hinblick auf die Überlegung, ob in die Konkretisierung der Begriffe *artgemäß* und *verhaltensgerecht* auch ökonomische Interessen eingebracht werden dürfen, die auch zu der bei den Rechtsverordnungen herauszustellenden „Verböserung" führen (können). Letztlich ist die Pflicht des entscheidenden Gerichts zu begründen, selbst die Inhalte des Gutachtens zu bewerten und zu würdigen, was ausschließt, dass Inhalte von untergesetzlichen Gutachten unreflektiert übernommen werden können.

Neben nationalen Regelungen und Konkretisierungswerken gibt es auf internationaler Ebene die insgesamt fünf Tierschutzkonventionen des Europarates,[28] die in Deutschland jeweils durch Ratifizierungsgesetze Wirksamkeit entfalten. Zusätzlich zu den Übereinkommen i. e. S. ist jeweils ein Ständiger Ausschuss gebildet, der in (mehr oder weniger) regelmäßigen Abständen Empfehlungen[29] bezugnehmend auf die Übereinkommen verabschiedet. Die Übereinkommen mitsamt ihren Empfehlungen dienen der Harmonisierung des internationalen Tierschutzrechts. Sie sind daher sehr allgemein gehalten und gewähren nur Mindeststandards, deren Einhaltung durch die Unterzeichnerstaaten mangels Sanktionierungsmodellen nicht durchsetzbar ist.[30] Auch durch diese Tierschutzkonventionen und die Empfehlungen der Ständigen Ausschüsse findet eine Konkretisierung unbestimmter Rechtsbegriffe des Tierschutzrechts statt, die teilweise mit nationalen Regelungen kollidiert, wie es beispielsweise bei der Hennenhaltungsverordnung (HHVO) von 1987[31] der Fall war, die als deutsche Rechtsverordnung kleinere Mindestkäfiggrößen festschrieb als das Europäische Übereinkommen zum Schutz von Tieren in landwirtschaftlichen Tierhaltungen bzw. die zugehörige Empfehlung des Ständigen Ausschusses in Bezug auf Haushühner der Art *Gallus Gallus* vom 21. November 1986. Erst

---

28 Vgl. nur das Europäische Übereinkommen zum Schutz von Tieren in landwirtschaftlichen Tierhaltungen vom 10. März 1976.

29 Vgl. nur die Empfehlungen für das Halten von Rindern vom 8. Juni 1993 des Ständigen Ausschusses des Europäischen Übereinkommens zum Schutz von Tieren in landwirtschaftlichen Tierhaltungen.

30 Vgl. jedoch die Hennen-Entscheidung des Bundesverfassungsgerichts, die die HHVO von 1987 u. a. wegen Verstoßes gegen das Europäische Übereinkommen zum Schutz von Tieren in landwirtschaftlichen Tierhaltungen bzw. die Empfehlungen des Ständigen Ausschusses zu diesem Übereinkommen in Bezug auf Haushühner der Art Gallus Gallus für nichtig erklärt hatten, vgl. *BVerfG*, Urteil vom 6. Juli 1999, Az.: 2 BvF 3/90, BVerfGE 101, S. 1 ff., S. 39 f.

31 BGBl. I S. 2622.

durch das Urteil des Bundesverfassungsgerichts wurde ausdrücklich klar, dass auch diese Vorgaben einzuhalten sind. Auch internationale Vorgaben beeinflussen also die Auslegung und die Konkretisierung der unbestimmten Rechtsbegriffe des Tierschutzgesetzes.

Weiter existieren die Tierschutz-Strategie der EU und mehrere Richtlinien und Verordnungen sowie Mitteilungen, die hinsichtlich der Konkretisierungsmöglichkeiten aber nicht näher in den Blick zu nehmen sind, sowie „Richtlinien" der World Organisation for Animal Health (Weltorganisation für Tiergesundheit, OIE) und wissenschaftliche Gutachten der Europäischen Lebensmittelaufsichtsbehörde (EFSA), die auch in dem Bereich des Tierschutzes einige Feststellungen treffen.

Schließlich existieren private Konkretisierungsmodelle wie beispielsweise von zusammengeschlossenen Berufs- und Interessenverbänden herausgegebene Informationen, wie etwa die Merkblätter der Tierärztlichen Vereinigung für Tierschutz e. V. (TVT),[32] die oft von Gerichten (jedenfalls die Inhalte eines Gutachtens, einer Leitlinie oder einer Empfehlung unterstützend) zur Wissensgenerierung herangezogen werden[33] sowie Informationsbroschüren des Deutschen Tierschutzbundes.[34]

Auch der beamtete Tierarzt ist in den Blick zu nehmen, der gem. § 15 Abs. 2 TierSchG von den zuständigen Behörden im Rahmen der Durchführung dieses Gesetzes oder der auf Grund dieses Gesetzes erlassenen Rechtsverordnungen als Sachverständiger beteiligt werden soll und durch seinen tierärztlichen Sachverstand ebenfalls – jedenfalls zum Teil – in der Lage ist, die unbestimmten Rechtsbegriffe des § 2 TierSchG zu konkretisieren. Denn wie noch darzustellen ist, braucht es für die Konkretisierung der unbestimmten Rechtsbegriffe *artgemäß* und *verhaltensgerecht* vornehmlich ethologischen und auch veterinärmedizinischen Sachverstand.

Zunächst ist jedoch zu Beginn der Untersuchung festzustellen, was das Tierschutzgesetz mit dem Begriff der *Art* meint, den es in den unbestimmten Rechtsbegriffen *artgemäß* und *seiner Art (...) entsprechend angemessen* meint. Hierzu sind die verschiedenen Artbegriffe der Biologie darzustellen und zu untersuchen, auf welchen Begriff das Tierschutzgesetz abstellt und auf welchen Begriff folglich auch die Konkretisierungen und die Einzelent-

---

32 Abrufbar unter https://www.tierschutz-tvt.de/index.php?id=50.

33 Vgl. nur *VG Oldenburg*, Urteil vom 13. Februar 2013, Az.: 11 A 4220/12 (juris) Rn. 31; *OVG Lüneburg*, Urteil vom 18. Juni 2013, Az.: 11 LC 206/12 (juris) Rn. 31; *BayVGH*, Urteil vom 30. Januar 2008, Az.: 9 B 05.3146, 9 B 06.2992 (juris) Rn. 32.

34 Z. B. *Deutscher Tierschutzbund*, „Artgerechte Eselhaltung", worauf das *VG Trier*, Urteil vom 16. Juni 2014, Az.: 6 K 1531/13.TR (juris) Rn. 20, abstellt.

scheidungen Bezug nehmen müssen. Dazu sind auch Gesetzesmaterialien, Rechtsprechung und Literatur daraufhin zu untersuchen, wie sie die unbestimmten Rechtsbegriffe *artgemäß* und *verhaltensgerecht* auslegen und verwenden.

B) Der Artbegriff

Es gibt in Naturwissenschaften und Sprachwissenschaften verschiedene Definitionen für den Begriff der Art. Sie alle haben Stärken, aber auch Schwächen und erfassen nicht alle tierlichen Individuen gleichermaßen. Es ist herauszufinden, welchen Artbegriff das Tierschutzgesetz meint, wenn es vom Gesetzesadressaten verlangt, das Tier *seiner Art* [...] *entsprechend* angemessen zu ernähren, zu pflegen und die Möglichkeit zu *artgemäßer* Bewegung nicht so einschränken darf, dass ihm Schmerzen oder vermeidbare Leiden oder Schäden zugefügt werden, § 2 Nr. 1, 2 TierSchG.

I. Naturwissenschaftliche Artbegriffe

Schon Aristoteles (384 - 322 v. Chr.) versuchte, Unterschiede zwischen verschiedenen Tierarten herauszudeklinieren. Er verteilte die ihm bekannten etwa 500 Tierarten in seinem Werk *Historia animalium* auf zwei große Artengruppen – die Blutlosen und die Bluttiere. Der erste Autor, der in einer modernen Art und Weise beschrieb, wie man Individuen in der Natur einer Art bzw. Spezies zuordnen könnte, war John Ray in seinem Werk *Historia plantarum*[35] im Jahr 1686: „Um ein Inventar der Pflanzen beginnen zu können und ihre Klassifikation in korrekter Weise aufzustellen, müssen wir versuchen, gewisse Kriterien zu entdecken, die deutlich machen, was ‚Art' genannt wird. Nach einer langen und tiefschürfenden Untersuchung ist mir kein Kriterium für die Artbestimmung vorgekommen, das sicherer wäre als diejenigen Untersuchungsmerkmale, die noch bei der Fortpflanzung durch Samen erhalten bleiben. So hat es nichts zu sagen, was für Variationen im Individuum oder in der Spezies auftreten; sind sie Abkömmlinge des Samens ein- und derselben Pflanze, so sind sie zufällige Variationen und nicht solche, die die Art unterscheiden...Ebenso bewahren Tiere, die spezifisch unterschieden sind, ihre Artverschiedenheit dauernd; niemals entspringt eine Art aus dem Samen einer anderen oder um-

---

35 *Ray, John*, Historia plantarum, vol. 1, London 1686, S. 40.

gekehrt."[36] Ray stellte damals schon auf morphologische und fortpflanzungsbezogene Merkmale ab.

Carl von Linné (1707-1778) kreierte als erster ein System zur Bezeichnung und Abgrenzung von Pflanzen- und Tierarten – die bis heute gültige binäre Nomenklatur, die Gattungs- und Artnamen bestimmt.[37] Die verschiedenen Arten wurden im Jahr 1758 von Carl v. Linnè in ein hierarchisches System eingeordnet.[38] Heute wird v. Linné zitiert als der „Champion" für die zwei Charakteristika der Arten, die Konstanz der Arten und die scharfe Abgrenzbarkeit („their constancy and their sharp delimitation").[39]

In seinem 1859 erschienen Werk *On the Origin of Species by means of Natural Selections, or the Preservation of Favoured Races in the Struggle for Life* veränderte Charles Darwin (1809-1882) die bisherige Vorstellung von der Entstehung und Veränderung der Arten.

Nach Darwin gehen alle Arten auf eine Stammart zurück; im Laufe der Zeit gehen aus einer Art neue Arten hervor.[40]

In der Folgezeit bis heute sind viele Versuche gemacht worden, eine Definition des Artbegriffs zu finden.[41] Nach dem morphologischen Artbegriff werden als einer Art zugehörig alle Individuen bezeichnet, die in allen wesentlichen morphologischen Merkmalen übereinstimmen und sich mit diesem Merkmalskomplex von anderen solchen Gesamtheiten unterscheiden.[42] Dieser Artbegriff ist der älteste. Er stammt aus einer Zeit, in der genetische Untersuchungen noch nicht möglich waren, die jedoch Grundlage für den biologischen Artbegriff sind: Im Sinne des biologischen Artbegriffs umfasst eine Art als Biospezies alle Gruppen von Populationen, deren Angehörige sich unter natürlichen Bedingungen miteinander fortpflanzen und lebensfähige, fertile Nachkommen bilden können sowie reproduktiv von anderen Arten isoliert sind.[43]

---

36 Zitiert aus *Beddall*, Historical Notes on Avian Classification; Systematic Zool. 6, S. 129-136; *Mayr*, Artbegriff und Evolution, S. 23 f.

37 Z. B. für das Wildkaninchen *Oryctolagus cuniculus*, wobei der erste Name für die Gattung, und beide Namen zusammen für die Art stehen.

38 Systema naturae per regna tria naturae, secundum classes, ordines, genera, species, cum characteribus, differentiis, synonymis, locis, 1758.

39 *Mayr* in *Mayr*, The species Problem, S. 1, 2.

40 *Darwin*, On the Origin of Species by means of Natural Selections, or the Preservation of Favoured Races in the Struggle for Life, 1859.

41 Vgl. dazu *Mayr* in *Mayr*, The species Problem, S. 1-22; *Mayr*, Artbegriff und Evolution.

42 *Wehner/Gehring*, Zoologie, S. 539; *Mayr*, Artbegriff und Evolution, S. 25.

43 *Campbell*, S. 650.

Der biologische Artbegriff ist für die Verwendung im Tierschutzgesetz, welches jedes Tier schützen will, nur zum Teil geeignet, denn er berücksichtigt nicht Nachkömmlinge, die unfruchtbar sind, was im Fall eines Nachkömmlings von Pferdestute und Eselhengst (Maultier) oder eines Nachkommens von Pferdehengst und Eselstute (Maulesel) der Fall ist. Als sogenannte Arthybriden sind diese Nachkommen nicht fortpflanzungsfähig. Eine analoge Anwendung der Vorschriften des Tierschutzgesetzes wäre möglich[44] und kann dieses Problem lösen, denn nach der Zielrichtung des Tierschutzgesetzes sollen alle Tiere um ihrer selbst Willen geschützt werden, unabhängig von einer naturwissenschaftlichen Einordnung in ein Schema zur Bestimmung der Art.

Nach dem morphologischen Artbegriff wären z. B. die heutigen Rassehundzüchtungen möglicherweise verschiedenen Arten zuzuordnen, denn morphologisch ist der Mops nicht mehr in allen Merkmalen mit einer Deutschen Dogge vergleichbar. Morphologisch sehr ähnliche, aber doch verschiedene Arten sind jedoch schwer voneinander abgrenzbar.

Es geht nicht aus dem Tierschutzgesetz selbst oder aus den Gesetzesmaterialien hervor, welcher der Begriffe dem Artbegriff des Tierschutzgesetzes zugrunde gelegt wurde. Davon hängt jedoch die Frage ab, nach welcher Art die in vielen Vorschriften geforderte *Artgemäßheit* zu bestimmen ist. Die schlanken Legehennen sind morphologisch nicht mehr mit den hochgezüchteten, schnell und viel Fleisch ansetzenden Masthähnchen vergleichbar, könnten sich jedoch untereinander fortpflanzen. Ist die artgemäße Bewegungsmöglichkeit an der Legehenne oder an dem Masthähnchen zu bestimmen? Der morphologische Artbegriff ist mithin nicht geeignet, als maßstabbestimmend im Tierschutzrecht zugrunde gelegt zu werden.

II. Der Artbegriff des Tierschutzgesetzes

Welcher der oben behandelten Artbegriffe dem Tierschutzgesetz zugrunde gelegt wird, wenn dieses von *artgemäß, seiner Art entsprechend angemessen, artwidrig* oder *artspezifisch* spricht, vgl. nur den Wortlaut der § 2 Nr. 1, Nr. 2; § 3 Nr. 4, Nr. 8 b), Nr. 11, Nr. 13; § 7 Abs. 1 Satz 2 Nr. 1 c); § 16 Abs. 3 Satz 4 TierSchG, wird nicht klar. Weder in den Gesetzesmaterialien noch in Rechtsprechung zum Tierschutzgesetz wird der Artbegriff des Tierschutzgesetzes im Kontext zu einem der naturwissenschaftlichen Artbegrif-

---

44 So z. B. *von Loeper* in *Kluge*, Tierschutzgesetz Kommentar, § 2 Rn. 28.

fe genannt. Auch aus den bestehenden Rechtsverordnungen wird nicht klar, welchen Artbegriff diese zugrundelegen. Lediglich in der Kommentarliteratur wird z. T. auf den biologischen Artbegriff abgestellt.[45] Die sogenannten „Artbastarde"[46] bzw. Arthybriden wie Maultier, Maulesel, Tigerlöwe oder Löwentiger, die ihrerseits nicht fortpflanzungsfähig sind, aber auch genetisch veränderte Zwischenwesen, seien jedenfalls von § 2 TierSchG in analoger Anwendung geschützt,[47] fielen also nicht unmittelbar unter den biologischen Artbegriff, so dass hinsichtlich dieser Tiere eine Regelungslücke bestehe. Sie gehörten keiner Art an, und das Gebot in § 2 Nr. 2 TierSchG sei nicht unmittelbar für „Artlose" anwendbar. Da aber diese Individuen auch Tiere sind, die durch das Tierschutzgesetz zu schützen seien, bestehe insofern eine vergleichbare Interessenlage, diese wie alle anderen tierlichen Individuen zu schützen, womit der Weg zu einer analogen Anwendung der Vorschriften eröffnet sei, die die Zugehörigkeit eines Tieres zu einer Art zur Voraussetzung haben.

In anderen Kommentierungen zum Tierschutzgesetz wird die Art als eine genetisch zusammengehörende Gruppe von Tieren bezeichnet und somit auf genetische Merkmale abgestellt, auf den zoologischen [Anm. der Verf.; wohl biologischen] Artbegriff komme es gerade nicht an.[48] Dieser Artbegriff kann nicht ganz mit dem o. g. biologischen Artbegriff übereinstimmen, denn gerade Artbastarde und gentechnisch veränderte Tiere sollen von diesem erfasst sein.[49] Denn die Artbastarde können sich gerade nicht paaren bzw. miteinander fruchtbare Nachkommen haben, da sie selbst unfruchtbar sind.

In dieser Arbeit wird den weiteren Überlegungen der – dem Gesetzeszweck entsprechend – dem Schutz des Tieres am weitestgehend entsprechende biologische Artbegriff zugrunde gelegt, nach dem alle die tierlichen Individuen einer Art angehören, deren Angehörige untereinander faktisch oder potentiell kreuzbar und unter natürlichen Bedingungen von den Angehörigen anderer Populationen reproduktiv abgegrenzt sind.[50] Mit der potentiellen Kreuzbarkeit sind auch die durch Krankheit oder Unfruchtbarmachung nicht mehr faktisch fortpflanzungsfähigen Individuen

---

45 *Von Loeper* in *Kluge*, Tierschutzgesetz Kommentar, Einführung Rn. 2, 79, § 2 Rn. 28.
46 *Von Loeper* in *Kluge*, Tierschutzgesetz Kommentar, § 2 Rn. 28.
47 *Von Loeper* in *Kluge*, Tierschutzgesetz Kommentar, § 2 Rn. 28.
48 *Lorz/Metzger*, Tierschutzgesetz Kommentar, § 2 Rn. 22.
49 *Lorz/Metzger*, Tierschutzgesetz Kommentar, § 2 Rn. 22.
50 *Wehner/Gehring*, Zoologie, S. 539; *Mayr*, Artbegriff und Evolution, S. 27, 28; *Campbell*, S. 650.

erfasst. Auf die Arthybriden sind die Vorschriften des TierSchG analog anzuwenden. Hinsichtlich der jeweilig maßgeblichen Tierart ist bei Arthybriden auf beide Elternarten abzustellen (z. B. auf das Pferd und den Esel als jeweils eigene Art), um zu bestimmen, was für das Individuum des Arthybriden (Maultier bzw. Maulesel) *Artgemäßheit* ausmacht.

Es ist nach dem Gesetzeszweck in § 1 des Tierschutzgesetzes zu unterstellen, dass dieses den biologischen Artbegriff für alle Tiere zugrundelegt, so dass im Ergebnis jedes Tier klar einer Tierart zugeordnet werden kann – Grenzfälle wie die Fälle der Arthybriden sind jedenfalls in analoger Anwendung der Vorschriften, die auf eine Tierart abstellen, geschützt und müssen beiden Eltern-Arten zugeordnet werden. Nur unter Zugrundelegung des biologischen Artbegriffs ist es möglich, die Art des betreffenden Tieres so zu bestimmen, dass der Schutzzweck des Tierschutzgesetzes so weit wie möglich erreicht werden kann.

C) Aktueller Umgang von Legislative, Administrative, Rechtsprechung und Gubernative mit den unbestimmten Rechtsbegriffen des Tierschutzgesetzes

Zunächst soll anhand aktueller Aktivitäten von Legislative, Administrative, Gubernative und Rechtsprechung aus den Jahren 2011 bis 2017 dargestellt werden, dass die unbestimmten Rechtsbegriffe *artgemäß* und *verhaltensgerecht* sehr unterschiedlich angewendet werden.

I. Grundlagen

Die Vorschrift des § 2 TierSchG gilt für sämtliche Tierhaltungen, auch für die Haltung von landwirtschaftlich genutzten Tieren bzw. Tieren, die in der industriellen Massentierhaltung gehalten werden.

Gemäß § 16a Abs. 1 Satz 1 TierSchG, der § 69 Arzneimittelgesetz (AMG) nachgebildet ist, trifft die zuständige Behörde die zur Beseitigung festgestellter Verstöße und die zur Verhütung künftiger Verstöße notwendigen Anordnungen. Nach heute überwiegend vertretener Auffassung und schon dem eindeutigen Wortlaut enthält die Vorschrift des § 16a Abs. 1 Satz 1 TierSchG kein Entschließungsermessen der Behörde, sondern stellt eine gebundene Entscheidung dar; lediglich Auswahlermessen wird der Behörde gewährt, was sich in § 16a Abs. 1 Satz 2 TierSchG widerspiegelt, der verschiedene Möglichkeiten des Tätigwerdens zur Auswahl stellt:[51] Im Bereich

---

51 Vgl. nur *Hirt/Maisack/Moritz*, Kommentar Tierschutzgesetz, § 16a TierSchG Rn. 5; *Kluge* in *Kluge*, Tierschutzgesetz Kommentar, § 16a Rn. 3, 11,12; *Kemper*, Die besondere Bedeutung des § 16a TierSchG für die Garantenstellung der Amtstierärzte, VR 2011, S. 125 ff., S. 126; *Kemper*, Rechtsgutachten über die Garantenstellung der Amtstierärztinnen und Amtstierärzte im Tierschutz, 2006 S. 21; *VG des Saarlandes*, Urteil vom 24. Februar 2010, Az.: 5 K 531/09, LKRZ 2011, S. 61 ff., S. 62; *VG Gießen*, Urteil vom 31. August 2010, Az.: 9 K 695/10, RdL 2011, S. 251 ff.; *VG München*, Urteil vom 16. Januar 2014, Az.: M 10 K 12.5716 (juris); *VG Würzburg*, Urteil vom 3. März 2016, Az.: W 5 K 15.613 (juris); anders und entgegen dem eindeutigen Wortlaut der Vorschrift *Lorz/Metzger*, Tierschutzgesetz Kommentar, § 16a Rn. 8; für eine Ermessensreduktion auf Null *Leondarakis/Kohlstedt*, Die Reichweite des § 16a Tierschutzgesetz (TierschG): Praktische Anwendung – Befugnisse und Pflichten der Exekutive, S. 9 f.

des Auswahlermessens werden in § 16a Abs. 1 Satz 2 TierSchG beispielhaft verschiedene Maßnahmen genannt, die zur Sicherstellung der Anforderungen des § 2 TierSchG getroffen werden können. So kann die Behörde gem. § 16a Abs. 1 Satz 2 Nr. 2 TierSchG insbesondere ein Tier, das nach dem Gutachten des beamteten Tierarztes mangels Erfüllung der Anforderungen des § 2 erheblich vernachlässigt ist oder schwerwiegende Verhaltensstörungen aufzeigt, dem Halter fortnehmen. Nach § 16a Abs. 1 Satz 2 Nr. 3 TierSchG kann die Behörde demjenigen, der den Vorschriften des § 2, einer Anordnung nach Nummer 1 oder einer Rechtsverordnung nach § 2a wiederholt oder grob zuwidergehandelt und dadurch dem von ihm gehaltenen oder betreuten Tier erhebliche oder länger anhaltende Schmerzen oder Leiden oder erhebliche Schäden zugefügt hat, das Halten oder Betreuen von Tieren einer bestimmten oder jeder Art untersagen. § 16a Abs. 1 Satz 2 Nr. 1 TierSchG ist generalklauselartig dergestalt formuliert, dass die Behörde im Einzelfall die zur Erfüllung der Anforderungen des § 2 erforderlichen Maßnahmen anordnen kann.

Der Amtsveterinär hat also nach dem Tierschutzgesetz eine Fülle von Möglichkeiten, durch den Erlass eines Verwaltungsaktes den Tierhalter dazu zu bringen, dass er seine Tiere gemäß den Vorgaben des § 2 TierSchG hält, also seiner Art und seinen Bedürfnissen entsprechend angemessen ernährt, pflegt und es verhaltensgerecht unterbringt.

II. Legislative: Letzte Novellierung des Tierschutzgesetzes im Jahr 2013

Das seit 1972 bestehende Tierschutzgesetz ist nennenswert in den Jahren 1986 und 2006 geändert worden.

1. Novelle im Jahr 2013/2014

Die letzte große Novellierung des Tierschutzgesetzes im Jahr 2013[52] wurde als „Über Gebühr tiernutzerfreundlich“[53], „völlig unzureichend“[54] und als „toothless tiger“[55] bezeichnet.[56] Der Bundesrat hatte zum Entwurf zahlreiche Änderungsvorschläge eingebracht, die aus Tierschutzkreisen zu begrüßen gewesen wären; jedoch fanden sich nur wenige davon im Tierschutzgesetz wieder.[57]

Die dritte Änderungsnovelle diente hauptsächlich der Umsetzung der EU-Richtlinie zum Schutz der für wissenschaftliche Zwecke verwendeten Tiere vom 22. September 2010 (2010/63/EU – EU-Tierversuchsrichtlinie). Daneben erfolgten nur einige wenige Änderungen wie beispielsweise das Verbot der betäubungslosen Ferkelkastration erst ab 2019 (obwohl es bereits im Jahr 2016 etablierte Maßnahmen wie die Kastration unter Betäubung, die Immunokastration oder die Ebermast mit Geruchskontrolle vor

52 Drittes Gesetz zur Änderung des Tierschutzgesetzes vom 4. Juli 2013, BGBl. I S. 2182 ff.

53 Schon zum Entwurf *Goetschel*, Kommentar vom 17. September 2012, abrufbar unter http://www.spektrum.de/news/ueber-gebuehr-tiernutzerfreundlich/1165003.

54 *Deutscher Tierschutzbund e. V.*, Zur Änderung des Tierschutzgesetzes, Stand Februar 2013, abrufbar unter http://www.tierschutzbund.de/fileadmin/user_upload/Downloads/Hintergrundinformationen/Recht/Hintergrundpapier_Aenderung_Tierschutzgesetz_2014.pdf, S. 1; schon zum Entwurf: *Deutscher Tierschutzbund e. V.*, Stellungnahme zum Entwurf eines Dritten Gesetzes zur Änderung des Tierschutzgesetzes, BT-Ds 17/10572 vom 29. August 2012, abrufbar unter http://www.tierschutzbund.de/fileadmin/user_upload/Downloads/Stellungnahmen/Recht/Tierschutzgesetz-Aenderung.pdf, S. 1.

55 *Buhl*, Animal Welfare Law in Motion? – Comment on the latest Amendments to the Animal Welfare Act in Germany, Global Journal of Animal Law 1/2013, S. 7.

56 Vgl. auch *Deutsche Juristische Gesellschaft für Tierschutzrecht e. V.*, Anmerkungen zum Entwurf eines Dritten Gesetzes zur Änderung des Tierschutzgesetzes, 13. Februar 2012, abrufbar unter http://www.djgt.de/system/files/91/original/Stellungnahme_DJGT_%C3%84nderungen_TierSchG.pdf und *Deutscher Tierschutzbund e. V.:* Eckpunkte zur Novellierung des Tierschutzgesetzes, abrufbar unter http://www.tierschutzbund.de/fileadmin/user_upload/Downloads/Stellungnahmen/Recht/Eckpunktepapier_Novellierung_Tierschutzgesetz_110901.pdf.

57 *Deutscher Tierschutzbund e. V.*, Stellungnahme zum Entwurf eines Dritten Gesetzes zur Änderung des Tierschutzgesetzes, BT-Ds 17/10572 vom 29. August 2012, abrufbar unter http://www.tierschutzbund.de/fileadmin/user_upload/Downloads/Stellungnahmen/Recht/Tierschutzgesetz-Aenderung.pdf, S. 13 ff.

der Fleischvermarktung gab),[58] der Erlaubnisvorbehalt für kommerzielle Hundeschulen, das bußgeldbewehrte Verbot zoophiler Handlungen, die Ermächtigung zur Einschränkung der Wildtierhaltung im Zirkus, die betriebliche Eigenkontrolle für gewerbliche Tierhaltungen in der Landwirtschaft, die Ermächtigung für Landesverordnungen zum Schutz freilebender Katzen, die Formulierungsänderung im sogenannten Qualzuchtparagraphen § 11b und das grundsätzliche Verbot, ein Tier als Preis auszuloben.

Hinsichtlich der Umsetzung der EU-Tierversuchsrichtlinie wurden schnell Stimmen laut, diese sei nicht richtlinienkonform in deutsches Recht umgesetzt worden, so dass einzelne Vorschriften im Tierschutzgesetz n. F. und in der Tierschutz-Versuchstierverordnung (TierSchVersV) nicht den Vorgaben der Richtlinie entsprächen und damit europarechtswidrig seien.[59] Von einigen Tierschutzorganisationen wurde bereits dagegen Beschwerde gegen Deutschland bei der EU-Kommission eingereicht.[60] Die Beschwerde hat zum Ziel, dass die EU-Kommission Deutschland dazu auf-

---

58 Unter dem 17. Dezember 2018 ist mit dem Vierten Gesetz zur Änderung des Tierschutzgesetzes (BGBl. I S. 2586) die Betäubungspflicht für die Ferkelkastration trotz des Vorliegens marktreifer Alternativen um weitere zwei Jahre auf den 1. Januar 2021 hinausgeschoben worden.

59 Vgl. dazu *Peters*, Rechtsgutachten zu verschiedenen Fragen im Zusammenhang mit der EU-Tierversuchsrichtlinie vom 25. April 2012; *Maisack*, Gutachten zu der Frage, ob und ggf. welche Bestimmungen der Richtlinie 2010/63/EU (EU-Tierversuchs-Richtlinie) durch das Dritte Gesetz zur Änderung des Tierschutzgesetzes und die Tierschutz-Versuchstierverordnung nicht oder nicht ausreichend in deutsches Recht umgesetzt worden sind, 18. Januar 2016, in diesem Gutachten werden 18 gravierende Verstöße benannt; Deutsche Juristische Gesellschaft für Tierschutzrecht e. V., Eingehende Auswertung des „Rechtsgutachtens zu verschiedenen Fragen im Zusammenhang mit der EU-Tierversuchsrichtlinie", abrufbar unter http://www.djgt.de/thema/tierversuche; *Deutsche Juristische Gesellschaft für Tierschutzrecht e. V.*, Stellungnahme zur nicht korrekten Umsetzung der EU-Tierversuchsrichtlinie 2010/63/EU in deutsches Recht, Stand Februar 2014, abrufbar unter http://www.djgt.de/artikel/2014/3/4/beschwerde-bei-der-eu-kommission-ein gelegt; *Ärzte gegen Tierversuche e. V.*, Beschwerde wegen Verstoßes Deutschlands gegen die Umsetzung der Richtlinie 2010/63/EU, Stand 18. März 2016, abrufbar unter https://www.aerzte-gegen-tierversuche.de/images/pdf/recht/2016-03-18_besc hwerde_eu_kommission.pdf; *Buhl*, Animal Welfare Law in Motion? – Comment on the latest Amendments to the Animal Welfare Act in Germany, Global Journal of Animal Law 1/2013 S. 7.

60 Vgl. Offener Brief an den Bundesminister für Ernährung und Landwirtschaft Christian Schmidt von MdB Hofreiter, Maisch und Gehring vom 21. April 2016, abrufbar unter https://www.gruene-bundestag.de/fileadmin/media/gruenebundes tag_de/themen_az/tierschutz/2016-04-21_Offener_Brief_Tierversuche.pdf; *Ärzte*

fordert, die Inhalte der Tierversuchs-Richtlinie richtlinienkonform umzusetzen, ggfs. ein Vertragsverletzungsverfahren gem. Art. 258 AEUV gegen Deutschland anstrengt. Dieses ist unter dem 19. Juli 2018 durch die Kommission in Aussicht gestellt worden, nachdem die Umsetzung der Tierversuchs-Richtlinie durch die Mitgliedstaaten mehrere Jahre lang geprüft wurde.

Weiter wird moniert, dass die zum Vollzug des Tierschutzgesetzes erforderliche Allgemeine Verwaltungsvorschrift, die immer noch auf dem Stand des Jahres 2000 ist, nicht im Zuge der Novellierung des Tierschutzgesetzes mit aktualisiert wurde.[61] Denn eine fehlende bzw. veraltete Allgemeine Verwaltungsvorschrift erschwere einen einheitlichen und konsequenten Vollzug der Tierschutzgesetzgebung in Deutschland.[62]

Letztlich wird behauptet, dass die Chance auf eine wirkliche Reform des Tierschutzrechts nicht genutzt wurde.[63]

Eine durchgreifende Novellierung zur Behebung der Vollzugsdefizite im Tierschutzrecht ist mit dieser Novelle verpasst worden. Art. 20a GG, der seit dem Jahr 2002 das Staatsziel Tierschutz normiert, wird auch mit dieser Novelle nicht ernst genommen.[64]

Das Problem der Inkonsistenz und der fehlenden Vollziehbarkeit besteht nicht nur auf nationaler, sondern auch auf europarechtlicher und internationaler Ebene.[65]

2. Der Gesetzentwurf BÜNDNIS 90/DIE GRÜNEN aus dem Jahr 2012

Die Fraktion BÜNDNIS 90/DIE GRÜNEN griff diese Defizite bereits vor der Novellierung des Tierschutzgesetzes aus dem Jahr 2013 auf und legte mit einem Entwurf eines Gesetzes zur Neuregelung des Tierschutzgesetzes

---

gegen Tierversuche e. V., Beschwerde wegen Verstoßes Deutschlands gegen die Umsetzung der Richtlinie 2010/63/EU, Stand 18. März 2016, abrufbar unter https://www.aerzte-gegen-tierversuche.de/images/pdf/recht/2016-03-18_beschwerde_eu_kommission.pdf.

61 *Landesbeauftragte für Tierschutz Hessen*, Jahresbericht 2014, S. 9 f.

62 *Landesbeauftragte für Tierschutz Hessen*, Jahresbericht 2014, S. 10.

63 Vgl. *Buhl*, Animal Welfare Law in Motion? – Comment on the latest Amendments to the Animal Welfare Act in Germany, Global Journal of Animal Law 1/2013 S. 7: „But in 2013 the chance for a real reform in the German law of animal welfare was lost."

64 So auch *Landesbeauftragte für Tierschutz Hessen*, Jahresbericht 2013, S. 12.

65 Vgl. dazu *Peters*, Tierwohl als globales Gut: Regulierungsbedarf und -chancen, Rechtswissenschaft 2016, S. 363 ff., S. 372 m. w. N.

(TierSchGNeuregG-E) im Jahr 2012 ein umfassendes Konzept zur Verwirklichung des Auftrags nach Art. 20a GG vor.[66]

Dieser Entwurf geht richtigerweise davon aus, dass trotz der Einführung des Staatsziels Tierschutz weiterhin ein Ungleichgewicht der Kräfte zu Lasten des Tierschutzes besteht, dieses aber durch die Regelungen des vorgelegten Entwurfs dazu beitragen können, dass das Gebot der Herstellung praktischer Konkordanz zwischen menschlichen Interessen und dem Tierschutz erfüllt werden kann.[67] Ohne diese Regelungen bliebe ein effektiver Tierschutz weiterhin unverwirklicht und bestehende Vollzugsdefizite würden fortbestehen.[68]

Neben diversen Definitionen unbestimmter Rechtsbegriffe in § 3 des Entwurfs wird die Tierhaltergrundnorm des § 2 TierSchG (§ 4 des Entwurfs) genauer gefasst: Auch nach dieser Vorschrift (Entwurf) hat jeder Tierhalter die unbedingte Pflicht, Tiere verhaltensgerecht unterzubringen; ausdrücklich enthält der Entwurf die Klarstellung, welche Haltungsformen einer verhaltensgerechten Unterbringung nicht entsprechen; dies sind insbesondere die dauernde Haltung in Käfigen oder anderen Behältnissen, wenn dort infolge räumlicher Enge, geringer Höhe, künstlicher Dauerbeleuchtung oder fehlender Strukturen Verhaltensbedürfnisse erheblich zurückgedrängt werden.[69] Hiermit werden die Kernpunkte der Hennen-Entscheidung des Bundesverfassungsgerichts aus dem Jahr 1999 aufgegriffen.

Eine Verordnungsermächtigung hält ausdrücklich die Pflicht des Erlasses von Rechtsverordnungen durch das Bundesministerium für bestimmte Tierarten bis zu einem bestimmten Datum fest und nimmt Bezug auf wissenschaftliche Erkenntnisse zu den ethologischen Bedürfnissen der Tiere.[70]

---

66 Entwurf eines Gesetzes zur Neuregelung des Tierschutzgesetzes (TierSchGNeuregG), BT-Drs. 17/9783 vom 23. Mai 2012.

67 Entwurf eines Gesetzes zur Neuregelung des Tierschutzgesetzes (TierSchGNeuregG), BT-Drs. 17/9783 vom 23. Mai 2012, S. 5.

68 Entwurf eines Gesetzes zur Neuregelung des Tierschutzgesetzes (TierSchGNeuregG), BT-Drs. 17/9783 vom 23. Mai 2012, S. 5.

69 Vgl. § 4 Abs. 1 Satz 2 TierSchGNeuregG-E, BT-Drs. 17/9783 S. 10.

70 Vgl. § 6 Abs. 1 Satz 2 TierSchGNeuregG-E, BT-Drs. 17/9783 S. 11: „Für landwirtschaftliche Tiere, für die der Ständige Ausschuss gemäß Artikel 9 des Europäischen Übereinkommens 78/923/EWG Empfehlungen angenommen hat, sind diese Rechtsverordnung innerhalb einer angemessenen Frist, spätestens jedoch bis zum ...[einsetzen: Datum, das fünf Jahre nach dem Inkrafttreten dieses Gesetzes liegt] zu erlassen; dabei sind insbesondere die Anforderungen an Ernährung, Pflege, Unterbringung und Bewegungsmöglichkeit näher zu bestimmen, die sich aus den Vorschriften dieser Empfehlungen und den dort niedergelegten wissen-

Neben umfangreichen Neuerungen und zusätzlichen Vorschriften zum Schutz der Tiere enthält der Gesetzentwurf Vorschriften zur Installation eines/einer Bundes- sowie Landestierschutzbeauftragten (§§ 49 ff. TierSchG-NeuregG-E): Diese Person ist – neben speziell auf Bundes- und Länderebene anerkannter Tierschutzverbände – nach dem Entwurf mit einer Klagebefugnis ausgestattet, die von Tierschutzorganisationen schon lange gefordert wird.

Der Entwurf wurde von der Mehrheit des Bundestages abgelehnt.[71] Dieser Ablehnung kann man entnehmen, dass ein effektiver Tierschutz nicht gewollt ist.[72] Denn richtigerweise wird in der Literatur gefragt, ob man die Hennenhaltungsverordnung von 1987 bereits früher als im Jahr 1999 hätte kippen können bzw. ob die Tötung männlicher Eintagsküken nicht schon seit langem verboten sein könnte, gäbe es eine Verbandsklage für Tierschutzvereine auf Bundesebene.[73]

Statt dieses Gesetzentwurfs zur Neuregelung des Tierschutzgesetzes hat sich der o. g. Entwurf der Bundesregierung[74] durchgesetzt, der das Vollzugsdefizit wie auch weitere Probleme des Tierschutzrechts weiter fortschreibt.

III. Ungenügender Vollzug durch die Administrative

Seit langem wird ein Vollzugsdefizit im Bereich des Tierschutzes beklagt,[75] das mehrere Ursachen habe: Mangelnde Sach- und Personalressourcen wie

---

schaftlichen Erkenntnissen zu den physiologischen und ethologischen Bedürfnissen der Tiere ergeben."

71 BT-Drs. 17/11811, S. 3.

72 Für die tierschutzrechtliche Verbandsklage *Rossi*, Föderale Regelungsbefugnisse für Verbandsklagerechte im Tierschutzrecht, NuR 2016, S. 733 ff., S. 738 f.

73 So *Hager*, Die tierschutzrechtliche Verbandsklage – Rechtspolitische Diskussion, NuR 2016, S. 831 ff., S. 832.

74 BT-Drs. 17/10572.

75 Vgl. schon für das Reichstierschutzgesetz von 1933 *Felix*, Einige Bemerkungen zum Problem des rechtlichen Tierschutzes, JZ 1959, S. 85 f., S. 86; *Kluge* in *Kluge*, Tierschutzgesetz Kommentar, § 16 Rn. 1; *Hirt/Maisack/Moritz*, Tierschutzgesetz Kommentar, Einf. Rn. 91; *Caspar*, Tierschutz im Recht der modernen Industriegesellschaft, S. 499; *Kloepfer* in Bonner Kommentar zum Grundgesetz, Art. 20a Rn. 103; *Caspar/Geissen*, Das neue Staatsziel „Tierschutz" in Art. 20a GG, NVwZ 2002, S. 913 ff., S. 917; auch einige Abgeordnete des Deutschen Bundestages sprechen das Vollzugsdefizit in einer Kleinen Anfrage an die Bundesregierung zur Umsetzung der Empfehlungen des Wissenschaftlichen Beirats für Agrarpolitik

auch immer mehr Einsparzwänge legen die Durchsetzung des Tierschutzgesetzes oft fast lahm; denn die Kosten für etwaig auf der Grundlage des § 16a Abs. 1 Satz 2 Nr. 2 TierSchG fortgenommene Tiere muss zunächst die öffentliche Hand tragen. Meist können diese Kosten aus rein tatsächlichen Gründen nicht mehr von dem Fortnahme-Adressaten eingezogen werden, obwohl die Verwaltungskostengesetze eine kostenrechtliche Grundlage für die Erhebung von Kosten für Maßnahmen nach § 16a TierSchG bieten. Aus diesem Grund wird oft schon von vornherein von einer Fortnahme, insbesondere von größeren Tierbeständen abgesehen. Im Übrigen fehlt es bei einer Fortnahme oft an Unterbringungsmöglichkeiten, insbesondere, wenn es sich um Zirkustiere oder andere Exoten handelt, für die kaum ein Tierheim oder Tierschutzverein Kapazitäten und die Möglichkeit der verhaltensgerechten Unterbringung hat. Immer öfter kann man jedoch folgende Vorgehensweise der Behörden beobachten: Liegt eine Anzeige wegen einer tierschutzwidrigen Haltung vor, so wird der Tierhalter von der Behörde gefragt, ob er das Tier nicht freiwillig abgeben möchte, bevor ihm gegenüber eine entsprechende Fortnahmeverfügung ergeht, die Kosten für ihn verursachen würde. Wird dies bejaht, werden Tierschutzvereine und auch private Tierschützer kontaktiert, die – vernetzt in ganz Deutschland – nach einem neuen, tierschutzgerechten Zuhause für das Tier suchen, und dies unentgeltlich. Ist dieses Zuhause gefunden, so wird das Tier von dem Tierhalter an den neuen Halter übereignet, der sodann Tierhalter wird und sämtliche Kosten für das Tier tragen muss. Für die Behörde ist weder eine behördliche Verfügung noch eine kostenintensive Fortnahme nötig.

Dies ist zwar letztlich für das einzelne Tier die beste Lösung, da es aus einer tierschutzwidrigen Haltung in eine tierschutzgerechte Haltung gegeben wird. Umgekehrt bekommt aber auch der Tierhalter keine Verfügung, die ihn eventuell davon abhält, sich noch einmal tierschutzwidrig zu ver-

---

durch die Bundesregierung an, vgl. BT-Drs. 18/6140, S. 1; weiter geht ein Gesetzentwurf der Grünen aus dem Jahr 2012 von einem Vollzugsdefizit aus, vgl. BT-Drs. 17/9783 S. 5; für den Vollzug auf EU-Ebene *Wartenberg*, Tierschutz und Vollzug in Europa, Der prakt. Tierarzt 2010, S. 1074 f., S. 1075; auch heute noch *Kloepfer*, Die tierschutzrechtliche Verbandsklage – eine Einführung, NuR 2016, S. 729 ff., S. 730 f.; *Hager*, Die tierschutzrechtliche Verbandsklage – Rechtspolitische Diskussion, NuR 2016, S. 831 ff., S. 831, 832; *Cirsovius*, Geschäftsführung ohne Auftrag zur Sicherstellung des Tierschutzes – ein praktikabler Weg zur Entlastung der Exekutive, AUR 2005, S. 152 ff., S. 152; *Bülte*, Zur faktischen Straflosigkeit institutionalisierter Agrarkriminalität, GA 2018, S. 35 ff., S. 36; *Bülte*, Massentierhaltung – Ein blinder Fleck bei der Verfolgung von Wirtschaftskriminalität?, NJW 2019, S. 19 ff.

halten. Die Behörde hat Zeit, Personal und Geld gespart, das Tier ist gerettet. Jedoch bleibt oft unklar, ob der Tierhalter sich neue Tiere zulegt; dies wird meist auch nicht weiter verfolgt. Beim Umzug des ehemaligen Tierhalters in einen anderen Zuständigkeitsbereich laufen Erkundigungen der nun zuständigen Behörden bei den ehemals zuständigen Behörden oft ins Leere, da gegen die betreffende Person keine Verfügungen erlassen wurden.

Als weiterer Grund für das Vollzugsdefizit im Tierschutzrecht ist anzuführen, dass den zuständigen Behörden und den Amtstierärzten angesichts der Vielzahl von in Deutschland gehaltenen Tierarten schlicht die Kenntnisse über diese fehlen. Die unbestimmten Rechtsbegriffe *artgemäß* und *verhaltensgerecht* können daher – auch aus Zeitgründen – nicht ordnungsgemäß konkretisiert bzw. Konkretisierungen nicht ordnungsgemäß überprüft werden. Dies und auch die oben genannten Gründe führen oftmals zu einem Untätigbleiben trotz der mittlerweile unstreitig anerkannten strafrechtlichen Garantenstellung der Amtstierärzte.[76] Dies zeigten zuletzt mehrere Urteile des Amtsgerichts Schwäbisch Hall,[77] bestätigt durch das zweitinstanzliche Urteil des LG Heilbronn,[78] in dem zwei Tierschützer verurteilt wurden, weil sie in eine Putenfarm eingedrungen und dort zu Beweiszwecken Filmaufnahmen von toten und verletzten Tieren gemacht hatten, deren Haltung bislang durch die zuständige Behörde als vorbild-

---

76 Vgl. für die Garantenstellung der Amtstierärzte nur *Ehm/Robitsch*, Die Garantenstellung des Amtstierarztes, ZLR 2013, S. 730 ff.; *Kemper*, Die besondere Bedeutung des § 16a TierSchG für die Garantenstellung der Amtstierärzte, VR 2011, S. 125 ff.; *Pfohl*, Strafbarkeit von Amtstierärzten, NuR 2009, S. 238 ff.; *Iburg*, Zur Unterlassungstäterschaft des Amtstierarztes bei Nichteinschreiten gegen Tiermisshandlungen, NuR 2001, S. 77 ff.; *Kemper*, Die Garantenstellung der Amtstierärztinnen und Amtstierärzte in Tierschutz, NuR 2007, S. 790 ff.; dass sich zu diesem Thema keine Rechtsprechung finden lässt, ist ein weiteres Indiz für das Vollzugsdefizit im Tierschutz; denn eine strafrechtliche Garantenstellung, die ausschließlich in der Rechtswissenschaft unstreitig feststeht, in der Praxis aber keine diesbezüglichen Verurteilungen zustande kommen, spricht für die Unterstützung des Vollzugsdefizits in der Verwaltung durch Strafverfolgungsorgane und Rechtsprechung.

77 *AG Schwäbisch Hall*, Urteil vom 21. April 2016, Az.: 4 Ds 41 Js 15494/15 (unveröffentlicht).

78 *LG Heilbronn*, Urteil vom 23. Mai 2017, Az.: 7 Ns 41 Js 15494/15 jug., (unveröffentlicht). Das OLG Stuttgart hat mit Beschluss vom 4. September 2018 die von dem Angeklagten eingelegte Revision verworfen, Az.: 2 Rv 26 Ss 145/18 (unveröffentlicht).

lich bezeichnet wurde[79] – an diese Entscheidung anlehnend wird vermehrt ein strafrechtliches Nothilferecht für Tiere (zur Beweissicherung der tierschutzrechtlichen Verstöße) anerkannt, welches dann die tatbestandliche Begehung von z. B. Hausfriedensbruch nach § 123 StGB rechtfertigen kann, wenn die zuständigen Behörden beharrlich untätig bleiben.[80]

Das Vollzugsdefizit der Verwaltung hängt jedoch nicht zuletzt mit der lückenhaften Gesetz- und Verordnungsgebung und damit der mangelnden und z. T. falschen Konkretisierung der unbestimmten Rechtsbegriffe *artgemäß* und *verhaltensgerecht* zusammen. Auch gibt es nur wenig höchstrichterliche Rechtsprechung zu den vielen unbestimmten Rechtsbegriffen des Tierschutzrechts bezogen auf einzelne Tierarten. Daraus resultiert für den Rechtsunterworfenen, aber auch für den Rechtsanwender – die Verwaltung und auch viele Gerichte – eine Rechtsunsicherheit, durch die der Rechtsanwender an einer konsequenten Durchsetzung des Tierschutzgesetzes gehindert wird, da insbesondere der Ausgang etwaiger Gerichtsverfahren ungewiss ist.[81]

Aber auch die Verwaltungsstruktur verhindert oft ein einheitliches Vorgehen. So wurde jüngst ein Gutachten zur Struktur und Organisation des amtlichen Veterinärwesens und der Lebensmittelüberwachung im Freistaat Bayern durch den Bayerischen Obersten Rechnungshof erstellt,[82] in dem – u. a. aufgrund der Behördenstruktur – nicht erfüllte Kontrollvorgaben, mangelnde Kontrollen betrieblicher Eigenkontrollen und die Gefahr der Korruption im Veterinärwesen festgestellt werden.[83] Weiter wird festge-

---

79 *AG Schwäbisch Hall*, Urteil vom 21. April 2016, Az.: 4 Ds 41 Js 15494/15 (unveröffentlicht); *LG Heilbronn*, Urteil vom 23. Mai 2017, Az.: 7 Ns 41 Js 15494/15 jug. (unveröffentlicht).

80 So bspw. *Herzog*, Nothilfe für Tiere?, JZ 2016, S. 190 ff., S. 197; vgl. auch *AG Haldensleben*, Urteil vom 26. September 2016, Az.: 3 Cs 224/15 (182 Js 32201/14) (juris), dies mittlerweile bestätigt durch das *LG Magdeburg*, Urteil vom 10. Oktober 2017, Az.: 28 Ns 182 Js 32201/14 (74/17) (juris), welches sogar ein durch Nothilfe gerechtfertigtes Handeln gesehen hat. Dieses Urteil wurde am 22. Februar 2018 durch das OLG Naumburg (Az.: 2 Rv 157/17) bestätigt; Entscheidungsbesprechung dazu von *Felde/Ort*, ZJS 5/2018, S. 468 ff.

81 *Kluge* in *Kluge*, Tierschutzgesetz Kommentar, § 16 Rn. 1.

82 *Bayerischer Oberster Rechnungshof*, Gutachten zur Struktur und Organisation des amtlichen Veterinärwesens und der Lebensmittelüberwachung vom 12. Februar 2016, abrufbar unter http://www.stmuv.bayern.de/themen/lebensmittel/sondergutachten/index.htm.

83 *Bayerischer Oberster Rechnungshof*, Gutachten zur Struktur und Organisation des amtlichen Veterinärwesens und der Lebensmittelüberwachung vom 12. Februar 2016, abrufbar unter http://www.stmuv.bayern.de/themen/lebensmittel/sondergutachten/index.htm, S. 12 ff.

stellt, dass die Personalsituation in diesem Sektor nicht zufriedenstellend ist und Rechtskenntnisse mangelhaft sind.[84] Eine kleinteilige Behördenstruktur verhindert einheitliches Verwaltungshandeln.[85] Es liegt nahe, dass die Ergebnisse dieses Gutachtens auf andere Bundesländer übertragbar sind.

IV. Aktuelle Rechtsprechung zu den unbestimmten Rechtsbegriffen artgemäß und verhaltensgerecht

In der aktuellen Rechtsprechung aus den Jahren 2011 bis 2017 zum Tierschutzrecht fällt auf, dass das Tierschutzgesetz höchst unterschiedlich vollzogen bzw. die Verfügungen der Behörden höchst unterschiedlich bewertet werden. Anhand einiger Entscheidungen soll gezeigt werden, vor welchem Hintergrund gerichtliche Entscheidungen an welchem Maßstab getroffen werden.

1. VG Düsseldorf zur Rackhaltung von Königspythons

Das Urteil des VG Düsseldorf[86] zu den Haltungsanforderungen von Schlangen der Art Königspython (*Python regius*) ist ein gutes Beispiel dafür, wie eine zutreffende Konkretisierung des unbestimmten Rechtsbegriffs *verhaltensgerecht* in Bezug auf diese (wildlebende) Tierart erfolgen kann:

a) Sachverhalt

Die Klägerin, eine private Halterin und Züchterin von Schlangen der Art Königspython (*Python regius*), beantragte eine Verlängerung der bis zum 30. Juni 2012 befristeten Erlaubnis zum gewerbsmäßigen Handel und zur

---

84 *Bayerischer Oberster Rechnungshof*, Gutachten zur Struktur und Organisation des amtlichen Veterinärwesens und der Lebensmittelüberwachung vom 12. Februar 2016, abrufbar unter http://www.stmuv.bayern.de/themen/lebensmittel/sondergutachten/index.htm, S. 12 ff.

85 *Bayerischer Oberster Rechnungshof*, Gutachten zur Struktur und Organisation des amtlichen Veterinärwesens und der Lebensmittelüberwachung vom 12. Februar 2016, abrufbar unter http://www.stmuv.bayern.de/themen/lebensmittel/sondergutachten/index.htm, S. 13.

86 *VG Düsseldorf*, Urteil vom 18. August 2014, Az.: 23 K 5500/12 (juris).

Zucht von Königspythons. Der Beklagte stellte bei einer Kontrolle fest, dass die Klägerin Königspythons in Racks (in einem Regal befindliche flache Schubladensysteme) unterschiedlicher Größe hält. Er wies die Klägerin auf seine Bedenken bzgl. einer ausschließlichen Rackhaltung hin.

Der Beklagte erteilte der Klägerin eine Erlaubnis nach § 11 Abs. 1 Nr. 3 a) TierSchG (a. F. bis 13. Juli 2013) zur Zucht mit Schlangen mit einer Auflage, die folgendes vorsah:

> „In Racksystemen dürfen ausschließlich Schlangen der Art Python regius gehalten werden. Die Haltung ist zudem nur bei
> a) Jungtieren bis zu einer Länge von 45 cm bzw. bis zu einem Alter von sechs Monaten und
> b) tragenden Schlangen im letzten Drittel der Trächtigkeit erlaubt und mit folgenden Auflagen verbunden:
> *Die Abmessungen der Racksystem-Boxen müssen mindestens 1 x 0,5 x 0,3 (Länge x Breite x Höhe) bezogen auf die Gesamtlänge des Tieres betragen*“.[87]

Der Beklagte stützte sich hierfür auf das vom Bundesministerium für Ernährung, Landwirtschaft und Verbraucherschutz (BMELV) herausgegebene Gutachten „Mindestanforderungen an die Haltung von Reptilien“ aus dem Jahr 1997, auf eine Stellungnahme der Frau Dr. C., stellvertretende Vorsitzende der Tierärztlichen Vereinigung für Tierschutz e. V., aus dem Jahr 2012 sowie auf ein Gutachten des Dr. X. aus dem Jahr 2005.[88]

Die Klägerin hat die Auflage mit einer Klage angegriffen und trägt vor, dass der Beklagte sich auf das vom BMELV herausgegebene Gutachten „Mindestanforderungen an die Haltung von Reptilien“ aus dem Jahr 1997 stütze, welches veraltet sei und daher nicht mehr zur tierschutzrechtlichen Beurteilung der Rackhaltung von Schlangen herangezogen werden könne. Die Rackhaltung von Schlangen habe sich erst in den letzten Jahren bei internationalen Züchtern als artgerecht durchgesetzt. Pythons fühlten sich in Racks sehr wohl, sie entwickelten sich besser und schneller und verweigerten nicht – wie in Terrarien – die Nahrung und würden auch seltener krank als in Terrarien. In der Natur lebten Königspythons in Nagerbauten und Termitenhügeln und kletterten nicht. Lediglich Jungtiere kletterten auch, allerdings nur in Büschen, nicht in Bäumen. Weiter hätten Königspythons nur einen sehr geringen Bewegungstrieb; sie verließen ihre Bauten nur, um Nahrung zu suchen oder sich zu paaren. Beide Bedürfnisse fielen

87 Zum Sachverhalt: *VG Düsseldorf*, Urteil vom 18. August 2014, Az.: 23 K 5500/12 (juris) Rn. 1-22.

88 *VG Düsseldorf*, Urteil vom 18. August 2014, Az.: 23 K 5500/12 (juris) Rn. 38.

in der Rackhaltung aber weg, da den Schlangen Nahrung gereicht würde und zur Paarungszeit jeweils ein Partner ins Rack gesetzt würde. Weiter habe die Königspython als Höhlenbewohner einen hohen Anspruch an das Sicherheitsgefühl. Daher sollte sie in einer möglichst flachen Rack-Box gehalten werden, weil nur diese einer Höhle am nächsten komme. Aus diesen Gründen sei eine Rackhaltung von Pythons uneingeschränkt zuzulassen. Auch lasse die Anatomie der Königspython ein sicheres Klettern nicht zu, dies sei wissenschaftlich anerkannt; lediglich die Jungtiere kletterten ab und an in Büschen. Schon deswegen seien die Einschränkungen der Nr. 5 des Bescheids widersprüchlich, da sie gerade die Haltung von Jungtieren bis 45 cm bzw. sechs Monate in Racks erlaubten. Frau Dr. C., auf deren Stellungnahme sich der Beklagte auch stütze, sei in der Fachwelt mit ihrer Meinung isoliert. Letztlich habe der Beklagte bei Kontrollen immer bestätigt, dass die Tiere der Klägerin einen gesunden und guten Eindruck machten. Wenn diese litten oder Schmerzen hätten, würden keine Futteraufnahme und keine erfolgreiche Nachzucht erfolgen. Im Ergebnis sei die Rackhaltung deutlich besser als die Haltung in Terrarien.

Der Beklagte beantragt, die Klage abzuweisen. Er trägt vor, er habe – da das vom BMELV herausgegebene Gutachten „Mindestanforderungen an die Haltung von Reptilien“ aus dem 1997 stamme und daher alt sei – zusätzlich andere Gutachten und wissenschaftliche Berichte herangezogen um die Haltung der Klägerin zu beurteilen. Aufgrund des derzeitigen Wissensstandes sei die Rackhaltung gerade nicht als übliche Haltung anzusehen. Die Einschränkungen der Tiere, die diese durch die Haltung in einem Rack erführen, entsprächen nicht den Grundsätzen des Tierschutzes, die gerade in den vergangenen Jahren erheblichen Wandlungen unterworfen worden seien und zwar einem Wandel hin zu Bedürfnissen und natürlichen Verhaltensweisen der Tiere und weg von wirtschaftlichen Interessen. Letztlich sei es irrelevant, dass viele internationale Züchter ihre Schlangen in Racks hielten. Entscheidend seien die aus wissenschaftlichen Anforderungen herzuleitenden Gesichtspunkte.[89]

b) Gerichtliche Entscheidung

Das VG Düsseldorf hat die Klage abgewiesen. Es ist auf die verhaltensgerechte Unterbringung, § 2 Nr. 1 TierSchG, näher eingegangen. Für die Fra-

89 Zum Beklagtenvortrag *VG Düsseldorf*, Urteil vom 18. August 2014, Az.: 23 K 5500/12 (juris) Rn. 38 f.

ge, ob die Haltung von Königspythons in sogenannten Rack-Systemen verhaltensgerecht ist, komme es darauf an, ob dem Tier die Ausübung seiner elementaren artgemäßen Bedürfnisse ermöglicht werde. Die Anforderungen müssten sich dabei entsprechend der Zielrichtung des Tierschutzgesetzes daran orientieren, wie ein Tier sich unter seinen natürlichen Lebensbedingungen verhalte und nicht daran, ob das Tier sich auch an andere Lebensbedingungen – unter Aufgabe der ihm in Freiheit eigenen Gewohnheiten und Verhaltensmuster – anpassen könne.[90]

Wiesen gutachtliche wissenschaftliche Erkenntnisse – wie hier – in verschiedene Richtungen, seien die jeweils tragenden Gesichtspunkte vom Gericht zu gewichten und sachlich gegeneinander abzuwägen. Tragendes Argument dafür, dass Königspythons mehr Platzbedarf – insbesondere in die Höhe – hätten als ihnen in einem Rack gewährt wird, sei, dass diese Schlangenart sich in der Natur nicht ausschließlich in engen Verstecken aufhalte, sondern auch ihre Bauten verlasse und jedenfalls auch in Büschen zu finden sei. Keines der wissenschaftlichen Gutachten – auch nicht die, die von der Klägerin vorgelegt worden seien – ziehe den Schluss, dass Königspythons nicht gerne kletterten. Fast alle wissenschaftlichen Fachaussagen gingen davon aus, dass die Königspython saisonal bedingt ihren Bau verlasse und sich dreidimensional fortbewege. Es stehe damit zur Überzeugung des Gerichts fest, dass Königspythons sich in ihrem natürlichen Lebensraum nicht ausschließlich in Höhlen aufhalten, sondern diese – sei es zum Nahrungserwerb, sei es zur Paarung – verließen und sich zudem auch in Büschen aufhielten.[91]

Der Schutzumfang des § 2 Nr. 1 TierSchG – so das VG Düsseldorf weiter – lasse sich nicht dadurch mindern, dass einzelne Verhaltensbedürfnisse – obwohl zum verhaltensgerechten Unterbringen gehörend – herausgenommen werden dürften mit der Begründung, das Tier benötige das jeweilige Verhaltensmuster nicht, um zu überleben und gesund zu bleiben. Alleiniger Maßstab sei das Normalverhalten, das von den Tieren der betreffenden Art unter naturnahen Haltungsbedingungen bei freier Beweglichkeit und vollständigem Organgebrauch gezeigt werde. Das Gesetz fordere eine verhaltensgerechte und nicht etwa nur die gesunde, das Überleben sichernde oder die leistungsgerechte Unterbringung. Für § 2 Nr. 1 TierSchG komme es auch nicht darauf an, ob die Unterdrückung des jeweiligen Verhaltensbedürfnisses zu Schmerzen, Leiden oder Schäden für das Tier führe. Es spiele auch keine Rolle, ob sich Königspythons in Racks besser vermehr-

---

90 *VG Düsseldorf*, Urteil vom 18. August 2014, Az.: 23 K 5500/12 (juris) Rn. 51 f.

91 *VG Düsseldorf*, Urteil vom 18. August 2014, Az.: 23 K 5500/12 (juris) Rn. 55-73.

ten, gesünder seien oder besser fräßen. Entscheidend sei, dass die ausschließliche Haltung von adulten Königspythons in Racks nicht den üblichen Lebensverhältnissen dieser Tierart in Freiheit entspreche, da diese in der Natur ihren Bau verließen und sich dreidimensional fortbewegten.[92]

Die Haltung von adulten Königspythons in sogenannten Rack-Systemen sei daher nicht verhaltensgerecht und entspreche daher nicht den Anforderungen des § 2 TierSchG.[93]

c) Bewertung

Anlehnend an die Rechtsprechung des OVG Schleswig aus dem Jahr 1994 zu dem unbestimmten Rechtsbegriff *verhaltensgerecht* für die Haltung von wildlebenden Tieren[94] geht das VG Düsseldorf hier richtig von dem Verhalten der Königspython in der Natur aus. Es kann richtigerweise nicht darauf ankommen, dass einem Tier in Gefangenschaft das natürliche Verhalten deswegen nicht ermöglicht wird, weil ein Teil der Bedarfsdeckung anderweitig, nämlich durch Reichen von Nahrung bzw. Hinzusetzen eines Partnertiers für die Paarungszeit, gedeckt wird. Denn der unbestimmte Rechtsbegriff des § 2 TierSchG, der hier in Rede steht, lautet gerade nicht „bedarfsgerecht", sondern verhaltensgerecht. Daher müssen die Verhaltensmuster von Tieren ausgelebt werden können, die das (hier: wildlebende) Tier für die Deckung seiner Bedarfe in der Natur ausführt. Diese dürfen nicht unterdrückt werden, nur weil eine Nahrungssuche bzw. eine Paarung wie in der Natur nicht erforderlich ist.

Auch hat das VG Düsseldorf erkannt, dass das Gutachten des BMEL über die „Mindestanforderungen an die Haltung von Reptilien" veraltet und damit nicht mehr unbeschränkt zur Wissensgenerierung geeignet ist, und hat daher weitere wissenschaftliche Quellen zur Unterstützung der Konkretisierung des unbestimmten Rechtsbegriffs *verhaltensgerecht* herangezogen und ausgewertet wie auch sämtliche von der Klägerin vorgelegten wissenschaftlichen Belege. Auswirkungen hat das Urteil jedoch nur inter partes. Zwar liegt die Annahme, dass andere Gerichte diese Vorgehensweise übernehmen, nahe, jedoch ist mit der Entscheidung des VG Düsseldorf keine flächendeckende Wirkung dieser Konkretisierung gewährleistet. Auch betraf das Urteil des VG Düsseldorf eine Privathalterin, die einen re-

---

92 *VG Düsseldorf*, Urteil vom 18. August 2014, Az.: 23 K 5500/12 (juris) Rn. 74.
93 *VG Düsseldorf*, Urteil vom 18. August 2014, Az.: 23 K 5500/12 (juris) Leitsatz 5.
94 *OVG Schleswig*, Urteil vom 28. Juni 1994, Az.: 4 L 152/92, NuR 1995, S. 480 ff.

lativ kleinen Tierbestand hatte. Es ging hier nicht um wirtschaftliche Lobbyinteressen und um auf andere große Tierbestände übertragbare Aussagen, sondern um einen Einzelfall.

2. OVG Lüneburg zur artgerechten Haltung von Pferden

Ein weiteres Urteil, welches die natürliche Lebensweise und Umgebung von Tieren als Grundlage für die Beurteilung der Frage, ob eine Unterbringung verhaltensgerecht ist, ist die Entscheidung des OVG Lüneburg zur artgerechten Pferdehaltung.[95] Diese Entscheidung betrifft also eine domestizierte Tierart, wieder aber eine Privathalterin mit einigen wenigen Pferden.

a) Sachverhalt

Die Klägerin ist Pferdehalterin. Am 24. März 2014 verfügte der Beklagte in einem Bescheid, der für sofort vollziehbar erklärt wurde, dass die Klägerin ab sofort allen in ihrer Haltung befindlichen Pferden täglich und grundsätzlich gemeinsam in der Zeit zwischen 6:30 Uhr und 16:30 Uhr mindestens sechs Stunden freien Auslauf gewähren muss. Ausnahmen waren für Tiere vorgesehen, denen nach tierärztlicher Indikation und nach Vorlage eines tierärztlichen Attests weniger als diese Zeitspanne freien Auslauf „verordnet" wird. Gegen diesen Bescheid erhob die Klägerin Klage und ersuchte das zuständige VG Lüneburg um vorläufigen Rechtsschutz, welcher in zwei Instanzen nicht erfolgreich war. Das VG Lüneburg hat die Klage auch in der Hauptsache abgewiesen.[96]

Die Klägerin begründet ihren Antrag auf Zulassung der Berufung damit, dass sechs Stunden freier Auslauf für eine verhaltensgerechte Unterbringung von Pferden nicht erforderlich seien und keine tierschutzrechtliche Rechtfertigung fänden; zwei Stunden würden ausreichen. Des Weiteren solle sie mit dieser Anordnung sanktioniert werden, es solle dem Beklagten durch die Anordnung von sechs Stunden freien Auslaufs diesbezügliche Kontrollen ermöglicht werden. Dies sei willkürlich. Im Übrigen zeige der gute Gesundheitszustand ihrer Pferde, dass diesen genug Auslauf

95 *OVG Lüneburg*, Beschluss vom 29. Februar 2016, Az.: 11 LA 116/15 6 A 241/14 (unveröffentlicht).

96 *VG Lüneburg*, Urteil vom 15. April 2015, Az.: 6 A 241/14 (unveröffentlicht).

gewährt würde. Letztlich seien ihre Pferde alt und krank und dürften daher nicht länger als zwei Stunden freien Auslauf haben.

b) Gerichtliche Entscheidung

Das OVG Lüneburg hat den Antrag auf Zulassung der Berufung abgelehnt. Zulassungsgründe lägen nicht vor.

Ermächtigungsgrundlage für den Bescheid vom 24. März 2014 sei § 16a i. V. m. § 2 TierSchG. Die Voraussetzungen dieser Normen lägen vor. Dass Pferde mindestens sechs Stunden täglich freien Auslauf bräuchten, beruhe auf der fachlichen Einschätzung der Amtsveterinärin des Beklagten: Amtstierärzte hätten bei Fragen bzgl. § 2 TierSchG eine gesetzliche, vorrangige Beurteilungskompetenz, sie seien gesetzlich vorgesehene Sachverständige. Dies ergebe sich aus § 16a Abs. 1 Satz 2 Nr. 2 und § 15 Abs. 2 TierSchG. Der fachlichen Beurteilung der Amtstierärzte komme besonderes Gewicht zu. Im vorliegenden Fall gebe es keine Anhaltspunkte, dass diese Beurteilung falsch sein könnte. Die Amtstierärztin habe sich an den vom BMEL herausgegebenen Leitlinien zur Beurteilung von Pferdehaltungen unter Tierschutzgesichtspunkten vom 9. Juni 2009 orientiert. Diese berücksichtigten neue wissenschaftliche Erkenntnisse und Praxiserfahrungen in Bezug auf tierschutzgerechte Pferdehaltung. Sie könnten aussagekräftige, fachwissenschaftlich belegte Anhaltspunkte dafür liefern, ob eine Pferdehaltung tierschutzgerecht sei. Die Empfehlungen der Leitlinien seien sachverständige Zusammenfassungen dessen, was als verlässlicher und gesicherter wissenschaftlicher Kenntnisstand gelten könne, sie hätten damit den Charakter einer sachverständigen Äußerung. Gemäß Nr. 2.1.2. der Leitlinien bewegten sich Pferde unter natürlichen Haltungsbedingungen im Sozialverband zur Futteraufnahme bis zu 16 Stunden täglich und hätten einen Bedarf an täglich mehrstündiger Bewegung in mäßigem Tempo. Mangelnde Bewegung könne zu Verhaltensstörungen führen. Kontrollierte Bewegung (z. B. unter dem Sattel) beinhalte nicht die gleichen Bewegungsabläufe wie die freie Bewegung und könne diese nicht vollständig ersetzen. Allen Pferden müsse so oft wie möglich Weidegang und/oder Auslauf angeboten werden. Dass die Leitlinien keine genauen Auslaufzeiten angäben, stehe der amtstierärztlichen Beurteilung nicht entgegen; die Anordnung, den Pferden sechs Stunden täglich freien Auslauf zu gewähren, sei im Hinblick auf die Leitlinien (16 Stunden, s. o.) in Ordnung. Das Vorbringen der Klägerin, ihre Pferde dürften aufgrund Alter bzw. Krankheit keine sechs Stunden Auslauf haben, sei verspätet gewesen. Im Übrigen sehe der Bescheid Ausnahmen für kranke Pferde vor, wenn ein tierärztliches Attest vorgelegt werde, das besage, dass ein Pferd wegen Krankheit keine sechs Stunden freien Auslauf haben dürfe.

Der Vortrag der Klägerin, ihre Pferde seien in einem guten Gesundheitszustand – was der Beklagte im Übrigen nicht so sehe – sei hier nicht relevant. Denn der Gesundheitszustand sei für die hier streitige Anordnung irrelevant; es müssten für den Erlass einer Anordnung diesen Inhalts nicht erst Gesundheitsschäden eintreten.

c) Bewertung

Das OVG Lüneburg hat hier richtig auf das Verhalten von Pferden unter natürlichen Bedingungen, also im Freien und innerhalb des Sozialverbandes der Herde, abgestellt, um den Begriff *verhaltensgerecht* zu konkretisieren. Dieses Verhalten im natürlichen Umfeld legen auch die Leitlinien zur Beurteilung von Pferdehaltungen unter Tierschutzgesichtspunkten, die von Behörde und Gericht angewendet werden, zugrunde.

Richtigerweise wurde durch das Gericht im Konjunktiv formuliert, dass die Leitlinien fachwissenschaftlich belegte Anhaltspunkte dafür sein können, ob eine Pferdehaltung verhaltensgerecht ist oder nicht. Der Terminus „antizipiertes Sachverständigengutachten“ wird in der vorliegenden Entscheidung nicht verwendet; vielmehr sieht das Gericht in den Leitlinien eine „sachverständige Äußerung“,[97] was als ein „Weniger“ als ein antizipiertes Sachverständigengutachten anmutet. Dem ist zuzustimmen, jedenfalls dann, wenn die sachverständigen Aussagen zurückverfolgbar und somit die Aussagen der Leitlinien transparent sind wie auch ihre Entstehung.

3. OVG Münster zum Verbot des Betreibens einer Hundeschule und -tagespension[98]

a) Sachverhalt

Die Antragstellerin brachte für Dritte regelmäßig deren Hunde, z. T. über Nacht, in dem u. a. von ihr bewohnten Haus unter. Am 2. April 2015 stell-

---

97 *OVG Lüneburg*, Beschluss vom 29. Februar 2016, Az.: 11 LA 116/15 6 A 241/14 (unveröffentlicht).

98 *OVG Münster*, Beschluss vom 30. Juni 2016, Az.: 20 B 1408/15 (juris).

te die zuständige Behörde und Antragsgegnerin bei einer Kontrolle fest, dass die Antragstellerin in zwei Räumen des Hauses zwölf Hunde untergebracht hatte, von denen sich zehn in geschlossenen Käfigen oder käfigartigen Boxen befanden, die z. T. mit Tüchern abgedeckt waren. Überwiegend waren die Hunde allein in den Behältnissen untergebracht; in zwei Boxen befanden sich jeweils mindestens zwei Hunde. Bei den Boxen handelte es sich jeweils um solche mit einer Bodenfläche von deutlich weniger als einem m^2 und mit einer Höhe von höchstens 1,2 m. Bei den darin untergebrachten Hunden handelte es sich u. a. um einen großen Schweizer Sennenhund und zwei ausgewachsene Schäferhunde. Diese konnten sich auf der verfügbaren Bodenfläche nicht problemlos drehen oder ausgestreckt hinlegen. Der Zuschnitt der Boxen behinderte die Einnahme einer beliebigen Körperhaltung ebenfalls. Auf Lichtbildern, die bei der Kontrolle angefertigt wurden, war ein Hund abgebildet, der bei gerade gehaltenem Kopf allenfalls noch soeben aufrecht stehen konnte. In diesen Boxen waren die Hunde regelmäßig oder jedenfalls wiederkehrend über einen Zeitraum von bis zu etwa neun Stunden in Nächten untergebracht.

Die Antragsgegnerin erließ gegenüber der Antragstellerin eine Ordnungsverfügung, mit der dieser das Halten und Betreuen sowie Züchten und Trainieren von Tieren jeder Art, insbesondere das Betreiben der Hundeschule und -tagespension untersagt wurde. Diese Verfügung wurde für sofort vollziehbar erklärt.[99]

Das Verwaltungsgericht Gelsenkirchen lehnte das Ersuchen der Antragstellerin im vorläufigen Rechtsschutz auf Wiederherstellung der aufschiebenden Wirkung ab, da die Ordnungsverfügung offensichtlich rechtmäßig sei und ein besonderes öffentliches Interesse an der sofortigen Vollziehung bestehe.

Hiergegen wendet sich die Antragstellerin in zweiter Instanz im vorläufigen Rechtsschutz.

b) Gerichtliche Entscheidung

Das Gericht hat die Beschwerde der Antragstellerin gegen den Beschluss des VG Gelsenkirchen[100] zurückgewiesen, da die Ordnungsverfügung der

---

99 Zum Sachverhalt *OVG Münster*, Beschluss vom 30. Juni 2016, Az.: 20 B 1408/15 (juris) Rn. 16-23.

100 *VG Gelsenkirchen*, Beschluss vom 1. Dezember 2015, Az.: 16 L 487/15 (nicht veröffentlicht).

Antragsgegnerin offensichtlich rechtmäßig sei und ein besonderes öffentliches Interesse an der sofortigen Unterbindung jeglicher Tierhaltung sowie -betreuung seitens der Antragstellerin bestehe.

Die Ordnungsverfügung der Antragsgegnerin, in deren Mittelpunkt die Unterbringung von Hunden in Käfigen und die daraus resultierende Beeinträchtigung der Hunde in ihrer Bewegung stehe, beruhe auf § 16a Abs. 1 Satz 2 Nr. 3 TierSchG. Nach dieser Vorschrift könne die zuständige Behörde demjenigen, der unter anderem der Vorschrift des § 2 TierSchG wiederholt und grob zuwider gehandelt und dadurch den von ihm gehaltenen oder betreuten Tieren erhebliche oder länger anhaltende Leiden zugefügt habe, das Halten oder Betreuen von Tieren einer bestimmten oder jeden Art untersagen, wenn Tatsachen die Annahme rechtfertigten, dass er weiterhin derartige Zuwiderhandlungen begehen werde.

Durch die Unterbringung der Hunde in Käfigen und Boxen habe die Antragstellerin den Anforderungen an die verhaltensgerechte Unterbringung von Hunden nach § 2 Nr. 1 TierSchG zuwidergehandelt.[101]

Die Unterbringung von Hunden in Boxen sei nicht verhaltensgerecht und daher unvereinbar mit § 2 Nr. 1 TierSchG. Dies bestätigten auch die Wertungen der Tierschutz-Hundeverordnung, die bei der Haltung von Hunden in einem Zwinger oder in einem Raum nach § 6 Abs. 2 Satz 1 Nr. 1, 2, Satz 2 und § 5 Abs. 2 Tierschutz-Hundeverordnung eine uneingeschränkt benutzbare Bodenfläche von mindestens 6 m^2 vorschrieben bei Seitenlängen des Raumes, die jeweils nicht kürzer als 2 Meter sein dürften.

In der Sache seien im vorliegenden Fall jedenfalls die größeren Hunde, selbst wenn sie allein in einem Behältnis bei der Antragstellerin untergebracht worden seien, auf engstem Raum weitgehend fixiert worden und hätten liegend nicht jede natürliche Körperhaltung einnehmen können. Die Hunde seien eingesperrt und so daran gehindert worden, sich mehr oder anders zu bewegen, als es der jeweilige Käfig bzw. die Box ermöglicht hätten. Die Nachtruhe der Hunde sei so gleichsam erzwungen worden, und zwar auf einem auf ein Minimum beschränkten Platz.

Bei der Haltung und Betreuung von Tieren müssten die Anforderungen nach § 2 TierSchG vollständig und damit hinsichtlich jedes einzelnen Kriteriums ordnungsgemäß erfüllt werden; die nächtliche Unterbringung müsse auch dann verhaltensgerecht sein, wenn die Tiere tagsüber tierschutzkonform behandelt werden.[102]

101 *OVG Münster*, Beschluss vom 30. Juni 2016, Az.: 20 B 1408/15 (juris) Orientierungssatz 2, Rn. 16, 18, 21, 23, 35.

102 *OVG Münster*, Beschluss vom 30. Juni 2016, Az.: 20 B 1408/15 (juris) Rn. 33, 36.

Die nächtliche Unterbringung der Hunde von ca. neun Stunden sei für deren Wohlbefinden – auch wenn diese nicht jede Nacht bei der Antragstellerin untergebracht gewesen seien – ohne Weiteres einleuchtend von erheblicher Bedeutung.[103]

Mildere Mittel als die Untersagung des Haltens und Betreuens von Hunden seien nicht ersichtlich gewesen, Maßnahmen unterhalb der Schwelle der Untersagung seien wenig Erfolg versprechend gewesen. Die umfassende gegenständliche Erstreckung der Untersagungsanordnung auf das Halten und Betreuen von Tieren aller Art sowie ihre nachteiligen Folgen für die Antragstellerin, die ein faktisches Berufsverbot geltend gemacht habe, auch was die wirtschaftlichen Auswirkungen der Unterbindung des Betriebs der Hundeschule anbelange, sei nach Lage der Dinge gerechtfertigt durch die Schwere der begangenen und drohenden Zuwiderhandlungen sowie der dadurch hervorgerufenen Beeinträchtigungen der betroffenen Tiere. Das von der Antragstellerin angenommene faktische Berufsverbot gehe gerade darauf zurück, dass sie nicht bereit und nicht in der Lage gewesen sei, grundlegende Anforderungen an das Halten und Betreuen von Hunden richtig wahrzunehmen oder im Widerstreit mit ihrem Interesse, in dem Haus mehrere Hunde Dritter unterzubringen, ausreichend zu wahren.[104]

c) Bewertung

Diese Gerichtsentscheidung setzt die Inhalte des § 2 TierSchG konsequent um und macht ausdrücklich klar, dass eine verhaltensgerechte Unterbringung immer tierschutzkonform gewährleistet werden muss, auch bzw. erst recht in einem Bereich, in dem eine Person ihr Geld mit der „Nutzung“, hier in Form der Betreuung von Tieren verdient.

Trotz des Fehlverhaltens der Antragstellerin (nur) im Rahmen der Hundebetreuung hat das Gericht die Entscheidung der Behörde, der Antragstellerin ein Verbot der Haltung und Betreuung aller Tierarten aufzuerlegen, vollumfänglich bestätigt.

Richtig geht das Gericht auf das Verhalten des Hundes ein und stellt klar, dass ein Hund, der über Stunden in einem Käfig bzw. einer Box untergebracht ist, nicht verhaltensgerecht untergebracht ist, im Fall der größeren Hunde sogar eine Fixation über Stunden stattgefunden hat.

---

103 *OVG Münster*, Beschluss vom 30. Juni 2016, Az.: 20 B 1408/15 (juris) Rn. 42.
104 *OVG Münster*, Beschluss vom 30. Juni 2016, Az.: 20 B 1408/15 (juris) Rn. 46.

Konsequenterweise musste der Antragstellerin, da die Gefahr bestand, dass weitere Verstöße dieser Art drohten, ein Tierhaltungs- und Betreuungsverbot auferlegt werden.

Es fällt auf, dass das Gericht sich nicht weiter mit dem von der Antragstellerin vorgetragenen faktischen Berufsverbot auseinandersetzt, sondern recht selbstverständlich die Interessen des Tierschutzes vor die wirtschaftlichen Interessen der Antragstellerin stellt. In Folge kann die Antragstellerin aufgrund des Bescheides keine Einkünfte mehr aus dem Betrieb von Hundepension und Hundeschule schöpfen. Richtigerweise hat das Gericht festgestellt, dass dies die konsequente Folge des Verstoßes gegen § 2 TierSchG ist, da die Antragstellerin ihre Interessen, mehr Hunde betreuen zu können, also wirtschaftliche Interessen, vor die Interessen der Hunde gestellt hat.

Dies ist eine konsequente Durchsetzung des verfassungsrechtlich geschützten Tierschutzes, nachdem es der Antragstellerin grundsätzlich unbenommen ist, mit der Betreuung von fremden Hunden ihr Geld zu verdienen und Gewinne zu erwirtschaften; dies jedoch ist nur möglich bei strikter Einhaltung der tierlichen Interessen, die u. a. durch § 2 TierSchG geschützt werden.

4. OVG Münster zur sog. Catch-and-release-Praxis[105]

a) Sachverhalt

Der Antragsteller betreibt gewerbsmäßig eine Angelteichanlage in Nordrhein-Westfalen.

Im Juli 2014 erließ der Antragsgegner eine Verfügung gegen den Antragsteller, mit der diesem unter Nr. 1) aufgegeben wurde, sicherzustellen, dass die geangelten Fische unverzüglich waidgerecht angelandet, betäubt, getötet und vom Angelhaken gelöst werden. Unter Nr. 2) wurde eine Untersagung des Wiedereinsetzens geangelter Fische ausgesprochen.

Weiter wurde die Verfügung für sofort vollziehbar erklärt, wogegen sich der Antragsteller im Wege des einstweiligen Rechtsschutzes wehrt.[106]

---

105 *OVG Münster*, Beschluss vom 3. Juli 2015, Az.: 20 B 209/15, NuR 2016, S. 54 f.

106 Zum Sachverhalt *OVG Münster*, Beschluss vom 3. Juli 2015, Az.: 20 B 209/15, NuR 2016, S. 54 f.

Die erste Instanz des einstweiligen Rechtsschutzes[107] hat den Antrag auf Wiederherstellung der aufschiebenden Wirkung abgelehnt, die Verfügung sei offensichtlich rechtmäßig.

Ermächtigungsgrundlage für die Nummern 1) und 2) der Verfügung sei § 16a Abs. 1 Satz 1 TierSchG, denn die Anordnungen dienten der Verhinderung zukünftiger Verstöße gegen § 1 Satz 2 TierSchG, nach dem niemand einem Tier ohne vernünftigen Grund Schmerzen, Leiden oder Schäden zufügen darf.

Dass es in der Vergangenheit zu Verstößen gekommen sei, zeigten Videos aus dem Internet von Angelvorgängen auf der Anlage des Antragstellers. Auf diesen Videos könne man sehen, wie kapitale Fische auf der Anlage des Antragstellers mit lang andauerndem Drill (Heranziehen des angehakten Fisches) geangelt, ohne Unterfangkescher angelandet, lebend vor der Kamera als Trophäe präsentiert und danach ohne Betäubung abgehakt und wieder in den Teich gesetzt werden (sog. „catch and release" – fangen und wiederfreilassen). Auch der Antragsteller sei auf diesen Videos zu sehen, und zwar wie er beim Anlanden ohne Unterfangkescher, beim Auf-den-Arm-nehmen der Fische sowie beim Fotografieren behilflich ist. Teilweise blieben die Fische mehrere Minuten an Land liegen, bevor sie wieder in den Teich eingesetzt werden. Auch sehe man auf den Videos den Kiemenschlag der Fische an Land sowie ein deutlich gestörtes Allgemeinbefinden der Fische nach dem Zurücksetzen in den Teich; z. T. schwämmen diese nur sehr langsam und in Schieflage vom Uferbereich weg.[108]

Ob das oben beschriebene Vorgehen den Fischen Schmerzen verursache, sei in der Wissenschaft umstritten, könne hier jedoch unentschieden bleiben, da den Fischen jedenfalls Leiden zugefügt würden, da diese erheblichen Stresssituationen ausgesetzt würden. Die länger anhaltenden Leiden habe der Antragsgegner in der Begründung der Ordnungsverfügung mit wissenschaftlichen Berichten nachvollziehbar dargelegt.

Einen vernünftigen Grund für diese Vorgehensweise beim Angeln der Fische habe der Antragsteller nicht geltend machen können. Insbesondere würden die Fische nicht zu Nahrungszwecken geangelt, sondern nur, um die Erfahrung eines langen Drills (Heranziehen des angehakten Fisches) zu machen und um mit ihnen vor der Kamera zu posieren („Trophäenfischen"). Dieses Trophäenfischen sei somit ein Verstoß gegen das Tierschutzgesetz.

---

107 *VG Münster*, Beschluss vom 30. Januar 2015, Az.: 1 L 615/14 (juris).

108 *VG Münster*, Beschluss vom 30. Januar 2015, Az.: 1 L 615/14 (juris) Rn. 4-11.

Es liege auch ein besonderes öffentliches Interesse in der sofortigen Vollziehbarkeit wegen der Bedeutung des Tierschutzes. Dieser überwiege das rein wirtschaftliche Interesse des Antragsstellers; insbesondere werde diesem nicht der gesamte Betrieb seiner Anlage verboten, sondern nur die oben beschriebene Praxis des „catch and release"; tierschutzgerechtes Angeln bleibe weiterhin erlaubt.[109]

Hiergegen hat der Antragsteller Beschwerde beim OVG Münster erhoben. Er geht weiter mit dem Ziel vor, die aufschiebende Wirkung der Nummern 1) und 2) wiederherstellen zu lassen.

b) Gerichtliche Entscheidung

Das OVG Münster hat die Beschwerde des Antragstellers zurückgewiesen.

Es hat entschieden, dass Fischen ohne vernünftigen Grund i. S. v. § 1 Satz 2 TierSchG Leiden zugefügt würden, wenn sie mit lang andauerndem Drill geangelt, lebend vor der Kamera als Trophäe präsentiert und anschließend wieder in das Gewässer zurückgesetzt werden („catch and release").

Es spreche viel dafür, dass die diesbezügliche Verfügung sich in dem Hauptsacheverfahren als rechtmäßig erweise.

Es gebe keine Anhaltspunkte dafür, dass der Antragsteller die tierschutzrechtliche Bewertung des „catch and release" uneingeschränkt für sich übernommen habe. Denn seine Teiche seien nach wie vor mit sehr großen Fischen besetzt, die einen starken Anreiz für Angler bildeten, das „catch and release" durchzuführen. Auch dürfe man diese Fische nach der neuen Teichordnung noch weiterhin angeln. Aber weder dem Angler noch dem Antragsteller könne daran gelegen sein, die Anlage hinsichtlich der sehr großen Fische „leerzufischen". Der Anschaffungspreis für die sehr großen Fische sei nämlich höher als der Preis, den ein Angler für eine Angelkarte bei dem Antragsteller bezahlen müsse. Zwar trägt der Antragsteller vor, dass ein Angler einen höheren Preis bezahlen müsse, wenn er solch einen sehr großen Fisch mitnehmen möchte. Doch am Mitnehmen eines sehr großen Fisches habe ein Angler kein Interesse, ein Verzehr eines großen Fisches sei von vornherein nicht beabsichtigt. Wie die früheren Vorkommnisse gezeigt hätten, bestehe weiterhin ein Interesse am „catch and release".

109 *VG Münster*, Beschluss vom 30. Januar 2015, Az.: 1 L 615/14 (juris) Rn. 15.

Letztlich lade der Antragsteller mit seiner Werbung mit einem attraktiven Fischbestand geradezu zu dieser Vorgehensweise ein.[110]

Nummer 1) der Verfügung sei auch nicht ungeeignet oder sinnlos. Denn dem Antragsteller sei es möglich, durch eine Teichordnung und deren Vollziehung sicherzustellen, dass die Angler sich an die Nummern 1) und 2) der Ordnungsverfügung hielten.

Es sei dem Antragsteller auch zuzumuten, für das Verhalten Dritter, also der Angler auf seiner Anlage, einzustehen, denn durch das Betreiben der Anlage und das Vorhalten von sehr großen Fischen setze der Antragsteller die zentrale Ursache für das Vorgehen im Wege des „catch and release" und damit für die Zuwiderhandlung gegen § 1 Satz 2 TierSchG. Daher sei er jedenfalls mitverantwortlich dafür, dass sich die Gefahr des Rechtsverstoßes realisiere. Weiter setze Nr. 1) der Verfügung eine verbindliche Reihenfolge bzgl. des Umgangs mit Fischen fest. Diese dürften insbesondere erst nach dem Töten abgehakt werden; die in Nr. 1) festgelegte Reihenfolge sei also einzuhalten.[111]

c) Bewertung

Dieser Beschluss zeigt, dass die Rechtsprechung durchaus durchgreifen kann, was die Einhaltung des Tierschutzgesetzes angeht. Der Antragsteller bestreitet seinen Lebensunterhalt mit der Gewährung der Möglichkeit für Dritte, Fische zu angeln. Zwar wird ihm der Betrieb der Angelteichanlage nicht verboten. Gleichwohl ist klar zu erkennen, dass der wesentliche Geschäftszweig des Antragstellers nicht das Angeln selbst ist, sondern gerade das Angeln besonders großer Fische, die im Wege der catch-and-release-Praxis nur zum Posieren mit einem großen Fisch vor der Kamera geangelt werden und sodann wieder (lebend) zurück ins Wasser gesetzt werden, um dem nächsten das beschriebene Angelerlebnis zu ermöglichen. Mit dem Verbot der catch-and release-Praxis bricht dem Antragsteller ein wesentlicher Geschäftszweig weg, was das Gericht – richtigerweise – zur Durchsetzung des Tierschutzgesetzes ohne Not so hinnimmt und die amtstierärztliche Verfügung (jedenfalls zunächst im Wege des einstweiligen Rechtsschutzes) bestätigt.

---

110 *OVG Münster*, Beschluss vom 3. Juli 2015, Az.: 20 B 209/15, NuR 2016, S. 54 f., S. 55.

111 *OVG Münster*, Beschluss vom 3. Juli 2015, Az.: 20 B 209/15 (juris), Rn. 14-23.

5. Zwischenfazit

Bei den soeben dargestellten Entscheidungen fällt auf, dass mit diesen Entscheidungen das Tierschutzgesetz konsequent durchgesetzt wird. Es werden richtige Methoden gewählt, um die Begriffe artgemäß und verhaltensgerecht zu konkretisieren und z. T. mehrere Gutachten zur Bestimmung des Verhaltens der betroffenen Tierart herangezogen. In allen Entscheidungen sind jedoch gleichwohl nur kleinere, gewerbsmäßig oder gewerblich betriebene Tierhaltungen betroffen. Obgleich auch diese von den Entscheidungen betroffenen Personen in ihrer Berufsfreiheit berührt werden können, geht dieser Gesichtspunkt in die Entscheidungen nicht ein bzw. wird aus Gründen des Tierschutzes als diesem aufgrund einer getätigten Abwägung als nachrangig dargestellt. Hier zeigt sich, dass die Anhebung des Tierschutzes auf Verfassungsebene deutliche Auswirkungen hat; die menschlichen Grundrechte müssen hier aus Gründen eines ethischen Tierschutzes zurücktreten.

Die folgenden Entscheidungen sollen darstellen, dass genau diese – richtige – Vorgehensweise der konsequenten Durchsetzung des Tierschutzgesetzes nicht immer angewendet wird.

6. OVG Magdeburg zur Sauenhaltung im Kastenstand[112] und Bestätigung durch das Bundesverwaltungsgericht[113]

a) Sachverhalt

Die Klägerin ist Betreiberin einer Anlage zum Halten und zur Aufzucht von Schweinen.

Nach einer Kontrolle erließ der Beklagte am 26. November 2012 einen Bescheid, mit dem der Klägerin folgendes aufgegeben wurde: „Bis zum 31. Dezember 2012 sind alle belegten Kastenstände so zu gestalten, dass jedes Schwein ungehindert aufstehen, sich hinlegen sowie den Kopf und in Seitenlage die Gliedmaßen ausstrecken kann."[114]

112 *OVG Magdeburg*, Urteil vom 24. November 2015, Az.: 3 L 386/14, RdL 2016, S. 79 ff.

113 *BVerwG*, Beschluss vom 8. November 2016, Az.: 3 B 11.16, NVwZ 2017, S. 404 ff.

114 *OVG Magdeburg*, Urteil vom 24. November 2015, Az.: 3 L 386/14 (juris) Rn. 1, 2; RdL 2016, S. 79 ff., S. 79.

Nach einem erfolglosen Widerspruch erhob die Klägerin Anfechtungsklage vor dem VG Magdeburg, die am 3. März 2014 abgewiesen wurde.[115] Das VG Magdeburg begründete sein Urteil damit, dass die Kastenstände der Klägerin nicht den Vorgaben des § 24 Abs. 4 Nr. 2 TierSchNutztV[116] genügten, wenn sie nach Länge oder Breite so ausgelegt seien, dass die Tiere an die Kastenstände anstoßen müssten bzw. dass ihre Gliedmaßen im Liegen über die Kastenstände hinaus in den Bereich der angrenzenden Kastenstände hineinragten.[117]

Am 9. April 2014 legte die Klägerin gegen diese Entscheidung Berufung ein. Diese begründete sie damit, dass sie keine Übergangsfrist habe eingeräumt bekommen, um die Kastenstände umzugestalten. Weiter sei § 24 Abs. 4 Nr. 2 TierSchNutztV mehreren Auslegungen zugänglich; der Bescheid vom 26. November 2012 sei daher nicht hinreichend bestimmt. Die Ausführungshinweise des Landes Niedersachsen zu § 24 Abs. 4 TierSchNutztV vom 23. Februar 2010 gäben lichte Weiten von 65 bzw. 70 cm vor; die Ausführungshinweise seien auch in Sachsen-Anhalt verbindlich. Die Vorgaben des § 24 Abs. 4 Nr. 2 TierSchNutztV seien auch eingehalten, wenn die Schweine ihre Gliedmaßen in den benachbarten Kastenstand stecken könnten. Weiter schreibe § 24 Abs. 4 Nr. 2 TierSchNutztV gerade nicht vor, dass die Tiere ihre Gliedmaßen <u>jederzeit</u> bzw. <u>jederzeit</u> <u>ungehindert</u> ausstrecken können müssen. Es komme vielmehr auf das tatsächliche Liegeverhalten von Schweinen an. Im Übrigen sei es gerade tierschutzrelevant, wenn ein Kastenstand zu breit sei. Dies berge die Gefahr in sich, dass das Schwein sich in dem Kastenstand herumdreht, was nicht nur ein Verletzungsrisiko für das Tier begründe, sondern auch aus hygienischen und versorgungstechnischen Gründen unterbunden werden müsse. Wenn man den Bescheid vom 26. November 2012 so verstünde, dass die Beklagte von ihr, der Klägerin, verlange, die Kastenstände abzuschaffen, würde der Klägerin damit ein gesetzlich erlaubtes Haltungssystem verboten, wodurch § 24 Abs. 4 TierSchNutztV keinen Anwendungsbereich mehr hätte. Dies zu entscheiden, sei nicht Sache der Verwaltung. Letztlich schreibe § 30 Abs. 2 Satz 2 TierSchNutztV eine Liegefläche von 0,95 m^2 bzw. 1,3 m^2 für Jungsau

---

115 *VG Magdeburg*, Urteil vom 3. März 2014, Az.: 1 A 230/14 (juris).

116 Wortlaut des § 24 Abs. 4 Nr. 2 TierSchNutztV:*(4) Kastenstände müssen so beschaffen sein, dass*
1. (...)
2. jedes Schwein ungehindert aufstehen, sich hinlegen sowie den Kopf und in Seitenlage die Gliedmaßen ausstrecken kann.

117 *VG Magdeburg*, Urteil vom 3. März 2014, Az.: 1 A 230/14 (juris) Rn. 26.

bzw. Sau vor. Auf diese Vorgaben bezögen sich auch die Vorgaben der Ausführungshinweise Niedersachsen.[118]

Der Beklagte trägt vor, seine Verfügung vom 26. November 2012 sei klar genug. Aus ihr gehe eindeutig hervor, dass ein Durchstrecken von Gliedern in einen benachbarten Kastenstand keine im Sinne der Anordnung ordnungsgemäße Kastenstandhaltung sei. Im Übrigen wiederhole der Bescheid lediglich den Wortlaut der Vorgabe des § 24 Abs. 4 Nr. 2 TierSchNutztV und sei schon daher bestimmt genug. 70 cm breite Kastenstände ermöglichten nicht in jedem Fall ein ungehindertes Ausstrecken der Glieder in Seitenlage. Die Ausführungshinweise des Landes Niedersachsen seien lediglich Interpretationshilfen für die Behörde und müssten immer in Abhängigkeit zum konkreten Einzelfall angewendet werden. Selbst wenn die in den Ausführungshinweisen genannten 70 cm Breite von anderen Behörden als feste Größe auf jeden Fall angewendet würden, so sei dies eine rechtswidrige Vorgehensweise. Auf eine Gleichbehandlung mit Betrieben, bei denen in rechtswidriger Weise so vorgegangen würde könne sich die Klägerin nicht berufen. Ein ungehindertes Ausstrecken der Gliedmaßen in Seitenlage sei nur möglich in Kastenständen, die mindestens die Breite aufwiesen, die der Höhe des darin befindlichen Schweins entspreche. Das Hineinstrecken der Gliedmaßen in andere Kastenstände werde durch Querverstrebungen der Kastenstände und/oder durch die im Nachbarstand befindliche Sau unmöglich gemacht. Weiter sei § 24 Abs. 4 TierSchNutztV gerade nicht so ausgestaltet, dass bei der Sorge, das Schwein könnte sich verletzen (Nr. 1), von den Anforderungen der Nr. 2 des Abs. 4 abgewichen werden dürfe. Denn § 24 Abs. 4 Nr. 1 und Nr. 2 TierSchNutztV müssten zwingend beide erfüllt werden. Im Gegenteil, wenn die Gefahr einer Verletzung der Sau bestehe, müsse diese aus dem Kastenstand entfernt werden. Denn der Verordnungsgeber wisse und zeige mit § 30 Abs. 4 TierSchNutztV, dass nicht jede Sau in einem Kastenstand gehalten werden könne bzw. müsse.[119]

---

118 Zum Vortrag der Klägerin in der Berufungsinstanz *OVG Magdeburg*, Urteil vom 24. November 2015, Az.: 3 L 386/14 (juris) Rn. 7-9; RdL 2016, S. 79 ff., S. 79 f.

119 Zum Berufungsvortrag des Beklagten *OVG Magdeburg*, Urteil vom 24. November 2015, Az.: 3 L 386/14 (juris) Rn. 15-17, RdL 2016, S. 79 ff., S. 80.

b) Gerichtliche Entscheidungen

Das OVG Magdeburg hat die Entscheidung des VG Magdeburg sowie den Bescheid des Beklagten vom 26. November 2012 bestätigt: Der Bescheid vom 26. November 2012 sei rechtmäßig und verletze die Klägerin nicht in ihren Rechten.[120]

Er beruhe auf § 16a Abs. 1, § 2 Nr. 1, Nr. 2 TierSchG i. V. m. § 24 Abs. 4 Nr. 2 TierSchNutztV. Die Voraussetzungen dieser Normen lägen vor.

Aus § 24 Abs. 4 Nr. 2 TierSchNutztV ergebe sich zwingend, dass einer (Jung)sau im Kastenstand die Möglichkeit eröffnet sein müsse, jederzeit in diesem eine Liegeposition in beiden Seitenlagen einzunehmen, bei der ihre Gliedmaßen auch an dem vom Körper entferntesten Punkt nicht an Hindernisse stoßen.[121]

Die Formulierung „ausstrecken" sei insoweit eindeutig. Weiterhin meine die Norm, dass jedes Schwein seine Gliedmaßen jederzeit ausstrecken können muss. Zwar verwende § 24 Abs. 4 Nr. 2 TierSchNutztV den Begriff „jederzeit" nicht, wie aber einige andere Normen der TierSchNutztV, z. B. § 24 Abs. 6 Nr. 1, § 26 Abs. 1 Nr. 1, Nr. 2, § 26 Abs. 4 Satz 2, § 30 Abs. 3 TierSchNutztV. Die streitige Norm des § 24 Abs. 4 TierSchNutztV betreffe aber – anders als die anderen Normen – die dauerhafte Gestaltung der Haltungseinrichtung. Eine andere Auslegung als die jederzeitige Möglichkeit des Ausstreckens der Glieder mache daher keinen Sinn. Im Übrigen gebiete der Sinn und Zweck des Tierschutzgesetzes (§ 1 TierSchG) diese Auslegung.[122]

Auch die – entgegen der klägerischen Ansicht nicht rechtsverbindlichen – Ausführungshinweise des Landes Niedersachsen führten zu keinem anderen Ergebnis. Unerheblich dagegen seien diejenigen veterinärmedizinischen Erfahrungen, die besagten, dass nur jedes fünfte Schwein in Seitenlage ruhe. Diesbezüglich sei § 24 Abs. 4 Nr. 2 TierSchNutztV deutlich, denn jedes, und nicht nur jedes fünfte Schwein müsse die Möglichkeit haben, seine Gliedmaßen auszustrecken.[123]

---

120 Dies wurde mittlerweile vom Bundesverwaltungsgericht bestätigt, das die Nichtzulassungsbeschwerde gegen das Urteil des OVG Magdeburg mit Beschluss vom 23. November 2016, Az.: 3 B 11.16, NVwZ 2017, S. 404 ff., zurückgewiesen hat.

121 *OVG Magdeburg*, Urteil vom 24. November 2015, Az.: 3 L 386/14 (juris) Leitsatz, Rn. 37, RdL 2016, S. 79 ff., S. 81.

122 *OVG Magdeburg*, Urteil vom 24. November 2015, Az.: 3 L 386/14 (juris) Rn. 9, RdL 2016, S. 79 ff., S. 81.

123 *OVG Magdeburg*, Urteil vom 24. November 2015, Az.: 3 L 386/14 (juris) Rn. 39, 40, RdL 2016, S. 79 ff., S. 82.

Ohne Belang sei weiterhin, dass nach der Richtlinie 2008/120/EG des Rates über die Mindestanforderungen für den Schutz von Schweinen geringere Flächen ausreichen können. Die Mitgliedstaaten hätten insoweit das Recht, über die in der Richtlinie vorgegebenen Mindeststandards hinauszugehen und strengere Anforderungen festzulegen (sog. Opting-up).[124]

Im Übrigen sei die von der Klägerin vorgetragene Vorschrift der Richtlinie gerade nicht einschlägig, denn die dort angegebenen Mindestfläche für Sauen von 1,3 m^2 gelte für die Haltung in der Gruppe, vgl. Art. 3 Abs. 1 b) der Richtlinie.[125]

An die Vorgaben von § 24 Abs. 4 Nr. 2 TierSchNutztV hielten sich solche Kastenstände, deren Breite mindestens dem Stockmaß des darin untergebrachten Schweins entspreche oder Kastenstände mit einer geringeren Breite, welche dem Tier die Möglichkeit eröffneten, die Gliedmaßen ohne Behinderung in die beiden benachbarten leeren Kastenstände zu strecken. Querverstrebungen stellten keine Behinderung dar, wenn sie hoch genug angebracht seien, dass sich das Schwein ungehindert hinlegen könne, ohne an die untersten Querstreben zu stoßen.[126]

Wenn die Gefahr bestehe, dass eine Sau sich in einem breiten Kastenstand umdrehe, so sei sie entweder aus dem Kastenstand zu entfernen oder aber sie müsse in einem Kastenstand untergebracht werden, der zwar nicht ganz so breit sei, wie es dem Stockmaß der Sau entspreche; dann jedoch müssten die beiden benachbarten Kastenstände leer sein, so dass der Sau die Möglichkeit eröffnet werde, ihre Gliedmaßen in beiden Seitenlagen jeweils in den benachbarten leeren Kastenstand zu strecken.[127]

Letztlich habe der Klägerin auch keine Übergangsfrist gesetzt werden müssen. Die Verpflichtung, die der (gesetzeswiederholende) Bescheid wiederhole, ergebe sich für die Klägerin bereits unmittelbar aus dem Gesetz. Hier bestehe kein Raum für eine behördliche Übergangsfrist. Die Zeitangabe in der Verfügung „bis zum 31.12.2012“ sei auch keine Verpflichtungsentstehungsfrist, sondern eine Befolgungsfrist.[128]

---

124 *OVG Magdeburg*, Urteil vom 24. November 2015, Az.: 3 L 386/14 (juris) Rn. 40, RdL 2016, S. 79 ff., S. 82.

125 *OVG Magdeburg*, Urteil vom 24. November 2015, Az.: 3 L 386/14 (juris) Rn. 40, RdL 2016, S. 79 ff., S. 82.

126 *OVG Magdeburg*, Urteil vom 24. November 2015, Az.: 3 L 386/14 (juris) Rn. 41, 42, RdL 2016, S. 79 ff., S. 82.

127 *OVG Magdeburg*, Urteil vom 24. November 2015, Az.: 3 L 386/14 (juris) Rn. 43, RdL 2016, S. 79 ff., S. 82.

128 *OVG Magdeburg*, Urteil vom 24. November 2015, Az.: 3 L 386/14 (juris) Rn. 58, RdL 2016, S. 79 ff., S. 83.

Mit der Zurückweisung der Nichtzulassungsbeschwerde der Klägerin hat das Bundesverwaltungsgericht die Entscheidung des OVG Magdeburg bestätigt.[129]

c) Bewertung

Das Bundesverwaltungsgericht stellt in der Entscheidung klar, dass die Einhaltung des § 24 Abs. 4 Nr. 2 TierSchNutztV gerichtlich voll überprüfbar ist und der Behörde keinen Beurteilungsspielraum gewährt. Weiter führt das Gericht aus, dass durch § 24 Abs. 4 Nr. 2 TierSchNutztV die Pflichten des Tierhalters aus § 2 TierSchG konkretisiert würden, u. a. die Pflicht aus § 2 Nr. 1 TierSchG, das Tier verhaltensgerecht unterzubringen sowie die Möglichkeit des Tieres zu artgemäßer Bewegung nicht so einzuschränken, dass ihm Schmerzen oder vermeidbare Leiden oder Schäden zugefügt werden, vgl. § 2 Nr. 2 TierSchG.

Auch lässt sich die Aussage aus den Ausführungen des Gerichts herauslesen, dass die Haltungssysteme den (einzelnen!) Tieren anzupassen sind und nicht die Tiere den Haltungssystemen: „Sollten fachwissenschaftliche Äußerungen, Kastenstände ließen sich bauartbedingt nicht flexibel anpassen, dazu herangezogen werden, für das einzelne Tier Abstriche von den Anforderungen des § 24 Abs. 4 Nr. 2 TierSchNutztV zu rechtfertigen, so wäre dies nicht mit dem Gesetz vereinbar. Standardisierungen sind nur insoweit zulässig, als sie die Anforderungen für alle betroffenen Tiere erfüllen".

Das Gericht klärt auf, dass es erforderlich sei, dass jedem Schwein die ungehinderte Möglichkeit eröffnet sein muss, seine Glieder ganz auszustrecken. In der naturwissenschaftlichen Literatur wird dazu eine gegenläufige Ansicht vertreten, die besagt, § 24 Abs. 4 Nr. 2 TierSchNutztV schreibe gerade nicht vor, dass eine Sau ihre Gliedmaßen ganz („im rechten Winkel") austrecken können muss. Dieser Ansicht hat das Bundesverwaltungsgericht eine klare Absage erteilt.

Die Entscheidung des OVG Magdeburg, die am 8. November 2016 vom Bundesverwaltungsgericht bestätigt wurde[130] und somit rechtskräftig ist, ist grundsätzlich zu begrüßen. Das Urteil bestätigt eine amtstierärztliche Verfügung und das erstinstanzliche, diese bestätigende, Urteil. Es – wie auch der letztinstanzliche Bundesverwaltungsgerichts-Beschluss – verkennt

129 *BVerwG*, Beschluss vom 8. November 2016, Az.: 3 B 11.16, NVwZ 2017, S. 404 ff.
130 *BVerwG*, Beschluss vom 8. November 2016, Az.: 3 B 11.16, NVwZ 2017, S. 404 ff.

jedoch die Bedeutung des Tierschutzes und wendet verfassungswidrige Vorschriften an:[131]

Ausgangssituation bei der Klägerin war die Haltung von Sauen in sogenannten Kastenständen, in denen sie eine Woche vor dem Abferkeltermin untergebracht werden und in denen sie ihre Ferkel zur Welt bringen müssen. Es wird versucht, die Unterbringung im Kastenstand damit zu legitimieren, dass verhindert werde, dass die Sau die Ferkel beim Abliegen oder beim Positionswechsel erdrückt. Dies ist jedoch bereits wissenschaftlich widerlegt bzw. relativiert, da die geringfügig höheren Ferkelverluste durch geringere Sterblichkeit wegen sonstiger, systembedingter Ursachen ausgeglichen werden.[132] Die weiter gerne vorgebrachte Rechtfertigung ist die Abwägung zwischen Bewegungsfreiheit der Sau und dem Leben des (ansonsten erdrückten) Ferkels, die nur durch die Fixation der Sau verhindert werden könne. Es sei tierschutzgerechter, die Sau zu fixieren, dafür würde das Leben der Ferkel gerettet werden. Diese Argumentation trägt auch nicht, da die Ferkelverluste auch im Kastenstand (systembedingt) vorliegen, die gerade durch eine freie Haltung der Sauen vermieden werden können.[133]

Die Sauen verbringen mehrmals im Jahr mehrere Monate in diesen Kastenständen (ca. eine Woche vor dem Abferkeln bis mindestens drei Wochen nach dem Abferkeln und hernach weitere vier Wochen nach dem erneuten Decken;[134] bei einer 2,5maligen Befruchtung einer Zuchtsau im

131 Vgl. auch *Felde*, Anforderungen bei der Schweinehaltung in so genannten Kastenständen, NVwZ 2017, S. 368 ff., S. 370 f.; so auch *Maisack*, Aktuelle Rechtsprechung zur Ausgestaltung von Kastenständen für Sauen, NuR 2017, S. 456 ff., S. 462; *Bruhn*, Rechtsgutachten 2018 zur Frage der Vereinbarkeit der geplanten Neuregelung der Haltung von Sauen im Deckzentrum mit dem Tierschutzgesetz, S. 4.

132 Vgl. *Wollenteit/Lemke*, Die Vereinbarkeit der Haltung von abferkelnden Sauen in Kastenständen mit dem Tierschutzrecht und die Zulässigkeit eines Verbots dieser Haltungsform, NuR 2013, S. 177 ff., S. 180 m. w. N. u. a. auf Stellungnahmen von *Prof. Troxler* und *Prof. Winckler* für die Volksanwaltschaft Wien vom 31. Mai 2011, weiter auf *Weber/Keil/Fehr/Horat*, Piglet mortality on farms using farrowing systems with or without crates, Animal Welfare Vol. 16 (2007), S. 277-279; vgl auch *TVT*, Stellungnahme der TVT zur Haltung von säugenden Sauen in „freien" Abferkelbuchten ohne Fixierung, August 2016 m. w. N.; TVT, Stellungnahme der TVT Haltung von güsten und frühtragenden Sauen in Gruppen, Januar 2015, S. 2 m. w. N.

133 Vgl. *Wechsler*, Schwein, in: *Sambraus/Steiger*, Das Buch vom Tierschutz, S. 173 ff., S. 177 m. w. N.

134 Vgl. § 30 Abs. 2 TierSchNutztV und § 27 Abs. 1 TierSchNutztV.

Jahr sind das sechs Monate pro Jahr),[135] in denen sie sich nicht umdrehen und keinen Schritt vorwärts oder rückwärts tun können. Der Kastenstand ist gerade so groß, dass die Sau mit ihrem Körper hineinpasst.

Im Fall der Klägerin war es so, dass die Kastenstände so geringe Breiten hatten, dass die Sauen beim Auf-der-Seite-liegen ihre Gliedmaßen durch die Stäbe bzw. Gitter des Kastenstandes stecken mussten. Da die Kastenstände aber so dicht nebeneinander angebracht waren, war das Ausstrecken der Gliedmaßen für die Sau in Seitenlage nur dann möglich, wenn der benachbarte Kastenstand leer war, da die Gliedmaßen der Sau dann in diesen hineingestreckt werden konnten.

Kastenstände sind zwar durch § 24 Abs. 4 TierSchNutztV vorgesehen. Jedoch hat das OVG Magdeburg nicht erkannt, dass die Vorschrift des § 24 Abs. 4 TierSchG nicht nur gegen § 2 TierSchG und damit gegen höherrangiges (einfaches) Recht, sondern auch gegen die Verfassung verstößt und daher nichtig ist:[136]

Der Verstoß gegen § 2 Nr. 1 ist darin begründet, dass der Tierhalter ein Tier verhaltensgerecht unterbringen muss.

Die amtliche Begründung des Ersten Änderungsgesetzes zum Tierschutzgesetz aus dem Jahr 1986, die heute noch gilt, da sie im Zuge weiterer Änderungen des Tierschutzgesetzes nie widerrufen wurde, geht auf die neuesten Erkenntnisse der Verhaltensforschung ein: „Diese Erkenntnisse besagen, daß Selbstaufbau, Selbsterhaltung, Bedarf und die Fähigkeit zur Bedarfsdeckung durch Nutzung der Umgebung mittels Verhalten Grundgegebenheiten von Lebewesen sind. Haltungssysteme gelten dann als tiergerecht[137], wenn das Tier erhält, was es zum Gelingen von Selbstaufbau und Selbsterhaltung benötigt, und ihm die Bedarfsdeckung und die Vermeidung von Schaden durch die Möglichkeit adäquaten Verhaltens ge-

135 *Wollenteit/Lemke*, Die Vereinbarkeit der Haltung von abferkelnden Sauen in Kastenständen mit dem Tierschutzrecht und die Zulässigkeit eines Verbots dieser Haltungsform, NuR 2013, S. 177 ff., S. 178.

136 So richtigerweise auch *Wollenteit/Lemke*, Die Vereinbarkeit der Haltung von abferkelnden Sauen in Kastenständen mit dem Tierschutzrecht und die Zulässigkeit eines Verbots dieser Haltungsform, NuR 2013, S. 177 ff., S. 177, auch die *Landesbeauftragte für Tierschutz Hessen*, Jahresbericht 2015, S. 32, hält die Kastenstandhaltung für „nicht verhaltensgerecht"; so auch *Moritz/Schönreiter/Patzkewitsch/Erhard*, Haltung von Sauen in Kastenständen – eine Bewertung der tierschutzrelevanten Aspekte, Prakt. Tierarzt 2016, S. 916 ff.; *Bruhn*, Rechtsgutachten 2018 zur Frage der Vereinbarkeit der geplanten Neuregelung der Haltung von Sauen im Deckzentrum mit dem Tierschutzgesetz, S. 4.

137 Erstmals wird hier der Terminus „tiergerecht" verwendet. Wohl gemeint ist aber immer noch eine Umschreibung des Begriffs *verhaltensgerecht*.

lingt“[138] (Bedarfsdeckungs- und Schadensvermeidungskonzept nach *Tschanz*, s. o.). Das Bundesverfassungsgericht hat mit der Entscheidung zur Legehennenhaltung aus dem Jahr 1999[139] wegweisende Auslegungshilfen für die Vorgaben des § 2 TierSchG gegeben: So stellt eine unangemessene Zurückdrängung der artgemäßen Verhaltensweisen, welche zu den Grundbedürfnissen eines Tieres gehören, einen Verstoß gegen § 2 Nr. 1 TierSchG dar.[140] Zu den Grundbedürfnissen im Sinne von § 2 Nr. 1 TierSchG gehören – und hier zählt das Bundesverfassungsgericht nur beispielhaft auf – insbesondere das Schlafen sowie die Nahrungs- und Flüssigkeitsaufnahme.[141]

Insbesondere kommt es bei dieser unangemessenen Zurückdrängung von Grundbedürfnissen gerade nicht darauf an, ob dem Tier Schmerzen, Leiden oder Schäden entstehen.[142] Dies wird aber immer wieder fälschlicherweise angenommen.[143] Tierschutz auch in der Massentierhaltung darf kein Minimalprogramm sein, so schon das Bundesverfassungsgericht in der Hennen-Entscheidung.[144]

Fast alle arttypischen Verhaltensmuster und Grundbedürfnisse der Sau sind in einem Kastenstand auf Null zurückgedrängt.[145] Die darin befindliche Sau kann sich keinen Schritt bewegen, nur abliegen und aufstehen.

---

138 Begründung zum Entwurf eines Ersten Gesetzes zur Änderung des Tierschutzgesetzes, BT- Drs. 10/3158, S. 18.

139 *BVerfG*, Urteil vom 6. Juli 1999, 2 BvF 3/90, BVerfGE 101, S. 1 ff.

140 *BVerfG*, Urteil vom 6. Juli 1999, 2 BvF 3/90, BVerfGE 101, S. 1 ff., S. 37.

141 *BVerfG*, Urteil vom 6. Juli 1999, 2 BvF 3/90, BVerfGE 101, S. 1 ff., S. 36.

142 *BVerfG*, Urteil vom 6. Juli 1999, 2 BvF 3/90, BVerfGE 101, S. 1 ff., S. 38.

143 Vgl. *Hoy* im Interview, abrufbar unter https://www.youtube.com/watch?v=tFNYXvULud8.

144 *BVerfG*, Urteil vom 6. Juli 1999, 2 BvF 3/90, BVerfGE 101, S. 1 ff., S. 33.

145 „Fast alle“ Verhaltensweisen sieht die *TVT* im Kastenstand „stark eingeschränkt, bzw. sind bestimmte Verhaltensweisen gar nicht ausführbar“, vgl. TVT Stellungnahme zur Haltung von säugenden Sauen in „freien“ Abferkelbuchten ohne Fixierung, August 2016, S. 1; sehr deutlich auch in diese Richtung im Jahr 1982 schon *Sambraus*, Sauenhaltung – wie sie ist und wie sie sein könnte, in *Fölsch/Nabholz*, Tierhaltung Band 13: Ethologische Aussagen zur artgerechten Nutztierhaltung, S. 49 ff.; Letztlich bescheinigt das Friedrich-Loeffler-Institut, dass „die Haltung in Kastenständen (..) für Sauen eine erhebliche Einschränkung verschiedener Verhaltensweisen [bedeutet] und (..) Risiken für Aspekte ihrer Gesundheit [birgt]“, vgl. *Friedrich-Loeffler-Institut*, Kastenstandhaltung von Sauen im Deckzentrum, S. 8; *Moritz/Schönreiter/Patzkewitsch/Erhard*, Haltung von Sauen in Kastenständen – eine Bewertung der tierschutzrelevanten Aspekte, Prakt. Tierarzt 2016, S. 916 ff.; *Maisack*, Aktuelle Rechtsprechung zur Ausgestaltung von Kastenständen für Sauen, NuR 2017, S. 456 ff., S. 460 m. w. N.

Daher ist es ihr nicht möglich, sich durch Suhlen, Scheuern oder Bürsten zu pflegen, das Nahrungserwerbsverhalten des Suchens, Wühlens und Herumlaufens zu tätigen. Auch kann die Sau ihren Liegeplatz nicht vom Kotplatz trennen, in einer Gruppe liegen und letztlich auch kein Schlafnest bzw. ein Nest für die Geburt der Jungen bauen.

Eine Zurückdrängung auch nur eines der Grundbedürfnisse auf Null ist immer unangemessen.[146]

Beachtet werden muss, dass die Hennen-Entscheidung des Bundesverfassungsgerichts noch vor der Aufnahme des Tierschutzes in die Verfassung im Jahre 2002 entstand. Einige Wertungen des Bundesverfassungsgerichts bzw. des Gesetzgebers, beispielsweise die der grundsätzlichen Zulässigkeit der Massentierhaltung bzw. Käfighaltung von Hennen[147] (und damit auch von anderen Tieren) sind daher seit 2002 wohl so nicht mehr haltbar.

Auch ein Verstoß gegen § 2 Nr. 2 TierSchG liegt durch die Kastenstandhaltung vor, da durch diese für die Sau vermeidbare Leiden und Schäden entstehen; insbesondere schwere Verhaltensstörungen, die als Schäden i. S. d. Norm gelten.[148]

Aber auch ein Verstoß gegen die Verfassung liegt mit der die Kastenstandhaltung gewährende Norm vor: Seit 2002 befindet sich der Tierschutz, als Staatszielbestimmung nun in Art. 20a GG enthalten, gleichauf mit etwaig einschlägigen – auch schrankenlos gewährleisteten bzw. nur durch verfassungsimmanente Schranken beschränkbaren – Grundrechten der Tiernutzer und ist in der Lage, diese zu beschränken.

Weiter bestehen staatliche Unterlassungspflichten, die zwar nicht ausschließen, dass landwirtschaftliche Tierhaltung ausgeschlossen werden muss, jedoch das Gebot der Rücksichtnahme und Alternativenprüfung zur

---

146 Zu Abstufungsvorschlägen *Maisack*, Tierschutzrecht. Haltung von Nutztieren, dargestellt an den Beispielen „Schweine", „Hühner" und „Enten", in: *Grimm/Otterstedt*, Das Tier an sich, S. 198 ff., S. 213: „Je mehr Grundbedürfnisse in der Tierhaltung zurückgedrängt sind und/oder je größer das Ausmaß ist, in dem ein solches Bedürfnis oder mehrere solcher Bedürfnisse zurückgedrängt werden, desto eindeutiger steht fest, dass dies unangemessen ist". Vgl. auch *Felde*, Anforderungen bei der Schweinehaltung in so genannten Kastenständen, NVwZ 2017, S. 368 ff.

147 Vgl. *BVerfG*, Urteil vom 6. Juli 1999, 2 BvF 3/90, BVerfGE 101, S. 1 ff., S. 34 f.

148 Auf einen Verstoß gegen § 2 Nr. 2 TierSchG vertieft eingehend *Wollenteit/Lemke*, Die Vereinbarkeit der Haltung von abferkelnden Sauen in Kastenständen mit dem Tierschutzrecht und die Zulässigkeit eines Verbots dieser Haltungsform, NuR 2013, S. 177 ff., S. 180 f.; *Bruhn*, Rechtsgutachten 2018 zur Frage der Vereinbarkeit der geplanten Neuregelung der Haltung von Sauen im Deckzentrum mit dem Tierschutzgesetz, S. 3 ff.

Folge haben.[149] „Bei jedem Gesetz und jeder Verordnung müssen potenzielle Auswirkungen auf die staatszielgeschützten Belange (also auf die artgemäße Haltung von Tieren bzw. die Vermeidung von Schmerzen, Leiden, Ängsten und Schäden und die Erhaltung vorhandener Lebensräume) in einer Art Tierschutzverträglichkeitsprüfung vollständig und zutreffend ermittelt werden (u. a. nach Art, Schweregrad und Wahrscheinlichkeit). Sind negative Auswirkungen für einen dieser Belange zu befürchten, so muss nach tierschonenden Alternativen gesucht werden, d. h. nach Wegen, auf denen sich das angestrebte Ziel auch ohne diese Nachteile erreichen lässt."[150]

Der Staat muss im Ergebnis Regelungen in Gesetz und Verordnungen unterlassen, die den Weg zur Tierquälerei oder zu nicht artgerechten Haltungsformen erleichtern.[151]

Auch staatliche Schutzpflichten sind mit der Aufnahme des Tierschutzes in die Verfassung entstanden.[152] Der Staat muss, neben der Unterlassung tierschädigenden Verhaltens auch positiv die Tiere schützen, worauf schon der Wortlaut des Art. 20a GG hinweist. Der Staat muss also Maßnahmen zum Schutz der Tiere ergreifen. Diese müssen jedoch auch geeignet sein, den Schutz der Tiere zu gewährleisten. Für die Verwirklichung des Tierschutzes bzw. der Gewährleistung einer artgemäßen Haltung völlig ungeeignete Vorschriften können die Schutzpflichten nicht ordnungsgemäß ausfüllen. Das aus Art. 20a GG hergeleitete Optimierungsgebot[153] soll den Tierschutz fördern. Der status quo soll nicht nur beibehalten werden, sondern es besteht die staatliche „Verpflichtung, ein hohes Tierschutzniveau zu etablieren".[154]

Zur Verwirklichung des Schutzauftrages muss mit gesetzlichen Ge- und Verboten sowie mit effektiven Eingriffsbefugnissen ein rechtliches Instrumentarium geschaffen werden, das auch in der Praxis der Exekutive bei der

149 Vgl. *Schulze-Fielitz* in *Dreier*, Grundgesetz Kommentar, Art. 20a Rn. 58; *von Loeper* in *Kluge*, Tierschutzgesetz Kommentar, Einführung Rn. 104a.

150 *Hirt/Maisack/Moritz*, Tierschutzgesetz Kommentar, 2. Auflage 2007, Art. 20a Rn. 15.

151 *Hirt/Maisack/Moritz*, Tierschutzgesetz Kommentar, Art. 20a GG Rn. 17.

152 Vgl. *Schulze-Fielitz* in *Dreier*, Grundgesetz Kommentar, Art. 20a GG Rn. 59; *Murswiek* in *Sachs*, Grundgesetz, Art. 20a Rn. 33; *Hirt/Maisack/Moritz*, Tierschutzgesetz Kommentar, 2. Auflage 2007, Art. 20a GG Rn. 16.

153 Vgl. *Hirt/Maisack/Moritz*, Tierschutzgesetz Kommentar, Art. 20a GG Rn. 19.

154 *Unruh*, Tierschutz mit Verfassungsrang – Auswirkungen auf Gesetzgebung, Vollzug und Gerichtsbarkeit, DtW 2003, S. 183 ff., S. 185.

Ausführung des Tierschutzgesetzes die Möglichkeit gibt, ihre aus Art. 20a GG folgenden Pflichten zu erfüllen.[155]

Dies alles ist mit der verordnungsrechtlichen Erlaubnis der Kastenstandhaltung nicht möglich. Diese ist erst im Jahr 2005, also drei Jahre nach Hebung des Tierschutzes auf Verfassungsebene in Kraft getreten und verschlechtert die Ausgangslage des Tierschutzes, u. a. der Pflicht aus § 2 Nr. 1 TierSchG, ein Tier verhaltensgerecht unterzubringen, immens.

Aus dem Bereich der Schweinemast-Lobby wird oft darauf verwiesen, für eine freie Haltung von Sauen seien noch Studien nötig, die noch viele Jahre Forschungsarbeit in Anspruch nähmen.[156] Dies ist ein gängiges Mittel der Lobby, um Zeit zu schinden und die tierschutzwidrigen Haltungssysteme noch so lange wie möglich nutzen zu können. Studien werden von der Lobby selbst durchgeführt und führen zu entsprechenden Ergebnissen, die sich in sodann verfassungswidrigen Verordnungsinhalten niederschlagen.[157] Dabei wird jedoch gleichzeitig eingestanden, dass eine Haltung ohne Kastenstände in der Schweiz schon lange flächendeckend praktiziert wird,[158] also eine Alternative bereits erfolgreich angewendet wird, was zur Folge hat, dass Kastenstände in der Schweiz nicht mehr erlaubt sind. In Österreich ist die Kastenstandhaltung seit 2012 nicht mehr erlaubt, es gibt allerdings Übergangsfristen bis 2033.[159] Bereits in Veröffentlichungen aus dem Jahr 1997 wird auf zahlreiche Studien hingewiesen, die Alternativen zum Kastenstand erfolgreich getestet haben.[160] Hier zeigt sich das gleiche Bild wie bei Legehennen und Kaninchen: Es wird auf langwierige Studien verwiesen, obgleich bereits genügend wissenschaftliche Belege vorliegen, mit Hilfe derer es möglich ist, die Begriffe *artgemäß* und *ver-*

155 Vgl. *Hirt/Maisack/Moritz*, Tierschutzgesetz Kommentar, Art. 20a GG Rn. 23.

156 Vgl. *Hoy* im Interview, abrufbar unter https://www.youtube.com/watch?v=tFNYXvULud8.

157 So geschehen hinsichtlich der neuen Vorschriften über das Halten von Kaninchen, §§ 31 ff. TierSchNutztV, die ebenfalls keine verhaltensgerechte Unterbringung vorschreiben und im Wesentlichen auf Gutachten beruhen, die für die Lobby erstellt wurden, s. o.

158 Vgl. *Hoy* im Interview, abrufbar unter https://www.youtube.com/watch?v=tFNYXvULud8.; vgl. auch *Gesellschaft für Ökologische Tierhaltung (GÖT) e. V.*, Stellungnahme zum Entwurf für die Tierschutz-Nutztierhaltungsverordnung Schweine vom 11. April 2003, S. 2 m. w. N.

159 Vgl. Anlage 5 3.2. zur 1. Tierhaltungsverordnung Österreich; vgl. zur Mortalitätsrate in anderen Ländern mit freier Abferkelung *Maisack*, Aktuelle Rechtsprechung zur Ausgestaltung von Kastenständen für Sauen, NuR 2017, S. 546 ff., S. 460 m. w. N.

160 *Wechsler*, Schwein, in: *Sambraus/Steiger*, Das Buch vom Tierschutz, S. 173-185.

haltensgerecht zu konkretisieren. Verhaltensweisen, die Platz für die Tiere erfordern, werden geleugnet oder mit Verweisen auf fehlende Studien wegargumentiert.

Inhaltlich hat das OVG Magdeburg verkannt, dass das Tierschutzgesetz weit mehr verlangt, als dass eine Sau ihre Gliedmaßen ausstrecken kann, nämlich eine verhaltensgerechte Unterbringung. Es suggeriert mit der Aussage, dass die Sauen ihre Gliedmaßen in einem Kastenstand jederzeit ausstrecken können müssen, dass die Kastenstandhaltung unter diesen Gegebenheiten verhaltensgerecht und damit mit § 2 TierSchG vereinbar ist. Das ist jedoch nicht so.

Zwar hätte das OVG den streitgegenständlichen Bescheid nicht erweitern oder umstellen können; es hätte aber verschiedene Möglichkeiten gehabt, statt die verfassungswidrige Norm des § 24 Abs. 4 TierSchNutztV anzuwenden, die Vorgaben des § 2 TierSchG ordnungsgemäß auszufüllen und so das Tierschutzgesetz korrekt durchzusetzen:

Fachgerichte wie das OVG Magdeburg können und müssen solche verfassungswidrigen Normen unangewendet lassen.[161] Das OVG Magdeburg hatte also eine Nichtanwendungskompetenz hinsichtlich der o. g. Norm. Dass die Norm verfassungswidrig ist, wurde schon im Jahr 2013 vertreten und sogar veröffentlicht.[162] Auch weitere Hinweise auf die Verfassungswidrigkeit dieser Norm fanden sich bereits zum Zeitpunkt der gerichtlichen Entscheidung bzw. lange zuvor.[163] Das Gericht hätte sich also mit dieser Auffassung auseinandersetzen müssen. Statt der Anwendung des § 24 Abs. 4 TierSchNutztV hätte das Gericht die Möglichkeit gehabt, Sachver-

---

161 Vgl. *Michael/Morlok*, Grundrechte, 2. Auflage 2010, Rn. 881.

162 *Wollenteit/Lemke*, Die Vereinbarkeit der Haltung von abferkelnden Sauen in Kastenständen mit dem Tierschutzrecht und die Zulässigkeit eines Verbots dieser Haltungsform, NuR 2013, S. 177 ff.

163 Vgl. nur *Hirt/Maisack/Moritz*, Tierschutzgesetz Kommentar, 2. Auflage 2007, § 2 TierSchG Rn. 38, § 17 TierSchG Rn. 99, vor §§ 16-25 TierSchNutztV Rn. 3 ff., insbes. 4, 8, § 22 TierSchNutztV Rn. 1, § 25 TierSchNutztV Rn. 1 ff. jeweils m. w. N.; *von Loeper* in *Kluge*, Tierschutzgesetz Kommentar, § 2 Rn. 69a, 69b, § 17 Rn. 70; *Wechsler*, Schwein, in: *Sambraus/Steiger*, Das Buch vom Tierschutz, 1997, S. 171 ff., S. 177 m. w. N.; *Juristen für Tierrechte*, Stellungnahme der Juristen für Tierrechte zu dem Beschluss des Bundesrates vom 7. April 2006 zur Neuregelung der Schweine-, Kälber- und Legehennenhaltung (BR-Drucks. 119/06, Beschluss), abrufbar unter www.provieh.de/downloads_provieh/jft__gutachten.pdf; *Moritz/Schönreiter/Patzkewitsch/Erhard*, Haltung von Sauen in Kastenständen – eine Bewertung der tierschutzrelevanten Aspekte, Prakt. Tierarzt 2016, S. 916 ff.; *von Borell/Hesse*, Bewertung von Einflussgrößen auf die tiergerechte Haltung von Schweinen, in: *Landwirtschaftliche Rentenbank*, Artgerechte Tierhaltung in der modernen Landwirtschaft, S. 74 ff., S. 79.

ständigengutachten zur Verhaltensgerechtheit der Kastenstandhaltung einzuholen. Der Sachverständige muss nach der Vorgabe der Gesetzesmaterialien[164] ein Ethologe sein; weiter sind bei der Auswahl des Sachverständigen die Voraussetzungen an Neutralität, Objektivität, Aktualität und Unabhängigkeit einzuhalten; der Sachverständige darf nicht aus den Reihen der Schweinemast-Lobby kommen und nicht z. B. Agrarwissenschaftler sein.

Dass sich das OVG nicht mit den Voraussetzungen des § 2 TierSchG beschäftigt hat, erkennt und benennt auch das Bundesverwaltungsgericht in seinem Nichtannahmebeschluss: „Es [Anm. der Verfasserin: Das OVG] hat seine Auffassung nicht auf eine tatsächliche Würdigung verhaltensbiologischer Erkenntnisse gestützt, sondern auf die Vorgaben des § 24 Abs. 4 Nr. 2 TierSchNutztV."[165]

Mangels Qualität eines formellen Gesetzes ist die Vorlage an das Bundesverfassungsgericht nach Art. 100 GG im Rahmen einer konkreten Normenkontrolle nicht möglich.

Für eine abstrakte Normenkontrolle gem. Art. 93 Abs. 1 Nr. 2 GG ist ein Gericht nicht antragsberechtigt, sondern nur die Bundesregierung, eine Landesregierung und ein Viertel der Mitglieder des Bundestages.

Durch eine Nichtanwendung der Norm könnte jedoch möglicherweise ein solcher Antrag – möglicherweise durch eine Landesregierung wie bei den beiden Hennen-Entscheidungen des Bundesverfassungsgerichts[166] der Fall – initiiert werden. Doch auch das Bundesverwaltunggericht hat diesen – rechtlich gebotenen – Schritt verpasst.

Dem Tierschutz am förderlichsten wäre es gewesen, hätte das OVG Magdeburg hier nicht die verfassungswidrige Norm des § 24 Abs. 4 TierSchNutztV angewendet, sondern hätte von seiner Nichtanwendungskompetenz Gebrauch gemacht und damit vielleicht die Initialzündung für eine bundesverfassungsgerichtliche Überprüfung der Norm geschaffen. Im konkreten Gerichtsverfahren hätte durch einen ethologischen Sachverständigen dargelegt werden können, was das arttypische Verhalten eines Schweins ist und welche Voraussetzungen daraus an eine § 2 TierSchG entsprechende, verhaltensgerechte Unterbringung folgen. Damit wäre die Ermächtigungsgrundlage für die zu überprüfende behördliche Verfügung nur noch § 2 Nr. 1 TierSchG gewesen, nicht aber § 24 Abs. 4

164 S. o., Begründung zum Entwurf eines Ersten Gesetzes zur Änderung des Tierschutzgesetzes, BT- Drs. 10/3158, S. 18.

165 *BVerwG*, Beschluss vom 8. November 2016, Az.: 3 B 11.16, NVwZ 2017, S. 404 ff.

166 *BVerfG*, Urteil vom 6. Juli 1999, 2 BvF 3/90, BVerfGE 101, S. 1 ff. und *BVerfG*, Urteil vom 12. Oktober 2010, 2 BvF 1/07, BVerfGE 127, S. 293 ff.

TierSchNutztV. Zwar kann das Gericht die Verfügung selbst nicht ändern, z. B. erweitern, so dass die komplette Kastenstandhaltung bei der Klägerin verboten wird. Eine Entscheidung, in der jedoch die Wirksamkeit des § 24 Abs. 4 TierSchNutztV angezweifelt wird und diese Norm daher nicht angewendet wird, hätte jedoch Signalwirkung für eine weitere Verfügung oder sogar mehrere, landes- oder sogar bundesweit in Zukunft ergehende Verfügungen.

Die Landesregierung von Berlin plant zurzeit,[167] einen Normenkontrollantrag bei dem Bundesverfassungsgericht bezogen auf die Mastschweinehaltung sowie in Bezug auf die Kastenstandhaltung von Sauen einzureichen.

Im Ergebnis hat das OVG Magdeburg nicht in Ansätzen dargelegt, was das natürliche, arttypische Verhalten von Schweinen ist und wie dies im Rahmen einer verhaltensgerechten Unterbringung umzusetzen ist; es hat lediglich immer wieder betont, dass eine Sau ihre Gliedmaßen ausstrecken können muss und so den Sauen – allerdings nur beim Kläger – ein paar Zentimeter mehr Platz verschafft, nicht aber das Tierschutzgesetz durchgesetzt. Denn dies hätte gerade diese Signalwirkung für andere Gerichte und möglicherweise eine abstrakte Normenkontrolle des § 24 Abs. 4 TierSchNutztV zur Folge. Es scheint, als solle dies verhindert werden. Stattdessen wird das Urteil als „bahnbrechend: Mehr Platz für Schweine“[168] bezeichnet, um den Verbraucher zu beruhigen und Tierschützer ruhig zu stellen. Aus den Reihen der Agrarlobby wird das Magdeburger Urteil als „Supergau für die Sauenhalter“[169] bezeichnet.

Letztlich nimmt auch das Bundesverwaltungsgericht in dem den Instanzenzug abschließenden Beschluss (anders als noch die Eingangsinstanz[170]) keinen Rekurs auf das verfassungsrechtlich festgeschriebene Staatsziel Tierschutz. Auch dies wäre rechtlich geboten gewesen.

In Folge der Urteile des OVG Magdeburg und des Bundesverwaltungsgerichts ist durch das BMEL geplant, die Normen der TierSchNutztV für die Kastenstandhaltung zu verändern – dies jedoch nicht in Richtung der Bundesverwaltungsgerichts-Rechtsprechung. Vielmehr soll zwar dauerhaft auf die Gruppenhaltung von Sauen gesetzt werden; eine Fixierung im Kastenstand soll nur noch tageweise zulässig sein. Bis dorthin – Übergangsfrissten von siebzehn Jahren sind im Gespräch – sollen die Kastenstände so in der

167 Stand: Januar 2019.
168 Frontal 21, Sendung vom 10. Mai 2016, Manuskript zur Sendung.
169 http://www.agrarheute.com/news/kastenstand-urteil-gravierenden-folgen.
170 *VG Magdeburg*, Urteil vom 3. März 2014, Az.: 1 A 230/14 (juris) Rn. 36.

TierSchNutztV erlaubt werden, wie sie seit über 30 Jahren und immer noch gehandhabt werden: So eng, dass eine Sau nicht ihre Gliedmaßen ausstrecken kann. Die Rechtsprechung des Bundesverwaltungsgerichts führt wahrscheinlich dazu, dass in der TierSchNutztV eine (weitere) Verböserung geschaffen wird, nämlich die Normen hinsichtlich der Kastenstände so gefasst werden, dass die Worte „sowie den Kopf und in Seitenlage die Gliedmaßen ausstrecken kann" in § 24 der TierSchNutztV wohl gestrichen werden.[171] Dass dies ein klarer Verstoß gegen Art. 20a GG sein wird, muss wiederum erst einmal – durch eine weitere abstrakte Normenkontrolle – durch das Bundesverfassungsgericht festgestellt werden.

7. OVG Münster zur Tötung von Eintagsküken

Ein weiteres aktuelles Urteil, welches die von den großen Betrieben der Massentierhaltung und –produktion millionenfach pro Jahr erfüllten Verstöße gegen das Tierschutzgesetz legitimiert, ist die umstrittene Entscheidung des OVG Münster zum Kükentöten.[172]

a) Sachverhalt

Die Kläger sind Betreiber von Brütereien, in denen Bruteier einer Hühnerrasse mit hoher Legeleistung bebrütet werden. Männliche Küken werden unmittelbar nach dem Schlüpfen getötet, weil sie keine Eier legen und auch zur Fleischerzeugung weniger geeignet sind. In deutschen Brütereien betraf diese Praxis im Jahr 2012 45 Millionen männliche Küken. Im Betrieb des Klägers im Verfahren 20 A 488/15 werden jährlich ca. 100.000 Kü-

---

171 *Landesbeauftragte für Tierschutz Hessen*, Jahresbericht 2017, S. 26; *Bruhn*, Rechtsgutachten 2018 zur Frage der Vereinbarkeit der geplanten Neuregelung der Haltung von Sauen im Deckzentrum mit dem Tierschutzgesetz, 2018, abrufbar unter https://media.4-paws.org/0/5/e/6/05e623246d5a31bc57a9b32be86b140088e4d090/180416_Rechtsgutachten-Kastenstand_2018.pdf, S. 16 unter Bezugnahme auf das umzusetzende BMEL-Eckpunktepapier zur Neuregelung der Haltung von Sauen im Deckzentrum, Stand August 2017. Auf der Agrarministerkonferenz 2018 wurde an diesen Inhalten festgehalten und eine schnellstmögliche Änderung der TierSchNutztV befürwortet.

172 *OVG Münster*, Urteile vom 20. Mai 2016, Az.: 20 A 488/15 und 20 A 530/15, NWVBl. 2016, S. 430 ff.

ken getötet, im Betrieb des Klägers im Verfahren 20 A 530/15 betrifft dies ca. 200.000 Küken jährlich.

Im Juli 2013 hat die Staatsanwaltschaft Münster ein strafrechtliches Ermittlungsverfahren gegen einen Brüterei-Betreiber bzgl. dieser Praxis eingestellt,[173] nachdem das Landgericht Münster die Eröffnung des Hauptverfahrens mit der Begründung abgelehnt hatte, der Angeschuldigte habe zwar objektiv gegen § 17 TierSchG verstoßen, nach dem es verboten ist, ein Wirbeltier ohne vernünftigen Grund zu töten; er habe sich jedoch in einem unvermeidbaren Verbotsirrtum befunden.[174] Dies wurde auch vom OLG Hamm bestätigt.[175]

Am 26. September 2013 forderte das nordrhein-westfälische Ministerium für Klimaschutz, Umwelt, Landwirtschaft, Natur und Verbraucherschutz das Landesamt für Natur, Umwelt und Verbraucherschutz Nordrhein-Westfalen (LANUV) per Erlass auf, gegenüber den nachgeordneten Kreisordnungsbehörden anzuordnen, die übliche Praxis des Kükentötens zu beenden.[176]

Nach erfolgter Anhörung des Klägers am 15. Oktober 2013 erließ der Beklagte am 19. Dezember 2013 eine gegen den Kläger (bzw. den Kläger im Parallelverfahren) gerichtete Untersagungsverfügung mit dem Inhalt, des Verbotes des Tötens männlicher Küken ab dem 1. Januar 2015. Ausnahmen wurden für nicht schlupffähige und erkrankte Tiere gemacht, die nicht ohne erhebliche Schmerzen, Leiden oder Schäden weiterleben können und für solche Tiere, für die im Zeitpunkt der Tötung feststeht, dass diese an Tiere verfüttert werden, zu deren artgerechter Ernährung es gehört, ganze Kükenkörper in der entsprechenden Größe zu fressen.

Die Verfügung wurde damit begründet, dass die Tötung der Küken gegen § 1 Satz 2 TierSchG verstoße, wonach niemand einem Tier ohne vernünftigen Grund Schmerzen, Leiden oder Schäden zufügen darf. Der Grund der Tötung wegen fehlender Vermarktbarkeit stelle keinen vernünftigen Grund dar, so dass es keine gesetzliche Grundlage für die Tötung gebe. Auch die gesellschaftlichen Anschauungen hätten sich zugunsten des Tierschutzes gewandelt. Der Kläger könne stattdessen auf die Mast der

---

173 Staatsanwaltschaft Münster, Az.: Js 290/15, vgl. auch *Beckmann*, Über den vernünftigen Grund im Sinne von § 1 S. 2 TierSchG bei der Tötung von männlichen Eintagsküken, NuR 2016, S. 384 ff., S. 385.

174 *LG Münster*, Beschluss vom 7. März 2016, Az.: 2 KLs-540 Js 290/15-7/15, NuR 2016, S. 292 ff.

175 *OLG Hamm*, Beschluss vom 10. Mai 2016, Az.: 4 Ws 113/16, NStZ 2016, S. 488 f.

176 Zu den Sachverhaltsfeststellungen siehe *OVG Münster*, Urteile vom 20. Mai 2016, Az.: 20 A 488/15 und 20 A 530/15 (juris) Rn. 1-5.

männlichen Küken umsteigen und sie sodann zu Nahrungszwecken vermarkten.

Der Kläger hat Klage erhoben und vorgetragen, dass auch rein ökonomische Gründe beachtlich sein können. Ein Alternativverfahren zur Geschlechtsbestimmung im Ei sei noch nicht praxistauglich. Die männlichen Küken seien für die Mast untauglich, er habe keine Absatzmöglichkeit, die Aufzucht der Küken führe zu einem unvertretbaren Verbrauch von Futter, Energie und Fläche. Auch bei einer Mast würden die Hähne getötet, nur eben später und aus einem anderen Grund. Die Tötung der Eintagsküken hingegen sichere die nachfragegerechte Produktion von Eiern und somit mittelbar die Ernährung der Bevölkerung. Die Eintagsküken werden außerdem als Tierfutter vermarktet. Die Tötungspraxis sei seit Jahrzehnten international üblich und wurde bislang nicht beanstandet. Es gebe zu ihr keine Alternative; ein Verbot der Tötung hätte hingegen eine erhebliche Tragweite für die Lebensmittelproduktion. Ein Verbot sei weiter ein intensiver Eingriff in Grundrechte des Klägers und erfordere daher ein Tätigwerden des Gesetzgebers. Ein Verbraucherverhalten, welches die Tötungspraxis verurteile, sei nicht zu erkennen. Mit einem Verbot der Kükentötung würden sich die Brütereien in andere Bundesländer oder in das Ausland zurückziehen, auch damit sei dem Tierschutz nicht geholfen. Letztlich würde ein Verbot für ihn existenzvernichtende Mehrkosten bedeuten, er müsste daher seinen Betrieb schließen.[177]

Das VG Minden hat der Klage stattgegeben.[178] Es hat die Entscheidung damit begründet, dass § 16a Abs. 1 Satz 1 i. V. m. § 1 Satz 2 TierSchG keine geeignete Ermächtigungsgrundlage für die Tötungsuntersagung sei. Diese greife derart in die Berufsfreiheit des Klägers ein, dass der Gesetzgeber hier tätig werden müsse und die jahrzehntelang geduldete Praxis rechtlich neu bewerten müsse. Brauchbare Alternativen gebe es nicht, weiterhin sei die Untersagung ermessensfehlerhaft.

Hiergegen richtet sich die Berufung des Beklagten. Zur Begründung führt er u. a. aus, dass auch ohne Alternativen zur Tötung der Küken diese Vorgehensweise jedenfalls nicht angemessen sei; dies ergebe sich aus dem Rechtsgedanken des § 7a Abs. 2 Nr. 4 TierSchG, nachdem Tieren alleine aus wirtschaftlichen Gründen keine Schmerzen, Leiden oder Schäden zu-

177 Zu den Sachverhaltsfeststellungen siehe *OVG Münster*, Urteile vom 20. Mai 2016, Az.: 20 A 488/15 und 20 A 530/15 (juris) Rn. 1-5.

178 *VG Minden*, Urteil vom 30. Januar 2015, Az.: 2 K 80/14, ZUR 2015, S. 305 ff.

gefügt werden dürfen.[179] Bis zur Praxistauglichkeit der Methode der Geschlechtsbestimmung im Ei seien dem Kläger andere Alternativen zumutbar, z. B. die Mast der Tiere. Der Tod sei der größtmögliche Schaden. Ein Eingriff in vitale Interessen der Tiere dürfte nur aufgrund existentieller, vitaler Interessen der Menschen erfolgen. Auch sei die Tötung der Küken nicht mit den gesellschaftlichen Anschauungen über einen ethischen Tierschutz vereinbar. Würden rein ökonomische Gründe zur Begründung eines vernünftigen Grundes zugelassen, würde der ethische Tierschutz ausgehöhlt werden. Es gebe letztlich zwar Vorschriften über die Vorgehensweise bei der Kükentötung, diese Vorschriften regelten aber nur das „Wie", aber gerade nicht das „Ob" der Tötung.[180]

b) Gerichtliche Entscheidung

Das OVG Münster hat die Berufung zurückgewiesen. Die Untersagungsverfügung des Beklagten vom 19. Dezember 2013 sei rechtswidrig und verletze den Kläger in seinen Rechten.

§ 16a Abs. 1 Satz 1 TierSchG sei eine taugliche Ermächtigungsgrundlage für die hier ausgesprochene Tötungsuntersagung. Diese Norm erteile der Behörde – vorbehaltlich speziellerer Ermächtigungsgrundlagen – die Befugnis, durch Verwaltungsakt Regelungen zur Einhaltung des Tierschutzrechts zu treffen. § 16a Abs. 1 Satz 1 TierSchG sei eine Generalklausel, die sich auf sämtliche Verstöße gegen das Tierschutzrecht beziehe. Die Anwendbarkeit der Ermächtigungsgrundlage sei also an einen Verstoß gegen eine verbindliche Norm aus dem Tierschutzrecht gebunden. Hier kämen unmittelbar anwendbare EU-Verordnungen, das Tierschutzgesetz selbst und die aufgrund des TierSchG erlassenen Rechtsverordnungen in Be-

---

179 Dass aus § 7a Abs. 2 TierSchG ein allgemeiner Rechtsgedanke folgt, ist weit verbreitete Meinung, vgl. nur *Hirt/Maisack/Moritz*, Tierschutzgesetz Kommentar, § 17 TierSchG Rn. 12; *Ort/Reckewell* in *Kluge*, Tierschutzgesetz Kommentar, § 17 Rn. 180; *Maisack*, Lebensschutz für Tiere, Vortrag in Zürich vom 12. Dezember 2012, S. 15; *Maisack*, Zum Begriff des vernünftigen Grundes im Tierschutzrecht, S. 176 f.; *VG Magdeburg*, Urteil vom 4. Juli 2016, Az.: 1 A 1198/14 MD (juris) Rn. 76; *Chmielewska/Bert u. a.*, Der „vernünftige Grund" zur Tötung von überzähligen Tieren, NuR 2015, S. 677 ff., S. 679; Empfehlungen der Ausschüsse vom 27. Mai 2013, BR-Drs. 431/13 (Grunddrucksache 670/12), S. 23; *Bülte*, Zur faktischen Straflosigkeit institutionalisierter Agrarkriminalität, GA 2018, S. 35 ff., S. 38.

180 Zum Vortrag des Beklagten siehe *OVG Münster*, Urteile vom 20. Mai 2016, Az.: 20 A 488/15 und 20 A 530/15 (juris) Rn. 10.

tracht. Ein bestimmtes Verhalten müsse also gegen eine Vorschrift aus o. g. Rechtsquellen verstoßen. Bei Zweifeln, ob ein Verhalten gegen eine solche Vorschrift verstoße, müsse der Regelungsgehalt der betreffenden Vorschrift angeschaut werden – dieser müsse mit höherrangigem Recht im Einklang stehen.[181]

Daher komme es für das Eingreifen des § 16a Abs. 1 Satz 1 TierSchG entscheidend auf andere Vorschriften an, die vorgäben, welches Verhalten gegen Tierschutzrecht verstoße und die in den wesentlichen Punkten gesetzlich bestimmt seien.

Auf der Rechtsfolgenseite des § 16a Abs. 1 Satz 1 TierSchG sei das Verhältnismäßigkeitsprinzip zu beachten.

Die Untersagungsverfügung des Kükentötens stehe nicht im Einklang mit § 16a Abs. 1 Satz 1 TierSchG.[182] Es liege durch die Tötung kein Verstoß gegen Tierschutzrecht vor.[183]

Es komme allein ein Verstoß gegen § 1 Satz 2 TierSchG in Betracht, nach dem niemand einem Tier ohne vernünftigen Grund Schmerzen, Leiden oder Schäden zufügen darf. § 1 Satz 2 TierSchG sei ein rechtswirksames Verbot, welches als parlamentarische, gesetzliche Grundlage das Wesentliche umreiße. Es brauche keine speziellere Grundlage. Das Verbot der grundsätzlichen Schmerzens-, Leidens- und Schadenszufügung gelte auch für Eintagsküken; § 1 Satz 2 TierSchG enthalte insoweit einen unmissverständlichen Wortlaut; diese Norm gelte für alle Tiere und für alle Menschen in allen Lebensbereichen. Menschen sollten umfassend davon abgehalten werden, auch nur einem einzelnen Tier derartige Beeinträchtigungen zuzufügen.[184]

Wie § 17 TierSchG knüpfe auch § 1 Satz 2 TierSchG an den vernünftigen Grund an. Dieser Begriff stelle einen unbestimmten Rechtsbegriff dar, der noch weiter konkretisiert werden müsse.

Zwar müsse ein Gesetz so hinreichend bestimmt sein, dass der Betroffene anhand der gesetzlichen Regelung die Rechtslage erkennen und sein Verhalten danach ausrichten könne. Dies gelte umso mehr, je stärker die Vorschrift eine Grundrechtsrelevanz enthalte. Im Fall des Verbotes, einem

181 *OVG Münster*, Urteile vom 20. Mai 2016, Az.: 20 A 488/15 und 20 A 530/15, NWVBl. 2016, S. 430 ff., S. 431.

182 *OVG Münster*, Urteile vom 20. Mai 2016, Az.: 20 A 488/15 und 20 A 530/15, NWVBl. 2016, S. 430 ff., S. 432.

183 *OVG Münster*, Urteile vom 20. Mai 2016, Az.: 20 A 488/15 und 20 A 530/15, NWVBl. 2016, S. 430 ff., S. 432.

184 *OVG Münster*, Urteile vom 20. Mai 2016, Az.: 20 A 488/15 und 20 A 530/15, NWVBl. 2016, S. 430 ff., S. 432.

Tier Schmerzen, Leiden oder Schäden zuzufügen, könne unter anderem die Berufsfreiheit betroffen sein, da hier auch erwerbswirtschaftliche Betätigungen im Raum stünden.[185]

Aber auch eine Grundrechtsrelevanz schließe die Verwendung unbestimmter Rechtsbegriffe nicht aus; sie seien erlaubt, wenn sich mit Hilfe der anerkannten Auslegungsmethoden eine zuverlässige Grundlage für die Anwendung der Norm finden lasse. § 1 Satz 2 TierSchG genüge dem Bestimmtheitsgrundsatz. Es sei bestimmt genug, was Schmerzen, Leiden und Schäden seien und dass die Zufügung derselben grundsätzlich zu unterbleiben habe.[186]

Auch der vernünftige Grund sei eine hinreichend klare Abgrenzung. Es sei zwar nicht im Einzelnen gesetzlich festgelegt, was ein vernünftiger Grund sein kann. Systematisch sei aber die Regelung des § 1 Satz 2 TierSchG eng mit § 1 Satz 1 TierSchG verknüpft, der das Ziel des TierSchG festlege, die Sicherstellung eines ethischen Tierschutzes. Die Ziele des ethischen Tierschutzes müssten mit den menschlichen, kollidierenden Interessen in Einklang gebracht werden.[187]

Nach alldem sei ein Grund vernünftig, dem nach den Umständen des Einzelfalls als Ergebnis der Gegenüberstellung und Bewertung aller relevanten Gesichtspunkte der Vorrang vor dem Schutz der Tiere einzuräumen ist. Er müsse auf einem anerkennenswerten menschlichen Interesse beruhen sowie unter den konkreten Umständen nach seinem objektiven Gewicht schwerer wiegen als das Interesse am Schutz der Unversehrtheit des Tieres.[188]

Die Feststellung eines vernünftigen Grundes beziehe sich aber notwendigerweise auf die im Zeitpunkt der jeweiligen Entscheidung erheblichen Gesichtspunkte. Mit diesem zeitlichen Bezug gehe einher, dass Veränderungen tatsächlicher oder rechtlicher Art Anlass zu einer erneuten – möglicherweise anderen – Entscheidung geben können. Insbesondere neue Er-

---

185 *OVG Münster*, Urteile vom 20. Mai 2016, Az.: 20 A 488/15 und 20 A 530/15, NWVBl. 2016, S. 430 ff., S. 432.

186 *OVG Münster*, Urteile vom 20. Mai 2016, Az.: 20 A 488/15 und 20 A 530/15, NWVBl. 2016, S. 430 ff., S. 432.

187 *OVG Münster*, Urteile vom 20. Mai 2016, Az.: 20 A 488/15 und 20 A 530/15, NWVBl. 2016, S. 430 ff., S. 433.

188 *OVG Münster*, Urteile vom 20. Mai 2016, Az.: 20 A 488/15 und 20 A 530/15, NWVBl. 2016, S. 430 ff., S. 433.

kenntnisse oder Entwicklungen könnten zu Gewichtsverschiebungen einzelner Aspekte führen.[189]

Die Kükentötung geschehe aktuell nicht ohne vernünftigen Grund.[190]

Den für die Tötung sprechenden Gründen komme Vorrang zu. Für den Tierschutz spreche zwar, dass der Tod der größtmögliche Schaden sei. Küken würden als Mitgeschöpfe des Menschen am ersten Lebenstag getötet, weil sie nicht nutzbringend seien.[191]

Für den Kläger sprächen vor allem wirtschaftliche Interessen. Diese wögen wegen seiner grundrechtlich geschützten Berufsfreiheit besonders schwer. Nach gegenwärtigem Stand hätten die Belange des Klägers größeres Gewicht.[192]

Die Küken seien nicht, nur weil sie einen ethischen Wert hätten, der Abwägung entzogen. Sie stünden trotz ihrer Mitgeschöpflichkeit nicht auf einer Stufe mit dem Menschen in der gesetzlichen Werteordnung. Ethische Aspekte nähmen in der Abwägung bei der Frage, ob ein vernünftiger Grund vorliegt, keinen höheren Rang ein als „lediglich" wirtschaftliche Gründe im Umgang mit Tieren. Umgekehrt seien wirtschaftliche Zwecke nicht von vornherein nachrangig.[193]

Insbesondere besage die Regelung des § 7a Abs. 2 Nr. 4 TierSchG nicht, dass wirtschaftliche Gründe schon im Ausgangspunkt zurückzutreten hätten. Sie besage nur, dass Tierversuche, für die diese Norm gilt, auf das Unerlässliche zu beschränken seien.[194]

---

189 *OVG Münster*, Urteile vom 20. Mai 2016, Az.: 20 A 488/15 und 20 A 530/15, NWVBl. 2016, S. 430 ff., S. 433.

190 *OVG Münster*, Urteile vom 20. Mai 2016, Az.: 20 A 488/15 und 20 A 530/15, NWVBl. 2016, S. 430 ff., S. 434.

191 *OVG Münster*, Urteile vom 20. Mai 2016, Az.: 20 A 488/15 und 20 A 530/15, NWVBl. 2016, S. 430 ff., S. 434.

192 *OVG Münster*, Urteile vom 20. Mai 2016, Az.: 20 A 488/15 und 20 A 530/15, NWVBl. 2016, S. 430 ff., S. 434.

193 *OVG Münster*, Urteile vom 20. Mai 2016, Az.: 20 A 488/15 und 20 A 530/15, NWVBl. 2016, S. 430 ff., S. 434.

194 *OVG Münster*, Urteile vom 20. Mai 2016, Az.: 20 A 488/15 und 20 A 530/15, NWVBl. 2016, S. 430 ff., S. 434; a. A., nach der aus § 7a Abs. 2 TierSchG ein allgemeiner Rechtsgedanke folgt: *Hirt/Maisack/Moritz*, Tierschutzgesetz Kommentar, § 17 TierSchG Rn. 12; *Ort/Reckewell* in *Kluge*, Tierschutzgesetz Kommentar, § 17 Rn. 180; *Maisack*, Lebensschutz für Tiere, Vortrag in Zürich vom 12. Dezember 2012, S. 15; *Maisack*, Zum Begriff des vernünftigen Grundes im Tierschutzrecht, S. 176 f.; *VG Magdeburg*, Urteil vom 4. Juli 2016, Az.: 1 A 1198/14 MD (juris) Rn. 76; *Chmielewska/Bert u. a.*, Der „vernünftige Grund" zur Tötung von überzähligen Tieren, NuR 2015, S. 677 ff., S. 679; Empfehlungen der Ausschüsse vom 27. Mai 2013, BR-Drs. 431/13 (Grunddrucksache 670/12), S. 23;

Weiterhin sei die Annahme, dass jedes getötete Tier unmittelbar Ernährungszwecken der Menschen dienen müsse, nicht tragfähig. Dem existentiellen menschlichen Erhaltungsinteresse kämen auch die Tiere zugute, die nicht selbst getötet würden, sondern die getötet würden, um z. B. die Tierhaltung weiterhin kostendeckend durchführen zu können.[195]

Das gelte auch vor dem Hintergrund des Art. 20a GG, dem Staatsziel Tierschutz. Zwar sei der Tierschutz im Jahr 2002 auf Verfassungsrang gehoben worden, sei also in der Lage, menschliche Grundrechte zu beschränken. Das hieße aber nicht, dass er sich gegenüber grundrechtlichen Belangen auch durchsetze. Tierschutz habe keinen höheren Wert als die Grundstrukturen der marktwirtschaftlichen Ernährungswirtschaft. Zwar begrenze § 1 Satz 2 TierSchG die Verfolgung erwerbswirtschaftlicher Interessen, denn nicht jede Erwägung der Wirtschaftlichkeit der Tierhaltung sei per se ein vernünftiger Grund. Es brauche hingegen immer eine Abwägung aller im Einzelfall relevanten Umstände.[196]

Maßgebender Grund der Kükentötung sei, dass die Küken wegen ihrer Rassemerkmale nicht zur Fleischproduktion genutzt werden können. Zwar würden die toten Küken noch als Tierfutter verkauft und dienten damit einem sinnvollen Zweck in der tierischen Nahrungskette. Jedoch sei die Futtermittelgewinnung nicht Zweck der Tötung, sondern deren Folge. Das Halten und Aufziehen der Küken sei ökonomisch sinnlos und stehe damit im Widerspruch zu ökonomischen Rahmenbedingungen. Durch die Tötung werde dieser ökonomisch sinnlose Aufwand vermieden. Das sei ökonomisch sinnvoll.[197]

Die funktional aufeinander abgestimmten Produktionsbetriebe in der Geflügelwirtschaft und die jahrzehntelange internationale Praxis des Kükentötens ließen darauf schließen, dass der wirtschaftliche Wettbewerb dies erfordere.[198]

Auch gebe es Vorschriften, die die Vorgehensweise für die Tötung von Eintagsküken beschrieben und damit in der Realität voraussetzten, z. B.

Bülte, Zur faktischen Straflosigkeit institutionalisierter Agrarkriminalität, GA 2018, S. 35 ff., S. 38.

195 *OVG Münster*, Urteile vom 20. Mai 2016, Az.: 20 A 488/15 und 20 A 530/15, NWVBl. 2016, S. 430 ff., S. 434.

196 *OVG Münster*, Urteile vom 20. Mai 2016, Az.: 20 A 488/15 und 20 A 530/15, NWVBl. 2016, S. 430 ff., S. 435.

197 *OVG Münster*, Urteile vom 20. Mai 2016, Az.: 20 A 488/15 und 20 A 530/15, NWVBl. 2016, S. 430 ff., S. 436.

198 *OVG Münster*, Urteile vom 20. Mai 2016, Az.: 20 A 488/15 und 20 A 530/15, NWVBl. 2016, S. 430 ff., S. 436.

Art. 22 Abs. 2 Satz 2 i. V. m. Anhang III Nr. 2 und 3 der Empfehlung in Bezug auf Haushühner der Art Gallus Gallus des Ständigen Ausschusses des Europarats zum Übereinkommen über den Schutz von Tieren in landwirtschaftlichen Tierhaltungen. Weiterhin sei in Anhang I Kap. I Nr. 4 der EU-Schlachtverordnung die erlaubte Vorgehensweise zur Tötung von Küken bis zu einem Höchstalter von 72 Stunden beschrieben („unmittelbare Zerstückelung des gesamten Tieres"); ebenso sei in § 2 Nr. 3 i. V. m. Anlage 1 Nr. 3 TierSchlV die Zerkleinerung von Küken beschrieben. Letztlich sei durch Anhang III zu VO 617/2008 hinsichtlich der Vermarktungsnormen für Bruteier und Küken von Hausgeflügel statistisch zu erheben, wie viele Hahnenküken aussortiert wurden. Es sei nicht anzunehmen, dass diese Vorschriften funktionslos seien, sondern einen Anwendungsbereich hätten und daher auch anzuwenden seien.[199]

Auch der Bundestag habe im Zuge einer parlamentarischen Initiative unmissverständlich zu verstehen gegeben, dass er kein Vollzugsdefizit der Behörden sehe, sondern die Praxis des Kükentötens bis zur Anwendbarkeit praxistauglicher Alternativen als gerechtfertigt ansehe.[200]

Damit liege schon kein Verstoß gegen § 1 Satz 2 TierSchG vor.

Aber auch auf Rechtsfolgenseite sei die Untersagungsverfügung fehlerhaft zustande gekommen. Der Beklagte habe Ermessensfehler gemacht. Er habe die tatsächlichen Auswirkungen der Untersagungsverfügung für den Kläger nicht angemessen berücksichtigt.[201]

Der Kläger werde durch das Verbot empfindlich in seinem Grundrecht der Berufsfreiheit betroffen. Die Brüterei mit der Erzeugung weiblicher Küken sei seine Existenz. Er habe weder Platz für die Aufzucht von männlichen Küken noch Abnehmer. Die Schaffung von Platz brauche Zeit und koste Geld. Im Übrigen müsste er beim Absatz der Hahnenküken nach der Mast mit allen anderen im Land betroffenen Brütereien um den Absatz konkurrieren; es würden jährlich ca. 2,5 Millionen Hahnenküken zur Verfügung stehen, für die kein nennenswerter Absatzmarkt bestehe.[202]

Die Methode zur Geschlechtsbestimmung im Ei werde voraussichtlich erst im Jahr 2017 praxistauglich sein, d. h. mindestens zwei Jahre nach der

---

199 *OVG Münster*, Urteile vom 20. Mai 2016, Az.: 20 A 488/15 und 20 A 530/15, NWVBl. 2016, S. 430 ff., S. 437.

200 *OVG Münster*, Urteile vom 20. Mai 2016, Az.: 20 A 488/15 und 20 A 530/15, NWVBl. 2016, S. 430 ff., S. 438.

201 *OVG Münster*, Urteile vom 20. Mai 2016, Az.: 20 A 488/15 und 20 A 530/15, NWVBl. 2016, S. 430 ff., S. 439.

202 *OVG Münster*, Urteile vom 20. Mai 2016, Az.: 20 A 488/15 und 20 A 530/15, NWVBl. 2016, S. 430 ff., S. 438.

vom Beklagten gesetzten Frist für das Tötungsverbot.[203] Es sei dem Kläger daher nicht zuzumuten, sich jetzt an das Verbot zu halten und ggfs. Investitionen zu tätigen, weil sich mit der Methode der Geschlechtsbestimmung im Ei eine rechtliche Neubewertung abzeichne.[204]

Liegen die Ergebnisse dieser Forschung vor, stelle sich die Frage des vernünftigen Grundes neu. Nehme man sodann an, dass kein vernünftiger Grund mehr vorliege, so seien bundesweit alle Brütereien verpflichtet, mit dem Töten aufzuhören und das neue Verfahren anzuwenden.[205]

c) Bewertung

Das Urteil des OVG Münster zeigt, dass trotz hunderttausendfacher offener Verstöße gegen das Tierschutzgesetz[206] die Kläger genau so weitermachen dürfen, da ihr Handeln einem vernünftigen Grund unterfällt; die streitgegenständlichen Verbotsverfügungen wurden aufgehoben.

Jedoch wurde durch das Gericht ausdrücklich festgestellt, dass der Begriff des vernünftigen Grundes dem Wandel unterworfen ist und insofern

---

203 Auch Ende des Jahres 2018 war diese Methode noch nicht praxistauglich.

204 *OVG Münster*, Urteile vom 20. Mai 2016, Az.: 20 A 488/15 und 20 A 530/15 (juris) Rn. 152 (nicht mehr in NWVBl. 2016, S. 43 ff. abgedruckt).

205 *OVG Münster*, Urteile vom 20. Mai 2016, Az.: 20 A 488/15 und 20 A 530/15 (juris) Rn. 152 (nicht mehr in NWVBl. 2016, S. 43 ff. abgedruckt).

206 So auch *Ort*, Zur Tötung unerwünschter neonater und juveniler Tiere, NuR 2010, S. 853 ff., S. 855; *Caspar*, Der vernünftige Grund im Tierschutzgesetz, NuR 1997, S. 577 ff., S. 582; *Binder*, Der „vernünftige Grund“ für die Tötung von Tieren, NuR 2007, S. 806 ff., S. 812; *Maisack*, Lebensschutz für Tiere, S. 29; *Maisack*, Zum Begriff des vernünftigen Grundes im Tierschutzrecht, S. 223, 234; *Hirt/Maisack/Moritz*, Tierschutzgesetz Kommentar, § 17 TierSchG Rn. 70, 70a; *Hirt/Maisack/Moritz*, Tierschutzgesetz Kommentar, 2. Auflage 2007, § 17 TierSchG Rn. 49; *Ort/Reckewell* in *Kluge*, Tierschutzgesetz Kommentar, § 17 Rn. 168; *Hager*, Das Tier in Ethik und Recht, S. 101 f. *Buhl*, Legal Aspects of the Prohibition on Chick Shredding in the german State of North Rhine-Westphalia, Global Journal of Animal Law 2013, S. 7; *Hager*, Die tierschutzrechtliche Generalklausel als Ermächtigungsgrundlage für ein Tötungsverbot, NuR 2016, S. 108 ff., S. 111; *Köpernik*, Das Töten von Eintagsküken auf dem Prüfstand, AUR 2014, S. 290ff; *von Loeper* in *Kluge*, Tierschutzgesetz Kommentar, § 1 Rn. 57; *Ogorek*, Wo bleibt der Tierschutz? Rechtswidrigkeit der massenhaften Tötung von Eintagsküken, NVwZ 2016, S. 1433 ff.; BR-Drs. 310/15 vom 25. September 2015, S. 2; *Köpernik*, Eintagsküken – Töten mit vernünftigtem Grund?, AUR 2016, S. 475 f.; *Cirsovius*, Rechtfertigen wirtschaftliche Motive Verstöße gegen das Tierschutzgesetz?, NuR 2017, S. 665 ff.; *Bülte*, Zur faktischen Straflosigkeit institutionalisierter Agrarkriminalität, GA 2018, S. 35 ff., S. 35.

– bei späterem Vorliegen eines Verfahrens, das die Geschlechter der Küken bereits im Ei erkennt – eventuell nicht mehr vorliegt. Der Sachverhalt, der hier durch das OVG Münster legitimiert wurde, kann also in der Zukunft anders aussehen und anders beurteilt werden.

Positiv fällt auch auf, dass das OVG Münster die Ansicht des VG Minden, der ersten Instanz, revidiert hat, nämlich die Aussage, es gebe keine Ermächtigungsgrundlage für ein Tötungsverbot wie hier ausgesprochen.[207] Richtigerweise hat das OVG Münster klargestellt, dass es selbstverständlich eine taugliche Ermächtigungsgrundlage für die Verbotsverfügung gibt;[208] es verneinte dann aber fälschlicherweise das Vorliegen deren Voraussetzungen. Im Übrigen wird seit vielen Jahren von Gerichten die vom OVG Münster bestätigte rechtliche Grundlage als Ermächtigungsgrundlage für Tötungs- und andere Verbote angewendet – jedoch werden solche Exempel durchgehend an privaten Tierhaltern und kleineren Betrieben statuiert. Es wäre ein Verstoß gegen den Gleichheitsgrundsatz des Art 3 Abs. 1 GG, wenn die Rechtsprechung aufgrund einer existenten Ermächtigungsgrundlage den „kleinen Mann" – richtigerweise – mit Verbotsverfügungen überzieht, aber hinsichtlich Betrieben, denen eine große Marktmacht zukommt,[209] die Existenz einer Ermächtigungsgrundlage hierfür jedoch von der Rechtsprechung geleugnet wird und diese Verfügungen kassiert werden.

Eine positiv zu wertende Reaktion auf das Urteil des VG Minden war eine Gesetzesinitiative des Landes Nordrhein-Westfalen im Bundesrat, das Tierschutzgesetz dahingehend zu ändern, dass die Tötung eines Wirbeltieres insbesondere zur Vermeidung wirtschaftlicher Nachteile verboten

---

207 *VG Minden*, Urteil vom 30. Januar 2015, Az.: 2 K 80/14, ZUR 2015, S. 305 ff., Leitsätze, S. 305.

208 Vgl. *OVG Münster*, Urteile vom 20. Mai 2016, Az.: 20 A 488/15 und 20 A 530/15, NWVBl. 2016, S. 430 ff., S. 431, so auch *Hager*, Die tierschutzrechtliche Generalklausel als Ermächtigungsgrundlage für ein Tötungsverbot, NuR 2016, S. 108 ff., S. 110, *Ogorek*, Wo bleibt der Tierschutz? Rechtswidrigkeit der massenhaften Tötung von Eintagsküken, NVwZ 2016, S. 1433 ff., S. 1434; a. A. (wohl aber nicht haltbar angesichts der Richtigstellung durch das OVG Münster) *Bender*, Lebensschutz im Tierschutzrecht und der Vorbehalt des Parlaments – Ein behördliches Tötungsverbot von „Eintagsküken" bedarf einer spezialgesetzlichen Ermächtigungsgrundlage, NWVBl. 2015, S. 212 ff.

209 Vgl. zur starken Marktmacht der Hersteller und Vertreiber von Lebensmitteln nur *Bayerischer Oberster Rechnungshof*, Gutachten zur Struktur und Organisation des amtlichen Veterinärwesens und der Lebensmittelüberwachung vom 12. Februar 2016, abrufbar unter https://www.stmuv.bayern.de/themen/lebensmittel/sondergutachten/doc/orh_gutachten.pdf, S. 21.

ist.[210] Diese Initiative wurde jedoch durch Ausführungen des Landgerichts Münster in der das Kükentöten betreffenden Strafsache ad absurdum geführt, als dieses ausführte, dass es dagegen spreche, dass das Kükentöten momentan als strafbare Handlung angesehen werde, da der Gesetzesantrag des Landes Nordrhein-Westfalen eine Vorschrift vorschlägt, die speziell das Kükentöten unter Strafe stellt bzw. speziell verbietet.[211]

Dem Tierschutzgesetz und auch dem in der Verfassung verankerten Staatsziel Tierschutz entspricht jedoch auch das Urteil des OVG Münster nicht.[212] Insbesondere die Aussage, dass das Kükentöten nicht nur auf wirtschaftlichen Gründen beruhe, sondern aus Gründen des existentiellen menschlichen Erhaltungsinteresses gerechtfertigt sei, stellt eine Aushebelung des Tierschutzes dar. Diese obergerichtliche Aussage ist quasi ein Freibrief für alle Erwägungen, die Tierhaltung kostendeckend durchzuführen und dafür Verstöße gegen das Tierschutzgesetz zu begehen.[213] Über den Umweg des existentiellen menschlichen Erhaltungsinteresses kann so jede wirtschaftliche Erwägung in der Tier- und Lebensmittelproduktion als vernünftiger Grund legitimiert werden. Dies läuft dem ethischen Tierschutz aus Tierschutzgesetz und Verfassung eklatant zuwider. Auch die Aussage, dass (jedenfalls zurzeit) ein vernünftiger Grund für die Praxis des Kükentötens vorliegt, ist angesichts der Existenz des grundsätzlichen Tötungsverbots in § 1 Satz 2 TierSchG seit 1972 höchst unbefriedigend.

Das Staatsziel Tierschutz wird von dem OVG Münster in dieser Entscheidung nur beiläufig in wenigen Sätzen abgehandelt und der Tierschutz als bloßer „Gemeinwohlbelang" kleingeredet.[214] Richtigerweise ist der Tierschutz seit 2002 aber eine echte Staatszielbestimmung, die dem

210 BR-Drs. 310/15 vom 30. Juni 2015.

211 *LG Münster*, Beschluss vom 7. März 2016, Az.: 2 Kls 540 Js 290/15 – 7/15 -, NuR 2016, S. 292 ff., S. 294. Auch das vom LG Münster vertretene Argument, das Kükentöten sei nicht strafbar, sondern tierschutzkonform, ist nicht tragfähig (vgl. diesbezüglich ebenso NuR 2016, S. 294), denn das Tierschutzrecht steht nicht zur Disposition der Veterinärbehörde.

212 So für viele *Ogorek*, Wo bleibt der Tierschutz? Rechtswidrigkeit der massenhaften Tötung von Eintagsküken, NVwZ 2016, S. 1433 ff., S. 1433.

213 Natürlich gilt auch das Urteil des OVG Münster nur inter partes; jedoch könnten sich auch hier an den Aussagen weitere Fälle entscheiden, wenn andere Gerichte diese Ansicht übernehmen und auf ihre Fälle anwenden.

214 *OVG Münster*, Urteile vom 20. Mai 2016, Az.: 20 A 488/15 und 20 A 530/15, NWVBl. 2016, S. 430 ff., S. 432, 435.

Staat mit rechtsverbindlicher Wirkung ein sachlich umschriebendes Ziel vorgibt.[215]

Die betroffenen wirtschaftlichen Interessen der Kläger werden vom Gericht immer wieder neu ins Feld geführt und das Grundrecht des Art. 12 GG der Kläger als „schwerwiegend betroffen“[216] angesehen und dass unter Zugrundelegung der Verbotsverfügung Haltungseinrichtungen für die Hahnenküken geschaffen oder umgenutzt werden müssten, was jedenfalls finanzielle Aufwendungen und Zeit in Anspruch nähme, wodurch die bisherige wirtschaftliche Grundlage der Brüterei in Frage gestellt würde.[217] Das Gericht hat hier die Berufsfreiheit der Kläger von vornherein höher bewertet als den Tierschutz, der sich aber mit Art. 20a GG ebenfalls als Rechtsgut von Verfassungsrang unstreitig auf Augenhöhe mit der Berufsfreiheit befindet und ebenfalls, mit der Tötung von hunderttausenden Tieren, schwer betroffen ist, da der Tod der größtmögliche Schaden ist, den man einem Tier beibringen kann.[218] „Jeder gesetzliche oder exekutive Eingriff in die gewerbliche Tätigkeit bestimmter Unternehmen trägt das Potenzial der Kostensteigerung und der Ertragsminderung in sich. Doch hat kein Unternehmer ein grundrechtlich geschütztes Recht darauf, dass seine Erwerbschancen unvermindert fortbestehen.“[219] Erst jüngst hat das Bundesverfassungsgericht eine Verletzung der Berufsfreiheit durch die Normierung des Bestellerprinzips durch das Mitrechtsnovellierungsgesetz verneint, nach dem die Maklercourtage bei der Vermittlung von Mietverträgen über Wohnraum nun in den allermeisten Fällen nicht mehr vom Wohnungssuchenden zu zahlen ist, sondern nur noch vom Vermieter gefordert werden darf.[220] Als Folge befürchtete der Beschwerdeführer einer Verfassungsbeschwerde, ein Immobilienmakler, der seit 20 Jahren mindestens 95% seines Einkommens durch die Vermittlung solcher Wohnraummiet-

215 *Ogorek*, Wo bleibt der Tierschutz? Rechtswidrigkeit der massenhaften Tötung von Eintagsküken, NVwZ 2016, S. 1433 ff., S. 1435.

216 *OVG Münster*, Urteile vom 20. Mai 2016, Az.: 20 A 488/15 und 20 A 530/15, NWVBl. 2016, S. 430 ff., S. 432, 434.

217 *OVG Münster*, Urteile vom 20. Mai 2016, Az.: 20 A 488/15 und 20 A 530/15, (juris) Rn. 144 (nicht mehr in NWVBl. abgedruckt).

218 Vgl. nur *Hirt/Maisack/Moritz*, Tierschutzgesetz Kommentar, § 1 TierSchG Rn. 28; *BVerwG*, Urteil vom 18. Juni 1997, Az.: 6 C 5/96, NVwZ 1998, 853, 855; *Lorz/Metzger*, Tierschutzgesetz Kommentar, § 1 Rn. 54; *Lorz*, Die Rechtsordnung und das Töten von Tieren, NuR 1992, S. 401 ff., S. 402; *von Loeper* in *Kluge*, Tierschutzgesetz Kommentar, § 1 Rn. 41.

219 *Ogorek*, Wo bleibt der Tierschutz? Rechtswidrigkeit der massenhaften Tötung von Eintagsküken, NVwZ 2016, S. 1433 ff., S. 1436.

220 *BVerfG*, Beschluss vom 29. Juni 2016, Az.: 1 BvR 1015/15 (juris).

verträge generiert, dass Vermieter kaum noch Vermittlungsaufträge an Makler erteilten, da sie die Maklerkosten nicht mehr auf die Mieter abwälzen könnten.[221] Das Bundesverfassungsgericht, das als legitimen Zweck für diese Regelung den Verbraucherschutz und das Sozialstaatsprinzip (Art. 20 Abs. 1, 28 Abs. 1 Satz 1 GG) heranzog, stellte wie in vorigen Entscheidungen auch fest, dass eine Grundrechtsverletzung in einer solchen Lage nur festgestellt werden kann, wenn eine Grundrechtsposition den Interessen des anderen Vertragspartners in einer Weise untergeordnet wird, dass in Anbetracht der Bedeutung und Tragweite des betroffenen Grundrechts von einem angemessenen Ausgleich nicht mehr gesprochen werden kann.[222] Der in diesem Fall erstrebte Ausgleich zwischen den Immobilienmaklern und den Wohnungssuchenden, die von einem wesentlichen Posten zu Beginn eines Mietverhältnisses, nämlich der Maklercourtage, entlastet werden sollten, wurde von dem Bundesverfassungsgericht recht selbstverständlich gelöst, denn es bekräftigte, dass die Verbraucher wirksam geschützt werden müssten; „dass hiernach der erstrebte Ausgleich zwangsläufig mit Einnahmeeinbußen der Wohnungsvermittler einhergehen muss, steht insgesamt der Angemessenheit der gewählten Lösung nicht entgegen."[223]

8. OVG Münster zu den tierschutzrechtlichen Anforderungen an die Liegefläche bei der Kälberhaltung[224]

a) Sachverhalt

Der Kläger ist Kälbermäster. Er betreibt einen Mastbetrieb mit 910 Plätzen.[225] Zwei der Ställe sind mit Spaltenböden oberhalb von Güllekanälen ausgestattet. Der Spaltenboden besteht aus parallel im Abstand von wenigen Zentimetern zueinander angeordneten Balken aus Bongossiholz. Quer zu den Spalten sind im Abstand von etwa einem Meter zueinander Metallleisten angebracht. Die Kälber werden im Alter von etwa zwei Wochen beim Kläger eingestallt und bis zum Alter von sechs Monaten gemästet.

221 *BVerfG*, Beschluss vom 29. Juni 2016, Az.: 1 BvR 1015/15 (juris) Rn. 25.
222 *BVerfG*, Beschluss vom 29. Juni 2016, Az.: 1 BvR 1015/15 (juris) Rn. 64.
223 *BVerfG*, Beschluss vom 29. Juni 2016, Az.: 1 BvR 1015/15 (juris) Rn. 89.
224 *OVG Münster*, Urteil vom 16. Juni 2015, Az.: 20 A 2235/12, RdL 2015, S. 282 ff.
225 Zu dieser Sachverhaltsfeststellung bereits Ausführungen im Urteil der ersten Instanz, *VG Minden*, Urteil vom 20. August 2012, Az.: 2 K 4/11 (juris) Rn. 1.

Anschließend werden sie geschlachtet. Zu einem Mastdurchgang gehören ca. 600 Kälber.[226]

Nach einer amtstierärztlichen Kontrolle der Ställe am 5. März 2010 kam der Amtsveterinär zu dem Ergebnis, dass diese Spaltenböden unvereinbar mit den Vorschriften der Tierschutz-Nutztierhaltungsverordnung seien, da die Balken durch die Ausscheidungen der Kälber rutschig und feucht seien und die Kälber trotz der metallenen Querleisten bei Bewegungen oft ausgegrätscht oder auf die Vorderfußwurzelgelenke gefallen seien; weiter seien die Kälber beim Laufen mit ihren Klauenspitzen häufig in die Spalten gerutscht, wobei sie unphysiologische Beinstellungen eingenommen hätten.[227] Mit einer Verfügung vom 1. April 2010 ordnete der Beklagte u. a. an, dass die Kälber ab sofort nur noch auf solchen Böden gehalten werden dürften, die im gesamten Aufenthaltsbereich rutschfest und trittsicher seien und so beschaffen, dass von ihnen keine Verletzungsgefahr für Klauen und Gelenke ausgehe und allen Kälbern eine trockene und überwiegend saubere Liegefläche zur Verfügung gestellt werde.[228]

Hiergegen erhob der Kläger keine Klage.

In der Folgezeit teilte das zuständige Ministerium für Klimaschutz, Umwelt, Landwirtschaft, Natur und Verbraucherschutz (MKULNV) dem Beklagten mit, dass es bei einer Besprechung der Tierschutzreferenten übereinstimmende Meinung gewesen sei, dass Hartholz-Spaltenböden nicht das Kriterium der Rutsch- und Trittsicherheit erfüllten und keine bequeme Liegefläche seien.[229]

Am 8. Dezember 2010 ordnete der Beklagte gegenüber dem Kläger ergänzend zur Ordnungsverfügung vom 1. April 2010 an, dass der Kläger ab dem 1. April 2011 nur noch dann seinen Betrieb bzw. seine Haltung aufnehmen dürfe und neue Kälber aufstallen dürfe, wenn gewährleistet sei, dass allen Kälbern gleichzeitig eine bequeme, also verformbare, sich den Körperkonturen anpassende Liegefläche ständig zur Verfügung stehe.[230] Weiter wurde angeordnet, dass der bislang verwendete Bongossi-Hartholz-

---

226 *OVG Münster*, Urteil vom 16. Juni 2015, Az.: 20 A 2235/12 (juris) Rn. 1, RdL 2015, S. 282 ff.

227 *OVG Münster*, Urteil vom 16. Juni 2015, Az.: 20 A 2235/12 (juris) Rn. 2, RdL 2015, S. 282 ff.

228 *OVG Münster*, Urteil vom 16. Juni 2015, Az.: 20 A 2235/12 (juris) Rn. 3, RdL 2015, S. 282 ff.

229 *OVG Münster*, Urteil vom 16. Juni 2015, Az.: 20 A 2235/12 (juris) Rn. 5, RdL 2015, S. 282 ff.

230 *OVG Münster*, Urteil vom 16. Juni 2015, Az.: 20 A 2235/12 (juris) Rn. 8, RdL 2015, S. 282 ff.

spaltenboden entweder ausgetauscht werde oder dass zusätzliche, geeignete Vorrichtungen angebracht werden, wodurch verhindert werde, dass eine Gefahr für Verletzungen von Klauen und Gelenken der Kälber ausgehe; weiter müsse gewährleistet werden, dass bis auf seltene Ausnahmen beim Fußen der Tiere im Laufbereich parallel zum Spaltenverlauf jeweils beide Klauen auf den Balken fußen und beim Fußen quer zum Spaltenverlauf die Klauen nicht in die Spalten abkippen können.[231]

Zur Begründung wurde in der Anordnung u. a. angeführt, der Spaltenboden erfülle nicht die Anforderungen von § 2 TierSchG i. V. m. § 3 Abs. 2 Nr. 1,[232] § 6 Abs. 2 Nr. 2 TierSchNutztV,[233] da er eine hohe Verletzungsgefahr berge, wenn er feucht sei und in erheblichem Maße das natürliche Bewegungsbedürfnis der Tiere unterbinde, da sich die Kälber aus Vorsicht, nicht zu fallen, sehr viel weniger und vorsichtiger bewegt hätten und ihren Stand dadurch gesichert hätten, dass sie die Klauen in die Spalten abkippten.[234] Weiter erfülle der Spaltenboden nicht die Anforderungen an das Liegen, wozu nach europarechtlichen Richtlinien das Merkmal „bequem" zähle.

---

231 *OVG Münster*, Urteil vom 16. Juni 2015, Az.: 20 A 2235/12 (juris) Rn. 9.

232 § 3 Abs. 2 Nr. 1 TierSchNutztV [Allgemeine Anforderungen an Haltungseinrichtungen] befindet sich im „Abschnitt 1: Allgemeine Bestimmungen" und hat folgenden Wortlaut: *Haltungseinrichtungen müssen nach ihrer Bauweise, den verwendeten Materialien und ihrem Zustand so beschaffen sein, dass eine Verletzung oder sonstige Gefährdung der Gesundheit der Tiere so sicher ausgeschlossen wird, wie dies nach dem Stand der Technik möglich ist.*

233 § 6 Abs. 2 Nr. 2 TierSchNutztV [Allgemeine Anforderungen an das Halten von Kälbern in Ställen] befindet sich im „Abschnitt 2: Anforderungen an das Halten von Kälbern" und hat folgenden Wortlaut: *Ställe müssen mit einem Boden ausgestattet sein, der*
a) im ganzen Aufenthaltsbereich der Kälber und in den Treibgängen rutschfest und trittsicher ist,
b) der, sofern er Löcher, Spalten oder sonstige Aussparungen aufweist, so beschaffen ist, dass von diesen keine Gefahr der Verletzung von Klauen oder Gelenken ausgeht und der Boden der Größe und dem Gewicht der Kälber entspricht,
c) soweit es sich um einen Spaltenboden handelt, die Spaltenweite höchstens 2,5 Zentimeter, bei elastisch ummantelten Balken oder bei Balken mit elastischen Auflagen höchstens drei Zentimeter beträgt, wobei diese Maße infolge von Fertigungsungenauigkeiten bei einzelnen Spalten um höchstens 0,3 Zentimeter überschritten werden dürfen, und die Auftrittsbreite der Balken mindestens acht Zentimeter beträgt,
d) der im ganzen Liegebereich so beschaffen ist, dass er die Erfordernisse für das Liegen erfüllt, insbesondere dass eine nachteilige Beeinflussung der Gesundheit der Kälber durch Wärmeableitung vermieden wird.

234 *OVG Münster*, Urteil vom 16. Juni 2015, Az.: 20 A 2235/12 (juris) Rn. 11, RdL 2015, S. 282 ff.

In einer in der Folgezeit abgehaltenen Besprechung im MKULNV, an dem auch Vertreter des Verbandes der Kälberzüchter teilnahmen, wurde in einem Ergebnispapier festgehalten, dass hinsichtlich der Bequemlichkeit des Bodens Optimierungsbedarf bestünde, diesbezüglich aber erst einmal Ergebnisse einer Vergleichsstudie unterschiedlicher Böden abgewartet werden solle.[235]

Der Kläger ist der Ansicht, dass die Haltung von Kälbern auf Bongossi-Hartholzspaltenboden daher rechtmäßig sei, da dies seit Jahrzehnten üblich sei und in der Vergangenheit als rechtmäßig befunden worden sei; außerdem gäbe es keinen brauchbaren anderen Boden. Im Übrigen verlangten die anderen Veterinärämter des Landes auch keine Umstellung. Er rügt, die Ordnungsverfügung treibe ihn möglicherweise in den wirtschaftlichen Ruin, da ein Risiko für Fehlinvestitionen und den wirtschaftlichen Ruin gesetzt werde und beruft sich auf den Gleichbehandlungsgrundsatz.[236]

Der Beklagte beruft sich auf die ministerielle Aussage, dass es bei einer Besprechung der Tierschutzreferenten übereinstimmende Meinung gewesen sei, dass Hartholz-Spaltenböden nicht das Kriterium der Rutsch- und Trittsicherheit erfüllten und keine bequeme Liegefläche sei.[237] Die Kälber passten ihr Verhalten an den rutschigen Boden an, indem sie artgemäßes Verhalten unterließen. Hinsichtlich des klägerischen Vortrags, dass andere Veterinärämter nicht gegen den streitgegenständlichen Spaltenboden einschritten, führt der Beklagte an, dass sich der Kläger auf ein Vollzugsdefizit nicht berufen könne. Weiter überwiege das Interesse der Allgemeinheit an ethischem Tierschutz die wirtschaftlichen Interessen des Klägers.[238]

b) Gerichtliche Entscheidung

Das OVG Münster weist die vom Beklagten eingelegte Berufung zurück, da die angegriffene Verfügung, die auf § 16a Abs. 1 Satz 1 und Satz 2 Nr. 1

---

235 *OVG Münster*, Urteil vom 16. Juni 2015, Az.: 20 A 2235/12 (juris) Rn. 12, RdL 2015, S. 282 ff.

236 *OVG Münster*, Urteil vom 16. Juni 2015, Az.: 20 A 2235/12 (juris) Rn. 16, RdL 2015, S. 282 ff.

237 *OVG Münster*, Urteil vom 16. Juni 2015, Az.: 20 A 2235/12 (juris) Rn. 5, RdL 2015, S. 282 ff.

238 *OVG Münster*, Urteil vom 16. Juni 2015, Az.: 20 A 2235/12 (juris) Rn. 25, RdL 2015, S. 282 ff.

TierSchG beruht, rechtswidrig sei und den Kläger in seinen Rechten verletze.[239]

Nach § 16a Abs. 1 Satz 2 Nr. 1 TierSchG treffe die zuständige Behörde die zur Beseitigung festgestellter Verstöße (…) notwendigen Anordnungen.

Hier sei es zweifelhaft, ob diese Voraussetzungen, namentlich der Verstoß gegen § 2 TierSchG, erfüllt seien, was die Veranlassung zum behördlichen Einschreiten durch die ergangenen Anordnungen angehe.[240]

Zunächst sei das Merkmal „weich" für die Liegeerfordernisse von Kälbern im Jahr 2006 aus den Vorschriften über die Kälberhaltung aus der TierSchNutztV herausgestrichen worden, weil die in der Praxis verwendeten Hartholz-Spaltenböden naturgemäß nicht weich seien und geeignete weiche Gummiauflagen fehlten, so dass die Vorschrift ins Leere gelaufen sei.[241] Derartige Hartholzböden seien in der Vergangenheit auch behördlicherseits nie beanstandet worden.[242] An der Streichung des Begriffs „weich" aus der TierSchNutztV ändere es auch nichts, dass es mittlerweile Gummimatten als Auflagen für die Hartholzböden gebe, der technische Fortschritt sei hier unerheblich.[243] Weiter sei das Merkmal „weich" auch vor dessen Streichung aus der TierSchNutztV nie behördlicherseits umgesetzt worden, weil es nicht als zwingendes Erfordernis angesehen worden sei.[244]

Allenfalls einschlägig sei das Merkmal „bequem", welches in der Richtlinie 2008/119/EG für die Liegefläche von Kälbern vorgegeben wurde; „bequem" hieße aber nicht notwendigerweise „verformbar".

Die Erfordernisse für das Liegen von Kälbern seien in der TierSchNutztV in § 3 Nr. 1 [Anm. der Verf.: gemeint war wohl § 6 Abs. 2 Nr. 1 TierSchNutztV, denn dort findet sich die Vorschrift, dass Ställe so gestaltet sein müssen, dass die Kälber ungehindert liegen, aufstehen, sich hinlegen und eine natürlich Körperhaltung einnehmen können müssen] dahinge-

239 *OVG Münster*, Urteil vom 16. Juni 2015, Az.: 20 A 2235/12 (juris) Rn. 32, 34.

240 *OVG Münster*, Urteil vom 16. Juni 2015, Az.: 20 A 2235/12 (juris) Rn. 37, RdL 2015, S. 282 ff., S. 282.

241 *OVG Münster*, Urteil vom 16. Juni 2015, Az.: 20 A 2235/12 (juris) Rn. 38, RdL 2015, S. 282 ff., S. 282.

242 *OVG Münster*, Urteil vom 16. Juni 2015, Az.: 20 A 2235/12 (juris) Rn. 40, RdL 2015, S. 282 ff., S. 282.

243 *OVG Münster*, Urteil vom 16. Juni 2015, Az.: 20 A 2235/12 (juris) Rn. 41, RdL 2015, S. 282 ff., S. 282.

244 *OVG Münster*, Urteil vom 16. Juni 2015, Az.: 20 A 2235/12 (juris) Rn. 76, RdL 2015, S. 282 ff., S. 282.

hend konkretisiert worden, dass Kälber ungehindert liegen, aufstehen, sich hinlegen und eine natürliche Körperhaltung einnehmen können müssten, wobei im Blick das arttypische Bewegungs- und Ruheverhalten gestanden habe.[245]

Die Auslegung des Beklagten, der eine richtlinienkonforme Auslegung dahingehend anstrebe, die Verformbarkeit der Liegefläche aus dem Begriff „bequem“ herauszulesen, sei keine Methode, eine fehlerhafte oder unterbliebene Umsetzung von Richtlinienvorgaben in nationales Recht entgegen dessen Wortlaut der Sache nach zu ersetzen.[246]

Weiter sei – entgegen der Ansicht des Beklagten – ein Rückgriff auf § 2 TierSchG zur Schließung einer vermeintlichen Lücke in den §§ 5 ff. TierSchNutztV nicht möglich, da die §§ 5 ff. TierSchNutztV, die die Vorgaben des § 2 TierSchG verbindlich konkretisieren sollen, insoweit abschließend seien und einen Rückgriff auf § 2 TierSchG nicht erforderten.[247]

Die Ordnungsverfügung lege weiter einen vermeintlichen Verstoß des Klägers gegen das Erfordernis der Rutschfestigkeit und Trittsicherheit des Bodens und gegen die Anforderungen an die gesundheitliche Gefahrlosigkeit des Bodens zugrunde.[248] Diese Annahme bestätige auch das Gericht und auch der Kläger räume die zum Zeitpunkt der Kontrollen vorgefundene Rutschigkeit des Bodens mit der dadurch einhergehenden Gefahr von Bewegungseinschränkungen und sogar Verletzungen ein.[249]

Es sei aber nicht auszuschließen, dass die Kälber der Rutschigkeit des Bodens durch angepasstes Bewegungsverhalten [Anm. der Verf.: Unterlassen von artgemäßer Bewegung] Rechnung trügen, so dass die Rutschfestigkeit des Bodens unter Berücksichtigung dieser Anpassung beurteilt werden müsse.[250] Hieran ändere auch nichts, dass seit einiger Zeit Gummiauflagen für Spaltenböden, die rutschfester und trittsicherer sowie wegen der Abwehr von Gesundheitsgefahren beim Ausrutschen vorteilhafter seien, er-

---

245 *OVG Münster*, Urteil vom 16. Juni 2015, Az.: 20 A 2235/12 (juris) Rn. 43, RdL 2015, S. 282 ff., S. 282 f.

246 *OVG Münster*, Urteil vom 16. Juni 2015, Az.: 20 A 2235/12 (juris) Rn. 45, RdL 2015, S. 282 ff., S. 283.

247 *OVG Münster*, Urteil vom 16. Juni 2015, Az.: 20 A 2235/12 (juris) Rn. 46, RdL 2015, S. 282 ff., S. 283.

248 *OVG Münster*, Urteil vom 16. Juni 2015, Az.: 20 A 2235/12 (juris) Rn. 47, RdL 2015, S. 282 ff., S. 283.

249 *OVG Münster*, Urteil vom 16. Juni 2015, Az.: 20 A 2235/12 (juris) Rn. 48-51, RdL 2015, S. 282 ff., S. 283.

250 *OVG Münster*, Urteil vom 16. Juni 2015, Az.: 20 A 2235/12 (juris) Rn. 52, RdL 2015, S. 282 ff., S. 283.

hältlich seien. Denn auch der im Verfahren geladene Sachverständige habe Spaltenböden aus Bongossiholz hinsichtlich der Rutschfestigkeit als „geeignet“ befunden.[251] Des weiteren füttere der Kläger die Kälber nun anders, was zur Folge habe, dass der Kot nicht mehr so feucht sei und dadurch der Spaltenboden nicht mehr so rutschig sei; womit die Feststellungen des Beklagten zur Rutschigkeit des Bodens überholt seien.[252]

Weiter sei auch ein nicht mit Gummi ummantelter Spaltenboden durch die Existenz des § 6 Abs. 2 Nr. 2 TierSchNutztV als rechtlich zulässig anerkannt; im Übrigen sei § 6 TierSchNutztV im Gegensatz zu § 3 spezieller und bilde den Stand der Technik ab, so dass es auf die Inhalte des § 3 TierSchNutztV nicht mehr ankomme.[253]

Im Übrigen seien die Tätigkeit des Klägers und die Nutzung seines Eigentums von den Grundrechten der Art. 12 und 14 GG geschützt und ein Einhalten der ordnungsbehördlichen Verfügung erfordere finanzielle Investitionen, entsprechende Planungen und bauliche Maßnahmen.[254] Hierzu sei die in der Ordnungsverfügung angegebene Frist von wenigen Monaten zu kurz. Zwar seien auch die Belange des Tierschutzes zu berücksichtigen, jedoch sei eine Übergangsfrist schonend zu wählen, so dass dem Tierhalter ermöglicht werde, sich auf die neuen Gegebenheiten einzustellen; jedoch sei auch hier zu berücksichtigen, dass die Tätigkeit des Klägers im erwerbswirtschaftlichen Bereich liege und daher von Art. 12 GG geschützt sei.[255]

Eine Auslegung der gesamten Plätze mit Gummimatten würden jeden Mastplatz des Klägers um 170 € verteuern, das sei beträchtlich; des Weiteren würde durch das zusätzlich anfallende Säubern der Gummimatten weitere – wirtschaftlich erheblich bedeutsame – Mehrarbeit geleistet werden müssen.[256]

---

251 *OVG Münster*, Urteil vom 16. Juni 2015, Az.: 20 A 2235/12 (juris) Rn. 52, RdL 2015, S. 282 ff., S. 283.

252 *OVG Münster*, Urteil vom 16. Juni 2015, Az.: 20 A 2235/12 (juris) Rn. 53, RdL 2015, S. 282 ff., S. 283.

253 *OVG Münster*, Urteil vom 16. Juni 2015, Az.: 20 A 2235/12 (juris) Rn. 54, RdL 2015, S. 282 ff., S. 283 f.

254 *OVG Münster*, Urteil vom 16. Juni 2015, Az.: 20 A 2235/12 (juris) Rn. 66-68, RdL 2015, S. 282 ff., S. 284.

255 *OVG Münster*, Urteil vom 16. Juni 2015, Az.: 20 A 2235/12 (juris) Rn. 70-75, RdL 2015, S. 282 ff., S. 284.

256 *OVG Münster*, Urteil vom 16. Juni 2015, Az.: 20 A 2235/12 (juris) Rn. 79, RdL 2015, S. 282 ff., S. 285.

Die Ordnungsverfügung überbetone die abzuwehrenden Beeinträchtigungen im Verhältnis zur Belastung des Klägers.[257]

Spaltenböden seien seit langem in der Kälbermast üblich, und dies sei weder im Zuständigkeitsbereich des Beklagten noch in anderen Zuständigkeitsbereichen beanstandet worden.[258] Die nun neue behördliche Auffassung, Spaltenböden liefen der TierSchNutztV, einem seit langem geltenden Regelwerk, zuwider, komme für den Kläger einer Änderung der TierSchNutztV gleich.[259]

In Fachkreisen der Kälbermast bestehe weiterhin Ungewissheit darüber, wie nun die Stallböden auszugestalten seien, so dass die angegriffene Ordnungsverfügung die Stellung des Klägers im wirtschaftlichen Wettbewerb verschlechtere.[260] Ergebnisse einer Studie zu verschiedenen Böden seien für 2013 angekündigt worden, lägen aber zum Zeitpunkt der gerichtlichen Entscheidung noch nicht vor.[261] Letztlich sei nicht zu erkennen, warum der Kläger sich sofort an die Ordnungsverfügung halten müsste; denn es sei ihm innerhalb so kurzer Frist nicht zumutbar, auch wenn bei einem Fortbestehen der jetzigen Situation die abzuwehrenden Beeinträchtigungen der Kälber andauern würden; es sei nicht ersichtlich, warum diese Beeinträchtigungen in kurzer Zeit einer Korrektur bedürften.[262]

c) Bewertung

Das o. g. Urteil zeigt an mehreren Stellen, dass in der sogenannten Massentierhaltung, die aber genau so in den Schutzbereich der Berufsfreiheit fällt wie die berufsmäßige Haltung von Tieren des Angelteichbetreibers, der Schlangenzüchterin und auch der Hundebetreuerin (s. o.), andere Maßstäbe angelegt werden, die eine Ungleichbehandlung verschiedener Tierhal-

---

257 *OVG Münster*, Urteil vom 16. Juni 2015, Az.: 20 A 2235/12 (juris) Rn. 75, RdL 2015, S. 282 ff., S. 284.

258 *OVG Münster*, Urteil vom 16. Juni 2015, Az.: 20 A 2235/12 (juris) Rn. 76, RdL 2015, S. 282 ff., S. 282, 284, 285.

259 *OVG Münster*, Urteil vom 16. Juni 2015, Az.: 20 A 2235/12 (juris) Rn. 76, RdL 2015, S. 282 ff., S. 284.

260 *OVG Münster*, Urteil vom 16. Juni 2015, Az.: 20 A 2235/12 (juris) Rn. 77, RdL 2015, S. 282 ff., S. 285.

261 *OVG Münster*, Urteil vom 16. Juni 2015, Az.: 20 A 2235/12 (juris) Rn. 77, RdL 2015, S. 282 ff., S. 285.

262 *OVG Münster*, Urteil vom 16. Juni 2015, Az.: 20 A 2235/12 (juris) Rn. 80, RdL 2015, S. 282 ff., S. 285.

ter, die alle das Grundrecht des Art. 12 Abs. 1 GG für sich in Anspruch nehmen können, begründet: Zunächst bestätigt das Gericht, dass das Merkmal „weich" aus der TierSchNutztV gestrichen wurde, weil es keine weichen Materialien gäbe bzw. eine Haltung auf hartem Spaltenboden schon lange Praxis ist. Damit nimmt das Gericht diese Vorgehensweise des Verordnungsgebers als zulässig hin; hierdurch werden Zustände der Praxis festgeschrieben und die Rechtsvorschriften der Praxis angepasst. Dass selbst die Fortentwicklung der Technik daran nichts ändere, ist zu bezweifeln. Denn wie das Gericht selbst feststellt, gibt es seit einiger Zeit weiche Gummimatten zu erwerben, die auf die harten Spaltenböden gelegt werden können. Unter diesem (aktuellen) Stand der Technik ist gerade wegen der Streichung des Merkmals „weich" eine verfassungskonforme Auslegung der einschlägigen Vorschriften aus der TierSchNutztV angebracht, die selbst in ihrem § 3 Abs. 2 Nr. 1 auf den Stand der Technik eingehen und eine gewisse Dynamisierung der Normen indizieren. Denn wenn in einer Norm schon auf den [Anm. der Verf.: aktuellen] Stand der Technik abgestellt wird, es der Behörde aber durch die Gerichte immer verwehrt wird, sich eine neue Meinung zu bilden, kann sich das Recht nicht fortbilden und die Praxis bleibt auf dem statischen Stand der Technik bei Verordnungsgebung stehen.

Mit der Aussage, ein Rückgriff auf § 2 TierSchG sei nicht möglich, sobald es eine diesen konkretisierende Rechtsverordnung gibt, liegt das Gericht falsch. Denn der Amtsveterinär hat – wie bereits oben gesehen – im Einzelfall die Befugnis, Anordnungen zu treffen, die über die Anforderungen einer Rechtsverordnung hinausgehen. Denn die Pflichten aus § 2 TierSchG und deren Inhalte können durch ausführende Bestimmungen des Verordnungsgebers nicht unanwendbar gemacht werden.[263] Das heißt, die Behörde darf sich in den Bereichen, in denen es bereits Rechtsverordnungen zu einer bestimmten Tierart gibt, nicht darauf beschränken, einfach nur die jeweilige Rechtsverordnung anzuwenden; sie muss vielmehr zusätzlich prüfen, ob die in Rede stehende Verordnung die Gebote und

263 *Hirt/Maisack/Moritz*, Tierschutzgesetz Kommentar, § 2 TierSchG Rn. 51; vgl. auch *Lorz/Metzger*, Tierschutzgesetz Kommentar, Einf. Rn. 67: „Werden somit einem Tier vermeidbare Schmerzen, Leiden oder Schäden zugefügt, obwohl die Mindestanforderungen von Haltungsverordnungen sämtlich erfüllt sind, ist das am Maßstab des § 2 Abs 1 und des § 1 S. 2 TierSchG zu messen. Dasselbe gilt für die anderen Sonderregelungen. Die Verwaltungsbehörde ist in einem solchen Fall zu den Maßnahmen nach § 16a I 1 befugt."

Verbote aus § 2 zutreffend und vollständig konkretisiert hat oder nicht.[264] Ist dies nicht der Fall, muss sie § 2 TierSchG über § 16a Abs. 1 Satz 2 Nr. 1 unmittelbar anwenden und darf Anordnungen erlassen, die über die Anforderungen der jeweiligen Rechtsverordnung hinausgehen.[265] Dies folgt aus der Normenhierarchie, da Rechtsverordnungen die Inhalte des § 2 TierSchG nur konkretisieren, nicht aber einschränken dürfen, was jedoch – wie oben gesehen – in der TierSchNutztV geschieht. Die Befugnis der Einzelfallanordnungen, die über die Vorgaben einer Rechtsverordnung hinausgehen, wird jeweils auch ausdrücklich in den Verordnungsbegründungen genannt.[266] Dem Amtsveterinär wird also eine Prüfungskompetenz und eine Nichtanwendungskompetenz für Rechtsverordnungen im Einzelfall eingeräumt.[267] Genau so ist die hier handelnde Behörde vorgegangen.

Des Weiteren erkennt das Gericht die Rutschigkeit der Böden bei dem Kläger und auch die damit einhergehende Verletzungsgefahr. Selbst der Kläger hat dies eingeräumt. Mit der Aussage des Gerichts, die Kälber passten sich der Rutschigkeit der Böden durch Anpassung bzw. Unterlassen der artgemäßen Bewegung an, wird gezeigt, dass hier die Tiere an das Haltungssystem mit all seinen Nachteilen angepasst werden sollen, was jedoch nicht sein darf; vielmehr muss es umgekehrt sein: Die Haltungseinrichtun-

---

264 *Hirt/Maisack/Moritz*, Tierschutzgesetz Kommentar, § 2 TierSchG Rn. 51, § 16a TierSchG Rn. 18.

265 *Hirt/Maisack/Moritz*, Tierschutzgesetz Kommentar, § 2 TierSchG Rn. 51, § 16a TierSchG Rn. 18.

266 Vgl. nur BR-Drs. 612/92 S. 10 (Kälber), BR-Drs. 784/93 (Schweine), BR-Drs. 580/00 S. 8 (Hunde).

267 Die Nichtanwendung einer Norm durch die Behörde ist umstritten. Für Eil- und Ausnahmefälle ist es einfacher möglich, eine Norm unangewendet zu lassen. Zwar könnte es vorzugswürdig sein, dem handelnden Beamten eine „Vorlagepflicht" an seinen Vorgesetzten aufzuerlegen und diese Vorlagepflicht – sofern der Vorgesetzte nicht anderer Meinung ist als der Vorlegende – so weit auszudehnen, bis die Norm eine „Instanz" erreicht hat, die berechtigt ist, eine abstrakte Normenkontrolle zum Bundesverfassungsgericht gem. Art. 93 Abs. 1 Nr. 2 GG einzureichen, also eine Landesregierung, die Bundesregierung oder ein Viertel der Mitglieder des Bundestages. Jedoch kann ein Abwarten auf eine etwaige abstrakte Normenkontrolle und deren Ergebnis im Hinblick auf tierschutzrechtliche Anordnungen aus Tierschutzgründen nicht abgewartet werden; dies wäre auch nicht vereinbar mit der erheblichen Aufwertung, die der Tierschutz durch Art. 20a GG erfahren hat. Zum Streitstand über eine Nichtanwendungskompetenz der Behörden vgl. *Detterbeck*, Allgemeines Verwaltungsrecht mit Verwaltungsprozessrecht, Rn. 124 ff.

gen müssen dem artgemäßen Verhalten der Tiere angepasst werden.[268] Dies gilt auch für die Änderung der Fütterung der Kälber: Sofern die Fütterung in eine weniger artgemäße Nahrung der Kälber umgestellt wird, liegt auch hierin eine Anpassung des Tieres an das System.

Weiter kann nicht die Tatsache, dass für die Haltung von Kälbern harte Spaltenböden schon lange (unbeanstandet) genutzt werden, eine Rechtfertigung dafür sein, dass dies auch in Zukunft weiter erlaubt bleiben kann. Zunächst kann der Tierhalter kein Vertrauen aus einem möglicherweise rechtswidrigen Vollzugsdefizit der Behörden schöpfen. Weiter muss es gerade den Behörden möglich sein, neue Erkenntnisse, nämlich die der fehlenden Verhaltensgerechtheit von Spaltenböden für die Kälber, umzusetzen und so § 2 TierSchG wirksam umzusetzen. Wenn von Gerichten Zustände auch in Zukunft als rechtmäßig befunden werden, nur, weil diese Zustände schon lange so existieren, kann sich das Recht nie fortentwickeln. Dies gilt auch für die Aussage, dass die Existenz des § 6 Abs. 2 Nr. 2 TierSchNutztV die Rechtmäßigkeit der Spaltenböden indiziert. Die oben schon gezeigte Bezugnahme des § 3 Abs. 2 Nr. 1 TierSchNutztV auf den Stand der Technik zeigt, dass in die Vorschriften die dynamische Entwicklung der Technik mitberücksichtigt werden muss. Insbesondere die Tatsache, dass es seit einiger Zeit Gummimatten zu erwerben gibt, die verhaltensgerechter als Spaltenböden sind, stützt die Argumentation, dass eine Vorschrift wie diese, die den Spaltenboden als zulässig erachtet, durch einen anderen, aktuelleren Stand der Technik durchaus ihren Anwendungsbereich verlieren kann.[269] Mit diesem Argument angreifbar ist auch die gerichtliche Aussage, als lex specialis zu § 3 TierSchNutztV bilde § 6 TierSchNutztV den aktuellen Stand der Technik ab, auf den § 3 Abs. 2 Nr. 1 TierSchNutztV Bezug nimmt. Dies ist zu verneinen, denn das Gericht hat selbst erkannt, dass nunmehr Gummimatten erhältlich sind, die

268 Vgl. nur *Hirt/Maisack/Moritz*, Tierschutzgesetz Kommentar, § 6 TierSchG Rn. 20; Begründung zum Entwurf eines Ersten Gesetzes zur Änderung des Tierschutzgesetzes, BT-Drs. 10/3158 S. 21; vgl. auch Präambel der Empfehlungen des Ständigen Ausschusses zum Übereinkommen über den Schutz von Tieren in landwirtschaftlichen Tierhaltungen, Empfehlungen für Haushühner, Pekingenten, Moschusenten, Hausgänse, Straußenvögel, Pelztiere; in diese Richtung auch jüngst *BVerwG*, Beschluss vom 8. November 2016, Az.: 3 B 11.16, NVwZ 2017, S. 404 ff., S. 405.

269 Vergleichbar ist dies mit der Todesstrafe, die bis 2018 immer noch in der hessischen Verfassung – Art. 21 Abs. 1 Satz 2 HV – verankert war. Auch diese hat keinen Anwendungsbereich mehr, da sie – gem. Art. 102 GG durch Bundesrecht überlagert – durch aktuellere gesellschaftlichere Anschauungen zur absoluten Unzulässigkeit derselben, überholt ist.

über den Spaltenboden gelegt werden, es also technisch fortentwickeltere Lösungen gibt. Der Stand der Technik, der zurzeit noch mit dem aktuellen § 6 TierSchNutztV Spaltenböden als aktuellen Stand der Technik ausweist, ist durch die Verfügbarkeit von weniger gefährlichen und weicheren Gummimatten überholt. Er hat seinen Anwendungsbereich verloren und muss geändert werden, um den nunmehrigen Stand der Technik darzustellen.

Des Weiteren mag § 6 TierSchG im Verhältnis zu § 3 TierSchNutztV lex specialis sein; dies heißt aber nicht, dass § 3 TierSchNutztV nicht durch den in § 6 TierSchNutztV dargestellten Stand der Technik nicht auch eingehalten werden muss.

Im Rahmen der Abwägung der Interessen des Klägers und der Interessen des Tierschutzes stellt das Gericht auf die Grundrechte des Klägers ab, beschäftigt sich aber nicht einmal mit Art. 20a GG, der im Hinblick auf die Grundrechte des Klägers gleichrangiges Verfassungsrecht darstellt. Es stellt die Belange des Tierschutzes nicht richtig dar bzw. billigt ihnen keinen Verfassungsrang zu, so dass dadurch der Schluss gezogen werden kann, die gerichtliche Aussage, der Beklagte habe die Interessen des Tierschutzes überbetont, einer fehlerhaften Gewichtung der gegenläufigen Interessen, von denen beide Verfassungsrang haben, zugrundeliegt.

Im Ergebnis wird dem Tierschutz mit diesem Urteil der Verfassungsrang abgesprochen und Rechtsfortentwicklung durch neue technische Entwicklungen, die zur etwas verhaltensgerechteren Haltung von Kälbern beitragen könnten, verhindert. Denn eine Anpassung des Rechts an den aktuellen Stand der Technik geht nur durch neue Erkenntnisse, die von den Behörden durchgesetzt werden, um sie schließlich in geltendes Recht zu übernehmen. Das Rechtsinstitut der Rechtsverordnung ist, wie oben gesehen, dafür geschaffen worden, damit die Rechtslage schneller als mit einem Gesetz sich verändernden technischen und anderen wissenschaftlichen Erkenntnissen und Entwicklungen angepasst werden kann. Durch solche Urteile wird gerade das verhindert. Der Kläger kann sich nicht darauf verlassen, dass alles so bleibt, nur weil, wie vom Gericht mehrfach betont, Spaltenböden schon lange in der Praxis genutzt werden.

Zuletzt sagt das Gericht, dass das Merkmal „weich“ im Hinblick auf die Liegefläche von Kälbern auch vor seiner Streichung aus der TierSchNutztV im Jahr 2006 behördlicherseits nie umgesetzt wurde und sich der Kläger daher darauf verlassen kann, dass dies kein zwingendes Erfordernis sei. Auch diese Aussage ist falsch, denn nur, weil ein im geltenden Recht normiertes Merkmal wegen eines bekannten Vollzugsdefizits nicht durchgesetzt wird, heißt dies nicht, dass es dadurch weniger erheblich ist und sich der Bürger auf einen weiteren Nicht-Vollzug verlassen kann.

9. Zwischenfazit

Die behandelten Entscheidungen zeigen alle deutlich, dass das Staatsziel Tierschutz umso mehr in den Hintergrund rückt, als große Tierhaltungen mit starken Lobbyisten im Hintergrund von den Entscheidungen betroffen werden.

Das Verhalten der betroffenen Tiere ist in diesen Entscheidungen weniger wichtig, obgleich diese sich dauerhaft in den Haltungseinrichtungen befinden und ihre arttypischen Verhaltensweisen dauerhaft z. T. gänzlich unterbunden werden.

Auch in diesen Entscheidungen sind Grundrechte der Tierhalter betroffen; diese werden kaum bis gar nicht durch das Staatsziel Tierschutz in den Hintergrund gerückt, eine Abwägung fällt stets zu Gunsten der Tierhalter aus. Art. 20a GG wird sogar z. T. gar nicht in den Entscheidungen genannt, so dass der Eindruck entsteht, die Gerichte – und z. T. genau die Gerichte, die auch in den Fällen entschieden haben, in denen das Tierschutzrecht konsequent umgesetzt wurde – würden davon ausgehen, es gäbe kein Staatsziel Tierschutz.

10. Zusammenfassende Bewertung der neuen Rechtsprechung

Ein Vergleich der oben besprochenen, aktuellen Rechtsprechung zeigt deutlich den enormen Unterschied, der gemacht wird, wenn es nicht um kleine Betriebe oder Einzelpersonen geht, die von einer Entscheidung betroffen werden, sondern um große Betriebe, die die sogenannte Massentierhaltung durchführen. Eintagsküken dürfen zu Hunderttausenden getötet werden. Die stundenweise Fixierung von Hunden in Boxen ist klar als tierschutzwidrig zu beurteilen und führt dazu, dass die Hundebetreuerin ihrem Beruf nicht mehr nachgehen kann, da sie ein umfassendes Haltungsverbot auferlegt bekommen hat. Die wochen- und monateweise Fixierung von Sauen im Kastenstand ist dagegen zulässig; lediglich die Gliedmaßen muss sie ausstrecken können; doch genau dies in den aktuellen Planungen zur Änderung der TierSchNutztV auch nicht mehr sicher, ob die Vorgabe, die Sau muss ihre Gliedmaßen ausstrecken können, weiterhin Bestand haben wird.

Bei kleineren Tierhaltungen (auch in der Landwirtschaft) wird ein (faktisches) Berufsverbot und sonstige schwerwiegende Eingriffe in Art. 12 GG schnell und kurz damit begründet, dass auch der Tierschutz Verfassungsrang hat.

Die industrielle, „institutionelle Gewalt“ an Tieren wird durch die Rechtsprechung legalisiert, und nur die deviante Gewalt bei individueller Tierquälerei sanktioniert.[270]

Im Rahmen der Massentierhaltung wird, wenn überhaupt, nur in Nebensätzen auf Art. 20a GG eingegangen, die Grundrechte der Tierhalter setzen sich aber immer durch, spätestens in der nächsthöheren Instanz. Dem Staatsziel Tierschutz in Art. 20a GG wird nicht Rechnung getragen.[271]

V. Aktivitäten der Gubernative in Bund und Ländern und deren Bewertung

Auch die Regierungen und Ministerien von Bund und Ländern beschäftigen sich mit dem Thema Tierschutz in der Nutztierhaltung. Hier soll dargestellt werden, welche Aktivitäten der Bundesregierung, der Bundesministerien, aber auch der Landesregierungen und Landesministerien hierzu vorliegen, wie sie vorgehen und welche Auswirkungen dies hat.

1. Eine Frage der Haltung – Neue Wege für mehr Tierwohl

Im September 2014 veröffentlichte das BMEL ein Eckpunktepapier für seine neue Initiative „Eine Frage der Haltung – Neue Wege für mehr Tierwohl“.[272] Darin heißt es, dass Tiere unsere Mitgeschöpfe sind und ihr Wohlbefinden eine Verpflichtung für alle Menschen ist, die mit Tieren umgehen.[273] Auch wird erkannt, dass der Tierschutz als Staatsziel eine verbindliche Leitlinie für das Regierungshandeln ist.[274] Mit der Initiative „Eine Frage der Haltung“ wolle das BMEL die Tierwohl-Offensive des Ko-

---

270 *Peters*, Vom Tierschutzrecht zu Legal Animal Studies: Forschungsdesiderate und -perspektiven, Rechtswissenschaft 2016, S. 325 ff., S. 337.

271 Den Tierschutz als „Verfassungsgut zweiten Ranges“ beurteilend auch *Stucki*, Die Nutzung kommt vor dem Schutz – und andere Lehren aus der neuen Küken-Rechtsprechung, Rechtswissenschaft 2016 S. 521 ff., S. 540 f.

272 *BMEL*, Eine Frage der Haltung – Neue Wege für mehr Tierwohl, abrufbar unter http://www.bmel.de/DE/Tier/Tierwohl/tierwohl_node.html.

273 *BMEL*, Eine Frage der Haltung – Neue Wege für mehr Tierwohl, Eckpunktepapier, S. 2.

274 *BMEL*, Eine Frage der Haltung – Neue Wege für mehr Tierwohl, Eckpunktepapier, S. 2.

alitionsvertrages umsetzen.[275] Ziel sei eine verbesserte Tierhaltung in der Breite und die Schaffung eines Rahmens, um Verbrauchern zu ermöglichen, mit ihren Entscheidungen die Tierhaltung zu verbessern.[276] Geplant seien die Zusammenführung der Koordination der Maßnahmen zur Erreichung des Ziels in der Initiative, Typenzulassungen von Stalleinrichtungen, die Beendung nicht kurativer Eingriffe bei Nutztieren, die Verbesserung der Sachkunde bei den Tierhaltern, die Weiterentwicklung des Tierschutzes bei der Schlachtung, die Stärkung des Verbraucherbewusstseins, das Voranbringen des Tierschutzes auch auf internationaler und EU-Ebene, Stärkung der Forschung im Bereich Tierwohl, die Gründung eines Kompetenzkreises Tierwohl,[277] die Begrenzung der Zahl der Versuchstiere und die Erhöhung des Tierschutzes auch für Versuchs- und Begleittiere.[278]

Rechtzeitig vor der Veröffentlichung des ernüchternden Gutachtens des Wissenschaftlichen Beirats für Agrarpolitik beim BMEL (WBA) im März 2015[279] wurden diese Ziele formuliert. Denn das Gutachten attestierte der landwirtschaftlichen Nutztierhaltung in Deutschland, dass diese tatsächlich verbessert werden muss: Es werden „erhebliche Defizite vor allem im Bereich Tierschutz, aber auch im Umweltschutz"[280] genannt und ausführlich dargelegt. Das Gutachten hält ausdrücklich fest, dass die gesellschaftlichen Anforderungen an das Tierwohl in vielen Industriestaaten deutlich angestiegen sind.[281] Beispiele wie die Haltung von Nerzen zur Pelzproduktion oder Tierversuche für Kosmetika zeigten, dass Branchen im Lauf der Zeit ihre gesellschaftliche Akzeptanz verlieren können, wenn ihr Zweck

---

275 *BMEL*, Eine Frage der Haltung – Neue Wege für mehr Tierwohl, Eckpunktepapier, S. 2.

276 *BMEL*, Eine Frage der Haltung – Neue Wege für mehr Tierwohl, Eckpunktepapier, S. 2.

277 Dieser hatte die Aufgabe, die Umsetzung der Tierwohl-Offensive dialogisch und strukturell zu begleiten und ergänzende Vorschläge zu unterbreiten, vgl. *Kompetenzkreis Tierwohl*, Abschlussbericht des Kompetenzkreises Tierwohl, Eine Frage der Haltung, Neue Wege für mehr Tierwohl vom 14. September 2016, S. 5.

278 *BMEL*, Eine Frage der Haltung – Neue Wege für mehr Tierwohl, Eckpunktepapier, S. 2 ff.

279 *Wissenschaftlicher Beirat Agrarpolitik beim BMEL*, Wege zu einer gesellschaftlich akzeptierten Nutztierhaltung, 2015.

280 *Wissenschaftlicher Beirat Agrarpolitik beim BMEL*, Wege zu einer gesellschaftlich akzeptierten Nutztierhaltung, 2015, Zusammenfassung, S. i.

281 *Wissenschaftlicher Beirat Agrarpolitik beim BMEL*, Wege zu einer gesellschaftlich akzeptierten Nutztierhaltung, 2015, S. 69.

von der Gesellschaft nicht mehr als „vernünftiger Grund" im Sinne des Tierschutzgesetzes anerkannt wird.[282]

Ein Fazit des Gutachtens ist, dass verfügbare Zahlen zeigten, dass in Deutschland immer noch große Anteile der Nutztiere unter restriktiven Bedingungen gehalten werden, die bedeutende Beeinträchtigungen des Tierwohls mit sich bringen.[283] Es könne von einer Vielzahl von Tierschutzproblemen in allen Bereichen der Nutztierhaltung und Zucht sowie bei Transport und Schlachtung ausgegangen werden.[284] Zum Niveau der Tierschutzrechtsetzung in Deutschland, die von deutscher Seite gerne als besonders streng im Vergleich zu anderen EU-Mitgliedstaaten bezeichnet werde,[285] sagt das Gutachten, dass das Niveau der Tierschutzregelungen insgesamt als vergleichbar mit den west- und nordeuropäischen Ländern einzustufen ist.[286] Gegenüber der Schweiz oder Schweden seien die Bestimmungen allerdings nicht nur weniger umfassend, sondern auch erheblich weniger streng.[287]

Würden die in dem Gutachten genannten Empfehlungen umgesetzt, so würde dies ein Fortschritt im Sinne des Tierschutzes bedeuten.[288]

Zum Teil wurde und wird dies durch die o. g. Initiative „Eine Frage der Haltung" versucht. Der Kompetenzkreis Tierwohl, dem verschiedene Interessengruppen, auch solche aus dem Tierschutz, angehören, hat verschiedene Empfehlungen erarbeitet, sie sich z. T. mit denen des WBA-Gutachtens decken: Der erste Zwischenbericht des Kompetenzkreises Tierwohl wurde

282 *Wissenschaftlicher Beirat Agrarpolitik beim BMEL*, Wege zu einer gesellschaftlich akzeptierten Nutztierhaltung, 2015, S. 70.

283 *Wissenschaftlicher Beirat Agrarpolitik beim BMEL*, Wege zu einer gesellschaftlich akzeptierten Nutztierhaltung, 2015, S. 116.

284 *Wissenschaftlicher Beirat Agrarpolitik beim BMEL*, Wege zu einer gesellschaftlich akzeptierten Nutztierhaltung, 2015, S. 116.

285 *Wissenschaftlicher Beirat Agrarpolitik beim BMEL*, Wege zu einer gesellschaftlich akzeptierten Nutztierhaltung, 2015, S. 106.

286 *Wissenschaftlicher Beirat Agrarpolitik beim BMEL*, Wege zu einer gesellschaftlich akzeptierten Nutztierhaltung, 2015, S. 106.

287 *Wissenschaftlicher Beirat Agrarpolitik beim BMEL*, Wege zu einer gesellschaftlich akzeptierten Nutztierhaltung, 2015, S. 106.

288 So u. a. *Betz*, Mehr gesellschaftliche Akzeptanz für den Tierschutz, Der kritische Agrarbericht 2016, S. 229 ff., S. 231 f.

im Januar 2015[289] veröffentlicht, der Abschlussbericht im September 2016.[290]

Im Zwischenbericht aus dem Januar 2015 werden einige Empfehlungen zusammengefasst, die aber geprägt sind von Meinungsverschiedenheiten innerhalb des Kompetenzkreises. So wird in einer Empfehlung das Ziel begrüßt, nicht kurative Eingriffe bei Nutztieren zügig zu beenden, in einer Fußnote aber deutlich gemacht, dass der Vertreter des Deutschen Bauernverbandes diesen Satz nicht mitträgt, sondern die folgende Formulierung vorschlägt: „Der Kompetenzkreis begrüßt das Ziel, nichtkurative Eingriffe bei Nutztieren schrittweise zu reduzieren und baldmöglichst zu beenden".[291] Inhaltlich werden nur weitere Schritte, konkret die Erarbeitung von Leitfäden, weiteren Vorgehensweisen und Monitoring-Systemen empfohlen.[292]

Im Abschlussbericht des Kompetenzkreises Tierwohl[293] erschöpfen sich die Vorschläge weitestgehend wiederum auf allgemein gehaltene Empfehlungen, weitere Leitfäden zu erarbeiten und Vorschläge, die vom BMEL in der Verhandlung freiwilliger Vereinbarungen mit der Landwirtschaft und der Tierproduktionsindustrie beachtet werden sollten. Konkrete Verbesserungsvorschläge fehlen auch hier, insbesondere kommt eine wichtige Verbesserung weder im Zwischen- noch im Abschlussbericht des Kompetenzkreises vor: Mehr Platz für die Tiere. Zwar wird in der Empfehlung des Kompetenzkreises zum Thema Schwanzbeißen bei Schweinen[294] empfoh-

289 *Kompetenzkreis Tierwohl*, Zwischenbericht des Kompetenzkreises Tierwohl an das Bundesministerium für Ernährung und Landwirtschaft vom 22. Januar 2015.

290 *Kompetenzkreis Tierwohl*, Abschlussbericht des Kompetenzkreises Tierwohl, Eine Frage der Haltung, Neue Wege für mehr Tierwohl vom 14. September 2016.

291 *Kompetenzkreis Tierwohl*, Zwischenbericht des Kompetenzkreises Tierwohl an das Bundesministerium für Ernährung und Landwirtschaft vom 22. Januar 2015, S. 2. Im Abschlussbericht des Kompetenzkreises Tierwohl steht der streitige Satz letztendlich so, wie es der Vertreter des Bauernverbandes vorgeschlagen hatte, vgl. *Kompetenzkreis Tierwohl*, Abschlussbericht des Kompetenzkreises Tierwohl, Eine Frage der Haltung, Neue Wege für mehr Tierwohl vom 14. September 2016, S. 11.

292 *Kompetenzkreis Tierwohl*, Zwischenbericht des Kompetenzkreises Tierwohl an das Bundesministerium für Ernährung und Landwirtschaft vom 22. Januar 2015.

293 *Kompetenzkreis Tierwohl*, Abschlussbericht des Kompetenzkreises Tierwohl, Eine Frage der Haltung, Neue Wege für mehr Tierwohl vom 14. September 2016.

294 *Kompetenzkreis Tierwohl*, Abschlussbericht des Kompetenzkreises Tierwohl, Eine Frage der Haltung, Neue Wege für mehr Tierwohl vom 14. September 2016, Anlage 2 S. 22 ff., S. 23.

len, Betriebstypen für die Schweinehaltung zu entwickeln, die den gesellschaftlichen und tierschutzfachlichen Anforderungen an artgerechte Tierhaltung Rechnung tragen. Dass dies jedoch bereits seit 1972 mit der Existenz des § 2 TierSchG verpflichtendes, nicht abdingbares Recht ist, Tiere verhaltensgerecht unterzubringen, artgemäß zu ernähren usw., wird auch im Abschlussbericht ignoriert.

Problematisch und wenig verständlich erscheint, dass die Initiative des BMEL vorrangig auf Eigeninitiativen der Wirtschaft und freiwillige Verbesserungen des Tierwohls setzt und nur notfalls durch eine Änderung des Rechtsrahmens eingreifen will.[295] Denn das erforderliche Tierwohl – konkret u. a. eine verhaltensgerechte Unterbringung ist schon seit nunmehr 34 Jahren geltendes Recht, an das sich jeder halten muss. Freiwillige Verbesserungen von Branchen und Wirtschaftszweigen einzufordern, die laut dem WBA-Gutachten bislang auf gesellschaftliche Kritik nur zögerlich reagierten und zum Teil („ansatzweise") eine Abschottung der Tierhaltung durch Zäune und Wachdienste praktizieren,[296] also die den Umgang mit kritischen Anspruchsgruppen wenig gewohnt sind und eher öffentlichkeitsfern agieren, legt nahe, dass mit freiwilligen Verbesserungen kaum zu rechnen ist und indiziert, dass auch dem BMEL bewusst ist, dass sich nicht an geltendes Recht gehalten wird. Forderungen, das Gesetz freiwillig einzuhalten, entsprechen nicht dem Effektivitätsgebot des Art. 20a GG.

Die zu Beginn der Initiative Tierwohl von Bundesminister Schmidt lautenden Worte, „Den Tieren muss es am Ende dieser Legislaturperiode besser gehen als heute"[297] sind am Ende der Legislaturperiode im September 2017 keine Taten gefolgt. Tatsächlich geändert hat sich in den allermeisten Betrieben nichts, was aktuelle Urteile belegen, die Tierschützer wegen Hausfriedensbruchs verurteilen (oder freisprechen), die in Nutztierställe eingestiegen sind und dort die wahren Zustände gefilmt haben.[298] Statt-

---

295 *BMEL*, Eine Frage der Haltung – Neue Wege für mehr Tierwohl, Eckpunktepapier, S. 2.

296 *Wissenschaftlicher Beirat Agrarpolitik beim BMEL*, Wege zu einer gesellschaftlich akzeptierten Nutztierhaltung, 2015, S. 68.

297 BMEL, Pressemitteilung Nr. 213 vom 17. September 2014, Eine Frage der Haltung – neue Wege für mehr Tierwohl.

298 Vgl. nur *AG Schwäbisch Hall*, Urteil vom 21. April 2016, Az.: 4 Ds 41 Js 15494/15 (unveröffentlicht); bestätigt durch *LG Heilbronn*, Urteil vom 23. Mai 2017, Az.: 7 Ns 41 Js 15494/15 jug., (unveröffentlicht) und *OLG Stuttgart*, Beschluss vom 4. September 2018, Az.: 2 Rv 26 Ss 145/18 (unveröffentlicht); dagegen *AG Haldensleben*, Urteil vom 26. September 2016, Az.: 3 Cs 224/15 (182 Js 32201/14)

dessen will die neue Große Koalition laut Koalitionsvertrag „Einbrüche in Tierställe als Straftatbestand effektiv ahnden".[299]

2. Der Tierschutzplan Niedersachsen

Zwar nicht die Bundesregierung, aber das niedersächsische Ministerium für Ernährung, Landwirtschaft, Verbraucherschutz und Landesentwicklung hat im Jahr 2011 den sogenannten „Tierschutzplan Niedersachsen" ins Leben gerufen, ein Arbeitsprogramm, an dem sich der Lenkungsausschuss „Tierschutzstrategie" als Basis für die Umsetzung von Verbesserungspotential im Tierschutz orientiert.[300] Dieser enthält eine Liste mit Handlungsfeldern, beispielsweise Amputationen und Eingriffe bei Tieren wie das Schnabelkürzen bei Geflügel, die betäubungslose Kastration und das Schwänzekupieren bei Ferkeln, die Tötung von Eintagsküken, die Haltungsbedingungen verschiedener Tierarten, das Ausüben von arteigenen Verhaltensweisen, die ganzjährige Anbindehaltung von Michkühen usw.[301] Es fällt auf, dass viele Handlungsfelder die Thematik der verhaltensgerechten Unterbringung von Tieren i. S. v. § 2 TierSchG betreffen, die bereits seit dem Jahr 1972 im Tierschutzgesetz verankert ist und mit Hilfe des § 16a TierSchG durchgesetzt werden kann, auch gegenüber Tierhaltern in Niedersachsen und auch gegenüber Tierhaltern von Tieren in der industriellen Massentierhaltung. Trotzdem ist die Initiative des Landes Niedersachsen jedenfalls zu begrüßen.

Auch z. B. die Niedersächsische Vereinbarung des Niedersächsischen Ministeriums für Ernährung, Landwirtschaft und Verbraucherschutz und verschiedenen Verbänden aus Tierhaltung und Tierschutz zur Vermeidung

---

(juris), bestätigt durch *LG Magdeburg*, Urteil vom 10. Oktober 2017, Az.: 28 Ns 182 Js 32201/14 (74/17) (juris); OLG Naumburg, Urteil vom 22. Februar 2018, Az.: 2 Rv 157/17, BeckRS 2018, 8909; ein ähnliches Verfahren vor dem *AG Köthen* wurde im September 2016 eingestellt, da die falsche Firma Strafantrag gestellt hatte, vgl. http://www.mdr.de/sachsen-anhalt/dessau/schweinehochhaus-prozess-koethen-100.html.

299 Ein neuer Aufbruch für Europa – Eine neue Dynamik für Deutschland – Ein neuer Zusammenhalt für unser Land; Koalitionsvertrag zwischen CDU, CSU und SPD, 19. Legislaturperiode, Berlin, 12. März 2018.

300 Tierschutzplan Niedersachsen, abrufbar unter www.ml.niedersachsen.de/download/57732.

301 Vgl. Tierschutzplan Niedersachsen, abrufbar unter www.ml.niedersachsen.de/download/57732, S. 3 ff.

der Schlachtung tragender Rinder vom 23. September 2015[302] ist grundsätzlich zu begrüßen, ist aber aufgrund der Freiwilligkeit der Unterzeichnung bzw. der Freiwilligkeit der Selbstverpflichtung der betroffenen Tierhalter ein Indiz dafür, dass von staatlichen Stellen geltendes und zwingendes Recht ignoriert und einer vermeintlichen Freiwilligkeit der Einhaltung von Gesetzen unterworfen wird.

3. Tierschutzlabel

Ein Tierschutzlabel für Fleisch gibt es bislang vom Deutschen Tierschutzbund[303] und weiteren, privaten, auch privatwirtschaftlichen Verbänden und Organisationen,[304] wovon jedenfalls das Tierschutz-Siegel des Deutschen Tierschutzbundes staatlich gefördert wird.[305] Ein staatliches Tierschutz-Siegel „Mehr Tierwohl“ ist im Jahr 2017 von Landwirtschaftsminister Schmidt vorgestellt worden, sollte jedoch frühestens im Jahr 2018 am Markt eingeführt werden.[306] Bislang ist jedoch noch keine Einsetzbarkeit in der Praxis gegeben.[307] Auf eine Kleine Anfrage hin hatte die Bundesregierung im Oktober 2015 noch mitgeteilt, dass sie bei der Frage der Tierwohlkennzeichnung zuerst auf die Eigeninitiative der Wirtschaftsbeteilig-

302 Niedersächsische Vereinbarung des Niedersächsischen Ministeriums für Ernährung, Landwirtschaft und Verbraucherschutz und der Niedersächsischen Landwirtschaftskammer u. a. vom 23. September 2015, abrufbar unter http://www.ml.niedersachsen.de/download/100790/Nds._Vereinbarung_zur_Vermeidung_der_Schlachtung_tragender_Rinder.pdf.

303 Der Deutsche Tierschutzbund vergibt ein Tierschutzlabel „Für mehr Tierschutz“ zweistufig: Ein Stern auf dem Label steht für die Einstiegsstufe, zwei Sterne stehen für die Premiumstufe, vgl. *Deutscher Tierschutzbund*, Zeichen für ein besseres Leben. Informationen zum Tierschutzlabel.

304 Vgl. *Wissenschaftlicher Beirat für Agrarpolitik beim BMELV*, Kurzstellungnahme: Einführung eines Tierschutzlabels in Deutschland, März 2011, S. 2. U. a. sind hier Label von der Vier Pfoten e. V. zu nennen oder aber das NEULAND-Siegel, welches von verschiedenen Verbänden getragen und vergeben wird.

305 Vgl. Antwort der Bundesregierung auf die Kleine Anfrage der Abgeordneten Friedrich Ostendorff, Nicole Maisch u. a. – Drucksache 18/6140 – Umsetzung der Empfehlungen des Wissenschaftlichen Beirats für Agrarpolitik durch die Bundesregierung, BT-Drs. 18/6293, S. 3.

306 http://www.bmel.de/DE/Tier/Tierwohl/_texte/Tierwohllabel-Vorstellung-IGW.html.

307 Stand: Januar 2019.

ten setze.[308] Die nunmehrige Landwirtschaftsministerin Julia Klöckner arbeite weiter an einer Einführung des freiwilligen Tierwohl-Labels, hieß es zuletzt im Mai 2018 aus dem BMEL.[309]

Von Kritikern wird das Label als nicht ausreichend empfunden, u. a. als nur ein „freiwilliges, unverbindliches und nur wenig aussagekräftiges Label unter vielen anderen".[310]

Auch gibt es bereits „gescheiterte" Labels: Dies war der Fall bei dem Label der „Qualitätsgemeinschaft Kaninchen" der GGE (Gütegemeinschaft Ernährung), die im Jahr 2011 liquidiert wurde.[311] Hier existierte einige Jahre lang ein Label, welches für Kaninchenfleisch vergeben wurde, nach welchem Kaninchen ein artgerechtes Leben gehabt hätten, welches jedoch als „Verbrauchertäuschung" aufgedeckt wurde, denn es wurde bekannt, dass sich die Kaninchenhalter nicht an die im Übrigen selbst nicht tierschutzkonformen und weit unter den Vorgaben des § 2 TierSchG liegenden Richtlinien des Regelwerks hielten.[312]

Rechtlich verbindliche Regelungen zur Kennzeichnung finden sich (tierschutzrechtlich) fast nicht. Lediglich für Hühnereier sind – jedoch durch die EU-Verordnung EG Nr. 589/2008,[313] nicht durch deutsches Bundesrecht – mittlerweile die bekannten Kennzeichnungen über die Haltungsform der Legehennen verbindlich vorgeschrieben, was dazu führte, dass bereits ein Jahr nach Einführung der Kennzeichnung im Jahr 2004

308 Vgl. Antwort der Bundesregierung auf die Kleine Anfrage der Abgeordneten Friedrich Ostendorff, Nicole Maisch u. a. – Drucksache 18/6140 – Umsetzung der Empfehlungen des Wissenschaftlichen Beirats für Agrarpolitik durch die Bundesregierung, BT-Drs. 18/6293, S. 3.

309 https://www.bmel.de/SharedDocs/Pressemitteilungen/2018/037-Tierwohl-Kennzeichnung.html.

310 So der niedersächsische Landwirtschaftsminister Meyer, http://web.archive.org/web/20171019055321/http://www.ndr.de/nachrichten/niedersachsen/Meyer-kritisiert-neues-Tierwohl-Label,tierwohl162.html.

311 Hinweis per E-Mail am 7. Oktober 2014 von dem damaligen Geschäftsführer, Caspar von der Crone, erhalten.

312 Vgl. *Food-Monitor*, Angebliches „Gütesiegel" der GGE-Qualitätsgemeinschaft Kaninchen ist Konsumententäuschung, abrufbar unter http://www.food-monitor.de/2009/04/angebliches-guetesiegel-der-gge-qualitaetsgemeinschaft-kaninchen-ist-konsumententaeuschung/.

313 Verordnung (EG) Nr. 589/2008 der Kommission vom 23. Juni 2008 mit Durchführungsbestimmungen zur Verordnung (EG) Nr. 1234/2007 des Rates hinsichtlich der Vermarktungsnormen für Eier; gemäß deren Art. 12 Abs. 2 UA 2 Buchstabe a) i. V. m. Anhang I Teil A und Anhang II ist jedes Ei u. a. mit der arabischen Zahl 3 (für Käfighaltung), 2 (für Bodenhaltung), 1 (für Freilandhaltung) zu versehen.

(für Direktvermarkter, z. B. auf dem Wochenmarkt seit 2005) auf den Hühnereiern in Deutschland mehr Eier aus alternativen Haltungsformen gekauft wurden als aus Käfighaltung.[314]

Auch auf EU-Ebene wird bereits seit mehr als zehn Jahren über die Einführung einer Kennzeichnung von Lebensmitteln aus tiergerechter Produktion diskutiert: Es scheint [Anm. d. Verf.: bis heute], dass es in der Politik bis auf Weiteres bei Diskussionen und Pseudo-Labels bleiben wird.[315]

4. „Gemeinsame Erklärung zum Tierschutz“ von Deutschland, Dänemark und den Niederlanden

Am 14. Dezember 2014 unterschrieb der Bundeslandwirtschaftsminister Christian Schmidt mit den zuständigen Ministern aus Dänemark und den Niederlanden die „Gemeinsame Erklärung zum Tierschutz“.[316] Im April 2015 hat sich Schweden angeschlossen.[317] Die drei bzw. vier Länder wollen ausweislich des Papiers[318] ihre Aktivitäten zur Verbesserung des Tierschutzes bündeln und u. a. die Kommission dazu aufrufen, die Notwendigkeit einer besseren Regulierung und von mehr Tierschutz anzuerkennen und sich für mehr Sensibilisierung, EU-Standards und Wissen in diesem Bereich einzusetzen.[319] Es wird deutlich gemacht, dass EU-weiter Anpassungsbedarf im Tierschutzrecht besteht, und die Kommission aufgefordert, im Sinne der aufgezählten Ziele (u. a. die Aufnahme von EU-Regelung zu verschiedenen Nutztierarten, die Verbesserung der Sachkenntnis aller Menschen, die mit Tieren umgehen, die stärkere Verankerung von Tierschutzindikatoren, die Überprüfung und wenn möglich das Auslaufenlassen von nicht-therapeutischen Eingriffen an Tieren) tätig zu werden.

---

314 Vgl. *Rusche/Wirths*, Tierschutzsiegel, in: Der kritische Agrarbericht 2008, S. 214 ff., S. 214.

315 Vgl. *Melchers*, Gütesiegel für eine tiergerechte Haltung, Der praktische Tierarzt 2012, S. 10 f.

316 Vgl. Pressemitteilung Nr. 327 des BMEL vom 14. Dezember 2014: Agrarminister rufen zu mehr Tierschutz in Europa auf.

317 Vgl. *BMEL*, Europäische Kommission wird Tierschutz-Plattform einrichten, abrufbar unter https://www.bmel.de/DE/Tier/Tierwohl/_texte/EU-Tierschutzplattform.html.

318 BMEL u. a., Gemeinsame Erklärung zum Tierschutz, abrufbar unter https://www.bmel.de/DE/Tier/Tierwohl/_texte/EU-Tierschutzplattform.html.

319 BMEL u. a., Gemeinsame Erklärung zum Tierschutz S. 1.

Bislang wurden durch diese Allianz vier gemeinsame Positionspapiere zum Tierschutz bei der Kommission eingereicht,[320] neben der Gemeinsamen Erklärung zum Tierschutz ein Positionspapier zur Einrichtung einer EU-Tierschutz-Plattform, eines zur Schweinehaltung und eines zu Tiertransporten.[321] In dem Positionspapier zur Schweinehaltung wird eingeräumt, dass die Bewegungsfreiheit von Sauen in Kastenständen stark eingeschränkt ist; andererseits aber behauptet, es lägen noch nicht genügend Erkenntnisse dafür vor, um zum jetzigen Zeitpunkt (2015/2016) eine Regelung in die Schweinehaltungsrichtlinie 2008/120/EG aufzunehmen.[322] Dass dies nicht richtig ist, zeigen die oben bereits erwähnten wissenschaftlichen Erkenntnisse zur Sauenhaltung ohne Kastenstand und die Tatsache, dass in anderen Ländern bereits flächendeckend Sauenhaltung ohne Kastenstände praktiziert wird. Mit dem Positionspapier zur Schweinehaltung sollen somit deutsche Haltungsformen, die zwar durch Rechtsverordnung erlaubt werden, die aber gegen § 2 TierSchG verstoßen, legitimiert werden. Es scheint widersprüchlich, von der EU ein Tätigwerden zu fordern, die Inhalte der Schweinehaltungsrichtlinie zu verbessern, während Deutschland selbst tierschutzwidrige Zustände festschreibt und diese nicht ändern will.

Im Zusammenhang mit der Gemeinsamen Erklärung zum Tierschutz wird seitens der hessischen Landesbeauftragten für Tierschutz aufgezeigt, dass es in Deutschland ebenfalls Bedarf zum Tätigwerden gibt, insbesondere eine aktuelle Allgemeine Verwaltungsvorschrift erschwert einen konsequenten und einheitlichen Vollzug des deutschen Tierschutzrechts.[323]

Letztlich wurde zu Beginn des Jahres 2017 durch den Internetauftritt des BMEL konstatiert: „Geschafft: Mehr Tierwohl"[324] und die erreichten Ziele

320 http://www.bmel.de/DE/Tier/Tierwohl/_texte/Kompetenzkreis_Abschlussbericht.html.

321 Abrufbar unter *BMEL*, Europäische Kommission wird Tierschutz-Plattform einrichten, abrufbar unter https://www.bmel.de/DE/Tier/Tierwohl/_texte/EU-Tierschutzplattform.html.

322 Vgl. Bericht auf der Homepage des BMEL, abrufbar unter http://web.archive.org/web/20170715215553/https://www.bmel.de/DE/Tier/Tierwohl/_texte/Rueckblick-Tierwohl-Initiative.html unter Bezugnahme auf die Gemeinsame Erklärung Dänemark, Deutschland, Niederlande und Schweden zur Änderung der Richtlinie 2008/120/EG über Mindestanforderungen für den Schutz von Schweinen (kodifizierte Fassung), abrufbar unter http://web.archive.org/web/20170715215553/https://www.bmel.de/DE/Tier/Tierwohl/_texte/Rueckblick-Tierwohl-Initiative.html.

323 Vgl. *Landesbeauftragte für Tierschutz Hessen*, Jahresbericht 2014, S. 10.

324 http://web.archive.org/web/20170715215654/http://www.bmel.de/DE/Tier/_texte/landingpage-tierwohl.html.

aufgelistet, die sich hauptsächlich in einigen freiwilligen Vereinbarungen erschöpfen, der Ankündigung eines Tierwohl-Labels, welches frühestens 2018 auf den Markt kommen wird und zu dem erst noch Kriterien erarbeitet werden müssen, der weiteren Erforschung der Geschlechtsbestimmung für Küken in-ovo sowie einigen Beratungsangeboten und Modellbetrieben, die auch weiterhin das Tierwohl erforschen sollen.[325]

Es scheint, als ob es eine wesentliche Verbesserung gibt: Denn das BMEL verkündet eine freiwillige „Vereinbarung zur Verbesserung des Tierwohls, insbesondere zum Verzicht auf das Schnabelkürzen in der Haltung von Legehennen und Mastputen".[326] In dieser Vereinbarung ist zu lesen, dass ab dem 1. Januar 2017 in Legehennenhaltungen in Deutschland auf die Einstallung von schnabelgekürzten Junghennen „regelmäßig" verzichtet wird.[327] Zunächst kann man sich fragen, was „regelmäßig" bedeutet. Liest man die Vereinbarung weiter, so wird deutlich, dass der Verzicht auf das Schnabelkürzen (welches Federpicken und Kannibalismus entgegenwirken sollte) nicht damit einhergeht, dass den Tieren mehr Platz gewährt wird, so dass diese sich aus dem Weg gehen können, sondern mit der Maßnahme verbunden werden kann, die Beleuchtung der Ställe auch tagsüber so herunterzufahren, dass die Tiere sich nur deswegen nicht mehr gegenseitig bepicken, weil sie sich im Dunklen befinden.[328] Denn als wesentlich habe sich der Faktor „Licht" erwiesen; Studien hätten ergeben, dass durch die „Anpassung" der Lichintensität Federpicken verringert werden könnte.[329] An anderer Stelle werden genetische Faktoren, Beschäftigungsmmaterial

---

325 http://web.archive.org/web/20170715215654/http://www.bmel.de/DE/Tier/_text e/landingpage-tierwohl.html.

326 Abrufbar unter http://www.bmel.de/SharedDocs/Downloads/Broschueren/Verei nbarungVerbesserungTierwohl.html.

327 Vereinbarung zur Verbesserung des Tierwohls, insbesondere zum Verzicht auf das Schnabelkürzen in der Haltung von Legehennen und Mastputen, S. 9, abrufbar unter http://www.bmel.de/SharedDocs/Downloads/Broschueren/Vereinb arungVerbesserungTierwohl.html.

328 Vereinbarung zur Verbesserung des Tierwohls, insbesondere zum Verzicht auf das Schnabelkürzen in der Haltung von Legehennen und Mastputen, S. 12, abrufbar unter http://www.bmel.de/SharedDocs/Downloads/Broschueren/Vereinb arungVerbesserungTierwohl.html.

329 Vereinbarung zur Verbesserung des Tierwohls, insbesondere zum Verzicht auf das Schnabelkürzen in der Haltung von Legehennen und Mastputen, S. 6, abrufbar unter http://www.bmel.de/SharedDocs/Downloads/Broschueren/Vereinb arungVerbesserungTierwohl.html.

und wiederum der Faktor Licht aufgezeigt.[330] Auf die Möglichkeit, den Hennen mehr Platz zu gewähren, so dass diese sich aus dem Weg gehen können, wird nicht eingegangen. Zwar sollten bis Mitte 2017 Haltungsleitlinien erarbeitet werden und bis dahin die im Anhang befindlichen vorläufigen Haltungsleitlinien angewendet werden.[331] Schon diese jedoch sehen für die Haltung von Legehennen eine Besatzdichte vor, die genau den Anforderungen entspricht, wie sie auch die TierSchNutztV in § 13a Abs. 2 vorschreibt, die jedoch bereits einen Verstoß gegen § 2 TierSchG darstellt.[332] Im Jahr 2018 liegen diese Haltungsleitlinien jedoch immer noch nicht vor.

Was das Schnabelkürzen von Puten angeht, so wird darauf verwiesen, dass noch nicht genug Forschung zu diesem Thema durchgeführt wurde; hier müsse man erst weitere wissenschaftliche Erkenntnisse erlangen, bevor man den Tieren wirklich zu mehr Tierwohl verhelfen könne.[333] Dieses „Mehr" an Tierwohl wird also durch die oben bereits behandelte Strategie, mehr Zeit zu gewinnen, um Forschung zu betreiben, um Jahre nach hinten verschoben.

5. Die Nutztierhaltungsstrategie des BMEL

Im Juli 2017 stellte das BMEL seine neue Nutztierhaltungsstrategie vor, die nicht zuletzt auch vom Wissenschaftlichen Beirat für Agrarpolitk in seinem Gutachten aus dem Jahr 2015 gefordert wurde.[334] Diese soll eine zukunftsfähige Tierhaltung in Deutschland einleiten; sie ist jedoch weiterhin

---

330 Vereinbarung zur Verbesserung des Tierwohls, insbesondere zum Verzicht auf das Schnabelkürzen in der Haltung von Legehennen und Mastputen, S. 10, abrufbar unter http://www.bmel.de/SharedDocs/Downloads/Broschueren/VereinbarungVerbesserungTierwohl.html.

331 Vereinbarung zur Verbesserung des Tierwohls, insbesondere zum Verzicht auf das Schnabelkürzen in der Haltung von Legehennen und Mastputen, S. 12, abrufbar unter http://www.bmel.de/SharedDocs/Downloads/Broschueren/VereinbarungVerbesserungTierwohl.html.

332 So auch *Hirt/Maisack/Moritz*, Tierschutzgesetz Kommentar, § 13 TierSchNutztV Rn. 2 ff.

333 Vereinbarung zur Verbesserung des Tierwohls, insbesondere zum Verzicht auf das Schnabelkürzen in der Haltung von Legehennen und Mastputen, S. 5, abrufbar unter http://www.bmel.de/SharedDocs/Downloads/Broschueren/VereinbarungVerbesserungTierwohl.html.

334 Siehe auch *Dettmer*, Wir brauchen eine nationale Nutztierstrategie – Ein Rück- und Ausblick auf Stationen und Strategien zum Umbau der Nutztierhaltung, Der kritische Agrarbericht 2017, S. 68 ff.

auf steigenden Export von Tieren und Tierprodukten ausgerichtet[335] und wurde bereits von vielen Seiten kritisiert, sie trage den Forderungen des Wissenschaftlichen Beirats für Agrarpolitik beim BMEL nicht Rechnung.[336]

„Ziel der Nutztierhaltungsstrategie ist es, der Nutztierhaltung in Deutschland eine Zukunft zu geben und sie als hochentwickelten Sektor weiterhin zu verbessern, indem Tier- und Umweltschutz genauso beachtete Kriterien sind wie Qualität bei der Produktion und Marktorientierung. Dafür soll das Tierwohl in der Nutztierhaltung weiter verbessert, die Wirkungen auf die Umwelt deutlich vermindert und gleichzeitig die wirtschaftliche Grundlage für die Betriebe und die Versorgung der Verbraucher mit nachhaltig erzeugtem Fleisch gesichert werden. Damit soll eine breite Zustimmung in der Mitte der Gesellschaft erreicht und den Landwirten ein verlässlicher Rahmen für eine akzeptierte und wettbewerbsfähige Tierproduktion in Deutschland abgesteckt und Planungssicherheit zugesichert werden. Deutschland soll Vorreiter im Tierwohl werden."[337]

Dieses Ziel wurde in der im Juni 2017 veröffentlichten Nutztierhaltungsstrategie formuliert. Die zukünftige Tierhaltung wird sich daran messen lassen müssen. In krassem Gesensatz dazu stehen jedoch die gleichzeitigen Bestrebungen des BMEL, die verordnungsrechtlichen Grundlagen z. B. für die Kastenstände so zu verschärfen, dass die Kastenstände weiterhin so betrieben werden dürfen, dass eine Sau ihre Gliedmaßen nicht ausstrecken können muss.

6. Hessen: Runder Tisch Tierwohl in der Landwirtschaft

Zur Umsetzung einer Koalitionsvereinbarung der schwarz-grünen hessischen Landesregierung wurde im Jahr 2015 der Runde Tisch „Nachhaltige

---

335 *BMEL*, Nutztierhaltungsstrategie, S. 51.

336 Vgl. nur *Tiedemann*, „In der Nutztierhaltungsstrategie fehlen konkrete politische Maßnahmen" – Tätigkeitsbericht des BTK-Präsidenten, DTBl. 2017, S. 1366 ff.; vgl. auch *Sundrum*, Nutztierhaltungsstrategie des BMEL ist der Komplexität der Herausforderungen nicht angemessen.
Kritische Anmerkungen zum Positionspapier des BMEL aus der Perspektive eines Nutztierwissenschaftlers, abrufbar unter https://www.uni-kassel.de/fb11agrar/fileadmin/datas/fb11/Tierern%C3%A4hrung_und_Tiergesundheit/Dokumente/Sundrum_Kritische_Auseinandersetzung_mit_der_Nutztierhaltungsstrategie_des_BMEL.pdf.

337 BMEL, Nutztierhaltungsstrategie, S. 7.

Landwirtschaft – Tierwohl in der Landwirtschaft" gegründet, an dem sich Experten von landwirtschaftlichen Verbänden, Tierschutzorganisationen sowie Vertreter aus Wissenschaft und Verwaltung mit Fragen des Tierwohls in der Landwirtschaft beschäftigen. Ziel ist es, konkrete Maßnahmen zu erarbeiten und diese auf den Weg zu bringen.[338] Im August 2016 erklärte die zuständige Ministerin Priska Hinz im Rahmen einer Pressekonferenz zur Zwischenbilanz des Runden Tisches, dass alle relevanten Akteure zu dem Runden Tisch eingeladen wurden, um erstmals gemeinsam und gleichberechtigt über die Probleme der tiergerechten Haltung von Nutztieren in der modernen Landwirtschaft zu diskutieren.[339] Mit dem hessischen Verband der Geflügelwirtschaft wurde eine Vereinbarung zum Ausstieg aus dem Schnabelkürzen bei Legehennen verhandelt und erreicht; weiter wurden mit den entsprechenden Akteuren freiwillige Vereinbarungen zum Ausstieg aus einem betäubungslosen Enthornen von Kälbern und aus dem routinemäßigen Kürzen des Schwanzes bei Schweinen vereinbart.[340] Ein Antrag betreffend ein Verbot der ganzjährigen Anbindehaltung von Rindern, der aufgrund eines Beschlusses des Runden Tisches im Bundesrat eingereicht wurde, fand dort eine breite Mehrheit; allerdings erklärte der Bundeslandwirtschaftsminister Schmidt zu diesem Thema, dass er keinen Handlungsbedarf sehe, was von der hessischen Umweltministerin als herbe Enttäuschung und Widerspruch der öffentlichen Aussagen des Bundesministers im Rahmen der Initiative Tierwohl angesehen wird.[341]

Anknüpfend an die Zwischenbilanz zu dem Runden Tisch wird von einigen im hessischen Landtag vertretenen Parteien bezwifelt, dass dessen Ziele wirklich dem Tierwohl dienen. In einer Pressemeldung erklärt die tierrechtspolitische Sprecherin der LINKEN im hessischen Landtag: „Worum es den Experten des Runden Tisches wirklich geht, war schnell klar:

---

338 Vgl. https://umweltministerium.hessen.de/verbraucher/tierschutz/tierschutz-hessen/runder-tisch-tierwohl.

339 *Hessisches Ministerium für Umwelt, Klimaschutz, Landwirtschaft und Verbraucherschutz*, Pressemitteilung vom 9. August 2016, abrufbar unter https://www.hessen.de/presse/pressemitteilung/hessen-foerdert-artgerechte-tierhaltung-der-landwirtschaft-0.

340 *Hessisches Ministerium für Umwelt, Klimaschutz, Landwirtschaft und Verbraucherschutz*, Pressemitteilung vom 9. August 2016, abrufbar unter https://www.hessen.de/presse/pressemitteilung/hessen-foerdert-artgerechte-tierhaltung-der-landwirtschaft-0.

341 *Hessisches Ministerium für Umwelt, Klimaschutz, Landwirtschaft und Verbraucherschutz*, Pressemitteilung vom 9. August 2016, abrufbar unter https://www.hessen.de/presse/pressemitteilung/hessen-foerdert-artgerechte-tierhaltung-der-landwirtschaft-0.

Nicht das Tierwohl, sondern die wirtschaftlichen Interessen stehen im Vordergrund. Dies zeigt sich nicht nur an der freiwilligen Vereinbarung, die das Schnabelkürzen bei Junghennen unterbinden soll, sondern vor allem daran, dass eine Diskussion über die Haltungsmethoden von Hennen überhaupt nicht aufgekommen ist."[342] Dem ist zuzustimmen, denn das mit dem Schnabelkürzen bei Geflügel verhinderte gegenseitige Bepicken von Hennen (bis hin zum Totpicken) ist nur ein Symptom einer nicht artgerechten Haltung, welche die eigentliche Ursache dafür ist. Die artgerechte Haltung ist aber durch den jeden Tierhalten verpflichtenden § 2 TierSchG sicherzustellen; eine nicht artgerechte Haltung, der die Tiere durch das Schnabelkürzen angepasst werden sollen, ist verboten, denn die nicht artgerechte Haltung stellt einen Verstoß gegen § 2 TierSchG dar und kann damit keinen vernünftigen Grund darstellen.

Der Runde Tisch sieht im Übrigen keine Durchsetzungsmechnismen oder Kontrollen vor, die eine Einhaltung der freiwilligen Vereinbarung überprüfen.

7. Freiwilligkeit der Einhaltung der Gesetze – Disponibilität des Tierschutzgesetzes?

Wegen der vielen neuartigen freiwilligen Vereinbarungen im Tierschutzrecht und des weitestgehenden Ignorierens der Vorgaben des § 2 TierSchG stellt sich die Frage, ob das Tierschutzrecht disponibles Recht ist oder ob es Ausnahmen gibt, die eine Abweichung von § 2 TierSchG rechtfertigen und welche Rechtsqualität freiwillige Vereinbarungen haben.

Das dispositive Recht ist wegen der verfassungsrechtlich gewährten Privatautonomie primär im Zivilrecht von Bedeutung.

Die Verwaltung wie auch die Rechtsprechung sind gem. Art. 20 Abs. 3 GG an Gesetz und Recht gebunden. Lediglich der Gesetzgeber bekommt einen weiteren Entscheidungsraum als die anderen Gewalten zugebilligt.[343]

---

342 DIE LINKE, Fraktion im hessischen Landtag, abrufbar unter https://linksfraktion-hessen.de/site/fraktion/abgeordnete/barbara-c%C3%A1rdenas/pressemitteilungen-2/2959-%E2%80%9Arunder-tisch-tierwohl%E2%80%98-in-hessen-hat-mit-tierwohl-nicht-viel-zu-tun.html.

343 *Robbers* in BK Art. 20 GG, Rn. 3243. Dass Rechtsverordnungen als bloße materielle Gesetze unter bestimmten Voraussetzungen – nämlich der Nichtigkeit – außer Acht gelassen werden dürfen, wurde oben bereits festgestellt. Denn nur gül-

„Die Bindung an das Gesetz bedeutet jedenfalls die Bindung an die Verfassung und an alle weiteren formellen Gesetze."[344] § 2 TierSchG als formelles Gesetz unterwirft Verwaltung und Rechtsprechung also dieser Bindung.

Der Aufbau des Tierschutzgesetzes mit Grundsätzen und dazugehörigen Ausnahmeregelungen legt nahe, dass von den verpflichtend einzuhaltenden Grundsätzen nur in den geschriebenen Ausnahmefällen abgewichen werden darf. So gilt beispielsweise gem. § 5 Abs. 1 Satz 1 TierSchG ein grundsätzliches Verbot, an einem Wirbeltier ein mit Schmerzen verbundenen Eingriff ohne Betäubung vorzunehmen. In § 5 Abs. 1 Satz 2 TierSchG ist der Grundsatz festgeschrieben, dass diese Betäubung von einem Tierarzt vorzunehmen ist. In § 5 Abs. 1 Satz 3 TierSchG sind Ausnahmen zur Betäubung durch einen Tierarzt, in § 5 Abs. 2, Abs. 3 TierSchG Ausnahmen von dem grundsätzlichen Verbot des Eingriffs ohne eine Betäubung normiert.

Ein vergleichbares Regel-Ausnahmeverhältnis ist in § 6 TierSchG normiert.

Zu den Inhalten des § 2 TierSchG findet sich keine Ausnahme. Alle Tiere sind folglich gem. § 2 Nr. 1 TierSchG ihrer Art und ihren Bedürfnissen entsprechend angemessen zu ernähren, zu pflegen und verhaltensgerecht unterzubringen. Als Ausnahme können auch nicht die Rechtsverordnungen zu § 2 TierSchG, zu denen in § 2a TierSchG ermächtigt wird, gesehen werden, denn die Rechtsverordnungen haben sich gem. Art. 80 Abs. 1 Satz 2 GG gerade im Rahmen des § 2 TierSchG zu halten und sind keine Rechtsgrundlagen zur Normierung von Ausnahmen.

Ein Abweichen von § 2 TierSchG ist damit nicht möglich. Freiwillige Vereinbarungen zwischen Verwaltung und Tierhaltern, die Inhalte des § 2 TierSchG betreffend, haben daher keinerlei Rechtswirkungen; vielmehr muss sich der Tierhalter an § 2 TierSchG halten, die Verwaltung muss dies bei Nichterfüllung dieser Pflicht durchsetzen.

VI. Fazit zur aktuellen Durchsetzung des Tierschutzgesetzes

Das Tierschutzrecht wird immer noch nicht so umgesetzt, wie es das Tierschutzgesetz seit 1972 vorsieht. Die Exekutive ignoriert die Vorgaben der Legislative und die Judikative unterstützt dies durch eine lobbyfreundliche

---

tige Gesetze sind bindend im Sinne der Formel des Art. 20 Abs. 3 GG, vgl. *Robbers* in BK Art. 20 GG, Rn. 3334.

344 *Robbers* in BK Art. 20 GG, Rn. 3323.

Rechtsprechung. Erhebliche Defizite werden allen drei Staatsgewalten in der Tierschutzgesetzgebung und deren Vollzug von vielen Seiten durchgehend seit erstmaligem Inkrafttreten des Tierschutzgesetzes im Jahr 1972 bis heute bescheinigt.[345]

Auch die Hebung des Tierschutzes auf Verfassungsrang im Jahr 2002 hat bis heute ersichtlich in fast keinem Fall streitentscheidende Wirkung für den Tierschutz und für die Tiere entfaltet,[346] jedenfalls im Bereich der wirtschaftlichen Tierhaltung. In Bereichen, die nicht von einer starken Lobby geprägt sind wie z. B. der Kollision von Tierschutz und Kunstfreiheit zeichnen sich einzelne Verbesserungen und das Anerkenntnis der Existenz des Art. 20a GG ab.[347] Im Bereich der wirtschaftlichen Tierhaltung und auch im Bereich der Tierversuche wird Art. 20a GG nicht beachtet.

---

345 Vgl. nur *Martinez*, Paradigmenwechsel in der landwirtschaftlichen Nutztierhaltung – von betrieblicher Leistungsfähigkeit zu einer tierwohlorientierten Haltung, Rechtswissenschaft 2016, S. 441 ff., S. 443, S. 463, auf der er von Vollzugsdefiziten verwaltungsorganisatorischer und rechtspolitischer Art" spricht; vgl. auch BT-Drs. 17/9783 S. 5; schon für das Reichstierschutzgesetz von 1933 *Felix*, Einige Bemerkungen zum Problem des rechtlichen Tierschutzes, JZ 1959, S. 85 f., S. 86; *Kluge* in *Kluge*, Tierschutzgesetz Kommentar, § 16 Rn. 1; *Hirt/Maisack/Moritz*, Tierschutzgesetz Kommentar, Einf. Rn. 91; *Caspar*, Tierschutz im Recht der modernen Industriegesellschaft, S. 499; *Kloepfer* in Bonner Kommentar zum Grundgesetz, Art. 20a Rn. 103; *Caspar/Geissen*, Das neue Staatsziel „Tierschutz" in Art. 20a GG, NVwZ 2002, S. 913 ff., S. 917; auch einige Abgeordnete des Deutschen Bundestages sprechen das Vollzugsdefizit in einer Kleinen Anfrage an die Bundesregierung zur Umsetzung der Empfehlungen des Wissenschaftlichen Beirats für Agrarpolitik durch die Bundesregierung an, vgl. BT-Drs. 18/6140, S. 1; weiter geht ein Gesetzentwurf der Grünen aus dem Jahr 2012 von einem Vollzugsdefizit aus, vgl. BT-Drs. 17/9783 S. 5; für den Vollzug auf EU-Ebene *Wartenberg*, Tierschutz und Vollzug in Europa, Der prakt. Tierarzt 2010, S. 1074 f., S. 1075; auch heute noch *Kloepfer*, Die tierschutzrechtliche Verbandsklage – eine Einführung, NuR 2016, S. 729 ff., S. 730 f.; *Hager*, Die tierschutzrechtliche Verbandsklage – Rechtspolitische Diskussion, NuR 2016, S. 831 ff., S. 831, 832; *Cirsovius*, Geschäftsführung ohne Auftrag zur Sicherstellung des Tierschutzes – ein praktikabler Weg zur Entlastung der Exekutive, AUR 2005, S. 152 ff., S. 152; *Bülte*, Zur faktischen Straflosigkeit institutionalisierter Agrarkriminalität, GA 2018, S. 35 ff., S. 36; *Bülte*, Massentierhaltung – Ein blinder Fleck bei der Verfolgung von Wirtschaftskriminalität?, NJW 2019, S. 19 ff.

346 So *Peters*, Vom Tierschutzrecht zu Legal Animal Studies: Forschungsdesiderate und -perspektiven, Rechtswissenschaft 2016, S. 325 ff., S. 329. Wie oben gesehen, wird jedoch durchaus Art. 20a GG ordentlich angewendet und mit diesem Eingriffe in Grundrechte von privaten und kleinen gewerblichen Tierhaltern begründet.

347 Vgl. u. a. *KG Berlin*, Beschluss vom 24. Juli 2009, Az.: (4) 1 Ss 235/09 (150/09), NStZ 2010, S. 175 f. Hier wurde eine Abwägung zwischen dem Tierschutz und

Im Gegenteil, die Entscheidung des Bundesverfassungsgerichts zur Hennenhaltungsverordnung aus dem Jahr 1999[348] – noch vor der Aufnahme des Tierschutzes in die Verfassung – hat den Tierschutz ersichtlich mehr berücksichtigt als heutige Gerichtsentscheidungen, die nach dem Einfügen des Tierschutzes in Art. 20a GG erfolgten.

Es bleibt weitgehend dabei, dass Gutachten wie das des Wissenschaftlichen Beirats Agrarpolitik sogenannte Maßnahmepakete und Soll-Vorgehensweisen empfehlen, die im Kern das wiedergeben, was seit nunmehr dreißig Jahren aus dem Gesetz abgeleitet werden kann: Das Gutachten empfiehlt folgende neun „Leitlinien für die Entwicklung einer zukunftsfähigen, in weiten Teilen der Bevölkerung akzeptierten Tierhaltung: (1) Zugang aller Nutztiere zu verschiedenen Klimazonen, vorzugsweise Außenklima, (2) Angebot unterschiedlicher Funktionsbereiche mit verschiedenen Bodenbelägen, (3) Angebot von Einrichtungen, Stoffen und Reizen zur artgemäßen Beschäftigung, Nahrungsaufnahme und Körperpflege, (4) Angebot von ausreichend Platz, (5) Verzicht auf Amputationen, (6) routinemäßig betriebliche Eigenkontrollen anhand tierwohlbezogener Indikatoren, (7) deutlich reduzierter Arzneimitteleinsatz, (8) verbesserter Bildungs-, Kenntnis- und Motivationsstand der im Tierbereich arbeitenden Personen und (9) eine stärkere Berücksichtigung funktionaler Merkmale in der Zucht."[349] Die Bundesregierung erklärt auf eine Kleine Anfrage hin, dass am Tierschutzgesetz selbst nichts geändert werden soll,[350] was nach obigen Ausführungen nur zum Teil richtig ist. Denn es wird – um das Tierschutzgesetz vollziehbar zu machen – eine weitere Konkretisierungsebene gebraucht, für deren Struktur und Eingliederung ins Tierschutzrecht im Folgenden ein Vorschlag gemacht werden soll. Die Vollzugsverantwortung sieht die Bundesregierung in dieser Antwort auf die Kleine Anfrage richtig bei den Ländern.[351] Diese können das Tierschutzgesetz aber – wie oben ge-

---

der Kunstfreiheit vorgenommen; bei dieser setzte sich der Tierschutz durch; so auch *VG Berlin*, Beschluss vom 24. April 2012, Az.: 24 L 113.12 (juris).

348 *BVerfG*, Urteil vom 6. Juli 1999, Az.: 2 BvF 3/90, BVerfGE 101, S. 1 ff.

349 *Wissenschaftlicher Beirat Agrarpolitik beim BMEL*, Wege zu einer gesellschaftlich akzeptierten Nutztierhaltung, 2015, Zusammenfassung, S. i.

350 Vgl. Antwort der Bundesregierung auf die Kleine Anfrage der Abgeordneten Friedrich Ostendorff, Nicole Maisch u. a. – Drucksache 18/6140 – Umsetzung der Empfehlungen des Wissenschaftlichen Beirats für Agrarpolitik durch die Bundesregierung, BT-Drs. 18/6293, S. 5.

351 Vgl. Antwort der Bundesregierung auf die Kleine Anfrage der Abgeordneten Friedrich Ostendorff, Nicole Maisch u. a. – Drucksache 18/6140 – Umsetzung der Empfehlungen des Wissenschaftlichen Beirats für Agrarpolitik durch die Bundesregierung, BT-Drs. 18/6293, S. 5.

sehen – nicht korrekt vollziehen; auch die Länder brauchen für den Vollzug insbesondere der Tierhaltergrundnorm des § 2 eine weitere Konkretisierungsebene, da alle bisher existierenden Konkretisierungen zu § 2 TierSchG nichtig sind. Tätig werden muss zunächst der Gesetz- oder Verordnungsgeber, und zwar in einer Weise, die jedenfalls seit dem Jahr 1986 klar durch die Gesetzesmaterialien vorgegeben ist. Im Folgenden soll dargestellt werden, was unter den unbestimmten Rechtsbegriffen *artgemäß* und *verhaltensgerecht* zu verstehen ist und wie diese konkretisiert werden sollen.

D) Artgemäß und verhaltensgerecht: Vielversprechende und viel versprechende unbestimmte Rechtsbegriffe des Tierschutzgesetzes

Die unbestimmten Rechtsbegriffe *artgemäß* und *verhaltensgerecht* finden sich u. a. in der sog. Grundvorschrift über die Tierhaltung,[352] § 2 des Tierschutzgesetzes[353] seit dessen Inkrafttreten am 1. Oktober 1972.[354]

Auch enthält § 2 TierSchG weitere, ähnliche unbestimmte Rechtsbegriffe und unbestimmte Formulierungen wie etwa die in § 2 Nr. 1 gewählte Formulierung *seiner Art und seinen Bedürfnissen entsprechend angemessen,* den in § 2 Nr. 3 enthaltenen Begriff *angemessen;* § 3 Nr. 13 nennt *artwidriges* Verhalten, § 7 Abs. 1 Satz 2 Nr. 1 Buchst. c) TierSchG spricht von *artspezifischen* Fähigkeiten, § 10 Abs. 2 Satz 2 Nr. 3 von *tiergerechter* Haltung, § 13a Abs. 2 von *tierschutzgerechter* Haltung.

Den Begriff *artgerecht* kennt das Tierschutzgesetz zwar nicht, jedoch werden im Bundesnaturschutzgesetz (BNatSchG), welches auch Vorschriften über Zoos und Zootierhaltung enthält, eine *art- und tiergerechte* Ausgestaltung [von Zoos] sowie eine *art- und tiergerechte* Unterbringung und Behandlung der Tiere vorgeschrieben, vgl. § 42 Abs. 3 Nr. 1, Abs. 8 BNatSchG. Die mangelnde Konkretisierung in den Gesetzen selbst, z. B. in § 7 BNatSchG, in dem sich einige Definitionen finden, spricht für eine synonyme Verwendung der Begriffe *artgemäß* und *artgerecht*.

Auch die Rechtsprechung des Bundesverfassungsgerichts lässt auf eine synonyme Verwendung der Begriffe *artgemäß* und *artgerecht* schließen. In einem Beschluss führt das Bundesverfassungsgericht aus: „Auch der Begriff des „Artgerechten“ beziehungsweise „Artwidrigen“ ist dem Recht nicht

---

352 *Lorz,* Das Recht der Massentierhaltung (Intensivtierhaltung), NuR 1986, S. 237 ff. S. 237.

353 Wortlaut des § 2 TierSchG i. d. F. vom 18. Mai 2006:
Wer ein Tier hält, betreut oder zu betreuen hat,
1. muss das Tier seiner Art und seinen Bedürfnissen entsprechend angemessen ernähren, pflegen und verhaltensgerecht unterbringen,
2. darf die Möglichkeit des Tieres zu artgemäßer Bewegung nicht so einschränken, dass ihm Schmerzen oder vermeidbare Leiden oder Schäden zugefügt werden,
3. muss über die für eine angemessene Ernährung, Pflege und verhaltensgerechte Unterbringung des Tieres erforderlichen Kenntnisse und Fähigkeiten verfügen.

354 TierSchG vom 24. Juli 1972, (BGBl. I S. 1277).

fremd. Es handelt sich um einen im Tierschutzrecht gebräuchlichen Begriff, der sich auf die Haltung und Unterbringung von Tieren bezieht (vgl. § 2 TierSchG, § 8 TierSchHundeV)."[355] Die vom Bundesverfassungsgericht genannten Vorschriften nennen aber jeweils den Begriff *artgemäß*. Da hier davon ausgegangen wird, dass das Bundesverfassungsgericht lesen kann, liegt die synonyme Verwendung der Begriffe *artgerecht* und *artgemäß* durch das Bundesverfassungsgericht nahe und wird für diese Arbeit übernommen.[356]

Im Tierschutzgesetz selbst werden die o. g. Begriffe auch für verschiedene Tierarten, beispielsweise für die wichtigsten landwirtschaftlichen Nutztiere wie Schwein, Rind oder Huhn nicht weiter konkretisiert. Vielmehr sollen laut den Gesetzesmaterialien ergänzende Regelungen zur Tierhaltung auf dem Verordnungswege ergehen.[357] Schon dies ist – neben den immens vielen Verordnungsermächtigungen im ganzen Tierschutzgesetz – ein Hinweis auf das vom Gesetzgeber präferierte Konkretisierungsmodell, nämlich die Rechtsverordnung.

I. *Die erstmalige Verwendung der Begriffe artgemäß und verhaltensgerecht im TierSchG i. d. F. vom 24. Juli 1972*

Das erste deutsche, vorkonstitutionelle Tierschutzgesetz von 1933[358] kannte weder die Tierhaltergrundnorm noch die oben genannten unbestimmten Rechtsbegriffe. Diese werden erstmals in dem Tierschutzgesetz aus dem Jahr 1972 in das Tierschutzgesetz normiert.

Liest man den Wortlaut des damaligen § 2 TierSchG und vergleicht ihn mit den Änderungen des § 2 TierSchG in den folgenden Jahren, so fällt auf, dass § 2 TierSchG immer – auch heute noch – verlangt, Tiere *verhal-*

---

355 *BVerfG*, Beschluss vom 8. Dezember 2015, Az.: 1 BvR 1864/14, NJW 2016, S. 1229 f.

356 Dies entspricht auch dem umgangssprachlichen Begriff *artgerecht*; zur synonymen Verwendung der beiden Begriffe siehe auch *Akademie für Naturschutz und Landschaftspflege (ANL)*, Begriffe aus Ökologie, Umweltschutz und Landnutzung, S. 15.

357 Davon ging schon die amtl. Begründung zum Entwurf eines Ersten Gesetzes zur Änderung des Tierschutzgesetzes vom 10. April 1984, S. 17, aus.

358 TierSchG vom 24. November 1933, (RGBl. I, S. 987).

tensgerecht unterzubringen – ohne Wenn und Aber bzw. irgendeine Einschränkung.[359]

Jedoch zeigt schon die Entstehungsgeschichte der Norm, dass nicht beabsichtigt war, sich an den Gesetzeswortlaut zu halten, dieser vielmehr nur nach außen hin streng aussehen sollte.

Bereits in den 1950er Jahren wurden immer wieder Anfragen für eine Reform des Tierschutzgesetzes an das Bundesministerium für Landwirtschaft (BML) herangetragen.[360] 1959 vertrat das BML noch die Auffassung, das bestehende Tierschutzgesetz (aus dem Jahr 1933) sei ausreichend und es beabsichtige nicht, sich einer Reform anzunehmen.[361] Doch noch im gleichen Jahr entschied sich das BML anders und strebte Beratungen über eine Reform an.[362] Auslöser war wohl das Engagement einer innerparlamentarischen Arbeitsgemeinschaft um den Abgeordneten Burhenne, die einen Entwurf für ein Tierschutzgesetz ausarbeiten wollte.[363] Das BML wollte wohl verhindern, dass „unwesentliche und übertriebene Änderungsvorschläge von Tierschützern"[364] zum Zuge kommen und so gut es ging – jetzt, wo eine Reform doch anstand – Einfluss auf die von den Abgeordneten angestrebte Reform nehmen.[365] Einer von sechs aus den Beratungen des BML hervorgehenden Diskussionsentwürfen[366] sah u. a. in § 2 Nr. 11 ein Verbot der Haltung von Geflügel in Legebatterien vor, also das Verbot eines bestimmten, bereits vielfach verwendeten Haltungssystems..[367] Die Batteriehaltung insbesondere von Legehennen wurde in den frühen 1960er Jahren in Deutschland und anderen europäischen Ländern immer erfolgreicher.[368] Unmittelbar nach der Entstehung dieses Diskussionsentwurfs des BML traf im Juli 1960 ein Schreiben eines Lobbyisten im BML ein, mit dem das BML aufgefordert wurde, „den Paragraphen zu ver-

---

359 Vgl. auch *Schindler*, Verhaltensgerechte Unterbringung (§ 2 Tierschutzgesetz) nach dem Urteil des Bundesverfassungsgerichtes vom 6.7.1999 – Beispiel Käfighaltung, in: *DVG*, 7. Tagung der Fachgruppe „Angewandte Ethologie", Thema: Ethologie und Tierschutz, Weihenstephan, 8.-11. März 2000, S. 21 ff., S. 21.

360 *Von Gall*, Tierschutz als Agrarpolitik, S. 57.

361 *Von Gall*, Tierschutz als Agrarpolitik, S. 57.

362 *Von Gall*, Tierschutz als Agrarpolitik, S. 57.

363 *Von Gall*, Tierschutz als Agrarpolitik, S. 57.

364 *Von Gall*, Tierschutz als Agrarpolitik, S. 57 m. w. N.

365 So auch *von Gall*, Tierschutz als Agrarpolitik, S. 58 m. w. N.

366 Unveröffentlicht, einige Teile sind abgedruckt in: *Von Gall*, Tierschutz als Agrarpolitik, Annex B 1 und in: *Pfeiffer*, Das Tierschutzgesetz vom 24. Juli 1972, S. 240 ff.

367 Vgl. *von Gall*, Tierschutz als Agrarpolitik, S. 60.

368 *Von Gall*, Tierschutz als Agrarpolitik, S. 42.

hindern, in dem die modernen Eierproduktionsanlagen verboten werden".[369] Der Diskussionsentwurf des BML wurde offiziell im Dezember 1961 durch die interparlamentarische Arbeitsgemeinschaft um den Abgeordneten Wolfgang Burhenne als Entwurf Drs. IV/85 in den Bundestag eingebracht.[370] Das Verbot der Batteriehaltung von Geflügel tauchte zwar in diesem Entwurf mit § 7 Abs. 2 Nr. 1 noch als Ordnungswidrigkeit auf.[371] Gleichwohl setzte sich der Entwurf Drs. IV/85 schlussendlich wegen verfassungsrechtlicher Bedenken der Länder nicht durch,[372] denn die Gesetzgebungskompetenz des Bundes nach Art. 74 Abs. 1 Nr. 20 GG gab es zu diesem Zeitpunkt noch nicht. Es wurde auch behauptet, das BML gehörte zu den Hauptgegnern des (ursprünglich eigenen) Entwurfs IV/85 und torpediere ihn.[373]

Damit hatte sich auch das bußgeldbewehrte Verbot der Batteriehaltung von Geflügel erledigt.

Die Konzeption des Tierschutzgesetzes von 1972 beruht auf Entwürfen einer interparlamentarischen Arbeitsgruppe aus dem Jahr 1966, in der die CDU/CSU mit dem Abgeordneten Rollmann zentrale Kraft war.[374] Dieser galt als Hauptverfechter des Entwurfs V/934 aus dem Jahr 1966[375] und als Wortführer. Doch auch der Entwurf eines Tierschutzgesetzes V/934 aus dem Jahr 1966 setzte sich nicht durch, obwohl er den späteren Entwurf[376] VI/2559, der sich schließlich durchsetzte, beeinflusste. In dem Entwurf VI/2559, aber auch in dem Entwurf V/934, tauchte das Verbot einer bestimmten Haltungsform wie etwa der Batteriehaltung für Legehennen nicht mehr auf.

Im Entwurf V/934 von 1966 sind noch nicht die unbestimmten Rechtsbegriffe *artgemäß* und *verhaltensgerecht* enthalten, jedoch in dem späteren Entwurf VI/2559. Dieser (wie auch bereits der Entwurf V/934) verlagerte aber einen Großteil der Konkretisierungsmacht über unbestimmte Rechts-

---

369 *Von Gall*, Tierschutz als Agrarpolitik, S. 58 m. w. N.

370 BT-Drs. IV/85, abgedruckt in: *Pfeiffer*, Das Tierschutzgesetz vom 24. Juli 1972, S. 246 ff.

371 BT-Drs. IV/85, abgedruckt in: *Pfeiffer*, Das Tierschutzgesetz vom 24. Juli 1972, S. 246 ff., S. 249.

372 Vgl. *Maisack*, Zum Begriff des vernünftigen Grundes im Tierschutzrecht, S. 45; Stenografischer Bericht 246. Sitzung des Deutschen Bundestages vom 2. Juli 1969, MdB Rollmann, S. 13705.

373 *Von Gall*, Tierschutz als Agrarpolitik, S. 61 m. w. N.

374 Plenarprotokoll 64. Sitzung des Deutschen Bundestages am 12. Oktober 1966 in Bonn, S. 3121; vgl. auch *von Gall*, Tierschutz als Agrarpolitik, S. 89, 94.

375 BT-Drs. V/934.

376 BT-Drs. VI/2559.

begriffe vom Bundestag weg zur Exekutive, indem weitreichende Verordnungsermächtigungen vorgesehen waren.[377] Als Begründung wurde zu dem Entwurf V/934 angeführt, der Bundestag sei damit überfordert, diese sehr ins Einzelne gehenden [konkretisierenden] Bedingungen aufzustellen.[378]

Der Reformvorschlag auf der Grundlage des Entwurfs VI/2559 wurde ohne Kritik unter Zustimmung aller politischen Parteien einstimmig angenommen.[379]

Schon für den Entwurf V/934 aus dem Jahr 1966 wurde die weitreichende Verordnungsermächtigung zur Regelung der Tierhaltung, eine Überführung zentraler Entscheidungsgewalt im Tierschutz an das BML, als wirkmächtiges „Kernstück" des Entwurfs bezeichnet.[380] Auch wurden Zweifel an der Rechtmäßigkeit dieses Entwurfs geäußert: „MdB Felix von Vietinghoff-Schell bemerkte gemäß Protokoll [Anm. der Verf.: in der Sitzung des Rechtsausschusses am 12. Oktober 1967], dass mehrere Ausschussmitglieder sowie Vertreter des Bundesjustizministeriums keine verfassungsrechtliche Grundlage sähen, der Bundesregierung bzw. einem Bundesministerium derartige exekutive Befugnisse zu übertragen."[381]

Auf den sich letztendlich durchsetzenden Entwurf VI/2559 hatte das BML maßgebenden Einfluss.[382] Dieses arbeitete den Entwurf VI/2559 sehr schnell aus. Für die in § 2 vorgesehenen Begriffe der *tierartgemäßen* und *verhaltensgerechten* Unterbringung von Tieren wurde von Mitarbeitern des BML der Verhaltensbiologe Dr. J. Nicolai des Max-Planck-Institutes Seewiesen kontaktiert, der diese Begriffe befürwortete.[383] Ein anderer Zoologe und Verhaltensforscher des Max-Planck-Instituts, Prof. Paul Leyhausen, nahm in einem undatierten Schreiben zu dem Entwurf VI/2559 Stellung: Die Verwendung der Begriffe *artgemäß* und *verhaltensgerecht* hielt er – wie sein Kollege – für konstruktiv. Er distanzierte sich aber von der Vorstellung, damit die Intensivtierhaltungssysteme rechtfertigen zu können. Er stellte in diesem Schreiben fest, dass „sämtliche moderne[n] Hochintensiv-

---

377 Im Entwurf V/934 waren in § 7 umfangreiche Verordnungsermächtigungen enthalten, im Entwurf VI/2559 in § 13.

378 Vgl. MdB *Rollmann* (CDU/CSU), 64. Sitzung des Deutschen Bundestages am 12. Oktober 1966, Stenografischer Bericht S. 3123 für den Entwurf V/934.

379 Vgl. *von Gall*, Tierschutz als Agrarpolitik, S. 94.

380 *Von Gall*, Tierschutz als Agrarpolitik, S. 71 unter Zitation aus der Sitzung des Rechtsausschusses des Bundestages vom 12. Oktober 1967.

381 *Von Gall*, Tierschutz als Agrarpolitik, S. 71 m. w. N.

382 *Von Gall*, Tierschutz als Agrarpolitik, S. 72.

383 *Von Gall*, Tierschutz als Agrarpolitik, S. 73 m. w. N.

haltungen" diese Forderungen missachteten und „in keiner Weise mit ihnen auch nur annähernd in Einklang zu bringen" seien; solle das Gesetz nicht zu einer „Farce" werden, seien insbesondere die sogenannte Mastkalbbox, die intensive Schweinehaltung und die Batteriehaltung von Legehennen „ausdrücklich zu verbieten".[384] Zwei weitere angesehene Verhaltensbiologen pflichteten ihm bei: In dem Gutachten über tierschutzgerechte Haltung von Nutzgeflügel in neuzeitlichen Haltungssystemen in dem von Prof. Leyhausen, Dr. G. Martin und Dr. J. Nicolai bearbeiteten Teil II ist folgender Schlussatz zu finden: „Die derzeit üblichen Praktiken der Käfighaltung erfüllen den Tatbestand der Tierquälerei in hohem Ausmaß".[385] Dieses Gutachten hatte der damalige Bundesminister Ertl (FDP) bereits im Jahr 1969 in Auftrag gegeben. Es sollte der Frage nachgehen, ob die Käfighaltung von Legehennen tierschutzgerecht sei. 1974 teilte der Staatssekretär Logemann mit, das Gutachten habe genau dies bestätigt.[386]

Es gab in diesem Gutachten weit auseinanderklaffende Aussagen zur Verhaltensgerechtheit der Legehennen in den (ökonomisch) etablierten Haltungssystemen, wobei der Teil I des Gutachtens, der von Vertretern der eierproduzierenden Industrie stammte, von der Verhaltensgerechtheit ausging, der von den Ethologen stammende Teil II diese strikt verneinte.

Gemäß dem Entwurf VI/2559 haben die Begriffe *artgemäß* und *verhaltensgerecht* Eingang in das Tierschutzgesetz gefunden, ebenso aber auch die weitgehenden Verordnungsermächtigungen für das BML, das ab sofort die Möglichkeit hatte, die konkreten Haltungsbedingungen insbesondere von landwirtschaftlichen Nutztieren ganz in seinem Sinne zu konkretisieren. Bestimmte Haltungssysteme wie die Batteriehaltung von Legehennen wurden nicht ausdrücklich verboten, sondern später durch Erlass von Rechtsverordnungen – so z. B. der Hennenhaltungsverordnung (HHVO) von

384 Zitiert nach *von Gall*, Tierschutz als Agrarpolitik, S. 105, m. w. N.

385 Zitiert nach Die ZEIT vom 18. Februar 1977, Ich wollt', ich wär kein Huhn, bezugnehmend auf das Gutachten „Tierschutzgerechte Haltung von Nutzgeflügel in neuzeitlichen Haltungssystemen aus dem Jahr 1974, abgedruckt in: *Drawer/Ennulat*, Tierschutzpraxis, S. 98 ff., S. 105, wobei der Teil II des Gutachtens von den Ethologen Leyhausen, Martin und Nicolai stammt, der Teil I von den Batterie-Käfig-Befürwortern Schlüter (damaliger Präsident des Zentralverbandes der Deutschen Geflügelwirtschaft ZDG) und Dr. Schmidt (der zu dem Eierkonzern Pohlmann gehörte).

386 Zitiert nach Die ZEIT vom 18. Februar 1977, Ich wollt', ich wär kein Huhn.

1987 – (vermeintlich) legitimiert[387] und auch seitens der Behörden weiterhin geduldet. Grenzen wie der gesetzliche Rahmen der Verordnungsermächtigung in § 13 TierSchG bzw. später § 2a TierSchG wie auch verfassungsrechtliche Grenzen (insbes. Art. 80 GG) wurden nicht eingehalten, was später noch dargelegt werden soll. Hinsichtlich der Regelung der Haltung von Legehennen in Batterien durch die HHVO 1987 musste das BML bereits bundesverfassungsgerichtliche Schelte entgegennehmen.

Der Entwurf eines Tierschutzgesetzes vom 7. September 1971[388] geht (ebenso wie das Tierschutzgesetz von 1933)[389] von der Grundkonzeption eines ethisch ausgerichteten Tierschutzes[390] aus und erhebt zunehmend wissenschaftliche Feststellungen über tierartgemäße und verhaltensgerechte Normen und Erfordernisse zu Beurteilungsmaßstäben.[391]

Die vermehrte Wissensgenerierung im Gegensatz zu einem Tierschutzgesetz, welches eher gefühlsorientiert war, wird ausdrücklich betont.[392] Mit den „wissenschaftlichen Feststellungen über tierartgemäße und verhaltensgerechte Normen“[393] sind ethologische, also verhaltensbiologische Feststellungen gemeint. Die wissenschaftlichen Feststellungen, wie Tiere *artgemäß* und *verhaltensgerecht* gehalten werden, ist also in die Verantwortung der Ethologen gelegt worden. Dies zeigt sich an vielen Stellen im Ent-

387 *Schindler* spricht von einer Scheinlegitimation signifikanter Verstöße gegen das Tierschutzgesetz, vgl. *Schindler*, Verhaltensgerechte Unterbringung (§ 2 Tierschutzgesetz) nach dem Urteil des Bundesverfassungsgerichtes vom 6.7.1999 – Beispiel Käfighaltung, in: *DVG*, 7. Tagung der Fachgruppe „Angewandte Ethologie“, Thema: Ethologie und Tierschutz, Weihenstephan, 8.-11. März 2000, S. 21 ff., S. 21.

388 BT-Drs. VI/2559.

389 Vgl. *Stolting/Zoebe*, Das Tier im Recht, Handbuch für alle Tierschutzfragen, S. 17; *Felix*, Einige Bemerkungen zum Problem des rechtlichen Tierschutzes, JZ 1959, S. 85 ff., S. 85.

390 Tierschutz um des Tieres willen, vgl. *Hirt/Maisack/Moritz*, Tierschutzgesetz Kommentar, Einf. Rn. 24 in Abgrenzung zu anthropozentrisch begründetem Tierschutz (menschenbezogener Tierschutz, der als ökonomischer, kultureller oder ästhetischer Tierschutz in Erscheinung tritt, vgl. *Hirt/Maisack/Moritz*, Tierschutzgesetz Kommentar, Einf. Rn. 24).

391 Vorblatt zum Entwurf eines Tierschutzgesetzes vom 7. September 1971, BT-Drs. VI/2559; *BVerfG*, Beschluss vom 2. Oktober 1973, Az.: 1 BvR 459/72, 1 BvR 477/72 (juris) Rn. 30.

392 Abgeordneter *Vit* (SPD), Deutscher Bundestag, 194. Sitzung vom 21. Juni 1972 (Stenografischer Bericht 11391 (A)).

393 Vorblatt zum Entwurf eines Tierschutzgesetzes vom 7. September 1971, BT-Drs. VI/2559.

stehungsprozess und seit dem Inkrafttreten des Tierschutzgesetzes.[394] Weiter konkretisiert wurden diese wissenschaftlich gesicherten Erkenntnisse jedoch nicht, vielmehr wurden wissenschaftliche Erkenntnisse, die die Verhaltensgerechtheit von Haltungssystemen ausdrücklich verneinten, nicht ernst genommen bzw. durch andere Gutachten, die das Gegenteil aussagten, zurückgedrängt und nicht weiter beachtet.

In der Begründung zu dem Entwurf des § 2 TierSchG, der wortgleich in das Tierschutzgesetz i. d. F. vom 24. Juli 1972 übernommen wurde,[395] wird angeführt, dass „jedermann, in dessen Obhut sich ein Tier (...) befindet, (..) gehalten [ist], dem Tier unter Berücksichtigung seiner Entwicklungs-, Anpassungs- oder Domestikationsstufe angemessene artgemäße Nahrung und Pflege angedeihen zu lassen. Dies ist im allgemeinen dann der Fall, wenn gestörte körperliche Funktionen, die auf zu vertretende Mängel oder Fehler in Ernährung oder Pflege zurückgeführt werden, nach den Regeln der tierärztlichen Kunst oder nach anderen naturwissenschaftlichen Erkenntnissen nicht feststellbar sind. Darüber hinaus sollen bei der [Anm. der Verf.: wohl: verhaltensgerechten] Unterbringung des Tieres die wissenschaftlichen Erkenntnisse der Verhaltensforschung angemessene Berücksichtigung finden. Das [Anm. der Verf.: wohl: bezogen auf die Verhaltens-

394 Schon MdB *Hammans* (CDU/CSU), Plenarprotokoll 64. Sitzung des Deutschen Bundestages am 12. Oktober 1966, S. 3126 f.; Begründung des Gesetzesentwurfs eines Tierschutzgesetzes der Bundesregierung Drs. VI/2259, S. 10, 11; MdB *Helms* (FDP), 137. Sitzung des Deutschen Bundestages am 29. September 1971, Plenarprotokoll S. 8001; MdB *Hammans* (CDU/CSU), 137. Sitzung des Deutschen Bundestages am 29. September 1971, Plenarprotokoll S. 8002; MdB *Hammans* (CDU/CSU), 194. Sitzung des Deutschen Bundestages am 21. Juni 1972, Plenarprotokoll S. 11390; *Schultze-Petzold*, Das künftige Tierschutzgesetz, seine Vorstellungen und wissenschaftlichen Begründungen, Berl.Münch.Tierärztl. Wochenschrift 1972, S. 370 ff., S. 371; *Ennulat/Zoebe*, Das Tier im neuen Recht, II § 2, S. 44; Bundesministerium für Ernährung, Landwirtschaft und Forsten (BMELF), Kleine Mitteilungen, Reform des Tierschutzrechts geht zügig voran, Berl.Münch.Tierärztl. Wochenschrift 1973, S. 359; *Grünberger*, Das neue Tierschutzrecht, Deutsche tierärztliche Wochenschrift 1973, S. 55 ff., S. 56; *Tegge/Tegge*, Entgegnung zu K. Grünberger „Das neue Tierschutzgesetz", Deutsche tierärztliche Wochenschrift 1973, S. 234 ff., S. 235.

395 Wortlaut des § 2 TierSchG i. d. F. vom 24. Juli 1972:
(I) Wer ein Tier hält, betreut oder zu betreuen hat,
1. muß dem Tier angemessene artgemäße Nahrung und Pflege sowie eine verhaltensgerechte Unterbringung gewähren,
2. darf das artgemäße Bewegungsbedürfnis eines Tieres nicht dauernd so einschränken, daß dem Tier vermeidbare Schmerzen, Leiden oder Schäden zugefügt werden.
(II) [...].

gerechtheit] ist im allgemeinen dann der Fall, wenn die angeborenen, arteigenen und essentiellen Verhaltensmuster des Tieres durch die Unterbringung nicht so eingeschränkt oder verändert werden, daß dadurch Schmerzen, Leiden oder Schäden an dem Tier selbst oder durch ein so gehaltenes Tier an einem anderen Tier entstehen. Auszugehen ist davon, daß das Wohlbefinden des Tieres im Wesentlichen auf einem ungestörten, artgemäßen sowie verhaltensgerechten Ablauf der Lebensvorgänge beruht. (…).“[396]

Aus der Entwurfsbegründung vom 7. September 1971 lassen sich bereits nähere Beschreibungen der unbestimmten Rechtsbegriffe *artgemäß* und *verhaltensgerecht* herausdeklinieren: Danach ist eine Behandlung (im Entwurf wird Bezug genommen auf Nahrung und Pflege) dann *artgemäß*, wenn gestörte körperliche Funktionen, die auf zu vertretende Mängel oder Fehler in Ernährung oder Pflege zurückgeführt werden, nach den Regeln der tierärztlichen Kunst oder nach anderen naturwissenschaftlichen Erkenntnissen nicht feststellbar sind.[397] An welchen Artbegriff angeknüpft werden soll, wird aus den Gesetzesmaterialien nicht ersichtlich. Lediglich die Entwicklungs-, Anpassungs- und Domestikationsstufe ist bei der Bestimmung der artgemäßen Nahrung und Pflege zu berücksichtigen,[398] was eine Berücksichtigung u. a. der verschiedenen Rassezüchtungen zulässt, die auch morphologische Unterschiede umfassen, so dass die Frage um den dem Tierschutzgesetz zugrundeliegenden Artbegriff eher in den Hintergrund rückt.

Die zeitgenössische Kommentarliteratur konkretisierte die unbestimmten Rechtsbegriffe weitergehend dahin, dass die Vorschrift des § 2 TierSchG nicht nur ein Verbot der Fütterung mit Stoffen, die der Tierart nicht entsprechen, enthalte, sondern es im Wesentlichen darauf ankomme, dass die Futterverabreichung insgesamt einen ausgewogenen artgemäßen Futterplan enthalte, dass also infolge einseitiger Ernährung Mangelerscheinungen irgendwelcher Art nicht aufträten.[399]

Mit den genannten Mangelerscheinungen wird auch hier auf gestörte körperliche Funktionen abgestellt, die bei der Gewährung artgemäßer Nahrung gerade nicht auftreten dürfen.

---

396 Amtl. Begründung zu § 2 des Entwurfes eines Tierschutzgesetzes, BT Drs. VI/2559, S. 10.

397 Amtl. Begründung zu § 2 des Entwurfes eines Tierschutzgesetzes, BT Drs. VI/2559, S. 10.

398 BT-Drs. VI/2559, S. 10.

399 *Ennulat/Zoebe*, Das Tier im neuen Recht, § 2 Rn. 4.

Hinsichtlich des Gebotes der artgemäßen Pflege wurde die *Artgemäßheit* durch die Kommentarliteratur dahingehend konkretisiert, dass diese die Reinhaltung, die Reinigung, die Gesundheitsfürsorge und die Heilbehandlung umfasse, also die gesamte Fürsorge um das Tier.[400] Aber auch die Kommentarliteratur stellte nicht auf einen bestimmten, etwa den morphologischen oder den genetischen Artbegriff ab, sondern schwieg hierzu.

Eine verhaltensgerechte Unterbringung liegt nach der Entwurfsbegründung vom 7. September 1971 dann vor, wenn die angeborenen, arteigenen und essentiellen Verhaltensmuster des Tieres durch die Unterbringung nicht so eingeschränkt oder verändert werden, dass dadurch Schmerzen, Leiden oder Schäden an dem Tier selbst oder durch ein so gehaltenes Tier an einem anderen Tier entstehen.[401]

Laut einschlägiger Kommentarliteratur setze das Erfordernis artgemäßer [Anm. der Verf.: wohl gemeint: verhaltensgerechter] Unterbringung zunächst einmal die notwendige Unterbringung voraus. Weiterhin stelle die Vorschrift Anforderungen an die Art der Unterbringung. Danach sei zu fordern, dass Käfige, Schutzhütten, Stallungen u.ä. so beschaffen seien, dass sich das darin gehaltene Tier entsprechend den Lebensgewohnheiten seiner Art bewegen könne. Dazu gehöre auch, dass die Art der Unterbringung objektiv geeignet sei. Es komme somit nicht auf die Bedürfnisse des individuell gehaltenen Tieres, sondern auf die Bedürfnisse der Tiere seiner Gattung an.[402]

Bis heute gilt § 2 TierSchG auch als grundlegende Norm für alle Tierhaltungen und damit auch für die landwirtschaftliche Nutztierhaltung in Form der sogenannten Massentierhaltung (Intensivtierhaltung), sodass auch Tiere in dieser Haltung *verhaltensgerecht* untergebracht werden müssen und ihre Möglichkeit zu *artgemäßer* Bewegung nicht so eingeschränkt werden darf, dass ihnen Schmerzen oder vermeidbare Leiden oder Schäden zugefügt werden.

Auch wollte der Gesetzgeber trotz der Schaffung eines Tierschutzgesetzes aus ökonomischen Gründen an der sich nach dem Zweiten Weltkrieg entwickelnden Massentierhaltung[403] festhalten und die dadurch aufgewor-

---

400 *Ennulat/Zoebe*, Das Tier im neuen Recht, § 2 Rn. 5.

401 Amtl. Begründung zu § 2 des Entwurfes eines Tierschutzgesetzes, BT Drs. VI/2559, S. 10.

402 *Ennulat/Zoebe*, Das Tier im neuen Recht, § 2 Rn. 6.

403 Diese wird in den Gesetzesmaterialien als „Haltung großer Nutztierbestände auf begrenztem Raum in neuzeitlichen Haltungssystemen“ definiert, vgl. BT-Drs. VI/2559, S. 9.

fenen vielfältigen tierschutzrechtlichen Fragen durch nationale Vorschriften aus Sicht des Tierschutzes erfassen.[404]

Ökonomische Gründe waren also bereits bei der Schaffung des Tierschutzgesetzes mit in die Überlegungen, welche Art von Tierhaltung staatlich gebilligt wird, eingebunden, was auch in den Gesetzesmaterialien zum Entwurf der Verordnungsermächtigung des § 13 TierSchG i. d. F. vom 24. Juli 1972 deutlich wird, wo es heißt: „Dabei werden die zu erlassenden Verordnungen insbesondere berücksichtigen müssen, daß die durch verschiedene Ursachen weltweit begründete Notwendigkeit einer Mechanisierung und Rationalisierung in der tierischen Erzeugung zu der Intensivtierhaltung mit tausenden von Nutztieren in neuzeitlichen Haltungssystemen geführt hat. Aus den Gründen der Wettbewerbsfähigkeit gegenüber dem Ausland, in dem derartige Haltungssysteme in der Regel seit längerem bestehen, muß sich der deutsche Nutztierhalter dieser sogenannten Massentierhaltung bedienen."[405]

Die Massentierhaltung (Intensivtierhaltung) wird im TierSchG i. d. F. vom 24. Juli 1972 in § 16 Abs. 1 TierSchG und in den Gesetzesmaterialien[406] mit der Definition „Nutztierhaltungen in neuzeitlichen Haltungssystemen" lediglich erwähnt und an keiner Stelle im Tierschutzgesetz ausdrücklich erlaubt, was aber nicht für eine ablehnende Haltung des Gesetzgebers von 1972 zu dieser Form der Tierhaltung spricht.[407] Auch die o. g. Gesetzesmaterialien[408] deuten auf eine Billigung der Massentierhaltung durch den Gesetzgeber hin, da dieser gerade trotz Schaffung eines Tierschutzgesetzes an dieser aus ökonomischen Gründen festhalten wollte, auch wenn er sie gesetzlich nicht ausdrücklich für zulässig erklärte. Der Umgang mit der Massentierhaltung war eine völlig neue Aufgabe des Tierschutzgesetzes von 1972,[409] denn der vorkonstitutionelle Gesetzgeber von 1933 kannte die Massentierhaltung noch nicht, diese musste erstmals mit dem Tierschutzgesetz von 1972 thematisiert werden, was der Gesetzgeber von 1972 mit der o. g. Billigung durch die Nennung in § 16 Abs. 1 TierSchG und das Zugeständnis in den Gesetzesmaterialien tat.

Mit der Verordnungsermächtigung des § 13 TierSchG i. d. F. v. 24. Juli 1972, heute § 2a TierSchG, gab der Gesetzgeber die Konkretisierungsver-

---

404 Vgl. BT-Drs. VI/2559, S. 9.
405 BT-Drs. VI/2559, S. 12.
406 BT-Drs. VI/2559, S. 9, 12.
407 *Stober*, Massentierhaltung und Gesetzesvorbehalt, NuR 1982, S. 173 ff., S. 174.
408 Vgl. BT-Drs. VI/2559, S. 9, 12.
409 *Eberle*, Das neue Tierschutzgesetz, NJW 1973, S. 1405 ff., S. 1406.

antwortung hinsichtlich der Konkretisierung des § 2 TierSchG an den Verordnungsgeber ab.

II. Entwicklung der Begriffe artgemäß und verhaltensgerecht im Zuge des Ersten Gesetzes zur Änderung des TierSchG 1986

Mit dem Ersten Gesetz zur Änderung des Tierschutzgesetzes vom 12. August 1986[410] wollte der Gesetzgeber u. a. durch eine klarere Fassung der Grundsatznorm für das Halten von Tieren (§ 2 TierSchG) und das Abstellen auf die Bedürfnisse der Tiere das Tierschutzgesetz im Hinblick auf die Tierhaltung verbessern.[411] Der Wortlaut des § 2 TierSchG änderte sich dahingehend, dass der Begriff *artgemäß* aus § 2 Nr. 1 TierSchG gestrichen und ersetzt wurde durch den Satzteil *seiner Art und seinen Bedürfnissen entsprechend angemessen.*[412] Der Wortlaut, der in § 2 TierSchG in der Fassung vom 24. Juli 1972 viel Anlass zu unterschiedlichen Interpretationen gegeben habe, sollte durch diese Änderung nun bewirken, dass eine eindeutigere, den Schutz der Tiere nicht mindernde Fassung der Vorschrift des § 2 TierSchG existierte, die zugleich auch einen rechtssystematisch klareren Bezug herstellte:[413] In der alten Fassung des § 2 Nr. 1 TierSchG sei bisher hinsichtlich der Gewährung angemessener artgemäßer Nahrung und Pflege nicht präzise genug auf die Bedürfnisse der Tiere eingegangen worden, was aber nach den neuesten Erkenntnissen der Verhaltensforschung geboten sei.[414] Im Folgenden geht die amtliche Begründung auf die neuesten Erkenntnisse der Verhaltensforschung ein: „Diese Erkenntnisse besagen, daß Selbstaufbau, Selbsterhaltung, Bedarf und die Fähigkeit zur Bedarfsdeckung durch Nutzung der Umgebung mittels Verhalten Grundgegebenheiten

---

410 BGBl. I S. 1320.

411 Amtl. Begründung des Entwurfs eines Ersten Gesetzes zur Änderung des Tierschutzgesetzes, BT-Drs. 10/3158, S. 1.

412 Wortlaut des § 2 TierSchG i. d. F. vom 18. August 1986:
Wer ein Tier hält, betreut oder zu betreuen hat,
1. muß das Tier seiner Art und seinen Bedürfnissen entsprechend angemessen ernähren, pflegen und verhaltensgerecht unterbringen,
2. darf die Möglichkeit des Tieres zu artgemäßer Bewegung nicht so einschränken, daß ihm Schmerzen oder vermeidbare Leiden oder Schäden zugefügt werden.

413 Amtl. Begründung des Entwurfs eines Ersten Gesetzes zur Änderung des Tierschutzgesetzes, BT-Drs. 10/3158, S. 17.

414 Amtl. Begründung des Entwurfs eines Ersten Gesetzes zur Änderung des Tierschutzgesetzes, BT-Drs. 10/3158, S. 18.

von Lebewesen sind. Haltungssysteme gelten dann als tiergerecht,[415] wenn das Tier erhält, was es zum Gelingen von Selbstaufbau und Selbsterhaltung benötigt, und ihm die Bedarfsdeckung und die Vermeidung von Schaden durch die Möglichkeit adäquaten Verhaltens gelingt. Es soll daher in Absatz 1 Nr. 1 klarer zum Ausdruck gebracht werden, daß dem Tier ermöglicht werden muß, seinen Bedarf, herrührend aus seiner Existenz als Lebewesen, angemessen zu decken. Mit dem Begriff ‚Bedürfnis' werden der Bedarf des Tieres und die daraus resultierende Empfindung gleichermaßen erfaßt. Eine Beschränkung der Ausübung seines Verhaltens auf die Möglichkeit der Bedarfsdeckung und der Schadensvermeidung kann dem Tier, insbesondere einem Nutztier, zugemutet werden."[416]

Mit dieser Begründung nimmt der Gesetzgeber Bezug auf das Bedarfsdeckungs- und Schadensvermeidungskonzept nach Tschanz.[417] Nach diesem ist ein Haltungssystem tiergerecht, wenn es dem Tier ermöglicht, in Morphologie, Physiologie und Ethologie (d. h. im Verhalten) alle diejenigen Merkmale auszubilden und zu erhalten, die von Tieren der gleichen Art und Rasse unter naturnahen Bedingungen gezeigt werden.[418] Man muss also die Frage, welchen Bedarf an Stoffen, Reizen, Umgebungsqualität und Bewegungsraum ein Haustier hat, anhand eines Vergleiches mit einer Referenzgruppe (Typus) beantworten, die durch art-, rasse- und altersgleiche Tiere gebildet wird, die in einer naturnahen Umgebung leben, wobei naturnah eine Umgebung dann ist, wenn sie dem Tier ermöglicht, sich frei zu bewegen, all seine Organe vollständig zu gebrauchen und aus einer Vielzahl von Stoffen und Reizen selbst dasjenige auszuwählen, was es zur

---

415 Erstmals wird hier der Terminus „tiergerecht" verwendet. Wohl gemeint ist aber immer noch eine Umschreibung des Begriffs *verhaltensgerecht*.

416 Amtl. Begründung des Entwurfs eines Ersten Gesetzes zur Änderung des Tierschutzgesetzes, BT-Drs. 10/3158, S. 18. Die Aussage, insbesondere einem Nutztier könne eine Beschränkung seines Verhaltens zugemutet werden, findet jedoch keine Stütze im Gesetz, denn der eindeutige Wortlaut des § 2 Nr. 1 TierSchG trifft keine Unterscheidung zwischen Nutztieren und anderen Tieren. Diese Formulierung der Gesetzesmaterialien und die daraus resultierenden Einschränkungen, vornehmlich in Rechtsverordnungen, die speziell auf Nutztiere Anwendung finden, sind daher als *contra legem* einzustufen; dieser Ansicht ist auch *Brandhuber*, Die rechtlichen Anforderungen des Tierschutzgesetzes an die Tierhaltung, in: *DVG*, Ethologie und Tierschutz, Weihenstephan, 16. bis 19. September 1998, S. 25 ff., S. 26.

417 Prof. Dr. Beat Tschanz (1920-2013), Schweizer Ethologe, Universität Bern.

418 *Bammert/Birmelin u. a.*, Bedarfsdeckung und Schadensvermeidung – Ein ethologisches Konzept und seine Anwendung für Tierschutzfragen, TU 1993, S. 269 ff., S. 269.

Bedarfsdeckung und Schadensvermeidung braucht.[419] Die Forderung nach einer artgemäßen Nahrung, Pflege und verhaltensgerechten Unterbringung ist also dann erfüllt, wenn das Angebot dem Individuum Bedarfsdeckung und Schadensvermeidung ermöglicht und damit, sich seinem Typus gemäß zu entfalten und zu erhalten.[420]

In Absatz 1 Nr. 2 wurden die Begriffe *artgemäßes Bewegungsbedürfnis* gestrichen und hierfür *Möglichkeit zur artgemäßen Bewegung* eingefügt. Wo in Absatz 1 Nr. 1 noch die „Bedürfnisse“ eigens eingefügt wurden, um präziser auf die Bedürfnisse der Tiere einzugehen,[421] wurde in Absatz 1 Nr. 2 gerade dieser Begriff nun herausgenommen. Die amtliche Begründung sieht in der Formulierung *Möglichkeit zur artgemäßen Bewegung* einen „zutreffenderen Begriff“.[422]

Die gegenüber dem Tier vorgenommene Einschränkung seiner Bewegungsmöglichkeit könne sowohl hinsichtlich der Dauer als auch hinsichtlich der Art und Weise tierschutzrelevant sein, wenn ihm durch diese Einschränkung Schmerzen oder vermeidbare Leiden oder Schäden zugefügt werden.[423] Gerade die Änderung des Wortlauts von § 2 Nr. 2 TierSchG wurde zwar in der Gesetzesbegründung nur als „klarere Fassung und Verbesserung der Tierhaltung“[424] bezeichnet. Jedoch wurde der geänderte Wortlaut in der Literatur vehement als „Minderung des Tierschutzes“[425] und als „sichtbare Verschlechterung“[426] angesehen, da das ursprünglich in § 2 Abs. 1 Nr. 1 TierSchG i. d. F. v. 1972 festgeschriebene Verbot der dauer-

419 *Hirt/Maisack/Moritz*, Tierschutzgesetz Kommentar, § 2 Rn. 9; *Stauffacher*, Kaninchen, in: *Sambraus/Steiger*, Das Buch vom Tierschutz, S. 223 ff., S. 224.

420 *Bammert/Birmelin u. a.*, Bedarfsdeckung und Schadensvermeidung – Ein ethologisches Konzept und seine Anwendung für Tierschutzfragen, TU 1993, S. 269 ff., S. 270.

421 Vgl. amtl. Begründung des Entwurfs eines Ersten Gesetzes zur Änderung des Tierschutzgesetzes, BT-Drs. 10/3158, S. 18.

422 Amtl. Begründung des Entwurfs eines Ersten Gesetzes zur Änderung des Tierschutzgesetzes, BT-Drs. 10/3158, S. 18.

423 Amtl. Begründung des Entwurfs eines Ersten Gesetzes zur Änderung des Tierschutzgesetzes, BT-Drs. 10/3158, S. 18.

424 Amtl. Begründung des Entwurfs eines Ersten Gesetzes zur Änderung des Tierschutzgesetzes, BT-Drs. 10/3158, S. 1.

425 *Brandhuber*, Das neue Tierschutzgesetz – ein grundlegender Fortschritt für den Tierschutz?, NJW 1988, S. 1952 ff., S. 1952; *Derselbe*, Die rechtlichen Anforderungen des Tierschutzgesetzes an die Tierhaltung, in: *DVG*, Ethologie und Tierschutz, Weihenstephan, 16. bis 19. September 1998, S. 25 ff., S. 27; *Lorz*, Das neue Tierschutzrecht, NJW 1987, S. 2049 ff., S. 2049.

426 *Brandhuber*, Das neue Tierschutzgesetz – ein grundlegender Fortschritt für den Tierschutz?, NJW 1988, S. 1952 ff., S. 1952, *Derselbe*, Die rechtlichen Anforde-

haften Einschränkung des artgemäßen Bewegungsbedürfnisses ersatzlos gestrichen wurde und es seit 1986 bzw. dem Inkrafttreten der Änderungen ab dem 1. Januar 1987 möglich ist, eine dauerhafte Bewegungseinschränkung von Tieren im Einklang mit dem Tierschutzgesetz durchzuführen. Es wurde die Vermutung geäußert, diese Änderung sei erfolgt, um den Gesetzestext den tatsächlichen Gegebenheiten anzupassen und der Massentierhaltung den Weg zu ebnen, indem die damals (und auch heute noch) übliche, tierschutzwidrige Praxis der Intensivtierhaltung – lebenslange Unterbringung auf engstem Raum ohne Bewegungsmöglichkeit – [vermeintlich] legalisiert werden sollte.[427]

Zu den unbestimmten Rechtsbegriffen *artgemäß* und *verhaltensgerecht* wird im Zuge des Ersten Gesetzes zur Änderung des TierSchG nichts Neues gesagt; es wird weiterhin auf die Begründung zu dem Entwurf des § 2 TierSchG vom 7. September 1971 Bezug genommen[428] und *Artgemäßheit* angenommen, wenn gestörte körperliche Funktionen, die auf zu vertretende Mängel oder Fehler in Ernährung oder Pflege zurückgeführt werden, nach den Regeln der tierärztlichen Kunst oder nach anderen naturwissenschaftlichen Erkenntnissen nicht feststellbar sind,[429] und *Verhaltensgerechtheit* dann, wenn die angeborenen, arteigenen und essentiellen Verhaltensmuster des Tieres durch die Unterbringung nicht so eingeschränkt oder verändert werden, daß dadurch Schmerzen, Leiden oder Schäden an dem Tier selbst oder durch ein so gehaltenes Tier an einem anderen Tier entstehen,[430] wobei diese Definition – wie oben bereits gesehen – der Gesetzessystematik widerspricht, die eine Einschränkung der Grundbedürfnisse generell ausschließt und nicht bis zur Erreichung der Schmerz- bzw. Leidensgrenze erlaubt. Die Definition der Verhaltensgerechtheit aus den Gesetzesmaterialien darf daher so nicht angewendet werden. Vielmehr ist abzustellen auf das Bedarfsdeckungs- und Schadensvermeidungskonzept von Tschanz. Verhaltensgerecht ist eine Unterbringung danach dann, wenn sie dem Tier ermöglicht, in Morphologie, Physiologie und Ethologie (d. h. im

---

rungen des Tierschutzgesetzes an die Tierhaltung, in: *DVG*, Ethologie und Tierschutz, Weihenstephan, 16. bis 19. September 1998, S. 25 ff., S. 27.

427 *Brandhuber*, Das neue Tierschutzgesetz – ein grundlegender Fortschritt für den Tierschutz?, NJW 1988, S. 1952 ff., S. 1952.

428 Amtl. Begründung des Entwurfs eines Ersten Gesetzes zur Änderung des Tierschutzgesetzes, BT-Drs. 10/3158, S. 18.

429 Amtl. Begründung zu § 2 des Entwurfes eines Tierschutzgesetzes, BT-Drs. VI/2559, S. 10.

430 Amtl. Begründung zu § 2 des Entwurfes eines Tierschutzgesetzes, BT-Drs. VI/2559, S. 10.

Verhalten) alle diejenigen Merkmale auszubilden und zu erhalten, die von Tieren der gleichen Art und Rasse unter naturnahen Bedingungen gezeigt werden.[431]

Als Folge davon muss, um herauszufinden, was *artgemäß* und *verhaltensgerecht* ist, geprüft werden, ob eine Tierhaltung in einem bestimmten Haltungssystem dem Tier ermöglicht, in Morphologie, Physiologie und Ethologie (d. h. im Verhalten) alle diejenigen Merkmale auszubilden und zu erhalten, die von Tieren der gleichen Art und Rasse unter naturnahen Bedingungen gezeigt werden.[432]

So ist beispielsweise eine Unterbringung eines Rindes in einer Liegebox von 210 cm Länge dann nicht verhaltensgerecht, wenn das Rind nicht gleich seinem Typus nach der Vorgehensweise der Rinderartigen aufstehen kann: „Alle Rinderartigen schwingen sich beim Aufstehen zunächst auf die Karpalgelenke, während sich Pferde gleich auf die Vorderhufe stellen".[433] Kann das Rind in einer Liegebox von nunmehr 240 cm Länge sodann aufstehen, wie es Rinderartige tun, ist diese Unterbringung insoweit verhaltensgerecht.[434] Steht es jedoch gleich einem Pferd zuerst mit den Vorderbeinen auf, liegt keine Verhaltensgerechtheit vor.

Ein Abstellen auf ein Verhalten einer unter naturnahen Bedingungen lebenden Referenzgruppe wird jedoch schwierig u. a. bei den leistungsorientiert hochgezüchteten Puten, die so viel Brustfleisch ansetzen, dass sie ab einem bestimmten Körpergewicht nicht mehr alleine stehen können, sondern nur noch durch die eng an eng gedrängten anderen Tiere am Stehen (und somit am Leben) gehalten werden.[435] Einen Referenztypus in der Natur wird es hierzu nicht geben. Solche Züchtungen unterfallen jedoch als Qualzucht dem Verbotstatbestand des § 11b TierSchG, da züchterische Erkenntnisse erwarten lassen, dass als Folge der Zucht bei den Tieren bzw. deren Nachkommen erblich bedingt Körperteile für den artgemäßen Ge-

---

431 *Bammert/Birmelin u. a.*, Bedarfsdeckung und Schadensvermeidung – Ein ethologisches Konzept und seine Anwendung für Tierschutzfragen, TU 1993, S. 269 ff., S. 269.

432 *Bammert/Birmelin u. a.*, Bedarfsdeckung und Schadensvermeidung – Ein ethologisches Konzept und seine Anwendung für Tierschutzfragen, TU 1993, S. 269 ff., S. 269.

433 *Zeeb*, Praktische Anwendung des Bedarfsdeckungs- und Schadensvermeidungskonzeptes, TU 1993, S. 280 ff., S. 281 f.

434 *Zeeb*, Praktische Anwendung des Bedarfsdeckungs- und Schadensvermeidungskonzeptes, TU 1993, S. 280 ff., S. 281 f.

435 Siehe z. B. LG Heilbronn, Urteil vom 12.9.2017 - 7 Ns 41 Js 15494/15 jug. (unveröffentlicht), S. 9.

brauch untauglich sind und den Tieren hierdurch Schmerzen und Leiden entstehen.

Es fällt in der Gesetzesbegründung auf, dass der Gesetzgeber wiederum auf Tiere in Nutztierhaltungen speziell eingeht und „insbesondere" diesen Tieren eine Beschränkung der Ausübung seines Verhaltens auf die Möglichkeit der Bedarfsdeckung und der Schadensvermeidung zumuten will,[436] was wiederum für eine jedenfalls konkludente Billigung der Massentierhaltung durch den Gesetzgeber spricht. Jedoch gilt auch (weiterhin und insbesondere seit 2002 im Hinblick auf Art. 20a GG) für die Nutztiere, dass Grundbedürfnisse der Tiere nach § 2 Nr. 1 TierSchG gar nicht, sondern nur die Möglichkeit zur artgemäßen Bewegung bis zur Schmerz- bzw. Leidensgrenze eingeschränkt werden darf. Solange die Haltungsform also nur einzelne der artgemäßen Bewegungsabläufe beschränkt, muss zusätzlich festgestellt werden, dass hierdurch Schmerzen und Leiden verursacht werden, um die Gesetzeswidrigkeit der Haltungsform zu begründen (Verstoß gegen § 2 Nr. 2 TierSchG); ist hingegen eines der unter § 2 Nr. 1 TierSchG fallenden Grundbedürfnisse der gehaltenen Tiere beeinträchtigt und lässt sich nicht mehr normal ausführen, so begründet der darin liegende Handlungsunwert den Verstoß gegen § 2 Nr. 1 TierSchG, ohne dass das Gesetz noch die Feststellung von Leiden oder Schmerzen verlangt.[437]

III. Weitere Änderungen der Tierhaltergrundnorm bis heute

Durch die zweite Änderung des TierSchG 1993[438] änderte sich nichts an der Tierhaltergrundnorm und an der Stellung sowie dem Kontext der unbestimmten Rechtsbegriffe.

---

436 Amtl. Begründung des Entwurfs eines Ersten Gesetzes zur Änderung des Tierschutzgesetzes, BT-Drs. 10/3158, S. 18.

437 Ähnlich auch *Maisack*, Die Käfighaltung von Legehennen im Licht des Tierschutz- und des Grundgesetzes, NVwZ 1997, S. 761 ff., S. 763.

438 aufgrund des Art. 8 des Gesetzes zur Änderung veterinärrechtlicher, lebensmittelrechtlicher und tierzuchtrechtlicher Vorschriften vom 18. Dezember 1992 (BGBl. I S. 2022).

Durch die dritte Novelle 1998[439] wurde auf Anregung des Bundesrates eine Nr. 3[440] in § 2 TierSchG eingefügt, der nun auch Sachkunde der Tierhalter fordert, der Wortlaut der Nr. 1 und 2 blieb unverändert.

Mit der Bekanntmachung[441] der Neufassung des Tierschutzgesetzes vom 18. Mai 2006[442] änderte sich wiederum nichts an den Inhalten und der Stellung des § 2 TierSchG. Dieser blieb vielmehr bis heute, auch nach der letzten Novelle im Jahr 2013,[443] unverändert.

In den Grundzügen haben sich die Begriffe *artgemäß* und *verhaltensgerecht* also bis heute in der Vorschrift des § 2 des Tierschutzgesetzes gehalten. Die (heutigen) Vorgaben in § 2 TierSchG, die Möglichkeit des Tieres zu *artgemäßer* Bewegung nicht so einzuschränken, dass ihm Schmerzen oder vermeidbare Leiden oder Schäden zugefügt werden (§ 2 Nr. 2 TierSchG) und die Pflicht, das Tier [...] *verhaltensgerecht* unterzubringen (§ 2 Nr. 1 TierSchG) gelten für jegliche Art der Tierhaltung, für die Haltung von Wildtieren in einem Zirkus ebenso wie für die Haltung von Nutztieren in einem landwirtschaftlichen Betrieb oder die Haltung von Heimtieren,[444] wobei konkretisierende Verordnungen vor allem für landwirtschaftliche Nutztiere (Tierschutznutztierhaltungsverordnung – TierSchNutztV) und für Versuchstiere (Tierschutzversuchstierverordnung - TierSchVersV) existieren. Als einzigem Heimtier[445] ist dem Hund durch die

439 durch das Gesetz zur Änderung des Tierschutzgesetzes vom 25. Mai 1998 (BGBl. I S. 1094).

440 Wortlaut § 2 Nr. 3 TierSchG i. d. F. vom 25. Mai 1998:
Wer ein Tier hält, betreut oder zu betreuen hat,
[...]
Nr. 3 muß über die für eine angemessene Ernährung, Pflege und verhaltensgerechte Unterbringung des Tieres erforderlichen Kenntnisse und Fähigkeiten verfügen.

441 Bekanntmachung der Neufassung des Tierschutzgesetzes vom 18. Mai 2006 (BGBl. I S. 1206, ber. 1313).

442 Änderungen auf Grund des Art. 4 des Gesetzes über die Reform hufbeschlagrechtlicher Regelungen und zur Änderung tierschutzrechtlicher Vorschriften vom 19. April 2006 (BGBl. I S. 900).

443 Art. 1 Drittes Gesetz zur Änderung des Tierschutzgesetzes vom 4. Juli 2013 (BGBl. I S. 2182, ber. S. 3911) und Art. 2 Abs. 114, Art. 4 Abs. 90 des Gesetzes zur Strukturreform des Gebührenrechts des Bundes vom 7. August 2013 (BGBl. I S. 3154).

444 Vgl. *v. Loeper* in *Kluge*, Tierschutzgesetz Kommentar, § 2 Rn. 4; *Hirt/Maisack/Moritz*, Tierschutzgesetz Kommentar, § 2 Rn. 2; *Lorz/Metzger*, Tierschutzgesetz Kommentar, § 2 Rn. 3; *Metzger* in *Erbs/Kohlhaas*, § 2 TierSchG Rn. 2.

445 worunter gem. Art. 1 I des Europäischen Übereinkommens zum Schutz von Heimtieren ein Tier fällt, das „der Mensch insbesondere in seinem Haushalt zu

Tierschutzhundeverordnung (TierSchHundeV) eine Konkretisierung der Inhalte des § 2 TierSchG gewidmet.

Jedoch werden die beiden unbestimmten Rechtsbegriffe *artgemäß* und *verhaltensgerecht* innerhalb des § 2 TierSchG jeweils in einem anderen Kontext verwendet: So muss das Gebot bzw. die Pflicht des Halters zur *verhaltensgerechten* Unterbringung nach § 2 Nr. 1 TierSchG stets und uneingeschränkt eingehalten werden. Die Möglichkeit des Tieres sich *artgemäß* zu bewegen darf jedoch grundsätzlich eingeschränkt werden, jedoch nicht so weit, dass ihm Schmerzen oder vermeidbare Leiden oder Schäden zugefügt werden (vgl. Wortlaut § 2 Nr. 2 TierSchG). Die Möglichkeit artgemäßer Bewegung darf daher bis zur Schmerz- bzw. Leidensgrenze eingeschränkt werden, womit der Schutz des § 2 Nr. 1 TierSchG (verhaltensgerechte Unterbringung) früher einsetzt als der (speziellere) Schutz des § 2 Nr. 2 TierSchG und es für § 2 Nr. 1 TierSchG nicht darauf ankommt, ob dem Tier Schmerzen oder vermeidbare Leiden oder Schäden zugefügt werden .[446]

IV. Die Begriffe artgemäß und verhaltensgerecht in der Rechtsprechung und in der juristischen (Kommentar)literatur

Nicht nur in Kommentarliteratur und Rechtsprechung wird viel über die unbestimmten Rechtsbegriffe *artgemäß* und *verhaltensgerecht* diskutiert. Auch in Aufsätzen, Gutachten und wissenschaftlichen Beiträgen nicht nur aus dem juristischen Bereich wird kontrovers problematisiert, was *artgemäß* oder *verhaltensgerecht* ist oder nicht.[447] Jedoch hat wichtige höchstrichterli-

---

seiner eigenen Freude und als Gefährten hält oder das für diesen Zweck bestimmt ist".

446 Vgl. *BVerfG*, Urteil vom 6. Juli 1999, Az.: 2 BvF 3/90, BVerfGE 101, S. 1 ff. S. 1, 36; *Hirt/Maisack/Moritz*, Tierschutzgesetz Kommentar, § 2 Rn. 31 f., Rn. 45.

447 Vgl. nur *Sambraus*, Tierhaltung im Wandel – was wurde erreicht? Wo wollen wir hin?, Festvortrag 2008 anlässlich der Verleihung von Tierschutzpreisen; *Blaha*, Tiergesundheit als Indikator für Tiergerechtheit in der Nutztierhaltung, in: *Sambraus/Steiger*, Das Buch vom Tierschutz, S. 84-90; *Bartussek*, Neue Tendenzen in der Nutztierhaltung und der Tiergerechtheitsindex, in: *Sambraus/Steiger*, Das Buch vom Tierschutz, S. 70-83; *Eichler*, Stallkaninchen - Lebenslang grobe Tierquälerei, Tierschutz Nr. 79 (Mitgliedszeitschrift des Bundesverbands Tierschutz) 1989, S. 22-23; *Tschanz*, „Artgemäß" und „verhaltensgerecht" – ein Vergleich, Prakt. Tierarzt 65, S. 211-224; *Maisack*, Animal Welfaring, Über Notwendigkeit und Möglichkeiten zur Förderung artgerechter Tierhaltungen durch die Gemeinsame Agrarpolitik (GAP) der EU, Der kritische Agrarbericht 2013,

che Rechtsprechung des Bundesverfassungsgerichts die Auslegung der Begriffe *artgemäß* und *verhaltensgerecht* geprägt. Weitere Rechtsprechung gibt es im Bereich der Oberverwaltungsgerichte. Im Folgenden werden die Grundlinien der Rechtsprechung dargestellt und sodann ein Überblick über die aktuelle Kommentarliteratur gegeben.

1. Rechtsprechung zu den Begriffen artgemäß und verhaltensgerecht

Einen Großteil der Rechtsprechung zu den Begriffen *artgemäß* und *verhaltensgerecht* nehmen Entscheidungen zur Haltung von Heimtieren, zur hobbymäßigen Haltung von Nutztieren und zu kleinen landwirtschaftlichen Betrieben ein. Zu großen, industriell gehaltenen Nutztierbeständen sowie zu anderen ökonomisch maßgeblichen Bereichen wie der Tierhaltung in Zoo und Zirkus und der Tierhaltung im Versuchslabor sind zwar einige wenige Gerichtsentscheidungen neben der vielbeachteten Hennen-Entscheidung des Bundesverfassungsgerichts zu finden.[448] Jedoch fällt wie oben beschieben auf, dass die Entscheidungen, die gegen Großbetriebe ergehen, jedenfalls bei genauerer Analyse immer anders – und zwar zu Gunsten der Tierhalter – ausfallen als diejenigen Entscheidungen, die gegen private Tierhalter und Kleinbetriebe ergehen, in denen Grundrechtsbeeinträchtigungen recht selbstverständlich als durch Tierschutzziele gerechtfertigt angesehen werden.

a) Die „Hennen-Entscheidung" des Bundesverfassungsgerichts

Grundlegend für die Auslegung der Begriffe *artgemäß* und *verhaltensgerecht* ist noch heute die sogenannte Hennen-Entscheidung des Bundesverfassungsgerichts aus dem Jahr 1999.[449] Dieses Urteil wurde aufgrund eines Normenkontrollantrages gem. Art. 93 Abs. 1 Nr. 2 GG i. V. m. § 13 Nr. 6, §§ 76 ff. BVerfGG durch die Landesregierung des SPD-geführten Landes

---

S. 218-225; *Leondarakis/Liedtke*, Gutachten über die Rechtmäßigkeit einer Anbindehaltung bei Rindern, 08/2008.

448 Vgl. nur *OVG Münster*, Urteil vom 16. Juni 2015, Az.: 20 A 2235/12 (juris); *OVG Münster*, Urteile vom 20. Mai 2016, Az.: 20 A 488/15 und 20 A 530/15 (juris); *OVG Magdeburg*, Urteil vom 24. November 2015, Az.: 3 L 386/14 (juris); *OVG Schleswig*, Urteil vom 4. Dezember 2014, Az.: 4 LB 24/12 (juris); *OVG Magdeburg*, Beschluss vom 16. April 2015, Az.: 3 M 517/14 (juris).

449 *BVerfG*, Urteil vom 6. Juli 1999, Az.: 2 BvF 3/90, BVerfGE 101, S. 1 ff., S. 1.

Nordrhein-Westfalen, der sich gegen die Verordnung zum Schutz von Legehennen bei Käfighaltung (Hennenhaltungsverordnung, kurz: HHVO) vom 10. Dezember 1987[450] richtete, erlassen.

Die streitige Vorschrift der HHVO, § 2 Abs. 1, lautete: „Hennen dürfen nur in Käfigen gehalten werden, die folgenden Anforderungen entsprechen: (…) 2. Für jede Henne muss eine uneingeschränkt benutzbare Käfigbodenfläche von mindestens 450 cm^2 vorhanden sein.“[451] Weitere wesentliche Inhalte waren die Zulässigkeit von Drahtgitterböden sowie eine Käfighöhe von 40 cm bzw. wegen des abfallenden Bodens nach vorne im hinteren Bereich des Käfigs 35 cm.[452]

Diese Vorgaben standen bereits einige Jahre bei Tierschutzorganisationen und auch Wissenschaftlern in der Kritik, die bemängelten, es würde den Legehennen durch diese Vorgaben weder ermöglicht, nebeneinander zu schlafen noch gemeinsam zu fressen, was aber ihrem Artbedürfnis entspreche; dieses artgemäße Verhalten werde durch eine Haltung nach den Vorgaben der HHVO somit unterbunden.[453] Die HHVO war zwar als Umsetzung der Vorgaben der damaligen Richtlinie RL 88/166/EWG zur Festsetzung von Mindestanforderungen zum Schutz von Legehennen in Käfigbatteriehaltung,[454] heute RL 99/74/EG des Rates vom 19. Juli 1999 zur Festlegung von Mindestanforderungen zum Schutz von Legehennen,[455] erlassen worden. Das Europäische Übereinkommen zum Schutz von Tieren in landwirtschaftlichen Tierhaltungen vom 10. März 1976 des Europarates sah jedoch strengere Anforderungen vor, die die HHVO nicht einhielt. So nahm der Ständige Ausschuss zu dem Europäischen Übereinkommen zum Schutz von Tieren in landwirtschaftlichen Tierhaltungen 1986 eine Empfehlung an, nach der die Tiere unter anderem ohne Schwierigkeiten normal stehen und sich umdrehen können müssen, genügend Raum haben müssen, um sich entweder auf einer Stange niederzulassen oder sich hinsetzen zu können, ohne von anderen Tieren gestört zu werden und eine

---

450 BGBl. I S. 2622.

451 Dies entspricht einer Fläche kleiner als ein DIN-A4 Papier, welches eine Fläche von 623,7 cm^2 aufweist. 7. Die uneingeschränkt nutzbare Länge des Futtertrogs muss für jede Henne mindestens 10 cm betragen.

452 Vgl. § 2 Abs. 1 Nr. 5 und § 2 Abs. 1 Nr. 3 HHVO.

453 Vgl. *Kramer*, Wirksamkeit der Hennenhaltungsverordnung – BVerfGE 101, 1, JuS 2001, S. 962 ff., S. 962.

454 vom 7. März 1988, ABlEG Nr. L 74, S. 83. Die zuvor bestehende inhaltsgleiche Richtlinie 86/113/EWG vom 25. März 1986, ABlEG Nr. L 95, S. 45 war vom EuGH, Rs. 131/86, Slg. 1988, 905, für nichtig erklärt worden.

455 ABl. L 203 vom 3. August 1999, S. 53.

gemeinsame Fressmöglichkeit haben müssen.[456] Diese Empfehlungen flossen ungeändert in die folgende Empfehlung von 1995[457] ein. Diese Vorgaben hatte der deutsche Verordnungsgeber mit der HHVO zum Zeitpunkt des Urteils des Bundesverfassungsgerichts noch nicht umgesetzt.

Die Normen der HHVO wurden durch das Bundesverfassungsgericht nicht nur am Grundgesetz, sondern auch an den Normen des Tierschutzgesetzes in der Fassung vom 25. Mai 1998[458] und an dem Europäischen Übereinkommen zum Schutz von Tieren in landwirtschaftlichen Tierhaltungen vom 10. März 1976 gemessen, welches als völkerrechtlicher Vertrag durch das deutsche Zustimmungsgesetz vom 25. Januar 1978[459] in deutsches Recht transformiert worden war und damit als sonstiges Bundesrecht zu behandeln ist. Das Bundesverfassungsgericht erklärte in diesem Urteil gem. § 78 Satz 1 BVerfGG analog die HHVO für nichtig.

In den Entscheidungsgründen im Zuge der Prüfung, ob der Verordnungszweck nach § 2a TierSchG hinreichend bestimmt ist, geht das Bundesverfassungsgericht auch auf die in § 2 TierSchG enthaltenen unbestimmten Rechtsbegriffe ein, mit denen der Verordnungszweck verknüpft sei. Diese unbestimmten Rechtsbegriffe könnten durch Auslegung konkretisiert werden. Was eine den Bedürfnissen des Tieres entsprechende angemessene Ernährung, Pflege und verhaltensgerechte Unterbringung nach § 2 Nr. 1 TierSchG sei, lasse sich mit Hilfe des einschlägigen tiermedizinischen und verhaltenswissenschaftlichen Schrifttums – trotz aller Kontroversen – zumindest im Umriss festlegen. In gleicher Weise ließen sich verallgemeinerungsfähige Vorstellungen darüber gewinnen, unter welchen Voraussetzungen im Widerspruch zu § 2 Nr. 2 TierSchG die Möglichkeit des Tieres zu artgemäßer Bewegung so eingeschränkt sei, dass diesem Schmerzen, vermeidbare Leiden oder Schäden zugefügt werden.[460] Das Bundesverfassungsgericht weist also wie schon der Gesetzgeber in den Ge-

---

456 Vgl. die Zusatzbestimmungen für Legehennen, Anhang A. Zusatzbestimmungen für die zum Zweck der Konsumeierproduktion in Batteriekäfigen gehaltenen Legehennen, Nr. 2, Nr. 5 der Empfehlung für das Halten von Legehennen der Art Gallus Gallus, angenommen vom Ständigen Ausschuss am 21. November 1986.

457 Vgl. Anhang I: Zusatzbestimmungen für Legehennen, Anhang A: Zusatzbestimmungen für Geflügel, das in Batteriekäfigen zur Produktion von Eiern für den Konsum gehalten wird, Nr. 2, Nr. 5 der Empfehlung in Bezug auf Haushühner der Art Gallus Gallus, angenommen vom Ständigen Ausschuss am 28. November 1995.

458 BGBl. I S. 1105.

459 BGBl. II S. 113.

460 *BVerfG*, Urteil vom 6. Juli 1999, Az.: 2 BvF 3/90, BVerfGE 101, S. 1 ff., S. 1, 33.

setzesmaterialien[461] darauf hin, dass die Auslegung der unbestimmten Rechtsbegriffe des § 2 TierSchG (jedenfalls auch) anhand außerjuristischer, nämlich ethologischer und tiermedizinischer Methoden erfolgen muss.

Zu den unbestimmten Rechtsbegriffen *artgemäß* und *verhaltensgerecht* führt das Bundesverfassungsgericht aus:

> „a) Nach § 2 Nr. 1 TierSchG muß das Tier seiner Art und seinen Bedürfnissen entsprechend angemessen ernährt, gepflegt und verhaltensgerecht untergebracht werden. Das Wort ‚angemessen' bezieht sich dabei in den Fassungen des Tierschutzgesetzes seit 1986 – anders als noch in der Fassung von 1972 (BGBl. I S. 1277) – auch auf die verhaltensgerechte Unterbringung.
> b) Nach § 2 Nr. 2 TierSchG darf die *Möglichkeit* des Tieres zu artgemäßer Bewegung nicht so eingeschränkt werden, daß ihm Schmerzen oder vermeidbare Leiden oder Schäden zugefügt werden. Für Einschränkungen der Bewegung eines Tieres ist dies die speziellere Regelung gegenüber Nr. 1. Damit dürfen nach der gesetzgeberischen Wertung zwar die Bewegungsbedürfnisse eines Tieres bis zu der in Nr. 2 umschriebenen Grenze eingeschränkt werden, nicht hingegen seine anderen in Nr. 1 angesprochenen Grundbedürfnisse wie insbesondere Schlafen sowie Nahrungs- und Flüssigkeitsaufnahme. Das Schlafbedürfnis eines Tieres wird zwar in Nr. 1 nicht ausdrücklich genannt. Es unterfällt aber schon begrifflich nicht der spezielleren Regelung der ‚Möglichkeit zu artgemäßer Bewegung' in Nr. 2, sondern gehört nach der Gesetzessystematik zur Gebotsnorm der Nr. 1; dort läßt es sich den Oberbegriffen ‚pflegen' und ‚verhaltensgerecht unterbringen' zuordnen. Allerdings umfassen diese beiden Begriffe nach ihrem Wortsinn alle Bedürfnisse eines Tieres, also auch dessen Ernährung und seine Bewegungsmöglichkeit. Während aber die Ernährung lediglich zur Verdeutlichung der wenig aussagekräftigen Begriffe in Nr. 1 dort noch einmal besonders herausgestellt wird, hat der Gesetzgeber in Nr. 2 die Möglichkeit des Tieres zu artgemäßer Bewegung als einziges seiner Bedürfnisse weitergehenden Einschränkungsmöglichkeiten unterworfen."[462]

461 Amtl. Begründung zu § 2 des Entwurfes eines Tierschutzgesetzes, BT-Drs. VI/2559, S. 10.

462 *BVerfG*, Urteil vom 6. Juli 1999, Az.: 2 BvF 3/90, BVerfGE 101, S. 1 ff., S. 36 f.

Mit diesen Aussagen stellt das Bundesverfassungsgericht einige wichtige Grundsätze zur Anwendung des § 2 TierSchG auf:

(1) § 2 Nr. 1 TierSchG erfasst [trotz des Wortlautes, der nur von „Bedürfnissen" spricht] nur die Grundbedürfnisse eines Tieres, wobei durch die Verwendung des Wortes „insbesondere" klargestellt wird, dass in nicht abschließender Weise das Schlafen und die Nahrungs- und Flüssigkeitsaufnahme von dem Gericht herausgestellt wurden, also nicht nur diese drei Verhaltensweisen zu den Grundbedürfnissen zählen. Weitere Bedürfnisse können also auch zu den Grundbedürfnissen zählen und somit § 2 Nr. 1 TierSchG unterfallen, wonach das Tier seiner Art und seinen [eben diesen Grund-] Bedürfnissen entsprechend angemessen ernährt, gepflegt und verhaltensgerecht untergebracht werden muss.

(2) Die in § 2 Nr. 1 TierSchG enthaltenen Begriffe „pflegen" und „verhaltensgerecht unterbringen" stellen Oberbegriffe dar, denen alle Bedürfnisse des Tieres zuzuordnen sind, auch das Bewegungsbedürfnis. Nur dieses ist jedoch aufgrund des § 2 Nr. 2 TierSchG weitergehenden Einschränkungsmöglichkeiten unterworfen, nicht jedoch alle anderen Bedürfnisse. Gemeint sein dürften aber auch hier konsequenterweise mit „allen Bedürfnissen" alle Grundbedürfnisse.

(3) Die Grundbedürfnisse eines Tieres dürfen folglich nicht eingeschränkt werden, lediglich wegen § 2 Nr. 2 TierSchG darf die artgemäße Bewegungsmöglichkeit eingeschränkt werden, jedoch nicht so, dass ihm Schmerzen oder vermeidbare Leiden oder Schäden zugefügt werden. Schmerzen, vermeidbare Leiden oder Schäden stellen hier also die Grenze der Einschränkungsmöglichkeit für das Bewegungsbedürfnis dar.

Das Bundesverfassungsgericht hat hier angenommen, dass die angegriffenen Vorschriften der HHVO nicht den Vorgaben der gesetzlichen Ermächtigung des § 2a TierSchG entsprechen. Mit beiden Bestimmungen, nämlich denen, die eine Fläche von 450 cm^2 und eine Futtertroglänge von 10 cm pro Henne als Mindestmaß festlegen, würden die Belange des ethisch begründeten Tierschutzes über die Grenze eines angemessenen Ausgleichs zurückgedrängt.[463] Für dieses Ergebnis hat das Bundesverfassungsgericht anschaulich ausgerechnet, dass die durchschnittlichen Körpermaße einer ausgewachsenen Legehenne 47,6 x 14,5 x 38 cm[464] betragen. Auf einer Fläche von 450 cm^2 bzw. in einem Käfig mit vier, fünf oder sechs Hennen sei

463 *BVerfG*, Urteil vom 6. Juli 1999, Az.: 2 BvF 3/90, BVerfGE 101, S. 1 ff. S. 37.
464 Länge x Breite x Höhe.

somit eine Befriedigung des Schlafbedürfnisses nicht möglich, denn aus dem Produkt von Länge und Breite der Maße einer Henne ergebe sich eine Fläche, die die in der HHVO festgelegte Mindestfläche von 450 cm^2 überschreitet [Anm. der Verf.: nämlich 690,2 cm^2]. Es sei auch nichts dafür ersichtlich, dass es etwa dem artgemäßen Ruhebedürfnis einer Henne entsprechen könnte, gemeinsam mit anderen Artgenossinnen auf- oder übereinander zu schlafen.[465]

Des Weiteren hat das Bundesverfassungsgericht anhand der durchschnittlichen Breite einer Henne von 14,5 cm ausgerechnet, dass es bei einer Troglänge von nur 10 cm nicht möglich sei, dass alle Hennen gleichzeitig ihre Nahrung aufnehmen können, was aber ebenso ihrem artgemäßen Bedürfnis entspreche.[466]

Ob die Mindestbodenfläche die artgemäße Bewegungsmöglichkeit bis an bzw. über die in § 2 Nr. 2 TierSchG genannte Grenze der Schmerzen oder vermeidbaren Leiden einschränkt, musste das Bundesverfassungsgericht nicht mehr entscheiden und hat diese Frage auch offengelassen,[467] da jedenfalls ein Verstoß gegen § 2a Abs. 1 i. V. m. § 2 Nr. 1 TierSchG vorlag,[468] da die Grundbedürfnisse der Hennen, hier das Schlafen und die gleichzeitige Nahrungsaufnahme, durch die Mindestvorgaben der HHVO eingeschränkt wurden.[469]

Neben den Forderungen des § 2 TierSchG geht das Bundesverfassungsgericht auch auf die Festlegungen des Europäischen Übereinkommens zum Schutz von Tieren in landwirtschaftlichen Tierhaltungen vom 10. März 1976[470] [im Folgenden: ETÜ] ein bzw. auf die von dem nach Art. 8 des ETÜ eingesetzten Ständigen Ausschuss erarbeiteten Empfehlun-

465 *BVerfG*, Urteil vom 6. Juli 1999, Az.: 2 BvF 3/90, BVerfGE 101, S. 1 ff., S. 38.

466 *BVerfG*, Urteil vom 6. Juli 1999, Az.: 2 BvF 3/90, BVerfGE 101, S. 1 ff., S. 38.

467 *BVerfG*, Urteil vom 6. Juli 1999, Az.: 2 BvF 3/90, BVerfGE 101, S. 1 ff., S. 38.

468 Dass die Batteriehaltung von Legehennen gegen § 2 TierSchG verstößt, hat man schon lange vor Inkrafttreten der HHVO erkannt: *Fölsch*, Zu den Begriffen „artgemäß“ und „verhaltensgerecht“ in § 2 Abs. 1 des Tierschutzgesetzes – Spezielle Aspekte bei der Haltung von Nutzgeflügel, Prakt. Tierarzt 1984, S. 252 ff., S. 253. Jedoch gibt es hierzu auch Gegenstimmen, die eine Batteriehaltung bezogen auf Futteraufnahme und Eiablage nicht als nicht verhaltensgerecht bezeichnen, so *Bessei*, Spezielle Aspekte bei der Haltung von Nutzgeflügel – Futteraufnahme und Eiablage-, Prakt. Tierarzt 1984, S. 258 ff. – Prof. Dr. Werner Bessei war im Zuge des Verfahrens vor dem Bundesverfassungsgericht, welches das Hennenurteil zur Folge hatte, bei dem Zentralverband der deutschen Geflügelwirtschaft als Sachverständiger eingesetzt.

469 *BVerfG*, Urteil vom 6. Juli 1999, Az.: 2 BvF 3/90, BVerfGE 101, S. 1 ff., S. 38.

470 BGBl. 1978 II, S. 113.

gen für das Halten von Legehennen der Art Gallus Gallus vom 21. November 1986. Diese Empfehlungen sind gem. Art. 9 des ETÜ für Deutschland verbindlich. Nach den Empfehlungen des Ständigen Ausschusses müssen die Tiere unter anderem ohne Schwierigkeiten normal stehen und sich umdrehen können, genügend Raum haben, um sich entweder auf einer Stange niederzulassen oder sich hinsetzen zu können, ohne von anderen Tieren gestört zu werden und eine gemeinsame Fressmöglichkeit haben.[471] Auch gegen die Anforderungen des ETÜ verstoße die HHVO, so das Bundesverfassungsgericht.[472]

Weiter nimmt das Bundesverfassungsgericht Bezug auf die Mitteilung der Kommission vom 11. März 1998 über den Schutz von Legehennen in verschiedenen Haltungssystemen.[473] Diese bezieht sich auf den Bericht vom 30. Oktober 1996 des Wissenschaftlichen Veterinärausschusses von den zuständigen Kommissionsdienststellen. Von diesem ist festgestellt worden, dass ein Käfig mit einem Platzangebot von 450 cm^2 je Tier den [dort näher beschriebenen] Bedürfnissen der Tiere nicht gerecht wird.[474]

Das Bundesverfassungsgericht hat hier nicht nur das Tierschutzgesetz und dessen Regelungsziele, sondern auch das ETÜ mit den zugehörigen Empfehlungen des Ständigen Ausschusses sowie die Mitteilung der Kommission, die unmittelbar auf einem Bericht eines Wissenschaftlichen Ausschusses beruht, zur näheren Bestimmung der unbestimmten Rechtsbegriffe *artgemäß* und *verhaltensgerecht* herangezogen. Es macht mit der Nichtigerklärung der HHVO klar, dass deren Bestimmungen nicht mehr zur Auslegung bzw. Konkretisierung der unbestimmten Rechtsbegriffe des TierSchG herangezogen werden dürfen. Vielmehr richteten sich die Genehmigungsanforderungen von Haltungsanlagen nunmehr bis zum Erlass einer neuen Verordnung unmittelbar nach dem Tierschutzgesetz, insbesondere nach den §§ 1 und 2 und den verbindlichen Anforderungen gemäß der Empfehlung des Ständigen Ausschusses vom 28. November 1995 in Bezug auf Haushühner der Art Gallus Gallus einschließlich ihres für die Käfigbatteriehaltung geltenden Anhangs I. Abschnitt A.[475]

---

471 Vgl. die Zusatzbestimmungen für Legehennen, Anhang A. Zusatzbestimmungen für die zum Zweck der Konsumeierproduktion in Batteriekäfigen gehaltenen Legehennen, Nr. 2, Nr. 5 der Empfehlung für das Halten von Legehennen der Art Gallus Gallus, angenommen vom Ständigen Ausschuss am 21. November 1986.

472 *BVerfG*, Urteil vom 6. Juli 1999, Az.: 2 BvF 3/90, BVerfGE 101, S. 1 ff., S. 40.

473 *BVerfG*, Urteil vom 6. Juli 1999, Az.: 2 BvF 3/90, BVerfGE 101, S. 1 ff., S. 39.

474 *BVerfG*, Urteil vom 6. Juli 1999, Az.: 2 BvF 3/90, BVerfGE 101, S. 1 ff., S. 40.

475 *BVerfG*, Urteil vom 6. Juli 1999, Az.: 2 BvF 3/90, BVerfGE 101, S. 1 ff., S. 45.

b) Die Rechtsprechung vor der Hennen-Entscheidung des Bundesverfassungsgerichts

In der obergerichtlichen Rechtsprechung in der Zeit vor der Hennen-Entscheidung wurde von den Gerichten zur Auslegung der Begriffe *artgemäß* und *verhaltensgerecht* neben den Gesetzesmaterialien zum Ersten Änderungsgesetz des Tierschutzgesetzes von 1986 auf die Gesetzessystematik zurückgegriffen. Das OVG Münster führt in einem Urteil aus dem Jahr 1997[476] aus: „§ 2 Nr. 1 TierSchG verlangt, daß ein von Menschen gehaltenes Tier seiner Art und seinen Bedürfnissen entsprechend angemessen ernährt, gepflegt und verhaltensgerecht untergebracht wird. Welchen Anforderungen eine verhaltensgerechte Unterbringung von Pferden und Rindern zu genügen hat, die sich – wie hier – ganzjährig in Weidehaltung befinden, ist weder im Tierschutzgesetz noch einer zu dessen Konkretisierung erlassenen Rechtsverordnung (§ 2a TierSchG) im Einzelnen definiert. Maßgebendes Kriterium für die daher gebotene Auslegung dessen, was verhaltensgerecht ist, ist der in § 1 TierSchG umschriebene Zweck des Gesetzes, aus der Verantwortung des Menschen für das Tier als Mitgeschöpf dessen Leben und Wohlbefinden zu schützen (§ 1 Satz 1 TierSchG); niemand darf einem Tier ohne vernünftigen Grund Schmerzen, Leiden oder Schäden zufügen (§ 1 Satz 2 TierSchG). ‚Wohlbefinden' kennzeichnet von daher einen Zustand des Tieres frei von Beeinträchtigungen im Sinne des § 1 Satz 2 TierSchG, wobei die Fähigkeit des Tieres vorausgesetzt wird, Schmerzen und Leiden zu empfinden. Im systematischen Zusammenhang mit § 2 Nr. 1 TierSchG gelangt so zum Ausdruck, daß das Wohlbefinden des Tieres auf einem art-, bedürfnis- und verhaltensgerechten Ablauf der Lebensvorgänge beruht. Durch die Unterbringung sollen die angeborenen, arteigenen und essentiellen Verhaltensmuster nicht so eingeschränkt werden, daß dadurch die in § 1 Satz 2 TierSchG genannten Beeinträchtigungen hervorgerufen werden.[477] Der Aufenthalt des Tieres soll auch unter menschlicher Haltung so gestaltet sein, daß dem Tier die Bedarfsdeckung und Vermeidung von Schäden durch die Möglichkeit zu adäquatem Verhalten gelingt. Außer Störungen der körperlichen Funktionen werden auch sonstige Reaktionen des Tieres auf bestimmte Umstände oder Ereignisse erfaßt, mithin auch (seelische) Empfindungen. Rückschlüsse auf das

---

476 *OVG Münster*, Urteil vom 25. September 1997, Az.: 20 A 688/96 (juris).

477 Hier verwendet das Gericht die Definition der Verhaltensgerechtheit aus den Gesetzesmaterialien, die im Widerspruch zur Gesetzessystematik des § 2 TierSchG steht.

Empfinden und den Bedarf der Tiere sind mit den Methoden der Tierverhaltensforschung aus dem Verhalten der Tiere zu gewinnen."[478]

Auch das OVG Münster ging davon aus, dass die Bedürfnisse der Tiere außerjuristisch, nämlich in erster Linie mit Hilfe der Ethologie, festzustellen sind.

Bereits vor der Hennen-Entscheidung hat das OVG Schleswig hinsichtlich der Begriffe *artgemäß* und *verhaltensgerecht* zwischen Haustieren[479] und wildlebenden Tieren[480] unterschieden und die Begriffe in Bezug auf wildlebende Tiere anders ausgelegt: Für das OVG Schleswig kam es in einer Entscheidung aus dem Jahr 1994[481] für die Frage, ob die Unterbringung eines wildlebenden Tieres verhaltensgerecht ist, auf die Lebensbedingungen und -umstände an, die das (wildlebende) Tier in Freiheit gewohnt ist. Eine Unterbringung sei nicht schon dann verhaltensgerecht, wenn das Tier zwar unter den ihm angebotenen Bedingungen überleben kann und auch keine Leiden, Schmerzen oder andere Schäden davonträgt, es aber seine angeborenen Verhaltensmuster soweit ändern und an seine Haltungsbedingungen anpassen muss, dass es praktisch mit seinen wildlebenden Artgenossen nicht mehr viel gemeinsam hat. Verhaltensgerecht sei eine Unterbringung dagegen nur dann, wenn sie sich unter Berücksichtigung der Tatsache, dass eine Haltung – rechtlich – überhaupt noch möglich sein muss, soweit wie möglich an die natürlichen Lebensverhältnisse und Lebensräume der jeweiligen Tierart annähert.[482] Auch das OVG Schleswig zieht zur Auslegung des Begriffs *verhaltensgerecht* berücksichtigend die Ziele des Tierschutzgesetzes heran. Es macht sich sehr ausführliche Gedanken zu der Definition des unbestimmten Rechtsbegriffs *verhaltensgerecht* in Bezug auf eine Haltung von Wattenmeerseehunden, die wildlebende Tiere darstellen, und führt aus: „Insbesondere bei dem Begriff der verhaltensgerechten Unterbringung handelt es sich um einen unbestimmten Rechtsbegriff, dessen

478 *OVG Münster*, Urteil vom 25. September 1997, Az.: 20 A 688/96 (juris) Rn. 24.

479 Haustiere sind alle domestizierten, d. h. zahmen Tiere, die vom Menschen in seiner Wirtschaft zu seinem Nutzen gehalten werden, vgl. *Leondarakis/Woesler*, Ungleichbehandlung von Nutz- und Heimtieren im deutschen Recht?, Gutachten 2005; *Sprau* in *Palandt*, BGB, § 833 Rn. 16; wobei Haustiere noch nach Nutz- und Heimtieren differenziert werden.

480 Wildlebende Tiere oder wilde Tiere sind nur solche, die keine Haustiere sind, d. h. keine Tiere, die normalerweise (gattungsmäßig) unter menschlicher Herkunft leben, wobei auch die Region, in der die Tiere leben, zu berücksichtigen ist, vgl. *Hirt/Maisack/Moritz*, Tierschutzgesetz Kommentar, Einführung Rn. 116.

481 *OVG Schleswig*, Urteil vom 28. Juni 1994, Az.: 4 L 152/92 (juris).

482 *OVG Schleswig*, Urteil vom 28. Juni 1994, Az.: 4 L 152/92 (juris) Leitsätze.

Inhalt vom Gericht insbesondere unter Berücksichtigung der Zielsetzung des Tierschutzgesetzes zu ermitteln ist. Dabei ist zunächst zu beachten, daß das Tierschutzgesetz offensichtlich die Tatsache der Unterbringung allein bei einem an sich wildlebenden Tier nicht für in jedem Fall nicht verhaltensgerecht hält. Aus der Zusammenschau der §§ 11 und 2 TierschutzG ergibt sich, daß im Grundsatz ein Zurschaustellen auch ansonsten wildlebender Tiere möglich ist. Dies verbietet es, eine Erlaubnis nach § 11 Abs. 1 Nr. 3d TierschutzG etwa schon deshalb zu versagen, weil allein das Zur-Schaustellen und die damit verbundene Haltung der Tiere in Gefangenschaft für ein wildlebendes Tier nicht verhaltensgerecht ist. Auf der anderen Seite läßt das Tierschutzgesetz indes auch nicht das Zurschaustellen und die damit verbundene Gefangenschaft eines Tieres ohne Erfüllung weiterer Bedingungen, nämlich u. a. dem der verhaltensgerechten Unterbringung, zu. Zwischen diesen beiden Extremen muß sich daher die Ermittlung des Inhalts der Norm bewegen. Die Anforderungen an den Begriff ‚verhaltensgerecht' dürfen nicht so hoch angesetzt werden, daß damit von vornherein ein Zurschaustellen von Tieren unmöglich gemacht wird. Andererseits dürfen die Anforderungen an die Unterbringung der Tiere nicht soweit herabgesetzt werden, daß der Gesichtspunkt der verhaltensgerechten Unterbringung vernachlässigt wird. In diesem Zusammenhang bedarf darüber hinaus auch noch der Begriff ‚verhaltensgerecht' einer Definition. Die Anforderungen, die dieser Begriff an eine Tierhaltung stellt, müssen sich dabei entsprechend der Zielrichtung des Tierschutzgesetzes daran orientieren, wie ein Tier sich unter seinen natürlichen Lebensbedingungen verhält, nicht daran, ob das Tier sich auch an andere Lebensbedingungen – unter Aufgabe vieler der ihm in Freiheit eigenen Gewohnheiten und Verhaltensmuster – anpassen kann. Verhaltensgerecht ist eine Unterbringung danach auch dann nicht, wenn das Tier zwar unter den ihm angebotenen Bedingungen überleben kann und auch keine Leiden, Schmerzen und andere Schäden davonträgt, das Tier aber seine angeborenen Verhaltensmuster soweit ändern und an seine Haltungsbedingungen anpassen muss, daß es praktisch mit seinen wildlebenden Artgenossen nicht mehr viel gemeinsam hat. In diesem Sinne hält der Senat eine Unterscheidung […] zwischen ‚verhaltensgerecht' und ‚tiergerecht' für sinnvoll. Eine Unterbringung, die tiergerecht ist, also dem einzelnen Tier, das jeweils untergebracht wird, keine vermeidbaren Schmerzen, Leiden und Schäden zufügt, muß danach nicht unbedingt auch verhaltensgerecht sein, weil es insoweit bei letzterem Begriff nicht auf das Verhalten eines domestizierten Tieres, sondern auf das eines in Freiheit lebenden ankommt.

Daraus ergibt sich, ohne daß hier eine abschließende Definition des Begriffs verhaltensgerecht gegeben wäre, daß eine Unterbringung jedenfalls nur dann verhaltensgerecht ist, wenn sie sich unter Berücksichtigung der Tatsache, daß eine Haltung überhaupt noch möglich sein muß, soweit wie möglich an die natürlichen Lebensverhältnisse und Lebensräume der jeweiligen Tierart annähert."[483]

Aus dem Urteil des OVG Schleswig ergibt sich also eine Differenzierung zwischen (domestizierten) Haustieren und wildlebenden Tieren, die bereits in dem Bedarfsdeckungs- und Schadenvermeidungskonzept von Tschanz angelegt ist. Als Referenzgruppe im Rahmen der Beurteilung der Verhaltensgerechtheit einer Unterbringung nach dem Bedarfsdeckungs- und Schadensvermeidungkonzept von Tschanz dient bei den wildlebenden Tieren die betreffende Tierart in ihrem natürlichen Habitat (unter natürlichen Bedingungen). Bei domestizierten Haustieren besteht die Referenzgruppe nicht aus der (falls noch vorhanden) wildlebenden Art (z. B. Wildkaninchen) in ihrem natürlichen Habitat, sondern aus Hauskaninchen in einem weitgehend an das natürliche Habitat angeglichene Umgebung (beispielsweise Hauskaninchen in Freilandhaltung, naturnahe Umgebung).[484]

Diese Unterscheidung ist sinnvoll, da sie die Domestikation der Haustiere bzw. die nicht vorhandene Domestikation der wildlebenden Tiere berücksichtigt, die sich auf Teile des Verhaltensrepertoirs im Zusammenspiel mit dem Menschen auswirkt.

Demgegenüber leuchtet die Unterscheidung des Senats des OVG Schleswig zwischen *tiergerecht* und *verhaltensgerecht* nicht wirklich ein, da das Tierschutzgesetz eben keine tiergerechte, sondern eine verhaltensgerechte Unterbringung fordert. Der ursprünglich schweizerisch geprägte Begriff der Tiergerechtheit wurde bislang nicht in das Tierschutzgesetz übernommen, trotz der Verwendung in den Gesetzesmaterialien zum Änderungsgesetz 1986.[485] Auch sieht die Begründung zur 2. Änderungsverordnung zur TierSchNutztV diesen Begriff vor und geht darauf ein, dass die verhaltensgerechte Unterbringung nach § 2 Nr. 1 TierSchG die Möglichkeit einschließe, dass (in konkreter Bezugnahme auf) Schweine tiergerecht ruhen kön-

---

483 *OVG Schleswig*, Urteil vom 28. Juni 1994, Az.: 4 L 152/92 (juris) Rn. 27 f.

484 Ähnlich auch *Hirt/Maisack/Moritz*, Tierschutzgesetz Kommentar, § 2 Rn. 8 ff. bezugnehmend auf *Bammert/Birmelin u. a.*, Bedarfsdeckung und Schadensvermeidung – Ein ethologisches Konzept und seine Anwendung für Tierschutzfragen, TU 1993, S. 269 ff., S. 270.

485 Amtl. Begründung des Entwurfs eines Ersten Gesetzes zur Änderung des Tierschutzgesetzes, BT-Drs. 10/3158, S. 18.

nen [müssen].[486] Somit taucht spätestens in der das Tierschutzgesetz konkretisierenden Tierschutz-Nutztierhaltungsverordnung ein weiterer unbestimmter Rechtsbegriff, der der „Tiergerechtheit", auf, der nicht von den anderen unbestimmten Rechtsbegriffen, die Tierhaltung betreffend, nämlich *artgemäß* und *verhaltensgerecht*, abgegrenzt wird und auch häufig synonym für den Begriff *verhaltensgerecht* verwendet wird.[487]

Die überwiegende Rechtsprechung vor der Hennen-Entscheidung zog für die Auslegung der unbestimmten Rechtsbegriffe des Tierschutzgesetzes bereits vornehmlich die Inhalte der o. g. Leitlinien und Gutachten heran, ohne sich selbst intensiv mit dem Inhalt der unbestimmten Rechtsbegriffe zu befassen. Auf die Gutachten und Leitlinien ist zu einem späteren Zeitpunkt zurückzukommen.

c) Die Rechtsprechung nach der Hennen-Entscheidung

Auch nach der Hennen-Entscheidung verweist die Rechtsprechung zur Auslegung von unbestimmten Rechtsbegriffen vornehmlich auf die Zielsetzung und Systematik des Tierschutzgesetzes und auf amtstierärztliche Gutachten, während sie betont, dass dem Amtstierarzt schon wegen § 15 Abs. 2 TierSchG eine vorrangige Beurteilungskompetenz eingeräumt ist, diese Begriffe auszufüllen; weiter werden immer wieder o. g. Leitlinien und Gutachten herangezogen, die, korrespondieren sie mit der Beurteilung des Amtstierarztes, von diesem wie auch später von dem überprüfenden Gericht zur Auslegung herangezogen werden.[488] Teilweise werden auch Infobroschüren von privaten Tierschutzorganisationen zitiert[489] oder

---

486 BR-Drs. 119/06, S. 19; *Lorz/Metzger*, Tierschutzgesetz Kommentar, § 2 Rn. 16.

487 So z. B. auch schon in den Gesetzesmaterialien zum Ersten Gesetz zur Änderung des Tierschutzgesetzes, die in der Begründung z. T. statt von *verhaltensgerecht* ohne jede Ausführung von *tiergerecht* sprechen, vgl. BT-Drs. 10/3158 S. 18.

488 Vgl. *BayVGH*, Urteil vom 30. Januar 2008, Az.: 9 B 05.3146, 9 B (juris); *OVG Berlin-Brandenburg*, Beschluss vom 25. Mai 2012, Az.: OVG 5 S 22.11 (juris); *OVG Berlin-Brandenburg*, Beschluss vom 4. Juni 2013, Az.: OVG 5 S 3.13 (juris); *OVG Lüneburg*, Urteil vom 18. Juni 2013, Az.: 11 LC 206/12 (juris); *VG Trier*, Urteil vom 16. Juni 2014, Az.: 6 K 1531/13.TR (juris); *VG Trier*, Beschluss vom 9. November 2012, Az.: 1 L 1179/12.TR (juris); *VG Oldenburg*, Urteil vom 13. Februar 2013, Az.: 11 A 4220/12 (juris); *VG des Saarlandes*, Beschluss vom 8. Februar 2012, Az.: 5 L 48/12 (juris); *VG Gelsenkirchen*, Beschluss vom 9. Januar 2012, Az.: 16 L 1319/11 (juris).

489 *VG Trier*, Urteil vom 16. Juni 2014, Az.: 6 K 1531/13.TR (juris).

öffentlich zugängliche Informationstexte von Vereinen[490] zur Wissensgenerierung herangezogen. Nur wenige Entscheidungen ziehen die Ausführungen des Bundesverfassungsgerichts aus der Hennen-Entscheidung heran und legen die unbestimmten Rechtsbegriffe *artgemäß* und *verhaltensgerecht* (jedenfalls auch) nach diesem Vorbild aus.[491] Im Ergebnis bezieht die aktuelle Rechtsprechung ihre Auslegungshilfen zur Auslegung unbestimmter Rechtsbegriffe des Tierschutzgesetzes mehr und mehr aus privaten oder semi-privaten Quellen, so z. B. aus Broschüren und Merkblättern privatrechtlicher Vereine oder aus Leitlinien und Gutachten, welche Sachverständigengruppen erarbeitet haben, welche das zuständige Ministerium in Auftrag gegeben hat. Es findet hier vielfach nicht mehr eine (nur) juristisch begründete Auslegung statt so wie noch in dem Urteil des OVG Schleswig.[492] Stattdessen wird nur noch auf die Gutachten der Amtstierärzte sowie auf o. g. Quellen verwiesen. Soweit die Beurteilung des Amtstierarztes und die zweite Quelle, z. B. ein bestimmtes Gutachten, inhaltlich übereinstimmen, wird das Ergebnis seitens der Gerichte schlicht übernommen. Mit dem pauschalen Verweis darauf, dass die vom BMEL bzw. den Landesministerien veröffentlichte Gutachten/Leitlinien antizipierte Sachverständigengutachten darstellen, lassen es auch die Gerichte bewenden, wenn sich ein Amtstierarzt zur Begründung einer Maßnahme nach § 16a TierSchG auf die Inhalte der Gutachten und Leitlinien stützt und hinterfragen die Inhalte meist nicht. Eine Auseinandersetzung mit den Inhalten der Gutachten findet nicht statt und wird als Vorhalt nicht akzeptiert.[493] Juristische Begründungen und Auslegungsarbeit finden sich immer seltener. Das unreflektierte Übernehmen von Inhalten aus privaten oder öffentlichen Wissensquellen birgt die Gefahr, dass das Wissen darin nicht mehr

---

490 So zitiert das *VG Oldenburg* im Urteil vom 13. Februar 2013, Az.: 11 A 4220/12 (juris) Rn. 28 und 31 eines der sog. Merkblätter der *Tierärztlichen Vereinigung für Tierschutz e. V.* (TVT-Merkblätter), hier das Merkblatt Nr. 112 „Mastrinderhaltung".

491 So u. a. das *VG Trier*, Urteil vom 16. Juni 2014, Az.: 6 K 1531/13.TR (juris); *VG Meiningen*, Urteil vom 30. Juni 2015, Az.: 2 K 143/15 Me (juris); *VG Gelsenkirchen*, Urteil vom 15. Mai 2014, Az.: 16 K 5116/12 (juris); *VG Köln*, Urteil vom 16. Juli 2015, Az.: 13 K 1281/14 (juris); in Bezug auf Tiere wildlebender Arten ist als vorbildliches Beispiel das *VG Düsseldorf*, Urteil vom 18. August 2014, Az.: 23 K 5500/12 (juris) zu nennen, welches bei der Konkretisierung des unbestimmten Rechtsbegriffs verhaltensgerecht auf die Rechtsprechung des OVG Schleswig aus dem Jahr 1994 abstellt, vgl. *OVG Schleswig*, Urteil vom 28. Juni 1994, Az.: 4 L 152/92, NuR 1995, S. 480 ff.

492 *OVG Schleswig*, Urteil vom 28. Juni 1994, Az.: 4 L 152/92, (juris) Rn. 27 f.

493 So *BayVGH*, Beschluss vom 5. April 2017, Az.: 9 ZB 15.357, (juris) Rn. 6.

dem neuesten Stand entspricht bzw. unzureichend ist und die Inhalte des § 2 TierSchG nicht einmal annähernd konkretisiert, sondern interessenbehaftet ökonomische Vorteile der Tierhalter zu sichern sucht.[494]

2. Aussagen aktueller Kommentarliteratur zu den Begriffen artgemäß und verhaltensgerecht

In der aktuellen Kommentarliteratur wird hauptsächlich auf die Gesetzesmaterialien zu dem Änderungsgesetz von 1986[495] Bezug genommen und damit auf das Bedarfsdeckungs- und Schadensvermeidungskonzept von Tschanz[496].[497] Durch Bezugnahme des Gesetzgebers auf dieses werde klargestellt, dass die Kompetenz zur Beurteilung, ob ein Haltungssystem tiergerecht ist, in erster Linie bei der modernen Verhaltensforschung (Ethologie) und nicht bei der Agrarwissenschaft liege.[498] Weiter bezieht sich die aktuelle Kommentarliteratur auf das Legehennen-Urteil des Bundesverfassungsgerichts vom 6. Juli 1999[499] und die darin enthaltenen höchstrichterlichen Grundsätze zur Auslegung von § 2 Nr. 1 und 2 TierSchG. Das Urteil sei dabei von allgemeiner Bedeutung für die Auslegung des Tierschutzgesetzes und betreffe deshalb nicht nur die Haltung von Legehennen, sondern jede Tierhaltung.[500] Es ergäben sich aus dem Hennenurteil weitreichende Konsequenzen für die Anwendung von § 2 Nr. 1 [TierSchG], die jede Form der Tierhaltung betreffen: „1. Lässt sich ein unter naturnahen Bedingungen vom Tier gezeigter Verhaltensablauf den Oberbegriffen ‚ernähren', ‚pflegen' oder ‚verhaltensgerecht unterbringen' zuordnen, so darf das entsprechende artgemäße Bedürfnis nicht unangemessen zurückgedrängt werden. Geschieht dies dennoch, so verstößt die Haltungsform gegen § 2 Nr. 1 [TierSchG]. Darauf, ob die Unterdrückung des jeweiligen Verhaltens

494 So die „Empfehlungen" der World Rabbit Science Association (WRSA), die u. a. von der Landestierärztekammer Hessen, in: DTBl. 2002, S. 55 f., S. 56 und *Hirt/Maisack/Moritz*, Tierschutzgesetz Kommentar, 2. Auflage 2007, Anhang zu § 2 Rn. 8 nicht mehr zur Verwendung durch Behörden empfohlen werden.

495 Erstes Gesetz zur Änderung des Tierschutzgesetzes vom 12. August 1986 (BGBl. I S. 1320).

496 *Bammert/Birmelin u. a.*, Bedarfsdeckung und Schadensvermeidung – Ein ethologisches Konzept und seine Anwendung für Tierschutzfragen, TU 1993, S. 269 ff., S. 269.

497 *Hirt/Maisack/Moritz*, Tierschutzgesetz Kommentar, 3. Auflage 2016.

498 *Hirt/Maisack/Moritz*, Tierschutzgesetz Kommentar, § 2 Rn. 8 m. w. N.

499 *BVerfG*, Urteil vom 6. Juli 1999, Az.: 2 BvF 3/90, BVerfGE 101, S. 1 ff.

500 *Hirt/Maisack/Moritz*, Tierschutzgesetz Kommentar, § 2 Rn. 12.

zu Schmerzen, Leiden oder Schäden für das Tier führt, kommt es bei diesen Grundbedürfnissen nicht an. 2. Zu diesen Grundbedürfnissen gehören zumindest alle diejenigen Verhaltensabläufe, die sich den Funktionskreisen ‚Nahrungserwerbsverhalten' (=ernähren), ‚Ruheverhalten' und ‚Eigenkörperpflegeverhalten' (=pflegen) zuordnen lassen."[501] Aus der Aufzählung des Bundesverfassungsgerichts in der Hennen-Entscheidung gehe weiter hervor, dass das Gericht auch das Fortpflanzungsverhalten [...] sowie das Sozialverhalten [...] zum Schutzbereich des § 2 Nr. 1 [TierSchG] rechnet.[502] Weitere Konsequenzen seien: „3. Dagegen hat der Gesetzgeber in § 2 Nr. 2 [TierSchG], der gegenüber Nr. 1 die speziellere Vorschrift darstellt, das Bewegungsverhalten des Tieres [...] ‚als einziges seiner Bedürfnisse'[503] weitergehenden Einschränkungsmöglichkeiten unterworfen – insofern nämlich, als Einschränkungen in diesem Bereich erst tierschutzrelevant werden, wenn sie erweislich zu Schmerzen, vermeidbaren Leiden oder Schäden führen. 4. Für die Feststellung, ob die Zurückdrängung eines Verhaltensbedürfnisses aus § 2 Nr. 1 [TierSchG] ‚unangemessen' ist, ist wesentlich, dass das BVerfG es nicht zugelassen hat, diese Grundbedürfnisse mit wirtschaftlichen, wettbewerblichen oder ähnlichen Erwägungen zu verrechnen. Die materielle Nichtigkeit von § 2 Abs. 1 Nr. 2 und Nr. 7 HHVO 1987 ist vom Gericht allein mit der Bedeutung der beiden [...] herausgegriffenen Bedürfnisse ‚Ruhen' und ‚gleichzeitig fressen' und der Art und dem Ausmaß, wie diese Bedürfnisse durch die bisherige Legehennenkäfighaltung zurückgedrängt worden waren, begründet worden, ohne dass sich das Gericht auf eine Auseinandersetzung mit den wirtschaftlichen Argumenten, die seitens der Bundesregierung und des Zentralverbands der Deutschen Geflügelwirtschaft (ZDG) hierzu vorgebracht worden waren, eingelassen hätte."[504]

Im Folgenden wird die ‚angemessene Ernährung' anhand Aussagen des Bundesverfassungsgerichts aus der Hennen-Entscheidung sowie anhand konkreter Beispiele aus veterinärmedizinischer Literatur konkretisiert.[505] Sodann wird das Pflegegebot des § 2 Nr. 1 TierSchG anhand der Hennen-Entscheidung, anhand veterinärmedizinischer Literatur und unter Zuhilfe-

---

501 *Hirt/Maisack/Moritz*, Tierschutzgesetz Kommentar, § 2 Rn. 15.

502 *Hirt/Maisack/Moritz*, Tierschutzgesetz Kommentar, § 2 Rn. 15.

503 *BVerfG*, Urteil vom 6. Juli 1999, Az.: 2 BvF 3/90, BVerfGE 101, S. 1 ff., S. 37.

504 *Hirt/Maisack/Moritz*, Tierschutzgesetz Kommentar, § 2 Rn. 15.

505 *Hirt/Maisack/Moritz*, Tierschutzgesetz Kommentar, § 2 Rn. 16 m. w. N.; *Sambraus*, Normalverhalten und Verhaltensstörungen, in: *Sambraus/Steiger*, Das Buch vom Tierschutz, S. 57 ff., S. 65; *Stauffacher*, Kaninchen, in: *Sambraus/Steiger*, Das Buch vom Tierschutz, S. 223 ff., S. 232.

nahme von Normen aus der TierSchNutztV und den Empfehlungen des Ständigen Ausschusses zum Europäischen Übereinkommen zum Schutz von Tieren in landwirtschaftlichen Tierhaltungen konkretisiert.[506]

Letztlich wird die ‚verhaltensgerechte Unterbringung' näher beschrieben und hierzu die Verhaltensmuster, die von Tieren unter naturnahen Bedingungen gezeigt werden, in sechs (ethologische) Funktionskreise eingeteilt (Nahrungserwerbsverhalten, Ruheverhalten, Eigenkörperpflege/Komfortverhalten, Fortpflanzungsverhalten und Mutter-Kind-Verhalten, Sozialverhalten und Bewegung/Lokomotion).[507] Den unterschiedlichen ethologischen Funktionskreisen seien, um eine verhaltensgerechte Unterbringung umzusetzen, verschiedene räumliche Funktionsbereiche zuzuordnen, z. B. die räumliche Trennung von Ruhe- und Aktivitätsbereich, so dass sich ruhende und aktive Tiere nicht gegenseitig stören.[508]

Die in § 2 Nr. 1 TierSchG genannten Bedürfnisse unterlägen den in der Nr. 2 Beschränkungen (Einschränkungsmöglichkeit bis an die Schmerz/Leidensgrenze) nicht.[509] „Konsequenz: Ist ein Bedürfnis, das dem Schutz von Nr. 1 untersteht, zurückgedrängt, so bleibt allein zu prüfen, ob dies ‚unangemessen' ist [...]; lässt sich dies bejahen, so muss die jeweilige Haltungsform als gesetzeswidrig eingestuft werden, ohne dass noch der in Nr. 2 vorgesehene Nachweis für Schmerzen, vermeidbare Leiden oder Schäden geführt zu werden braucht."[510] Was ‚angemessen' bedeutet, sei dabei dem Hennenurteil zu entnehmen: „‚Unangemessen' war für das Gericht die Zurückdrängung des Ruhens durch die herkömmliche Käfighaltung allein schon aufgrund des Missverhältnisses, das zwischen dem dazu notwendigen Flächenbedarf (47,6 cm x 14,5 cm) und der tatsächlich gewährten Bodenfläche (450 cm^2) bestanden hat. Ebenso genügte für die Unangemessenheit, mit der das Bedürfnis zu gleichzeitiger Nahrungsaufnahme zurückgedrängt war, allein schon der numerische Vergleich zwischen der durchschnittlichen Körperbreite der Hennen (14,5 cm) und der zur

---

506 *Hirt/Maisack/Moritz*, Tierschutzgesetz Kommentar, § 2 Rn. 23-29, verweisend auf *BVerfG*, Urteil vom 6. Juli 1999, Az.: 2 BvF 3/90, BVerfGE 101, S. 1 ff.; St. Ausschuss, Empfehlung für Moschusenten Art. 10 Nr. 2 bzw. für Pekingenten Art. 11 Nr. 2.

507 Hier lehnen sich *Hirt/Maisack/Moritz* Tierschutzgesetz Kommentar, § 2 Rn. 30 an die Begrifflichkeiten u. a. von *Bogner/Grauvogl*, Verhalten landwirtschaftlicher Nutztiere, S. 41 an.

508 *Hirt/Maisack/Moritz*, Tierschutzgesetz Kommentar, § 2 Rn. 30.

509 *Hirt/Maisack/Moritz*, Tierschutzgesetz Kommentar, § 2 Rn. 31.

510 *Hirt/Maisack/Moritz*, Tierschutzgesetz Kommentar, § 2 Rn. 31.

Verfügung stehenden Troglänge (10 cm pro Tier)."[511] Hieraus wird gefolgert, dass schon aus der Art und Stärke, mit der ein bedeutendes Grundbedürfnis zurückgedrängt und der zugehörige Verhaltensablauf beeinträchtigt wird, sich ergeben kann, dass dies unangemessen ist. „Wird ein zum Schutzbereich des § 2 Nr. 1 [TierSchG] gehörendes und für das Wohlbefinden der Tiere wichtiges artgemäßes Bedürfnis unterdrückt oder in erheblichem Ausmaß zurückgedrängt, so lässt sich dies (abgesehen von seltenen Extremfällen) nicht mit anderen Gesichtspunkten verrechnen, insbesondere nicht mit Erwägungen der Wirtschaftlichkeit, Wettbewerbsgleichheit oder der Kosten-, Arbeits- und Zeitersparnis [...]; dies gilt auch dann, wenn der Halter oder sein Verband geltend machen, durch die entsprechende Anordnung in der Berufswahlfreiheit betroffen zu sein. [...] Auch der Unterschied zu § 2 Nr. 2 [TierSchG] ist bei der Auslegung von ‚angemessen' im Auge zu behalten: Die zum Schutzbereich der Nr. 1 gehörenden Grundbedürfnisse sollen nach dem Willen des Gesetzgebers einen stärkeren Schutz genießen als das Bedürfnis des Tieres zu artgemäßer (Fort-)Bewegung, das ‚als einziges seiner Bedürfnisse' den weitergehenden Einschränkungsmöglichkeiten der Nr. 2 unterworfen wird [...]. Folglich ist es nicht möglich, den für das (schwächer geschützte) Bewegungsbedürfnis in Nr. 2 angeordneten generellen Abwägungsvorbehalt (‚vermeidbar') ohne ausdrückliche gesetzliche Anordnung auch auf die stärker geschützten Grundbedürfnisse in Nr. 1 zu erstrecken."[512]

Vergleichend zu den gefundenen Ergebnissen werden die Definitionen zu dem Begriff „angemessen" herangezogen, die in Schweiz und Österreich in Anlehnung an das deutsche Tierschutzgesetz gebildet wurden:[513] Die Schweizer Tierschutzverordnung definiert den Begriff „angemessen" in Art. 1 Abs. 2: „Fütterung, Pflege und Unterkunft sind angemessen, wenn sie nach dem Stand der Erfahrung und den Erkenntnissen der Physiologie, Verhaltenskunde und Hygiene den Bedürfnissen der Tiere entsprechen".[514] Art. 13 Abs. 2 des österreichischen Tierschutzgesetzes lautet: „[...] unter Berücksichtigung der Art, des Alters und des Grades der Entwicklung, An-

---

511 *BVerfG*, Urteil vom 6. Juli 1999, Az.: 2 BvF 3/90, BVerfGE 101, S. 1 ff., S. 38; *Hirt/Maisack/Moritz*, Tierschutzgesetz Kommentar, § 2 Rn. 40.

512 *Hirt/Maisack/Moritz*, Tierschutzgesetz Kommentar, § 2 Rn. 43.

513 *Hirt/Maisack/Moritz*, Tierschutzgesetz Kommentar, § 2 Rn. 43.

514 2. Kapitel, 1. Abschnitt, Art. 3 Absatz 3 Tierschutzverordnung (TSchV) Schweiz vom 23. April 2008.

passung und Domestikation der Tiere ihren physiologischen und ethologischen Bedürfnissen angemessen sind."[515]

Auch die Entstehungsgeschichte zum Änderungsgesetz von 1986[516] belege, dass mit „angemessen" keine Einbruchstelle für eine Relativierung und Verrechnung unterdrückter oder stark zurückgedrängter Grundbedürfnisse geschaffen werden sollte: Danach wurde zwar durch Änderung des Wortlauts von § 2 Nr. 1 dieser Begriff erstmals auch auf „verhaltensgerecht unterbringen" bezogen, zugleich aber ausdrücklich klargestellt, dass dadurch keine Minderung des Schutzes der Tiere gegenüber der bisherigen Rechtslage eintreten solle.[517]

Nach weiteren Kommentaren[518] werden ebenfalls das Hennen-Urteil des Bundesverfassungsgerichts als entscheidende Prägung und Aufwertung der §§ 2 Nr. 1 und 2 TierSchG und deren unbestimmter Rechtsbegriffe gesehen und dieses der weiteren Gesetzeskommentierung vorangestellt.[519] Die Grundbedürfnisse des Tieres, die von § 2 Nr. 1 TierSchG erfasst sind, seien danach tierbezogen angemessen, aber im Übrigen einschränkungslos zu gewähren. Nur die von § 2 Nr. 1 TierSchG nicht erfassten Einschränkungen der Möglichkeit des Tieres zu artgemäßer Bewegung seien nach der speziellen Verbotsnorm des § 2 Nr. 2 TierSchG von weiteren Bedingungen abhängig.[520] § 2 Nr. 1 TierSchG und die darin enthaltenen Grundbedürfnisse seien weit auszulegen, wie die Urteilsgründe des Hennen-Urteils hergäben, so dass sich bei Einschränkungen der Grundbedürfnisse nicht mehr die früher heftig diskutierte Frage stellte, ob die Einschränkung der Grundbedürfnisse durch die Art der Tierhaltung Schmerzen, Leiden oder Schäden verursache.[521] Die Grundbedürfnisse seien in dem Hennen-Urteil nicht abschließend aufgezählt, was die Formulierung mit dem Hinweis „insbesondere" zeige; weitere Bedürfnisse des Tieres seien also diesem Grundtatbestand zuzuordnen.[522]

---

515 2. Hauptstück (Tierhaltung), 1. Abschnitt § 13 Abs. 2 Tierschutzgesetz (TSchG) Österreich i. d. F. vom 26. August 2011.

516 Erstes Gesetz zur Änderung des Tierschutzgesetzes vom 12. August 1986 (BGBl. I S. 1320).

517 BT-Drs. 10/3158, S. 17; *Hirt/Maisack/Moritz*, Tierschutzgesetz Kommentar, § 2 Rn. 43.

518 *Kluge*, Tierschutzgesetz Kommentar, Stuttgart 2002.

519 *Von Loeper* in *Kluge*, Tierschutzgesetz Kommentar, § 2 Rn. 14.

520 *Von Loeper* in *Kluge*, Tierschutzgesetz Kommentar, § 2 Rn. 15, verweisend auf *BVerfG*, Urteil vom 6. Juli 1999, Az.: 2 BvF 3/90, NJW 1999, S. 3253 ff., S. 3255.

521 *Von Loeper* in *Kluge*, Tierschutzgesetz Kommentar, § 2 Rn. 18.

522 *Von Loeper* in *Kluge*, Tierschutzgesetz Kommentar, § 2 Rn. 19.

Nach § 2 Nr. 1 TierSchG ist das Tier angemessen artgemäß zu ernähren, zu pflegen und verhaltensgerecht unterzubringen. Das Merkmal der Angemessenheit bedeute, dass insbesondere Altersstufe, Domestikationsstatus, Trächtigkeit, gesundheitliche und andere individuelle tierspezifische Besonderheiten zu beachten sind. Menschliche Interessen und Gewohnheiten seien dafür kein Maßstab.[523] Vor dem Hintergrund des Hennen-Urteils des Bundesverfassungsgerichts und diese Rechtsprechung zugrunde legend, sei das Merkmal der „angemessenen" Tierhaltung nach § 2 Nr. 1 TierSchG schon dann erfüllt, wenn diese dem jeweiligen Bedürfnis des Tieres entspricht. Denn effizienter Tierschutz diene dem Gemeinwohl.[524] Nur eine übermäßige, vom Tierschutz nicht mehr geforderte Einschränkung der Grundrechte des Tierhalters wäre unzulässig.[525] „Die angemessene artgemäße Pflege des Tieres entspricht einer tiergerechten guten Betreuung. Sie kann nur gelingen, wenn die Anforderungen an die Gesundheit und das Wohlbefinden des Tieres erfüllt werden."[526]

Weiter muss ein Tier gem. § 2 Nr. 1 TierSchG angemessen verhaltensgerecht untergebracht werden. Unterbringung bedeute die Gewährung von Raum und Obdach für den Aufenthalt des Tieres. Dazu gehören Stallungen, Gehege, Weideplätze [...], Zwinger, Volieren, Gebäudeteile, Hütten, Fahrzeuge, Behältnisse. Ihre Größe und Beschaffenheit und räumliche Ausstattung müsse auf das Tier bezogen angemessen sein, damit es dort leben kann und keinen gesundheitlichen Nachteil erleidet.[527] Gesundheit sei als körperliche, psychische und soziale Unversehrtheit zu verstehen und nicht nur das Fehlen von Krankheitssymptomen.[528]

Verhaltensgerecht sei eine Unterbringung, „welche dem Tier die Ausübung seiner elementaren artgemäßen Verhaltensbedürfnisse ermöglicht."[529] Bei der Verhaltensgerechtheit handele es sich um einen zentralen Begriff des ethisch ausgerichteten, verhaltenswissenschaftlich aufgebauten Gesetzes, [...]. Der rechtliche Maßstab dafür sei „das Normalverhalten der

523 *Von Loeper* in *Kluge*, Tierschutzgesetz Kommentar, § 2 Rn. 29.

524 Verweisend auf *BVerfG*, Beschluss vom 2. Oktober 1973, Az.: 1 BvR 459/72, 1 BvR 477/72, BVerfGE 36, S. 47 ff.

525 *Von Loeper* in *Kluge*, Tierschutzgesetz Kommentar, § 2 Rn. 29, verweisend auf *BVerfG*, Urteil vom 6. Juli 1999, Az.: 2 BvF 3/90, NJW 1999, S. 3253.

526 *Von Loeper* in *Kluge*, Tierschutzgesetz Kommentar, § 2 Rn. 32.

527 *Von Loeper* in *Kluge*, Tierschutzgesetz Kommentar, § 2 Rn. 34.

528 *Von Loeper* in *Kluge*, Tierschutzgesetz Kommentar, § 2 Rn. 34; *Blaha*, Tiergesundheit als Indikator für Tiergerechtheit in der Nutztierhaltung, in: *Sambraus/Steiger*, Das Buch vom Tierschutz, S. 84 ff., S. 85.

529 *Von Loeper* in *Kluge*, Tierschutzgesetz Kommentar, § 2 Rn. 35.

betreffenden Tierart"[530].[531] Dazu gehörten die Verhaltensbedürfnisse beim Nahrungserwerbverhalten, für das Komfortverhalten [...] und das Schutz- und Schlafverhalten. Ebenso zähle das Ausweich- und Schutzverhalten des Tieres vor Artgenossen und Feinden zu den Grundbedürfnissen, deren Befriedigung eine „verhaltensgerechte Unterbringung" gewähren müsse.[532] Zwar billige der Gesetzgeber die wirtschaftliche Tiernutzung, die eine völlige Freiheit der Tiere im Sinn der angeborenen völligen Freiheit nicht zuließe; gesetzlicher Preis der Tiernutzung sei es aber, dem artspezifischen Verhalten Raum zu geben.[533]

Nach § 2 Nr. 2 TierSchG ist es verboten, die Möglichkeit des Tieres zu artgemäßer Bewegung so einzuschränken, dass ihm Schmerzen oder vermeidbare Leiden oder Schäden zugefügt werden. Der Begriff „artgemäße Bewegung" sei nach dem Schutzzweck des Gesetzes weit zu verstehen,[534] betreffe aber nur die über die Grundbedürfnisse hinausgehenden Bewegungsbedürfnisse, denn Bewegungsbedürfnisse, die im Zusammenhang mit den Grundbedürfnissen stehen und damit diesen zuzuordnen seien, seien bereits von § 2 Nr. 1 TierSchG erfasst.[535]

Daher sei zu unterscheiden zwischen Bewegungsbedürfnissen, die bereits zu den Grundbedürfnissen nach § 2 Nr. 1 TierSchG zählen (z. B. die freie Fortbewegung des Tieres, die Lokomotion, u. a. das Sich-Fortbewegen oder Wegfliegen eines Huhns zu einem Ort außerhalb der Unterbringung; das Recken und Strecken oder die Einnahme einer Ruhestellung).[536] Diese Bedürfnisse, da sie von § 2 Nr. 1 TierSchG erfasst werden, dürften nicht eingeschränkt werden bzw. unterlägen nicht den für die Tiere weiteren Einschränkungsmöglichkeiten des § 2 Nr. 2 TierSchG. Sie sind den Tieren als Grundbedürfnisse also stets zu gewähren unabhängig von der Frage, ob deren Einschränkung den Tieren Schmerzen oder vermeidbare Leiden oder Schäden zufügt.

Nur das Bewegungsbedürfnis, welches über die Grund(bewegungs)bedürfnisse hinausgeht, falle unter § 2 Nr. 2 TierSchG und unterliege damit den weitergehenden Einschränkungsmöglichkeiten bis an die Schmerz-/Leidensgrenze. Die Bewegungsmöglichkeit des Tieres darf daher nicht per

---

530 Verweisend auf *OLG Frankfurt*, Beschluss vom 12. April 1979, Az.: 4 Ws 22/79, NJW 1980, S. 409.

531 *Von Loeper* in *Kluge*, Tierschutzgesetz Kommentar, § 2 Rn. 35.

532 *Von Loeper* in *Kluge*, Tierschutzgesetz Kommentar, § 2 Rn. 35.

533 *Von Loeper* in *Kluge*, Tierschutzgesetz Kommentar, § 2 Rn. 36.

534 *Von Loeper* in *Kluge*, Tierschutzgesetz Kommentar, § 2 Rn. 38.

535 *Von Loeper* in *Kluge*, Tierschutzgesetz Kommentar, § 2 Rn. 38.

536 *Von Loeper* in *Kluge*, Tierschutzgesetz Kommentar, § 2 Rn. 38.

se an § 2 Nr. 2 TierSchG gemessen werden, sondern es muss zunächst differenziert werden, ob das konkrete Bewegungsbedürfnis ein Grundbedürfnis darstellt oder ein darüberhinausgehendes Bewegungsbedürfnis. Nach dieser Differenzierung muss also erst eine Vor-Kategorisierung (Grundbedürfnis oder darüberhinausgehendes Bewegungsbedürfnis) erfolgen. Danach kann erst die Frage beantwortet werden, ob ein Haltungsmerkmal dem § 2 Nr. 1 TierSchG oder dem (für das Tier nachteiligeren) § 2 Nr. 2 TierSchG unterfällt.

Eine Einschränkung der Beweglichkeit eines Tieres sei stets dann vorhanden, wenn es in Gefangenschaft gehalten wird.[537] Das Verbot des § 2 Nr. 2 TierSchG wird als Auffangtatbestand neben § 2 Nr. 1 TierSchG gesehen: Dem Tier dürften in keinem Einzelfall durch Vorenthaltung artgemäßer Bewegung Schmerzen, oder vermeidbare Leiden oder Schäden zugefügt werden.[538] Die Norm des § 2 Nr. 1 TierSchG sei bereits verletzt, wenn Grundbedürfnisse des Tieres nicht befriedigt werden.[539] Die Tierhaltungsnorm des § 2 TierSchG darf jedoch nicht als zusätzliche Voraussetzung und damit als „Spielraum" um einen vernünftigen Grund i. S. v. § 1 Satz 2, § 17 TierSchG erweitert werden, was rechtsmethodisch unzulässig wäre.[540]

Andere[541] setzen für die Bestimmung der Pflichten nach § 2 TierSchG zum einen an der Art an, der das Tier angehört, außerdem an den konkreten Bedürfnissen des Einzeltieres: „Dabei ist der Grad der Entwicklung des Tiers, die Anpassung und Domestikation sowie seine physiologischen und ethologischen Bedürfnisse entsprechend praktischen Erfahrungen und wissenschaftlichen Erkenntnissen zu berücksichtigen."[542] Bei den wissenschaftlichen Erkenntnissen sei der neueste Stand maßgeblich, nicht die mehrheitlich anerkannten oder die der Praxis zugrundeliegenden Lehren.[543]

537 *Von Loeper* in *Kluge*, Tierschutzgesetz Kommentar, § 2 Rn. 39.

538 *Von Loeper* in *Kluge*, Tierschutzgesetz Kommentar, § 2 Rn. 40.

539 *Von Loeper* in *Kluge*, Tierschutzgesetz Kommentar, § 2 Rn. 44.

540 *Von Loeper* in *Kluge*, Tierschutzgesetz Kommentar, § 1 Rn. 47, Rn. 2-5.

541 *Lorz/Metzger*, Tierschutzgesetz mit Allgemeiner Verwaltungsvorschrift, Rechtsverordnungen und Europäischen Übereinkommen sowie Erläuterungen des Art. 20a GG – Kommentar, 6. Auflage 2008.

542 *Lorz/Metzger*, Tierschutzgesetz Kommentar, § 2 Rn. 19, verweisend auf Art. 4 der RL 98/58/EWG des Rates vom 20. Juli 1998 über den Schutz landwirtschaftlicher Nutztiere (EG-Nutztierhaltungsrichtlinie).

543 *Lorz/Metzger*, Tierschutzgesetz Kommentar, § 2 Rn. 19.

Hier wird zwar auch Bezug genommen auf die vom historischen Gesetzgeber gewollte Anknüpfung an das Bedarfsdeckungs- und Schadenvermeidungskonzept von Tschanz,[544] welches „in der Verhaltenswissenschaft weitgehend anerkannt zu werden scheint“[545] und es den Ausführungen zu § 2 Nr. 1 TierSchG zugrunde gelegt.[546]

Anders als das Bundesverfassungsgericht im Hennen-Urteil und den vorgenannten Kommentaren verrechnen andere aber im Zuge einer Gesamtwürdigung der Umstände verschiedene Kriterien der art- und bedürfnisgerechten Haltung miteinander: So soll eine geringe Fläche der Unterbringung beispielsweise mit einer Strohraufe wieder aufgewogen werden dürfen. Lediglich die völlige Zurückdrängung eines Grundbedürfnisses sei gesetzlich nicht erlaubt.[547] Diese Auffassung ist im Lichte der Hennen-Entscheidung, aber auch im Lichte des seit 2002 existenten Art. 20a GG abzulehnen. Weder können Defizite in der Gewährung eines Grundbedürfnisses durch die Gewährung eines anderen Grundbedürfnisses aufgewogen werden. Denn wie der Name des Grundbedürfnisses schon vermuten lässt, erfasst dieses grundlegende Verhaltensmuster und Bedarfe eines Tieres, die nicht einfach durch die Gewährung eines anderen Grundbedürfnisses (das sowieso immer auch gewährt werden muss) aufgewogen werden kann. Auch das Aufwiegen mit anderen, Nicht-Grundbedürfnissen, muss richtigerweise ausgeschlossen sein. Im Übrigen sind Grundbedürfnisse umfassend zu gewähren; keines der Grundbedürfnisse darf auch nur eingeschränkt werden.

Der Begriff „angemessen“, der sich auf Ernährung, Pflege und verhaltensgerechte Unterbringung beziehe,[548] bedeute nach nicht, dass das Tier optimal ernährt/gepflegt/verhaltensgerecht untergebracht werden muss, sondern lediglich „angemessen“, was auch eine Einschränkung bedeute.[549] Kriterien hierzu seien, dass Abweichungen von der optimalen Ernährung geeignet sind, den Nutzungszweck zu fördern, keine gleich geeigneten, aber tierschutzgerechteren Handlungsalternativen zur Verfügung stehen und der vom Halter verfolgte Zweck nicht außer Verhältnis zu dem beeinträchtigten Belang des Tieres steht.[550] Die Güter- und Interessenabwägung im Rahmen der Verhältnismäßigkeit müsse anhand der Wertungen der

544 *Lorz/Metzger*, Tierschutzgesetz Kommentar, § 2 Rn. 20.
545 *Lorz/Metzger*, Tierschutzgesetz Kommentar, § 2 Rn. 21.
546 *Lorz/Metzger*, Tierschutzgesetz Kommentar, § 2 Rn. 21.
547 *Lorz/Metzger*, Tierschutzgesetz Kommentar, § 2 Rn. 24.
548 *Lorz/Metzger*, Tierschutzgesetz Kommentar, § 2 Rn. 28, 33, 37.
549 *Lorz/Metzger*, Tierschutzgesetz Kommentar, § 2 Rn. 28.
550 *Lorz/Metzger*, Tierschutzgesetz Kommentar, § 2 Rn. 28.

§§ 1, 2 TierSchG erfolgen; wo jedoch bei der Frage, ob dem Halter ein „mehr" an Tierschutz zumutbar ist, wirtschaftliche Interessen eine Rolle spielen, müsse der Gesetz- bzw. Verordnungsgeber tätig werden und hier entscheidend eingreifen.[551] Insbesondere der Verordnungsgeber, wie auch mit der TierSchNutztV geschehen, könne (auch) zu Ungunsten der Tiere die Angemessenheit tierspezifisch konkretisieren. Durch Verordnung werde dem Tierhalter, verbösernd zu der Vorschrift des § 2 TierSchG, eine Abweichung von der eigentlich angemessen artgemäß zu gewährenden Ernährung/Pflege/verhaltensgerechter Unterbringung zu seinen Gunsten erlaubt. Anders als die vorgenannten Ansichten wird hier der Begriff „Angemessenheit" auch mit wirtschaftlichen Interessen des Tierhalters aufgefüllt und von dem Gesetzgeber und dem Verordnungsgeber verlangt, dass dieser konkretisierende Vorschriften erlässt, die eben auch wirtschaftliche Interessen des Tierhalters berücksichtigen. An späterer Stelle wird zu prüfen sein, ob dies möglich ist oder sogar verfassungswidrig.

In § 2 Nr. 2 TierSchG wird ebenfalls eine absolute Grenze der Belastung gesehen: „Schmerzen dürfen durch die Einschränkung artgemäßer Bewegung in keinem Fall zugefügt werden. Für Leiden und Schäden gilt das nur, sofern sie vermieden werden können, so dass die Tiere unvermeidbare Leiden oder Schäden hinnehmen müssen. Unvermeidbar sind zunächst (1) die Belastungen, die aus dem arteigenen Verhalten entspringen, z. B. aus der Rangordnung sozial lebender Tiere. (2) Sofern menschliche Interessen zur Unterbringung des Tieres führen, sind zweitens alle belastenden Unterbringungsmodalitäten zulässig und unvermeidbar, die von einem vernünftigen Grund getragen sind (§ 1 Satz 2 […])."[552] Weiter wird auch hinsichtlich § 2 Nr. 2 TierSchG ein Bezug zu dem vernünftigen Grund hergestellt, der in § 1 Satz 2 TierSchG genannt ist, von dem aber in § 2 TierSchG nichts steht. Letztlich sei die „Vermeidbarkeit eine Ausprägung der Verhältnismäßigkeit, gemessen an der Bedeutung und dem Gegenstand des menschlichen Nutzungsinteresses. Zwischen den rechtlich geschützten Interessen der Tierhaltung und den Belangen des Tierschutzes ist ein Ausgleich herzustellen.[553] Vermeidbar sind deshalb die Belastungen, wenn dem Halter oder Betreuer Maßnahmen zuzumuten sind, bei denen die Be-

551 *Lorz/Metzger*, Tierschutzgesetz Kommentar, § 2 Rn. 28.

552 *Lorz/Metzger*, Tierschutzgesetz Kommentar, § 2 Rn. 41, 42, 43.

553 Verweisend auf *BVerfG*, Urteil vom 6. Juli 1999, Az.: 2 BvF 3/90, NJW 1999, S. 3255, die Aussage des BVerfG bezieht sich an dieser Stelle aber auf den allgemeinen Grundsatz des § 1 Satz 2 TierSchG, nach dem niemand einem Tier ohne vernünftigen Grund Schmerzen, Leiden oder Schäden zufügen darf.

wegungsfreiheit gewährleistet ist oder zumindest die belastenden Folgen des Nr. 2 ausbleiben. […] Der Mensch darf [..] von der Fähigkeit der konkreten Tierart profitieren, sich schlechteren als optimalen Umweltbedingungen anzupassen."[554]

Bei der Frage, in welchem Verhältnis § 2 Nr. 1 und § 2 Nr. 2 TierSchG zueinander stehen, wird wiederum der vernünftige Grund eingebracht. Es wird ausgeführt: „Es spricht (..) viel dafür, dass die angemessenen Bedingungen artgemäßer Unterbringung (Nr. 1) dieselben sind wie diejenigen Bedingungen, bei denen vermeidbare Leiden und Schäden im Sinn der Nr. 2 unterbleiben. Entgegen dem BVerfG dürfen bei der Haltung auch die Bewegungsbedürfnisse des Tieres gleich den anderen Bedürfnissen nicht unangemessen zurückgedrängt werden, wobei Nr. 2 auch dann eine absolute Grenze setzt, wenn etwa wirtschaftliche Gründe eine schmerzbringende Haltungsform scheinbar erzwingen. Die besondere Erwähnung der Bewegungsbedürfnisse erklärt sich daraus, dass diese stärker als die anderen Bedürfnisse des Tiers im Konflikt stehen mit den Haltungszwecken des Menschen, besonders als Kostenfaktor, der die Größe des Stalls oder Geheges bestimmt, etwa in der landwirtschaftlichen Nutztierhaltung, aber auch im Zoo, beim Tierhandel oder bei der Tierzüchtung. Nr. 1 und Nr. 2 sind daher folgendermaßen zu verknüpfen: Fehlt ein vernünftiger Grund für eine Bewegungseinschränkung über das hinaus, was die sonst angemessene verhaltensgerechte Unterbringung gebietet, so ist die Haltungsart unzulässig."[555]

Im Ergebnis werden die Pflichten des § 2 Nr. 1 TierSchG zur Gewährung angemessen art- und bedürfnisentsprechender Ernährung, Pflege und verhaltensgerechter Unterbringung und das Verbot der Einschränkung der Möglichkeit artgemäßer Bewegung bis zur Schmerzgrenze mit dem Begriff des vernünftigen Grundes verknüpft, der in § 1 Satz 2 TierSchG sowie in den Straf- und Bußgeldvorschriften der §§ 17 ff. TierSchG genannt wird.

Es ist durchaus streitig, ob der „vernünftige Grund" nur dort Anwendung findet und vorliegen muss, wo er explizit im Gesetz genannt ist –

---

554 *Lorz/Metzger*, Tierschutzgesetz Kommentar, § 2 Rn. 43, verweisend auf das Säugetiergutachten 1996, S. 8, Nr. 3: „Tiere haben artspezifisch und teilweise auch in Abhängigkeit von individuellen Faktoren in unterschiedlichem Maße die Fähigkeit der Anpassung an äußere Bedingungen, die vom Optimum abweichen. Diese Fähigkeit ist in Menschenobhut ebenso eine normale Funktion des Lebens wie in natürlichen Ökosystemen; sie ist im Einzelfall zu berücksichtigen, (…)." Im aktuellen Säugetiergutachten vom 17. Mai 2014 findet sich eine solche Passage nicht mehr.

555 *Lorz/Metzger*, Tierschutzgesetz Kommentar, § 2 Rn. 51, 52.

nämlich in § 1 Satz 2 TierSchG, in § 17 Nr. 1 TierSchG und in § 18 Abs. 1 Nr. 1 und § 18 Abs. 2 TierSchG. Einige Autoren sind der Ansicht, dass das gesamte Tierschutzrecht unter dem Vorbehalt des vernünftigen Grundes gesehen werden müsse; nicht nur die Normen, in denen der vernünftige Grund explizit genannt ist, sondern auch alle anderen Gebots- und Verbotsnormen seien so zu lesen, dass es für einen Verstoß nicht ausreiche, wenn der Handelnde jeweils die geschriebenen Tatbestandsmerkmale erfüllt, sondern dass weiter hinzukommen müsse, dass ohne vernünftigen Grund gehandelt worden sei.[556]

Die überwiegende Ansicht hält demgegenüber einen Rückgriff auf den vernünftigen Grund nur für möglich, wenn sich aus einer spezialgesetzlichen Gebots- oder Verbotsvorschrift nichts anderes ergibt; die Generalklausel könne nur dort zum Zuge kommen, wo es an einer speziellen Regelung fehle.[557] Dem ist zuzustimmen, da der Gesetzgeber den vernünftigen Grund, wäre er im gesamten Tierschutzrecht anwendbar und stünde das ganze Tierschutzgesetz unter dem Vorbehalt eines vernünftigen Grundes, legal definiert hätte und nicht ein ganzes Gesetz unter die Anwendung eines unbestimmten Rechtsbegriffs gestellt hätte.

Richtigerweise darf man die Voraussetzungen des § 2 TierSchG daher nicht mit dem Vorliegen eines vernünftigen Grundes verknüpfen. Zwar folgt auch die konservative Ansicht der überwiegenden Ansicht, dass der Rückgriff auf den vernünftigen Grund nur möglich ist, wenn sich aus einer spezialgesetzlichen Gebots- oder Verbotsvorschrift nicht anderes ergibt. Dass jede Norm des Tierschutzrechts unter der Einschränkung des vernünftigen Grundes steht, wird aber auch von dieser Ansicht verneint.[558] Es wird für jede Norm geprüft, „ob sie als Spezialvorschrift ihre eigenen Voraussetzungen unabhängig von § 1 Satz 2 TierSchG enthält, [Anm. der Verf.: Dann ist ein vernünftiger Grund nicht zu prüfen] oder [ob sie] als

556 *Meyer-Ravenstein*, Abfischen von „Weißfischen“ unter Wettbewerbsbedingungen, NuR 1993, S. 152 f. S. 152; *Bettermann*, Rechtsfragen des Tierschutzes Teil 2, S. 8.

557 *VGH Kassel*, Beschluss vom 6. November 1996, Az.: 11 TG 4486/96 (VG Gießen), NuR 1997, S. 296-298; *Caspar*, Tierschutz im Recht der modernen Industriegesellschaft, S. 357; *derselbe*, Der vernünftige Grund im Tierschutzgesetz, NuR 1997, S. 577 ff., S. 578; *Hirt/Maisack/Moritz*, Tierschutzgesetz Kommentar, § 1 Rn. 37; *Maisack*, Zum Begriff des vernünftigen Grundes im Tierschutzrecht, S. 83; *Lorz/Metzger*, Tierschutzgesetz Kommentar, § 1 Rn. 18; Zur Übersicht über den Streitstand: *Maisack*, Zum Begriff des vernünftigen Grundes im Tierschutzrecht, S. 82-97.

558 *Lorz/Metzger*, Tierschutzgesetz Kommentar, § 1 Rn. 18.

bloß konkretisierende Bestimmung den Rückgriff auf das Tatbestandsmerkmal ‚Rechtfertigung durch vernünftigen Grund' ermöglicht."[559]

Da bei den Ausführungen zu § 2 TierSchG auf den vernünftigen Grund abgestellt und dieser geprüft wird, wird offensichtlich die Meinung vertreten, dass § 2 TierSchG keine Spezialvorschrift ist, die ihre eigenen Voraussetzungen unabhängig von § 1 Satz 2 TierSchG enthält, sondern eine konkretisierende Bestimmung ist, bei der der Rückgriff auf den vernünftigen Grund möglich ist und ein solcher daher vorliegen muss. Diese Ansicht ist abzulehnen, da das Vorliegen eines vernünftigen Grundes, der (unter Beachtung des Verhältnismäßigkeitsgrundsatzes) auch in gesellschaftlichen Anschauungen liegen kann,[560] die Tierhaltergrundnorm mit ihren Voraussetzungen der *verhaltensgerechten* Unterbringung und der Möglichkeit zur *artgemäßen* Bewegung in einer unzulässigen Weise, dem Art. 20a GG nicht entsprechend, aufweichen und verklären würde.

Eine weitere Ansicht[561] geht auf die Gesetzesmaterialien und das Bedarfsdeckungs- und Schadensvermeidungskonzept von *Tschanz* ein, geht aber wie die konservative Ansicht davon aus, dass mit dem Wort ‚angemessen' menschliche Interessen gewichtet werden können und tierische Grundbedürfnisse unter dieser Gewichtung zurücktreten können.[562] Die Einschränkungsmöglichkeit zur artgemäßen Bewegung setzt diese Ansicht wie der Gesetzgeber in den Gesetzesmaterialien in den Kontext mit dem vernünftigen Grund, wonach die Möglichkeit artgemäßer Bewegung bis

---

559 *Lorz/Metzger*, Tierschutzgesetz Kommentar, § 1 Rn. 18.

560 Vgl. mit Beispielen *Lorz/Metzger*, Tierschutzgesetz Kommentar, § 1 Rn. 70: „gesellschaftlich anerkannte vernünftige Gründe"; *Hirt/Maisack/Moritz*, Tierschutzgesetz Kommentar, § 1 Rn. 67: nach BVerfGE 34, S. 269 ff., S. 287 den Begriff „fundierte allgemeine Gerechtigkeitsvorstellungen der Gemeinschaft" verwendend; *von Loeper* in *Kluge*, Tierschutzgesetz Kommentar, § 1 Rn. 52: „moralische Sicht der Allgemeinheit", das „nach Auffassung der Allgemeinheit im sittlichen Verhältnis zwischen Mensch und Tier ethisch Gesollte"; *Maisack*, Zum Begriff des vernünftigen Grundes im Tierschutzrecht, S. 150 f.: „ […] überwiegend konsensfähige Wert- und Gerechtigkeitsvorstellungen als grobes Raster"; *Caspar*, Der vernünftige Grund im Tierschutzgesetz, NuR 1997, S. 577 ff., S. 582: „ […] den jeweils zugrundeliegenden sozialen Anschauungen und dem kulturellen Selbstverständnis eines überwiegenden Teils der Bevölkerung"; Tierschutzbericht der Bundesregierung 2001, S. 49: hiernach soll der unbestimmte Rechtsbegriff des vernünftigen Grundes durch Auslegung und Rechtsprechung weiterentwickelt und den „gesellschaftlichen Gegebenheiten" angepasst werden.

561 *Schiwy*, Kommentar zum Tierschutzgesetz und Sammlung deutscher und internationaler Bestimmungen, Band I, Loseblatt, Stand 2014.

562 *Schiwy*, Tierschutzgesetz, § 2 S. 3.

zur Schmerz-/Leidensgrenze eingeschränkt werden darf, wenn ein vernünftiger Grund vorliegt. [563]

3. Außerjuristische Definitionen und Kritik zu den Begriffen artgemäß und verhaltensgerecht

Um die Antwort auf die Frage der Inhalte der unbestimmten Rechtsbegriffe *artgemäß* und *verhaltensgerecht* wird nicht nur auf rechtswissenschaftlicher Ebene gerungen. Auch im Bereich der Veterinärmedizin und der Ethologie gibt es zahlreiche Abhandlungen zu diesem Thema,[564] denn nach den Gesetzesmaterialien obliegt es u. a. der ethologischen Grundlagenforschung, diese Begriffe durch naturwissenschaftliche Untersuchungen und Erkenntnisse einer ersten inhaltlichen Ausfüllung zuzuführen.[565] Aber nicht nur Ethologen, sondern auch andere Naturwissenschaftler oder Experten aus der Tierzucht und/oder der Wirtschaft bieten verschiedene Definitionen für die Begriffe an: Ein Tierzuchtexperte formulierte 1987 folgende Definition für den Begriff *artgerecht* [der wohl synonym für den Begriff *artgemäß* stehen soll,[566] siehe dazu bereits oben]: „Die für die biologische Erhaltung einer Tierart erforderlichen Eigenschaften der äußeren Lebensumstände".[567] Für den Begriff *verhaltensgerecht* bot er folgende Definition an: „die Eigenschaft, die eine zur Erhaltung der Art erforderliche Lebensweise und Lebensform ermöglicht."[568] Ein Tierarzt und Zoologe bot 1991 folgende Definition für den Begriff *verhaltensgerecht* an: „Verhaltensgerecht ist eine Unterbringung nur dann, wenn in allen Funktionskrei-

563 Amtl. Begründung des Entwurfs eines Ersten Gesetzes zur Änderung des Tierschutzgesetzes, BT-Drs. 10/3158, S. 18; *Schiwy*, Tierschutzgesetz, § 2 S. 5.

564 Vgl. nur *Tschanz*, „Artgemäß" und „verhaltensgerecht" – ein Vergleich, Prakt. Tierarzt 1984, S. 211 ff.; *Grauvogl*, Zu den Begriffen „artgemäß" und „verhaltensgerecht" in Bezug auf die Nutztierhaltung, Prakt. Tierarzt 1984, S. 232 ff.; *Fölsch*, Zu den Begriffen „artgemäß" und „verhaltensgerecht" in § 2 Abs. 1 des Tierschutzgesetzes – Spezielle Aspekte bei der Haltung von Nutzgeflügel, Prakt. Tierarzt 1984, S. 252 ff.; *Zeeb/Beilharz*, Angewandte Ethologie und artgemäße Tierhaltung, TU 1980, S. 603 ff.

565 So schon die Begründung der Bundesregierung zum Entwurf eines Tierschutzgesetzes vom 7. September 1971, BT-Drs. VI/2559 S. 10; auch amtl. Begründung des Entwurfs eines Ersten Gesetzes zur Änderung des Tierschutzgesetzes, BT-Drs. 10/3158, S. 18.

566 Vgl. *von Gall*, Tierschutz als Agrarpolitik, S. 190.

567 *Scholtyssek*, Geflügel, S. 158.

568 *Scholtyssek*, Geflügel, S. 158.

sen die essentiellen Verhaltensweisen des Tieres ungehindert ausgeführt werden können."[569] Diese Definition stellt richtigerweise auf die Unterbringung des Tieres ab, die verhaltensgerecht sein muss, und nicht auf eine Eigenschaft des Tieres selbst, wie dies die Definition von Scholtyssek tut.[570]

Ein anderer Experte für Tierzucht bezeichnete die *artgemäße* Haltung auf der öffentlichen Anhörung von Sachverständigen zum Entwurf des Tierschutzgesetzes von 1972 im Februar 1972 als „politisches Ziel", welches als Kompromiss verstanden werden müsse.[571] Er sagte: „Was nun schließlich das artgemäße Bewegungsbedürfnis angeht, so scheint ein Kompromiss unerlässlich. Die Bewegungsfreiheit der Haustiere ist eingeschränkt seit der Domestikation. Angesichts der Notwendigkeit, Großtiere in Gebäuden zu halten, ist eine erhebliche Reduzierung der Bewegungsmöglichkeit ebenso unumgänglich wie deren realistische Beurteilung hinsichtlich der im Einzelnen zu dieser Gesetzesforderung zu erlassenden Vorschriften".[572]

Abgesehen davon, dass es nicht notwendig ist, Großtiere in Gebäuden zu halten, wird durch diese Aussagen deutlich, dass hier ökonomische Belange mit in die Konkretisierung der unbestimmten Rechtsbegriffe *artgemäß* und *verhaltensgerecht* einfließen sollten. Ebenso geht der eben zitierte Experte davon aus, dass die erhebliche Einschränkung der Bewegung in einer artgemäßen Tierhaltung nicht vermieden werden könne,[573] was einen Widerspruch in sich begründet. Weiter sei die Haltung von Legehennen in Batterien kein Verstoß gegen § 2 TierSchG.[574] Auch diese Aussage wurde spätestens im Jahr 1999 höchstrichterlich durch das Bundesverfassungsgericht für falsch befunden.[575]

Im Jahr 1980 veröffentlichte der Ethologe Wickler „Sieben Thesen zum Tierschutz",[576] dessen vierte These lautete: „'Artgemäss' ist eine irreführende Kategorie. Viele Arten enthalten Rassen, die an sehr verschiedene Umweltbedingungen angepasst sein können. Wenn man Rassen und Stämme durch Züchten herstellt – kann dann eine andere Umwelt für sie rassegemässer sein als die, in der sie entstanden? Wo sich ein Tier wohlfühlt, und wohin es strebt, kann ferner auch durch frühe Erfahrungen und Prägungs-

569 *Sambraus*, Nutztierkunde, S. 87.
570 *Scholtyssek*, Geflügel, S. 158.
571 Zitiert nach *von Gall*, Tierschutz als Agrarpolitik, S. 83.
572 Zitiert nach *von Gall*, Tierschutz als Agrarpolitik, S. 83.
573 Zitiert nach *von Gall*, Tierschutz als Agrarpolitik, S. 83.
574 Zitiert nach *von Gall*, Tierschutz als Agrarpolitik, S. 84.
575 *BVerfG*, Urteil vom 6. Juli 1999, Az.: 2 BvF 3/90, BVerfGE 101, S. 1 ff.
576 *Wickler*, Sieben Thesen zum Tierschutz, Der Tierzüchter 1980, Heft 6, S. 248.

vorgänge festgelegt werden. Solche Beeinflussungen (speziell der Jugendentwicklung) bieten neben gezielter Züchtung eine weitere Möglichkeit, das Tier seiner Umwelt statt die Umwelt dem Tier anzupassen".[577] Dem entgegnet Leyhausen: „'Artgemäss' ist keineswegs eine irreführende Kategorie; irreführend ist lediglich die Art und Weise, in der uns ein falscher Artbegriff untergeschoben werden soll. Niemand bestreitet die Varianz innerhalb der Art. Aber diese hat ihre Grenzen; eben deshalb können wir ja Arten unterscheiden."[578]

Die ethologische bzw. naturwissenschaftliche Grundlagenforschung meint zu erkennen, dass die Begriffe *artgemäß* und *verhaltensgerecht* wegen der Art ihrer Verwendung zu Diskussionen geführt hat, weil mit diesen Begriffen (in der Gesetzesbegründung) nicht nur die Eigenschaften von Tieren bezeichnet würden (ungestörte körperliche Funktionen; angeborene, arteigene und essentielle Verhaltensmuster; ungestörte, artgemäße und verhaltensgerechte Abläufe der Lebensvorgänge; Wohlbefinden; gestörte körperliche Funktionen; Schmerzen, Leiden, Schäden), sondern (im Gesetz) auch die Eigenschaften von Dingen (artgemäße Nahrung und Pflege sowie eine verhaltensgerechte Unterbringung).[579] Artgemäß und verhaltensgerecht würden bezüglich der Tiere als Eigenmerkmal, bezüglich der Dinge, mit denen die Tiere zusammenkommen als durch Eigenschaften der Tiere bedingte Merkmale verwendet.[580] Die aus dieser Diskrepanz folgenden Interpretationsschwierigkeiten[581] ließen sich ausräumen mit der Verwendung unterschiedlicher Begriffe für Eigenmerkmale und bedingte Merkmale; so könne der Begriff *arteigen* für die Eigenschaften des Tieres, die beschrieben werden, stehen, *artgemäß* für die Dinge, die durch die Eigenschaften des Tieres bedingt sind.[582] Gestützt werde diese Ansicht durch die Wortbedeutungen der Begriffe nach Duden, wonach *gemäß* „entsprechend" bedeute, *eigen* hingegen „für jemanden bezeichnend, typisch etwas kennzeich-

577 *Wickler*, Sieben Thesen zum Tierschutz, Der Tierzüchter 1980, Heft 6, S. 248.

578 *Leyhausen*, Tierschutz-Thesen, in: *Fölsch/Nabholz*, Ethologische Aussagen zur artgerechten Nutztierhaltung, S. 7 ff., S. 9.

579 *Tschanz*, „Artgemäß" und „verhaltensgerecht" – ein Vergleich, Prakt. Tierarzt 1984, S. 211 ff., S. 211 f.

580 *Tschanz*, „Artgemäß" und „verhaltensgerecht" – ein Vergleich, Prakt. Tierarzt 1984, S. 211 ff., S. 212.

581 So auch *Grauvogl*, Zu den Begriffen „artgemäß" und „verhaltensgerecht" in Bezug auf die Nutztierhaltung, Prakt. Tierarzt 1984, S. 232 ff., S. 232.

582 *Tschanz*, „Artgemäß" und „verhaltensgerecht" – ein Vergleich, Prakt. Tierarzt 1984, S. 211 ff., S. 212.

nend".[583] Gleiches gelte bei der Verwendung des Begriffs *verhaltensgerecht*, der entsprechend der Bedeutung nach Duden des Begriffs „-gerecht" bezogen auf den Begriff *verhaltensgerecht* bedeute, dass „dem Tier das Recht zugestanden wird, bestimmte Verhaltensmuster ausbilden zu können;[584] Voraussetzung dazu ist das Vorhandensein von Umgebungsbedingungen, welche die Musterbildung zulassen; die Umgebung muß also bestimmten, durch die Verhalteneigenheiten des Tieres bedingten Ansprüchen genügen. Erfüllt sie die Ansprüche, ist sie verhaltensgerecht. Verhaltensgerecht ist damit, wie artgemäß, eine Eigenschaft, welche abzuleiten ist aus Eigenschaften des Tieres."[585]

Andere Stimmen meinen, dass der Begriff *verhaltensgerecht* mitnichten ein Recht zugestehe oder aus einem Recht ableitbar sei, sondern lediglich die für das Verhalten *richtige* Unterbringung, wobei ebenfalls Duden herangezogen wird.[586]

Weil in verschiedenen Veröffentlichungen, insbesondere in einem aktuellen Beschluss des Bundesverfassungsgerichts[587] wie auch in der Umgangssprache und im öffentlichen Bereich statt von *artgemäß* von *artgerecht* gesprochen wird,[588] werden diese Begriffe auch hier synonym verwendet.

Eine aktuelle, aus dem Bereich der Tierethik stammende Definition von *artgerecht* ist die „Gerechtigkeit für das Individuum entsprechend der in ihm genetisch verankerten Lebensweise seiner Art".[589]

Verschiedene Fachrichtungen üben Kritik an den Begriffen *artgemäß* und *verhaltensgerecht*, diese seien in Bezug auf den Begriff *artgemäß* „zu weit gefasst, zu unscharf, zu pauschal, irreführend oder ungünstig, nicht geeignet bzw. nicht anwendbar"[590] und in Bezug auf den Begriff *verhaltensgerecht* „zu eng, das Lernen nicht mit einbeziehend, zu unscharf, eine über-

583 *Tschanz*, „Artgemäß" und „verhaltensgerecht" – ein Vergleich, Prakt. Tierarzt 1984, S. 211 ff., S. 212.

584 Vgl. auch Duden, artgerecht = den Ansprüchen einer bestimmten Tierart genügend.

585 *Tschanz*, „Artgemäß" und „verhaltensgerecht" – ein Vergleich, Prakt. Tierarzt 1984, S. 211 ff., S. 212.

586 *Grauvogl*, Zu den Begriffen „artgemäß" und „verhaltensgerecht" in Bezug auf die Nutztierhaltung, Prakt. Tierarzt 1984, S. 232 ff., S. 234.

587 *Akademie für Naturschutz und Landschaftspflege (ANL)*, Begriffe aus Ökologie, Umweltschutz und Landnutzung, München 1985; *BVerfG*, Beschluss vom 8. Dezember 2015, Az.: 1 BvR 1864/14 (juris).

588 *Von Gall*, Tierschutz als Agrarpolitik, S. 261 f.

589 *Sezgin*, Artgerecht ist nur die Freiheit, S. 43.

590 *Tschanz*, „Artgemäß" und „verhaltensgerecht" – ein Vergleich, Prakt. Tierarzt 1984, S. 213; für „nicht geeignet, als Grundlage für gerichtliche Verurteilungen

triebene Forderung".[591] Weiterhin würde er missbräuchlich bzw. als Täuschungsmanöver verwendet und sei daher nur eine Worthülse.[592]

Der Begriff *artgemäß* trage nur der Art, nicht aber den Besonderheiten, die Zuchtrassen, die sich z. T. erheblich von der Stammform unterschieden, zukommen, Rechnung.[593] Nicht also nur auf die Art, sondern auch auf spezifische Rassemerkmale müsse eingegangen werden; dies lasse jedoch die Ausführungen der Gesetzesbegründung zu, die in der Begründung zu § 2 TierSchG ausführt: „Jedermann hat dem Tier unter Berücksichtigung seiner Entwicklungs-, Anpassungs- und Domestikationsstufe angemessene artgemäße Nahrung und Pflege angedeihen zu lassen".[594]

Hinsichtlich des Begriffs verhaltensgerecht wird darauf verwiesen, dass Tiere lernfähig sind, das Vorhandensein genetisch fixierter [Anm. d. Verf.: wohl Verhaltens-] Muster werden als fraglich bezeichnet.[595]

Stattdessen werden für den Begriff *artgemäß* die Alternativen „rassegemäß, herkunftsgemäß, tiergemäß, tiergerecht, leistungsgerecht, wiederkäuergerecht"[596] und für den Begriff *verhaltensgerecht* die Begriffsalternativen „tierspezifisch, tiergerecht, nutztiergerecht, bedarfsgerecht oder tierverträglich"[597] vorgeschlagen. Für den Begriff „tiergerecht" wurde bereits 1982

---

zu dienen" hält die Begriffe *Rojahn*, Zu den Begriffen „artgemäß" und „verhaltensgerecht" in § 2 Abs. 1 des Tierschutzgesetzes – Wertung aus der Sicht der Administration, Prakt. Tierarzt 1984, S. 243 ff., S. 243.

591 *Tschanz*, „Artgemäß" und „verhaltensgerecht" – ein Vergleich, Prakt. Tierarzt 1984, S. 211 ff., S. 213; einen Überblick zum Streitstand bietet *Rojahn*, Zu den Begriffen „artgemäß" und „verhaltensgerecht" in § 2 Abs. 1 des Tierschutzgesetzes – Wertung aus der Sicht der Administration, Prakt. Tierarzt 1984, S. 243 ff., S. 246.

592 *Mühling*, Artgerecht – tiergerecht: Bemerkungen zur Diskussion der Haltungsproblematik, in: *Gansloßer*, Kurs Tiergartenbiologie, S. 77 ff., S. 77.

593 *Tschanz*, „Artgemäß" und „verhaltensgerecht" – ein Vergleich, Prakt. Tierarzt 1984, S. 211 ff., S. 213; auch *Grauvogl*, Zu den Begriffen „artgemäß" und „verhaltensgerecht" in Bezug auf die Nutztierhaltung, Prakt. Tierarzt 1984, S. 232 ff., S. 232.

594 *Tschanz*, „Artgemäß" und „verhaltensgerecht" – ein Vergleich, Prakt. Tierarzt 1984, S. 211 ff., S. 216 mit Verweis auf BT-Drs. VI/2559, S. 10.

595 *Tschanz*, „Artgemäß" und „verhaltensgerecht" – ein Vergleich, Prakt. Tierarzt 1984, S. 211 ff., S. 213.

596 *Tschanz*, „Artgemäß" und „verhaltensgerecht" – ein Vergleich, Prakt. Tierarzt 1984, S. 211 ff., S. 213.

597 *Tschanz*, „Artgemäß" und „verhaltensgerecht" – ein Vergleich, Prakt. Tierarzt 1984, S. 211 ff., S. 213; für den Begriff „tiergerecht" oder „tierverträglich" auch *Bogner*, 1982 Schule und Beratung 1983 S. IV-1 ff., S. 1; und *Grauvogl*, Zu den Begriffen „artgemäß" und „verhaltensgerecht" in Bezug auf die Nutztierhaltung, Prakt. Tierarzt 1984, S. 232 ff., S. 234.

eine Definition von der Terminologiearbeitsgruppe der Fachgruppe Verhaltensforschung der Deutschen Veterinärmedizinischen Gesellschaft vorgeschlagen. Danach sei ein Haltungssystem anknüpfend an das Bedarfsdeckungs- und Schadensvermeidungskonzept von Tschanz tiergerecht (und damit verhaltensgerecht i. S. v. § 2 Nr. 1 TierSchG), „wenn den darin gehaltenen Tieren Bedarfsdeckung und Schadensvermeidung gelingt".[598]

Die Eignung der Begriffe *artgemäß* und *verhaltensgerecht* werde auch deswegen in Frage gestellt, weil nicht klar sei, wie mit naturwissenschaftlichen Methoden ihr Vorliegen und somit eine gesetzliche Voraussetzung bestimmt werden soll.[599] Denn während die Gesetzesmaterialien hinsichtlich des Begriffs *artgemäß* von fehlenden gestörten körperlichen Funktionen ausgingen, die – sofern der ungestörte Zustand der körperlichen Funktionen der jeweiligen Tierart als Normalwert bekannt sei – einer naturwissenschaftlich messbaren Methode zur Bestimmung des Vorliegens der Voraussetzungen des Begriffs zugänglich seien, sei zur Beurteilung der Verhaltensgerechtheit auch auf sinnlich nicht erfassbare Merkmale abzustellen, nämlich auch auf Empfindungen der Tiere, die nicht durch eine naturwissenschaftliche Methode gemessen werden könnten und somit nicht wissenschaftlich nachweisbar seien.[600]

Aktuell werden jedoch immer mehr Studien und Versuche durchgeführt, um die Verhaltensgerechtheit von Unterbringungen – in neuerer Zeit gerne auch als „Tierwohl" bezeichnet – mit naturwissenschaftlichen Methoden zu messen und damit zu verobjektivieren.[601] So werden z. B. Schlachthofbefunde wie Veränderungen der Fußballen von Legehennen, Knochendeformationen, pathomorphologische Organveränderungen etc. in Versuchsreihen ausgewertet und mit Scores versehen, die eine Aussage über den Gesundheitszustand von Tieren bei der Ausstallung treffen sol-

---

598 *Grauvogl*, Zu den Begriffen „artgemäß" und „verhaltensgerecht" in Bezug auf die Nutztierhaltung, Prakt. Tierarzt 1984, S. 232 ff., S. 234.

599 *Tschanz*, „Artgemäß" und „verhaltensgerecht" – ein Vergleich, Prakt. Tierarzt 1984, S. 211 ff., S. 213.

600 *Tschanz*, „Artgemäß" und „verhaltensgerecht" – ein Vergleich, Prakt. Tierarzt 1984, S. 211 ff., S. 219.

601 So u. a. *Czycholl/Kniese u. a.*, Eignung der Qualitativen Verhaltensbeurteilung als tiergestützter Indikator zur objektiven Erfassung positiver Emotionen, in: *Giesecke/Busch u. a.*, Tierhaltung im Spannungsfeld von Tierwohl, Ökonomie und Gesellschaft, S. 38-41; *Starosta*, Amtliche Schlachthofbefunde als Datengrundlage für ein Tierwohl-Monitoring. Potentiale und Grenzen, in: *Giesecke/Busch u. a.*, Tierhaltung im Spannungsfeld von Tierwohl, Ökonomie und Gesellschaft, S. 34-37.

len, um somit einen bestimmten Grad an „Tierwohl" messen zu können.[602]

Fraglich erscheint auch, ob die Alternativbegriffe *tiergemäß* bzw. *tiergerecht* zum Ziel einer konkreteren Inhaltsbestimmung führten. Diese wären jedoch verlustreich, was die Eigenart des Tieres angeht; um diese begrifflich zu wahren, könnte der Begriff *eigenartgemäß* bzw. *gemäß der Eigenart* als Alternative zu den Begriffen *artgemäß* und *verhaltensgerecht* gewählt werden.[603]

Anknüpfend an das zur Konkretisierung der Begriffe *artgemäß* und *verhaltensgerecht* zugrunde liegende System der Bedarfsdeckung und Schadensvermeidung von Tschanz weist dieser auf die Notwendigkeit von Ethogrammen hin, die das Verhalten verschiedener Arten jeweils genau katalogisieren. Nur so könne eine gemeinsame Basis für die Bestimmung, ob Selbstaufbau und Selbsterhaltung gelingen und so Rückschlüsse auf die *Verhaltensgerechtheit* von Unterbringung gezogen werden können, geschaffen werden.[604] Auch als Grundlage für die entscheidende Behörde werden Grundparameter zu jeder Tierart gefordert, die einer Entscheidung zugrunde gelegt werden,[605] die mit Hilfe von Ethogrammen zu jeder Tierart festgelegt werden könnten. Dagegen wollen andere Stimmen keine Anpassung der Haltungssysteme an ethologisch tradierte Verhaltensmuster der Tiere, sondern wollen die Tiere durch Selektion den Haltungssystemen anpassen: So sei es „sinnvoll, Tiere, die ständig im Stall gehalten werden, durch Selektion an diese Umwelt anzupassen".[606] Dies ist jedoch gerade nicht Zielrichtung eines ethisch orientierten Tierschutzes, der um des Tieres Willen besteht und nicht um der verbesserten Wirtschaftlichkeit von Haltungssystemen Willen. Weiter hätte der Gesetzgeber, würde er präferie-

602 U. a. *Grafl/Polster u. a.*, Monitoring der Legehennengesundheit bei der Ausstallung, in: *Giesecke/Busch u. a.*, Tierhaltung im Spannungsfeld von Tierwohl, Ökonomie und Gesellschaft, S. 50-52.

603 *Tschanz*, „Artgemäß" und „verhaltensgerecht" – ein Vergleich, Prakt. Tierarzt 1984, S. 211 ff., S. 219.

604 *Tschanz*, „Artgemäß" und „verhaltensgerecht" – ein Vergleich, Prakt. Tierarzt 1984, S. 211 ff., S. 222 f.; so auch *Grauvogl*, Zu den Begriffen „artgemäß" und „verhaltensgerecht" in Bezug auf die Nutztierhaltung, Prakt. Tierarzt 1984, S. 232 ff., S. 234, anknüpfend an die Untersuchung, was für das Verhalten der Tierart das Richtige ist.

605 *Rojahn*, Zu den Begriffen „artgemäß" und „verhaltensgerecht" in § 2 Abs. 1 des Tierschutzgesetzes – Wertung aus der Sicht der Administration, Prakt. Tierarzt 1984, S. 243 ff., S. 243.

606 *Zeeb/Beilharz*, Angewandte Ethologie und artgemäße Tierhaltung, TU 1980, S. 603 ff., S. 609.

ren, dass Tiere den Haltungssystemen durch Zucht angepasst werden, die Ausfüllung der Inhalte der unbestimmten Rechtsbegriffe des § 2 TierSchG nicht den Ethologen übertragen, sondern den Genetikern, die durch genetische Selektion nur die an das Haltungssystem besonders angepassten Tiere weiterzüchten. Hinsichtlich der Wortwahl des Gesetzgebers bezüglich der unbestimmten Rechtsbegriffe des § 2 TierSchG wäre nach dieser Ansicht auch der Terminus „systemgerechte Unterbringung" passender auf die Hinzüchtung des Tieres zu einem Haltungssystem. Diesen Terminus hat der Gesetzgeber aber gerade nicht gewählt, sondern hat sich auf die Termini „artgemäß" und „verhaltensgerecht" festgelegt, die nahelegen, dass eine Tierhaltung bzw. Unterbringung von der Tierart ausgehend zu beurteilen ist und nicht umgekehrt die Individuen der jeweiligen Tierart ausgehend von dem vorhandenen (wirtschaftlichen) Haltungssystem aus. Heute ist unstreitig, dass die Haltungssysteme den Tieren angepasst werden müssen.[607] Notwendige Folge wäre eine Abschaffung der Eingriffe an Tieren zum Zwecke der Anpassung an die Haltungssysteme wie z. B. das Schnabelkürzen von Geflügel, das Kupieren von Schwänzen der Schweine oder das Enthornen von Rindern, vgl. § 6 TierSchG, was jedoch seitens der Tierhalter als zwingend nötig erachtet wird, um gegenseitige Verletzungen zu vermeiden. Dem ist nicht zuzustimmen; natürlich muss neben der Abschaffung der o. g. Maßnahmen eine § 2 TierSchG entsprechende Haltung sichergestellt werden, so dass es bei verhaltensgerechter Unterbringung erst gar nicht zum gegenseitigen Verletzen kommt.

Bis heute werden wissenschaftliche Arbeiten vermehrt an dem Begriff „tiergerecht" ausgerichtet[608] und der Begriff „tiergerecht" statt der Begriffe *artgemäß* und *verhaltensgerecht* als konkreterer Begriff präferiert, „in dem

---

607 Vgl. nur *Hirt/Maisack/Moritz*, Tierschutzgesetz Kommentar, § 6 TierSchG Rn. 20; Begründung zum Entwurf eines Ersten Gesetzes zur Änderung des Tierschutzgesetzes, BT-Drs. 10/3158 S. 21; vgl. auch Präambel der Empfehlungen des Ständigen Ausschusses zum Übereinkommen über den Schutz von Tieren in landwirtschaftlichen Tierhaltungen, Empfehlungen für Haushühner, Pekingenten, Moschusenten, Hausgänse, Straußenvögel, Pelztiere; in diese Richtung auch jüngst *BVerwG*, Beschluss vom 8. November 2016, Az.: 3 B 11.16, NVwZ 2017 S. 404 ff., S. 405.

608 Vgl. nur *Bartussek*, Neue Tendenzen in der Nutztierhaltung und der Tiergerechtheitsindex, in: *Sambraus/Steiger*, Das Buch vom Tierschutz, S. 70-83; *Blaha*, Tiergesundheit als Indikator für Tiergerechtheit in der Nutztierhaltung, in: *Sambraus/Steiger*, Das Buch vom Tierschutz, S. 84-90; *von Borell u. a.*, Bewertung praktikabler Kriterien zur Beurteilung der Tiergerechtheit von Haltungssystemen, in: Artgerechte Tierhaltung in der modernen Landwirtschaft – Diskussion neuer Erkenntnisse, S. 49-103.

der Zweck der Tierhaltung ein wenig mehr Gewicht erhält".[609] Auch der Begriff des „Tierwohls" gewinnt seit einigen Jahren mehr und mehr an Bedeutung,[610] meint aber wohl nichts anderes als „Tierschutz" aus der Perspektive des Tieres gesehen.[611] Der Begriff „Tierwohl" soll hier nicht weiter thematisiert werden; er wird hier abgelehnt, weil er sehr inflationär gebraucht und selbst von der Massentierindustrie verwendet wird, die minimale – jedoch immer noch nicht tierschutzkonforme – Maßnahmen hinter diesem Begriff versteckt und diese dann mit dem wohlklingenden Begriff *Tierwohl* schönzureden sucht.[612]

Der Begriff *artgemäß* wie auch der Begriff *verhaltensgerecht* werden hier und insbesondere im Rahmen des § 2 TierSchG als passend erachtet. Der Begriff *tiergerecht* erscheint zu losgelöst von einer Systematisierung der Tiere in ein handhabbares Vergleichssystem wie dem der Art. Wie eine Referenzgruppe zur Bestimmung des Bedarfs eines (individuellen!) Tieres zusammengestellt werden soll, bleibt unklar, wenn man nicht den Kontext zur Tierart berücksichtigt. Der Begriff der Tierart lässt immer einen Vergleich zur Wildform zu, während die Rekurrierung nur auf das (Einzel?)Tier schwer bestimmbar macht, was *tiergerecht* ist. Die Zuhilfenahme von Ethogrammen, die eine bestimmte Tierart erfassen, macht die Bestimmung der *Artgemäßheit* einfacher, als würde man auf Einzeltier oder Rassemerkmale abstellen, und lässt eine gewisse Pauschalierung zu. Auch hinsichtlich der *Verhaltensgerechtheit* kann auf artspezifische Verhaltensmuster abgestellt werden. Im Übrigen hat man hinsichtlich der Bestimmung der *Verhaltensgerechtheit* die Möglichkeit, auch rassespezifische Besonderheiten einzubeziehen, denn eine Unterbringung ist dann verhaltensgerecht, wenn

609 *Rojahn*, Zu den Begriffen „artgemäß" und „verhaltensgerecht" in § 2 Abs. 1 des Tierschutzgesetzes – Wertung aus der Sicht der Administration, Prakt. Tierarzt 1984, S. 243 ff., S. 247.

610 So wird immer mehr wissenschaftliche Forschung betrieben, um zu definieren und zu messen, was Tierwohl ist, vgl. nur *Giesecke/Busch u. a.*, Tierhaltung im Spannungsfeld von Tierwohl, Ökonomie und Gesellschaft, Göttingen 2015.

611 So jedenfalls der *Kompetenzkreis Tierwohl* in seinem Abschlussbericht vom 14. September 2016, S. 6.

612 So u. a. die Initiative Tierwohl, deren Gesellschafter der Zentralverband der Deutschen Geflügelwirtschaft e. V., der Deutsche Bauernverband u. a. sind (www.initiative-tierwohl.de), gleichzeitig protestieren Tierhalter und Landesbauernverbände gegen Verbesserungen in der Tierhaltung, so zuletzt der Protest des Hessischen Bauernverbandes gegen den hessischen Erlass, der breitere Kastenstände durchsetzen will, vgl. https://www.topagrar.com/schwein/news/kastenstandurteil-hessen-verlangt-umbaukonzept-innerhalb-von-6-monaten-9545520.html.

sie dem Tier ermöglicht, in Morphologie, Physiologie und Ethologie (d. h. im Verhalten) alle diejenigen Merkmale auszubilden und zu erhalten, die von Tieren der gleichen Art und Rasse unter naturnahen Bedingungen gezeigt werden.[613]

4. Zwischenfazit

Die Begriffe *artgemäß* und *verhaltensgerecht* werden in dieser Arbeit wie folgt verwendet:

Artgemäß als Synonym für den Begriff *artgerecht* bedeutet, dass insbesondere die Bewegung, an die der Begriff artgemäß in § 2 TierSchG anknüpft, so gewährt werden muss, dass das Tier die Möglichkeit hat, sich – der Art des betreffenden Tieres gerecht werdend – zu bewegen. Vereinfacht gesagt: Das Kaninchen muss hoppeln können, der Vogel muss fliegen können und das Huhn muss picken und scharren können sowie sich auf erhöhten Stellen niederlassen können.

Der Begriff *verhaltensgerecht* muss ernst genommen so verstanden werden, was sein Wortsinn aussagt. Da er in § 2 TierSchG an die Unterbringung anknüpft, muss diese so beschaffen sein, dass sie dem Verhalten des Tieres (der betroffenen Art) gerecht wird, das Tier also alle seine Verhaltensmuster darin ausleben kann, die es unter natürlichen Bedingungen (Wildtiere) bzw. unter naturnahen Bedingungen (Haustiere) zeigt.

Hinsichtlich des Begriffs *verhaltensgerecht* muss also differenziert werden zwischen domestizierten (Haus-)Tierarten und wildlebenden Tierarten. Bei dem Begriff *verhaltensgerecht* i. S. v. § 2 TierSchG geht es um die Unterbringung der gehaltenen Tiere, die *verhaltensgerecht* sein muss. Dies ist sie für die Haltung von domestizierten (Haus-)Tierarten dann, wenn sie dem Verhalten des Tieres der betroffenen Tierart gerecht wird, das Tier also alle seine Verhaltensmuster darin ausleben kann, die es unter naturnahen Bedingungen zeigt.

Hinsichtlich der Haltung von wildlebenden Tierarten ist eine Unterbringung anlehnend an die Rechtsprechung des OVG Schleswig[614] dann *verhaltensgerecht*, wenn sie dem Verhalten dieser Tiere gerecht wird, also soweit wie möglich an die natürlichen Lebensverhältnisse und Lebensräume der

613 *Bammert/Birmelin u. a.*, Bedarfsdeckung und Schadensvermeidung – Ein ethologisches Konzept und seine Anwendung für Tierschutzfragen, TU 1993, S. 269 ff., S. 269.

614 *OVG Schleswig*, Urteil vom 28. Juni 1994, Az.: 4 L 152/92, NuR 1995, S. 480 ff.

jeweiligen Tierart angenähert ist.[615] Die vom OVG Schleswig genannte Berücksichtigung der Tatsache, dass die Haltung – rechtlich – überhaupt noch möglich sein muss,[616] ist im Lichte des zurzeit des Urteils noch nicht existenten Staatsziels Tierschutz nicht mehr haltbar; denn es ist davon auszugehen, dass einige Tierarten per se nicht verhaltensgerecht in Menschenhand untergebracht werden können.[617] Wenn eine verhaltensgerechte Unterbringung nicht möglich ist, muss die Haltung dieser Tierart rechtlich unmöglich sein, da nicht unter § 2 TierSchG subsumierbar und damit verboten.

Im Ergebnis ist jedoch keine Diskussion um die genaue Begrifflichkeit der unbestimmten Rechtsbegriffe artgemäß bzw. artgerecht und verhaltensgerecht angezeigt, dies wäre ein Scheinproblem, welches von dem eigentlichen Problem ablenkt: Das Problem liegt nicht in der Wortwahl der unbestimmten Rechtsbegriffe, sondern in deren Konkretisierung, auf die nun einzugehen ist.

---

615 *OVG Schleswig*, Urteil vom 28. Juni 1994, Az.: 4 L 152/92, NuR 1995, S. 480 ff., S. 480.

616 *OVG Schleswig*, Urteil vom 28. Juni 1994, Az.: 4 L 152/92, NuR 1995, S. 480 ff., S. 480.

617 So z. B. Delfine, Großkatzen, Eisbären und Menschenaffen, dazu später.

E) Modelle zur Konkretisierung der unbestimmten Rechtsbegriffe artgemäß und verhaltensgerecht

Im Folgenden wird auf die verschiedenen Modelle zur Konkretisierung der unbestimmten Rechtsbegriffe *artgemäß* und *verhaltensgerecht* eingegangen, die allesamt nicht vom Gesetzgeber, sondern vom Verordnungsgeber, von semi-privaten Arbeitsgruppen in Form von Gutachten und von vollständig privaten Organisationen erstellt werden. Nicht nur auf nationaler, sondern auch auf internationaler und supranationaler Ebene existieren Werke, die die Vorgaben der Inhalte des § 2 TierSchG konkretisieren. Für die Tierschutz-Nutztierhaltungsverordnung (an den §§ 31-37 TierSchNutztV – Anforderungen an das Halten von Kaninchen) wird zunächst dargestellt, wie der Vorgang der Generierung außerjuristischen Wissens erfolgen müsste, wie außerjuristische Inhalte aber tatsächlich zum Verordnungsinhalt geworden sind und was Problematik und Folgen dieses Vorgehens und der daraus resultierenden Inhalte sind. Vergleichsweise soll immer wieder auf die Entwicklung der Inhalte des § 2 TierSchG sowie der eng damit verbundenen Kritik an der Haltung von Legehennen eingegangen werden sowie den dazu entstandenen Vorschriften.

I. Rechtsverordnungen, insbesondere: Die Tierschutz-Nutztierhaltungsverordnung (TierSchNutztV)

Ökonomisch relevante Bereiche der Tierhaltung, insbesondere die Nutztierhaltung (mit der TierSchNutztV), aber auch die Versuchstierhaltung (mit der TierSchVersV), werden durch Rechtsverordnungen des Bundes näher geregelt. Zunächst fällt auf, dass der Verordnungsgeber mit Ausnahme der Vorschriften in der Tierschutz-Nutztierhaltungsverordnung über Kaninchen und Pelztiere nur diejenigen Tierarten speziell geregelt hat, hinsichtlich derer er durch EU-Richtlinien[618] dazu verpflichtet war. Weiter fällt auf, dass die Ermächtigung zur Verordnungsgebung in § 2a TierSchG

618 Namentlich die EU-TierversuchsRL 2010/63/EU, die EU-NutztierhaltungsRL 98/58/EG, die EU-KälberhaltungsRL 2008/119/EG, die EU-LegehennenhaltungsRL 1999/74/EG, die EU-SchweinehaltungsRL 2000/120/EG und die EU-MasthühnerhaltungsRL 2007/43/EG.

nicht nur die Haltung landwirtschaftlicher Nutztiere umfasst, sondern dass auch die Anforderungen z. B. an die Haltung von Heimtieren, Tieren in Zoo oder Zirkus und die Haltung von Tieren bei Züchtern und Händlern durch Rechtsverordnung näher konkretisiert werden können.[619] § 2a TierSchG macht keine speziellen Vorgaben, sondern ermächtigt den Verordnungsgeber ganz generell dazu, „die Anforderungen an die Haltung von Tieren nach § 2" näher zu bestimmen. Die Bestimmungen in § 2 gelten für sämtliche Tierhaltungen; für gewerbliche wie private Haltungen, für die Haltung von Wirbeltieren sowie die Haltung von wirbellosen Tieren, für die Haltung aus ökonomischen Zwecken oder zur Freizeitgestaltung. Der Verordnungsgeber, das Bundesministerium für Ernährung, Landwirtschaft und Verbraucherschutz,[620] hat Rechtsverordnungen aber nur in ökonomisch wichtigen Bereichen, hauptsächlich die industrielle Massentierhaltung betreffend, erlassen. So existieren neben der TierSchNutztV die Tierschutz-Versuchstierverordnung (TierSchVersV), die Tierschutztransportverordnung (TierSchTrV) und die Tierschutz-Schlachtver-

---

619 Die Gesetzesmaterialien zum Tierschutzgesetz von 1972 sagen dazu, dass die „Mindestforderungen des Tierschutzes (…) in entsprechenden Verordnungen ihren Niederschlag finden [werden]", vgl. BT-Drs. VI/2559, S. 11 f. und gehen beispielhaft nicht nur auf Verordnungen den Schutz landwirtschaftlich genutzter Tiere ein, sondern auch auf Verordnungen den Wildschutz betreffend und den Transport von Tieren. Auch die Gesetzesmaterialien zum Ersten Gesetz zur Änderung des Tierschutzgesetzes 1986 legen dar, dass Konkretisierungen des § 2 TierSchG im Verordnungswege ergehen sollen: „Weitergehende Änderungen sind nicht beabsichtigt; ergänzende Regelungen zur Tierhaltung sollen auf dem Verordnungswege ergehen", vgl. BT-Drs. 10/3158, S. 17. Die Gesetzesmaterialien nennen zwar jeweils „insbesondere" die Nutztierhaltung, beschränken die auf dem Verordnungswege zu erlassenden ergänzenden Regelungen nicht auf den Bereich der Intensiv- bzw. Nutztierhaltung.

620 Dass gemäß Art. 80 Abs. 1 GG nur ein „Bundesminister", nicht aber ein „Bundesministerium" als Erstdelegatar für den Erlass von Rechtsverordnungen in Frage kommt, das TierSchG aber in sämtlichen Verordnungsermächtigungen stets nur „das Bundesministerium" ermächtigt, ist kein Widerspruch oder Fehler. Denn im Handbuch der Rechtsförmlichkeit des Bundesministeriums der Justiz, 3. Auflage 2008, Teil C, 6.1 Rn. 383 wird vorgegeben: „Adressaten einer Verordnungsermächtigung können nach Artikel 80 Absatz 1 Satz 1 des Grundgesetzes ausschließlich die Bundesregierung, ein Bundesminister oder die Landesregierungen sein. Die Bezeichnung „Bundesminister" steht für die oberste Bundesbehörde, nicht für die Person, die sie leitet. Deshalb ist in der Ermächtigungsnorm als Ermächtigungsadressat das jeweilige Bundesministerium zu nennen." Hierzu wird auf einen Beschluss des Bundeskabinetts vom 20. Januar 1993 (GMBl. S. 46) verwiesen.

ordnung (TierSchlV). Im Bereich der Heimtiere[621] ist mit der Tierschutz-Hundeverordnung (TierSchHundeV) einzig die Haltung von Hunden näher geregelt. Die Haltung von anderen Heimtieren sowie Tieren in Tierparks, Zoos und Zirkussen werden nicht von (verbindlichen) Rechtsverordnungen erfasst, sondern nur von untergesetzlichen Gutachten, auf die später eingegangen wird.

1. Die TierSchNutztV: Nichtig wegen inhaltlicher Verböserung am Beispiel der Vorschriften über die Anforderungen an das Halten von Kaninchen, §§ 31-37 TierSchNutztV

Während der Gesetzgeber in § 2 des Tierschutzgesetzes regelt, dass Tiere u. a. verhaltensgerecht untergebracht werden müssen und die Möglichkeit der Tiere zu artgemäßer Bewegung nicht so eingeschränkt werden darf, dass ihnen Schmerzen oder vermeidbare Leiden oder Schäden zugefügt werden, so gibt der Verordnungsgeber in der TierSchNutztV konkrete Größen, Flächen, Höhen und technische Anforderungen etc. für Haltungssysteme für die ökonomisch bedeutendsten Nutztiere vor, nämlich für Kälber, Legehennen, Masthühner, Schweine, Kaninchen und Pelztiere. Die (laut Bundesverfassungsgericht verfassungsgemäße)[622] Verordnungsermächtigung für die TierSchNutztV findet sich u. a. in § 2a Abs. 1 TierSchG,[623] nach dem der Verordnungsgeber, soweit es zum Schutz der Tiere erforderlich ist, umfassende Konkretisierungsbefugnisse eingeräumt bekommt, nämlich die Anforderungen an die Haltung von Tieren nach § 2 näher zu bestimmen, insbesondere an Räume, Käfige, Bewegungsmöglichkeiten usw. Die Tierhaltergrundnorm des § 2 TierSchG bildet also den Rahmen, an den der Verordnungsgeber gebunden ist und den er nicht überschreiten darf.[624]

---

621 Ein Heimtier wird gem. Art. 1 Abs. 1 des Europäischen Übereinkommens zum Schutz von Heimtieren (EHÜ) als „ein Tier, das der Mensch insbesondere in seinem Haushalt zu seiner eigenen Freude und als Gefährten hält oder das für diesen Zweck bestimmt ist" bezeichnet.

622 So *BVerfG*, Urteil vom 6. Juli 1999, Az.: 2 BvF 3/90, BVerfGE 101, S. 1 ff., S. 31.

623 Neben § 2a Abs. 1 Nr. 1 - 4, Abs. 3 Nr. 1 TierSchG beruht die TierSchNutztV auf § 16b Abs. 1 Satz 2 TierSchG sowie auf Art. 2 des Gesetzes zu dem Europäischen Übereinkommen vom 10. März 1976 zum Schutz von Tieren in landwirtschaftlichen Tierhaltungen vom 25. Januar 1978.

624 So schon *BVerfG*, Urteil vom 6. Juli 1999, Az.: 2 BvF 3/90, BVerfGE 101, S. 1 ff., S. 36.

Für die Verwaltung ist die Rechtsverordnung ein „Instrument und Garant einer transparenten und gleichmäßigen Gesetzesanwendung".[625] Die Ermächtigung zum Erlass von Rechtsverordnungen ermöglicht es, „[Detail]regelungen rascher dem Wandel der Verhältnisse anzupassen"[626] und den Gesetzgeber gerade von diesen zu entlasten und das Parlament so für seine eigentliche Aufgabe frei zu machen, nämlich für die der „sorgfältigen Beratung und Entscheidung des Grundlegenden. Damit gibt sie dem Parlament die Möglichkeit, bessere Gesetze zu beschließen und verschafft sie den Gesetzen größere Dauerhaftigkeit, um die es der Verfassung im Interesse der stabilisierenden Wirkung der Gesetze zu tun ist".[627]

Jedoch ist zu bedenken, dass „den Verordnungen (..) eine umfassende und gesetzesgleiche Bindungswirkung zu[kommt], die alle rechtsanwendenden Instanzen unter Einschluß der Gerichte erfaßt. Eine Normenkontrolle, durch die die Rechtsbeständigkeit der getroffenen Entscheidung gefährdet werden könnte, kommt nur in Betracht, wenn ein Verstoß gegen höherrangiges Recht in Rede steht. Soweit das nicht der Fall ist, binden Verordnungen ohne Rücksicht darauf, ob sie ihren Regelungsauftrag optimal, zweckmäßig oder für den Einzelfall in jeder Hinsicht befriedigend wahrnehmen".[628]

Diese Aussage gilt jedoch nur für wirksame Rechtsverordnungen. Eine die Voraussetzungen des Art. 80 Abs. 1 GG nicht erfüllende Rechtsverordnung ist nichtig.[629] Insbesondere darf die Rechtsverordnung nicht über die Grenzen der Ermächtigung hinausgehen.[630] Ist das der Fall, ist sie nichtig und muss weder von der Behörde noch von einem Gericht angewendet werden. Zur formellen Nichtigkeitserklärung mit Wirkung erga omnes ist jedoch nur das Bundesverfassungsgericht befugt.

Weiterhin ist „Verordnungsrecht in schwächerem Maße demokratisch legitimiert als Gesetzesrecht, fehlt dem Verfahren der Verordnungsgebung die Publizität des Gesetzgebungsverfahrens, kann die Kritik der Oppositi-

---

625 *Schmidt-Aßmann*, Die Rechtsverordnung in ihrem Verhältnis zu Gesetz und Verwaltungsvorschrift, FS Klaus Vogel, S. 477 ff., S. 477.

626 *Hesse*, Grundzüge des Verfassungsrechts der Bundesrepublik Deutschland, Rn. 526.

627 *Hesse*, Grundzüge des Verfassungsrechts der Bundesrepublik Deutschland, Rn. 526; vgl. auch *Ossenbühl*, Rechtsverordnungen, in: *Isensee/Kirchhof*, HdBStR Band III: Das Handeln des Staates, § 64 Rn. 2 f.

628 *Schmidt-Aßmann*, Die Rechtsverordnung in ihrem Verhältnis zu Gesetz und Verwaltungsvorschrift, FS Klaus Vogel, S. 477 ff., S. 487.

629 *Jarass/Pieroth*, Grundgesetz Kommentar, Art. 80 GG Rn. 20.

630 *Jarass/Pieroth*, Grundgesetz Kommentar, Art. 80 GG Rn. 20.

on in ihm nur schwächer zur Wirkung gelangen und ist in der Entscheidung durch das Kabinett oder ein Ministerium nicht in gleicher Weise optimaler Interessenausgleich verbürgt wie in der nach dreimaliger Beratung ergehenden Entscheidung des Parlaments".[631] Stetig im Blick zu behalten ist auch die Zielsetzung des Art. 80 Abs. 1 GG, die Sicherung rechtsstaatlicher Grundsätze, u. a. die Sicherung und Erhaltung des Demokratiegebotes.[632] Der staatsrechtliche Sinn der delegierten Rechtsetzung liegt gerade darin, unter Wahrung der rechtsstaatlichen und demokratischen Garantiefunktion des Gesetzes die der Exekutive eigentümliche Leistungsfähigkeit und deren speziellen Sachverstand für die Erledigung einer Regelungsaufgabe dienstbar zu machen.[633] Art. 80 Abs. 1 GG lässt die Übertragung von Rechtsetzungsmacht nur in inhaltlich bestimmter Form zu.[634] Zwar bestimmt § 2a TierSchG den Inhalt der zu erlassenden Rechtsverordnung in einer ausreichenden Weise.[635] Schon beim Inkrafttreten des Tierschutzgesetzes 1972 kamen jedoch Bedenken über die inhaltliche Ausgestaltung Rechtsverordnungen, welche § 2 TierSchG konkretisierten, auf: „(..) im Falle des § 13 [Anm. der Verf.: Seit dem Ersten Änderungsgesetz zum Tierschutzgesetz 1986 § 2a TierSchG] ist dies nicht ganz bedenkenfrei, soweit es sich um die Intensivtierhaltung handelt, weil hier das ethische Tierschutzdenken besonders tangiert wird und diese Vorschrift daher für die zukünftige Gesamtentwicklung des Tierschutzes eine entscheidende Bedeutung haben wird."[636]

Insbesondere wegen der Vielzahl der (damals) nahezu ausnahmslos neuen unbestimmten Rechtsbegriffe sei es eher angebracht gewesen, dass der Gesetzgeber diesem Gesetz wenigstens zu diesen neuen Begriffen, zu de-

631 *Hesse*, Grundzüge des Verfassungsrechts der Bundesrepublik Deutschland, Rn. 525.

632 *Ossenbühl*, Rechtsverordnungen, in: *Isensee/Kirchhof*, HdBStR Band III: Das Handeln des Staates, § 64 Rn. 13.

633 *Badura*, Das normative Ermessen beim Erlaß von Rechtsverordnungen und Satzungen, in: *Selmer/v. Münch*, Gedächtnisschrift für Wolfgang Martens, S. 25 ff., S. 26.

634 *Ossenbühl*, Rechtsverordnungen, in: *Isensee/Kirchhof*, HdBStR Band III: Das Handeln des Staates, § 64 Rn. 13.

635 So schon *BVerfG*, Urteil vom 6. Juli 1999, Az.: 2 BvF 3/90, BVerfGE 101, S. 1 ff., S. 31.

636 *Eberle*, Das neue Tierschutzgesetz, NJW 1973, S. 1405 ff., S. 1407; ähnlich auch *Ennulat/Zoebe*, Das Tier im neuen Recht, Geleitwort, S. 8 und *Stober*, Massentierhaltung und Gesetzesvorbehalt, NuR 1973, S. 173 ff.

nen auch die unbestimmten Rechtsbegriffe *artgemäß* und *verhaltensgerecht* gehörten, eine Legaldefinition beigegeben hätte.[637]

Nicht jedoch die Unbestimmtheit der vielen neuen Begriffe im Tierschutzgesetz 1972 war das vorrangige Problem, sondern das Verhältnis von Gesetzgeber und Verordnungsgeber bzw. das Verhältnis des Letzteren zu bestimmten Interessengruppen. Prof. Dr. Bernhard Grzimek benannte das Problem bereits im Jahr 1972 konkret: „Allerdings ist sehr viel offen gelassen worden und nur die gesetzliche Grundlage für entsprechende Verordnungen des zuständigen Fachministers geschaffen worden. Er unterliegt noch weit mehr als die Bundesregierung und das Bundesparlament dem Einfluß der betroffenen, finanziell interessierten Wirtschaftskreise. Wird er trotzdem die „menschlichen" Bestimmungen erlassen, zu denen ihm das neue Tierschutzgesetz die Rechtsgrundlage gegeben hat? Jedermann wird das neue Tierschutzgesetz begrüßen, doch erst der Inhalt der kommenden Rechtsverordnungen wird seinen praktischen Wert zum Beispiel auf einem bestimmten Sektor erweisen, nämlich dem der sogenannten Intensivtierhaltung. Welche Mindestanforderungen werden an die lebenslange Unterbringung von Legehühnern, Hähnchen, Kälbern, Kühen und Schweinen in ihren Käfigen oder Ställen gestellt werden? Viele Menschen hätten es lieber gesehen, wenn diese Fragen schon im Gesetz gelöst worden wären. (...) Daß die Rechtsverordnungen allen Widerständen zum Trotz das ethische Minimum erfüllen müssen, versteht sich von selbst. Nur dann ist das Tierschutzgesetz wirklich fortschrittlich und wird den Anforderungen gerecht, die man daran stellen darf."[638]

Auch neun Jahre nach Erlass des Tierschutzgesetzes waren diese Anforderungen immer noch nicht formuliert und Mahnungen von Ethologen wurden laut: „Das Tierschutzgesetz der Bundesrepublik Deutschland, das allgemein Anerkennung in der Welt findet, bringt jedoch deutlich zum Ausdruck, dass das Leben der Tiere zu schützen ist. Seit seinem Erlass vor fast neun Jahren ist es allerdings nicht möglich gewesen, auf dem Verordnungswege Minimalforderungen der Nutztierethologen für die landwirtschaftliche Tierhaltung durchzusetzen."[639]

---

637 *Eberle*, Das neue Tierschutzgesetz, NJW 1973, S. 1405 ff., S. 1407; ähnlich auch *Stober*, Massentierhaltung und Gesetzesvorbehalt, NuR 1973, S. 173 ff.

638 *Grzimek* in *Ennulat/Zoebe*, Das Tier im neuen Recht, Geleitwort, S. 8.

639 *Bogner*, Tierschutzaspekte bei der Haltung von Rindern, in: *Fölsch/Nabholz*, Tierhaltung Band 13: Ethologische Aussagen zur artgerechten Nutztierhaltung, S. 42 ff., S. 48.

Eine fehlende gesetzliche Regelung im Tierschutzgesetz selbst zu den näheren Anforderungen an die Nutztierhaltung war wohl auch deswegen unterblieben, weil die hier zu erwartenden Auseinandersetzungen die Verabschiedung eines Tierschutzgesetzes, welches diese Regelungen enthielt, in der zu Ende gehenden Legislaturperiode unmöglich gemacht hätten.[640]

Die weitreichende Verordnungsermächtigung zu Gunsten des Bundesministeriums wurde von dem mit dem Entwurf V/934 befassten MdB Vietinghoff-Scheel [gemeint wohl: Felix von Vittinghoff-Schell] als „höchst ungewöhnliche Rechtsfigur“ bezeichnet, die „nämlich (...) eine potentielle Strafbestimmung [sei] [gemeint wohl der zukünftige § 17 TierSchG], bei der der Tatbestand im Verordnungswege konkretisiert wird“.[641]

Sinn und Zweck der Verordnungsermächtigung des § 2a Abs. 1 TierSchG ist es, die für die Tierhaltung maßgeblichen Regelungen rascher und einfacher dem neuesten Stand der ethologischen Erkenntnisse anpassen zu können, als dies im Wege der Gesetzgebung möglich wäre.[642] Dem widerspricht es, wenn ein Sachbereich in erster Linie deswegen im Wege der Rechtsverordnung geregelt wird, weil man sich öffentliche Diskussionen, die mit einer Regelung im parlamentarischen Gesetzgebungsverfahren verbunden wären, ersparen oder diese abkürzen will.[643] Der Gesetzgeber hat hier eine „Flucht in die Verordnung“ angetreten, die nähere Ausgestaltung an den Verordnungsgeber weitergegeben, um Auseinandersetzungen zu entgehen.

1986, vierzehn Jahre nach Erlass des Tierschutzgesetzes von 1972, wurde die bisherige Entwicklung, in der noch keine einzige Rechtsverordnung zustande gekommen war, als „mehr als enttäuschend“[644] bezeichnet.

Die TierSchNutztV wurde erst 29 Jahre nach dem Inkrafttreten des Tierschutzgesetzes von 1972, nämlich 2001, erlassen.[645] Vorläufer dieses „Gesamtwerkes“, welches nun viele ökonomisch bedeutenden Nutztiere in

---

640 *Hirt/Maisack/Moritz*, Tierschutzgesetz Kommentar, Einführung Rn. 5.

641 Zitiert nach *von Gall*, Tierschutz als Agrarpolitik, S. 115 m. w. N.

642 *Hirt/Maisack/Moritz*, Tierschutzgesetz Kommentar, § 2a Rn. 11; *BVerfG*, Urteil vom 6. Juli 1999, Az.: 2 BvF 3/90, BVerfGE 101, S. 1 ff., S. 35; *Kramer*, JuS 2001, S. 962 ff., S. 965.

643 *Hirt/Maisack/Moritz*, Tierschutzgesetz Kommentar, § 2a Rn. 11.

644 *Lorz*, Das Recht der Massentierhaltung (Intensivtierhaltung), NuR 1986, S. 237 ff., S. 239.

645 Tierschutz-Nutztierhaltungsverordnung vom 25. Oktober 2001 in der Fassung der Bekanntmachung vom 22. August 2006 (BGBl. I S. 2043), die zuletzt durch Artikel 1 der Verordnung vom 5. Februar 2014 (BGBl. I S. 94) geändert worden ist.

einer Verordnung zusammenfasst, waren die Hennenhaltungsverordnung (HHVO) von 1987,[646] welche 1999 vom Bundesverfassungsgericht für nichtig erklärt wurde, weil sie u. a. gegen das Zitiergebot sowie gegen § 2a i. V. m. § 2 Nr. 1 TierSchG verstieß,[647] die Schweinehaltungsverordnung von 1988[648] (welche nach der Zweiten Änderungsverordnung[649] ebenfalls wegen Verstoßes gegen das Zitiergebot nichtig war)[650] und die Kälberhaltungsverordnung von 1992[651] bzw. jene in Gestalt nach der Ersten Verordnung zur Änderung der Kälberhaltungsverordnung[652] von 1997.[653]

Diese Rechtsverordnungen wurden bereits als (jedenfalls zum Teil) rechtswidrig angesehen, da sie die Vorgaben des § 2 TierSchG entweder garnicht oder nur in unzureichender Weise erfüllten.[654] Bis heute hält sich diese Kritik, die von einer „problematischen, ja verwerflichen Umkehrfunktion" spricht, mit der die Rechtsverordnungen den Status quo legalisieren sollen.[655]

Bereits für die HHVO war schon lange vor deren Nichtigkeitserklärung durch das Bundesverfassungsgericht vermutet worden, dass diese den Versuch darstellt, eine weithin und seit langem praktizierte Form der (strafbaren) Tierquälerei zu legalisieren.[656] Von vielen Seiten wurde sie für nichtig gehalten.[657] In der Tat ist es problematisch, dass durch eine untergesetzli-

646 Hennenhaltungsverordnung vom 10. Dezember 1987, BGBl. I S. 2622.

647 *BVerfG*, Urteil vom 6. Juli 1999, Az.: 2 BvF 3/90, BVerfGE 101, S. 1 ff.

648 Schweinehaltungsverordnung vom 30. Mai 1988, BGBl. I S. 673.

649 Zweite Verordnung zur Änderung der Schweinehaltungsverordnung vom 2. August 1995 (BGBl. I S. 1016).

650 Was sich nach der Hennen-Entscheidung des Bundesverfassungsgerichts 1999 recht klar darstellte.

651 Kälberhaltungsverordnung vom 1. Dezember 1992, BGBl. I S. 1977.

652 Erste Verordnung zur Änderung der Kälberhaltungsverordnung vom 22. Dezember 1997, BGBl. I S. 3326.

653 Kälberhaltungsverordnung vom 22. Dezember 1999, BGBl. I S. 3328.

654 *Brandhuber*, Die rechtlichen Anforderungen des Tierschutzgesetzes an die Tierhaltung, in: *DVG*, Ethologie und Tierschutz, Weihenstephan, 16. bis 19. September 1998, S. 25 ff., S. 30.

655 *Von Loeper* in *Kluge*, Tierschutzgesetz Kommentar, § 2 Rn. 6 m. w. N.

656 *Erbel*, Staatlich verordnete Tierquälerei?, DÖV 1989, S. 338 ff., S. 338.

657 Vgl. *Erbel*, Staatlich verordnete Tierquälerei?, DÖV 1989, S. 338 ff.; *Maisack*, Die Käfighaltung von Legehennen im Licht des Tierschutz- und des Grundgesetzes, NVwZ 1997, S. 761 ff.; *Schindler*, Die Henne, das Ei und die europäische Kulturordnung, NJW 1996, S. 1802 f.; *Caspar*, Tierschutz im Recht der modernen Industriegesellschaft, S. 406; *Stober*, Rechtsfragen zur Massentierhaltung, S. 89 f.; *Brandhuber*, Die rechtlichen Anforderungen des Tierschutzgesetzes an die Tierhaltung, in: *DVG*, Ethologie und Tierschutz, Weihenstephan, 16. bis 19. September 1998, S. 25 ff., S. 30 ff.

che Norm wie eine Rechtsverordnung Straftatbestände modifiziert werden. Darauf soll später eingegangen werden.

Bedenken gegen die Konkretisierung unbestimmter Rechtsbegriffe des Tierschutzgesetzes durch Verordnungsgebung wurden mit Erlass der TierSchNutztV bestätigt: Nachdem Deutschland bis zum 31. Dezember 1999 die 1998 beschlossene Richtlinie über den Schutz landwirtschaftlicher Nutztiere[658] in nationales Recht hätte umsetzen müssen, wurde erst im August 2000 ein erster Entwurf einer „Tierschutz-Nutztierverordnung" vom Bundeslandwirtschaftsministerium vorgelegt.[659] Dieser Entwurf wurde von der Tierschutzkommission, die gem. § 16b Abs. 1 Satz 2 TierSchG anzuhören war, mit der Begründung abgelehnt, es gäbe „Zweifel, dass die Bestimmungen geeignet sind, die betroffenen Tiere gemäß § 2 TierSchG vor vermeidbaren Leiden und Schäden zu schützen und eine tiergerechte Haltung und Betreuung sicherzustellen".[660]

Nach dem Erlass der TierSchNutztV am 25. Oktober 2001[661] wurde vom Deutschen Tierschutzbund bemängelt, dass der Hennen-Entscheidung des Bundesverfassungsgerichts von 1999 nicht Rechnung getragen worden sei.[662]

Die Kluft der öffentlichen Auseinandersetzung, die das Tier auf der einen Seite als „industrielles Rohmaterial bzw. Produktionsmittel",[663] auf der anderen Seite als fühlendes Wesen sehen, ist tief. Den Weg der Vorgaben des Tierschutzgesetzes zu gehen, welches einen an wissenschaftlichen Erkenntnissen über tierartgemäße Bedürfnisse und tierartgemäßes Verhalten ausgerichteten Weg beschreiten will, scheint durch diese Kluft er-

---

658 Richtlinie 98/58/EG des Rates vom 20. Juli 1998 über den Schutz landwirtschaftlicher Nutztiere (ABl. EG Nr. L 221 S. 23).

659 *Betz*, Rückblick 2001: Tierschutz in der landwirtschaftlichen Tierhaltung, Der kritische Agrarbericht 2002, S. 187 ff., S. 187.

660 Zitiert nach *Betz*, Rückblick 2001: Tierschutz in der landwirtschaftlichen Tierhaltung, Der kritische Agrarbericht 2002, S. 187 ff., S. 187.

661 Verordnung zum Schutz landwirtschaftlicher Nutztiere und anderer zur Erzeugung tierischer Produkte gehaltener Tiere bei ihrer Haltung (Tierschutz-Nutztierhaltungsverordnung) vom 25. Oktober 2001, BGBl. I S. 2759.

662 Zitiert nach *Betz*, Rückblick 2001: Tierschutz in der landwirtschaftlichen Tierhaltung, Der kritische Agrarbericht 2002, S. 187 ff., S. 187; so auch *Brandhuber*, Die rechtlichen Anforderungen des Tierschutzgesetzes an die Tierhaltung, in: *DVG*, Ethologie und Tierschutz, Weihenstephan, 16. bis 19. September 1998, S. 25 ff. S. 29 ff.

663 *Schultze-Petzold*, Zu den Grundlagen der Tierschutzrechtsetzung, DtW 1978, S. 330 f., S. 330.

schwert.[664] Jedoch ist zu beachten, dass nicht nur das Tierschutzgesetz das Tier in § 1 als Mitgeschöpf ansieht, dessen Leben und Wohlbefinden zu schützen ist, und somit auch als fühlendes Wesen, sondern auch die Querschnittsklausel des Art. 13 AEUV.

Noch heute wird von vielen Standesvertretern der Landwirtschaft behauptet, dass Deutschland hohe Tierschutzstandards habe.[665] Dass dies so ist, soll im Folgenden widerlegt werden.

Zwar setzt das Tierschutzgesetz insbesondere mit § 2 hohe Standards; diese werden jedoch durch konkretisierende Verordnungsgebung „verbösert".

Dass die parlamentsgesetzlichen Vorschriften des Tierschutzgesetzes wie auch die Regelungen der Gubernative im Bereich des Tierschutzes von Beginn an sehr von der Agrar- und Industrielobby geprägt waren und immer noch werden, wird im Folgenden an den Vorschriften über das Halten von Kaninchen, §§ 31-37 TierSchNutztV, dargestellt.

a) Die Praxis in der Nutztierhaltung und der Einfluss der TierSchNutztV

Die Nutztierhaltung erfährt seit den 1960er Jahren zunehmend Kritik. Ein wichtiges Werk, das die Zustände der damals bereits florierenden Massentierhaltung dem Bürger vor Augen geführt hat, war das Buch *animal machines* von Ruth Harrison. Es wurde im Jahr 1964 veröffentlicht und löste die Erarbeitung des sogenannten *Brambell-Reports*[666] aus, der von einem britischen Komitee unter Vorsitz von Rogers Brambell geschrieben wurde und die Forderung aufstellte, dass es allen Nutztieren möglich sein sollte, aufzustehen, sich hinzulegen, sich herumzudrehen, sich zu pflegen und sich auszustrecken („to stand up, lie down, turn around, groom themselves and stretch their limbs").[667] Diese „Fünf Freiheiten" wurden im Jahr 1993

---

664 *Schultze-Petzold*, Zu den Grundlagen der Tierschutzrechtsetzung, DtW 1978, S. 330 f., S. 330.

665 So z. B. *Sarah Dhem* in der Sendung Hart aber Fair vom 7. Dezember 2015, Faktencheck abrufbar unter http://web.archive.org/web/20160426044608/www1.wdr.de/nachrichten/faktencheck474.html.

666 *Technical Committee to Enquire into the Welfare of Animals kept under Intensive Livestock Husbandry Systems*, Report of the Technical Committee to Enquire into the Welfare of Animals kept under Intensive Livestock Husbandry Systems, London 1965.

667 *Technical Committee to Enquire into the Welfare of Animals kept under Intensive Livestock Husbandry Systems*, Report of the Technical Committee to Enquire into

vom UK Farm Animal Welfare Council (heute: Farm Animal Welfare Committee, FAWC) festgeschrieben:[668] Die Freiheit von Hunger und Durst (freedom from thirst, hunger or malnutrition), die Freiheit von Unwohlsein (appropriate comfort and shelter), die Freiheit von Schmerz, Verletzung und Krankheit (prevention, or rapid diagnosis and treatment, of injury and disease), die Freiheit, normales Verhalten an den Tag zu legen (freedom to display most normal patterns of behaviour) und die Freiheit von Angst und Stress (freedom from fear).[669]

Seit 1998 bilden diese Fünf Freiheiten auch die Grundlage der Tierschutzpolitik der Europäischen Union.[670]

Die Praxis in der heutigen Nutztierhaltung[671] in Deutschland hat jedoch immer noch oft nicht viel mit der Gewährung der Fünf Freiheiten zu tun und gleicht immer noch in großen Teilen der aus der Zeit vor Erlass der TierSchNutztV, ja sogar der Zeit vor Erlass des ersten Tierschutzgesetzes im Jahr 1972, nicht nur bei der Kaninchenhaltung, sondern auch bei Tierarten, deren Haltung schon länger durch Verordnungen geregelt wird: „In den sogenannten konventionell wirtschaftenden Betrieben werden Mastschweine und Ferkel in Gruppen in einstreulosen Ställen auf Vollspaltenböden gehalten. Die Besatzdichten sind hoch und die pro Tier zur Verfü-

---

the Welfare of Animals kept under Intensive Livestock Husbandry Systems, London 1965 S. 13.

668 Vgl. *Farm Animal Welfare Council*, Press Statement, December, 5. 1979, abrufbar unter http://webarchive.nationalarchives.gov.uk/20121007104210/http://www.fawc.org.uk/pdf/fivefreedoms1979.pdf.

669 Zitiert nach *Sezgin*, Artgerecht ist nur die Freiheit, S. 137, vgl. auch *Farm Animal Welfare Council*, Press Statement, December, 5. 1979, abrufbar unter http://webarchive.nationalarchives.gov.uk/20121007104210/http://www.fawc.org.uk/pdf/fivefreedoms1979.pdf.

670 *Wartenberg*, Tierschutz und Vollzug in Europa, Der praktische Tierarzt 2012, S. 1074 f., S. 1075; *Sezgin*, Artgerecht ist nur die Freiheit, S. 137.

671 Praxisbeschreibungen und die Defizite der heutigen Haltungsformen benennend z. B. *Martinez*, Paradigmenwechsel in der landwirtschaftlichen Nutztierhaltung – von betrieblicher Leistungsfähigkeit zu einer tierwohlorientierten Haltung, Rechtswissenschaft 2016, S. 441 ff., S. 446 f.; *Maisack*, Tierschutzrecht. Haltung von Nutztieren, dargestellt an den Beispielen „Schweine“, „Hühner“ und „Enten“, in: *Grimm/Otterstedt*, Das Tier an sich, S. 198 ff.; *Wollenteit/Lemke*, Die Vereinbarkeit der Haltung von abferkelnden Sauen in Kastenständen mit dem Tierschutzrecht und die Zulässigkeit eines Verbots dieser Haltungsform, NuR 2013, S. 177 ff.; *Bruhn/Wollenteit*, Konventionelle Schweinehaltung und Tierschutzgesetz, NuR 2018, S. 160 ff. und Konventionelle Schweinehaltung: Defizite freiwilliger Kennzeichnungssysteme – Regelungsspielräume im Lichte des Verfassungs- und Europarechts, NuR 2018 S. 234 ff.

gung stehenden Bodenflächen entsprechend gering."[672] Verletzungen der Tiere sind an der Tagesordnung, was eine aktuelle Studie an den Körpern von Falltieren (Schwein) eindrücklich belegt.[673]

Die §§ 28 ff. der TierSchNutztV sehen für Ferkel über 20 kg Gewicht eine Fläche von 0,35 m^2 vor, für Mastschweine von 30 bis 50 kg 0,5 m^2 und für Mastschweine bis 110 kg 0,75 m^2 uneingeschränkt nutzbare Bodenfläche.

Vor dem 31. Dezember 2012 war für Zuchtsauen dies die Praxis:

„Noch bis zum 31.12.2012 dürfen konventionell gehaltene Sauen in der EU während der gesamten Zeit ihrer Trächtigkeit ununterbrochen in Einzelhaltung in eisernen Kastenständen eingesperrt werden, die so eng sind, dass darin sogar ein sich-Umdrehen unmöglich ist und die Tiere nur entweder aufstehen oder abliegen können. Etwa eine Woche vor dem Abferkeln wird die Sau dann in eine Abferkelbucht verbracht, in der es so eng ist, dass sie nur auf einer Seite liegen und sich nicht umdrehen kann. Zwar ist nach Art. 3 Abs. 4 und Abs. 9 der EU-Richtlinie zur Schweinehaltung ab 1. Januar 2013 in allen Betrieben mit zehn oder mehr Sauen die Gruppenhaltung vorgeschrieben. Dies gilt jedoch nur für einen Zeitraum, der vier Wochen nach dem Decken beginnt und eine Woche vor dem voraussichtlichen Abferkeltermin endet. Somit bleiben sowohl die Fixierung in der Abferkelbucht als auch das Einsperren im Kastenstand in der Zeit nach dem Absetzen der Ferkel bis zum Decken und zum Ablauf von weiteren vier Wochen erlaubt."[674] Diese Vorgaben der EU-Schweinehaltungsrichtlinie[675] wurden trotz der Möglichkeit der Mitgliedstaaten, über die Vorgaben der Richtlinie hinauszugehen (sog. Opting-up-Möglichkeit), eins zu eins in § 30 Abs. 1, 2 und 4 TierSchNutztV in nationales Recht umgesetzt.[676]

---

672 *Maisack*, Tierschutzrecht. Haltung von Nutztieren, dargestellt an den Beispielen „Schweine", „Hühner" und „Enten", in: *Grimm/Otterstedt*, Das Tier an sich, S. 198 ff., S. 200.

673 *Große Beilage*, Untersuchungen an verendeten/getöteten Schweinen in Verarbeitungsbetrieben für tierische Nebenprodukte, Hannover 2017.

674 *Maisack*, Tierschutzrecht. Haltung von Nutztieren, dargestellt an den Beispielen „Schweine", „Hühner" und „Enten", in: *Grimm/Otterstedt*, Das Tier an sich, S. 198 ff., S. 202.

675 Richtlinie 2008/120/EG des Rates vom 18. Dezember 2008 über Mindestanforderungen für den Schutz von Schweinen (kodifizierte Fassung), vormals RL 91/630/EWG des Rates vom 19. November 1991 über Mindestanforderungen für den Schutz von Schweinen.

676 Auch die Rechtsprechung erkennt nicht, dass diese Vorschriften nicht mit § 2 TierSchG vereinbar sind. Erst 2015 wurde die Haltung in einem Kastenstand vom *OVG Magdeburg* bestätigt, also als vereinbar mit § 2 TierSchG angesehen,

Nach den in Deutschland geltenden Regelungen zur Masthühnerhaltung können in der Kurzmast bis zu 35 kg Lebendgewicht auf einem Quadratmeter Stallbodenfläche gehalten werden, das entspricht in der Endmast bei einem Schlachtgewicht von 1.500 g einer Besatzdichte von 23 oder 24 Hühnern pro Quadratmeter. Wird ein Schlachtgewicht von 1.600 g und mehr angestrebt (Mittel- oder Langmast), sind sogar 39 kg/m² erlaubt (§ 19 Abs. 3 und 4 TierSchNutztV).[677]

Mastkaninchen dürfen nach den 2014 neu in Kraft getretenen §§ 31-37 TierSchNutztV in übereinandergestapelten Käfigen auf Drahtgitterböden bzw. nach Ablauf einer Übergangsfrist bis 2019 bzw. 2024 (immer noch) auf Spalten- oder Lochböden und auf einer Fläche von zwischen 1.500 cm² (1. bis 4. Tier) und 700 cm² (ab dem 25. Tier) gehalten werden, vgl. §§ 32 Abs. 3, 33 Abs. 3 TierSchNutztV. Zuzüglich (also nicht anrechenbar auf die Grundfläche) muss (nach einer Übergangsfrist und bei neu genehmigten Anlagen) eine erhöhte Bodenfläche von mindestens 300 cm² je Tier zur Verfügung gestellt werden. Die vorgeschriebene Mindestlänge eines Käfigs von 80 cm (§ 33 Abs. 3 Nr. 2 TierSchNutztV) soll den Kaninchen laut Verordnungsbegründung Hoppelsprünge ermöglichen.[678]

Die mit der neu überarbeiteten TierSchNutztV konforme, eben dargestellte Haltung von Kaninchen verstößt jedoch immer noch – wie auch bereits lange schon die gängige Praxis der Kaninchenhaltung – gegen § 2 Nr. 1 und Nr. 2 TierSchG.[679] Durch die Inhalte der TierSchNutztV werden die Vorgaben des § 2 TierSchG „verbösert". Sie konkretisieren die unbestimmten Rechtsbegriffe *artgemäß* und *verhaltensgerecht* nicht in einer dem Zweck des Tierschutzgesetzes entsprechenden Weise. Der Tierschutz wird so im Vergleich zu den Vorgaben aus § 2 TierSchG gemindert.

Denn es ist wissenschaftlich festgestellt, dass die Haltung von Kaninchen auf Drahtgitterböden und/oder in kleinen Käfigen Krankheiten und kör-

---

Voraussetzung für eine tierschutzgerechte Haltung sei nur, dass die Tiere ihre Gliedmaßen jederzeit ausstrecken können müssen, Urteil vom 24. November 2015, Az.: 3 L 386/14, RdL 2016, S. 79 ff. Vergleiche dazu *Felde*, Anforderungen bei der Schweinehaltung in so genannten Kastenständen, NVwZ 2017, S. 368 ff.

677 *Maisack*, Tierschutzrecht. Haltung von Nutztieren, dargestellt an den Beispielen „Schweine", „Hühner" und „Enten", in: *Grimm/Otterstedt*, Das Tier an sich, S. 198 ff., S. 203.

678 Vgl. Begründung zur Fünften Verordnung zur Änderung der Tierschutz-Nutztierhaltungsverordnung, BR-Drs. 570/13, S. 21.

679 Vgl. *Felde*, in: Ostern: Schlechte Zeiten für Langohren, Pressemitteilung von TASSO e. V. und der DJGT e. V. vom 14. März 2016; *Felde*, Das Tierschutz-Kaninchenbuch, S. 151; so wohl auch *Hirt/Maisack/Moritz*, Tierschutzgesetz Kommentar, vor §§ 31-37 TierSchNutztV Rn. 12 ff.

perliche, pathologische Veränderungen und Verhaltensstörungen verursacht (u. a. Pododermatitis ulcerosa, Spontanfrakturen, Beeinträchtigungen im Skelettwachstum), die wiederum mit Schmerzen verbunden sind und vermeidbare Schäden darstellen.[680]

Eine erhöhte Bodenfläche von 300 cm^2 pro Tier[681] reicht für die ca. 2,8 bis 3,5 kg schweren Kaninchen (Mastendgewicht)[682] nicht aus, um sich darauf, wie in der Begründung des Verordnungsentwurfes[683] vorgesehen, hinzulegen. Für ein ausgestrecktes Liegen benötigt ein Mastkaninchen mindestens 1.300 bis 1.600 cm^2.[684] Planimetrische Untersuchungen ergaben zwar, dass ein ausgestreckt liegendes Kaninchen von 3,5 kg nur 747,49 cm^2

---

680 Untersucht auf den in der Praxis klassischerweise verwendeten Drahtgitterböden, die aber wegen der langen Übergangsfristen bis 2019 bzw. 2024 noch verwendet werden dürfen (§ 45 Abs. 17-32 TierSchNutztV) und über die die der aktuellen TierSchNutztV zugrundeliegende Studie von Hoy/Wagner festgestellt wird, dass eine Haltung auf Drahtgitterboden keine signifikanten Unterschiede zu einer Haltung auf Kunststoffrostboden ergibt, so dass die Untersuchungen auf Drahtgitterboden auch auf die Haltung auf Kunststoffrostboden übertragen werden können; vgl. auch *Köpernik/Plange*, Rechtliche Aspekte der Mastkaninchenhaltung in Deutschland, AUR 2012, S. 47 ff.; *Drescher*, Zusammenfassende Betrachtung über den Einfluß unterschiedlicher Haltungsverfahren auf die Fitness von Versuchs- und Fleischkaninchen – untersucht am Verhalten, dem Skelettsystem und den Nebennieren – mit einem Beitrag zur Pododermatitis ulcerosa des Kaninchens, TU 1993, S. 72 ff., *Drescher/Löffler*, Einfluß unterschiedlicher Haltungsverfahren und Bewegungsmöglichkeiten auf die Kompakta der Röhrenknochen von Versuchs- und Fleischkaninchen, TU 1991, S. 736 ff.; *Loeffler/Drescher/Schulze*, Einfluß unterschiedlicher Haltungsverfahren auf das Verhalten von Versuchs- und Fleischkaninchen, TU 1991, S. 471 ff.; *Rothfritz/Loeffler/Drescher*, Einfluß unterschiedlicher Haltungsverfahren und Bewegungsmöglichkeiten auf die Spongiosastruktur der Rippen sowie Brust- und Lendenwirbel von Versuchs- und Fleischkaninchen, TU 1992, S. 758 ff.; *Drescher/Breig*, Einfluß unterschiedlicher Haltungsverfahren auf die Nebennieren von Kaninchen, TU 1993, S. 30 ff.; *van Treel*, Untersuchungen zum Einfluss der Intensivhaltung von Mastkaninchen auf die Entstehung bestandsspezifischer Infektionskrankheiten und die Ausbildung ausgewählter Merkmale des Kaninchenfleisches, Leipzig 2006; *Lehmann/Wieser*, Indikatoren für mangelnde Tiergerechtheit sowie Verhaltensstörungen bei Hauskaninchen, KTBL-Schrift 1984, S. 96 ff.

681 300 cm^2 = weniger als die Hälfte eines DIN-A4-Blattes.

682 *Deutscher Tierschutzbund*, Aktueller Stand Mastkaninchen, September 2010, abrufbar unter www.tierschutzbund.de/fileadmin/user_upload/Downloads/Hinter grundinformationen/Landwirtschaft/Mastkaninchen.pdf.

683 Begründung zur Fünften Verordnung zur Änderung der Tierschutz-Nutztierhaltungsverordnung, BR-Drs. 570/13, S. 21.

684 *EFSA* 2005, Scientific Opinion of the Scientific Panel on Animal Health and Welfare on „The Impact oft the current housing and husbandry systems on the

beansprucht.[685] Dies stellte aber jeweils nur die Fläche dar, mit der der Kaninchenkörper auf dem Boden auflag und den Boden abdeckte. Es ist aber nicht damit zu rechnen, dass Kaninchen, selbst wenn diese eng nebeneinander liegen, die in den planimetrischen Studien erlangten Ergebnisse der Flächen so ausnutzen, dass diese Flächen pro Kaninchen in Summe ausreichen könnten, um eine ausreichende Fläche pro Kaninchen zum ausgestreckten Liegen zu bestimmen. Im Übrigen können planimetrische Studien und Ergebnisse ethologische Parameter nicht erfassen.

Weiter ist eine Käfiglänge von 80 cm nicht ausreichend, um einem Kaninchen Hoppelsprünge zu ermöglichen. Denn ein Mastkaninchen mit einem Gewicht von 2 bis 3 kg benötigt zur Ausführung nur eines Hoppelsprungs (ebenso wie zum ausgestreckten Liegen, s. o.) bereits zwischen 75 und 80 cm.[686] Ein mittelgroßes Kaninchen bewegt sich mit einem Hoppelsprung um etwa 70 cm nach vorn.[687] Für mindestens drei aufeinanderfolgende Hoppelsprünge, die teilweise schon als artgerechte Bewegung angesehen werden, muss eine Haltungseinrichtung also mindestens 2,25 bis 2,40 m lang sein.[688] Aber auch dann werden drei Hoppelsprünge nur ermöglicht, wenn keine anderen Kaninchen im Weg sitzen bzw. die Bodenbeschaffenheit Hoppelsprünge überhaupt zulässt.

Werden die neuen Vorgaben der TierSchNutztV an ein Haltungssystem eingehalten, so ist es den Kaninchen gleichwohl nur sehr eingeschränkt bis gar nicht möglich, alle diejenigen Merkmale auszubilden und zu erhalten,

---

health and welfare of farmed domestic rabbits", (75 x 35 : 2), S. 12: „A rabbit towards the end of the growing period e. g. 2-3 kg, in order to perform a hop and to lie out needs 75-80 cm length, to turn round a width of 25 cm. So for 2 or more rabbits, increasing width (e. g. to 35-40 cm) will be required as each animal should be able to lie stretched out at the same time"; s. auch *Hirt/Maisack/Moritz*, Tierschutzgesetz Kommentar, Vor §§ 31-37 TierSchNutztV Rn. 4.

685 *Fels/Giersberg/Kemper*, Biometrische Untersuchungen zur Flächenabdeckung bei Mastkaninchen, KTBL-Schrift 505, Aktuelle Arbeiten zur artgemäßen Tierhaltung, S. 164 ff., S. 168.

686 EFSA 2005, Scientific Opinion of the Scientific Panel on Animal Health and Welfare on „The Impact of the current housing and husbandry systems on the health and welfare of farmed domestic rabbits", S. 12: „…in order to perform a hop (…) 75-80 cm length"; vgl. auch *Hirt/Maisack/Moritz*, Tierschutzgesetz Kommentar, Vor §§ 31-37 TierSchNutztV Rn. 4.

687 *SLT Baden-Württemberg*, Stellungnahme zu dem Entwurf einer Fünften Verordnung zur Änderung der Tierschutz-Nutztierhaltungsverordnung – Abschnitt Kaninchen –, S. 9; vgl. auch *Hirt/Maisack/Moritz*, Tierschutzgesetz Kommentar, Vor §§ 31-37 TierSchNutztV Rn. 10.

688 *Hirt/Maisack/Moritz*, Tierschutzgesetz Kommentar, Vor §§ 31-37 TierSchNutztV Rn. 10.

die von Tieren der gleichen Art und Rasse unter naturnahen Bedingungen gezeigt werden, nämlich Hoppeln, Sich-Jagen, Ruhen, Erkunden, Graben, Freischarren von Nahrung in der Erde, Äsen, Fressen von Laub und grünem Strukturfutter (Blättriges Grün), Schälen von Ästen, Sich und andere Kaninchen Putzen und Belecken, im Falle von Häsinnen Verschließen des Nests und sich Entfernen vom Nest und dem Wurf.[689] Dies ist aber für eine nach dem Bedarfsdeckungs- und Schadensvermeidungssystem nach Tschanz zu beurteilende Verhaltensgerechtheit des Haltungssystems nötig.

In einem Haltungssystem, welches durch die Vorgaben der TierSchNutztV vermeintlich legitimiert und damit vermeintlich tierschutzkonform ist, können das Hoppeln und Sich-Jagen als Verhaltensmerkmale der Funktionskreise Lokomotion und Sozialverhalten gar nicht gezeigt werden, da – wie oben gezeigt – nicht einmal ein Hoppelsprung in einem Käfig möglich ist. Im Übrigen sind stets andere Tiere in unmittelbarer Nähe, so dass allein der Versuch eines (abgebrochenen) Hoppelsprungs wegen der hohen Besatzdichten kaum möglich sein wird. Ein Sich-Jagen und Rennen sowie Hakenschlagen ist in keinster Weise möglich.[690] Auch das Ruhen in ausgestreckter Position ist (jedenfalls auf der erhöhten Ruhefläche, die z. T. erst nach einer Übergangsfrist angeboten werden muss) z. T. wegen zu hoher Besatzdichten nicht möglich. Erhöhte Ruheflächen sind bis zum Ablauf der in § 45 TierSchNutztV genannten Übergangsfristen nicht einmal erforderlich.

Die TierSchNutztV hat hier für die ca. 58 Mastkaninchen haltenden Betriebe in Deutschland[691] bestehende, tierschutzwidrige Zustände festgeschrieben und so (vermeintlich) legitimiert. Selbst nach vielen Nachbesserungsforderungen des Bundesrates in Richtung Tierschutz, der den Regelungen nur unter Einarbeitung dieser Änderungen zugestimmt hat,[692] sind

689 Vgl. hierzu *Selzer*, Vergleichende Untersuchungen zum Verhalten von Wild- und Hauskaninchen unter verschiedenen Haltungsbedingungen, Gießen, 2000, S. 116 ff., der aber nicht genügend auf Futterselektion und andere wesentliche arttypische Verhaltensmerkmale wie das Sich-aufrichten oder das Trommeln mit den Hinterläufen auf den Boden eingeht; *Kraft*, Vergleichende Verhaltensstudien an Wild- und Hauskaninchen, S. 11 ff.; *Boback*, Das Wildkaninchen, S. 35 ff.; *Leicht*, Tiere der offenen Kulturlandschaft, S. 104 ff.; *Lincke*, Das Wildkaninchen, S. 51 ff.

690 Vgl. *Lehmann/Wieser*, Indikatoren für mangelnde Tiergerechtheit sowie Verhaltensstörungen bei Hauskaninchen, KTBL-Schrift 1984, S. 96 ff., S. 98 f.

691 Vgl. BR-Drs. 570/13 vom 3. Juli 2013, S. 2.

692 Beschluss des Bundesrates zur Fünften Verordnung zur Änderung der Tierschutz-Nutztierhaltungsverordnung vom 20. September 2013, BR-Drs. 570/13 (Beschluss).

die Regelungen, wie sie sodann in Kraft getreten sind, unzureichend, das in Art. 20a GG verankerte Staatsziel Tierschutz und den Zweck des Tierschutzgesetzes nach § 1 TierSchG zu erreichen oder zu fördern. Eine sich an die Vorgaben der TierSchNutztV haltende Kaninchenhaltung ist nicht mit § 2 TierSchG vereinbar. Dies gilt für alle in der TierSchNutztV geregelten Tierarten.[693] Die Vorschriften der TierSchNutztV sind daher keinesfalls

693 Vgl. für die Schweinehaltung *Felde*, Anforderungen bei der Schweinehaltung in so genannten Kastenständen, NVwZ 2017, S. 368 ff.; *Maisack*, Tierschutzrecht. Haltung von Nutztieren, dargestellt an den Beispielen „Schweine", „Hühner" und „Enten", in: *Grimm/Otterstedt*, Das Tier an sich, S. 198 ff., S. 215 für Schweine, Masthühner und Enten; mit einem Beispiel bezogen auf Schweine ähnlich *Raspé*, Die tierliche Person, S. 191 f.; *Caspar*, Tierschutz im Recht der modernen Industriegesellschaft, S. 408 jedenfalls für die Vorschriften betreffend die Schweinehaltung, jedoch mutmaßend, dass es auch alle anderen Tierarten betrifft, die mit der TierSchNutztV geregelt wurden und werden; weiterhin für die Vorschriften die Schweinehaltung betreffend *Wollenteit/Lemke*, Die Vereinbarkeit der Haltung von abferkelnden Sauen in Kastenständen mit dem Tierschutzrecht und die Zulässigkeit eines Verbots dieser Haltungsform, NuR 2013, S. 177 ff.; für Schweine ebenso *Hager*, Das Tier in Ethik und Recht, S. 96; für Kaninchen soll im Folgenden dargestellt werden, dass auch die diesbezüglichen Vorschriften der TierSchNutztV gegen § 2 TierSchG und weiteres, höherrangiges Recht verstoßen. Verstöße gegen § 2 TierSchG weiter annehmend bzgl. Vorschriften zur Kälberhaltung *Hirt/Maisack/Moritz*, Tierschutzgesetz Kommentar, § 10 TierSchNutztV Rn. 2, 3; bzgl. Vorschriften zur Haltung von Legehennen vor §§ 12-15 TierSchNutztV Rn. 14 ff., § 13 TierSchNutztV Rn. 19 ff., bzgl. Vorschriften zur Haltung von Masthühnern § 19 TierSchNutztV Rn. 5 ff., bzgl. der Vorschriften zur Schweinehaltung Vor §§ 21-30 TierSchNutztV Rn. 22 ff., § 30 TierSchNutztV Rn. 1 ff., bzgl. der Vorschriften über das Halten von Kaninchen Vor §§ 31-37 TierSchNutztV Rn. 12 ff., für Pelztiere § 40 TierSchNutztV Rn. 3; *Wollenteit/Bruhn*, Rechtsgutachten zur Verfassungsmäßigkeit der „verschärften" Haltungsvorgaben für Pelztiere in § 33 der TierSchNutztV, 2014, S. 4; schon vor der Einführung der Vorschriften über die Haltung von Pelztieren in die TierSchNutztV im Jahr 2006 war für die sog. konventionelle Pelztierhaltung erkannt worden, dass diese nicht art- und verhaltensgerecht ist, vgl. *Wollenteit*, Rechtsgutachten zur Zulässigkeit eines Verbotes der Pelztierhaltung und zur Zulässigkeit verschärfter Haltungsbedingungen für Pelztiere unter Berücksichtigung rechtsvergleichender Überlegungen, 2004, S. 14; *Wollenteit*, Ist die konventionelle Pelztierzucht strafbar?, RdL 2002, S. 172 ff., S. 172; *European Commission/DG SANCO*, The Welfare of Animals Kept for Fur Production, S. 183. Dass eine artgerechte Haltung von Nerzen überhaupt in Menschenhand möglich ist, bestreitet richtigerweise *Haferbeck*, Pelztierzucht, Das sinnlose Sterben, 1990, S. 141 ff. Zwar enthalten die nun in die TierSchNutztV integrierten Vorschriften über die Haltung von Pelztieren wesentliche Verbesserungen gegenüber den bis dahin (und bis zum Ablauf der Übergangsfristen) praktizierten Haltungsbedingungen;

strenger als die Grundvorschrift des § 2 TierSchG.[694] Dieser stellt die strengere – weil eine *verhaltensgerechte* Unterbringung fordernde – Vorschrift dar, jedenfalls dann, wenn der Terminus *verhaltensgerecht* ernst genommen wird. Der Grund für die fehlerhaft vorgenommene und im Ergebnis falsche Konkretisierung der unbestimmten Rechtsbegriffe *artgemäß* und *verhaltensgerecht* ist in Fehlern der Wissensgenerierung zu verorten, wie im Folgenden dargestellt werden soll. Nach der Wissensgenerierung ist – aufgrund fehlerhaft und unvollständig ermittelten Abwägungsmaterials – eine fehlerhafte Abwägung des Verordnungsgebers vorgenommen worden. Mit dem Terminus *Abwägung* ist in dieser Arbeit die Abwägung gemeint, die der Verordnungsgeber im Rahmen seines Verordnungsermessens vornehmen muss, wenn er außerjuristische Inhalte mit juristischen Elementen, z. B. kollidierenden Grundrechten, zu den späteren Verordnungsinhalten verflechten muss.[695]

---

trotzdem bleiben sie hinter den ursprünglichen Forderungen des Bundesrates aus dem Jahr 1992 und den konkretisierenden Erlassen mehrerer Bundesländer zurück, vgl. *Wollenteit/Bruhn*, Rechtsgutachten zur Verfassungsmäßigkeit der „verschärften" Haltungsvorgaben für Pelztiere in § 33 der TierSchNutztV, 2014, S. 4 m. w. N. Auch nach der Änderung der TierSchNutztV zu Gunsten der Pelztiere weigern sich viele Pelztierhalter schlicht, die Änderungen umzusetzen, behördliche Anordnungen zur Durchsetzung der Vorschriften der TierSchNutztV sind seit dieser Zeit mehrfach Gegenstand von verwaltungsgerichtlichen Entscheidungen, vgl. *Wollenteit/Bruhn*, Rechtsgutachten zur Verfassungsmäßigkeit der „verschärften" Haltungsvorgaben für Pelztiere in § 33 der TierSchNutztV, 2014, S. 8. Aktuell erschienen geht auch ein weiteres Gutachten von der Verfassungswidrigkeit der Vorschriften zur Mastschweinehaltung aus: *Bruhn/Wollenteit*, Rechtsgutachten zur Frage der Vereinbarkeit der Haltungsvorgaben für Mastschweine mit dem Tierschutzgesetz sowie der Zulässigkeit einer Verschärfung der Haltungsvorgaben, 2017. Dieses Gutachten findet auch Zustimmung in der Tierärzteschaft, vgl. *Advena*, Rechtsgutachten zur Frage der Vereinbarkeit der Haltungsvorgaben für Mastschweine mit dem Tierschutzgesetz – ein Kommentar, DTBl. 2017, S. 926; vgl. zuletzt *Bruhn*, Rechtsgutachten 2018 zur Frage der Vereinbarkeit der geplanten Neuregelung der Haltung von Sauen im Deckzentrum mit dem Tierschutzgesetz, 2018.

694 Nicht zutreffend *Leondarakis*, Gutachten „Ungleichbehandlung von Nutz- und Heimtieren im deutschen Recht?", S. 18.

695 Den Begriff der Abwägung verwendet auch das Bundesverfassungsgericht in der (zweiten) Hennen-Entscheidung aus dem Jahr 2010, vgl. *BVerfG*, Beschluss vom 12. Oktober 2010, Az.: 2 BvF 1/07, DVBl. 2011, S. 92 ff., S. 93, 96, mit Anm. *Durner*, der auf die Abwägungsfehlerlehre in planungs-/baurechtlichen Verfahren hinweist; vgl. auch *Hirt/Maisack/Moritz*, Tierschutzgesetz Kommentar, § 2a Rn. 6.

aa) Die Konkretisierung der unbestimmten Rechtsbegriffe des § 2 TierSchG

Für die Konkretisierung der Inhalte des § 2 TierSchG mitsamt seinen unbestimmten Rechtsbegriffen stellt § 2a TierSchG eine sehr weite Verordnungsermächtigung dar.

Diese gibt den Rahmen i. S. d. Art. 80 GG vor, in dem sich der Verordnungsgeber hinsichtlich der Verordnungsinhalte bewegen darf.

(1.) Der Rahmen der Ermächtigungsnorm des § 2a TierSchG

§ 2a TierSchG erlaubt es dem Verordnungsgeber, die Anforderungen an die Haltung von Tieren nach § 2 TierSchG durch Rechtsverordnung näher zu bestimmen. Die Rechtsverordnung muss gem. § 2a TierSchG „zum Schutz der Tiere erforderlich sein". Das bedeutet, dass das Ziel einer Rechtsverordnung oder eines Normenkomplexes innerhalb einer Rechtsverordnung sein muss, das von § 2 TierSchG vorgegebene Schutzniveau (vgl. nur § 2 Nr. 1 TierSchG; Anforderungen an die *verhaltensgerechte* Unterbringung von Tieren) mit konkreten Anforderungen auszufüllen, ggfs. zu erhöhen. Der Schutz der zu regelnden Tierart durch konkrete Haltungsanforderungen muss gewollt sein.[696] Die einzelnen Regelungen müssen dabei zunächst einmal geeignet sein, das von § 2 i. V. m. § 1 TierSchG vorgegebene hohe Tierschutzniveau zu erreichen,[697] das durch Art. 20a GG noch einmal verstärkt wird. Die Regelungen müssen sich also, wenn man sie anwendet, wenn beispielsweise der Amtsveterinär die vorgegebenen Maße von Haltungseinrichtungen und die vorgegebenen Anforderungen an Haltungseinrichtungen in der Praxis begutachtet, so darstellen, dass eine Rückbindung zu § 2 TierSchG erkannt werden kann: Das nach der TierSchNutztV erlaubte Haltungssystem, in dem sich Kaninchen befinden, muss eine *verhaltensgerechte* Unterbringung darstellen, dem einzelnen Kaninchen muss also darin ermöglicht werden, in Morphologie, Physiologie und Ethologie alle diejenigen Merkmale auszubilden und auszuüben, die von Tieren der gleichen Art und Rasse unter naturnahen Bedingungen gezeigt werden. Der Amtsveterinär, dem schon per Gesetz, vgl. § 15 Abs. 2, § 16a Abs. 1 Satz 2 Nr. 2 TierSchG, eine vorrangige Sach- und Beurteilungskompetenz zukommt, ist – jedenfalls zum Teil – in der Lage, dies zu beurteilen. Denn

696 Vgl. auch *Hirt/Maisack/Moritz*, Tierschutzgesetz Kommentar, § 2a Rn. 8.
697 *Hirt/Maisack/Moritz*, Tierschutzgesetz Kommentar, § 2a Rn. 8.

wie oben bereits gesehen, sind die unbestimmten Rechtsbegriffe des § 2 TierSchG durch ethologischen Sachverstand zu konkretisieren.

Weiter muss der Verordnungsgeber „entsprechend dem in den §§ 1, 2 TierSchG vom Gesetzgeber vorgezeichneten Interessenausgleich einen ethisch begründeten Tierschutz befördern, ohne die Rechte der Tierhalter übermäßig zu beschränken";[698] was bedeutet, dass die Regelungen zum einen nicht stärker in die Grundrechte der Halter eingreifen dürfen, als es zum Schutz der Grundbedürfnisse der Tiere nach § 2 Nr. 1 und 2 TierSchG erforderlich und verhältnismäßig ist, zum anderen muss der Tierschutz bis eben an diese Grenze hinauf befördert werden. Die Grund- und die darüber hinausgehenden Bewegungsbedürfnisse der Tiere müssen also so weit geschützt werden, wie dies ohne Überschreitung des verfassungsrechtlichen Übermaßverbotes geschehen kann.[699] Der Verordnungsgeber darf die Vorgaben des § 2 TierSchG also lediglich konkretisieren, nicht aber einschränken.[700] Damit würde er den von § 2 TierSchG vorgegebenen Rahmen verlassen. Durch eine Abwägung, die den von §§ 1, 2 TierSchG vorgezeichneten Weg weitergeht, muss der Verordnungsgeber einen Ausgleich zwischen den Belangen des Tierschutzes und den rechtlich geschützten Interessen der Tierhalter erreichen. Auch das Bundesverfassungsgericht betont, dass „Zweck der Verordnungskompetenz (..) eine am Maßstab der Gebots- und Verbotstatbestände des § 2 TierSchG ausgerichtete tierschutzgerechte Tierhaltung [ist]."[701]

(2.) Vorgesehene Vorgehensweise zur Konkretisierung der unbestimmten Rechtsbegriffe *artgemäß* und *verhaltensgerecht*

Seit dem Ersten Gesetz zur Änderung des Tierschutzgesetzes 1986, welches u. a. zum Ziel hatte, das Tierschutzgesetz hinsichtlich der Tierhaltung zu

698 *BVerfG*, Urteil vom 6. Juli 1999, Az.: 2 BvF 3/90, BVerfGE 101, S. 1 ff., S. 36; vgl. auch *Hirt/Maisack/Moritz*, Tierschutzgesetz Kommentar, § 2a Rn. 8.

699 Vgl. auch *Hirt/Maisack/Moritz*, Tierschutzgesetz Kommentar, § 2a Rn. 8.

700 So auch *Wollenteit*, Rechtsgutachten zur Zulässigkeit eines Verbotes der Pelztierhaltung und zur Zulässigkeit verschärfter Haltungsbedingungen für Pelztiere unter Berücksichtigung rechtsvergleichender Überlegungen, 2004, S. 8; *Hirt/Maisack/Moritz*, Tierschutzgesetz Kommentar, § 2a TierSchG Rn. 8 ff.; *von Loeper* in *Kluge*, Tierschutzgesetz Kommentar, § 2a Rn. 5, 7.

701 *BVerfG*, Urteil vom 6. Juli 1999, Az.: 2 BvF 3/90, BVerfGE 101, S. 1 ff. S. 32.

verbessern,[702] sollte mit § 2 Abs. 1 Nr. 1 TierSchG präziser auf die Bedürfnisse der Tiere eingegangen werden, da dies nach den neuesten Erkenntnissen der Verhaltensforschung geboten sei.[703]

Dazu wird nochmals auf die Definitionen abgestellt, die noch 1971 im Entwurf des Tierschutzgesetzes verwendet wurden, nämlich, dass „Artgemäßheit" dann vorliegt, wenn gestörte körperliche Funktionen, die auf zu vertretende Mängel oder Fehler in Ernährung oder Pflege zurückgeführt werden, nach den Regeln der tierärztlichen Kunst oder nach anderen naturwissenschaftlichen Erkenntnissen nicht feststellbar sind.[704] *Verhaltensgerecht* ist eine Unterbringung nach der Definition von 1971, wenn die angeborenen, arteigenen und essentiellen Verhaltensmuster des Tieres durch die Unterbringung nicht so eingeschränkt oder verändert werden, daß dadurch Schmerzen, Leiden oder Schäden an dem Tier selbst oder durch ein so gehaltenes Tier an einem anderen Tier entstehen.[705] Wie oben gesehen, kann dies nicht die richtige Definition von „verhaltensgerecht" sein, da die *Verhaltensgerechtheit* nicht bis zur Schmerz-/Leidensgrenze „heruntergefahren" werden darf.

Zusätzlich setzt der Gesetzgeber im Änderungsentwurf von 1986 in den Materialien (trotz des gleichbleibenden Wortlauts des § 2, der weiterhin von *artgemäß* und *verhaltensgerecht* spricht) auf den Begriff *tiergerecht* und stellt dar, dass ein Haltungssystem tiergerecht ist, „wenn das Tier erhält, was es zum Gelingen von Selbstaufbau und Selbsterhaltung benötigt und ihm die Bedarfsdeckung und die Vermeidung von Schaden durch die Möglichkeit adäquaten Verhaltens gelingt".[706] Diese Definition der „Tiergerechtheit" kann auf den Terminus „verhaltensgerecht" übertragen werden; sie ist insofern passender, als dass sie nicht wie die o. g., nicht zu verwendende Definition von „verhaltensgerecht", unzulässigerweise ein Haltungssystem bis zur Schmerz-/Leidensgrenze hinunter zulässt.

Zwar sollten bereits die Konkretisierungen der unbestimmten Rechtsbegriffe des Tierschutzgesetzes seit 1972 anhand exakter und repräsentativer

702 Entwurf eines Ersten Gesetzes zur Änderung des Tierschutzgesetzes, BT-Drs. 10/3158, S. 1.

703 Entwurf eines Ersten Gesetzes zur Änderung des Tierschutzgesetzes, BT-Drs. 10/3158, S. 18.

704 Amtl. Begründung zu § 2 des Entwurfes eines Tierschutzgesetzes, BT Drs. VI/ 2559, S. 10.

705 Amtl. Begründung zu § 2 des Entwurfes eines Tierschutzgesetzes, BT Drs. VI/ 2559, S. 10.

706 Entwurf eines Ersten Gesetzes zur Änderung des Tierschutzgesetzes, BT-Drs. 10/3158, S. 18.

wissenschaftlicher Feststellungen über tierartgemäße und verhaltensgerechte Normen und Erfordernisse erfolgen.[707] Dies wurde aber nie weiter konkretisiert. Es wurde lediglich herausgestellt, dass diese Aufgabe der Konkretisierung durch Ethologen erfolgen muss.[708]

Erst die Gesetzesmaterialien des Ersten Änderungsgesetzes zum Tierschutzgesetz von 1986 stellen im Rahmen der Nennung wissenschaftlicher Erkenntnisse konkret auf das Bedarfsdeckungs- und Schadensvermeidungskonzept von Tschanz als die (zum Zeitpunkt des Ersten Änderungsgesetzes) neuesten wissenschaftliche Erkenntnisse ab, nach denen in § 2 Abs. 1 Nr. 1 TierSchG klarer zum Ausdruck gebracht werden soll, dass dem Tier ermöglicht werden muss, seinen Bedarf, herrührend aus seiner Existenz als Lebewesen, angemessen zu decken.[709] Das Bedarfsdeckungs- und Schadensvermeidungskonzept ist eine bestimmte Methode, wie die Ethologie herausfinden kann, was das Normalverhalten einer bestimmten Tierart ist und wie sich das Verhalten im Gegensatz zu dem Normalverhalten in einem zu untersuchenden Haltungssystem darstellt. Aufgrund dieser Ergebnisse kann man die *Verhaltensgerechtheit* einer Unterbringung für ein Tier feststellen.

Für die Beantwortung der Frage, ob ein Haltungssystem als Unterbringung i. S. v. § 2 Abs. 1 Nr. 1 TierSchG *verhaltensgerecht* i. S. v. § 2 TierSchG ist, müsste also, wie in der amtl. Begründung des Entwurfs eines Ersten

---

707 Amtl. Begründung zum Entwurf eines Tierschutzgesetzes (Gesetzentwurf der Bundesregierung), BT-Drs. VI/2559, S. 9.

708 Schon MdB *Hammans* (CDU/CSU), Plenarprotokoll 64. Sitzung des Deutschen Bundestages am 12. Oktober 1966, S. 3126 und 3127; Begründung des Gesetzesentwurfs eines Tierschutzgesetzes der Bundesregierung Drs. VI/2259, S. 10, 11; MdB *Helms* (FDP), 137. Sitzung des Deutschen Bundestages am 29. September 1971, Plenarprotokoll S. 8001; MdB *Hammans* (CDU/CSU), 137. Sitzung des Deutschen Bundestages am 29. September 1971, Plenarprotokoll S. 8002; MdB *Hammans* (CDU/CSU), 194. Sitzung des Deutschen Bundestages am 21. Juni 1972, Plenarprotokoll S. 11390; *Schultze-Petzold*, Das künftige Tierschutzgesetz, seine Vorstellungen und wissenschaftlichen Begründungen, Berl.Münch.Tierärztl. Wochenschrift 1972, S. 370 ff., S. 371; *Ennulat/Zoebe*, Das Tier im neuen Recht, II § 2, S. 44; Bundesministerium für Ernährung, Landwirtschaft und Forsten (BMELF), Kleine Mitteilungen, Reform des Tierschutzrechts geht zügig voran, Berl.Münch.Tierärztl. Wochenschrift 1973, S. 359; *Grünberger*, Das neue Tierschutzrecht, Deutsche tierärztliche Wochenschrift 1973, S. 55 ff., S. 56; *Tegge/Tegge*, Entgegnung zu K. Grünberger „Das neue Tierschutzgesetz“, Deutsche tierärztliche Wochenschrift 1973, S. 234 ff., S. 235.

709 Entwurf eines Ersten Gesetzes zur Änderung des Tierschutzgesetzes, BT-Drs. 10/3158, S. 18.

Gesetzes zur Änderung des Tierschutzgesetzes[710] 1986 vorgegeben, nach dem Bedarfsdeckungs- und Schadensvermeidungskonzept nach Tschanz vorgegangen werden: Nach diesem ist ein Haltungssystem tiergerecht, wenn es dem Tier ermöglicht, in Morphologie, Physiologie und Ethologie (d. h. im Verhalten) alle diejenigen Merkmale auszubilden und zu erhalten, die von Tieren der gleichen Art und Rasse unter naturnahen Bedingungen gezeigt werden.[711] Es muss also die Frage, welchen Bedarf an Stoffen, Reizen, Umgebungsqualität und Bewegungsraum ein Haustier hat, anhand eines Vergleiches mit einer Referenzgruppe (Typus) beantwortet werden, die durch art-, rasse- und altersgleiche Tiere gebildet wird, die in einer naturnahen Umgebung leben, wobei naturnah eine Umgebung dann ist, wenn sie dem Tier ermöglicht, sich frei zu bewegen, all seine Organe vollständig zu gebrauchen und aus einer Vielzahl von Stoffen und Reizen selbst dasjenige auszuwählen, was es zur Bedarfsdeckung und Schadensvermeidung braucht.[712] Die Forderung nach einer artgemäßen Nahrung, Pflege und verhaltensgerechten Unterbringung ist also dann erfüllt, wenn das Angebot [des Tierhaltungssystems] dem Individuum Bedarfsdeckung und Schadensvermeidung ermöglicht und damit, sich seinem Typus gemäß zu entfalten und zu erhalten.[713] Dies sieht seit neuestem auch ein kleiner Teil der Rechtsprechung so und stellt erfreulicherweise auf genau diese Vorgehensweise ab.[714] Vergliche man Kaninchen, die zur Schlachtung aus dem erlaubten Haltungssystem ausgestallt werden, mit einer Referenzgruppe von Kaninchen, die in einem Freigehege untergebracht waren, so würde man erkennen, dass sich die Schlachtkaninchen kaum bewegen können und viele Verhaltensweisen erst lernen müssten, die von der Referenzgrup-

710 Amtl. Begründung des Entwurfs eines Ersten Gesetzes zur Änderung des Tierschutzgesetzes, BT-Drs. 10/3158.

711 *Bammert/Birmelin u. a.*, Bedarfsdeckung und Schadensvermeidung – Ein ethologisches Konzept und seine Anwendung für Tierschutzfragen, TU 1993, S. 269 ff., S. 269.

712 *Bammert/Birmelin u. a.*, Bedarfsdeckung und Schadensvermeidung – Ein ethologisches Konzept und seine Anwendung für Tierschutzfragen, TU 1993, S. 269 ff., S. 269; *Hirt/Maisack/Moritz*, Tierschutzgesetz Kommentar, § 2 Rn. 9; *Stauffacher*, Kaninchen, in: *Sambraus/Steiger*, Das Buch vom Tierschutz, S. 223 ff., S. 224.

713 *Bammert/Birmelin u. a.*, Bedarfsdeckung und Schadensvermeidung – Ein ethologisches Konzept und seine Anwendung für Tierschutzfragen, TU 1993, S. 269 ff., S. 270; so auch *Maisack*, Die Käfighaltung von Legehennen im Licht des Tierschutz- und des Grundgesetzes, NVwZ 1997, S. 761 ff., S. 761.

714 *OLG Karlsruhe*, Urteil vom 29. Oktober 2015, Az.: 3 Ss 433/15, 3 Ss 433/15-AK 170/15, OLGSt. TierSchG § 17 Nr. 3.

pe bereits beherrscht werden, weil sie – anders als bei den Schlachtkaninchen im Haltungssystem – erlernt werden konnten.

Für die Ausfüllung der unbestimmten Rechtsbegriffe *artgemäß* und *verhaltensgerecht*, die im Wege der Rechtsverordnung konkretisiert werden sollen, ist also zunächst außerjuristisches Wissen, nämlich über die Bedürfnisse und natürlichen Verhaltensweisen der zu regelnden Tierart, hier der Kaninchen, anhand einer Referenzgruppe unter naturnah gehaltenen Bedingungen zu generieren. Naturnahe Bedingungen sind hierbei ein so naturnah wie möglich ausgestaltetes Freigehege. Dazu ist es heute nicht (mehr) notwendig, tatsächlich eine solche Referenzgruppe naturnah gehaltener Kaninchen zusammenzustellen und in einem Freigehege zu erforschen. Zum Verhalten von Kaninchen unter naturnahen Bedingungen gibt es bereits Arbeiten und Studien, die die arttypischen Verhaltensweisen von Kaninchen unter naturnahen Bedingungen beschreiben.[715] Diese Arbeiten und Erkenntnisse und die darin beschriebenen Verhaltensweisen müssen sodann aber bei der Konkretisierung des § 2 TierSchG zugrunde gelegt werden. Schon das Bundesverwaltungsgericht stellte klar, dass bei der Wissensgenerierung (im zu entscheidenden Fall im Atomrecht) alle wissenschaftlich vertretbaren Erkenntnisse in Erwägung zu ziehen sind.[716] Da zur Konkretisierung des § 2 TierSchG insbesondere die Ethologie berufen ist, sind ethologische Arbeiten jedenfalls eine ganz wesentliche, sogar die maßgebliche Grundlage für die Wissensgenerierung.

Dieses Wissen ist sodann nach einer Einflechtung juristischer Elemente in die späteren Regelungen der Rechtsverordnung einzubringen. Diese (vom Gesetzgeber gewollte) Vorgehensweise soll im Folgenden vom Beginn der außerjuristischen Wissensgenerierung bis zum endgültigen Inhalt der späteren Rechtsnorm der TierSchNutztV dargestellt werden.

---

715 U. a. *Selzer*, Vergleichende Untersuchungen zum Verhalten von Wild- und Hauskaninchen unter verschiedenen Haltungsbedingungen, Gießen, 2000, S. 116 ff., der aber nicht genügend auf Futterselektion und andere wesentliche arttypische Verhaltensmerkmale wie das Sich-Aufrichten oder das Trommeln mit den Hinterläufen auf den Boden eingeht; *Kraft*, Vergleichende Verhaltensstudien an Wild- und Hauskaninchen, Nürnberg 1976; *Lincke*, Das Wildkaninchen, Neudamm 1943; *Leicht*, Tiere der offenen Kulturlandschaft, Heidelberg 1979; *Boback*, Das Wildkaninchen, Wittenberg Lutherstadt 1970.

716 *BVerwG*, Urteil vom 19. Dezember 1985, Az.: 7 C 65/82, BVerwGE 72, S. 300 ff., S. 316.

bb) Außerjuristisches Fachwissen als Grundlage der TierSchNutztV

Die eigentliche Wissensgenerierung muss im Zusammenhang mit dem Verfahren zur Erstellung einer Rechtsverordnung gesehen werden, welches sich für eine Rechtsverordnung des Bundes nach den §§ 62 ff. der Gemeinsamen Geschäftsordnung der Bundesministerien (GGO) richtet.

Das Vorbereitungsverfahren für Rechtsverordnungen des Bundes richtet sich nach den §§ 62 ff. GGO. Nach § 62 Abs. 2 Satz 1 GGO gelten hierfür die Bestimmungen über die Vorbereitung und Fassung der Gesetzentwürfe (§§ 42, 43 Abs. 1 Nr. 1-11, §§ 44-50, § 58 Abs. 1 Satz 3, § 61 GGO) entsprechend. Gem. § 42 Abs. 3, 4 GGO gelten auch das vom Bundesministerium des Innern herausgegebene Handbuch zur Vorbereitung von Rechts- und Verwaltungsvorschriften sowie das vom Bundesministerium der Justiz herausgegebene Handbuch der Rechtsförmlichkeit sowie von diesem im Einzelfall gegebene Empfehlungen.

§ 43 Abs. 1 Nr. 2 GGO bestimmt, dass in der Verordnungsbegründung darzustellen ist, welcher Sachverhalt dem [Verordnungs]entwurf zugrunde liegt und auf welchen Erkenntnisquellen er beruht. Zwar kann auf diese Ausführungen gem. § 62 Abs. 2 Satz 2 GGO verzichtet werden, jedoch nur, soweit solche Ausführungen in der Begründung eines ermächtigenden Gesetzes oder einer vorangegangenen Rechtsverordnung enthalten sind und die Begründung darauf verweist.

Mit Erkenntnisquellen, auf der der Verordnungsentwurf beruht, sind im Fall der §§ 31-37 TierSchNutztV diejenigen (außerjuristischen) Wissensressourcen gemeint, die dem Verordnungsgeber das nötige Fachwissen über das arttypische Verhalten von bspw. Kaninchen vermitteln. Das außerjuristische Wissen über das arttypische Verhalten von Kaninchen, welches zur Erstellung der Regelungen über das Halten von Kaninchen benötigt wird, müsste hier Wissen aus dem ethologischen Bereich sein, welches erstens durch die Erstellung von Studien oder Gutachten durch Ethologen generiert werden muss. Die Studien müssen die Bedürfnisse der Tierart „Kaninchen“ unter Anwendung des Bedarfsdeckungs- und Schadensvermeidungskonzepts nach Tschanz darlegen, also zunächst eine Gruppe Kaninchen unter semi-natürlichen Bedingungen beobachten und deren Verhalten darstellen und dieses sodann mit dem Verhalten vergleichen, das Tiere gleichen Alters und gleicher Rasse in dem zu prüfenden Haltungssystem zeigen,[717] welches in der Verordnung als verhaltensgerechte Unterbringung erlaubt werden soll. Auch sind verschiedene Anforderungen an den Gutachter zu stellen; dieser darf nicht einer Lobby angehören, sondern muss neutral und unabhängig sein, auch muss er dem Bereich der Verhaltenswissenschaft (Ethologie) angehören, um dem Willen des Gesetzgebers gerecht zu werden, der den Ethologen die wissenschaftliche Erkenntnisbeibringung überantwortet hat.[718] Zweitens muss nach § 16b TierSchG auch die Tierschutzkommission des BMEL angehört werden. Diese ist mit Experten aus Tierschutz und Tierhaltung besetzt, auch aus ihrer Stellungnahme kann relevantes Wissen geschöpft werden. Drittens werden in dem Verfahren der Verordnungsgebung gem. § 47 GGO auch außerstaatliche Verbände angehört; auch deren Stellungnahmen können relevantes Wissen enthalten, welches in die Inhalte der Verordnung einfließen kann. Weiter gibt die Anhörung von Interessenverbänden Gelegenheit, von vornherein deren Auffassungen kennenzulernen und zu berücksichtigen, wobei freilich vermieden werden muss, dass Interessenstandpunkte einzelner Interessengruppen oder einer ganzen Lobby zum Allgemeininteresse erklärt werden.[719] Aus diesem Grund verbietet es sich auch, dass Studien aus der Sphäre einer Lobby einseitig zum Hauptgegenstand der Wissensgenerierung gemacht werden. Gutachten sind in jedem Fall von neutralen und unabhängigen Sachverständigen einzuholen, damit die Ermittlung der Belange aller beteiligten Interessen nicht einseitig ausfällt. Denn die vollständige Ermittlung aller beteiligten Belange ist eine unabdingbare Vorausset-

717 Studien, die sich an diese Vorgehensweise halten, gab es bereits lange vor der Planung der §§ 31-37 TierSchNutztV, vgl. nur *Lehmann/Wieser*, Indikatoren für mangelnde Tiergerechtheit sowie Verhaltensstörungen bei Hauskaninchen, KTBL-Schrift 1984, S. 96 ff.; *Kraft*, Vergleichende Verhaltensstudien an Wild- und Hauskaninchen, 1976; *Selzer*, Vergleichende Untersuchungen zum Verhalten von Wild- und Hauskaninchen unter verschiedenen Haltungsbedingungen, 2000; EFSA 2005, Scientific Opinion of the Scientific Panel on Animal Health and Welfare on „The Impact of the current housing and husbandry systems on the health and welfare of farmed domestic rabbits"; *Lincke*, Das Wildkaninchen, Neudamm 1943; *Leicht*, Tiere der offenen Kulturlandschaft, Feldhase, Wildkaninchen, Heidelberg 1979; *Boback*, Das Wildkaninchen, Wittenberg Lutherstadt 1970; *Lockley*, The Private Life of the Rabbit, London 1980.

718 In den Gesetzesmaterialien zum Ersten Gesetz zur Änderung des Tierschutzgesetzes von 1986 werden ausdrücklich „wissenschaftlich gesicherte Erkenntnisse der Verhaltensforschung" zur Beurteilung der Unterbringung der Tiere gefordert, vgl. amtl. Begründung zum Entwurf eines Ersten Gesetzes zur Änderung des Tierschutzgesetzes, BT-Drs. 10/3158 S. 18.

719 *Ossenbühl*, Rechtsverordnungen, in: *Isensee/Kirchhof*, HdBStR Band III: Das Handeln des Staates, § 64 Rn. 13.

zung für eine ordnungsgemäße Ausübung des Verordnungsermessens zur Erstellung der Inhalte der Rechtsverordnung, die nur dann erfolgen kann, wenn zunächst alle Belange ermittelt wurden. Zu den zu ermittelnden Belangen gehören die vom Tierschutz umfassten tierlichen Interessen an einer verhaltensgerechten Unterbringung, wie § 2 Nr. 1 TierSchG sie fordert[720] sowie die Interessen der Tierhalter, die meist ein Interesse daran haben, die Tiere auf so wenig Platz wie möglich unterzubringen in Haltungssystemen, die so wenig Zeit-, Arbeits- und Personalressourcen wie möglich erfordern.

Nach der Wissensgenerierung ist es Sache des Verordnungsgebers, die Bedürfnisse der Tiere so in die Vorschriften der TierSchNutztV einzubringen, dass eine gerechte Abwägung zwischen den tierlichen und den Interessen der Tierhalter erkennbar ist. Die Interessenabwägung ist im Rahmen des Verordnungsermessens als juristischer Vorgang vom Verordnungsgeber selbst vorzunehmen. Zeitlich hat die Abwägung nach der Wissensgenerierung stattzufinden, da sich zunächst beide (höchstwahrscheinlich gegenläufigen Interessen) der Tiere und der Tierhalter als Abwägungsmaterial in Reinform gegenüberstehen müssen. Das Abwägungsmaterial darf dem Verordnungsgeber also nicht bereits einseitig beeinflusst präsentiert werden, andernfalls liegt in dieser fehlerhaften Ermittlung des Abwägungsmaterials auch die Möglichkeit, dass das Ergebnis der Abwägung unter diesem Ermittlungsdefizit leidet. Die ganze Abwägung inklusive des Abwägungsergebnisses wäre damit rechtsfehlerhaft.

(1.) Durch Sachverständige generierte Studien/Gutachten: Fehler in der Wissensgenerierung zur Vorbereitung der §§ 31-37 TierSchNutztV

Zunächst muss das in der Verordnung zu verarbeitende Wissen erhoben werden. Hierzu werden in der Praxis Sachverständigengutachten eingeholt, falls dieses Wissen noch nicht bereits vorliegt, etwa, weil Angehörige des Ministeriums sachverständig sind. Wie oben bereits gesehen, lag das relevante Wissen um das arttypische Verhalten von Kaninchen unter naturna-

---

720 Dass die „tierlichen Interessen“ zu berücksichtigen sind, folgt schon aus Art. 20a GG, der den Tierschutz zum Rechtsgut von Verfassungsrang erhebt und als ein Gewährleistungselement den Schutz jedes Tieres vor nicht artgemäßer Haltung umfasst, vgl. *Hirt/Maisack/Moritz*, Tierschutzgesetz Kommentar, Art. 20a GG Rn. 6; *Raspé* geht richtigerweise davon aus, dass Tiere in begrenztem Umfang, nämlich hinsichtlich der Wahrung ihrer Schutzgüter, eigene Rechte haben, vgl. *Raspé*, Die tierliche Person, S. 296.

hen Bedingungen zum Zeitpunkt der Entschließung, Regelungen über die Anforderungen an die Haltung von Kaninchen zu schaffen, bereits vor.[721] Trotz allem wurde bereits im Jahr 2009 von der Bundesregierung festgestellt, dass eine tiergerechte Kaninchenhaltung noch nicht genug erforscht sei.[722]

Von 2007 bis 2009 wurden seitens des BMELV Forschungen über eine tiergerechte Kaninchenhaltung in Auftrag gegeben: Den 2014 eingefügten §§ 31-37 TierSchNutztV (Anforderungen an das Halten von Kaninchen) liegt hauptsächlich eine Studie zugrunde, die sich mit der Untersuchung von Gruppengrößen und dem Flächenbedarf in der Mastkaninchenhaltung beschäftigt. Dies ergibt sich jedoch nicht aus der Verordnungsbegründung selbst, sondern aus dem Tierschutzbericht der Bundesregierung aus dem Jahr 2011,[723] der davon spricht, dass „auf Basis der Ergebnisse des Projekts und weiterer wissenschaftlicher Erkenntnisse" die TierSchNutztV um Maßgaben für die gewerbliche Kaninchenhaltung ergänzt werden soll. Mit dem „Projekt" ist die Studie der Justus-Liebig-Universität Gießen, Institut für Tierzucht und Haustiergenetik, Prof. Dr. habil. Steffen Hoy, gemeint: „Untersuchungen zur Gruppengröße und zum Flächenbedarf in der Mastkaninchenhaltung", Gießen, 2009. Unklar bleibt, was die „weiteren wissenschaftlichen Erkenntnisse" sind. Auch auf diese geht die Verordnungsbegründung nicht ein. Die Nennung der Erkenntnisquellen war auch nicht gem. § 62 Abs. 2 Satz 2 GGO entbehrlich, da die Begründung nicht auf Ausführungen in der Begründung eines ermächtigenden Gesetzes oder einer vorangegangenen Rechtsverordnung verweist.

---

721 Vgl. nur *Lehmann/Wieser*, Indikatoren für mangelnde Tiergerechtheit sowie Verhaltensstörungen bei Hauskaninchen, KTBL-Schrift 1984, S. 96 ff.; *Kraft*, Vergleichende Verhaltensstudien an Wild- und Hauskaninchen, 1976; *Selzer*, Vergleichende Untersuchungen zum Verhalten von Wild- und Hauskaninchen unter verschiedenen Haltungsbedingungen, Gießen 2000; EFSA 2005, Scientific Opinion of the Scientific Panel on Animal Health and Welfare on „The Impact of the current housing and husbandry systems on the health and welfare of farmed domestic rabbits"; *Lincke*, Das Wildkaninchen, Neudamm 1943; *Leicht*, Tiere der offenen Kulturlandschaft, Feldhase, Wildkaninchen, Heidelberg 1979; *Boback*, Das Wildkaninchen, Wittenberg Lutherstadt 1970; *Lockley*, The Private Life of the Rabbit, London 1980.

722 Stellungnahme der Bundesregierung zu der Entschließung des Bundesrates zum Tierschutz bei der Haltung von Kaninchen zu Erwerbszwecken, BR-Drs. 115/09 (Beschluss), S. 1.

723 Tierschutzbericht der Bundesregierung 2011, S. 12, 29 f.

(a) Inhalte, Vorgehensweise und Ergebnisse der Studie Hoy/Wagner

Sämtliche Versuchsdesigns in der Studie des Agrarwissenschaftlers Hoy wurden in Käfigen durchgeführt.[724] Jeweils zur Hälfte wurden herkömmliche Drahtgitterböden als Boden verwendet, zur anderen Hälfte Kunststoffroste. In diesen Käfigen wurden abgesetzte Kaninchen im Alter von 35 Tagen einer Herkunft in drei verschiedenen Besatzdichten, nämlich 833 cm^2 pro Tier, 625 cm^2 pro Tier und 583 cm^2 pro Tier aufgestallt.[725] Die Käfige mit einem Ausgangs-Volumen von 140 x 100 x 60 cm[726] wurden dazu jeweils auf diese Flächen verkleinert.

Weiter wurde zum Teil in dem Käfig eine erhöhte Sitzfläche angeboten, in den anderen Käfigen wurde keine erhöhte Sitzfläche angeboten.[727] Aus diesen Alternativen habe eine optimale Variante festgestellt werden sollen; es sollte die Frage beantwortet werden, welche Grundfläche bzw. Besatzdichte erforderlich ist, um arttypisches Verhalten nicht unzulässig einzuschränken und gleichzeitig wirtschaftliche Gesichtspunkte zu berücksichtigen.[728]

Ein „Vorversuch" wurde abgebrochen, da ein starkes Krankheitsgeschehen mit einer erhöhten Zahl an Verlusten auftrat, welches mit der Pelletfütterung der Tiere in Zusammenhang gebracht wurde.[729]

Im Rahmen der Studie wurde weder eine Vergleichsgruppe unter naturnahen Bedingungen in einem Freigehege oder einer größeren, eingestreuten Bodenfläche aufgestallt noch bereits vorliegende Studien und Erkenntnisse über das Verhalten von Kaninchen in Freigehegen herangezogen und mit verwertet. Ein Vergleich zu einer naturnah gehaltenen Gruppe konnte also von vornherein nicht gezogen werden; es konnten nur die drei verschiedenen Besatzdichten in Käfigen miteinander verglichen werden. Folg-

---

724 Käfige sind mit Gittern umschlossene Räume zum Halten oder Befördern von Tieren; Volieren sind begrifflich gleichfalls Käfige, vgl. *Hirt/Maisack/Moritz*, Tierschutzgesetz Kommentar, § 2a TierSchG Rn. 2; *Lorz/Metzger*, Tierschutzgesetz Kommentar, § 2a Rn. 14.

725 *Hoy/Wagner*, Untersuchungen zur Gruppengröße und zum Flächenbedarf in der Mastkaninchenhaltung, Schlussbericht 15. April 2009, S. 3.

726 *Hoy/Wagner*, Untersuchungen zur Gruppengröße und zum Flächenbedarf in der Mastkaninchenhaltung, Schlussbericht 15. April 2009, S. 5.

727 *Hoy/Wagner*, Untersuchungen zur Gruppengröße und zum Flächenbedarf in der Mastkaninchenhaltung, Schlussbericht 15. April 2009, S. 4.

728 *Hoy/Wagner*, Untersuchungen zur Gruppengröße und zum Flächenbedarf in der Mastkaninchenhaltung, Schlussbericht 15. April 2009, S. 4.

729 *Hoy/Wagner*, Untersuchungen zur Gruppengröße und zum Flächenbedarf in der Mastkaninchenhaltung, Schlussbericht 15. April 2009, S. 6.

lich konnte nicht der Maßstab des „Normalverhaltens“ von Kaninchen erhoben und angewendet werden.

Voraussetzung für vergleichende Verhaltensuntersuchungen ist aber immer die Kenntnis des gesamten Verhaltensschatzes der betreffenden Tierart[730] bzw. bei vorhandener Kenntnis dessen Berücksichtigung. Die Studie wendet also nicht das von den Gesetzesmaterialien vorgegebene Bedarfsdeckungs- und Schadensvermeidungskonzept nach Tschanz an, nach welchem Tiere in dem zu prüfenden Haltungssystem mit Tieren in einer naturnahen Umgebung verglichen werden müssten bzw. das Verhalten von Kaninchen in einem naturnahen Gehege dargestellt und als Abwägungsmaterial kenntlich gemacht werden müsste. Vielmehr werden in der Studie verschiedene Gruppengrößen und verschiedene Besatzdichten jeweils in dem zu prüfenden Haltungssystem miteinander verglichen. Weiter wird eine Haltung mit und ohne erhöhte Sitzebene verglichen sowie verschiedene Kombinationen von Haltungselementen aus den vorgehenden Vergleichen.[731] So wurden Besatzdichten von 833 cm^2, 625 cm^2 und 583 cm^2 pro Tier verglichen. Ein solcher Vergleich ist ungeeignet, denn die Tiere können in Käfigen dieser Größen bestimmte arttypische Verhaltensweisen (z. B. Hoppeln, Springen, Sich Jagen, Rennen, Buddeln) erst gar nicht ausleben, so dass diese in der für die neuen Regelungen der TierSchNutztV maßgeblichen Studie folglich auch nicht gemessen und bewertet werden konnten.[732] Die arttypischen Bedürfnisse von Kaninchen – und damit ein wesentlicher Teil des Abwägungsmaterials – konnten durch diese Studie schlicht nicht dargestellt bzw. erhoben werden.

Die Kaninchen verharren zum größten Teil in den Haltungssystemen, die in obiger Studie getestet wurden, weil sie wissen, dass die arttypischen Verhaltensweisen nicht ausgelebt werden können.[733] Wenige Versuche, die Handlungen auszuführen, werden abgebrochen oder es werden Ersatz-

---

730 So schon *Tembrock*, Zur Ethologie des Rotfuchses, in: *Dathe*, Der Zoologische Garten, S. 289 ff., S. 291.

731 *Hoy/Wagner*, Untersuchungen zur Gruppengröße und zum Flächenbedarf in der Mastkaninchenhaltung, Schlussbericht 15. April 2009, S. 5 f.

732 Vgl. *Lehmann/Wieser*, Indikatoren für mangelnde Tiergerechtheit sowie Verhaltensstörungen bei Hauskaninchen, KTBL-Schrift 1984, S. 96 ff., so auch *Rühle*, Mitteilung per E-Mail vom 19. Juni 2015 an Verf.

733 Vgl. *Lehmann/Wieser*, Indikatoren für mangelnde Tiergerechtheit sowie Verhaltensstörungen bei Hauskaninchen, KTBL-Schrift 1984, S. 96 ff., so auch *Rühle*, Mitteilung per E-Mail vom 19. Juni 2015 an Verf.

handlungen durchgeführt,[734] weil erstens der nötige Platz nicht vorhanden ist und zweitens der Loch- bzw. Spaltenboden verhindert, dass die Tiere sich schmerzfrei fortbewegen können. Auch Vermeidungsverhalten kann aufgrund der Besatzdichte in den Käfigen nicht gezeigt werden, die ständige und unmittelbare Präsenz von Artgenossen verstärkt aggressives Verhalten der Tiere.[735]

Auch fiel bei der Fütterung im Rahmen des Versuchsaufbaus auf, dass es vermehrt Durchfälle und Tierverluste bei Pelletfütterung gab und sichere Indizien dafür, dass mit Strukturfuttermitteln die Morbiditäts- und Mortalitätsrate deutlich gesenkt werden kann.[736]

Dieses (Strukturfutter) jedoch limitierte die Energieaufnahme und in Folge dessen konnte die angestrebte Endmasse der Kaninchen in der kurzen Mastzeit nicht erreicht werden; eine längere Mastdauer sei nicht möglich, da mit dem Einsetzen der Geschlechtsreife die Aggressivität unter den Tieren deutlich zunähme, woraus Verletzungen (bei männlichen Tieren insbesondere im Bereich der Hoden) resultierten.[737] Wirtschaftliche Gesichtspunkte (möglichst hohes Gewicht in einer möglichst kurzen Zeit) standen im Vordergrund der Wissensgenerierung, nicht aber das Normalverhalten von Kaninchen unter naturnahen Bedingungen. Auswirkungen der Haltungsbedingungen auf das Wohlbefinden der Kaninchen wurden in der Studie nicht berücksichtigt.[738]

Die soeben beschriebene Studie ist daher nicht dazu geeignet, Wissen zur Konkretisierung der unbestimmten Rechtsbegriffe *artgemäß* und *verhaltensgerecht* im Sinne der Zielsetzung des TierSchG (vgl. § 1 TierSchG) zu generieren. Die Vergleiche von verschiedenen Besatzdichten in Käfigen, in welchen arttypisches Verhalten erst gar nicht möglich ist, zeigen, dass die Studie nicht darstellen kann, was artgemäßes Verhalten von Kaninchen ist, weil dieses erst gar nicht gezeigt werden kann. Die Tiere ziehen sich viel-

---

734 Vgl. *Lehmann/Wieser*, Indikatoren für mangelnde Tiergerechtheit sowie Verhaltensstörungen bei Hauskaninchen, KTBL-Schrift 1984, S. 96 ff., so auch *Rühle*, Mitteilung per E-Mail vom 19. Juni 2015 an Verf.

735 So auch *Rühle*, Mitteilung per E-Mail vom 19. Juni 2015 an Verf.

736 *Hoy/Wagner*, Untersuchungen zur Gruppengröße und zum Flächenbedarf in der Mastkaninchenhaltung, Schlussbericht 15. April 2009, S. 7.

737 *Hoy/Wagner*, Untersuchungen zur Gruppengröße und zum Flächenbedarf in der Mastkaninchenhaltung, Schlussbericht 15. April 2009, S. 7.

738 Diese Ansicht teilen einige Abgeordnete des Deutschen Bundestages sowie die SPD-Fraktion des Deutschen Bundestages in ihrem Antrag „Bessere Haltung von Kaninchen zu Erwerbszwecken – Konkrete Haltungsbedingungen in die Tierschutz-Nutztierhaltungsverordnung aufnehmen" vom 9. Juni 2010, BT-Drs. 17/2017.

mehr auf Verharren und Ersatzhandlungen zurück.[739] Das Bedarfsdeckungs- und Schadensvermeidungskonzept kann nicht fundiert (mangels Vergleich mit einer Gruppe von Tieren unter naturnahen Bedingungen) angewendet werden. Studien, die eine niedrige Verlustrate von Tieren in naturnaher Umgebung belegen und das Verhalten von Kaninchen in naturnaher Umgebung darstellen (Wildkaninchen im Freigehege)[740] werden weder von der Studie zitiert noch als weitere wissenschaftliche Quelle zur Erstellung der TierSchNutztV herangezogen bzw. finden jedenfalls inhaltlich keinen Eingang in die Rechtsverordnung. In einer Untersuchung von Selzer wurden bei Wildkaninchen in Freigehegen Verluste von Jungtieren innerhalb der ersten vier Wochen (Aufzuchtsphase) von 6,2 % belegt, wogegen die vergleichenden Haltungen von Kaninchen (ZIKA-Kaninchen bzw. Weiße Neuseeländer, diese werden in der Mast hauptsächlich verwendet) Verlustraten von 16,4 % in einer Käfig-Haltung (Get-away-Käfige) und sogar 26,5 % in einer Haltung in Betonställen verzeichneten.[741] Diese Ergebnisse wurden in der Studie, die den neuen Regelungen der TierSchNutztV über das Halten von Kaninchen zugrundliegt, gerade nicht verwertet. Mit der Vorgehensweise von *Selzer* in der o. g. Arbeit kann die Verhaltensgerechtheit eines Haltungssystems belegt werden bzw. belegt werden, dass eine Käfighaltung von Kaninchen nicht verhaltensgerecht ist. Die Vorgehensweise der vom BMEL maßgeblich herangezogenen Studie, die keinen Vergleich zu Tieren in naturnaher Umgebung enthält, ist nicht geeignet, die Verhaltensgerechtheit und damit die Übereinstimmung eines Haltungssystems mit § 2 TierSchG zu belegen. Schon an den von Selzer beschriebenen Mortalitätsraten in den ersten vier Lebenswochen kann man erkennen, dass ein Käfig keine verhaltensgerechte Unterbringung für Kaninchen darstellt. Trotz allem wurde die Untersuchung von Hoy/Wagner den neuen Regelungen der TierSchNutztV zugrunde gelegt, obwohl sich die darin belegte Vorgehensweise der Forschung nicht an dem orientiert,

739 Vgl. *Lehmann/Wieser*, Indikatoren für mangelnde Tiergerechtheit sowie Verhaltensstörungen bei Hauskaninchen, KTBL-Schrift 1984, S. 96 ff., so auch *Rühle*, Mitteilung per E-Mail vom 19. Juni 2015 an Verf.

740 z. B. *Selzer*, Vergleichende Untersuchungen zum Verhalten von Wild- und Hauskaninchen unter verschiedenen Haltungsbedingungen; *Kraft*, Vergleichende Verhaltensstudien an Wild- und Hauskaninchen; *Lehmann/Wieser*, Indikatoren für mangelnde Tiergerechtheit sowie Verhaltensstörungen bei Hauskaninchen, KTBL-Schrift 1984, S. 96 ff.

741 *Selzer*, Vergleichende Untersuchungen zum Verhalten von Wild- und Hauskaninchen unter verschiedenen Haltungsbedingungen, Gießen, S. 152.

was die Gesetzesmaterialien[742] vorsehen, nämlich die Anwendung des Bedarfsdeckungs- und Schadensvermeidungskonzepts nach Tschanz.

Hieran ist zunächst zu erkennen, dass die Vorschriften der TierSchNutztV an die Praxis angepasst wurden und nicht dem eigentlichen Regelungsziel dienen, nämlich der Konkretisierung der unbestimmten Rechtsbegriffe des § 2 TierSchG, *artgemäß* und *verhaltensgerecht*.

Weiter wird die (zu einseitig auf ökonomische Gründe bedachte) Abwägung zwischen den Zielen des Tierschutzgesetzes und den (ökonomisch geprägten) Interessen der Tierhalter bereits in der Studie von Hoy/Wagner durchgeführt, die von vornherein Tiere in verschiedenen Haltungssystemen vergleichen und einen Vergleich mit Kaninchen, die unter naturnahen Bedingungen leben, gänzlich unterlassen. Als juristischer Vorgang ist die Abwägung zwischen dem Wohlbefinden der Tiere, welches ein von Art. 20a GG geschütztes Rechtsgut von Verfassungsrang ist und den Interessen der Tierhalter aber nicht im Rahmen der (außerjuristischen) Wissensgenerierung über die *Verhaltensgerechtheit* von Haltungsystemen durchzuführen. Diese muss dem Verordnungsgeber überlassen bleiben. Zeitlich muss die Abwägung zwischen tierlichen Interessen, insbesondere dem Wohlbefinden der Tiere, und den Interessen der Tierhalter, nach der Wissensgenerierung über die *Verhaltensgerechtheit* eines Haltungssystems erfolgen. Der Verordnungsgeber muss diese selbst durchführen und darf sie nicht schon in die Hand desjenigen geben, der das Wissen über das Verhalten von Kaninchen generieren soll.

Weiter fällt auf, dass der Vorsitzende eines der Tierhalter-Seite zugehörigen Interessenverbandes (nämlich der WRSA)[743] die o. g. Studie durchgeführt hat, nämlich wiederum Prof. Dr. Steffen Hoy. Wie oben bereits gezeigt, verbietet es sich, dass Gutachten und Studien (die als Sachverständigengutachten unabhängig und neutral sein müssen) aus der Sphäre der Tierhalter zum Hauptgegenstand der Wissensgenerierung gemacht werden. Dies ist hier geschehen. Gutachten müssen sowohl nach der Person des Sachverständigen bzw. der personellen Zusammensetzung der Sachverständigengruppe wie auch nach der Art und Weise ihres Zustandekommens eine ausreichende Distanz zu den beteiligten wirtschaftlichen Inter-

---

742 Amtl. Begründung des Entwurfs eines Ersten Gesetzes zur Änderung des Tierschutzgesetzes, BT-Drs. 10/3158, S. 18.

743 *World Rabbit Science Association e. V. (WRSA)*, die ausweislich der website www.wrsa-deutschland.de/von-uns/ eng mit dem Zentralverband Deutscher Rasse Kaninchenzüchter e. V. und dem Bundesverband deutscher Kaninchenfleisch- und -wollerzeuger e. V. zusammenarbeiten und Kaninchenzüchter und -halter ansprechen.

essen wahren.[744] Bereits in den Fällen der Legehennenhaltung unter den Vorschriften der HHVO wurde von einzelnen, der Geflügelwirtschaft nahestehenden Wissenschaftlern versucht, die Feststellung tierischer Leiden (mit denen ein Verstoß gegen § 2 Nr. 2 TierSchG begründet werden kann) allein in die Hand von Veterinärmedizinern zu legen. Das Veterinärwesen spielte schon lange eine wichtige Rolle für den Agrarsektor; die Reichstierärzteordnung aus dem Jahr 1936 verpflichtete Veterinäre dazu, an der Steigerung der Zucht und Leistungsfähigkeit der Nutztierbestände mitzuwirken.[745] Durch öffentliche Veterinärämter und staatliche Veterinärforschung wurde bereits in den 1950er Jahren ein Großteil der Kosten für die Intensivierung der Tierhaltung verstaatlicht.[746] Es wurden in dieser Zeit staatliche Subventionen für die tierärztliche (antibiotische) Prophylaxe in Nutztierbeständen gezahlt.[747]

Die Rechtsprechung hat der alleinigen Heranziehung von Veterinären zur Beurteilung von tierischen Leiden zu Recht einen Riegel vorgeschoben und die gleichwertige und selbständige Kompetenz der Ethologie zur Feststellung tierlicher Leiden bestätigt.[748] Auch nahestehenden Wissenschaftlern der Mast- und Zuchtwirtschaft darf kein Auftrag für ein Gutachten über ethologische Fragen zum arttypischen Verhalten von Kaninchen bzw. zur tierschutzgerechten Kaninchenhaltung erteilt werden. Hier hätte ein Ethologe, der keine Verbindungen zur Kaninchen-Mastwirtschaft aufweist, untersuchen müssen, wie Kaninchen sich unter naturnahen Bedingungen verhalten respektive wie sie sich in denen von der TierSchNutztV zu regelnden Tierhaltungssystemen verhalten. Nicht nur die Vorgehensweise in der Studie Hoy/Wagner, sondern auch die personelle Auswahl der Gutachter ist nicht ordnungsgemäß gewesen, da Verbindungen zur Mastindustrie eine Unabhängigheit der Gutachter nicht gewährleisten. Weiter ist die Auswahl eines Agrarwissenschaftlers mit dem Schwerpunkt „Tierproduktion"[749] auch rechtsfehlerhaft gewesen, da die Gesetzesmaterialien zum Tier-

---

744 *Hirt/Maisack/Moritz*, Tierschutzgesetz Kommentar, Vor §§ 31-37 TierSchNutztV Rn. 13.

745 § 1 Abs. 1 Reichstierärzteordnung, RGBl. 1936 I Nr. 36, S. 347.

746 *Von Gall*, Tierschutz als Agrarpolitik, S. 37.

747 *Von Gall*, Tierschutz als Agrarpolitik, S. 36.

748 *Maisack*, Die Käfighaltung von Legehennen im Licht des Tierschutz- und des Grundgesetzes, NVwZ 1997, S. 761 ff., S. 763; *LG Darmstadt*, Beschluss vom 4. Oktober 1983, Az.: 5 Kls 4 Js 29471/81, NStZ 1984, S. 173 ff., S. 174; noch deutlicher *OLG Frankfurt/M.*, Beschluss vom 14. September 1984, Az.: 5 Ws 2/84, NStZ 1985, S. 130.

749 Vgl. https://www.uni-giessen.de/fbz/fb09/institute/prof-i-r/hoy.

schutzgesetz[750] verlangen, dass die Ethologie die Wissenschaft zur Bestimmung der Inhalte des § 2 TierSchG ist. Die Studie von Hoy/Wagner ist somit auch fachlich nicht geeignet und erfüllt darüber hinaus nicht die Anforderungen an die Unabhängigkeit, die an Gutachten zur Vorbereitung von Gesetzen und Verordnungen genau wie an gerichtlich bestellte Sachverständige und antizipierte Sachverständigengutachten zu stellen ist.[751] Das Bundesverfassungsgericht unterscheidet zu Recht zwischen Verhaltenswissenschaftlern, Veterinärmedizinern und Agrarfachleuten[752] und stellt heraus, dass diese unterschiedliche Meinungen über die Frage von Mindestanforderungen an eine (im Kontext) Käfighaltung von Legehennen haben. Dem entspräche es, ethologische Fragestellungen wie die Frage der Konkretisierung des Begriffs *verhaltensgerecht* ausschließlich einem Ethologen zu überantworten, wie es auch die Gesetzesmaterialien[753] verlangen.

(b) Zwischenergebnis

Es lassen sich also bereits drei rechtserhebliche Fehler in der Wissensgenerierung durch die Einholung einer Studie feststellen, die zum einen den Inhalt der Studie betreffen und zum anderen den ausgewählten Gutachter in fachlicher Hinsicht und in personeller Hinsicht. Daraus folgen erhebliche Fehler in der Ermittlung der Belange, die in die Rechtsverordnung eingeflochten und miteinander in Ausgleich gebracht werden müssen.

(c) Die Studie „Gutachten über tierschutzgerechte Haltung von Nutzgeflügel“ 1974 und Folgegutachten

Diese Vorgehensweise wie eben beschrieben ist nichts Neues. Bereits parallel zu dem Inkrafttreten des Tierschutzgesetzes von 1972 fand eines von

750 Amtl. Begründung des Entwurfs eines Ersten Gesetzes zur Änderung des Tierschutzgesetzes, BT-Drs. 10/3158, S. 18.

751 Vgl. u. a. *Wemdzio*, Die Bedeutung von Sachverständigen und Sachverständigengutachten in Verfahren vor Verwaltungsbehörden und -gerichten, NuR 2012, S. 19 ff.; *Rittstieg*, Das „antizipierte Sachverständigengutachten“ – eine falsa demonstratio?, NJW 1983, S. 1098 ff.

752 *BVerfG*, Urteil vom 6. Juli 1999, Az.: 2 BvF 3/90, BVerfGE 101, S. 1 ff. S. 39; *Hirt/Maisack/Moritz*, Tierschutzgesetz, § 2a Rn. 11.

753 Amtl. Begründung des Entwurfs eines Ersten Gesetzes zur Änderung des Tierschutzgesetzes, BT-Drs. 10/3158, S. 18.

insgesamt fünf vom BML geleiteten Forschungsvorhaben statt, welches sich mit der Frage beschäftigte, in welchem von einigen grob vorgegebenen Haltungssystemen Legehennen tierschutzgerecht, also entsprechend den Vorgaben des § 2 TierSchG, gehalten werden können.[754] Es wurden grob definierte Käfigtypen der konventionellen Käfigbatteriehaltung miteinander verglichen: Immer wurde der Lebensraum der Legehennen in gleicher Weise stark beschnitten.[755] Die Medien griffen das Thema mit diesen Worten auf: „eine Stehfläche im Format einer Schreibmaschinenseite [Anm. der Verf.: Also einer DIN-A4-Seite], mehr ist für keine Henne drin. Nur die Anordnung ist unterschiedlich: Hintereinander, nebeneinander oder übereinander (...)."[756] Bereits bei der Auswahl der zu untersuchenden Haltungssysteme fließen ökonomische Vorannahmen in die Forschung ein.[757] Die Reizarmut in Käfigen, in Auslauf- und Bodenhaltung mit einer gänzlich anderen Haltung, nämlich der naturnahen Freilandhaltung zu vergleichen, was dem Bedarfsdeckungs- und Schadensvermeidungskonzept nach Tschanz entspricht, wurde von vornherein unterlassen. Dies war offenbar deswegen der Fall, weil von vornherein nur wirtschaftlich optimale Optionen in Betracht gezogen wurden.[758]

In einem „Minderheitsvotum"[759] in dem zweiten von mehreren Gutachten aus dem Jahr 1974 einer Sachverständigengruppe, die sich aus Verhaltensforschern, also Ethologen zusammensetzte, schrieben die bekannten Ethologen Prof. Dr. Paul Leyhausen, Dr. Glarita Martin und Dr. J. Nicolai folgendes: „Die derzeit üblichen Praktiken der Käfighaltung erfüllen den Tatbestand der Tierquälerei in hohem Ausmaß".[760] Hiermit widersprachen die Ethologen in dem sogenannten „Teil II" des Gutachtens den anderen Sachverständigen aus dem Agrarbereich, die – sämtlich aus dem Bereich der Tierhaltung und der Eierproduktion kommend – der Meinung waren, dass „der als nachteilig empfundenen Bewegungseinschränkung der Tiere

754 *Von Gall*, Tierschutz als Agrarpolitik, S. 128 m. w. N. zu dem Forschungsprojekt „Tierschutzgerechte Nutzgeflügelhaltung".

755 *Von Gall*, Tierschutz als Agrarpolitik, S. 128 m. w. N. zu dem Forschungsprojekt „Tierschutzgerechte Nutzgeflügelhaltung".

756 Vgl. *DER SPIEGEL*, Hinter dem Komma, Ausgabe Nr. 49, 1976, S. 95; vgl. auch *DER SPIEGEL*, Familienkrach der Verhaltensforscher, Ausgabe Nr. 32, 4. August 1980, S. 50 ff.

757 *Von Gall*, Tierschutz als Agrarpolitik, S. 128.

758 *Von Gall*, Tierschutz als Agrarpolitik, S. 128.

759 *DER SPIEGEL*, Hinter dem Komma, Ausgabe Nr. 49, 1976, S. 95.

760 Zitiert nach Ich wollt', ich wär kein Huhn, Die ZEIT vom 18. Februar 1977; das Gutachten ist abgedruckt in: *Drawer/Ennulat*, Tierschutzpraxis, S. 98 ff., S. 105.

(..) bei diesen Haltungssystemen aber zweifelsohne auch eine Reihe von Vorteilen gegenüber[steht]. Ganzjähriger Schutz der Tiere vor den Unbilden der Witterung; (…) und Schutz der Tiere vor ihren natürlichen Feinden."[761] Später wurde in einer „Schlußfolgerung" der Bundesregierung[762] zu dem Gutachten zwar zugegeben, dass ein „Freilandhuhn viel Zeit mit Nahrungssuche verbringt und damit ein bestimmtes Maß an Aktivität abreagiert. Die derzeitige Futterdarreichungsform – besonders in Mehlform – ist insoweit sicher „unphysiologisch"; andererseits wird das Tier gerade deshalb längere Zeit mit der Nahrungsaufnahme beschäftigt, d. h. auch mit seinen Aktivitäten engagiert."[763]

Schon früh wurde von der Versuchsleiterin geäußert, dass [Anm. der Verf.: wohl aufgrund dieser Differenzen zwischen den verschiedenen Gutachtern] keinesfalls sicher wäre, ob diese Studie verwertbare Ergebnisse liefern würde, es könne sein, dass vielleicht noch 10, 20, 30, 100 Käfigtypen ausprobiert werden müssten.[764] Auf diese Weise war es möglich, durch differierende Aussagen in einem Gutachten weitere Studien in Auftrag zu geben und so die Wissensgenerierung (über Jahre) in die Länge zu ziehen.[765] Im Ergebnis kann sich so das Inkrafttreten von Rechtsverordnungen um Jahre, gar Jahrzehnte, verzögern. Dies wurde auch von beteiligten Gutachtern vermutet und die Vorgehensweise als „Verschleppungstaktik der Geflügelwirtschaft"[766] bezeichnet. Auch in der „Schlußfolgerung" der Bundesregierung zu dem Gutachten aus dem Jahr 1969[767] wird immer wieder betont, dass – solange noch keine wissenschaftlich gesicherten Erkenntnisse vorlägen – es nicht möglich sei, einen Verordnungsentwurf zu fertigen, der die Inhalte der Gutachten zu einer Hennenhaltungsverordnung zusammenfasst.[768] Denn wegen der unüberbrückbaren Differenzen in dem o. g.

---

761 Gutachten über tierschutzgerechte Haltung von Nutzgeflügel in neuzeitlichen Haltungssystemen, Teil I, abgedruckt in: *Drawer/Ennulat*, Tierschutzpraxis, S. 98 ff.

762 Abgedruckt in: *Drawer/Ennulat*, Tierschutzpraxis, S. 98 ff., S. 105.

763 Vgl. Schlußfolgerung der Bundesregierung in: *Drawer/Ennulat*, Tierschutzpraxis, S. 98 ff., S. 112.

764 *DER SPIEGEL*, Hinter dem Komma, Ausgabe Nr. 49, 1976, S. 95.

765 Vgl. *Leyhausen*, Käfighaltung von Legehennen in sogenannten Legebatterien, NJW 1981, S. 1308 f.

766 *DER SPIEGEL*, Hinter dem Komma, Ausgabe Nr. 49, 1976, S. 95.

767 Abgedruckt in: *Drawer/Ennulat*, Tierschutzpraxis, S. 105 ff.

768 Vgl. Schlußfolgerung der Bundesregierung, in: *Drawer/Ennulat*, Tierschutzpraxis, S. 105 ff.

Gutachten wurde eine neue Sachverständigengruppe berufen.[769] Weitere Forschungen seit dem Jahr 1977 in der bundeseigenen Forschungsanstalt für Landwirtschaft in Braunschweig-Völkenrode (FAL), diesmal vergleichend die Käfighaltung mit Boden- und Auslaufhaltung, folgten.[770]

Im Jahr 1981 – nachdem die ersten Entscheidungen verschiedener Gerichte ergangen waren, die durch die Batteriehaltung von Legehennen zumindest den Tatbestand der strafbaren Tierquälerei bestätigten[771] – wurde ein weiteres Gutachten veröffentlicht, in dem sich wiederum die Sachverständigen nicht einig wurden, sondern stark voneinander abweichende Meinungen vertraten, was zum Ausscheiden von vier Ethologen aus der Arbeitsgruppe führte.[772]

In diesem Gutachten wird konstatiert, dass die gesamten Verhaltensweisen von Hennen in Käfighaltung generell nur in reduziertem Umfang zu beobachten waren.[773] An anderer Stelle heißt es: „Der tierschutzrelevante

---

769 Vgl. *Zeeb*, Tiergerechte Haltung von Legehennen aus der Sicht der forschungsbegleitenden Arbeitsgruppe des Senats der Bundesforschungsanstalten des Bundesministers für Ernährung, Landwirtschaft und Forsten, in: *Landbauforschung Völkenrode*, Legehennenhaltung, S. 14.

770 Vgl. *Piotrowski*, in: *Landbauforschung Völkenrode*, Legehennenhaltung, S. 11, 12; zu den Versuchsdesigns bzw- Käfiggrößen und Bodenflächen *Wegner/Rauch/Torges*, Vergleichende Versuche mit Legehennen in Bodenhaltung mit und ohne Auslauf und Käfigen, in: *Landbauforschung Völkenrode*, Legehennenhaltung, S. 25.

771 U. a. *AG Leverkusen*, Urteil vom 24. April 1979, Az.: 17 Ls 5 Js 120/77 [178/78] E, AgrarR 1979, S. 229 ff.; *LG Düsseldorf*, Urteil vom 23. November 1979, Az.: II 23/79, RdL 1980, S. 189 ff.; *OLG Düsseldorf*, Urteil vom 25. Oktober 1979, Az.: 5 Ss 461/79 I, NJW 1980, S. 411 f.; *OLG Frankfurt am Main*, Beschluss vom 12. April 1979, Az.: 4 Ws 22/79, NJW 1980, S. 409 f. Auch nach 1981 folgten weitere Gerichte dieser Auffassung, obgleich es nie zu einer Verurteilung kam, vgl. nur *LG Darmstadt*, Beschluss vom 4. Oktober 1983, Az.: 5 Kls 4 Js 29471/81, NStZ 1984, S. 173 ff.; *OLG Frankfurt am Main*, Beschluss vom 14. September 1984, Az.: 5 Ws 2/84, MDR 1985, S. 428 ff.; nur wegen sich widersprechenden Gutachten an der „Erheblichkeit" des Leidens zweifelnd *LG Darmstadt*, Urteil vom 29. April 1985, Az.: 4 Js 29471/81 5 Kls, AgrarR 1985, S. 356 ff.; ebenso auch als Folgeinstanz *BGH*, Urteil vom 18. Februar 1987, Az.: 2StR 159/86 (LG Darmstadt), NJW 1987, S. 1833 ff.

772 *Zeeb*, Tiergerechte Haltung von Legehennen aus der Sicht der forschungsbegleitenden Arbeitsgruppe des Senats der Bundesforschungsanstalten des Bundesministers für Ernährung, Landwirtschaft und Forsten, in: *Landbauforschung Völkenrode*, Legehennenhaltung, S. 14, 17.

773 *Otto*, Ergebnisse ethologischer Untersuchungen, insbesondere zum Sozial- und Komfortverhalten in: *Landbauforschung Völkenrode*, Legehennenhaltung, S. 83 ff. S. 91.

Problembereich liegt im Legeverhalten der Hennen in praxisüblichen Käfigen. Hier ergab sich, daß die Hennen in ihrem Legeverhalten gegenüber den Hennen in Auslauf- und Bodenhaltung viele Verhaltensbesonderheiten, z. T. starke Beeinträchtigungen, zeigten."[774] Der Käfig entspreche aus ethologischer Sicht den Anforderungen an eine verhaltensgerechte Haltungsform nur ungenügend.[775]

Der Ethologe Tschanz, auf den das Bedarfsdeckungs- und Schadensvermeidungskonzept zurückgeht, wurde mit einer Gesamtwürdigung der in Völkenrode durchgeführten Forschungen betraut. Dieser stellte fest, dass für diese Forschung Beobachtungsmaterial zur Festlegung des Normalfalls [Anm. der Verf.: Der Normalfall ist das Verhalten einer Legehenne in einer naturnahen Haltung] in dieser Untersuchung nicht erhoben wurde, was jedoch unschädlich sei, wenn sich unter den Ethologen genug Hühnerkenner befinden.[776] Das alleine reiche aber nicht aus; es müssten diese Kenntnisse über das Normalverhalten einer Tierart auch der Forschung und der Beurteilung zugrunde gelegt werden. Tschanz beurteilte die Untersuchungen so: „Wenn wir alles zusammenfassen, so zeigen die Ergebnisse, daß für die Legehennen in den Batteriekäfigen die Bedarfsdeckung bei der Nahrungsaufnahme, beim Komfortverhalten, beim Reproduktionsverhalten und beim Schutzverhalten andauernd derart eingeschränkt ist, daß ihnen durch die Haltung im Sinne des Tierschutzgesetzes verstandenes Leiden zugefügt wird und daß sie Schäden erleiden. (…) Das Ungenügen der Umgebung eines Batteriekäfigs ist mit den Ergebnissen der in Celle durchgeführten Untersuchungen damit so eindeutig nachgewiesen, daß es keiner weiteren Erhebung bedarf, das Verbot dieses Haltungssystems zu begründen. Wenn die zuständigen Instanzen [Anm. der Verf.: das BML] nicht bereit sind, den nun vorliegenden Befunden entsprechende Bescheide zu fällen, dann läßt sich das nicht mehr mit dem Fehlen von sachlichen Grundlagen begründen."[777]

---

774 *Sodeikat*, Ethologische Befunde zum Funktionskreis Nestplatzsuche und Eiablage, in: *Landbauforschung Völkenrode*, Legehennenhaltung, S. 100.

775 *Sodeikat*, Ethologische Befunde zum Funktionskreis Nestplatzsuche und Eiablage, in: *Landbauforschung Völkenrode*, Legehennenhaltung, S. 103.

776 *Tschanz*, Zusammenfassende Betrachtung der im Kolloquium dargestellten Ergebnisse aus tierschutzrelevanter und ethologischer Sicht, in: *Landbauforschung Völkenrode*, Legehennenhaltung, S. 205.

777 *Tschanz*, Zusammenfassende Betrachtung der im Kolloquium dargestellten Ergebnisse aus tierschutzrelevanter und ethologischer Sicht, in: *Landbauforschung Völkenrode*, Legehennenhaltung, S. 210.

Als Antwort wurde dieser Bewertung folgendes entgegengesetzt: „Nun haben Sie [Anm. der Verf.: angesprochen ist Tschanz] ja, insbesondere aus den Ergebnissen des sogenannten „Bundesversuchs" des Instituts für Kleintierzucht der FAL, persönliche Wertungen abgeleitet im Bezug auf die Gesetzeskonformität der Legehennenhaltung in herkömmlichen Käfigbatterien. Es muß darauf hingewiesen werden, daß Ihre diesbezüglichen Ausführungen nicht notwendigerweise und sicher nicht in allen Punkten mit den Auffassungen und Schlußfolgerungen der in diesem Kolloquium als Referenten zu Wort gekommenen Wissenschaftler übereinstimmen. Ihre vorgetragenen Auffassungen haben Sie verschiedentlich untermauert mit dem Hinweis, dieser oder jener ethologische oder sonstige Befund sei „nicht normal". Es ließe sich sicher eine lange Diskussion darüber führen, was denn in jedem Einzelfall als „normal" definiert ist und worin exakt die Abweichungen und deren Konsequenzen für das Tier bestehen. Eines können wir aber mit Sicherheit als normal ansprechen, nämlich, daß Wissenschaftler zu den gleichen Problemen, Forschungsergebnissen und deren Interpretation unterschiedliche Standpunkte und Meinungen vertreten. Dies ist hier auch heute geschehen, (...)."[778]

Zunächst wurde das zuständige BML nicht tätig. 1987 wurde die oben bereits behandelte HHVO 1987 erlassen, die genau solche tierquälerischen Batteriekäfige zuließ, bis sie vom Bundesverfassungsgericht im Jahr 1999[779] kassiert wurde. Nach dem Erlass der HHVO 1987 gab es keine Anklagen mehr, weil Verurteilungen [Anm. d. Verf.: die es auch schon vorher nie gab] wegen „unvermeidbaren Verbotsirrtums" nicht wahrscheinlich und damit ein hinreichender Tatverdacht nicht begründet erschienen.[780]

Im Ergebnis konnte die Haltung von Legehennen in den sogenannten Legebatterien nicht im entferntesten mit den Vorgaben des § 2 TierSchG in Einklang gebracht werden, der vorsieht, dass ein Halter seine Tiere verhaltensgerecht unterbringen muss; vielfach wird sogar – richtigerweise – die jedenfalls objektive Erfüllung des Straftatbestandes des § 17 Nr. 2b) TierSchG angenommen.[781] Im Ergebnis hat jedoch der Erlass einer nichtigen und im Jahr 1999 kassierten Rechtsverordnung mögliche und wahr-

---

778 *Smidt*, Schlußwort, in: *Landbauforschung Völkenrode*, Legehennenhaltung, S. 212.

779 *BVerfG*, Urteil vom 6. Juli 1999, Az.: 2 BvF 3/90, BVerfGE 101, S. 1 ff.

780 *Schindler*, Die Henne, das Ei und die europäische Kulturordnung, NJW 1996, S. 1802 ff., S. 1803.

781 So auch *Sojka*, Hennen-Käfighaltung und Tierschutzrecht, MDR 1987, S. 708 ff., S. 711; *BVerfG*, Urteil vom 6. Juli 1999, Az.: 2 BvF 3/90, BVerfGE 101, S. 1 ff., S. 37 ff.; *Erbel*, Staatlich verordnete Tierquälerei?, DÖV 1989, S. 338 ff.; *Maisack*, Die Käfighaltung von Legehennen im Lichte des Tierschutz- und des Grundge-

scheinliche Verurteilungen wegen Tierquälerei gem. § 17 TierSchG verhindert.[782]

(2.) Beteiligung der Tierschutzkommission gem. § 16b TierSchG

Die durch § 16b des Tierschutzgesetzes vorgesehene und durch die Tierschutzkommissionsverordnung[783] (TierSchKomV) eingerichtete Tierschutzkommission ist ein Gremium, dem ehrenamtliche Mitglieder aus Tierschutz, Tierhaltung, Wissenschaft und Forschung angehören.[784] Als pluralistisch zusammengesetztes Gremium wird es möglich, externen Sachverstand in die komplexe Materie des Verordnungsinhalts mit einzubeziehen. „Werden staatliche Aufgaben auf pluralistische Gremien übertragen, so geht es stets darum, besonderen Sachverstand in die Entscheidung einfließen zu lassen. Wenn in diesem Zusammenhang von Sachverstand die Rede ist, so ist nicht nur der rein fachliche und/oder wissenschaftliche Sachverstand sondern es sind auch das, gerade in Verbänden gebündelte, gesellschaftliche Interesse und die gesellschaftlichen Anschauungen gemeint".[785] Die Mitglieder aus dem Bereich Tierschutz sind gem. § 2 TierSchKomV Sachverständige überregionaler Tierschutzverbände. Tierschutzverbände machen es sich oft u. a. zur Aufgabe, eine Beteiligung in der Tierschutzkommission anzustreben, um Gesetzes- und Verordnungsvorhaben zu beeinflussen.[786] Auch z. T. ohne einschlägige (wissenschaftli-

setzes, NVwZ 1997, S. 761 ff.; *Caspar/Cirsovius*, Bestandsschutz für Legebatterien?, NuR 2002, S. 22 ff., S. 25; *Tillmanns*, Tierschutz durch Rechtsverordnung, NVwZ 2002, S. 1466 ff., S. 1470; *Kramer*, Wirksamkeit der Hennenhaltungsverordnung – BVerfGE 101, 1, JuS 2001, S. 962 ff., S. 966; *Brandhuber*, Die rechtlichen Anforderungen des Tierschutzgesetzes an die Tierhaltung, in: *DVG*, Ethologie und Tierschutz, Weihenstephan, 16. bis 19. September 1998, S. 25 ff., S. 28.

782 So auch *Brandhuber*, Die rechtlichen Anforderungen des Tierschutzgesetzes an die Tierhaltung, in: *DVG*, Ethologie und Tierschutz, Weihenstephan, 16. bis 19. September 1998, S. 25 ff., S. 29.

783 Verordnung über die Tierschutzkommission beim Bundesministerium für Ernährung, Landwirtschaft und Verbraucherschutz vom 23. Juni 1987 (BGBl. I S. 1557).

784 Zur genauen Zusammensetzung § 2 TierSchKomV.

785 *Unkelbach*, Vorbereitung und Übernahme staatlicher Entscheidungen durch plural zusammengesetzte Gremien, S. 41.

786 So der Bund gegen Missbrauch der Tiere e. V., der in seinem § 2 Abs. 2 der Vereinssatzung den Satzungszweck (Förderung des Tierschutzes) auch durch Einflussnahme auf einschlägige Gesetzgebung zu verwirklichen sucht. Ähnliche

che) Ausbildung sind Sachverständige aus dem Bereich Tierschutz genauso legitimiert wie die wissenschaftlich renommierten Sachverständigen, denn das durch die vielen Tierschutzverbände in Deutschland sichtbare Interesse der Allgemeinheit am Tierschutz legitimiert die Vertreter von Tierschutzverbänden als Vertreter des gesellschaftlichen Interesses und der gesellschaftlichen Anschauungen. Viele Vertreter der Tierschutzverbände sind zudem wissenschaftlich einschlägig ausgebildet, außerdem ist auch das sog. „Citizen-Science",[787] das (fachfremde) Personen aufgrund persönlichem und/oder ehrenamtlichem Engagement erwerben, nicht zu unterschätzen. Die Forderung,[788] dass in pluralistisch zusammengesetzten Gremien ausschließlich Wissenschaftler beteiligt werden sollten, ist zu einseitig, da durch mündige und engagierte Bürger mit speziellem „Citizen-Science" ebenfalls Wissen generiert werden kann und diese ebenfalls die Gesellschaft repräsentieren, deren Anschauungen so in die Verordnungsgebung einfließen und so auch zur Akzeptanz der Verordnungsinhalte in der Gesellschaft beitragen.[789] Trotz der Intention, die Gesellschaft an der Normgebung zu beteiligen,[790] muss die Wissenserhebung natürlich gleichwohl richtig sein und so weit wie möglich die Wahrheit widerspiegeln, die durch verschiedene Interessen immer bedroht ist, verfälscht zu werden. Dazu sind eine Verfahrensordnung und Transparenz immens wichtig.

Gem. § 16b Abs. 1 Satz 2 TierSchG hat das Bundesministerium (BMEL) vor dem Erlass von Rechtsverordnungen und allgemeinen Verwaltungsvorschriften die Tierschutzkommission anzuhören. Auch zu den neuen Vorschriften über die Haltung von Kaninchen wurde die Tierschutzkommission angehört. Diese begrüßte in ihrer 56. Sitzung am 30. April 2012 das Vorhaben der Erstellung von Vorschriften die Haltung von Kaninchen betreffend und empfahl die Überarbeitung des Eckpunktepapiers aus dem

---

Klauseln befinden sich auch in den Satzungen des Deutschen Tierschutzbundes, PROVIEH – Verein gegen tierquälerische Massentierhaltung e. V. u. a.

787 Der Begriff des „Citizen Science" wird hier als Wissen einer fachfremden Person, die möglicherweise ein geistes- statt naturwissenschaftliches Hochschulstudium oder möglicherweise gar kein Hochschulstudium absolviert hat und sich im Rahmen z. B. einer ehrenamtlichen Tätigkeit in einem Verband und/oder aus reinem Interesse für die Fachthematik ein bestimmtes Wissen angeeignet hat, verwendet.

788 So z. B. *Verband Deutscher Zoodirektoren e. V.*, Revision des Säugetiergutachtens – Stellungnahme des VDZ vom 6. April 2010, S. 3.

789 So auch *Unkelbach*, Vorbereitung und Übernahme staatlicher Entscheidungen durch plural zusammengesetzte Gremien, 56.

790 So u. a. *Unkelbach*, Vorbereitung und Übernahme staatlicher Entscheidungen durch plural zusammengesetzte Gremien, S. 4, 39.

Jahr 2011 unter Einbeziehung der auf der 56. Sitzung der Tierschutzkommission besprochenen Anregungen.[791] In mehreren Punkten sah die Kommission erheblichen Klärungsbedarf und regte eine Expertenanhörung an, die am 30. August 2012 stattfand. Die geladenen Experten waren Lotti Bigler[792] und Prof. Dr. Steffen Hoy,[793] auf dessen Gutachten auch die wesentlichen Inhalte der Vorschriften der §§ 31-37 beruhen.[794] Aufgrund der wissenschaftlichen Ergebnisse schien sich anzudeuten, dass die Haltung auf Spalten- bzw. Lochböden keine Nachteile für die Kaninchen mit sich brächten. Dies wurde jedoch nur von einer einzigen Studie gestützt.[795]

Der umfangreiche Maßgabekatalog des Bundesrates machte eine erneute Anhörung der Tierschutzkommission erforderlich. Diese wurde im Jahr 2013 durchgeführt.[796] Abschließend empfahl die Tierschutzkommission, dass dem Verordnungsentwurf unter Einbeziehung der Änderungen durch den Bundesrat zugestimmt werden solle, dass jedoch bei einer erneuten Überarbeitung der Vorschriften über die Haltung von Kaninchen die Platz-, Raum- und Ausstattungsvorgaben der Haltungseinrichtungen im Sinne des Tierschutzes überarbeitet werden sollten.[797] Diese Äußerung der Tierschutzkommission ist bezeichnend, denn sie lässt den Schluss zu, dass die vorgelegten Ergebnisse, über die die Tierschutzkommission zu befinden hatte, bereits dem Tierschutz abträglich und im Sinne des Tierschutzes überarbeitungsbedürftig waren.

(3.) Verbändeanhörung

Die Anhörung von Verbänden, deren Belange betroffen sind, soll diesen Gelegenheit geben, ihre Standpunkte zu dem Verordnungsentwurf mitzuteilen.

Mit Schreiben vom 23. März 2012 wurden im Rahmen der Verbändebeteiligung nach § 47 GGO 32 Verbände von dem Verordnungsentwurf in Kenntnis gesetzt und diese um Kenntnis- und gegebenenfalls Stellungnah-

791 Tierschutzbericht der Bundesregierung 2015 S. 87 ff.
792 Ethologin am Bundesamt für Veterinärwesen, Schweiz.
793 Agrarwissenschaftler i. R., Universität Gießen.
794 Tierschutzbericht der Bundesregierung 2015 S. 87 ff.
795 Nämlich *Hoy/Wagner*, Untersuchungen zur Gruppengröße und zum Flächenbedarf in der Mastkaninchenhaltung, Schlussbericht 15. April 2009, S. 28 ff.; vgl. Tierschutzbericht der Bundesregierung 2015 S. 89.
796 Vgl. Tierschutzbericht der Bundesregierung 2015 S. 23.
797 Tierschutzbericht der Bundesregierung 2015 S. 90.

me gebeten. Von den 32 angehörten Verbänden sind zwölf dem Tierschutz zuzuordnen, zehn der „Tiernutzer"-Seite. Weiter wurden vier Organisationen der Tierärzte sowie sechs Verbände angehört, die entweder keiner Richtung zugeordnet werden können (so z. B. der Deutsche Landkreistag) oder die in beide Richtungen, zum Tierschutz und auch zur Seite der „Tiernutzer", tendieren (u. a. Neuland e. V., unter dessen Label „Qualitätsfleisch aus besonders artgerechter und umweltschonender Tierhaltung"[798] angeboten wird). Die Auswahl der anzuhörenden Verbände bleibt gem. § 47 Abs. 3 Satz 2 GGO dem federführenden Bundesministerium, hier dem BMEL, überlassen. Vorgegeben wird in § 47 Abs. 1 GGO, dass „die Belange [der Verbände] berührt sein" müssen bzw. dass der Verband auf Bundesebene bestehen muss, § 47 Abs. 3 Satz 1 GGO.

Auch Verbände, die kein Aufforderungsschreiben erhalten haben, können Stellung zu Gesetzes- bzw. Verordnungsvorhaben nehmen.[799] Mit den Stellungnahmen werden jeweils die meist gegenläufigen Interessen von Tierschutz und Tierhaltern deutlich.

Zu dem Entwurf der §§ 31-37 TierSchNutztV im Rahmen der Fünften Verordnung zur Änderung der Tierschutz-Nutztierhaltungsverordnung haben sich die Deutsche Gruppe World Rabbit Science Associacion (WRSA) und der DLG-Ausschuss für Kaninchenzucht und -haltung,[800] der Bundesverband deutscher Kaninchenfleisch- und –wollerzeuger e. V.,[801] die Stabsstelle der Landesbeauftragten für Tierschutz Baden-Württemberg,[802] die

---

798 www.neuland-fleisch.de.

799 So z. B. die Stellungnahme des Bündnis Jagdreform zum Entwurf der Hessischen Jagdverordnung und Verordnung zur Verlängerung der Geltungsdauer der Jägerprüfungsordnung (HJagdV) vom September 2015, die von insgesamt neun Tier- und Naturschutzorganisationen verfasst wurde, von denen nicht alle vom Hessischen Ministerium für Umwelt, Energie, Landwirtschaft und Verbraucherschutz angeschrieben und um Stellungnahme ersucht wurden.

800 Stellungnahme der Deutschen Gruppe der World Rabbit Science Association e. V. und des DLG-Ausschusses für Kaninchenzucht und –haltung zum „Entwurf der Fünften Verordnung zur Änderung der Tierschutz-Nutztierhaltungsverordnung; Mindestanforderungen an die Haltung von Kaninchen zu Erwerbszwecken" des Bundesministeriums für Ernährung, Landwirtschaft und Verbraucherschutz vom 5. April 2012.

801 Stellungnahme des Bundesverbandes Deutscher Kaninchenfleisch- und –wollerzeuger zum Entwurf der Fünften Verordnung zur Änderung der Tierschutz-Nutztierhaltungsverordnung; Mindestanforderungen an die Haltung von Kaninchen vom 17. April 2012.

802 Stellungnahme der SLT zu dem Entwurf einer Fünften Verordnung zur Änderung der Tierschutz-Nutztierhaltungsverordnung – Abschnitt Kaninchen – , 17. April 2012.

Tierschutzorganisation Menschen für Tierrechte e. V.[803] und die Deutsche Juristische Gesellschaft für Tierschutzrecht e. V.[804] in Stellungnahmen geäußert, nachdem bereits 2011 ein Eckpunktepapier hierzu an die Verbände geleitet wurde und sich nach diesem bereits der Zentralverband Deutscher Rasse-Kaninchenzüchter e. V.[805] und die Deutsche Juristische Gesellschaft für Tierschutzrecht e. V.[806] in Stellungnahmen dazu geäußert hatten.

Von Stellungnahmen von Verbänden werden meist nur solche berücksichtigt, die fachlich qualifiziert und politisch machbar sind; fachliche Qualifikation ist wahrscheinlicher, wenn der Verband, der die Stellungnahme abgibt, ein Verband mit [monetären] Ressourcen ist und [/oder] über wissenschaftliches Personal verfügt.[807] Die Stellungnahmen von Verbänden können sowohl sachverständige Äußerungen als auch Ausdruck der Meinung der interessengebündelten Gesellschaft sein. So spricht für eine sachverständige Äußerung, wenn ein Verein vornehmlich aus fachkundigen Sachverständigen besteht, z. B. der Deutschen Juristischen Gesellschaft für Tierschutzrecht e. V., in der die Mitgliederschaft vornehmlich aus Juristen besteht.

(4.) Einfluss des Wissenschaftlichen Beirats für Agrarpolitik beim Bundesministerium für Ernährung und Landwirtschaft

Der Wissenschaftliche Beirat für Agrarpolitik[808] ist ein beim BMEL angesiedeltes, interdisziplinär besetztes Gremium, welches das BMEL bei der

803 Stellungnahme zum Entwurf einer Fünften Verordnung zur Änderung der Tierschutz-Nutztierhaltungsverordnung (Anforderungen an die Haltung von Kaninchen) vom 19. April 2012.

804 Stellungnahme zu dem neuen Entwurf des Bundesministeriums für Ernährung, Landwirtschaft und Verbraucherschutz (BMELV) für eine Fünfte Verordnung zur Änderung der Tierschutz-Nutztierhaltungsverordnung mit Regelungen für das Halten von Kaninchen vom 28. April 2013.

805 Mindestanforderungen an die Haltung zur Ergänzung der Tierschutz-Nutztierhaltungsverordnung; Eckpunktepapier; Stellungnahme des Zentralverbandes Deutscher Rasse-Kaninchenzüchter e. V. (ZDRK) vom 6. Juli 2011.

806 Stellungnahme der DJGT zu dem Eckpunktepapier des BMELV vom 10. Juni 2011 zu den Mindestanforderungen an die Haltung von Kaninchen vom 3. August 2011.

807 *Volz*, Das politische Netzwerk in der Nutztierhaltungspolitik – Akteure, Strukturen und Einflußchancen –, S. 63 f.

808 Der wissenschaftliche Beirat für Agrarpolitik wurde 1950 vom damaligen Bundesministerium für Ernährung, Landwirtschaft und Forsten gegründet; seine

Entwicklung seiner Politik beratend unterstützen soll. Das Gremium erstellt Gutachten und Stellungnahmen.

Im Jahr 2015 ist das Gutachten „Wege zu einer gesellschaftlich akzeptierten Nutztierhaltung“[809] erschienen, welches jedoch erst nach InKrafttreten der §§ 31-37 TierSchNutztV veröffentlicht wurde und somit unmittelbar keine Auswirkungen auf die Vorschriften hat. Es beschreibt aber, welche Defizite nicht nur in der landwirtschaftlichen Nutztierhaltung, sondern auch in der Umsetzung des Tierschutzgesetzes bestehen.

Tatsächlich hat der Wissenschaftliche Beirat für Agrarpolitik seit seinem Gründungsjahr 1950 oftmals keinen direkten Einfluss auf die Gestaltung der Politik und auf politische Entscheidungen gehabt.[810] Jedoch werden die Gutachten des Wissenschaftlichen Beirats für Agrarpolitik veröffentlicht und können so auf dem Umweg über die allgemeine öffentliche Diskussion dergestalt auf die Politikgestaltung Einfluss nehmen, dass sich der Minister bzw. sein Haus wegen der öffentlichen Meinung, die sich mit Hilfe der Gutachten bildet, damit auseinandersetzen muss,[811] was letztendlich dazu führen kann, dass Verordnungsinhalte beeinflusst werden.

(5.) Zwischenergebnis

Schon bei der Generierung außerjuristischen Wissens in der Vorbereitungsphase für die Erstellung der Vorschriften der §§ 31-37 TierSchNutztV sind erhebliche Fehler aufgetreten, die dazu führen, dass das Ziel des TierSchG, welches in § 1 TierSchG festgeschrieben ist, durch die Vorschriften nicht erreicht werden kann. Auch können die unbestimmten Rechts-

---

Mitglieder ernannte der Minister auf Vorschlag des Beirats. Nachdem der wissenschaftliche Beirat im Jahr 2001 geschlossen zurücktrat, wurde 2003 durch einen Neuerrichtungserlass der „Wissenschaftliche Beirat Agrarpolitik, nachhaltige Landbewirtschaftung und Entwicklung ländlicher Räume“ neu gegründet. Dieser hieß seit 2006 „Wissenschaftlicher Beirat für Agrarpolitik“; 2015 konstituierte er sich als „Wissenschaftlicher Beirat für Agrarpolitik, Ernährung und gesundheitlichen Verbraucherschutz“.

809 *Wissenschaftlicher Beirat Agrarpolitik beim BMEL*, Wege zu einer gesellschaftlich akzeptierten Nutztierhaltung, 2015.

810 *Thoroe*, Wissenschaftliche Politikberatung am Beispiel des wissenschaftlichen Beirats beim BML bzw. BMVEL/BMELV, in: *Krott/Suda*, Macht Wissenschaft Politik?, S. 107 ff., S. 109.

811 *Thoroe*, Wissenschaftliche Politikberatung am Beispiel des wissenschaftlichen Beirats beim BML bzw. BMVEL/BMELV, in: *Krott/Suda*, Macht Wissenschaft Politik?, S. 107 ff., S. 115.

begriffe *artgemäß* und *verhaltensgerecht* nicht in zielführender Weise konkretisiert werden, da basalen Wissensgrundlagen über die Bedürfnisse von Kaninchen nicht in die Umsetzung der Verordnungsinhalte eingebracht wurden. In Folge war eine den Vorgaben des § 2 TierSchG entsprechende Abwägung hier nicht möglich, da das Abwägungsmaterial nicht korrekt ermittelt wurde (Ermittlungsdefizit bzw. -ausfall) und daher nicht zur Verfügung stand.

Die abschließende Empfehlung der Tierschutz-Kommission beim BMEL, bei der nächsten Überarbeitung der Vorschriften diese im Sinne des Tierschutzes zu ändern, weist ebenfalls auf die Fehler in der Zusammenstellung des relevanten Abwägungsmaterials und auch darauf hin, dass Tierschutzinteressen nicht genügend in die Inhalte der Verordnung geflossen sind, so dass diese keine zutreffende Konkretisierung des § 2 TierSchG darstellen.

cc) Die Verflechtung des außerjuristischen Wissens mit juristischen Elementen zu Inhalten der TierSchNutztV

Im Anschluss an die Generierung außerjuristischen Wissens muss der Verordnungsgeber dieses Wissen nach einer Abwägung zwischen Belangen des Tierschutzes und der Tierhalter zu Inhalten einer Rechtsverordnung zusammenfügen. Eine ordnungsgemäße Abwägung war hier schon wegen ergebnisrelevanter Defizite in der Ermittlung des Abwägungsmaterials nicht möglich. Diese Fehler schlagen auch auf die in Kraft getretenen Vorschriften der §§ 31-37 TierSchNutztV durch, diese verstoßen gegen höherrangiges Recht.

b) Verstoß gegen §§ 1, 2 TierSchG: Zurückdrängung der Belange des ethisch begründeten Tierschutzes und der tierlichen Belange über die Grenzen eines angemessenen Ausgleichs

Die Vorschriften der §§ 31-37 TierSchNutztV betreffend der zugelassenen Haltungssysteme verstoßen gegen § 1 TierSchG i. V. m. § 2 TierSchG, denn sie gewährleisten keine für die Tierart Kaninchen verhaltensgerechte Unterbringung, wie § 2 Nr. 1 TierSchG fordert.

Bzgl. der Vorgaben des Tierschutzgesetzes an den Verordnungsgeber hat das Bundesverfassungsgericht in der Hennen-Entscheidung für die streitgegenständlichen Regelungen des § 2 HHVO klargestellt, dass „mit beiden

Bestimmungen (..) die gemäß § 2a Abs. 1 in Verbindung mit § 2 Nr. 1 und § 1 TierSchG in eine Rechtsverordnung einzustellenden Belange des ethisch begründeten Tierschutzes über die Grenze eines angemessenen Ausgleichs zurückgedrängt [werden]."[812] Daraus kann man die grundsätzliche Forderung des Gesetzgebers an den Verordnungsgeber herleiten, dass bei der Erstellung der Bestimmungen einer Rechtsverordnung, die die Inhalte des § 2 TierSchG konkretisiert, die Belange der Tiere mit den Interessen der Tierhalter durch den Verordnungsgeber abgewogen werden müssen; hierbei dürfen die tierlichen Belange jedoch nicht unangemessen zurückgedrängt werden.

aa) Erhebung der tierlichen Belange

Das setzt bereits im Vorfeld der Abwägung voraus, dass außerjuristisches Fachwissen zu den Belangen der betroffenen Tierart zunächst einmal vollständig vorliegt. Genau hierfür müssen zunächst Ethogramme für die betroffene Tierart (hier: Kaninchen) vorliegen, die anhand einer Gruppe von Kaninchen, die unter naturnahen Bedingungen gehalten wird, zeigen, welches ein arttypisches Verhalten darstellt, so dass die Belange der Tierart bestimmt werden können. Dieses Wissen wurde für die Erstellung der §§ 31-37 TierSchNutztV gerade nicht berücksichtigt; die Studie von Hoy/Wagner stellt aus o. g. Gründen gerade nicht das arttypische Verhalten von Kaninchen dar. Hier wird die These vertreten, dass – würde man mit den vom Gesetzgeber gewollten Methoden, dem Bedarfsdeckungs- und Schadensvermeidungskonzept von Tschanz – arbeiten, Ergebnisse erlangen, die von der Lobby nicht gewollt sind, nämlich dass die Haltungssysteme sehr viel größer, flächiger, besser und artgerechter strukturiert sein müssen und die Besatzdichte der Haltungssysteme weit nach unten angepasst werden müsste. Weiter dürften keinerlei Loch- bzw. Spaltenböden mehr verwendet werden. Da man diese Ergebnisse vermeiden will, werden Studien nicht so erstellt, wie es der Gesetzgeber vorsieht.

812 *BVerfG*, Urteil vom 6. Juli 1999, Az.: 2 BvF 3/90, BVerfGE 101, S. 1 ff., S. 37.

(1.) Wissensgrundlage der Vorschriften über Anforderungen an das Halten von Kaninchen

Die o. g. Studie war die für das BMEL wesentliche Wissensgrundlage für die Schaffung der §§ 31-37 TierSchNutztV, denn bereits im Vorfeld der Schaffung dieser Vorschriften wurde im Jahr 2009 von der zuständigen Ministerin deutlich gemacht, dass die o. g. Studie die Grundlage für die zu schaffenden Vorschriften sein würde und zuerst auf den Abschluss der Studie gewartet werden müsse, bevor man seitens des Ministeriums beginne, die Änderung der TierSchNutztV hinsichtlich der Ergänzung von Vorschriften zur Kaninchenhaltung vorzubereiten.[813] Schon 2009 und lange vorher gab es genug wissenschaftliche Arbeiten von Ethologen und Naturbeschreibungen zum artgemäßen Verhalten von Kaninchen; das Abwarten auf den Abschlussbericht der o. g. Studie zeigt, dass nur dieser wesentliche Wissensgrundlage war; es war bereits lange vor dem Vorliegen des Abschlussberichts möglich, die artgemäßen Bedürfnisse von Kaninchen anhand wissenschaftlicher – ethologischer – Studien zu erheben. Dies legt die Vermutung nahe, dass mit Hilfe dieser Verzögerungstaktik das InKrafttreten der §§ 31-37 TierSchNutztV so weit wie möglich nach hinten verschoben werden sollte. Der Abschlussbericht bzw. die o. g. Studie kann die Belange der Tierhalter darstellen, die ebenfalls zu erheben waren. Die Belange der Tierhalter aber allein zur wesentlichen Wissensgrundlage für die Schaffung der Vorschriften zum Halten von Kaninchen zu machen, ist unzulässig. Ein Ignorieren bereits vorhandener wissenschaftlicher Studien wird dem Verordnungsgeber auch von der hessischen Landesbeauftragten für Tierschutz bescheinigt.[814]

(2.) Schlussfolgerungen aus den Ergebnissen der Studie Hoy/Wagner

Wie gesehen, wiederholt sich eine historisch bereits etablierte Vorgehensweise der Wissensgenerierung und Verzögerung von ministeriellen Rechtsvorschriften im Rahmen der Erstellung der Vorschriften über das Halten von Kaninchen, die im Jahr 2014 in Kraft getreten sind.

813 Stellungnahme der Bundesregierung zu der Entschließung des Bundesrates zum Tierschutz bei der Haltung von Kaninchen zu Erwerbszwecken, Beschluss vom 7. April 2009 zu BR-Drs. 115/09, S. 2.

814 *Landesbeauftragte für Tierschutz Hessen*, Jahresbericht 2013, S. 14.

Die Ergebnisse der Studie Hoy/Wagner zeigen, dass die Methodik der Studie unbrauchbar war.

Ein Vorgehen wie vom Gesetzgeber zur Konkretisierung der *Verhaltensgerechtheit* einer Unterbringung gefordert, ist damit nicht erfolgt. Dies wirkt sich auch auf das Ergebnis aus.

Für die neuen Vorschriften der §§ 31-37 TierSchNutztV lassen sich folgende Zwischenergebnisse festhalten:

Die Studie ist nicht wie vom Gesetzgeber gefordert durchgeführt worden. Die angewandte Methodik, Tiere in Käfigen mit Tieren in Käfigen zu vergleichen, ist unbrauchbar.

Die Studie ist nicht wie vom Gesetzgeber gefordert von einem Ethologen durchgeführt worden.

Versuchsdurchläufe mit zu hohen Mortalitätsraten werden ohne Weiteres aus der Statistik ausgeschlossen: Ein sogenannter „Vorversuch", bei dem eine (aufgrund nicht artgemäßer Fütterung bedingte) hohe Morbidität und Mortalität zu verzeichnen war, ging nicht mit in die Endstatistik der Studie ein.[815] Damit fielen 108 von insgesamt 1028 Kaninchen weg (10,5 %), denn nur 920 Kaninchen gingen in die Endstatistik ein.[816]

Es wurden nur die vom Autor der Studie produzierten/betreuten wissenschaftlichen Studien mit einbezogen; andere Studien, insbesondere Studien, die richtig nach dem Modell von Tschanz vorgehen, wurden nicht berücksichtigt.

Auch die Zusammenfassung des wissenschaftlichen Stands, an den in der Studie angeknüpft[817] wurde, stammt vom Autor der Studie selbst.

Auf den herkömmlichen Drahtgitterböden wurde keine Videokontrolle durchgeführt; dies wird nicht begründet. Eine Videokontrolle der Versuche wurde nur für die auf Kunststoffrosten aufgestallten Kaninchen durchgeführt, nicht aber für die auf den herkömmlichen Drahtgitterböden aufgestallten Tiere.[818] Dies lässt darauf schließen, dass offensichtlich tierschutzwidrige Zustände nicht dokumentieren werden sollten.

In den Haltungssystemen, welche in der Studie getestet wurden, starben bis zu über 20 % der Tiere; dies ist ein klarer Indikator für vermeidbare

815 *Hoy/Wagner*, Untersuchungen zur Gruppengröße und zum Flächenbedarf in der Mastkaninchenhaltung, Schlussbericht 15. April 2009, S. 6, 11.

816 *Hoy/Wagner*, Untersuchungen zur Gruppengröße und zum Flächenbedarf in der Mastkaninchenhaltung, Schlussbericht 15. April 2009, S. 11.

817 *Hoy/Wagner*, Untersuchungen zur Gruppengröße und zum Flächenbedarf in der Mastkaninchenhaltung, Schlussbericht 15. April 2009, S. 11.

818 *Hoy/Wagner*, Untersuchungen zur Gruppengröße und zum Flächenbedarf in der Mastkaninchenhaltung, Schlussbericht 15. April 2009, S. 10.

Schmerzen, Leiden oder Schäden, wobei der Tod der größtmögliche Schaden ist, der dem Tier zugefügt werden kann.[819] Die durchgeführten Verhaltensstudien wurden ausschließlich in den Käfigen durchgeführt ohne vergleichende Untersuchung zu einer Referenzgruppe, die unter natürlichen Bedingungen gehalten wird,[820] Mortalitätsraten von Kaninchen in Boden- oder Freilandhaltung wurden nicht genannt, obgleich solche Studienergebnisse vorliegen und wesentlich niedrigere Mortalitätsraten aufzeigen.[821] Die Mortalitätsraten in Käfighaltung lagen jeweils zwischen 15,6 und 21,6 %.[822] Die Morbidität lag sogar bei bis zu 35,2 %.[823]

Die Krankheitsfälle, z. B. Durchfälle oder Augenentzündungen bei bis zu 35 % der Tiere sind ein klarer Indikator für vermeidbare Schmerzen, Leiden und Schäden.

Auch die äußeren Verletzungen vieler der ausgestallten Tiere sind klarer Indikator für vermeidbare Schmerzen, Leiden und Schäden. Ausdrücklich wird in der Studie festgestellt, dass zum Zeitpunkt der Ausstallung Verletzungen bei teilweise über 30 % der Tiere gefunden wurden.[824]

Es wird erkannt, dass eine an die arttypische Ernährung von Kaninchen angenäherte (Luzernehäcksel statt Pellets) Fütterung gesundheitliche Vorteile bringt; sich dies aber auf die Gewichtszunahme der Kaninchen auswirkt und so das Mastendgewicht verringert, was einen wirtschaftlichen Faktor darstellt.[825] Auch wird erkannt, dass es schwierig ist, niedrige Mortalitätsraten mit einer hohen Gewichtszunahme zu verbinden.[826] Weiter wird in der Studie bestätigt, dass bis zu 90 % der Tiere zum Ausstallungszeitpunkt Schäden an der Körperhülle aufwiesen.[827]

---

819 *Von Loeper* in *Kluge*, Tierschutzgesetz Kommentar, § 1 Rn. 41.

820 *Hoy/Wagner*, Untersuchungen zur Gruppengröße und zum Flächenbedarf in der Mastkaninchenhaltung, Schlussbericht 15. April 2009, S. 13.

821 Vgl. nur *Selzer*, Vergleichende Untersuchungen zum Verhalten von Wild- und Hauskaninchen unter verschiedenen Haltungsbedingungen, Gießen, 2000, S. 170.

822 *Hoy/Wagner*, Untersuchungen zur Gruppengröße und zum Flächenbedarf in der Mastkaninchenhaltung, Schlussbericht 15. April 2009, S. 15.

823 *Hoy/Wagner*, Untersuchungen zur Gruppengröße und zum Flächenbedarf in der Mastkaninchenhaltung, Schlussbericht 15. April 2009, S. 16.

824 *Hoy/Wagner*, Untersuchungen zur Gruppengröße und zum Flächenbedarf in der Mastkaninchenhaltung, Schlussbericht 15. April 2009, S. 16.

825 *Hoy/Wagner*, Untersuchungen zur Gruppengröße und zum Flächenbedarf in der Mastkaninchenhaltung, Schlussbericht 15. April 2009, S. 17.

826 *Hoy/Wagner*, Untersuchungen zur Gruppengröße und zum Flächenbedarf in der Mastkaninchenhaltung, Schlussbericht 15. April 2009, S. 18.

827 *Hoy/Wagner*, Untersuchungen zur Gruppengröße und zum Flächenbedarf in der Mastkaninchenhaltung, Schlussbericht 15. April 2009, S. 30.

Die in der Studie getestete Haltung führt entweder dazu, dass die Kaninchen jedenfalls annähernd arttypisch ernährt werden (Luzernehäcksel), dafür aber nicht genug zunehmen, um einen wirtschaftlichen Erfolg zu erzielen und daher so lange in dem Haltungssystem verbleiben, dass sie aufgrund des fortgeschrittenen Alters Verletzungen durch zunehmende Aggressivität erleiden, oder aber dazu, dass die Kaninchen zwar genug zunehmen, um das gewollte Mastendgewicht in kurzer Zeit zu erreichen, dafür aber mehr Kaninchen wegen der nicht arttypisch gestalteten Fütterung (Pellets) sterben.

Während der Mastzeit nimmt der Parasitenbefall von Kaninchen grundsätzlich zu, obwohl der perforierte Boden dazu führt, dass die Tiere nicht mit ihren Exkrementen in Berührung kommen. Der perforierte Boden wird aber gerade deswegen genutzt, weil er angeblich dazu führt, dass es wegen der Trennung der Tiere von ihren Exkrementen nicht zu einem Parasitenbefall kommt bzw. ein solcher weitgehend verhindert werden soll. Der trotzdem zunehmende Parasitenbefall ist ein Indiz dafür, dass Kaninchenmast ohne Schäden (Abweichung vom typusgemäßen Normalzustand)[828] durch einen übermäßigen Parasitenbefall nicht möglich ist. Es wird in der Studie erkannt, dass mit der Mastdauer der Befall von Parasiten (Kokzidien) zunimmt und das, obwohl die Kaninchen durch die Haltung auf perforiertem Boden von ihren Exkrementen getrennt sind.[829]

Die Studie belegt, dass die getesteten Haltungssysteme einem sehr großen Teil der Tiere Schäden zufügen.

Die Studie bestätigt auch, dass in der Zeit zum Mastende hin die Kaninchen nicht mehr alle gleichzeitig auf die erhöhte Sitzebene passen.[830]

Zuletzt verweist die Studie auf Leitlinien,[831] die von WRSA und DLG ausgearbeitet wurden.[832] Diese durften und dürfen jedoch keinesfalls mehr angewendet werden, da sie völlig unzureichend sind und das Tierschutzge-

828 *Hirt/Maisack/Moritz*, Tierschutzgesetz Kommentar, § 1 TierSchG Rn. 27.

829 *Hoy/Wagner*, Untersuchungen zur Gruppengröße und zum Flächenbedarf in der Mastkaninchenhaltung, Schlussbericht 15. April 2009, S. 21.

830 *Hoy/Wagner*, Untersuchungen zur Gruppengröße und zum Flächenbedarf in der Mastkaninchenhaltung, Schlussbericht 15. April 2009, S. 37.

831 WRSA-Leitlinien in der Fassung vor der Novellierung im Jahr 2009; in der Studie wird diese Novellierung erst angekündigt.

832 *Hoy/Wagner*, Untersuchungen zur Gruppengröße und zum Flächenbedarf in der Mastkaninchenhaltung, Schlussbericht 15. April 2009, S. 54 f.

setz nicht einmal annähernd konkretisieren.[833] Die unzureichende und unzutreffende Konkretisierung hängt unmittelbar mit der Besetzung des Gremiums bzw. des Erstellers dieser Leitlinien zusammen.

In der Studie wird auf völlig unzureichende, die Erfordernisse des § 2 TierSchG nicht einmal annähernd konkretisierende Leitlinien der Organisation verwiesen, die der Ersteller der Studie selbst (mit) erarbeitet hat.

Weder die vom BMELV in Auftrag gegebene Studie noch die wissenschaftlichen Erkenntnisse und Leitlinien, auf die seitens der Studie verwiesen wird, stammen von Ethologen, sondern alle (jedenfalls in maßgeblicher Mitarbeit bzw. Betreuung) von dem Ersteller der Studie.

In der Zusammenfassung werden sowohl Kunststoffrost als auch Drahtgitterboden als „für die Haltung geeignet" beschrieben. Zwischen beiden Bodenarten gäbe es keine signifikanten Unterschiede hinsichtlich Integumentschäden und Mortalität.[834]

Trotz Schäden bei bis zu 90 % der Tiere an der Körperhülle wird die Käfighaltung auf Spalten- bzw. Drahtgitterboden empfohlen, obwohl eine Studienreihe aus den 1990er Jahren belegt, dass die Haltung von Kaninchen auf Drahtgitterboden tierschutzwidrig ist.[835]

Letztlich wird zusammengefasst, dass die Studie, wie sie durchgeführt wurde, „auftragsgemäß" so durchgeführt wurde.[836]

---

833 So auch *Hirt/Maisack/Moritz*, Tierschutzgesetz Kommentar, 2. Auflage 2007, Anhang zu § 2 TierSchG Rn. 8; vgl. auch Landestierärztekammer Hessen, DTBl. 2002, S. 55 f., S. 56; zur im Jahr 2009 novellierten Fassung der Leitlinien genau so (bzw. immer noch) *Hirt/Maisack/Moritz*, Tierschutzgesetz Kommentar, 3. Auflage 2016, vor §§ 31-37 TierSchNutztV Rn. 13.

834 *Hoy/Wagner*, Untersuchungen zur Gruppengröße und zum Flächenbedarf in der Mastkaninchenhaltung, Schlussbericht 15. April 2009, S. 57.

835 *Drescher*, Zusammenfassende Betrachtung über den Einfluß unterschiedlicher Haltungsverfahren auf die Fitness von Versuchs- und Fleischkaninchen – untersucht am Verhalten, dem Skelettsystem und den Nebennieren – mit einem Beitrag zur Pododermatitis ulcerosa des Kaninchens, TU 1993, S. 72 ff., *Drescher/Löffler*, Einfluß unterschiedlicher Haltungsverfahren und Bewegungsmöglichkeiten auf die Kompakta der Röhrenknochen von Versuchs- und Fleischkaninchen, TU 1991, S. 736 ff.; *Loeffler/Drescher/Schulze*, Einfluß unterschiedlicher Haltungsverfahren auf das Verhalten von Versuchs- und Fleischkaninchen, TU 1991, S. 471 ff.; *Rothfritz/Loeffler/Drescher*, Einfluß unterschiedlicher Haltungsverfahren und Bewegungsmöglichkeiten auf die Spongiosastruktur der Rippen sowie Brust- und Lendenwirbel von Versuchs- und Fleischkaninchen, TU 1992, S. 758 ff.; *Drescher/Breig*, Einfluß unterschiedlicher Haltungsverfahren auf die Nebennieren von Kaninchen, TU 1993, S. 30 ff.

836 *Hoy/Wagner*, Untersuchungen zur Gruppengröße und zum Flächenbedarf in der Mastkaninchenhaltung, Schlussbericht 15. April 2009, S. 59.

Schon der Auftraggeber der Studie, das BMELV, hat den Auftrag nicht so formuliert, wie er hätte formuliert werden müssen, nämlich eine Studie zur Erfassung der arttypischen Verhaltensmuster von Kaninchen anhand des Bedarfsdeckungs- und Schadensvermeidungskonzepts nach Tschanz; hier hätte eine vergleichende Studie zwischen dem zu regelnden Haltungssystem und einer Referenzgruppe von naturnah gehaltenen Kaninchen in Auftrag gegeben werden müssen. Die Studie hätte an einen Ethologen vergeben werden müssen, nicht aber an einen Agrarwissenschaftler.

Das Literaturverzeichnis der Studie verweist fast ausschließlich auf Veröffentlichungen des Erstellers der Studie oder von ihm betreute Arbeiten.[837] Arbeiten, die die natürlichen, arttypischen Verhaltensweisen von Kaninchen aufzeigen bzw. die nachteiligen Folgen der Käfighaltung belegen, werden nicht zitiert.[838]

Die Ergebnisse der Studie und auch die Literaturempfehlungen an den Auftraggeber, waren einseitig ausgewählt und daher beeinflusst.

Es wurden von vornherein nur ökonomisch in hohem Maß rentable Haltungssysteme untersucht, so dass bereits bei In-Auftrag-Geben der Studie eine Voreingenommenheit zu Lasten der Tiere vorlag.

Das (jahrelange) Abwarten der Ergebnisse der Studie legt eine „Verschleppungstaktik“ nahe, da verwertbare und geeignete Studien zum Verhalten von Kaninchen bereits lange vor dem In-Auftrag-geben der Studie vorlagen und hätten genutzt werden können.

Die Studie eignet sich im Ergebnis nicht dazu, das Verhaltensrepertoire von Kaninchen zu erheben und eignet sich ebenfalls nicht als Grundlage für tierschutzrechtliche Vorschriften. Es scheint, als ob die Studie zu belegen versucht, dass Kaninchen auf einem sehr kleinen Raum angebliche art-

---

837 *Hoy/Wagner*, Untersuchungen zur Gruppengröße und zum Flächenbedarf in der Mastkaninchenhaltung, Schlussbericht 15. April 2009, S. 60 ff.

838 So z. B. *Stauffacher*, Kaninchen, in: *Sambraus/Steiger*, Das Buch vom Tierschutz, S. 223 ff., S. 224 f.; *Nachtsheim/Stengel*, Vom Wildtier zum Haustier, S. 78 ff.; *Kraft*, Vergleichende Verhaltensstudien an Wild- und Hauskaninchen, S. 11 ff.; *Brummer*, Trichophagie – eine Verhaltensstörung bei Kaninchen, DtW 1975, S. 350 f.; *Tawfik/Rahmann/Schneider/Sheikh-Berthold*, Bodenhaltung von Kaninchen, Untersuchungsergebnisse, 1994; *Loeffler, Drescher, Schulze*, Einfluß unterschiedlicher Haltungsverfahren auf das Verhalten von Versuchs- und Fleischkaninchen, TU 1991, S. 471 ff.; *Lehmann/Wieser*, Indikatoren für mangelnde Tiergerechtheit sowie Verhaltensstörungen bei Hauskaninchen, KTBL-Schrift 1984, S. 96 ff.; *Drescher*, Zusammenfassende Betrachtung über den Einfluß unterschiedlicher Haltungsverfahren auf die Fitness von Versuchs- und Fleischkaninchen – untersucht am Verhalten, dem Skelettsystem und den Nebennieren – mit einem Beitrag zur Pododermatitis ulcerosa des Kaninchens, TU 1993, S. 72 ff.

typische Bedürfnisse ausleben können, indem sie eine Metallkette oder ein Knabberholz benagen können; Verhaltensweisen wie z. B. das Rennen, das Haken-Schlagen oder das Buddeln und Graben wurden von der Studie weder erkannt noch angesprochen. Dies liegt daran, dass es in den getesteten Haltungseinrichtungen nicht gezeigt werden kann. Auf diese Weise gehen Verhaltensweisen, die notwendig mit einer Vergrößerung der Haltungseinrichtung einhergehen, völlig unter, was wohl auch gewollt ist. Die Studie beweist sogar, dass Käfighaltung nicht verhaltensgerecht ist: Denn essentielle Verhaltensweisen, die in Studien beschrieben werden, in denen Wild-/Hauskaninchen in Freigehegen leben, wurden in der Studie Hoy/Wagner gar nicht festgestellt bzw. erhoben. Das ist ein klarer Beweis dafür, dass sie in der Unterbringung, die dem Versuchsdesign zugrunde liegt, nicht gezeigt werden können.

(3.) Vergleich der Studie Hoy/Wagner mit dem Entwurf und den Inhalten der §§ 31-37 TierSchNutztV

In der Entwurfsbegründung zur Fünften Verordnung zur Änderung der Tierschutz-Nutztierhaltungsverordnung[839] nennt das BMELV zwar (richtig) einige der arttypischen Verhaltensmerkmale von Kaninchen (Hoppelsprünge, Sich-Aufrichten, Hakenschlagen, die Ausbildung stabiler Gruppen, Nagen, Scharren, Graben).[840] Richtig wird auch dargestellt, dass die mit den §§ 31-37 TierSchNutztV zu regelnden Haltungseinrichtungen für Kaninchen diesen Bedürfnissen anzupassen sind.[841] Trotzdem wurden Flächen von nur 700 cm^2 pro Tier (ab dem 25. Tier) zugelassen.[842] Zwar beinhaltete der Verordnungsentwurf, dass die Mindestfläche einer Haltungseinrichtung für Mastkaninchen 6.000 cm^2 groß sein muss. Der Entwurf behauptet selbst, dass auf dieser Fläche (6.000 cm^2) (nur) Gruppen unter vier Masttieren ihr natürliches Bewegungsverhalten ausüben können.[843] Besetzt werden darf diese Fläche jedoch mit der doppelten Tieranzahl. Es wird im Verordnungsentwurf erkannt, dass im Zusammenhang mit Gitterböden häufig Pfotenprobleme wie u. a. Pododermatitis auftreten. Trotz der von der Studie dargestellten Ergebnisse, dass keine signifikanten Unter-

839 BR-Drs. 570/13.
840 BR-Drs. 570/13, S. 20.
841 BR-Drs. 570/13, S. 20.
842 Ein DIN-A4-Blatt = 623,7 cm^2.
843 BR-Drs. 570/13, S. 21 f.

schiede zwischen Metallgitterböden und Kunststoffrosten bestünden,[844] die Schäden an den Tieren zum Zeitpunkt der Ausstallung also auf beiden Bodenarten feststellbar gewesen sein müssen, wurden im Verordnungsentwurf Spalten- bzw. Lochböden zugelassen.[845] Veröffentlichungen und sachverständige Äußerungen, die die Haltungseinrichtung „Käfig" richtigerweise als tierschutzwidrig einstufen, wurden nicht berücksichtigt.[846] Einzig mit der Regelung, dass alle Kaninchen jederzeit Zugang zu grob strukturiertem Raufutter wie Heu oder Stroh und zu geeignetem Nagematerial haben müssen[847] und mit der zusätzlichen erhöhten Bodenfläche[848] kommt der Verordnungsgeber den tierlichen Interessen etwas entgegen; zu beachten ist jedoch, dass die Übergangsfristen, in denen die bisher üblichen Drahtgitterkäfige ohne erhöhte Bodenflächen sehr lang sind, nämlich fünf (2019) bzw. zehn (2024) Jahre.[849] Insgesamt sind die Regelungen der §§ 31-37 TierSchNutztV – auch wenn sie einige Verbesserungen zu einer bislang schon § 2 TierSchG widersprechenden Praxis enthalten – zum größten Teil ungeeignet, die Inhalte des § 2 TierSchG zu konkretisieren.

Der Bundesrat stimmte den Regelungen des Verordnungsentwurfs überwiegend zu, verlangte nur marginale Veränderungen,[850] die auch umgesetzt wurden. Die am 11. August 2014 in Kraft getretenen §§ 31-37 TierSchNutztV erlauben Käfighaltung auf perforiertem Boden, vgl. § 32 Abs. 3 Nr. 2 TierSchNutztV. Die Haltungseinrichtungen müssen für Mastkaninchen nun (bzw. nach den in § 45 TierSchNutztV genannten Übergangsfristen) mindestens 8.000 cm^2 an Bodenfläche aufweisen. Diese Ausgangsfläche von 8.000 cm^2 darf bereits mit sechs Tieren besetzt werden. Zusätzlich muss die Haltungseinrichtung für Mastkaninchen eine erhöhte Bodenfläche von mindestens 1.500 cm^2 aufweisen, jedem Tier stehen 300 cm^2 erhöhte Bodenfläche zu.

844 *Hoy/Wagner*, Untersuchungen zur Gruppengröße und zum Flächenbedarf in der Mastkaninchenhaltung, Schlussbericht 15. April 2009, S. 57.
845 BR-Drs. 570/13, S. 4, 21.
846 Vgl. nur *Hirt/Maisack/Moritz*, Tierschutzgesetz Kommentar, vor §§ 31-37 TierSchNutztV Rn. 12 m. w. N.
847 BR-Drs. 570/13, S. 7, Entwurf eines § 35 Abs. 1 Nr. 1 TierSchNutztV.
848 BR-Drs. 570/13, S. 7, Entwurf eines § 32 Abs. 4 TierSchNutztV.
849 BR-Drs. 570/13, S. 12 ff.
850 BR-Drs. 570/13 (Beschluss und Anlage) vom 20. September 2013.

Von der uneingeschränkt nutzbaren Bodenfläche wird einem Mastkaninchen ab dem 25. Tier nur noch 700 cm^2 Bodenfläche zugestanden. Das ist etwas mehr als ein DIN-A4 Blatt.[851]

Planimetrische Untersuchungen haben ergeben, dass ein Kaninchen alleine mit seinem Körper bereits zwischen 245,67 cm^2 (1 kg schweres Kaninchen, sitzend) und 1025,70 cm^2 (5,5 kg schweres Kaninchen, liegend) abdeckt.[852] Die vorgegebenen Flächen berücksichtigen keinerlei Individualdistanz. Genau so wie Hühner schlafen, ruhen und liegen Kaninchen nicht übereinandergestapelt in einem Käfig.[853] Dies bedarf auch keiner wissenschaftlichen Untermauerung durch eine jahrelange Studie, sondern ist offensichtlich.[854]

Das ist zwar mehr als die bisherige Praxis, in der Mastkaninchen in Gruppenkäfigen mit 400 cm^2 (28. bis 42. Tag) bzw. mit 800 cm^2 (43 bis 84. Tag) pro Tier (ohne erhöhte Bodenfläche) gehalten werden.[855] Doch weder die hier beschriebene Praxis noch die neuen Vorgaben der §§ 31 ff. TierSchNutztV entsprechen den Vorgaben des § 2 TierSchG. Daher ist es unerheblich, die neuen Vorschriften als Verbesserung anzusehen, wenn die bisherige Praxis bereits tierschutzwidrig war.

Letztlich sind die langen Übergangsfristen bis 2019 bzw. 2024 zu beachten. Für Anlagen, die vor dem 11. August 2014 genehmigt oder in Benutzung genommen wurden, gilt zumeist eine erste Frist bis Februar 2019,[856] bis zu der kleinste Veränderungen vorgenommen werden müssen, die oft dadurch gewährleistet werden können, dass die Besatzdichte etwas verringert wird. Hiernach folgt eine zweite Frist bis Februar 2024, vgl. § 45

851 Da Zuchtkaninchen viel größer als Mastkaninchen sind, wird den Zuchtkaninchen entsprechend mehr an Fläche zugestanden; auch diese Vorgaben sind jedoch völlig unzureichend, die Inhalte des § 2 TierSchG zu konkretisieren.

852 *Giersberg/Fels/Kemper*, Wie viel Platz braucht ein Mastkaninchen? Ergebnisse planimetrischer Untersuchungen, Vortrag am 21. November 2014 auf der „EuroTier".

853 Dies hat das Bundesverfassungsgericht für Legehennen auch als recht offensichtlich – ohne jede wissenschaftliche Studie – in der Hennen-Entscheidung festgestellt, vgl. *BVerfG*, Urteil vom 6. Juli 1999, Az.: 2 BvF 3/90, BVerfGE 101, S. 1 ff., S. 38.

854 Vgl. zu Legehennen *BVerfG*, Urteil vom 6. Juli 1999, Az.: 2 BvF 3/90, BVerfGE 101, S. 1 ff., S. 38: „Es ist auch nichts dafür ersichtlich, daß es etwa dem artgemäßen Ruhebedürfnis einer Henne entsprechen könnte, gemeinsam mit anderen Artgenossinnen auf- oder übereinander zu schlafen".

855 Vgl. *Hirt/Maisack/Moritz*, Tierschutzgesetz Kommentar, vor §§ 13-37 TierSchNutztV Rn. 2.

856 Vgl. u. a. § 45 Abs. 17, 18 TierSchNutztV.

Abs. 17-29 TierSchNutztV. Erst dann müssen auch bei „Alt“anlagen die vollen Voraussetzungen der §§ 31-37 TierSchNutztV erfüllt werden. Diese Übergangsfristen sind zu lang, zumal auch die neuen, ab 2024 erst flächendeckend für alle Betriebe geltenden Vorschriften wie oben gesehen immer noch nicht den Vorgaben des § 2 TierSchG entsprechen bzw. diesen immer noch nicht hinreichend und zutreffend konkretisieren. Das Unwerturteil des Verordnungsgebers zur jetzigen Haltungspraxis, die oben beschrieben wurde, mag bereits jetzt aus den neuen Vorschriften der TierSchNutztV hervortreten. Widersprüchlich dazu erscheinen die langen Übergangsfristen und die lange Vorbereitungszeit für den Entwurf der Änderungsverordnung, so dass in der Praxis viele Kaninchenhalter noch genug Zeit hatten, sich Anlagen genehmigen zu lassen oder in Benutzung zu nehmen, bevor die geplante Verordnungsänderung in Kraft tritt, um von den langen Übergangsfristen profitieren zu können. Hierin liegt eine unverhältnismäßige Zurücksetzung der von Art. 20a GG geschützten Tierschutz-Belange gegenüber ökonomischer Nutzerinteressen.[857]

Zu beachten ist jedoch auch, dass auch ohne die neuen Vorschriften der TierSchNutztV mittels § 16a TierSchG gegen die praxisüblichen Kaninchenhaltungen in der landwirtschaftlichen Tierhaltung eingeschritten werden kann, dies aber wegen des im Tierschutzrecht bestehenden Vollzugsdefizits nicht erfolgt und durch die lange Hinauszögerung der Vorschriften der §§ 31-37 TierSchNutztV wohl auch politisch nicht gewollt ist.

bb) Die artgemäßen Bedürfnisse von Kaninchen

Das genetische Verhaltensrepertoire von Hauskaninchen ist zu dem von Wildkaninchen weitgehend unverändert geblieben.[858] „Dies wird jedoch erst offensichtlich, wenn Hauskaninchen die Möglichkeit haben, in einem naturnahen Gehege selbst aus einer Vielzahl von Reizen und Stoffen das zu wählen, was sie für Bedarfsdeckung und Schadensvermeidung brauchen.“[859] Das Wissen über das Verhalten von Kaninchen ist also zwingend

857 So auch *Hirt/Maisack/Moritz*, Tierschutzgesetz Kommentar, § 45 TierSchNutztV Rn. 20 zu § 45 Abs. 24 TierSchNutztV.

858 Für viele *Stauffacher*, Kaninchen, in: *Sambraus/Steiger*, Das Buch vom Tierschutz, S. 223 ff., S. 224; *Schlolaut/Rödel*, Zur tierschutzrelevanten Problematik der Aufzucht von Hauskaninchen, AtD 2011, S. 114 ff., S. 117; *Hirt/Maisack/Moritz*, Tierschutzgesetz Kommentar, Vor §§ 31-37 TierSchNutztV Rn. 10.

859 *Stauffacher*, Kaninchen, in: *Sambraus/Steiger*, Das Buch vom Tierschutz, S. 223 ff., S. 224.

durch Untersuchungen von Hauskaninchen in naturnaher Umgebung zu generieren bzw. bereits vorliegende Studien darüber sind heranzuziehen. Nach dem Bedarfsdeckungs- und Schadensvermeidungskonzept ist alleiniger Maßstab das Normalverhalten, welches von Tieren – hier Kaninchen – unter naturnahen Haltungsbedingungen bei freier Beweglichkeit und vollständigem Organgebrauch gezeigt wird.[860] Auch das Bundesverfassungsgericht stellt beispielhaft artgemäßes Verhalten von Legehennen dar wie z. B. die gleichzeitige Nahrungsaufnahme, das Schlafen, Nahrungs- und Flüssigkeitsaufnahme, Scharren und Picken, die ungestörte und geschützte Eiablage, die Eigenkörperpflege wie das Sandbaden.[861] Hierzu stellt es auf die von Ethologen systematisierten sechs Funktionskreise der Verhaltensmuster von Tieren ab, wozu Nahrungserwerbsverhalten, Ruheverhalten, Körperpflegeverhalten (auch Komfortverhalten genannt), Fortpflanzungs-/ Mutter-Kind-Verhalten, Sozialverhalten und Bewegung (auch Lokomotion genannt) gehören.[862]

Arttypisches Verhalten von Kaninchen[863] ist u. a. Hoppeln (die bevorzugte Gangart der Kaninchen, wenn sie sich ungestört fortbewegen),[864] Sich-Jagen, (ausgestreckt) Ruhen, Erkunden, Graben, Freischarren von Nahrung in der Erde (z. B. bei Nahrungsmangel, um an Wurzeln oder Feldfrüchte heranzukommen), Äsen, Fressen von Laub und grünem Strukturfutter (blättriges Grün), Schälen von Ästen, Sich Wälzen, Sich und andere Kaninchen Putzen und Belecken bzw. die Möglichkeit wahrnehmen, sich von ihnen zu entfernen, im Falle von Häsinnen nach dem Verschließen des Nests sich von Nest und dem Wurf zu entfernen, Ausleben von Revierverhalten (z. B. Markieren), Hierarchiebildung, Vertreiben von Eindringlingen.[865] Fortbewegungsarten sind bei jungen, d. h. unter sechs Monate alten, Kaninchen Bewegungsspiele mit Luftsprüngen, Rennen und

---

860 *Hirt/Maisack/Moritz*, Tierschutzgesetz Kommentar, § 2 Rn. 36; so auch für § 17 Nr. 2b) TierSchG schon *OLG Frankfurt/Main*, Beschluss vom 12. April 1979, Az.: 4 Ws 22/79, NJW 1980, S. 409.

861 *BVerfG*, Urteil vom 6. Juli 1999, Az.: 2 BvF 3/90, BVerfGE 101, S. 1 ff., S. 38.

862 Vgl. *Hirt/Maisack/Moritz*, Tierschutzgesetz Kommentar, § 2 TierSchG Rn. 30.

863 Hierzu liegt ein umfassendes Ethogramm vor, vgl. *Kraft*, Vergleichende Verhaltensstudien an Wild- und Hauskaninchen, Nürnberg 1976.

864 Vgl. *Kraft*, Vergleichende Verhaltensstudien an Wild- und Hauskaninchen, S. 16.

865 Vgl. hierzu für viele *Selzer*, Vergleichende Untersuchungen zum Verhalten von Wild- und Hauskaninchen unter verschiedenen Haltungsbedingungen, Gießen, 2000, S. 116 ff., der aber nicht genügend auf Futterselektion und andere wesentliche arttypische Verhaltensmerkmale wie das Sich-Aufrichten oder das Trommeln mit den Hinterläufen auf den Boden eingeht; *Rühle*, Kaninchen würden Wiese kaufen, S. 11, S. 26 ff.; *Stauffacher*, Kaninchen, in: *Sambraus/Steiger*, Das

Hakenschlagen; aber auch adulte Tiere können bei sozialen Begegnungen und auf der Flucht 30 km/h und schneller rennen, höher als einen Meter springen und Haken schlagen.[866] Dabei darf nicht der Einwand aufkommen, die Tiere seien im Haltungssystem keinen Feinden ausgesetzt, hätten somit keinen Anreiz zu fliehen und damit müsse dieses (Flucht)Verhalten erst gar nicht ausgeübt werden: Vergleichende Verhaltensstudien haben ergeben, dass die Tiere nicht nur vor Feinden fliehen, sondern auch vor aggressiven und dominanten Artgenossen und im Übrigen auch vor anderen Geräuschen, die die Tiere nicht kennen/zuordnen können, z. B. vor menschlichem Husten.[867] Der Einwand, nur weil in einem Haltungssystem keine Feinde vorhanden seien, darf nicht durchgreifen, um artgemäßes Fluchtverhalten einzuschränken bzw. ganz zu unterbinden. Kaninchen, die fliehen wollen, jedoch nicht können, geraten in Panik – oder resignieren, was ebenfalls Stress bedeutet, wodurch Leiden erzeugt wird, da dieses artgemäße Verhalten völlig unterdrückt wird. Mangels Einstreu wird auch Nestbauverhalten nur eingeschränkt (nämlich nur mit Haaren, die die Häsin sich ausreißt) sowie Grab- und Buddelverhalten ebenfalls gar nicht ermöglicht.

In den durch die TierSchNutztV legitimierten Käfigsystemen wird ein derartiges arttypisches Verhalten nicht ermöglicht.[868] Auf den Nachweis von Schmerzen, vermeidbaren Leiden oder Schäden i. S. v. § 2 Nr. 2 TierSchG kommt es auch hier nicht an. Zwar dürfen die Bewegungsbedürfnisse von Kaninchen gem. § 2 Nr. 2 TierSchG bis zur Leidens- bzw. Schmerzgrenze eingeschränkt werden, nicht jedoch die Grundbedürfnisse im Rahmen der verhaltensgerechten Unterbringung nach § 2 Nr. 1 TierSchG. Diese dürfen auch nicht mit ökonomischen Interessen „verrech-

---

Buch vom Tierschutz, S. 223 ff., S. 224 f.; *Hirt/Maisack/Moritz*, Tierschutzgesetz Kommentar, Anh. zu § 2 TierSchG, Rn. 5 ff.; *Nachtsheim/Stengel*, Vom Wildtier zum Haustier, S. 78 ff.; sehr ausführlich und vollständig *Kraft*, Vergleichende Verhaltensstudien an Wild- und Hauskaninchen, S. 11 ff.; *Rühle*, Kaninchen würden Wiese kaufen, S. 26 f.

866 *Hirt/Maisack/Moritz*, Tierschutzgesetz Kommentar, vor §§ 31-37 TierSchNutztV Rn. 10.

867 *Kraft*, Vergleichende Verhaltensstudien an Wild- und Hauskaninchen, S. 18, 31; Wildkaninchen fliehen vor jedweden verdächtigen, unbekannten Geräuschen, vgl. *Leicht*, Tiere der offenen Kulturlandschaft, S. 121.

868 Vgl. für viele nur *Stauffacher*, Kaninchen, in: *Sambraus/Steiger*, Das Buch vom Tierschutz, S. 223 ff., S. 225 f.; *Hirt/Maisack/Moritz*, Tierschutzgesetz, Anh. zu § 2 TierSchG, Rn. 8 m. w. N.; *von Loeper* in *Kluge*, Tierschutzgesetz Kommentar, § 2 Rn. 57, so auch *Rühle*, Mitteilung per E-Mail vom 19. Juni 2015 an Verf.

net“ werden.[869] Insbesondere das Hoppeln, das Hakenschlagen, das Rennen und Sich-Jagen ist nicht nur ein (über das Grundbedürfnis hinausgehendes) Bewegungsbedürfnis, sondern ein Grundbedürfnis, welches das arttypische Verhalten eines Kaninchens erst ausmacht. Es darf somit nicht unter § 2 Nr. 2 TierSchG gefasst werden, sondern muss bereits als Grundbedürfnis im Rahmen der verhaltensgerechten Unterbringung eingestellt werden und darf – da es bereits von § 2 Nr. 1 erfasst wird – auch nicht eingeschränkt werden. Mit den neuen §§ 31-37 TierSchNutztV sind die tierlichen Belange bereits nicht ordnungsgemäß ermittelt worden; die Studie hat Verhaltensweisen, die naturgemäß viel Fläche benötigen, nicht evaluiert, so dass bereits keine gerechte Abwägung mit den Halterinteressen erfolgen konnte. Auch in der Erstellung der Inhalte der §§ 31 ff. TierSchNutztV wurde dies vom Verordnungsgeber nicht nachgeholt, was durch Heranziehung wissenschaftlicher Studien zum arttypischen Verhalten von Kaninchen möglich gewesen wäre. Lediglich die Inhalte der Studie Hoy/Wagner wurden zu den Inhalten der §§ 31 ff. TierSchNutztV „umgewandelt“. Eine unangemessene Zurückdrängung der Bedürfnisse, die bereits nicht ermittelt und somit auch nicht in die Abwägung eingestellt wurden, ist die Folge. Wie die HHVO von 1987 werden die Belange der Kaninchen und eines ethisch begründeten Tierschutzes durch die §§ 31-37 TierSchNutztV über die Grenze eines angemessenen Ausgleichs mit den Interessen der Tierhalter zurückgedrängt. Schon aus diesem Grund verstoßen diese Vorschriften gegen §§ 1, 2 TierSchG und sind daher rechtswidrig.

cc) Zwischenergebnis: Fehler in der Wissensgenerierung durch Ermittlungsdefizit und Abwägungsdefizit mit Auswirkungen auf das Ergebnis

Wie oben gesehen, sind bereits lange vor dem Inkrafttreten der §§ 31-37 TierSchNutztV Fehler passiert, welche ergebnisrelevant sind, denn die Inhalte der §§ 31-37 TierSchNutztV die Haltungseinrichtungen betreffend stellen keine verhaltensgerechte Unterbringung für Kaninchen sicher. Sie verstoßen somit gegen höherrangiges Recht, nämlich gegen §§ 1 und 2 TierSchG. Da Rechtsverordnungen im Rang immer unter dem formellen Gesetz stehen, sind sie nichtig, soweit sie die Grenzen ihrer gesetzlichen

869 *Hirt/Maisack/Moritz*, Tierschutzgesetz Kommentar, § 2 Rn. 15 bezugnehmend auf die Hennen-Entscheidung *BVerfG*, Urteil vom 6. Juli 1999, Az.: 2 BvF 3/90, BVerfGE 101, S. 1 ff.

Ermächtigungsgrundlage überschreiten oder sonst gegen Gesetze verstoßen.

c) Verstoß gegen §§ 17, 18 TierSchG – Vermeintliche Legitimation von Straftat und Ordnungswidrigkeit

Gemäß § 17 TierSchG wird mit Freiheitsstrafe bis zu drei Jahren oder mit Geldstrafe bestraft, wer *(Nr. 1) ein Wirbeltier ohne vernünftigen Grund tötet oder (Nr. 2) einem Wirbeltier (a) aus Roheit erhebliche Schmerzen oder Leiden oder (b) länger anhaltende oder sich wiederholende erhebliche Schmerzen oder Leiden zufügt.* Gemäß § 18 Abs. 1 Nr. 1 TierSchG handelt ordnungswidrig, wer vorsätzlich oder fahrlässig *(Nr. 1) einem Wirbeltier, das er hält, betreut oder zu betreuen hat, ohne vernünftigen Grund erhebliche Schmerzen, Leiden oder Schäden zufügt.*

Der dem Tier gem. § 17 Nr. 2b) länger anhaltende oder sich wiederholende erhebliche Schmerzen oder Leiden zufügende Tierhalter macht sich strafbar, wenn er vorsätzlich handelt und keinen vernünftigen Grund für die Schmerz- bzw. Leidenszufügung vorweisen kann. Er handelt jedenfalls ordnungswidrig, wenn er vorsätzlich oder fahrlässig einem Tier, welches er zu betreuen hat, ohne vernünftigen Grund erhebliche Schmerzen, Leiden oder Schäden zufügt. Die Zufügung von Schmerzen, Leiden oder Schäden kann durch die Haltung eines Tieres in einem Haltungssystem erfolgen, welches nicht verhaltensgerecht ist. Wie oben gesehen, stellen die mit §§ 31-37 TierSchNutztV erlaubten Haltungssysteme keine verhaltensgerechte Unterbringung dar, so dass jedenfalls ein Verstoß gegen § 2 TierSchG vorliegt. Da Kaninchen Wirbeltiere sind,[870] ist der Anwendungsbereich des § 17 TierSchG eröffnet.

Die Haltung in den in der TierSchNutztV erlaubten Käfige führen dazu, dass den darin befindlichen Kaninchen länger anhaltende und sich wiederholende erhebliche Schmerzen und Leiden zugefügt werden.

„Schmerzen“ sind unangenehme Sinnes- und Gefühlserlebnisse, die im Zusammenhang mit tatsächlicher oder potentieller Gewebeschädigung

---

870 Der Begriff „Wirbeltiere“ umfasst alle Tiere, die einen in Kopf, Rumpf und (soweit noch vorhanden) Schwanz gegliederten Körper besitzen, in dem die chorda dorsalis durch segmentweise angeordnete Verknöcherungen (Wirbelkörper, Vertebrae) ersetzt wurde; diese bilden die Wirbelsäule. An deren vorderen Ende befindet sich der Schädel mit dem Gehirn und den wichtigsten Sinnesorganen; s. *Hirt/Maisack/Moritz*, Tierschutzgesetz Kommentar, § 4 TierSchG Rn. 1.

stehen.[871] Bei Säugetieren wie auch bei Vögeln ist ohne weiteres anzunehmen, dass diese Schmerzen empfinden können, schon wegen der im Grundsatz gleichen morphologischen und funktionalen Struktur des Zentralnervensystems, die auch beim Menschen vorhanden ist.[872]

„Leiden" sind alle nicht bereits vom Begriff des Schmerzes umfassten Beeinträchtigungen im Wohlbefinden, die über ein schlichtes Unbehagen hinausgehen und eine nicht ganz unwesentliche Zeitspanne fortdauern.[873] „Wohlbefinden" meint einen Zustand körperlicher und seelischer Harmonie des Tieres in sich und mit der Umwelt; regelmäßige Anzeichen des Wohlbefindens sind Gesundheit und ein in jeder Beziehung normales Verhalten, wobei beides einen ungestörten, artgemäßen und verhaltensgerechten Ablauf der Lebensvorgänge voraussetzt.[874] Nicht ausreichend für eine Beeinträchtigung des Wohlbefindens sind, wie oben gezeigt, eine reine Augenblicksempfindung und ein schlichtes Unbehagen.[875]

Das Merkmal „länger anhaltend" soll nur kurzfristige Störungen des Wohlbefindens als nicht strafwürdig ausschließen.[876] Das Merkmal „erheblich" dient zur Ausgrenzung von Bagatellfällen; der Begriff umfasst die gesamte Bandbreite von „keine Bagatelle mehr" bis hin zu „schwer".[877] Letztlich bedeutet „sich wiederholend", dass das Tier die Schmerzen bzw. das Leiden (von dem auch Angst erfasst ist) mehrmals durchlebt,[878] also dem Wortsinn nach mindestens zweimal.

Wie oben bereits gezeigt, sitzen die Kaninchen dauerhaft in den Käfigen, d. h. Mastkaninchen bis zur Schlachtung mit ca. 90 Tagen ca. 55 Tage und Zuchtkaninchen deutlich länger, nämlich zwei bis vier Jahre, was von der „Leistungsfähigkeit" der Zuchtkaninchen abhängt, also der Fähigkeit, Nachwuchs zu erzeugen. In dieser Zeit, mit anderen Worten: In ihrem gesamten Leben ab dem 35. Tag, mit dem Mastkaninchen in diese Käfige aufgestallt werden, können sie ihre artgemäßen Bedürfnisse zum Teil nur ansatzweise und unvollständig, zu einem großen Teil aber gar nicht ausleben.

---

871 *Hirt/Maisack/Moritz*, Tierschutzgesetz Kommentar, § 1 TierSchG Rn. 12.

872 *Hirt/Maisack/Moritz*, Tierschutzgesetz Kommentar, § 1 TierSchG Rn. 15.

873 *Hirt/Maisack/Moritz*, Tierschutzgesetz Kommentar, § 1 TierSchG Rn. 19; auch *BGH*, Urteil vom 18. Februar 1987, Az.: 2 StR 159/86, NJW 1986, S. 1833 ff., S. 1834; *BVerwG*, Urteil vom 18. Januar 2000, Az.: 3 C 12/99, NuR 2001, S. 454 ff., S. 455.

874 *Hirt/Maisack/Moritz*, Tierschutzgesetz Kommentar, § 1 TierSchG Rn. 20.

875 *Hirt/Maisack/Moritz*, Tierschutzgesetz Kommentar, § 1 TierSchG Rn. 21.

876 *Hirt/Maisack/Moritz*, Tierschutzgesetz Kommentar, § 17 TierSchG Rn. 92.

877 *Hirt/Maisack/Moritz*, Tierschutzgesetz Kommentar, § 17 TierSchG Rn. 88.

878 *Hirt/Maisack/Moritz*, Tierschutzgesetz Kommentar, § 17 TierSchG Rn. 92.

Die Haltung auf perforierten Böden ohne Einstreu macht insbesondere die Verhaltensweisen Hoppeln, Rennen, Haken schlagen und Fliehen vollständig unmöglich. Die Enge des Käfigs zusammen mit der artwidrigen Bodenbeschaffenheit führen zu Bewegungsmangel, da kein Platz ist, um sich artgemäß zu bewegen und die Bewegungen, die wenigstens zum Teil ausgeführt werden können, verursachen Schmerzen. Durch Platz- und Bewegungsmangel und ständiges Sitzen auf Kunststoff- oder Metallboden leiden viele Kaninchen an Pododermatitis.[879] Die Unmöglichkeit, zu hoppeln, zu springen und zu rennen bewirkt, dass der Fortbewegungsapparat nicht genug aufgebaut werden kann, die Kaninchen haben schwache Knochen und Wirbelsäulenverkrümmungen, was bei vielen Tieren zu Frakturen und entsprechenden Schmerzen[880] und schließlich zum Verlust der Hoppelfähigkeit führt.[881] Da diese Beeinträchtigungen im Wachstum stattfinden, sind die aus ihnen folgenden Schäden auch irreversibel. Ausgewachsen sind Kaninchen erst in einem Alter von neun bis zwölf Monaten. Mastkaninchen erreichen dieses Alter schon gar nicht, da diese mit ca. 90 Tagen, also ca. im Alter von drei Monaten, geschlachtet werden.

Die vom BMEL in Auftrag gegebene Studie kommt selbst zu dem Ergebnis, dass bei der Ausstallung Tiere mit Schäden an der Körperhülle fest-

879 *Heekerens*, Untersuchungen zur Pododermatitis bei Kaninchen und Meerschweinchen, Hannover 2009, S. 113; *Drescher*, Tiergerechte Kaninchenhaltung in der landwirtschaftlich-kommerziellen sowie in der privaten Hobbytierhaltung, in: *DVG*, 7. Tagung der Fachgruppe „Angewandte Ethologie", Thema: Ethologie und Tierschutz, Weihenstephan, 8.-11. März 2000, S. 103 ff., S. 105.

880 *Drescher*, Zusammenfassende Betrachtung über den Einfluß unterschiedlicher Haltungsverfahren auf die Fitness von Versuchs- und Fleischkaninchen, TU 1993, S. 72 ff., *Drescher/Löffler*, Einfluß unterschiedlicher Haltungsverfahren und Bewegungsmöglichkeiten auf die Kompakta der Röhrenknochen von Versuchs- und Fleischkaninchen, TU 1991, S. 736 ff., *Rothfritz/Löffler/Drescher*, Einfluß unterschiedlicher Haltungsverfahren und Bewegungsmöglichkeiten auf die Spongiosastruktur der Rippen sowie Brust- und Lendenwirbel von Versuchs- und Fleischkaninchen, TU 1992, S. 758 ff.; *Drescher*, Tiergerechte Kaninchenhaltung in der landwirtschaftlich-kommerziellen sowie in der privaten Hobbytierhaltung, in: *DVG*, 7. Tagung der Fachgruppe „Angewandte Ethologie", Thema: Ethologie und Tierschutz, Weihenstephan, 8.-11. März 2000, S. 103 ff., S. 105.

881 *Drescher*, Tiergerechte Kaninchenhaltung in der landwirtschaftlich-kommerziellen sowie in der privaten Hobbytierhaltung, in: *DVG*, 7. Tagung der Fachgruppe „Angewandte Ethologie", Thema: Ethologie und Tierschutz, Weihenstephan, 8.-11. März 2000, S. 103 ff., S. 105; *Hirt/Maisack/Moritz*, Tierschutzgesetz Kommentar, vor §§ 31-37 TierSchNutztV Rn. 11.

gestellt wurden.[882] Weiter wird darauf hingewiesen, dass bei der Ausstallung Tiere mit Verletzungen gezählt wurden.[883] Auch die hohen Morbiditäts- und letztlich auch Mortalitätsraten lassen auf Schmerzen, Leiden und Schäden bis hin zum Tod als dem größtmöglichen Schaden,[884] schließen.[885]

Zu Leiden kommt es insbesondere bei Jungtieren, da ihr Bewegungsdrang besonders stark ist; aber auch adulte Tiere können ihrem ebenfalls vorhandenen Bewegungsdrang nicht nachgehen.[886] Die Schmerzen und Leiden, die bei einem nicht geringen Teil der Tiere offensichtlich sind, sind auch nicht unerheblich und auch länger anhaltend bzw. sich wiederholend.

Da gem. § 35a TierSchNutztV jeder von der TierSchNutztV erfasste Kaninchenhalter spätestens ab dem 10. Februar 2015 sachkundig sein muss, d. h. Kenntnisse im Bereich des Verhaltens von Kaninchen, deren Anatomie, der bedarfsgerechten Versorgung von Verhaltensstörungen usw., vgl. § 35a Abs. 3 TierSchNutztV, nachweisen muss, kann man auch von einem Vorsatz bzgl. der Zufügung von erheblichen, länger anhaltenden bzw. sich wiederholenden Schmerzen und Leiden ausgehen. Im Übrigen muss diese Sach- und Fachkunde schon aufgrund der gesetzlichen Anordnung des § 2 Nr. 3 TierSchG vorliegen. Es ist also – selbst bei tatsächlichem Nichtvorliegen dieser Sachkunde – zu unterstellen, dass der Kaninchenhalter sich gesetzestreu verhält und gem. seiner Pflicht aus § 2 Nr. 3 TierSchG bzw. § 35a TierSchNutztV weiß, dass die dauerhafte Unterbringung von Kaninchen in Käfigen nicht verhaltensgerecht ist und den Tieren dadurch erhebliche Schmerzen und Leiden zugefügt werden.

Während es nach dem Erlass der HHVO im Jahr 1987 keine Anklagen mehr gab, weil Verurteilungen [Anm. d. Verf.: die es auch schon vorher nie gab] wegen „unvermeidbaren Verbotsirrtums“ nicht wahrscheinlich er-

---

882 *Hoy/Wagner*, Untersuchungen zur Gruppengröße und zum Flächenbedarf in der Mastkaninchenhaltung, Schlussbericht 15. April 2009, S. 30.

883 *Hoy/Wagner*, Untersuchungen zur Gruppengröße und zum Flächenbedarf in der Mastkaninchenhaltung, Schlussbericht 15. April 2009, S. 16.

884 Zum Tod als dem größtmöglichen Schaden *BVerwG*, Urteil vom 18. Juni 1997, Az.: 6 C 5/96 (Mannheim), NVwZ 1998, S. 853 ff., S. 855; *Hirt/Maisack/Moritz*, Tierschutzgesetz, § 1 TierSchG Rn. 28; *Lorz/Metzger*, Tierschutzgesetz Kommentar, § 1 Rn. 54; *von Loeper* in *Kluge*, Tierschutzgesetz Kommentar, § 1 Rn. 41; *Lorz*, Die Rechtsordnung und das Töten von Tieren, NuR 1992, S. 401 ff., S. 402.

885 *Hoy/Wagner*, Untersuchungen zur Gruppengröße und zum Flächenbedarf in der Mastkaninchenhaltung, Schlussbericht 15. April 2009, S. 15, 16, 22, 25, 28, 29.

886 *Hirt/Maisack/Moritz*, Tierschutzgesetz Kommentar, Vor §§ 31-37 TierSchNutztV Rn. 11.

schienen, ist hier fraglich, ob die Vorschriften der TierSchNutztV, die nicht verhaltensgerechte Käfighaltungen erlauben, einen unvermeidbaren Verbotsirrtum für die Kaninchenhalter herbeiführen können, die sich möglicherweise darauf berufen können, dass geltendes Recht die nicht verhaltensgerechte Unterbringung von Kaninchen erlaubt. Somit würden auch hier – wie damals bei Erlass der HHVO – untergesetzliche Rechtsnormen, nämlich Rechtsverordnungen, strafrechtliche Verurteilungen verhindern,[887] und damit eine Strafnorm – § 17 TierSchG – ihres Anwendungsbereiches im Hinblick auf Kaninchenhaltungen berauben.[888] Aber bereits auf Tatbestands- bzw. mit der h. M. auf Rechtfertigungsebene[889] kann man fragen, ob die Vorschriften der TierSchNutztV, die die Unterbringung von Kaninchen betreffen, in der Lage sind, einen vernünftigen Grund darzustellen.

aa) §§ 31-37 TierSchNutztV stellvertretend für ökonomische Interessen als vernünftiger Grund?

Nach der hier vertretenen Ansicht ist der vernünftige Grund nicht ein negatives Tatbestandsmerkmal, sondern ein Rechtfertigungsgrund. Es ist also zu fragen, ob die einschlägigen Vorschriften der TierSchNutztV rechtfertigende Wirkung haben können, also einen vernünftigen Grund statuieren können, der es rechtfertigt, den in den nach der TierSchNutztV erlaubten Haltungssystemen gehaltenen Kaninchen länger anhaltende bzw. sich wiederholende erhebliche Schmerzen und Leiden zuzufügen. Damit läge wegen der rechtfertigenden Wirkung keine Strafbarkeit der Kaninchenhalter vor.

Rechtsverordnungen, die im Rang unter dem einfachen Gesetz stehen, können jedoch nur dann rechtfertigend wirken, soweit sie sich in dem durch die gesetzliche Ermächtigungsgrundlage vorgegebenen Rahmen hal-

887 So auch *Brandhuber*, Die rechtlichen Anforderungen des Tierschutzgesetzes an die Tierhaltung, in: *DVG*, Ethologie und Tierschutz, Weihenstephan, 16. bis 19. September 1998, S. 25 ff., S. 29.

888 So argumentiert auch *Bülte*, Zur faktischen Straflosigkeit institutionalisierter Agrarkriminalität, GA 2018, S. 35 ff., S. 40.

889 Je nachdem, ob man den vernünftigen Grund als negatives Tatbestandsmerkmal oder als Rechtfertigungsgrund einordnet. Einen Überblick über diesen Streit bietet *Maisack*, Zum Begriff des vernünftigen Grundes im Tierschutzrecht, S. 70 ff.

ten.[890] Das ist hinsichtlich der Vorschriften die Unterbringung von Kaninchen betreffend, wie oben gesehen, bereits nicht der Fall. Soweit eine Rechtsverordnung die Grenzen der Verordnungsermächtigung oder anderes höherrangiges Recht nicht einhält, ist sie nichtig. Nichtige Rechtsverordnungen sind nicht in der Lage, einen rechtlich relevanten Rechtfertigungsgrund im strafrechtlichen Sinne darzustellen.

Damit liegt in den §§ 31-37 TierSchNutztV kein vernünftiger Grund. Die schon aufgrund gesetzlicher Verpflichtung (§ 2 Nr. 3 TierSchG) sachkundigen Kaninchenhalter dürfen also in den o. g. Vorschriften keine „Erlaubtheit" der von ihnen praktizierten Haltung sehen. Denn sie – die sie ja sachkundig sind – wissen es besser und können sich folglich nicht auf einen unvermeidbaren Verbotsirrtum berufen. Denn dieser ist – aufgrund ihrer Sachkunde – vermeidbar. Vermeidbar ist ein Verbotsirrtum nämlich dann, wenn dem Täter sein Vorhaben unter Berücksichtigung seiner Fähigkeiten und Kenntnisse hätte Anlass geben müssen, über dessen mögliche Rechtswidrigkeit nachzudenken oder sich zu erkundigen, und er auf diesem Wege zur Unrechtseinsicht gekommen wäre.[891]

Trotz des Ergebnisses, dass die Regelungen der TierSchNutztV wegen ihrer Nichtigkeit keinen vernünftigen Grund darstellen können, der es legitimiert, Kaninchen in einem dort zugelassenen Haltungssystem erhebliche Schmerzen und Leiden zufügen zu dürfen, soll die streitige Frage dargestellt werden, ob ökonomische Gründe, die auch den einschlägigen Vorschriften zur Kaninchenhaltung zugrunde liegen, einen vernünftigen Grund darstellen können.

Politisch ist dies offensichtlich so gewollt, dies wird an der gesamten Verordnungsgebung und auch an der Rechtsprechung deutlich: Rechtsverordnungen im Tierschutzbereich werden größtenteils zu ökonomisch wichtigen Tierarten, hauptsächlich den landwirtschaftlich und industriell gehaltenen sogenannten Nutztieren, erlassen. Zu anderen Tierarten, die in Zoos oder Tierparks sowie im Heimtierbereich zu finden sind, gibt es keine Rechtsverordnungen, sondern lediglich unverbindliche Gutachten. Sämtliche Rechtsverordnungen die Tierhaltung betreffend verschlechtern die in § 2 TierSchG vorgesehene verhaltensgerechte Unterbringung mit konkreten Vorgaben, die nicht verhaltensgerechte Unterbringungen erlauben,

---

890 So auch *Hirt/Maisack/Moritz*, Tierschutzgesetz Kommentar, § 17 TierSchG Rn. 117.

891 Vgl. *Ort*, Zur Tötung unerwünschter neonater und juveniler Tiere, NuR 2010, S. 853 ff., S. 857 m. w. N., vgl. auch *Bülte*, Zur faktischen Straflosigkeit institutionalisierter Agrarkriminalität, GA 2018, S. 35 ff., S. 45.

z. B. die Kastenstände für Sauen.[892] Der erwerbswirtschaftliche Aspekt ist hier falsch gewichtet worden. Die Rechtsprechung erkennt dies und formuliert dies so: „Die Anerkennung des erwerbswirtschaftlichen Aspekts beim Umgang mit Tieren kommt zudem klar in der Tierschutz-Nutztierhaltungsverordnung zum Ausdruck."[893]

Viele ordentliche Gerichte und Verwaltungsgerichte befassen sich intensiv mit privaten Tierhaltungen und stellen dort recht schnell fest, dass z. B. ein Verstoß gegen Vorschriften des Tierschutzgesetzes vorliegt, so z. B. durch die Einzäunung einer Pferdekoppel mit Stacheldraht, der (richtig) als nicht verhaltensgerechte Unterbringung abgelehnt wird.[894] Auch die Einzelhaltung eines Esels wird (richtig) als Verstoß gegen § 2 Nr. 1 TierSchG angesehen.[895] Ein Angelteichbetreiber wurde in zweiter Instanz der strafbaren Tierquälerei gem. § 17 Nr. 2b) TierSchG schuldig gesprochen, weil er mit dem ein- bis zweiminütigen Transport von Fischen in einer Schubkarre von der Hälteranlage zum Angelteich diesen länger anhaltende erhebliche Schmerzen und Leiden zugefügt hat.[896] Einer Schlangenhalterin wird die Haltung von Schlangen der Art Königspython in sogenannten Racksystemen (schubladenartigen Regalsystemen) verboten, weil Studien zeigen, dass sich die Königspython in der Natur dreidimensional bewegt und auch in Büschen klettert, so dass eine Haltung in einem niedrigen Racksystem nicht verhaltensgerecht i. S. v. § 2 TierSchG ist.[897]

Rechtsprechung zur industriellen Massentierhaltung findet man selten bis gar nicht. Strafrechtliche Verurteilungen hinsichtlich der Batteriehaltungen von Legehennen gab es, wie oben bereits beschrieben, nie. Andere gerichtliche Strafverfahren werden gar nicht erst eröffnet, was der Fall der Anklage der Staatsanwaltschaft Münster[898] im Jahr 2015 gegen eine Brüterei zeigt, in der sogenannte Eintagsküken, also männliche Küken im Alter von einem Tag aus wirtschaftlichen Gründen, nämlich wegen der man-

892 Vgl. § 24 Abs. 4 TierSchNutztV.

893 *OVG Münster*, Urteil vom 20. Mai 2016, Az.: 20 A 488/15 und 20 A 530/15, NWVBl. 2016, S. 430 ff., S. 435.

894 *BVerwG*, Beschluss vom 2. April 2014, Az.: 3 B 62/13 (juris); *OVG Lüneburg*, Urteil vom 18. Juni 2013, Az.: 11 LC 206/12, NuR 2013, S. 584.

895 *VG Trier*, Urteil vom 16. Juni 2014, Az.: 6 K 1531/13.TR (juris).

896 *OLG Celle*, Urteil vom 6. Juni 1997, Az.: 23 Ss 50/97, NuR 1997, S. 619 f.

897 *VG Düsseldorf*, Urteil vom 18. August 2014, Az.: 23 K 5500/12 (juris).

898 http://www.faz.net/aktuell/wirtschaft/wirtschaftspolitik/klage-gegen-kueken-schredder-14068376.html.

gelnden gewinnbringenden Verwertbarkeit, getötet werden.[899] Das zuständige Landgericht Münster hat die Eröffnung des Hauptverfahrens abgelehnt,[900] nachdem bereits das VG Minden nach einem Verbot des Kükenschredderns per Erlass des zuständigen Veterinäramtes der Klage mehrerer Brütereien stattgegeben hat, die weiterhin Küken töten wollen.[901] Das daraufhin über die Berufung entscheidende OVG Münster hat die Entscheidung des VG Minden im Ergebnis bestätigt:[902] Es hat hierin ausgeführt, dass die Tötung der Eintagsküken derzeit mit vernünftigem Grund erfolge, so dass kein Verstoß gegen das grundsätzliche Tötungsverbot des § 1 Satz 2 TierSchG vorliege. Denn zwar könne das Staatsziel Tierschutz menschliche Grundrechte beschränken; das heiße jedoch nicht, dass der Tierschutz sich auch in der Abwägung durchsetze; Tierschutz habe keinen höheren Wert als die Grundstrukturen der marktwirtschaftlichen Ernährungswirtschaft.[903] Zwar werde die Verfolgung von erwerbswirtschaftlichen Interessen wiederum durch § 1 Satz 2 TierSchG beschränkt – aber nicht jede Erwägung der Wirtschaftlichkeit der Tierhaltung sei per se ein vernünftiger Grund.[904] Immer brauche es eine Abwägung im Einzelfall.[905]

Dem ist nur zum Teil zuzustimmen: Zunächst müssen für eine Abwägung alle abwägungsrelevanten Belange erhoben und ordnungsgemäß gewichtet werden, so dass auch ein gerechtes Abwägungsergebnis entstehen kann. Im Übrigen ist es heute in der Literatur, die sich hauptsächlich auf die Hennen-Entscheidung des Bundesverfassungsgerichts[906] stützt, aner-

---

899 Da die Legehennen speziellen Zuchtlinien entstammen, die auf eine hohe Legeleistung ausgerichtet sind, aber wenig Fleisch ansetzen, eignen sich die männlichen Küken der Legelinie nicht zur Mast. Für diese werden spezielle Mastlinien gezüchtet.

900 *LG Münster*, Beschluss vom 7. März 2016, Az.: 2 Kls 540 Js 290/15 – 7/15, NuR 2016, S. 292. Zur Begründung führte das LG Münster aus, der Tatbestand des § 17 Nr. 1 TierSchG sei schon nicht gegeben, da ein vernünftiger Grund für die Kükentötung vorliege. Dies bestätigte auch die zweite Instanz, das *OLG Hamm*, Beschluss vom 10. Mai 2016, Az.: III-4 Ws 113/16, 4 Ws 113/16 (juris).

901 *VG Minden*, Urteil vom 30. Januar 2015, Az.: 2 K 80/14 und 2 K 83/14, ZUR 2015, 305 ff.

902 *OVG Münster*, Urteil vom 20. Mai 2016, Az.: 20 A 488/15 und 20 A 530/15, NWVBl. 2016, S. 430 ff.

903 *OVG Münster*, Urteil vom 20. Mai 2016, Az.: 20 A 488/15 und 20 A 530/15, NWVBl. 2016, S. 430 ff., S. 435.

904 An dieser Stelle verweist das OVG Münster auf die Hennen-Entscheidung des Bundesverfassungsgerichts aus dem Jahr 1999, BVerfGE 101, S. 1 ff.

905 *OVG Münster*, Urteil vom 20. Mai 2016, Az.: 20 A 488/15 und 20 A 530/15, NWVBl. 2016, S. 430 ff., S. 435.

906 *BVerfG*, Urteil vom 6. Juli 1999, Az.: 2 BvF 3/90, BVerfGE 101, S. 1 ff., S. 37.

kannt, dass wirtschaftliche Gründe allein gerade keinen vernünftigen Grund darstellen können.[907]

Auch – so das OVG Münster weiter – sei die Abwägung der menschlichen mit den Interessen des ethischen Tierschutzes jeweils in einem zeitlichen Bezug vorzunehmen: Zurzeit überwiege im Fall des Kükentötens noch das menschliche (vor allem ökonomische) Interesse vor dem Interesse der Schadensvermeidung für das Tier.[908] Wenn es praxistaugliche Alternativen[909] gebe, könne eine rechtliche Neubewertung ob des Vorliegens eines vernünftigen Grundes zu einem anderen Ergebnis kommen.[910] Bis dahin sei die Praxis des Kükentötens weiterhin gerechtfertigt und damit rechtmäßig.[911]

Dies lässt darauf schließen, dass bzgl. der industriellen Massentierhaltung die Schwelle, einen Verstoß gegen das Tierschutzgesetz anzunehmen bzw. trotz Verwirklichung eines strafrechtlichen Tatbestandes konsequent

907 Vgl. *BVerfG*, Urteil vom 6. Juli 1999, Az.: 2 BvF 3/90, BVerfGE 101, S. 1 ff., S. 37; *Hager*, Das Tier in Ethik und Recht, S. 99; BR-Drs. 431/13 [B] S. 19: „weil für einen vernünftigen Grund in der Regel rein wirtschaftliche Erwägungen oder das Ziel, Kosten, Arbeit und Zeit einzusparen, nicht ausreichen"; *Hirt/Maisack/Moritz*, Tierschutzgesetz Kommentar, § 1 TierSchG Rn. 51, 60, 61, 62, § 2 TierSchG Rn. 48, § 2a TierSchG Rn. 8, § 17 TierSchG Rn. 12, 69; *OLG Frankfurt am Main*, Beschluss vom 14. September 1984, Az.: 5 Ws 2/84, NStZ 1985, S. 130; *Ort/Reckewell* in *Kluge*, Tierschutzgesetz Kommentar, § 17 Rn. 180; Tierschutzbericht der Bundesregierung 2001, BT-Drs. 14/5712 S. 49: „Eintagsküken (…) werden bisher aus ökonomischen Gründen trotz bestehender ethischer Bedenken (…) getötet."; ebenso schon Tierschutzbericht der Bundesregierung 1999, BT-Drs. 14/600, S. 53; *Maisack*, Zum Begriff des vernünftigen Grundes im Tierschutzrecht, S. 221 f.; *Caspar*, Der vernünftige Grund im Tierschutzgesetz, NuR 1997, S. 577 ff., S. 582; *von Loeper*, Tierschutz und Recht, in: *Sambraus/Steiger*, Das Buch vom Tierschutz, S. 892 ff., S. 897; jüngst *Cirsovius*, Rechtfertigen wirtschaftliche Motive Verstöße gegen das Tierschutzgesetz?, NuR 2017, S. 665 ff.; *Bülte*, Zur faktischen Straflosigkeit institutionalisierter Agrarkriminalität, GA 2018, S. 35 ff., S. 38.

908 *OVG Münster*, Urteil vom 20. Mai 2016, Az.: 20 A 488/15 und 20 A 530/15, NWVBl. 2016, S. 430 ff., S. 431 (Leitsatz), S. 439.

909 Hiermit verweist das Gericht auf die zurzeit in der Forschung befindliche Methode zur Geschlechtsbestimmung im Ei, die an der Uni Leipzig erforscht wird, vgl. https://www.uni-leipzig.de/newsdetail/artikel/geschlecht-von-kueken-kann-schon-im-ei-bestimmt-werden-2013-08-08/.

910 *OVG Münster*, Urteil vom 20. Mai 2016, Az.: 20 A 488/15 und 20 A 530/15, NWVBl. 2016, S. 430 ff., S. 438, 439.

911 *OVG Münster*, Urteil vom 20. Mai 2016, Az.: 20 A 488/15 und 20 A 530/15, NWVBl. 2016, S. 430 ff., S. 438, 439.

auch Verurteilungen auszuurteilen, sehr viel höher ist als bei der privaten Tierhaltung.

In der rechtswissenschaftlichen Literatur und zum Teil auch in der Rechtsprechung ist seit langem anerkannt, dass ökonomische Gründe (jedenfalls alleine) keinen vernünftigen Grund i. S. d. Tierschutzgesetzes darstellen können.[912] Auch im Tierschutzgesetz wird dies für den Bereich der Tierversuche mit § 7a Abs. 2 Nr. 4 TierSchG[913] expressis verbis angeordnet; hieraus wird ein allgemeiner Rechtsgrundsatz hergeleitet, der seit der Aufwertung des Tierschutzes als Staatszielbestimmung erst Recht gilt.[914] Auch diesen Rechtsgedanken greift das OVG Münster in der Entscheidung zum Kükentöten auf. Es ist der Meinung, dass die Norm des § 7a Abs. 2 Nr. 4 TierSchG wirtschaftliche Gründe nicht von vornherein zurücktreten lässt; sie sage nur aus, dass die Verwendung von Tieren im Tierversuch auf das Unerlässliche zu beschränken ist.[915] Wenn das der Fall wäre, wäre aber der

912 Vgl. *BVerfG*, Urteil vom 6. Juli 1999, Az.: 2 BvF 3/90, BVerfGE 101, S. 1 ff., S. 37; *Hager*, Das Tier in Ethik und Recht, S. 99; BR-Drs. 431/13 [B] S. 19: „weil für einen vernünftigen Grund in der Regel rein wirtschaftliche Erwägungen oder das Ziel, Kosten, Arbeit und Zeit einzusparen, nicht ausreichen"; *Hirt/Maisack/Moritz*, Tierschutzgesetz Kommentar, § 1 TierSchG Rn. 51, 60, 61, 62, § 2 TierSchG Rn. 48, § 2a TierSchG Rn. 8, § 17 TierSchG Rn. 12, 69; *OLG Frankfurt am Main*, Beschluss vom 14. September 1984, Az.: 5 Ws 2/84, NStZ 1985, S. 130; *Ort/Reckewell* in *Kluge*, Tierschutzgesetz Kommentar, § 17 Rn. 180; Tierschutzbericht der Bundesregierung 2001, BT-Drs. 14/5712 S. 49: „Eintagsküken (…) werden bisher aus ökonomischen Gründen trotz bestehender ethischer Bedenken (…) getötet."; ebenso schon Tierschutzbericht der Bundesregierung 1999, BT-Drs. 14/600, S. 53; *Maisack*, Zum Begriff des vernünftigen Grundes im Tierschutzrecht, S. 221 f.; *Caspar*, Der vernünftige Grund im Tierschutzgesetz, NuR 1997, S. 577 ff., S. 582; *von Loeper*, Tierschutz und Recht, in: *Sambraus/Steiger*, Das Buch vom Tierschutz, S. 892 ff., S. 897.

913 § 7a Abs. 2 Nr. 4 TierSchG: *Bei der Entscheidung, ob ein Tierversuch unerlässlich ist, sowie bei der Durchführung von Tierversuchen sind folgende Grundsätze zu beachten: (…) Nr. 4 Schmerzen, Leiden oder Schäden dürfen den Tieren nur in dem Maße zugefügt werden, als es für den verfolgten Zweck unerlässlich ist; insbesondere dürfen sie nicht aus Gründen der Arbeits-, Zeit- oder Kostenersparnis zugefügt werden.*

914 Vgl. nur *Hirt/Maisack/Moritz*, Tierschutzgesetz Kommentar, § 17 TierSchG Rn. 12; *Ort/Reckewell* in *Kluge*, Tierschutzgesetz Kommentar, § 17 Rn. 180; *Maisack*, Lebensschutz für Tiere, Vortrag in Zürich vom 12. Dezember 2012, S. 15; *Maisack*, Zum Begriff des vernünftigen Grundes im Tierschutzrecht, S. 176 f.; *VG Magdeburg*, Urteil vom 4. Juli 2016, Az.: 1 A 1198/14 MD (juris) Rn. 76; *Chmielewska/Bert u. a.*, Der „vernünftige Grund" zur Tötung von überzähligen Tieren, NuR 2015, S. 677 ff., S. 679; Empfehlungen der Ausschüsse vom 27. Mai 2013, BR-Drs. 431/13 (Grunddrucksache 670/12), S. 23.

915 *OVG Münster*, Urteil vom 20. Mai 2016, Az.: 20 A 488/15 und 20 A 530/15, NWVBl. 2016, S. 430 ff., S. 434.

zweite Halbsatz des § 7a Abs. 2 Nr. 4 TierSchG überflüssig, der erste Halbsatz würde für diese Aussage ausreichen. Hier ist anzunehmen, dass auch der zweite Halbsatz einen Sinn hat und daher einen Anwendungsbereich und damit auch anzuwenden ist.

Jedenfalls seit der Aufwertung des Tierschutzes als verfassungsrechtlich geschütztes Rechtsgut muss die Herstellung praktischer Konkordanz zwischen den Tierschutz- und den Nutzerinteressen angestrebt werden; es muss also ein gerechter Ausgleich zwischen diesen gegenläufigen Interessen gefunden werden. Ausschließlich ökonomische Gründe können nicht das Ergebnis zugunsten der Tiernutzer herbeiführen.[916] Insoweit ist zu beachten, dass seit 2002 mit der Einführung des Tierschutzes in Art. 20a GG die Tierschutzbelange ein „überragend wichtiges Gemeinschaftsgut" i. S. d. Drei-Stufen-Theorie zu Art. 12 GG des Bundesverfassungsgerichts darstellen, mithin also auch Beschränkungen der Berufswahlfreiheit zu rechtfertigen vermögen.[917]

Würden ökonomische Gründe alleine dazu führen, dass die Schmerz- oder Leidzufügung oder sogar die Tötung von Tieren durch einen vernünftigen Grund gerechtfertigt ist, würde dies die tierschutzrechtlichen Vorschriften des Tierschutzgesetzes aus den Angeln heben bzw. komplett aushebeln; in der Praxis geschieht genau dies jedoch immer wieder. Das OVG Münster versucht in der Entscheidung zum Kükentöten zu argumentieren, dass die Tötung der Tiere nicht nur ein ökonomischer Grund sei, sondern dass auch die Tötung von Tieren, die nicht unmittelbar den Ernährungszwecken der Menschen dienen, eben doch den existentiellen menschlichen Erhaltungsinteressen dienen, indem durch ihre Tötung der (verbleibende) Tierbestand weiterhin kostendeckend gehalten und daher Produktionsbetriebe die Nachfrage der Verbraucher nach kostengünstigen Lebensmitteln wirtschaftlich und wettbewerbsfähig bedienen können.[918]

---

916 *Maisack*, Zum Begriff des vernünftigen Grundes im Tierschutzrecht, S. 221.

917 *Maisack*, Zum Begriff des vernünftigen Grundes im Tierschutzrecht, S. 222, *Wollenteit/Bruhn*, Rechtsgutachten zur Verfassungsmäßigkeit der „verschärften" Haltungsvorgaben für Pelztiere in § 33 der TierSchNutztV, 2014, S. 13; *Obergfell*, Ethischer Tierschutz mit Verfassungsrang, NJW 2002, S. 2296 ff., S. 2298; *Unruh*, Tierschutz mit Verfassungsrang – Auswirkungen auf Gesetzgebung, Vollzug und Gerichtsbarkeit, DtW 2003, S. 183 ff., S. 185; noch zurückhaltend *Braun*, Tierschutz in der Verfassung – und was nun? Die Bedeutung des neuen Art. 20a GG, DÖV 2003, S. 488 ff., S. 491; in die Zukunft gerichtet *Kloepfer/Rossi*, Tierschutz ins Grundgesetz?, JZ 1998, S. 369 ff., S. 374.

918 *OVG Münster*, Urteil vom 20. Mai 2016, Az.: 20 A 488/15 und 20 A 530/15, NWVBl. 2016, S. 430 ff., S. 434, 438.

Dem ist nicht zuzustimmen, denn mit diesem Argument könnten fast alle tierschädigenden Handlungen in der industriellen Massentierhaltung über eine mittelbare Nutzung menschlicher Erhaltungsinteressen gerechtfertigt werden. Vielmehr ist ein Eingriff in vitale Interessen von Tieren nur dann zu rechtfertigen, wenn dieser im Gegenzug unmittelbar menschlichen, vitalen Erhaltungsinteressen dient.[919]

Eine Rechtfertigung erscheint allenfalls dann denkbar, wenn andere, nicht-wirtschaftliche Gründe das Hauptmotiv einer Handlung (z. B. der Haltung) bilden und wenn die Gründe in ihrer Gesamtheit so gewichtig erscheinen, dass ihnen der Vorrang vor den Tierschutzbelangen gebührt.[920] Jedoch sind auch Gründe, die erst bei näherem Hinschauen ebenfalls rein wirtschaftlicher Natur sind, nicht in der Lage, einer Handlung einen vernünftigen Grund zu verleihen: Immer wieder gerne wird darauf verwiesen, dass die Käfighaltung ohne Einstreu und ohne jede Bewegungsmöglichkeit für die Tiere die angeblich hygienischere, ökologischere oder tiergesundheitlichere darstellt als eine extensivere (und mehr Fläche fordernde!) Haltung, die dem artgemäßen Verhalten der Tiere angenähert ist.[921] Käfighaltungen von Hennen auf engstem Raum werden als vorteilhafter für die Tiere „erkannt", da diese bei Ausstallung keine Verletzungen aufgrund Federpickens und Kannibalismus zeigen wie Hennen in einer Bodenhaltung.[922] Häufig stellt sich jedoch bei näherer Betrachtung heraus, dass derartige Nachteile zwar auftreten können, jedoch nur dann, wenn im Rahmen der extensiveren Haltungsform versucht wird, notwendige Aufwendungen an Arbeit, Zeit und Kosten einzusparen, z. B. durch fehlende Reinigungsarbeiten, oder wenn es den Betreibern an der notwendigen Fachkenntnis und dem notwendigen Erfahrungswissen mangelt.[923] Auch in diesen Fällen können diese wirtschaftlichen Gründe nicht eine intensivere Haltungsform rechtfertigen. Im Fall des Kannibalismus bzw. der fehlenden Kannibalismusschäden in der engen Käfighaltung ist das Fehlen dieser Schäden darauf zurückzuführen, dass die Hennen derart nahe beieinander

---

919 So u. a. *Hirt/Maisack/Moritz*, Tierschutzgesetz Kommentar, Art. 20a GG Rn. 49, § 1 TierSchG Rn. 30, so auch schon BT-Drs. VI/2559 S. 9; *Hager*, Das Tier in Ethik und Recht, S. 107.

920 *Maisack*, Zum Begriff des vernünftigen Grundes im Tierschutzrecht, S. 221 f.

921 Für viele *Maisack*, Zum Begriff des vernünftigen Grundes im Tierschutzrecht, S. 222.

922 U. a. *Wegner/Rauch/Torges*, Vergleichende Versuche mit Legehennen in Bodenhaltung mit und ohne Auslauf und in Käfigen, in: *Landbauforschung Völkenrode*, Legehennenhaltung, S. 23 ff., S. 36.

923 *Maisack*, Zum Begriff des vernünftigen Grundes im Tierschutzrecht, S. 223.

stehen, dass sie Kopf und Schnabel als agressionsauslösenden Teil der Artgenossinnen gar nicht so häufig wahrnehmen können wie Hennen, die sich in normaler Distanz zueinander aufhalten.[924]

(Frühere) Tendenzen, insbesondere die Massentierhaltung über das Merkmal des vernünftigen Grundes vor anderen, nicht ökonomisch wichtigen Tierhaltungen zu privilegieren,[925] lehnt der BGH richtigerweise ab.[926] Das OVG Münster scheint jedoch genau dies zu tun.

bb) Unvermeidbarer Verbotsirrtum wegen Zulassung einer bestimmten Haltungsform durch Rechtsverordnung?

Strafrechtliche Verurteilungen für Hennenhalter blieben in den 1970er und 80er Jahren aus, obwohl der Tatbestand der Tierquälerei nach § 17 Nr. 2b) TierSchG von den Gerichten wie oben gesehen als erfüllt bewertet wurde.[927] Seit dem Erlass der HHVO, die diese Haltung vermeintlich legalisierte, gab es nicht einmal mehr Anklagen, da die Verurteilungswahrscheinlichkeit als zu gering eingeschätzt wurde, da man erkannte, dass den Hennenhaltern ob der staatlichen Erlaubnis dieser Haltungssysteme durch die HHVO einen unvermeidbaren Verbotsirrtum, § 17 Satz 1 StGB[928] zuerkannt werden würde. So war es mit Hilfe der HHVO gelungen, Verurteilungen nach § 17 TierSchG (auch weiterhin) zu verhindern, obgleich der Tatbestand gegeben war; es scheiterte an der Schuld, die mangels Unrechts-

---

924 *Tschanz*, Zusammenfassende Betrachtung der im Kolloquium dargestellten Ergebnisse aus tierschutzrelevanter und ethologischer Sicht, in: *Landbauforschung Völkenrode*, Legehennenhaltung, S. 196 ff., S. 206.

925 So ist *Lorz*, Tierschutzgesetz Kommentar, 4. Auflage 1992, §§ 17, 18 Anhang Rn. 32 zu verstehen, vgl. *Caspar*, Der vernünftige Grund im Tierschutzgesetz, NuR 1997, S. 577 ff., S. 578 f.

926 *BGH*, Urteil vom 18. Februar 1987, Az.: 2 StR 159/86 (LG Darmstadt), NJW 1987, S. 1833 ff., S. 1834.

927 Gerne jedoch wurden die gerichtlichen Freisprüche als gerichtliche Zustimmung zur Käfighaltung qualifiziert, vgl. *Schindler*, Verhaltensgerechte Unterbringung (§ 2 Tierschutzgesetz) nach dem Urteil des Bundesverfassungsgerichtes vom 6.7.1999 – Beispiel Käfighaltung, in: *DVG*, 7. Tagung der Fachgruppe „Angewandte Ethologie", Thema: Ethologie und Tierschutz, Weihenstephan, 8.-11. März 2000, S. 21 ff., S. 27.

928 § 17 Satz 1 StGB: *Fehlt dem Täter bei Begehung der Tat die Einsicht, Unrecht zu tun, so handelt er ohne Schuld, wenn er diesen Irrtum nicht vermeiden konnte.*

bewusstsein durch den unvermeidbaren Verbotsirrtum nicht vorlag.[929] Eine Strafbarkeit war also durch die staatliche, verordnungsrechtliche (Schein)Legalisierung des Haltungssystems „Legebatterie“ ausgehebelt worden. Ähnlich wurde die Verordnungsermächtigung im Tierschutzgesetz schon vor 1972 gesehen; der damalige Bundestagsabgeordnete Vietinghoff-Scheel [Anm. der Verf.: gemeint wohl: Felix von Vittinghoff-Schell] bezeichnete die Verordnungsermächtigung im Tierschutz als „höchst ungewöhnliche Rechtsfigur, nämlich (…) eine potentielle Strafbestimmung, bei der der Tatbestand im Verordnungswege konkretisiert wird“.[930]

Einem Verbotsirrtum unterliegt ein Täter schon dann, wenn ihm das Bewusstsein fehlt, Unrecht zu tun, vgl. § 17 StGB. Zwar muss der Täter nicht die konkrete Norm (§ 17 TierSchG) kennen, nach der sein Handeln strafbar ist.[931] Das Unrechtsbewusstsein und kein Verbotsirrtum liegt dann vor, wenn der Täter bei der Begehung der Tat mit der Möglichkeit rechnet, Unrecht zu tun und dies billigend in Kauf nimmt.[932] Dabei muss sich das Unrechtsbewusstsein auf die spezifische Rechtsgutsverletzung beziehen.[933]

Mit der durch die §§ 31-37 TierSchNutztV erlaubten Kaninchenhaltung verstößt der Täter wie oben bereits gesehen gegen § 17 Nr. 2b) TierSchG, und dies vorsätzlich, da hier aufgrund der zu unterstellenden Sachkenntnis nach § 2 Nr. 3 TierSchG und § 35a TierSchNutztV Wissen und Wollen um die Tatbestandsverwirklichung – des § 17 Nr. 2b) TierSchG – und damit Vorsatz vorliegt. Damit weiß der Täter auch, dass er gegen die (Straf)Rechtsordnung verstößt, womit auch das erforderliche Unrechtsbewusstsein vorliegt. Weder die vermeintliche Legitimation des Haltungssystems durch die §§ 31-37 TierSchNutztV noch die jahrzehntelange Duldung durch die Veterinärbehörden vermögen dieses Unrechtsbewusstsein zu erschüttern. Selbst wenn man der Ansicht sein sollte, dem Täter fehle es hin-

929 So auch *Brandhuber*, Die rechtlichen Anforderungen des Tierschutzgesetzes an die Tierhaltung, in: *DVG*, Ethologie und Tierschutz, Weihenstephan, 16. bis 19. September 1998, S. 25 ff., S. 29.

930 Zitiert nach *von Gall*, Tierschutz als Agrarpolitik, S. 115.

931 St. Rspr. des *BGH*, vgl. Urteil vom 6. Februar 1961, Az.: AnwSt (R) 3/60, BGHSt. 15, S. 377 ff., S. 383; Urteil vom 19. Mai 1999, Az.: 2 StR 86/99, BGHSt. 45, S. 97 ff., S. 101; vgl. auch *Fischer*, Strafgesetzbuch Kommentar, § 17 Rn. 3 m. w. N.

932 *BGH*, Beschluss vom 23. Dezember 1953, Az.: 2 StR 612/52, BGHSt. 4 ff., S. 4; *BGH*, Urteil vom 25. Juni 2008, Az.: 5 StR 109/07, BGHSt. 52, S. 307 ff., 313; *BGH*, Urteil vom 17. Juli 2009, Az.: 5 StR 394/08, NJW 2009, S. 3173; *BGH*, Beschluss vom 24. Februar 2011, Az.: 5 StR 514/09, NJW 2011, S. 1236 ff., S. 1239; *Fischer* Strafgesetzbuch Kommentar, § 17 Rn. 5.

933 Vgl. *BGH*, Urteil vom 28. Februar 1961, Az.: 1 StR 467/60, BGHSt. 15, S. 377 ff.

sichtlich der Verbotenheit seines Tuns an Unrechtsbewusstsein, da er wissend im Einklang mit der TierSchNutztV handelt, so ist dieser Irrtum des Täters jedenfalls vermeidbar. Vermeidbar ist ein Verbotsirrtum dann, wenn dem Täter zurzeit der Tathandlung sein Vorhaben unter Berücksichtigung seiner Fähigkeiten und Kenntnisse hätte Anlass geben müssen, über dessen mögliche Rechtswidrigkeit nachzudenken oder sich zu erkundigen, und er auf diesem Weg zur Unrechtseinsicht gekommen wäre.[934] Die Rechtsprechung verlangt insoweit, dass der Täter sein Gewissen anspanne und „alle seine Erkenntniskräfte und sittlichen Wertvorstellungen" einsetze, und zwar auf der Grundlage der Vorstellungen der Rechtsgemeinschaft.[935] Die konkreten Umstände und auch das Fachwissen des Täters[936] – hier jeweils zu unterstellen, da dieser gem. § 2 Nr. 3 TierSchG und § 35a TierSchNutztV die Pflicht zur Fachkunde hat – müssen mit in die Wertung einbezogen werden. Unvermeidbarkeit wurde zwar angenommen bei unterschiedlicher Rechtsprechung gleichrangiger Obergerichte über eine Rechtsfrage.[937] Weiter werden für den berufsmäßig Handelnden besonders hohe Anforderungen an diese zu tätigenden Anstrengungen gestellt.[938] Dem gewerblich Tätigen obliegt eine allgemeine Erkundigungspflicht; er muss sein Fachwissen aktualisieren, so dass die Unkenntnis oder die unrichtige Auslegung von Normen grundsätzlich vermeidbar sein müssen; der gewerblich Tätige muss sich ständig über den Entwicklungsstand der Wissenschaft informieren.[939]

Somit stellt sich die Frage, ob der mögliche Irrtum des Kaninchenhalters wegen zweier widersprüchlicher Rechtsnormen, § 2 TierSchG und § 17 TierSchG auf der einen, und §§ 31-37 TierSchNutztV auf der anderen Seite, auch unvermeidbar ist, was zu der Frage führt, ob der Tierhalter es „besser wissen muss" als der Verordnungsgeber oder ob er sich auf die Normen der TierSchNutztV verlassen darf, dass diese eine zulässige Konkretisierung des Tierschutzgesetzes darstellen. Aufgrund der Pflicht zur Sachkunde, die sich aus den bereits genannten Vorschriften von TierSchG und TierSch-

---

934 *Fischer*, Strafgesetzbuch Kommentar, § 17 Rn. 7.

935 *Fischer*, Strafgesetzbuch Kommentar, § 17 Rn. 7; *BGH (Großer Senat)*, Beschluss vom 18. März 1952, Az.: GSSt 2/51, BGHSt. 2, S. 194 ff. (Leitsatz).

936 Vgl. *Fischer*, Strafgesetzbuch Kommentar, § 17 Rn. 8.

937 *OLG Stuttgart*, Beschluss vom 19. November 2007, Az.: 2 Ss 597/07, NJW 2008, S. 243 ff., S. 244.

938 Vgl. *Bülte*, Zur faktischen Straflosigkeit institutionalisierter Agrarkriminalität, GA 2018, S. 35 ff., S. 46 m. w. N.

939 *Bülte*, Zur faktischen Straflosigkeit institutionalisierter Agrarkriminalität, GA 2018, S. 35 ff., S. 46.

NutztV ergibt, muss der Tierhalter die erforderlichen Kenntnisse über die von ihm gehaltenen Tiere haben. Die theoretischen Kenntnisse und die praktischen Fähigkeiten müssen sich im Rahmen des § 2 Nr. 3 TierSchG auf folgendes beziehen: Anatomie, Physiologie und Biologie der betreffenden Tierart; tierschutzrechtliche Bestimmungen; Verhalten unter naturnahen Bedingungen; Erkennen und Interpretieren von Verhaltensstörungen; auf alles, was für eine art- und bedürfnisangemessene Ernährung, Pflege und verhaltensgerechte Unterbringung wesentlich ist; auf die richtige Aufzucht etc.[940] § 35 a Abs. 3 TierSchNutztV ordnet an, dass sich die Sachkunde auf folgende Bereiche erstrecken muss: Bedarfsgerechte Versorgung der Kaninchen mit Futter und Wasser, Grundkenntnisse der Anatomie und Physiologie der Kaninchen, Grundkenntnisse des Verhaltens von Kaninchen, tierschutzrechtliche Vorschriften, Anzeichen von Gesundheitsstörungen, Verhaltensstörungen oder Stress bei Kaninchen und mögliche Gegenmaßnahmen, Notbehandlung von Kaninchen, Notschlachtung und Tötung, Maßnahmen, mit denen dem Ausbruch und der Verbreitung von Krankheiten vorgebeugt werden kann. Im Bereich der (praktischen) Fertigkeiten müssen ein sorgsamer Umgang mit Kaninchen, das Einfangen, Verladen und Befördern von Kaninchen und die tierschutzgerechte Tötung beherrscht werden. Hierfür ist sogar, im Gegensatz zu § 2 TierSchG, eine Sachkundeprüfung vorgesehen, vgl. § 35a Abs. 4 TierSchNutztV, nach deren erfolgreichen Bestehen eine Sachkundebescheinigung ausgehändigt wird. Dem gesetzestreuen, über die Bedürfnisse der Kaninchen Bescheid wissenden Kaninchenhalter wird man nicht unterstellen dürfen, dass dieser seine Kenntnisse einseitig ökonomisch beeinflusst erworben hat. Es ist davon auszugehen, dass er die richtigen Wissensbestände zum Verhalten von Kaninchen zugrunde gelegt hat, um sich seine Sach- und Fachkenntnis zu beschaffen. Daher ist davon auszugehen, dass der Kaninchenhalter es besser weiß als die Autoren der TierSchNutztV und daher wissen muss, dass diese Normen gegen § 2 TierSchG verstoßen. Auch wird er erkennen, dass er mit der TierSchNutztV-konformen Haltung den Tieren länger anhaltende und sich wiederholende erhebliche Schmerzen und Leiden zufügt. Eine gegen § 2 TierSchG verstoßende Rechtsverordnung kann also nicht die Strafbarkeit eines Tierhalters verhindern.[941]

940 Vgl. *Hirt/Maisack/Moritz*, Tierschutzgesetz Kommentar, § 2 TierSchG Rn. 49.

941 So auch *Bülte*, Zur faktischen Straflosigkeit institutionalisierter Agrarkriminalität, GA 2018, S. 35 ff., S. 40, der von einer „Zusicherung der Straffreiheit" spricht, „zumindest durch eine Irrtumsgarantie".

Ginge man davon aus, dass der Kaninchenhalter auf die Richtigkeit der §§ 31-37 TierSchNutztV vertrauen darf, so unterläge jeder Kaninchenhalter automatisch und trotz Verwirklichung des objektiven und subjektiven Tatbestandes sowie der Rechtswidrigkeit einem unvermeidbaren Verbotsirrtum, so dass eine Verurteilung wegen einer Straftat nach § 17 TierSchG mangels Schuld immer ausgeschlossen wäre. Eine Rechtsverordnung kann aber nicht in der Lage sein, systematisch die Strafbarkeit und damit Verurteilungen zu verhindern, wird in diesem Segment aber genau dazu genutzt.[942]

cc) Zwischenergebnis: Vermeintliche Legitimation von Straftat und Ordnungswidrigkeit

Nach der hier vertretenen Auffassung liegt durch die Haltung von Kaninchen in Haltungssystemen Straftaten nach § 17 Nr. 2b) TierSchG vor, die nicht durch die Annahme eines unvermeidbaren Verbotsirrtums einer Strafbarkeit entzogen werden können. Durch eine Rechtsverordnung und die Annahme eines unvermeidbaren Verbotsirrtums soll aber genau diese Strafbarkeit verhindert werden.

d) Verstoß gegen verbindliche Vorgaben aus dem europäischen Tierschutzrecht

Auch internationale und supranationale Vorgaben sind zu beachten, wenn der Verordnungsgeber die Anforderungen an die Inhalte des § 2 TierSchG konkretisiert.[943]

942 Eindrücklich dazu, dass auch eine behördliche Duldung kein Ausweg aus der Strafbarkeit ist *Bülte*, Zur faktischen Straflosigkeit institutionalisierter Agrarkriminalität, GA 2018, S. 35 ff., S. 48.

943 Vgl. die Ausführungen des Bundesverfassungsgerichts für die Hennen-Entscheidung, in: *BVerfG*, Urteil vom 6. Juli 1999, Az.: 2 BvF 3/90, BVerfGE 101, S. 1 ff., S. 39 ff.

aa) Europäisches Übereinkommen zum Schutz von Tieren in landwirtschaftlichen Tierhaltungen (ETÜ)

Wie in der Hennen-Entscheidung gesehen, muss der Verordnungsgeber nicht nur Vorgaben des Gesetzgebers beachten und mit der Verordnungsgebung umsetzen, sondern auch verbindliche Vorgaben aus dem europäischen Tierschutzrecht.[944] Im Fall der Hennen-Entscheidung war das die von dem Ständigen Ausschuss im Rahmen des Europäischen Übereinkommens zum Schutz von Tieren in landwirtschaftlichen Tierhaltungen vom 10. März 1976 (ETÜ) ergangene Empfehlung für das Halten von Legehennen der Art *Gallus Gallus* des Ständigen Ausschusses vom 21. November 1986 sowie die Mitteilung der Europäischen Kommission vom 11. März 1998 über den Schutz von Legehennen in verschiedenen Haltungssystemen. Die Empfehlung für das Halten von Legehennen des Ständigen Ausschusses von 1986 wurde mit deren Annahme sogleich wirksam, da durch das Ratifizierungsgesetz zu dem Europäischen Übereinkommen zum Schutz von Tieren in landwirtschaftlichen Tierhaltungen vom 25. Januar 1978 dieses bereits am 10. September 1978 (mit dem Vorliegen von vier Ratifikationen, die Bedingung für die Wirksamkeit des ETÜ waren) innerdeutsch verbindlich geworden war.

Im Fall von Kaninchen gibt es keine Empfehlungen des Ständigen Ausschusses. Jedoch müssen die Allgemeinen Grundsätze des Europäischen Übereinkommens zum Schutz von Tieren in landwirtschaftlichen Tierhaltungen gem. Art. 2 ETÜ[945] von den Vertragsparteien, zu denen aufgrund des Ratifikationsgesetzes zum ETÜ auch Deutschland gehört, angewendet werden. Das ETÜ ist damit in Bezug auf die Allgemeinen Vorschriften auch auf die gewerbliche Haltung von Kaninchen anwendbar, da diese Tiere in Intensivhaltungssystemen i. S. v. Art. 1 ETÜ[946] sind. Gemäß Art. 3 des

---

944 Vgl. *BVerfG*, Urteil vom 6. Juli 1999, Az.: 2 BvF 3/90, BVerfGE 101, S. 1 ff., S. 40.

945 Art. 2 des ETÜ lautet: „Jede Vertragspartei wendet die in den Artikeln 3 bis 7 niedergelegten Grundsätze des Tierschutzes an."

946 Art. 1 ETÜ: „Dieses Übereinkommen bezieht sich auf die Zucht, Haltung, Pflege und Unterbringung von Tieren, insbesondere von Tieren in Intensivhaltungssystemen. „Tiere" im Sinne dieses Übereinkommens sind Tiere, die zur Erzeugung von Nahrungsmitteln, Wolle, Häuten oder Fellen oder zu anderen landwirtschaftlichen Zwecken gezüchtet oder gehalten werden, einschließlich der Tiere, die das Ergebnis genetischer Veränderungen oder neuartiger genetischer Kombinationen sind. „Intensivhaltungssysteme" sind Tierhaltungsmethoden, bei denen Tiere in solcher Zahl, auf solch engem Raum, unter solchen Bedingungen oder auf solchem Produktionsniveau gehalten werden, daß ihre Ge-

ETÜ muss jedes Tier unter Berücksichtigung seiner Art und seiner Entwicklungs-, Anpassungs- und Domestikationsstufe entsprechend seinen physiologischen und ethologischen Bedürfnissen nach feststehenden Erfahrungen und wissenschaftlichen Erkenntnissen untergebracht, ernährt und gepflegt werden. Ähnlich wie § 2 Nr. 2 TierSchG statuiert Art. 4 ETÜ: „(1): Das artgemäße und durch feststehende Erfahrungen und wissenschaftliche Erkenntnisse belegte Bewegungsbedürfnis eines Tieres darf nicht so eingeschränkt werden, daß dem Tier vermeidbare Leiden oder Schäden zugefügt werden." Zusätzlich findet sich ein Absatz 2, der vorgibt: „Ist ein Tier dauernd (...) eingesperrt, so ist ihm der seinen physiologischen und ethologischen Bedürfnissen gemäße und den feststehenden Erfahrungen und wissenschaftlichen Erkenntnissen entsprechende Raum zu gewähren."

Mit Art. 4 Abs. 2 ETÜ wird trotz der Einschränkungsmöglichkeit des Bewegungsbedürfnisses in Absatz 1 besonderer Wert darauf gelegt, dass dem Tier der nach seinen ethologischen Bedürfnissen entsprechende Raum zu gewähren ist, siehe Art. 4 Abs. 2 ETÜ. Hiergegen verstoßen die neuen Regelungen der §§ 31-37 TierSchNutztV, insbesondere die Vorschriften der § 32 Abs. 3 Nr. 2, Abs. 4, § 33 Abs. 3, § 34 Abs. 2 TierSchNutztV, die Haltung auf Spalten- und Lochböden erlauben sowie die uneingeschränkt nutzbare Bodenfläche auf mindestens 1.500 cm^2 pro Mastkaninchen und mindestens 6.000 cm^2 bzw. 7.400 cm^2 je nach Gewicht pro Zuchtkaninchen begrenzen. Als erhöhte Bodenfläche, auf der die Kaninchen auch liegen können sollen,[947] sind 300 cm^2 für Mastkaninchen und 600 cm^2 für Zuchtkaninchen vorgesehen, vgl. § 32 Abs. 4 Nr. 1 TierSchNutztV. Dies entspricht weniger als der Hälfte (bei Mastkaninchen) bzw. etwas weniger als der Gesamtfläche (bei Zuchtkaninchen) eines DIN-A4-Papiers [623,7 cm^2].

Da die Kaninchen in den nach der TierSchNutztV vorgesehenen Haltungssystemen dauernd eingesperrt sind, das Hoppeln, Rennen und Hakenschlagen jedoch zu den wesentlichen Bedürfnissen von Kaninchen gehört (das ETÜ beschränkt die Bedürfnisse hier nicht auf die Grundbedürfnisse, wozu Hoppeln, Rennen, Haken schlagen u. ä. im Übrigen auch zählen), wird durch die Gewährung von 1.500 bzw. 6.000/7.400 cm^2 pro Tier gegen Art. 4 Abs. 2 ETÜ verstoßen, der die Gewährung von Raum entspre-

sundheit und ihr Wohlbefinden von häufigen Kontrollen durch den Menschen abhängen."

947 Vgl. Begründung zur Fünften Verordnung zur Änderung der Tierschutz-Nutztierhaltungsverordnung vom 1. Juli 2013, BR-Drs. 570/13, S. 21.

chend den ethologischen Bedürfnissen von Tieren in Intensivhaltungssystemen vorschreibt. Ein arttypisches Verhalten ist, wie oben bereits erläutert, in Käfigen mit dieser Fläche nicht möglich. Auch das Bedürfnis des erhöhten Sitzens bzw. Liegens kann auf einer Fläche von 300 bzw. 600 cm^2 nicht befriedigt werden, denn zum (ausgestreckten) Liegen benötigt ein Kaninchen von ca. 3,5 kg 1.300 cm^2.[948]

Auch wurde in der Hennen-Entscheidung des Bundesverfassungsgerichts eine Mitteilung der Europäischen Kommission über den Schutz von Legehennen in verschiedenen Haltungssystemen vom 11. März 1998 als weitere rechtlich erhebliche wissenschaftliche Erkenntnisse zur Konkretisierung der Anforderungen des § 2 TierSchG herangezogen. Diese wissenschaftlichen Erkenntnisse hätten spätestens zu einer Änderung der HHVO von 1987 führen müssen.[949] Hier ist der Verordnungsgeber aber untätig geblieben.

Für Kaninchen gibt es keine Mitteilung der Europäischen Kommission. Lediglich in der Mitteilung der Kommission an das Europäische Parlament, den Rat und den Europäischen Wirtschafts- und Sozialausschuss über die Strategie der Europäischen Union für den Schutz und das Wohlergehen von Tieren 2012-2015 vom 15. Februar 2012 wird festgestellt, dass es „trotz verschiedener Probleme, die von Wissenschaftlern und der Europäischen Behörde für Lebensmittelsicherheit (EFSA) aufgezeigt wurden, (..) keine spezifischen EU-Vorschriften für andere Arten landwirtschaftlicher Nutztiere (beispielsweise Milchkühe, Fleischrinder oder Kaninchen) [exis-

948 Vgl. *EFSA* 2005, Scientific Opinion of the Scientific Panel on Animal Health and Welfare on „The Impact of the current housing and husbandry systems on the health and welfare of farmed domestic rabbits“, (75 x 35 : 2), S. 12: „A rabbit towards the end of the growing period e. g. 2-3 kg, in order to perform a hop and to lie out needs 75-80 cm length, to turn round a width of 25 cm. So for 2 or more rabbits, increasing width (e. g. to 35-40 cm) will be required as each animal should be able to lie stretched out at the same time“.
EFSA 2005, Scientific Opinion of the Scientific Panel on Animal Health and Welfare on „The Impact of the current housing and husbandry systems on the health and welfare of farmed domestic rabbits“, S. 12: „…in order to perform a hop (…) 75-80 cm length“.

949 So auch das Vorbringen der Antragstellerin in dem Normenkontrollverfahren, vgl. *BVerfG*, Urteil vom 6. Juli 1999, Az.: 2 BvF 3/90, BVerfGE 101, S. 1 ff., S. 15.

tieren]".[950] Unter den geplanten Maßnahmen[951] findet sich jedoch keine, die eine spezifische EU-Maßnahme in Bezug auf Kaninchen und deren Haltung zur Folge hat.

Auf internationaler Ebene befasste sich 2008 der Ständige Ausschuss des ETÜ auf einer Sitzung mit Empfehlungen betreffend die Haltung von Kaninchen, auf der keine Einigung das gebotene Tierschutzniveau betreffend erzielt werden konnte. In der Stellungnahme der Bundesregierung vom 7. April 2009[952] zu der Entschließung des Bundesrates zum Tierschutz bei der Haltung von Kaninchen zu Erwerbszwecken wurde es als unwahrscheinlich erachtet, dass im Rahmen des Ständigen Ausschusses zum ETÜ eine aus deutscher Sicht tragfähige Lösung erarbeitet werden wird.[953]

bb) Art. 13 AEUV und EU-Nutztierhaltungsrichtlinie

Somit gibt es auf supranationaler Ebene (noch) keine speziell die Haltung von Kaninchen betreffenden Vorgaben, die der Verordnungsgeber beachten muss. Jedoch sind auch hier die allgemeinen Wertungen im Primärrecht zu beachten, die sich auch bei der Schaffung nationalen Rechts fortsetzen müssen: Nach Art. 13 AEUV erkennt die Europäische Union Tiere als fühlende Wesen an und bestimmt, dass bei der Festlegung und Durchführung der Politik der EU die Union und die Mitgliedstaaten den Erfordernissen des Wohlergehens der Tiere in vollem Umfang Rechnung tragen. Ziel des Art. 13 AEUV ist es, eine Verbesserung des Tierschutzes und eine Erhöhung des Tierschutzniveaus in der gesamten EU zu erreichen.[954] Bei Art. 13 AEUV hervorzuheben ist insbesondere die „systematische Stellung,

---

950 Mitteilung der Kommission an das Europäische Parlament, den Rat und den Europäischen Wirtschafts- und Sozialausschuss über die Strategie der Europäischen Union für den Schutz und das Wohlergehen von Tieren 2012-2015 vom 15. Februar 2012, S. 6.

951 Mitteilung der Kommission an das Europäische Parlament, den Rat und den Europäischen Wirtschafts- und Sozialausschuss über die Strategie der Europäischen Union für den Schutz und das Wohlergehen von Tieren 2012-2015 vom 15. Februar 2012, S. 14 (Anhang).

952 BR zu Drs. 115/09.

953 BR zu Drs. 115/09, S. 1.

954 *Maisack*, Was tut sich in Sachen „Nutztierschutz" auf EU-Ebene?, Vortrag im Rahmen der Nutztierschutztagung Raumberg-Gumpenstein 2012, abrufbar unter http://www.raumberg-gumpenstein.at/cm4/de/forschung/publikationen/downloadsveranstaltungen/viewdownload/556-nutztierschutztagung-2012/4983-was-tut-sich-in-sachen-nutztierschutz-auf-eu-ebene.html, S. 1.

die der Tierschutz mit der Aufnahme in die Reihe „vor die Klammer gezogener“ Querschnittsklauseln erlangt. Hier kommt ein politischer Bedeutungsgewinn zum Ausdruck, der sich auch rechtlich Ausdruck verschafft.“[955] Aus einem Vergleich mit anderen Querschnittsklauseln und aus der systematischen Stellung kann in Art. 13 AEUV ein Rechtsgebot im Sinne eines Handlungsauftrages an die Union und die Mitgliedstaaten gesehen werden; hierdurch erlangen Tierschutzbelange zwar keinen absoluten Vorrang, müssen aber im Wege praktischer Konkordanz mit kollidierenden Belangen in ein ausgeglichenes Verhältnis gebracht werden.[956]

Dies hat zur Folge, dass bei jeder Verordnung, Richtlinie und Entscheidung auf unionaler Ebene [Anm. d. Verf.: aber auch auf nationaler Ebene, da sich auch die Mitgliedstaaten zur Berücksichtigung des Tierschutzes verpflichtet haben] geprüft werden muss, welche Auswirkungen diese auf Gesundheit und Wohlergehen von Tieren voraussichtlich haben wird, und zwar auch dann, wenn das Ziel der Verordnung oder der Richtlinie auf einem anderen Gebiet als dem des Tierschutzes liegt.[957] Auch hierzu ist außerjuristisches Wissen in Form von aktuellen wissenschaftlichen Erkenntnissen über das arttypische Verhalten der betreffenden Tierart vollständig in die Prüfung einzustellen.[958] Sollten tierliche Interessen mit gegenläufigen Nutzerinteressen kollidieren, muss im Rahmen einer Abwägung dieser Konflikt im Rahmen der praktischen Konkordanz gelöst werden; die durch Grundrechte geschützten Nutzerinteressen haben auch hier nicht per se Vorrang.[959]

---

955 *Callies/Ruffert*, EUV/AEUV Kommentar, Art. 13 Rn. 1.

956 *Callies/Ruffert*, EUV/AEUV Kommentar, Art. 13 Rn. 7.

957 *Maisack*, Was tut sich in Sachen „Nutztierschutz“ auf EU-Ebene?, Vortrag im Rahmen der Nutztierschutztagung Raumberg-Gumpenstein 2012, abrufbar unter http://www.raumberg-gumpenstein.at/cm4/de/forschung/publikationen/downloadsveranstaltungen/viewdownload/556-nutztierschutztagung-2012/4983-was-tut-sich-in-sachen-nutztierschutz-auf-eu-ebene.html, S. 7.

958 *Maisack*, Was tut sich in Sachen „Nutztierschutz“ auf EU-Ebene?, Vortrag im Rahmen der Nutztierschutztagung Raumberg-Gumpenstein 2012, abrufbar unter http://www.raumberg-gumpenstein.at/cm4/de/forschung/publikationen/downloadsveranstaltungen/viewdownload/556-nutztierschutztagung-2012/4983-was-tut-sich-in-sachen-nutztierschutz-auf-eu-ebene.html, S. 7.

959 *Maisack*, Was tut sich in Sachen „Nutztierschutz“ auf EU-Ebene?, Vortrag im Rahmen der Nutztierschutztagung Raumberg-Gumpenstein 2012, abrufbar unter http://www.raumberg-gumpenstein.at/cm4/de/forschung/publikationen/downloadsveranstaltungen/viewdownload/556-nutztierschutztagung-2012/4983-was-tut-sich-in-sachen-nutztierschutz-auf-eu-ebene.html, S. 7.

Im Ergebnis muss sich das von Art. 13 AEUV gewollte hohe Tierschutzniveau über Richtlinien – im Fall der TierSchNutztV sind dies die EU-Nutztierhaltungsrichtlinie,[960] die EU-Kälberhaltungsrichtlinie,[961] die EU-Legehennenhaltungsrichtlinie,[962] die EU-Schweinehaltungsrichtlinie[963] und die EU-Masthühnerhaltungsrichtlinie[964] – bis hin in die nationale Verordnungsgebung der TierSchNutztV, die die o. g. Richtlinien umsetzt, hindurchziehen, da der unionale Richtlinien- und Verordnungsgeber den Tierschutz bei dem Erlass von Richtlinien und Verordnungen beachten muss, der nationale Gesetz- bzw. Verordnungsgeber seinerseits die Wertungen und Ziele aus den Richtlinien, die in nationales Recht umgesetzt werden sollen.

Speziell für Kaninchen existiert keine Richtlinie, jedoch kann hier auf die (allgemeinen) Inhalte der EU-Nutztierhaltungsrichtlinie zurückgegriffen werden. Da auch die EU Vertragspartei des ETÜ ist, setzt die EU die Grundsätze des ETÜ mit der EU-Nutztierhaltungsrichtlinie um,[965] muss sich dabei aber auch an die Inhalte und Zwecke des Art 13 AEUV halten. In Art. 3 der Richtlinie wird festgelegt, dass die Mitgliedstaaten Vorkehrungen dahingehend treffen, „daß der Eigentümer oder Halter alle geeigneten Maßnahmen trifft, um das Wohlergehen seiner Tiere zu gewährleisten und um sicherzustellen, dass den Tieren keine unnötigen Schmerzen, Leiden oder Schäden zugefügt werden." Nach Art. 4 der Richtlinie tragen die Mitgliedstaaten dafür Sorge, „daß die Bedingungen, unter denen die Tiere (…) gehalten werden, den Bestimmungen des Anhangs genügen, wobei die Tierart, der Grad ihrer Entwicklung, die Anpassung und Domestikation

960 Richtlinie 98/58/EG des Rates vom 20. Juli 1998 über den Schutz landwirtschaftlicher Nutztiere (ABl. EG Nr. L 221 S. 23), geändert durch die Verordnung (EG) Nr. 806/2003 des Rates vom 14. April 2003 (ABl. EU Nr. L 122 S. 1).

961 Richtlinie 91/629/EWG des Rates vom 19. November 1991 über Mindestanforderungen für den Schutz von Kälbern (Abl. EU Nr. L 340 S. 28), zuletzt geändert durch die Verordnung (EG) Nr. 806/2003 des Rates vom 14. April 2003 (ABl. EU Nr. L 122 S. 1).

962 Richtlinie 1999/47/EG des Rates vom 19. Juli 1999 zur Festlegung von Mindestanforderungen zum Schutz von Legehennen (ABl. EG Nr. L 203 S. 53), geändert durch Verordnung (EG) Nr. 806/2003 des Rates vom 14. April 2003 (ABl. EU Nr. L 122 S. 1).

963 Richtlinie 91/630/EWG des Rates vom 19. November 1991 über Mindestanforderungen für den Schutz von Schweinen (ABl. EG Nr. L 340 S. 33), geändert durch Verordnung (EG) Nr. 806/2003 des Rates vom 14. April 2003 (ABl. EU Nr. L 122 S. 1).

964 Richtlinie 2007/43/EG des Rates vom 28. Juni 2007 mit Mindestvorschriften zum Schutz von Masthühnern (ABl. L 182 vom 12.7.2007, S. 19).

965 Vgl. ABl. EU Nr. L 221 S. 23.

sowie ihre physiologischen und ethologischen Bedürfnisse entsprechend praktischen Erfahrungen und wissenschaftlichen Erkenntnissen zu berücksichtigen sind."

Auch der Anhang Nr. 7 zur EU-Nutztierhaltungsrichtlinie geht – wie das ETÜ – speziell auf die Bewegungsfreiheit ein und legt fest, dass „die der praktischen Erfahrung und wissenschaftlichen Erkenntnissen nach artgerechte Bewegungsfreiheit eines Tieres (..) nicht so eingeschränkt werden [darf], daß dem Tier unnötige Leiden oder Schäden zugefügt werden. Ist ein Tier ständig oder regelmäßig angebunden oder angekettet, oder befindet es sich ständig oder regelmäßig in Haltungssystemen, so muß es über einen Platz verfügen, der der praktischen Erfahrung und wissenschaftlichen Erkenntnissen nach seinen physiologischen und ethologischen Bedürfnissen angemessen ist." Anhang 7 Punkt 1 und 2 der EU-Nutztierhaltungsrichtlinie stellen eine zutreffende Konkretisierung des Handlungsauftrages des Art. 13 AEUV dar.[966] Die Wertung des Art. 13 AEUV ist folglich aus dem Primärrecht in das Sekundärrecht – konkret in die EU-Nutztierhaltungsrichtlinie – übernommen worden. Spezielle Richtlinien Kaninchen betreffend gibt es nicht. In anderen speziell auf eine Tierart Bezug nehmende Richtlinien wie die EU-Schweinehaltungsrichtlinie und die EU-Masthühnerhaltungsrichtlinie sind die Wertungen und Handlungsaufträge des Art. 13 AEUV nicht eingeflossen; sie werden zutreffend für nichtig wegen eines Verstoßes gegen das Primärrecht – Art. 13 AEUV – gehalten.[967]

Da die TierSchNutztV u. a. die Vorgaben der EU-Nutztierhaltungsrichtlinie umsetzt, die Mindestnormen für den Schutz landwirtschaftlicher Tiere festlegt,[968] müssen auch die Vorschriften der §§ 31-37 TierSchNutztV die Wertungen des Art. 13 AEUV widerspiegeln, die die EU-Nutztierhaltungsrichtlinie an den deutschen Verordnungsgeber weitergibt. Aus o. g. Gründen sind die Vorschriften über die Anforderungen an das Halten von Kaninchen nicht mehr mit diesen Wertungen konform und verstoßen daher

---

966 So auch *Maisack*, Was tut sich in Sachen „Nutztierschutz" auf EU-Ebene?, Vortrag im Rahmen der Nutztierschutztagung Raumberg-Gumpenstein 2012, abrufbar unter http://www.raumberg-gumpenstein.at/cm4/de/forschung/publikationen/downloadsveranstaltungen/viewdownload/556-nutztierschutztagung-2012/4983-was-tut-sich-in-sachen-nutztierschutz-auf-eu-ebene.html, S. 5.

967 So *Maisack*, Was tut sich in Sachen „Nutztierschutz" auf EU-Ebene?, Vortrag im Rahmen der Nutztierschutztagung Raumberg-Gumpenstein 2012, abrufbar unter http://www.raumberg-gumpenstein.at/cm4/de/forschung/publikationen/downloadsveranstaltungen/viewdownload/556-nutztierschutztagung-2012/4983-was-tut-sich-in-sachen-nutztierschutz-auf-eu-ebene.html.

968 Vgl. Art. 1 Abs. 1 EU-Nutztierhaltungsrichtlinie.

gegen die EU-Nutztierhaltungsrichtlinie und im Ergebnis daher auch gegen primäres Unionsrecht. Die Vorschriften legen niedrigere Maßstäbe als die durch die EU-Nutztierhaltungsrichtlinie festgelegten Mindestnormen fest, da wie oben bereits besprochen die in den zugelassenen Haltungssystemen gehaltenen Kaninchen nicht über den nach praktischen Erfahrungen und wissenschaftlichen Erkenntnissen über seine physiologischen und ethologischen Bedürfnisse angemessenen Platz verfügen. Wiederum hängt dies damit zusammen, dass die physiologischen und ethologischen Bedürfnisse nicht korrekt ermittelt wurden und damit keine ordnungsgemäße Abwägung erfolgen konnte.

Verbindliche Vorgaben des europäischen Tierschutzrechts gibt es im Ergebnis für die Haltung von Kaninchen auf supranationaler Ebene in Form der EU-Nutztierhaltungsrichtlinie, in der auch der Handlungsauftrag aus Art. 13 AEUV zum Ausdruck kommt, die mit der TierSchNutztV ins nationale Recht umgesetzt wurde, und auf internationaler Ebene mit den Allgemeinen Vorschriften des ETÜ.

e) Verstoß gegen deutsches (Verfassungs)recht

Die §§ 31-37 TierSchNutztV verstoßen auch gegen deutsches Verfassungsrecht, namentlich gegen Art. 20a GG sowie gegen das Verordnungsermessen, welches im Rahmen der Vorgaben des Art. 80 Abs. 1 Satz 2 GG ausgeübt werden muss.

aa) Art. 20a GG – Staatsziel Tierschutz

Mit dem im Jahr 2002 eingeführten Staatsziel Tierschutz ist es nun auch möglich, dass Grundrechte der Tierhalter (auch die schrankenlos gewährleisteten) durch Belange des ethischen Tierschutzes eingeschränkt werden. Zwischen Grundrechten der Tierhalter und den Belangen des Tierschutzes muss seither ein Ausgleich im Wege der praktischen Konkordanz hergestellt werden, die das Bundesverfassungsgericht so definiert: „Dabei auftretende Konflikte lassen sich nur lösen, indem ermittelt wird, welche Verfassungsbestimmung für die konkret zu entscheidende Frage das höhere Gewicht hat. Die schwächere Norm darf nur so weit zurückgedrängt werden, wie das logisch und systematisch zwingend erscheint; ihr sachlicher Grundwertgehalt muss in jedem Fall respektiert werden."[969]

Zwar bietet das seit 2002 in Art. 20a GG niedergelegte Staatsziel Tierschutz keinen subjektiven Anspruch des Einzelnen, jedoch enthält es eine objektive Verpflichtung des Staates, bei der Staatstätigkeit fortdauernd bestimmte Aufgaben – die Belange eines ethischen Tierschutzes – zu beachten oder zu erfüllen.[970] Es ist verbindliche „Richtlinie"[971] oder „Direktive"[972] für jedes staatliche Handeln aller drei Gewalten und somit auch bei der Verordnungsgebung durch die Exekutive zu beachten. Diese Beachtung darf nicht von der Bereitschaft der jeweiligen Gesetzgeber, Behörden und Gerichte abhängen, die Verfassungsvorgaben in die Rechtsanwendung und –auslegung einfließen lassen, was aber in der Rechtstatsächlichkeit genau so ist.[973]

Die amtliche Begründung nennt ausdrücklich drei „Gewährleistungselemente",[974] den Schutz der Tiere vor nicht artgemäßer Haltung, vermeidbaren Leiden oder Schäden sowie der Zerstörung ihrer Lebensräume.[975] Im Bereich der Nutztierhaltung sind die ersten beiden genannten Gewährleistungselemente einschlägig, der Schutz der Tiere vor nicht artgemäßer Haltung und, daraus resultierend, der Schutz der Tiere vor vermeidbaren Leiden oder Schäden.

Zwar bleibt dem Staat angesichts der großen Unbestimmtheit des in Art. 20a GG formulierten Ziels ein weiter Gestaltungsspielraum zur Verwirklichung des Staatsziels Tierschutz.[976] Jedoch könnte eine „völlig unzulängliche Tierschutzgesetzgebung, [Anm. d. Verf.: die auch die Verord-

---

969 *BVerfG*, Beschluss vom 26. Mai 1970, Az.: 1 BvR 83, 244 und 345/69, BVerfGE 28, S. 243 ff., S. 261.

970 Vgl. *Murswiek* in *Sachs*, Grundgesetz Kommentar, Art. 20a Rn. 12 f.; *Schulze-Fielitz* in *Dreier*, Grundgesetz Kommentar, Art. 20a Rn. 24 f.; *Jarass/Pieroth*, Grundgesetz Kommentar, Art. 20a, Rn. 1 f.; *Epiney* in *v. Mangoldt/Klein/Starck*, Kommentar zum Grundgesetz, Art. 20a, Rn. 33 ff.

971 *Murswiek* in *Sachs*, Grundgesetz Kommentar, Art. 20a Rn. 13.

972 *Murswiek* in *Sachs*, Grundgesetz Kommentar, Art. 20a Rn. 13.

973 Vgl. *Peters*, Vom Tierschutzrecht zu Legal Animal Studies: Forschungsdesiderate und -perspektiven, Rechtswissenschaft 2016, S. 325 ff., S. 328.

974 Vgl. *Hirt/Maisack/Moritz*, Tierschutzgesetz Kommentar, Art. 20a Rn. 6.

975 Amtliche Begründung zum Entwurf eines Gesetzes zur Änderung des Grundgesetzes (Staatsziel Tierschutz), BT-Drs. 14/8860 S. 3.

976 *Murswiek* in *Sachs*, Grundgesetz Kommentar, Art. 20a Rn. 17; vgl. auch *Rossi*, Föderale Regelungsbefugnisse für Verbandsklagerechte im Tierschutzrecht, NuR 2016, S. 733 ff., S. 734; für das Sozialstaatsprinzip *BVerfG*, Beschluss vom 27. April 1999, Az.: 1 BvR 2203/93, 897/95, BVerfGE 100, S. 271 ff. S. 284.

nungsgebung als materielles Gesetz einschließt,] verfassungsrechtlich beanstandet werden".[977]

Im Folgenden soll dargestellt werden, warum die Vorschriften der TierSchNutztV über das Halten von Kaninchen eine solche, völlig unzulängliche Tierschutzgesetzgebung ist. Hierzu werden die besonderen Auswirkungen des Staatsziels Tierschutz auf die Verordnungsgebung dargestellt und erläutert, warum den Geboten und Pflichten, die sich aus diesen Auswirkungen ergeben, nicht genügend nachgekommen wurde.

(1.) Verschlechterungshindernis

„Eine Staatszielbestimmung, mit der eine Verbesserung der vorgefundenen Ausgangslage angestrebt wird, wirkt wie ein grundsätzliches Verschlechterungshindernis."[978] Gemäß der amtlichen Begründung des Verfassungsgebers zur Einfügung des Staatsziels Tierschutz in das Grundgesetz war „Der Schutz des Tieres als Lebewesen (..) in der Rechtsordnung der Bundesrepublik Deutschland noch immer unzulänglich. (...) Diese Regelungslücke gilt es daher zu schließen und durch die ausdrückliche Verankerung des Tierschutzes in der Verfassung die Verwirklichung eines wirksamen Tierschutzes zu verbessern."[979]

Juristische Ausgangslage im Jahr 2002 war das Vorliegen der Tierhaltergrundnorm des § 2 TierSchG, welche den Tierhalter in Nr. 1 verpflichtet, das Tier seiner Art und seinen Bedürfnissen entsprechend angemessen zu ernähren, pflegen und verhaltensgerecht unterzubringen sowie in Nr. 2 den Halter verpflichtet, die Möglichkeit des Tieres zu artgemäßer Bewegung nicht so einzuschränken, dass ihm Schmerzen oder vermeidbare Leiden oder Schäden zugefügt werden. Auch die allgemeinen Vorschriften des Europäischen Übereinkommens zum Schutz von Tieren in landwirtschaftlichen Tierhaltungen (ETÜ) entfalteten 2002 Geltung. Das ETÜ ist hinsichtlich der Allgemeinen Vorschriften auch auf die gewerbliche Haltung von Kaninchen anwendbar, da diese Tiere in Intensivhaltungssystemen i. S. v. Art. 1 ETÜ[980] sind. Gemäß Art. 3 des ETÜ muss jedes Tier unter Be-

977 *Murswiek* in *Sachs*, Grundgesetz Kommentar, Art. 20a Rn. 51b.

978 *Hirt/Maisack/Moritz*, Tierschutzgesetz Kommentar, Art. 20a GG Rn. 21; vgl. auch *Schulze-Fielitz* in *Dreier*, Grundgesetz Kommentar, Art. 20a GG Rn. 71.

979 Entwurf eines Gesetzes zur Änderung des Grundgesetzes (Staatsziel Tierschutz), BT-Drs. 14/8860, S. 1.

980 Art. 1 ETÜ: *Dieses Übereinkommen bezieht sich auf die Zucht, Haltung, Pflege und Unterbringung von Tieren, insbesondere von Tieren in Intensivhaltungssystemen. „Tie-*

rücksichtigung seiner Art und seiner Entwicklungs-, Anpassungs- und Domestikationsstufe entsprechend seinen physiologischen und ethologischen Bedürfnissen nach feststehenden Erfahrungen und wissenschaftlichen Erkenntnissen untergebracht, ernährt und gepflegt werden. Ähnlich wie § 2 Nr. 2 TierSchG statuiert Art. 4 ETÜ: „(1): Das artgemäße und durch feststehende Erfahrungen und wissenschaftliche Erkenntnisse belegte Bewegungsbedürfnis eines Tieres darf nicht so eingeschränkt werden, daß dem Tier vermeidbare Leiden oder Schäden zugefügt werden." Zusätzlich findet sich ein Absatz 2, der vorgibt: „Ist ein Tier dauernd (...) eingesperrt, so ist ihm der seinen physiologischen und ethologischen Bedürfnissen gemäße und den feststehenden Erfahrungen und wissenschaftlichen Erkenntnissen entsprechende Raum zu gewähren."

Speziellere Vorschriften über das Halten von Kaninchen gab es im Jahr 2002 nicht.

Mit den neuen Vorschriften über das Halten von Kaninchen ist ein Verstoß gegen § 1, 2 TierSchG erfolgt wie auch ein Verstoß gegen vorrangiges europäisches Tierschutzrecht (s. o.). Die Vorschriften „verbösern" die Inhalte der zu beachtenden höherrangigen Normen und stellen damit eine Verschlechterung dar, die es zu vermeiden gilt. Da das grundsätzliche Verschlechterungshindernis hier nicht beachtet wurde, stellt sich die Frage, ob die Verschlechterung ausnahmsweise zulässig war. Um dies beurteilen zu können, müsste bereits bei Schaffung der Vorschriften das entscheidungserhebliche Wissen, welches in die Abwägung eingestellt werden muss, vollständig ermittelt werden. Dies ist, wie bereits oben gezeigt, nicht erfolgt. Weiter wurden Abwägungsvorgänge und Wissensgenerierung vermischt, was ebenfalls nicht zulässig ist. Selbst wenn man davon ausgeht, dass eine Verschlechterung des Tierschutzniveaus möglich ist, so ist jedenfalls zwingende Voraussetzung, dass abwägungsrelevante Belange vollständig ermittelt werden und in einer Abwägung, die zeitlich nach der Wissensgenerierung zu erfolgen hat, berücksichtigt werden. Eine Verschlechterung ohne eine ordnungsgemäße Abwägung der entgegenstehenden Belange ist ein Verstoß gegen das Verschlechterungshindernis.

---

re" im Sinne dieses Übereinkommens sind Tiere, die zur Erzeugung von Nahrungsmitteln, Wolle, Häuten oder Fellen oder zu anderen landwirtschaftlichen Zwecken gezüchtet oder gehalten werden, einschließlich der Tiere, die das Ergebnis genetischer Veränderungen oder neuartiger genetischer Kombinationen sind. „Intensivhaltungssysteme" sind Tierhaltungsmethoden, bei denen Tiere in solcher Zahl, auf solch engem Raum, unter solchen Bedingungen oder auf solchem Produktionsniveau gehalten werden, daß ihre Gesundheit und ihr Wohlbefinden von häufigen Kontrollen durch den Menschen abhängen.

Dies gilt auch ohne das vorherige Vorliegen von speziell auf die Kaninchenhaltung anwendbarer Vorschriften, da man bereits mit Hilfe außerjuristischen Fachwissens ermitteln kann, was für die Tierart „Kaninchen" *artgemäß* und *verhaltensgerecht* ist und daher bereits die Kaninchenhaltung alleine mit § 2 TierSchG ordnungsgemäß regulieren konnte.

(2.) Nachbesserungspflicht

Weiter wird aus Art. 20a GG eine staatliche Nachbesserungspflicht abgeleitet, die darauf gerichtet ist, den gesetzlichen Tierschutz stets dem neuesten Stand der wissenschaftlichen Erkenntnisse, insbesondere im Hinblick auf ethologische und ethische Anforderungen, anzupassen.[981]

Auch diese Pflicht verletzt der Verordnungsgeber. Denn bereits Jahre vor der Schaffung der Vorschriften zur Kaninchenhaltung lagen bereits ausreichend wissenschaftliche Belege über die vergleichende Haltung von Kaninchen in unterschiedlichen Haltungssystemen vor und die tierschutzrelevanten Probleme, die damit einhergehen.[982] Diese wissenschaftlichen Belege, mit denen bewiesen werden kann, dass die Haltungssysteme, welche die TierSchNutztV erlaubt, tierschutzwidrig sind, wurden jedoch ignoriert. Stattdessen wurde eigens o. g. Studie von Hoy/Wagner als Wissensbasis in Auftrag gegeben und den neuen Vorschriften zugrunde gelegt, die aber

981 *Schulze-Fielitz* in *Dreier*, Grundgesetz Kommentar, Art. 20a Rn. 72; *Hirt/Maisack/Moritz*, Tierschutzgesetz Kommentar, Art. 20a GG Rn. 20; *Caspar/Geissen*, Das neue Staatsziel „Tierschutz" in Art. 20a GG, NVwZ 2002, S. 913 ff., S. 914; *Unruh*, Tierschutz mit Verfassungsrang – Auswirkungen auf Gesetzgebung, Vollzug und Gerichtsbarkeit, DtW 2003, S. 183 ff., S. 184.

982 Vgl. für viele nur *Brummer*, Trichophagie – eine Verhaltensstörung bei Kaninchen, DtW 1975, S. 350 f.; *Tawfik/Rahmann/Schneider/Sheikh-Berthold*, Bodenhaltung von Kaninchen, Untersuchungsergebnisse, 1994; *Loeffler, Drescher, Schulze*, Einfluß unterschiedlicher Haltungsverfahren auf das Verhalten von Versuchs- und Fleischkaninchen, TU 1991, S. 471 ff.; *Lehmann/Wieser*, Indikatoren für mangelnde Tiergerechtheit sowie Verhaltensstörungen bei Hauskaninchen, KTBL-Schrift 1984, S. 96 ff.; *Drescher*, Zusammenfassende Betrachtung über den Einfluß unterschiedlicher Haltungsverfahren auf die Fitness von Versuchs- und Fleischkaninchen – untersucht am Verhalten, dem Skelettsystem und den Nebennieren – mit einem Beitrag zur Pododermatitis ulcerosa des Kaninchens, TU 1993, S. 72 ff.; *Selzer*, Vergleichende Untersuchungen zum Verhalten von Wild- und Hauskaninchen unter verschiedenen Haltungsbedingungen, Diss. Biol. 2000.

nicht die Vorgehensweise erfüllt, die von den Gesetzesmaterialien gefordert wird, s. o.

Studien, die unter der vom Gesetzgeber gewollten Vorgehensweise zustande gekommen sind, d. h. vergleichende Studien, die Gruppen von Kaninchen in Freilandhaltung untersucht haben und deren arttypisches Verhalten ermittelt haben, lagen bereits zu dieser Zeit lange vor.[983] Dieses Wissen hätte man zur Erstellung der §§ 31-37 TierSchNutztV heranziehen können und die Zustände in der Kaninchenhaltungspraxis durch Einfügung von Vorschriften, die dem höherrangigen Recht entsprechen, verbessern müssen, um so der Nachbesserungspflicht nachzukommen.

(3.) Unterlassungspflichten

Weiter bestehen staatliche Unterlassungspflichten, die zwar nicht bedeuten, dass Tiertötungen, Schlachtungen usw. ausgeschlossen werden müssen, jedoch das Gebot der Rücksichtnahme und Alternativenprüfung zur Folge haben.[984] „Bei jedem Gesetz und jeder Verordnung müssen potenzielle Auswirkungen auf die staatszielgeschützten Belange (also auf die artgemäße Haltung von Tieren bzw. die Vermeidung von Schmerzen, Leiden, Ängsten und Schäden und die Erhaltung vorhandener Lebensräume) in einer Art Tierschutzverträglichkeitsprüfung vollständig und zutreffend ermittelt werden (u. a. nach Art, Schweregrad und Wahrscheinlichkeit). Sind negative Auswirkungen für einen dieser Belange zu befürchten, so muss nach tierschonenden Alternativen gesucht werden, d. h. nach Wegen, auf denen sich das angestrebte Ziel auch ohne diese Nachteile erreichen lässt."[985]

983 *Lehmann/Wieser*, Indikatoren für mangelnde Tiergerechtheit sowie Verhaltensstörungen bei Hauskaninchen, KTBL-Schrift 1984, S. 96 ff.; *Kraft*, Vergleichende Verhaltensstudien an Wild- und Hauskaninchen, 1976; *Selzer*, Vergleichende Untersuchungen zum Verhalten von Wild- und Hauskaninchen unter verschiedenen Haltungsbedingungen, 2000; *Lincke*, Das Wildkaninchen, Neudamm 1943; *Leicht*, Tiere der offenen Kulturlandschaft, Heidelberg 1979; *Boback*, Das Wildkaninchen, Wittenberg Lutherstadt 1970.

984 Vgl. *Schulze-Fielitz* in *Dreier*, Grundgesetz Kommentar, Art. 20a Rn. 58; *von Loeper* in *Kluge*, Tierschutzgesetz Kommentar, Einführung Rn. 104a.

985 *Hirt/Maisack/Moritz*, Tierschutzgesetz Kommentar, 2. Auflage 2007, Art. 20a Rn. 15.

Der Staat muss im Ergebnis Regelungen in Gesetzen und Verordnungen unterlassen, die den Weg zur Tierquälerei oder zu nicht artgerechten Haltungsformen erleichtern.[986]

In der Studie, die den Regelungen zum Halten von Kaninchen der TierSchNutztV zugrunde liegt, wurden keine echten Alternativen für eine Kaninchenhaltung geprüft, es wurden lediglich unterschiedliche Besatzdichten und um wenige cm^2 verschieden große Käfige miteinander verglichen. Hier hätte eine echte Alternativenprüfung (z. B. Freiland-, Boden- oder eine kombinierte Bodenhaltung mit Auslauf) erfolgen müssen mit den bereits oben geforderten Annäherungen an eine natürliche Umgebung, die arttypisches Verhalten zulässt, um der Verpflichtung aus § 2 Nr. 1 TierSchG nachzukommen, die Tiere verhaltensgerecht unterzubringen.

Die ergangenen §§ 31-37 TierSchNutztV hätte der Verordnungsgeber gerade unterlassen müssen, da sie eine Erleichterung für die betroffenen Kaninchenhalter darstellen, tierschutzwidrig zu handeln, ja tierschutzwidrige und sogar strafbare Handlungen (vermeintlich) legalisieren.

(4.) Schutzpflichten

Auch staatliche Schutzpflichten sind mit der Aufnahme des Tierschutzes in die Verfassung entstanden.[987] Der Staat muss neben der Unterlassung tierschädigenden Verhaltens auch positiv die Tiere schützen, worauf schon der Wortlaut des Art. 20a GG hinweist. Der Staat muss also Maßnahmen zum Schutz der Tiere ergreifen. Diese müssen jedoch auch geeignet dazu sein, den Schutz der Tiere zu gewährleisten. Für die Verwirklichung des Tierschutzes bzw. der Gewährleistung einer artgemäßen Haltung völlig ungeeignete Vorschriften können die Schutzpflichten nicht ordnungsgemäß ausfüllen. Mit den §§ 31-37 TierSchNutztV sind jedoch Vorschriften entstanden, die nicht geeignet sind, den verfassungslegitimen Zweck, den Tierschutz, zu fördern.

---

986 *Hirt/Maisack/Moritz*, Tierschutzgesetz Kommentar, Art. 20a Rn. 17.

987 Vgl. *Schulze-Fielitz* in *Dreier*, Grundgesetz Kommentar, Art. 20a Rn. 59; *Murswiek* in *Sachs*, Grundgesetz, Art. 20a Rn. 33; *Hirt/Maisack/Moritz*, Tierschutzgesetz Kommentar, 2. Auflage 2007, Art. 20a Rn. 16.

(5.) Optimierungsgebot

Das aus Art. 20a GG hergeleitete Optimierungsgebot[988] soll den Tierschutz fördern. Der status quo soll nicht nur beibehalten werden, sondern es besteht die staatliche „Verpflichtung, ein hohes Tierschutzniveau zu etablieren".[989] Auch dieses Gebot wurde mit den verbösernden Vorschriften missachtet.

(6.) Effektivitätsgebot

Zur Verwirklichung des Schutzauftrages muss mit gesetzlichen Ge- und Verboten sowie mit effektiven Eingriffsbefugnissen ein rechtliches Instrumentarium geschaffen werden, das auch in der Praxis der Exekutive bei der Ausführung des Tierschutzgesetzes die Möglichkeit gibt, ihre aus Art. 20a GG folgenden Pflichten zu erfüllen.[990] Voraussetzung für effektive Eingriffsmöglichkeiten sind u. a. (tierschutzgerechte) Konkretisierungen der unbestimmten Rechtsbegriffe in rechtlich verbindlicher Form, mithin optimalerweise in Gesetz oder Rechtsverordnung.

(7.) Staatliche Gewährleistungsverantwortung

Auch hat der Staat mit dem Staatsziel Tierschutz eine nun ihm obliegende Gewährleistungsverantwortung, die er nicht aus der Hand geben darf.[991] Dies gilt nicht nur für die Erstellung von Rechtsvorschriften, sondern bereits vorgelagert für die Interessenabwägung zwischen tierlichen und menschlichen Nutzungsinteressen. Diese Abwägung muss – nachdem eine (korrekte und vollständige!) Ermittlung der beiderseitigen abwägungsrelevanten Interessen auf externe Wissenschaftler und Sachverständige ausgelagert werden darf – durch den Staat erfolgen und darf nicht, wie hier geschehen, durch einseitig interessengeprägte Stellen erfolgen.

---

988 Vgl. *Hirt/Maisack/Moritz*, Tierschutzgesetz Kommentar, Art. 20a GG Rn. 19.
989 *Unruh*, Tierschutz mit Verfassungsrang – Auswirkungen auf Gesetzgebung, Vollzug und Gerichtsbarkeit, DtW 2003, S. 183 ff., S. 185.
990 Vgl. *Hirt/Maisack/Moritz*, Tierschutzgesetz Kommentar, Art. 20a GG Rn. 23.
991 Vgl. *Hirt/Maisack/Moritz*, Tierschutzgesetz Kommentar, Art. 20a GG Rn. 24.

(8.) Nationale Schutzverstärkungsklausel

Weiter dient das Staatsziel Tierschutz als nationale Schutzverstärkungsklausel.[992] Bei der Implementierung von gemeinschaftsrechtlichen (Mindest)Vorgaben in nationales Recht steht den Mitgliedstaaten, so auch Deutschland, der Weg eines „opting ups" ausdrücklich frei.[993]

Dass diese Möglichkeit nicht ergriffen wird, stellt jedoch keinen Verstoß gegen Art. 20a GG dar.

(9.) Leitlinien für Abwägungsvorgänge

Auch stellt das Staatsziel Tierschutz eine Direktive für Abwägungsvorgänge dar. Bei diesen muss, vorgelagert der eigentlichen Abwägung, zunächst das Abwägungsmaterial vollständig und richtig ermittelt werden. Ein Fehler in der Ermittlung des Abwägungsmaterials kann sich im Ergebnis einer Abwägung niederschlagen, wenn die Abwägung mit der Einstellung aller (vollständig und richtig ermittelten) Belange möglicherweise anders ausgegangen wäre. Die richtige und vollständige Ermittlung aller Abwägungsbelange ist essentiell und wird, nicht nur im Tierschutzrecht, immer wieder betont.[994] In Anlehnung an die Abwägungskaskade des Baurechts sind auch im Tierschutzrecht alle abwägungserheblichen Belange zunächst vollständig und richtig zu ermitteln, bevor die Belange gewichtet und im Abwägungsvorgang i. e. S. gegeneinander ins Verhältnis und in einen Ausgleich zueinander gebracht werden. Fehler in der Ermittlung, Gewichtung und in der Abwägung selbst müssen im Baurecht wie auch im Tierschutzrecht genügend beachtet werden. Bislang ist das im Rahmen des Tierschutzes noch nicht der Fall trotz der verfassungsrechtlichen Komponente, die von widerstreitenden verfassungsrechtlich geschützten Positionen auf beiden Seiten eingebracht wird.

---

992 *Caspar/Geissen*, Das neue Staatsziel „Tierschutz" in Art. 20a GG, NVwZ 2002, S. 913 ff., S. 915.

993 *Caspar/Geissen*, Das neue Staatsziel „Tierschutz" in Art. 20a GG, NVwZ 2002, S. 913 ff., S. 915.

994 Vgl. nur *Hirt/Maisack/Moritz*, Tierschutzgesetz Kommentar, Art. 20a Rn. 48 ff.; *BVerwG*, Urteil vom 9. April 2008, Az.: 4 CN 1.07, ZfBR 2008, S. 489; *Battis/Krautzberger/Löhr*, Baugesetzbuch Kommentar, § 1 Rn. 106 ff.; *Stüer*, Handbuch des Bau- und Fachplanungsrechts, Rn. 1500 ff.; *BVerfG*, Beschluss vom 12. Oktober 2010, Az.: 2 BvF 1/07, BVerfGE 127, S. 293 ff., vgl. auch Anmerkungen v. *Durner*, DVBl. 2011, S. 97 ff.

Bei jeder Abwägung ist wegen Art. 20a GG der aus diesem hergeleitete Grundsatz des zureichenden Interesses zu beachten:[995] Vitale und nicht-vitale Interessen sind hier zu trennen: Kommt es durch eine (Tier)Nutzung zu Eingriffen in vitale Lebens- und Wohlbefindensinteressen von Tieren, so können diese Eingriffe nur gerechtfertigt sein, wenn es um die Wahrung oder Verwirklichung vergleichbar vitaler menschlicher Erhaltungsinteressen geht; nicht-vitale menschliche Interessen können einen Eingriff in das Leben von Tieren oder die Zufügung von Schmerzen, Leiden oder Schäden dagegen nicht mehr rechtfertigen.[996] Hinsichtlich der Haltungspraxis der Kaninchen und der diese erlaubende TierSchNutztV ist zu sagen, dass zwar möglicherweise die Schlachtung der Kaninchen zu Ernährungszwecken der Menschen vitalen Interessen der Menschen dient und daher die Abwägung zu Gunsten einer Tötung der Kaninchen ausgehen mag;[997] dies gilt jedoch nicht für die vorgelagerte Haltung der Kaninchen in Käfigen, die lediglich monetären und damit nicht-vitalen Interessen der Halter dient. Diese kann – so wie sie jetzt in der Praxis stattfindet und in der TierSchNutztV erlaubt wird – nicht gerechtfertigt werden.

bb) Verstoß gegen das Verordnungsermessen und gegen § 2a TierSchG

„Dem Verordnungsgeber steht zwar nach dem Maße der ihm delegierten Rechtsetzungsbefugnis ein Raum eigener Gestaltungsfreiheit zu, den er nicht etwa im Wege deduktiver Ableitung aus gesetzlichen Vorgaben, sondern vielmehr durch politische Sach- und Willensentscheidungen im Rahmen eines gesetzlichen Programms ausfüllt."[998] Gleichwohl ist der Verordnungsgeber gem. Art. 20 Abs. 3 GG an Gesetz und Recht und damit an einen gesetzlichen Rahmen gebunden, innerhalb dessen er seine politische Willensbildung entfalten muss. Der Rahmen darf jedoch nicht überschritten werden. Die Gerichte dürfen sich zwar nicht an die Stelle des Verord-

995 *Hirt/Maisack/Moritz*, Tierschutzgesetz Kommentar, Art. 20a Rn. 51.

996 *Hirt/Maisack/Moritz*, Tierschutzgesetz Kommentar, Art. 20a Rn. 51; *Hager*, Das Tier in Ethik und Recht, S. 97.

997 Jedoch ist selbst die Tötung von Tieren zu Ernährungszwecken mittlerweile hochumstritten, immer mehr Stimmen gehen davon aus, dass aufgrund anderer Ernährungsalternativen (jedenfalls eine massenhafte) Tötung von Tieren zu Ernährungszwecken nicht mehr gerechtfertigt sein kann, vgl. *Hager*, Das Tier in Ethik und Recht, S. 97 m. w. N.

998 *Ossenbühl*, Rechtsverordnungen, in: *Isensee/Kirchhof*, HdBStR Band III: Das Handeln des Staates, § 64 Rn. 33.

nungsgebers setzen und ihr Ermessen statt seinem im Zuge einer gerichtlichen Kontrolle der Rechtsverordnung einsetzen,[999] können aber prüfen, ob die Verordnung den Rahmen der Zweckbindung der gesetzlichen Ermächtigung überschreitet, ob sie schlechterdings ungeeignet ist, den Zweck zu erreichen oder ob sie unverhältnismäßig ist.[1000] Hinsichtlich der TierSchNutztV hat der Verordnungsgeber sein Entschließungsermessen, welches auch zum Verordnungsermessen gehört, ausgeübt, indem er die §§ 31-37 TierSchNutztV erlassen hat. Hinsichtlich des Auswahlermessens, welches die konkreten Inhalte einer Rechtsverordnung betrifft, ist zu beachten, dass die Ermächtigungsnorm des § 2a TierSchG erstens unter der Zweckbestimmung des Tierschutzgesetzes, vgl. § 1 TierSchG, verstanden werden muss, zweitens die Verordnungsgebung dann gestattet ist, soweit sie zum Schutz der Tiere erforderlich ist, drittens auch die o. g. Ausflüsse des Art. 20a GG beachtet werden müssen sowie viertens die zu konkretisierende Norm des § 2 TierSchG mit ihren unbestimmten Rechtsbegriffen und die Anforderungen an die Konkretisierung, die sich aus den Gesetzesmaterialien ergibt. So stellen die Vorgaben von § 1 TierSchG, § 2 TierSchG i. V. m. mit der Ermächtigungsnorm des § 2a TierSchG sowie Art. 20a GG den Rahmen dar, der ausgefüllt, aber nicht überschritten werden darf.

Wie oben gezeigt, verstoßen die §§ 31-37 TierSchNutztV gegen die §§ 1 und 2 TierSchG sowie gegen Art. 20a GG. Sachlich hat sich der Verordnungsgeber zwar an die Vorgaben des § 2a TierSchG gehalten, denn er hat mit den §§ 31 ff. TierSchNutztV Anforderungen an die Haltung von Kaninchen bestimmt, die sachlich zu Bewegungsmöglichkeit und Gemeinschaftsbedürfnissen passen (vgl. § 2a Nr. 1 TierSchG), zu Räumen, Käfigen und Behältnissen und zu sonstigen Einrichtungen zur Unterbringung von Kaninchen (vgl. § 2a Abs. 1 Nr. 2 TierSchG).[1001] Diese Vorschriften gehen aber nicht in die Richtung, die der Zweck des TierSchG vorschreibt, des

999 Vgl. *Brenner* in *v. Mangoldt/Klein/Starck*, Grundgesetz Kommentar, Art. 80 Abs. 1 Rn. 69.

1000 *BVerfG*, Beschluss vom 8. Juni 1977, Az.: 2 BvR 499/74 und 1042/75, BVerfGE 45, S. 142 ff., S. 162 f.; *Badura*, Das normative Ermessen beim Erlaß von Rechtsverordnungen und Satzungen, in: *Selmer/v. Münch*, Gedächtnisschrift für Wolfgang Martens, S. 25 ff., S. 27.

1001 § 2a Abs. 1 Nr. 2 TierSchG, der selbst von „Käfigen" spricht, muss wegen Art. 20a GG verfassungskonform dahingehend ausgelegt werden, dass ein Käfig nur im Sinne von „Gehege mit ausreichender Größe und einer Bodenbeschaffenheit, die nicht zu Verletzungen führen kann" verstanden werden kann. Richtigerweise müsste dieses Wort vom Gesetzgeber durch „Gehege" ersetzt oder ganz gestrichen werden. § 2a TierSchG wurde seit Einführung des Staatsziels Tierschutz nicht mehr geändert; dies wäre jedoch dringend notwendig, ethischen Tierschutzes. Die aufgrund fehlerhafter Wissensgenerierung erlangten Inhalte sind unter Fehlern in Ermittlung des Abwägungsmaterials und der Abwägung entstanden. Sie dienen nicht dem Schutz der Tiere, sondern schreiben tierschutzwidrige und strafbare Haltungsmethoden fest, entsprechen also nicht dem, was § 1 TierSchG und Art. 20a GG als Rahmen vorgeben. Nach § 2a TierSchG sind solche Verordnungen zulässig, die zum Schutz der Tiere erforderlich sind. Die TierSchNutztV geht mit den §§ 31 ff. in die entgegengesetzte Richtung, sie bezweckt nicht den Tierschutz, sondern will die Praxis der Tierhaltung zu Gunsten der Tierhalter legitimieren. Es erfolgte keine ausreichende Abwägung mit den widerstreitenden Interessen, da diese bereits nicht vollständig ermittelt wurden. Der Rahmen des Verordnungsermessens wurde durch den Verordnungsgeber überschritten. Damit stehen die genannten Vorschriften auch hinsichtlich des Zweckes nicht im Einklang mit der Verordnungsermächtigung, § 2a TierSchG.[1002]

f) Zwischenergebnis

Bedingt durch die fehlerhafte Wissensgenerierung, die sich nicht wie gefordert am Bedarfsdeckungs- und Schadensvermeidungskonzept nach Tschanz ausrichtet und somit nicht alle Bedürfnisse der Tiere ermittelt (teilweiser Ermittlungsausfall), kommt es zu einer fehlerhaften Abwägung, so dass die Inhalte der §§ 31-37 TierSchNutztV im Ergebnis nicht nur gegen die Verordnungsermächtigung des § 2a TierSchG verstoßen, sondern auch gegen §§ 1, 2 TierSchG sowie gegen Art. 20a GG. Auch Verstöße gegen europarechtliche Vorgaben in Gestalt des ETÜ und der Querschnittsklausel des Art. 13 AEUV sowie der EU-Nutztierhaltungsrichtlinie liegen vor. Die in Rede stehenden Vorschriften sind daher nicht nur rechtswidrig, sondern auch verfassungswidrig, unionsrechtswidrig und verstoßen gegen

---

um den Gestaltungsauftrag, den Art. 20a GG vorgibt, jedenfalls in deklaratorischer Weise auch an den Verordnungsgeber weiterzugeben, der sich aber auch ohne Änderung des § 2a TierSchG selbst an Art. 20a GG halten muss.

1002 Dass die Gesetz- und Verordnungsgebung auf Bundesebene seit der Novellierung des Tierschutzgesetzes im Jahr 1986 „tendenziell zu einseitig, zugunsten der Tiernutzer“ erfolgt und die generelle Gefahr der „durch politische Erwägungen erfolgenden Überlagerung der wissenschaftlich begründeten Normkonkretisierung“, wurde bereits zu Beginn der 1990er Jahren festgestellt, vgl. nur *Erbel*, Zur Frage der landesgesetzlichen Regelung der Stellung und der Aufgaben eines Tierschutzbeauftragten, DÖV 1992, S. 189 ff., S. 191, 195.

internationale Vorgaben. Ein Kaninchenhalter, der seine Tiere in den TierSchNutztV-konformen Haltungssystemen hält, macht sich nach der hier vertretenen Auffassung strafbar, ohne dass ihm ein unvermeidbarer Verbotsirrtum zugutekommen kann.

Im Kern ist das Problem, welches heute wie auch bereits vor der Entstehung des Tierschutzgesetzes von 1972 bestand und besteht, auch bereits von anderen erkannt worden: „Kommen in Tierschutz-Sachgutachten bloß jene tierlichen Interessen überhaupt erst in Betracht, deren Verwirklichung die Rentabilität einer Haltungsform nicht gefährdet? Wenn ja, spricht das gegen die Funktion des Sachverstandes als neutraler Informant des Tierschutzes, die an ihn herangetragen wurde, um gesellschaftliche Konflikte im Tierschutz zu schlichten. Die tatsächlich etablierte Kompromissfindung ist ein verzerrtes Abbild des offiziell kommunizierten Kompromisses zwischen Mensch und Tier. Sie erlaubt es, Profitabilitätsanliegen der Tiernutzung, die über bloße ‚Erhaltungsinteressen' der Menschen hinausgehen, als ‚unvermeidbar' geltend zu machen. Das Problem ist, dass die Frage der Vermeidbarkeit von Leid im Kern jener (…) gesellschaftlichen Debatte steht, in der sich das Lager ‚pro Tiernutzung' und das Lager ‚pro Tier' gegenüberstehen, es ist keine Frage der Sachverständigkeit. Im Rahmen sachverständiger Urteile über die artgemäße Tierhaltung wird die Vertretung tierlicher Interessen ausgegrenzt, weil sie durch Agronomie und das agronomisch ausgerichtete Veterinärwesen vorgeprägt sind."[1003] Im Jahr 1986 bereits wurde erkannt, dass „die Massen- und Intensivtierhaltung (..) heute Ausmaße und Zustände erreicht [hat], die nicht weniger tierschutzethisch besorgniserregend sind als die Praxis der Tierexperimentatoren."[1004] Dies gilt heute, im Jahr 2019, immer noch.

2. Lösungswege für rechtmäßige, verfassungs- und unionsrechtmäßige Inhalte der TierSchNutztV

Wie aber kann sichergestellt werden, dass das zur Rechtsanwendung erforderliche außerjuristische Wissen ordnungsgemäß in das Rechtssystem eingeführt wird, so dass die Bedürfnisse der Tiere, die sich in einem Haltungssystem befinden, welches auf seine Verhaltensgerechtheit hin zu überprüfen ist, vollständig und richtig ermittelt werden?

1003 *Von Gall*, Tierschutz als Agrarpolitik, S. 130.

1004 *Erbel*, Rechtsschutz für Tiere – eine Bestandsaufnahme anläßlich der Novellierung des Tierschutzgesetzes, DVBl. 1986, 1235 ff., S. 1248.

Schon der Wortlaut des § 2 TierSchG mit seinen unbestimmten Rechtsbegriffen *artgemäß* und *verhaltensgerecht* legt – insbesondere auch vor dem Hintergrund des Zweckes des TierSchG, § 1 TierSchG – die grundsätzliche Richtung fest, in die die unbestimmten Rechtsbegriffe konkretisiert werden müssen: Der Begriff *verhaltensgerecht* lässt schon nach dem allgemeinen Sprachgebrauch erkennen, dass ein Haltungssystem dem arteigenen Verhalten einer Tierart gerecht werden muss. Denn würde es um eine Unterbringung gehen, in denen die Tiere lediglich überleben, weil ihnen alle Bedarfe zugeführt werden, die sie zum Überleben brauchen, würde der vom Gesetzgeber gewählte Terminus nicht *verhaltensgerecht*, sondern *bedarfsgerecht* lauten.[1005] In der Zusammenschau mit dem Zweck des Tierschutzgesetzes – das Leben und Wohlbefinden des Tieres zu schützen, wie § 1 TierSchG konstatiert, und den verschiedenen Gewährleistungselementen des Art. 20a GG, mit dem die verfassungsrechtliche Ebene auch für die Tiere relevant wird – wird eine ordnungsgemäße Konkretisierung des Begriffs *verhaltensgerecht* zunächst einmal voraussetzen, dass das arteigene Verhalten von Kaninchen als Basis der Bestimmung der Verhaltensgerechtheit herangezogen wird. Dieses muss durch Ethologen unter Anwendung des Bedarfsdeckungs- und Schadensvermeidungskonzepts nach Tschanz erforscht werden. Wie oben gesehen, liegen bereits Forschungsergebnisse vor, die unter diesen Vorgaben entstanden sind. Vergleichend dazu sind Studien über das Verhalten von Kaninchen zu erfassen, die sich in den zu prüfenden Haltungssystemen befinden. Auch diese Studien müssen von Ethologen durchgeführt werden. Im Ergebnis müssen anschließend Ethogramme von Kaninchen vorliegen, die sich in naturnaher Umgebung aufhalten und Ethogramme, die das Verhalten von Tieren darstellen, die in einem Haltungssystem gehalten werden, dessen Verhaltensgerechtheit geprüft werden soll.

Es werden sich Differenzen in dem Verhalten beider Vergleichsgruppen zeigen. Maßgeblich für die Bedürfnisse der Kaninchen ist das Ethogramm, welches aus der Vergleichsgruppe der naturnah lebenden Kaninchen gewonnen wurde. Auf der Basis dieser außerjuristischen Wissensgrundlage hat sodann eine Abwägung durch den Verordnungsgeber zwischen den tierlichen Interessen und den Interessen der Tierhalter zu erfolgen, die getrennt von der Ermittlung der tierlichen Interessen zu erfolgen hat. Ein vollständiges Ethogramm für das Verhalten von Hauskaninchen in einer

1005 In diese Richtung auch *Maisack*, Tierschutzrecht. Haltung von Nutztieren, dargestellt an den Beispielen „Schweine", „Hühner" und „Enten", in: *Grimm/Otterstedt*, Das Tier an sich, S. 198 ff., S. 208.

naturnahen Umgebung existiert spätestens seit 1976 mit der umfassenden Studie von Kraft.[1006]

Im Rahmen der sich an die Wissensgenerierung anschließenden Konkretisierung durch den Verordnungsgeber müssen der vom Gesetzgeber vorgegebene Rahmen[1007] und die vom Bundesverfassungsgericht in der Hennen-Entscheidung[1008] aufgestellten Grundsätze berücksichtigt werden: Zu dem vom Gesetzgeber vorgegebenen Rahmen sagte das Bundesverfassungsgericht in der Hennen-Entscheidung: „Der Verordnungsgeber muß mithin entsprechend dem in §§ 1, 2 TierSchG vom Gesetzgeber vorgezeichneten Interessenausgleich einen ethisch begründeten Tierschutz fördern, ohne die Rechte der Tierhalter übermäßig einzuschränken."[1009] Zu beachten ist, dass die Hennen-Entscheidung des Bundesverfassungsgerichts vor Einfügung des Staatsziels Tierschutz in das Grundgesetz ergangen ist. Daher muss in diese Abwägung heute auch Art. 20a GG eingebracht werden, der nicht per se nachrangig zu etwaig einschlägigen Grundrechten der Tierhalter ist.[1010] Die Abwägung muss nach dem wesentlichen Grundsatz des Bundesverfassungsgerichts und unter Berücksichtigung höherrangiger, auch europarechtlicher und internationaler Vorgaben und unter Beachtung der Grundsätze der praktischen Konkordanz erfolgen.

Nur unter Beachtung dieses Lösungsweges ist es möglich, die Begriffe *artgemäß* und *verhaltensgerecht* in einer rechtmäßigen, verfassungsgemäßen und unionsrechtmäßigen Weise zu konkretisieren.

1006 *Kraft*, Vergleichende Verhaltensstudien an Wild- und Hauskaninchen, Nürnberg 1976.

1007 Der Rahmen für den Verordnungsgeber ergibt sich aus §§ 1, 2 und § 2a TierSchG. Auch Art. 20a GG muss von dem Verordnungsgeber berücksichtigt werden.

1008 *BVerfG*, Urteil vom 6. Juli 1999, Az.: 2 BvF 3/90, BVerfGE 101, S. 1 ff.

1009 *BVerfG*, Urteil vom 6. Juli 1999, Az.: 2 BvF 3/90, BVerfGE 101, S. 1 ff., S. 36.

1010 Vgl. *Hirt/Maisack/Moritz*, Tierschutzgesetz Kommentar, Art. 20a GG Rn. 8; *Scholz* in *Maunz/Dürig*, Grundgesetz, Art. 20a Rn. 42 (Lfg. 40 2002); *Jarass* in *Jarass/Pieroth*, Grundgesetz, Art. 20a, Rn. 14; *Murswiek* in *Sachs*, Grundgesetz, Art. 20a Rn. 55, 58, 59; *von Loeper* in *Kluge*, Tierschutzgesetz Kommentar, Einführung Rn. 104e; *Caspar/Geissen*, Das neue Staatsziel „Tierschutz" in Art. 20a GG, NVwZ 2002, S. 913 ff., S. 914, 915; *Obergfell*, Ethischer Tierschutz mit Verfassungsrang, NJW 2002, S. 2296 ff., S. 2298.

3. Andere Rechtsverordnungen zur Konkretisierung des § 2 TierSchG

Andere Rechtsverordnungen, die – jedenfalls auch – die Vorgaben des § 2 TierSchG konkretisieren, sind die Tierschutz-Hundeverordnung, die Tierschutz-Schlachtverordnung, die Tierschutztransportverordnung und die Tierschutz-Versuchstierverordnung. Bei allen Verordnungen muss in juristischen Auslegungs- und Entscheidungsprozessen jeweils kritisch hinterfragt werden, auf welchem außerjuristischen Fachwissen die Inhalte der Verordnungen beruhen. Nicht ordnungsgemäß ermittelte tierliche Belange können eine fehlerhafte Abwägung und damit rechts- und sogar verfassungswidrige Verordnungen zur Folge haben.

II. Gutachten, insbesondere: Das Säugetiergutachten

Die Anforderungen an die Inhalte des § 2 TierSchG werden nicht nur durch Rechtsverordnungen konkretisiert, sondern auch durch (nicht rechtsverbindliche) Gutachten, die von pluralistisch zusammengesetzten Gremien im Auftrag des BMEL[1011] erarbeitet werden, die jedoch nicht – wie z. B. andere (wenige) Sachverständigengremien[1012] – gesetzlich vorgesehen sind. Diese nicht rechtsverbindlichen Werke konkretisieren die Anforderungen an das Halten von Tierarten, die nicht von Rechtsverordnungen erfasst werden. Sie begutachten schwerpunktmäßig die Haltung von exotischen Tieren, die in Zoos, Zirkussen und in Privathand gehalten werden. So gibt es neben dem Gutachten über Mindestanforderungen an die Haltung von Säugetieren (Säugetiergutachten), welches die Haltungsanforderungen des § 2 TierSchG für Tiere in Zoos und Tierparks (aber auch für die darin behandelten Säugetiere, die von Privaten gehalten werden) konkretisiert, Leitlinien für die Haltung, Ausbildung und Nutzung von Tieren in Zirkusbetrieben und ähnlichen Einrichtungen, Mindestanforderungen an die Haltung von Reptilien, Mindestanforderungen an die Haltung von

---

1011 Zu Beginn des Aktualisierungsprozesses für das Säugetiergutachten 2014 befand sich das Ressort des Verbraucherschutzes beim zuständigen Ministerium, es wird daher z. T. noch die Abkürzung „BMELV“ verwendet. Seit der letzten Ressortänderung und somit bei Veröffentlichung des Gutachtens 2014 wird die Abkürzung „BMEL“ verwendet.

1012 Gesetzlich vorgesehen sind z. B. durch § 33 Produktsicherheitsgesetz der Ausschuss für Produktsicherheit oder durch § 4 Gentechnikgesetz die Kommission für die biologische Sicherheit.

Kleinvögeln, Papageien und viele mehr.[1013] Auch für Zirkustiere kann das Säugetiergutachten – trotz der Existenz der o. g. Zirkusleitlinien – relevant werden.[1014]

Auch einige Landesministerien veröffentlichen entsprechende Gutachten, die zum großen Teil als „Empfehlungen“ oder „Richtlinien“ herausgegeben werden, so beispielsweise die „Empfehlungen zur Freilandhaltung von Pferden“ des niedersächsischen Ministeriums für Landwirtschaft, Ernährung und Verbraucherschutz oder die „Richtlinie zur Behandlung von erkrankt, geschwächt oder verlassen aufgefundenen Robben“ des Schleswig-Holsteinischen Ministeriums für Umwelt, Natur und Forsten. Diese Gutachten, Empfehlungen und Richtlinien stellen damit „halbstaatliche“ Werke dar: Zwar ist Herausgeber und „Auftraggeber“ das jeweilige Ministerium; die Gutachten werden jedoch meist von privaten Sachverständigen erstellt, die vom Ministerium in eine entsprechende Arbeitsgruppe berufen werden.

Von der Rechtsprechung werden diese Gutachten größtenteils als antizipierte oder standardisierte Sachverständigengutachten bzw. als sachverständige Äußerungen angesehen und jeweils als nicht rechtsverbindlich, aber als Auslegungs- und Orientierungshilfe bei der Auslegung des Gesetzes, insbes. § 2 TierSchG, durch Privathalter, Amtsveterinär bzw. Behörde oder Richter anerkannt.[1015] Auch der Wissenschaftliche Dienst des Bundestages geht von der Einordnung des Säugetiergutachtens als antizipiertes Sachverständigengutachten aus, wobei er diese Aussage für andere Leitlinien und Gutachten relativiert, indem er sagt, dass diese nur dann als auch als antizipierte Sachverständigengutachten anzuwenden sind, soweit die darin ent-

1013 In der Regel werden die vom BMEL in Auftrag gegebenen Gutachten, die teilweise auch „Leitlinien“, „Gutachten“ oder „Mindestanforderungen“ heißen, vom BMEL auf dessen Homepage veröffentlicht, www.bmel.de. Das sogenannte Schädlingsgutachten findet sich aber z. B. nicht (mehr) auf der Seite des BMEL.

1014 Vgl. *Hirt/Maisack/Moritz*, Tierschutzgesetz Kommentar, Anh. § 2 TierSchG Rn. 148 f.

1015 Vgl. für viele nur *VG Oldenburg*, Urteil vom 13. Februar 2013, Az.: 11 A 4220/12 (juris) Rn. 19; *VG Trier*, Beschluss vom 9. November 2012, Az.: 1 L 1179/12.TR (juris) Rn. 13; *OVG Lüneburg*, Urteil vom 18. Juni 2013, Az.: 11 LC 206/12 (juris) Rn. 30; *BayVGH*, Urteil vom 30. Januar 2008, Az.: 9 B 05.3146 und 9 B 06.2992 (juris) Rn. 28; auch das Säugetiergutachten selbst versteht sich in der einleitenden Bemerkung als Auslegungs- und Orientierungshilfe für Tierhalter und Aufsichtsbehörden der Länder.

haltenen Tatsachenfeststellungen und wissenschaftlichen Erkenntnisse zutreffen und die vorgegebenen Gesetzesauslegungen „richtig" sind.[1016]

Verschiedene Probleme gehen mit den Gutachten einher. Diese sollen am Beispiel des Säugetiergutachtens aufgezeigt werden. Hierzu sollen zunächst die Anforderungen an Sachverständige, Sachverständigengutachten und antizipierte Sachverständigengutachten dargestellt und dann das Vorgehen bei der Entstehung des Säugetiergutachtens daran gemessen werden. Hier soll untersucht werden, welche Anforderungen an die Besetzung der Arbeitsgruppen, die die Gutachten erarbeiten und an das Verfahren der Gutachtenerstellung zu stellen sind: Inwiefern dürfen die Arbeitsgruppen-Mitglieder einer bestimmten Lobby angehören, wie muss die Sachverständigengruppe zusammengesetzt sein, welche Interessengruppen dürfen oder müssen sogar vertreten sein, muss ein sachverständiges Mitglied eine wissenschaftliche Ausbildung haben, um in der Arbeitsgruppe beteiligt werden zu dürfen? Entsprechen die Inhalte des Säugetiergutachtens dem aktuellen Stand der Verhaltenswissenschaft? Der aktuelle Stand der Wissenschaft – der Ethologie – ist nach der hier vertretenen These oft nicht in den Gutachten festgeschrieben.

Hiermit soll festgestellt werden, welche Rechtsqualität das Säugetiergutachten wirklich hat.

Auch stellt sich die Frage, warum der Verordnungsgeber statt Rechtsverordnungen in Bereichen, die nicht so stark wie die landwirtschaftliche Tierhaltung lobbygeprägt sind, Gutachten erstellen lässt, die nicht in regelmäßigen Abständen aktualisiert und trotz der Verordnungsermächtigung § 2a TierSchG nie zu Rechtsverordnungen „weiterentwickelt" werden. Die Verordnungsermächtigung des § 2a TierSchG gilt nicht nur für die Konkretisierung des § 2 TierSchG in Bezug auf die landwirtschaftliche bzw. industrielle Massentierhaltung, sondern stellt die Verordnungsermächtigung für eine Konkretisierung der Haltungsanforderungen für jede Tierart dar.

1. Das Säugetiergutachten

Das Gutachten über Mindestanforderungen an die Haltung von Säugetieren (Säugetiergutachten) ist erstmals am 8. Juni 1977 vom damaligen Bun-

1016 *Wissenschaftliche Dienste des Deutschen Bundestages*, Mindestanforderungen an die Haltung von Säugetieren im Hinblick auf das Tierschutzgesetz (TierSchG) – Sachstand –, abrufbar unter https://www.bundestag.de/blob/406732/a27531b6e2bd1f4138e420d7832c2185/wd-5-163-08-pdf-data.pdf.

deslandwirtschaftsministerium veröffentlicht worden. Es wurde von sieben Zoo-Vertretern und zwei Vertretern aus dem universitären Bereich verfasst.[1017] Es befasste sich mit den Mindestanforderungen an die Haltung von Säugetieren, die vornehmlich in Zoos und Tierparks gehalten werden. Die im ersten Säugetiergutachten enthaltenen Haltungsanforderungen waren im Vergleich zu denen des aktuellen Gutachtens sehr gering,[1018] was auch im Zusammenhang mit der Zusammensetzung der Gutachtergruppe und dem damaligen Wissensstand zu sehen ist. Letztendlich wurde wohl unter den Zoodirektoren das kleinste in den Zoos vorhandene Gehege eruiert und diesem entsprechend die Mindestvorgabe an die Gehegegröße in dem Gutachten festgeschrieben. Dies hatte zur Folge, dass keiner der Zoos entsprechende Gehegevergrößerungen vornehmen musste.[1019] Das Säugetiergutachten von 1977 umfasste lediglich 72 Seiten.

Die Arbeitsgruppe ist als Sachverständigengremium nicht gesetzlich vorgesehen. Sie wurde und wird jeweils zu anstehenden Aktualisierungsvorhaben vom zuständigen Bundesministerium ohne gesetzliche Grundlage und ohne Beteiligung des Parlaments gegründet und berufen. Dies ist ebenso bei ca. 500 anderen Beratungsgremien auf Bundesebene die gängige Vorgehensweise; nur in den seltensten Fällen beruhen die Sachverständigengremien auf einer gesetzlichen Grundlage.[1020]

Das Säugetiergutachten wurde erstmals ab 1994 überarbeitet und mit rund 70 Seiten Umfang im Jahr 1996 neu veröffentlicht. An dem Erstellungsverfahren für die Veröffentlichung des Säugetiergutachtens 1996 waren drei Vertreter des Verbandes Deutscher Zoodirektoren (VDZ) beteiligt sowie je ein Vertreter der Ethologischen Gesellschaft, der Gesellschaft für Säugetierkunde, des Deutschen Tierschutzbundes (DTB) und der Tierärztlichen Vereinigung für Tierschutz (TVT).[1021] Dem Vertreter des Tierschut-

---

1017 Vgl. *Merz*, Tierschutzgemäße Zootierhaltung, Deutsches Tierärzteblatt 2013, S. 1640.

1018 *Deutscher Tierschutzbund e. V.*, Neue Haltungsvorgaben für Säugetiere; Eine unendliche Geschichte, DU UND DAS TIER 2014, Heft 3, S. 12.

1019 Diese Vorgehensweise kann ich nicht mit einer veröffentlichten Quelle belegen; ich habe diese Information lediglich persönlichen Gesprächen mit Mitgliedern des Beratungsgremiums entnommen.

1020 *Roßnagel*, Rechtsetzung und technische Entwicklung, in: *Westphalen*, Deutsches Regierungssystem, S. 620.

1021 Vgl. *Merz*, Tierschutzgemäße Zootierhaltung, Deutsches Tierärzteblatt 2013, S. 1640.

zes (DTB) ist jedoch nur wenig Gehör geschenkt worden;[1022] entsprechend moderat sind die Änderungen für das überarbeitete Gutachten 1996 ausgefallen.[1023] Zu einem großen Teil wurden die Haltungsanforderungen aus dem ersten Gutachten aus dem Jahr 1977 einfach übernommen bzw. nicht angepasst;[1024] dies betraf hauptsächlich Gehegegrößen.[1025] Wissenschaftliche Erkenntnisse wurden schon damals nur zum Teil und nicht ausreichend berücksichtigt.[1026] Es ist daher fraglich, ob das Säugetiergutachten 1996 schon dem damals (1996) aktuellen wissenschaftlichen Stand entsprach.[1027] Darauf, dass das Säugetiergutachten 1996 dem damaligen Stand der Verhaltenswissenschaft nicht entsprach, lässt auch das im Jahr 1997 von der Länderarbeitsgemeinschaft Naturschutz (LANA)[1028] gefertigte

---

1022 Dies ergibt sich aus dem Vergleich der Stellungnahmen und Änderungswünschen, die der Deutsche Tierschutzbund und andere Organisationen eingebracht hatten und die teilweise weit über das hinausgehen, was letztendlich Eingang in das Gutachten fand.

1023 *Deutscher Tierschutzbund e. V.*, Neue Haltungsvorgaben für Säugetiere; Eine unendliche Geschichte, DU UND DAS TIER 2014, Heft 3, S. 12.

1024 So auch *Landesbeauftragte für Tierschutz Hessen*, Jahresbericht 2014, S. 10.

1025 *Deutscher Tierschutzbund e. V.*, Neue Haltungsvorgaben für Säugetiere; Eine unendliche Geschichte, DU UND DAS TIER 2014, Heft 3, S. 12. So wurden für ein Paar Wölfe im Säugetiergutachten 1977 auf S. 44 100 m^2, für jedes weitere Tier 10 m^2 mehr veranschlagt bzw. für ein Außengehege 1000 m^2 pro Paar, für jedes weitere Tier 100 m^2 mehr. Im Säugetiergutachten 1996 findet man immer noch die Angaben pro Wolfspaar 100 m^2 und 10 m^2 mehr für jedes weitere Tier (S. 39); Angaben über Flächen für Außengehege finden sich gar nicht mehr.

1026 *Landesbeauftragte für Tierschutz Hessen*, Jahresbericht 2014, S. 10; *Deutscher Tierschutzbund e. V.*, Neue Haltungsvorgaben für Säugetiere; Eine unendliche Geschichte, DU UND DAS TIER 2014, Heft 3, S. 12. So wurde eine 1995 erschienene Dissertation über Großkatzen nicht bzw. nicht ausreichend im Säugetiergutachten berücksichtigt, die zu dem Ergebnis kam, dass bei Außenanlagen für bestimmte Arten von Großkatzen, die kleiner sind als 200 m^2, mit signifikant ansteigenden Verhaltensstörungen zu rechnen ist, vgl. *Exner*, Ethologische und hygienische Untersuchungen über die Haltungsbedingungen von Raubkatzen in zoologischen Gärten, München 1995, S. 143. Den Hinweis auf diese Dissertation verdanke ich James Brückner in einem Telefonat vom 15. Januar 2015.

1027 Dies auch aufgrund vieler Gründe annehmend: Stellungnahme des Bundes gegen Missbrauch der Tiere e. V. (bmt) zur Überarbeitung des Säugetiergutachtens und der Zirkusleitlinien im Auftrag des BMELV vom 28. April 2010 und *Elefanten-Schutz Europa e. V.*, Stellungnahme zu den neuen Mindestanforderungen an die Elefantenhaltung – Säugetiergutachten 2014, S. 1.

1028 Heute: Bund/Länder-Arbeitsgemeinschaft für Naturschutz, Landschaftspflege und Erholung, die immer noch als „LANA“ abgekürzt wird.

Gutachten über Mindestanforderungen an die Haltung von Säugetieren, das sog. „LANA-Gutachten" schließen. Laut Empfehlung der LANA war dieses Gutachten anstelle des Säugetiergutachtens 1996 anzuwenden, es stellte also ein „Konkurrenzgutachten" zum Säugetiergutachten 1996 dar. Die LANA wurde im Jahr 1971 als Länderarbeitsgemeinschaft für Naturschutz, Landschaftspflege und Erholung gegründet und besteht aus Referenten der jeweiligen obersten Landesnaturschutzbehörden der Länder.[1029] Etwa zeitgleich mit dem Säugetiergutachten 1996 wurde die „Richtlinie für die tierschutzgerechte Haltung von Wild in Gehegen" erstellt, ebenfalls ein Gutachten wie das Säugetiergutachten. Beide Werke beschäftigten sich mit der Konkretisierung der Anforderungen des § 2 TierSchG. Der LANA-Arbeitskreis „Artenschutzrecht" hat die beiden Werke bzw. deren Überarbeitung grundsätzlich begrüßt. Im Diskussionspapier bzgl. des von der LANA gefertigten Gutachtens wird aber deutlich, warum ein Konkurrenzgutachten zum Säugetiergutachten 1996 erstellt wurde: „Die nun vorgelegten Mindestanforderungen an die tierschutzgerechte Haltung von Säugetieren und die Richtlinie für die tierschutzgerechte Haltung von Wild in Gehegen werden vom Arbeitskreis unterschiedlich beurteilt. Die Leitlinien für eine tierschutzgerechte Haltung von Wild in Gehegen stellen einen richtungsweisenden Beitrag für die in den letzten Jahren stark zunehmenden Ansprüche an eine neue tierschutzgerechte Haltung von Säugern dar. Nach Meinung des Arbeitskreises sollten diese Leitlinien für eine tierschutzgerechte Haltung von Wild in Gehegen für die Beurteilung von Wildgehegen maßgebend sein. Leider sind die zahlreichen Anregungen und Anmerkungen von Seiten der Naturschutzbehörden der Länder, aber auch von Tierschutzorganisationen zu den Mindestanforderungen an die tierschutzgerechte Haltung von Säugetieren zum großen Teil nicht in den nun vorgelegten Entwurf eingeflossen. Es ist damit verpaßt worden, einen zukunftsweisenden und den neuen Entwicklungen im Bereich der Tiergartenbiologie Rechnung tragenden Entwurf zu erarbeiten. Bezüglich der Gehege-Mindestgrößen sind die nun vorgelegten Gehege-Gutachten für eine art-und verhaltensgerechte Unterbringung von Säugetieren nicht ausreichend. Deshalb wird von Seiten der Naturschutzbehörden vorgeschlagen, bei der künftigen Anwendung durch die Länder die in der Anlage aufgeführten Mindestnormen zugrundezulegen. Hinweisen möchte der Arbeitskreis in diesem Zusammenhang auf ein Urteil des Oberverwaltungsgerichts Schleswig – Az.: 4 L 152/92, in dem der Begriff der verhaltensgerech-

1029 Vgl. zur LANA, deren Entstehung und Arbeitsweise *Heidenreich*, Die Länderarbeitsgemeinschaft Naturschutz (LANA), NuR 2007, S. 89 ff.

ten Unterbringungen näher erläutert wird. In diesem Urteil wird der Begriff *verhaltensgerecht* definiert: ‚Die Anforderungen, die dieser Begriff an eine Tierhaltung stellt, müssen sich dabei entsprechend der Zielrichtung des Tierschutzgesetzes daran orientieren, wie ein Tier sich unter seinen natürlichen Lebensbedingungen verhält, nicht daran, daß das Tier sich auch anderen Lebensbedingungen – unter Aufgabe vieler der in Freiheit eigenen Gewohnheiten und Verhaltensmuster – anpassen kann. Verhaltensgerecht ist eine Unterbringung danach auch dann nicht, wenn das Tier zwar unter den ihm angebotenen Bedingungen überleben kann und auch keine Leiden, Schmerzen und andere Schäden davonträgt, das Tier aber sein angeborenes Verhaltensmuster soweit ändern und an seine Haltungsbedingungen anpassen muß, daß es praktisch mit seinen wildlebenden Artgenossen nicht mehr viel gemein hat.‘ Auf Grundlage dieses Urteils ist das hier vorgelegte Gutachten zur tierschutzgerechten Haltung von Säugetieren in vielen Bereichen nicht nachzuvollziehen. (...) Der Arbeitskreis Artenschutzrecht empfiehlt daher, daß, wenn es zu keiner Einigung mit dem BML über das Gutachten zu den Mindestanforderungen an eine tierschutzgerechte Haltung von Säugetieren kommt, die Länder die in der Anlage aufgeführten Mindestanforderungen bei der Genehmigung von Tiergehegen zugrundelegen.“[1030]

In der folgenden Anlage des LANA-Gutachtens sind für verschiedene Tierarten Mindestgehegegrößen aufgeführt, die von denen des Säugetiergutachtens 1996 z. T. weit nach oben abweichen. So wird im Säugetiergutachten 1996 für Menschenaffen folgende Mindestgehege vorgegeben: Gehegefläche außen und innen je 25 m^2 für bis zu zwei Tiere, für jedes weitere Tier zusätzlich 10 m^2 bei einer Höhe von 4m. Bei Nur-Innenanlagen 50 m^2 pro Paar.[1031] Das LANA-Gutachten gibt für Menschenaffen folgende Mindestgehegegrößen vor: Für zwei Tiere bei einer Höhe von 4 m je außen und innen 50 m^2, für jedes weitere Tier zusätzlich 20 m^2. Nur- Innenanlagen mindestens 100 m^2.[1032] Für Wölfe sieht das Säugetiergutachten 1996 100 m^2 pro Paar vor sowie für jedes weitere Tier zusätzlich 10 m^2.[1033] Das LANA-Gutachten sieht für Wölfe pro Paar mindestens 400 m^2 vor, für jedes weitere Tier zusätzlich 20 m^2.[1034] Z. T. wird das LANA-Gutachten heu-

1030 LANA-Gutachten, Diskussionspapier, S. 1 f.
1031 Säugetiergutachten 1996 S. 31.
1032 LANA-Gutachten, Anhang S. 3.
1033 Säugetiergutachten 1996 S. 39.
1034 LANA-Gutachten, Anhang S. 4.

te noch von verschiedenen Landesämtern empfohlen bzw. in einer Liste der im Land anzuwendenden Gutachten aufgeführt.[1035]

Bislang letztmalig wurde das Säugetiergutachten nach dreijähriger Überarbeitungszeit[1036] im Jahr 2014 aktualisiert vom BMEL neu veröffentlicht. Auslöser für die Überarbeitung waren letztlich zwei Anträge im Bundestag aus den Jahren 2008 und 2009 zum Thema Delfinschutz,[1037] aus denen die Überarbeitung des gesamten Säugetiergutachtens folgte. Tierschutzorganisationen hatten aufgrund neuer wissenschaftlicher Erkenntnisse, aufgrund des LANA-Gutachtens und aufgrund der EU-Zoorichtlinie schon seit vielen Jahren eine Aktualisierung des Gutachtens von 1996 gefordert.

Auf Druck von Tierschutzorganisationen wurde die Besetzung der Arbeitsgruppe für das aktuelle Säugetiergutachten paritätisch besetzt: An dem Säugetiergutachten 2014 wirkten drei Vertreter des Verbandes Deutscher Zoodirektoren (VDZ) mit, drei Vertreter aus verschiedenen Tier- und Naturschutzverbänden (Deutscher Tierschutzbund, Deutscher Naturschutzring bzw. später für diesen animal public und Bund gegen Missbrauch der Tiere), vier „Unabhängige Sachverständige" und ein Vertreter der Länderarbeitsgemeinschaft Verbraucherschutz (LAV). Betreut bzw. moderiert wurde das Vorgehen der Arbeitsgemeinschaft von einer Vertreterin des BMEL. Auch ein Vertreter des Bundesumweltministeriums war an der Arbeitsgruppe beteiligt, da neben dem Tierschutzgesetz auch das Bundesnaturschutzgesetz mit den §§ 42 und 43 eine maßgebliche Grundlage für die Zootierhaltung darstellt und das BMU aus diesem Grund beteiligt wurde.

1035 So findet man auf der Homepage des Landesamtes für Naturschutz Sachsen-Anhalt immer noch eine „Übersicht über die in Sachsen-Anhalt anzuwendenden Haltungsgutachten", abrufbar unter https://lau.sachsen-anhalt.de/fileadmin/Bibliothek/Politik_und_Verwaltung/MLU/LAU/CITES/Dateien/uebersicht_Gutachten_2017.pdf die die Anwendung des LANA-Gutachtens für alle Neubauten von Gehegen und Volieren für Säugetiere vorsehen; nur für Altbauten vor dem 1. März 2010 wird auf das Säugetiergutachten 1996 verwiesen.

1036 Vgl. Einleitung zum Säugetiergutachten 2014 S. 3.

1037 Antrag „Die Gefangenschaft von Delfinen unverzüglich beenden" von versch. Bundestagsabgeordneten und der Fraktion BÜNDNIS 90/DIE GRÜNEN vom 7. Mai 2008, BT-Drs. 16/9102; Antrag „Delfinschutz voranbringen" von versch. Bundestagsabgeordneten und der SPD-Fraktion vom 6. Mai 2009, BT-Drs. 16/12868; vgl. auch Plenarprotokoll 16/224 vom 28. Mai 2009, S. 195-201; vgl. auch Säugetiergutachten 2014, Einleitung S. 3. Bedauerlich ist, dass zwar die Haltungsansprüche einiger Tierarten angepasst wurden, gerade aber bei der Haltung von Delfinen das Säugetiergutachten 2014 gar nicht von den Inhalten des Säugetiergutachtens 1996 abweicht.

Vom Säugetiergutachten betroffen sind Tiere in ca. 400 deutschen zoologischen Gärten oder anderen Einrichtungen, in denen Tiere gehalten und zur Schau gestellt werden.[1038] Aber es ist auch für private Halter von Tieren der behandelten Arten erstellt worden. Eine Erstellung ausschließlich für Zoos kann man auch nicht dem Säugetiergutachten selbst entnehmen, das in seinem Anwendungsbereich Zoos nur als Beispiel nennt („insbesondere in Zoos").[1039]

Das Säugetiergutachten 2014 enthält neben einem Vorwort des BMEL einen Vorabschnitt über den Anwendungsbereich und allgemeine Grundsätze. Es folgt ein „Allgemeiner Teil", der allgemeine, für alle Tiere geltende Anforderungen an Gehege, Haltung, Fütterung und Ernährung, Tierbestandsmanagement, Pflege und tiermedizinische Betreuung, Naturentnahmen und Managementpläne festschreibt. Nachgeschaltet findet sich ein Glossar, in dem verschiedene Begriffe so definiert werden, wie sie die Arbeitsgruppe, die mit der Erstellung des Säugetiergutachtens beauftragt wurde (im Folgenden: Arbeitsgruppe) versteht und in dem Gutachten verwendet.

Im „Besonderen Teil" finden sich Abschnitte zu verschiedenen Tierarten und deren Haltungsansprüche. Am Ende finden sich die Unterschriften der Mitglieder der Arbeitsgruppe. Es folgt ein Literaturverzeichnis. Als Anhang finden sich je ein Differenzprotokoll der Tier- und Naturschutzverbände mit Literaturangaben sowie eines der Vertreter der Zooverbände, dem keine weiteren Literaturangaben beigefügt wurden. Schon an der Existenz der Differenzprotokolle ist die gegenläufige Interessenlage zwischen den „Lagern" Tierschutz und Zoo-Vertreterschaft zu erkennen.

Hervorgehoben sei, dass sich die „Mindestanforderungen" des Säugetiergutachtens nicht als Untergrenze zur Tierquälerei zu verstehen, sondern in Anlehnung an die Hennen-Entscheidung des Bundesverfassungsgerichts aus dem Jahr 1999[1040] verstanden werden sollen.[1041]

1038 Schätzung aufgrund einer Umfrage bei den für den Vollzug zuständigen Ländern aus dem Jahr 2013, vgl. Antwort der Bundesregierung auf die Kleine Anfrage zum Tierschutz in Zoologischen Gärten, BT-Drs. 17/12235 vom 31. Januar 2013, S. 1.

1039 Vgl. Säugetiergutachten 2014, Anwendungsbereich und allgemeine Grundsätze, S. 9.

1040 *BVerfG*, Urteil vom 6. Juli 1999, Az.: 2 BvF 3/90, BVerfGE 101, S. 1 ff.

1041 So jedenfalls *Merz*, Tierschutzgemäße Zootierhaltung, Deutsches Tierärzteblatt 2013, S. 1642; dass dies zwar Konsens in der Arbeitsgruppe war, im Ergebnis aber keinen Niederschlag im Säugetiergutachten gefunden hat, bemängeln die Tierschutz- und Naturschutzverbände in ihrer gemeinsamen Stellungnahme

Bereits während der Erarbeitung, aber auch nach der Veröffentlichung wurde umfassend Kritik an der Vorgehensweise geäußert, wie im Folgenden gezeigt werden soll. Auch die höchst unterschiedlichen, dem Säugetiergutachten beigefügten Differenzprotokolle belegen, dass die Inhalte des Gutachtens selbst von den sachverständigen Mitgliedern der Arbeitsgruppe kaum akzeptiert werden.

2. Rechtsqualität des Säugetiergutachtens

Zunächst ist zu klären, welche Rechtsqualität das Säugetiergutachten hat. Nach der hier vertretenen These erfüllt es nicht die Anforderungen an ein antizipiertes Sachverständigengutachten, als das es oft eingeordnet wird. Dass das Säugetiergutachten nicht rechtsverbindlich ist, ist mangels Qualität als Rechtsnorm offensichtlich. Auch stellt es keine – für die Verwaltung als Verwaltungsinternum verbindliche – allgemeine Verwaltungsvorschrift i. S. v. Art. 85 Abs. 2 Satz 1 GG dar, wie z. B. die Allgemeine Verwaltungsvorschrift zur Durchführung des Tierschutzgesetzes vom 9. Februar 2000. Doch jedenfalls können die Inhalte des Säugetiergutachtens rechtsverbindlich werden. Dies zunächst dann, wenn die Behörde diese in eine Verfügung aufnimmt, die evtl. sogar in einem folgenden Rechtsstreit von einem Gericht bestätigt wird. Damit ist das Säugetiergutachten hinsichtlich der möglichen, verbindlichen Außenwirkung vergleichbar mit normkonkretisierenden Verwaltungsvorschriften, sogar mit Verordnungen und Gesetzen, nicht jedoch in der Hinsicht der Bindung der Behörde und des Gerichts an diese, denn eine Bindung der Behörden und des Gerichts an das Säugetiergutachten liegt, anders als bei einigen normkonkretisierenden Verwaltungsvorschriften[1042] und natürlich bei Rechtsverordnungen und Gesetzen, gerade nicht vor. Diese, über Umwege führende (gesetzesgleiche) Rechtsverbindlichkeit für den Adressaten der Verfügung oder der gerichtlichen Entscheidung muss gewährleisten, dass die Inhalte des Säugetiergutachtens genau so demokratisch legitimiert sind wie Rechtsnormen, denn in o. g. Situation wird der Adressat der Verfügung/der gerichtlichen Ent-

---

zum Entwurf des im Auftrag des BMELV überarbeiteten „Gutachten über Mindestanforderungen an die Haltung von Säugetieren" vom April 2013.

1042 Vgl. *Hill* in: *Hoffmann-Riem/Schmidt-Aßmann/Voßkuhle*, Grundlagen des Verwaltungsrechts Band II, § 34 Rn. 44; *BVerwG*, Urteil vom 17. Februar 1978, Az.: I C 102.76, BVerwGE 55, S. 250 ff., S. 256; *BVerwG*, Urteil vom 19. Dezember 1985, Az.: 7 C 65/82, NVwZ 1986, S. 208 ff., S. 213.

scheidung ähnlich wie von einer Rechtsnorm verbindlich von den Inhalten des Säugetiergutachtens betroffen. Mit der hier durch die Erstellung des Säugetiergutachtens erfolgten sachverständigen Beratung des Verordnungsgebers sind immer auch Legitimationsprobleme, insbesondere der demokratischen Legitimation verbunden.[1043]

Weiter gäbe es für oberste Landesbehörden die Möglichkeit, im Erlasswege nachgeordnete Behörden dazu zu verpflichten, das Säugetiergutachten gesetzeskonkretisierend anzuwenden, wodurch es ebenfalls rechtliche Verbindlichkeit (für die das Tierschutzgesetz vollziehenden Behörden!) erlangen würde. Von dieser Möglichkeit hat nach den Erkenntnissen der Verfasserin bislang noch keine oberste Landesbehörde Gebrauch gemacht.

Verwaltung und Gerichte sind gem. Art. 20 Abs. 3 GG an Gesetz und Recht gebunden. Übernimmt ein Amtsveterinär für die zuständige Behörde oder ein Richter die Inhalte des Säugetiergutachtens, so muss sicher sein, dass diese den aktuellen Stand der Wissenschaft und damit eine zuverlässige Grundlage für die Entscheidung wiedergeben und nach den Anforderungen entstanden sind die an ein – vor Gericht verwertbares – antizipiertes Sachverständigengutachten zu stellen sind. Nur falls eine Qualifikation des Säugetiergutachtens als antizipiertes Sachverständigengutachten möglich ist, kann dieses als solches im gerichtlichen Verfahren verwertet werden und hat damit so einen hohen Beweiswert, dass es nur in Ausnahmen möglich ist, die Aussagen des Gutachtens durch ein stärkeres Beweismittel zu Fall zu bringen. Lässt sich das Säugetiergutachten aber nicht als antizipiertes Sachverständigengutachten qualifizieren, so ist es lediglich eine andere Erkenntnisquelle, der sich der Richter zwar zur Wissensgenerierung bedienen darf, deren Aussagen jedoch möglicherweise durch zu bestellende Sachverständige bestätigt werden müssen bzw. ein Gegenbeweis leichter führbar ist. Keinesfalls dürften die Inhalte des Säugetiergutachtens dann unreflektiert übernommen werden, sondern müssten hinterfragt und bestätigt oder korrigiert und um diese Korrektur modifiziert angewendet werden. Denn im Einsatz von Gutachtern und Sachverständigen liegt zwar Professionalisierung – nicht aber notwendig auch Entlastung der Gerichte.[1044] „Denn Gutachter müssen angeleitet und ihre Arbeitsergebnisse rezipiert werden."[1045]

1043 Vgl. auch *König*, Konsultierende Regierung, in: *Sommermann*, Sachverständige Politikberatung, S. 43 ff., S. 47.

1044 *Reimer*, Juristische Methodenlehre, S. 69.

1045 *Reimer*, Juristische Methodenlehre, S. 69.

Richter haben jedoch oft keine fachliche Kenntnis über die Inhalte der Gutachten, können also oft selbst nicht beurteilen, ob die Inhalte richtig oder falsch, aktuell oder nicht aktuell sind oder möglicherweise das Gesetz nicht nach seinem Sinn und Zweck durchsetzen. In Folge werden Gutachten in der Gerichtspraxis vielfach unreflektiert übernommen und so zum Inhalt der gerichtlichen Entscheidung gemacht. Oft entscheidet so nicht der Richter, sondern faktisch die Sachverständigen(-Gutachten) einen Rechtsstreit.[1046] Dies stellt eine Gefahr der Verlagerung der faktischen Entscheidungsbefugnis auf den externen Sachverständigen [Anm. der Verf.: oder eben das vermeintliche antizipierte Sachverständigengutachten] dar, der durch eine klare Abgrenzung des Verhältnisses zwischen Sachverständigem und Entscheidungsträger begegnet werden muss.[1047]

Da gem. Art. 92 GG die Rechtsprechung den Richtern anvertraut ist, darf ein Sachverständigengutachten nur dann (faktisch) einen Rechtsstreit entscheidend beeinflussen, wenn es auch als Sachverständigenbeweis qualifiziert werden kann. Dazu muss ein Gutachten alle Voraussetzungen erfüllen, die an ein Sachverständigengutachten gestellt werden. Da der fachfremde Richter niemals jedes einzelne Gutachten jeglicher Fachrichtung auch fachlich beurteilen kann, müssen jedenfalls die fachliche Richtigkeit und die Eigenschaft als Sachverständigengutachten durch kontrollierbare Anforderungen an Sachverständige, Gutachten und Verfahren zur Gutachtenerstellung möglichst weitgehend festgestellt werden können.[1048] Natürlich bleibt dem Richter die Möglichkeit, sich selbst sach- und fachkundig zu machen, was in der Praxis jedoch nicht zu jedem Fall und zu jedem Fachgebiet möglich sein wird. Dass auch der Richter sachkundig in einer bestimmten Fachrichtung sein kann, wird auch in der Rechtsprechung bestätigt; diese Sachkunde eines eigentlich Fachfremden muss der Richter sodann aber ausreichend und nachvollziehbar in den Entscheidungsgründen

---

1046 *Wemdzio*, Die Bedeutung von Sachverständigen und Sachverständigengutachten in Verfahren vor Verwaltungsbehörden und -gerichten, NuR 2012, S. 19 ff., S. 27; *Sendler*, Richter und Sachverständige, NJW 1986, S. 2907 ff., S. 2909; *Nolte*, Die Verarbeitung von extrajuridischem Wissen im Verwaltungsgerichtsverfahren, in: *I. Augsberg*, Extrajuridisches Wissen im Verwaltungsrecht, S. 241 ff., S. 250.

1047 *Kallerhoff* in *Stelkens/Bonk/Sachs*, Verwaltungsverfahrensgesetz Kommentar, § 26 Rn. 68.

1048 So auch *Nicklisch*, Technische Regelwerke – Sachverständigengutachten im Rechtssinne?, NJW 1983, S. 841 ff., S. 844.

begründen.[1049] Dies gilt auch für die Behörde. Auch diese muss, sofern sie es unterlässt, einen Sachverständigen zur Klärung einer Frage aus einem fremden Fachgebiet heranzuziehen, begründen, warum sie selbst die erforderliche Sachkunde hat.[1050]

Zunächst sind der Sachverständige, das Sachverständigengutachten und das antizipierte Sachverständigengutachten näher zu beleuchten.

a) Sachverständige, Gutachten, Sachverständigengutachten und antizipierte Sachverständigengutachten

Sachverständige oder auch Experten sind Personen, die auf einem bestimmten Gebiet der Geistes-, der Naturwissenschaften, der Wirtschaft, der Technik oder anderer Wissenschaften oder Tätigkeiten besonders bewandert sind und deshalb zur Beantwortung von Fachfragen auf diesem Gebiet in besonderem Maße berufen erscheinen.[1051] „Schriftliche Stellungnahmen von Sachverständigen werden als Sachverständigengutachten bezeichnet."[1052] Die Aufgabe eines Sachverständigen besteht darin, der Behörde oder dem Gericht Wissen zu liefern, mit Hilfe dessen der zuständige Sachbearbeiter oder Richter die für die Subsumtion erforderlichen Schlüsse ziehen kann.[1053] Der Sachverständige ist also Berater der Behörden und des Gerichts[1054] für außerrechtliche Fragestellungen. Die Tatsache, dass Sachverständige durch Vernehmung nach § 96 Abs. 1 VwGO oder Erstellung von Gutachten gem. § 98 VwGO i. V. m. §§ 407 ff. ZPO dem Gericht Wissen vermitteln, das dieses nicht hat, z. B. die ethologischen Grundlagen einer Tierart, um deren Haltung und Unterbringung als verhaltensgerecht

1049 *Wemdzio*, Die Bedeutung von Sachverständigen und Sachverständigengutachten in Verfahren vor Verwaltungsbehörden und -gerichten, NuR 2012, S. 19 ff., S. 22; *BVerwG*, Beschluss vom 28. Juni 1990, Az.: 9 B 15/90, NVwZ-RR 1990, S. 652; Beschluss vom 11. Februar 1999, Az.: 9 B 381.98, DVBl. 1999, S. 1206 ff.

1050 *Kallerhoff* in *Stelkens/Bonk/Sachs*, Verwaltungsverfahrensgesetz Kommentar, § 26 Rn. 7, 69.

1051 *Bremer*, Der Sachverständige, S. 21.

1052 *Wemdzio*, Die Bedeutung von Sachverständigen und Sachverständigengutachten in Verfahren vor Verwaltungsbehörden und -gerichten, NuR 2012, S. 19 ff., S. 20.

1053 Vgl. *Wemdzio*, Die Bedeutung von Sachverständigen und Sachverständigengutachten in Verfahren vor Verwaltungsbehörden und -gerichten, NuR 2012, S. 19 ff., S. 20; *Gusy*, „Antizipierte Sachverständigengutachten" im Verwaltungs- und Gerichtsverfahren, NuR 1987, S. 156 ff., S. 158.

1054 Vgl. auch *Bremer*, Der Sachverständige, S. 21.

oder eben nicht verhaltensgerecht i. S. v. § 2 Nr. 1 TierSchG einordnen zu können, versetzt den Sachverständigen in eine vermeintlich verantwortungsvolle Position: Sein Wissen wird zur Grundlage der richterlichen Entscheidung. Dies geschieht jedoch nur, sofern der Richter die Aussagen des Sachverständigen bzw. des Sachverständigengutachtens ungeprüft und unreflektiert übernimmt und zum Gegenstand seiner Entscheidung macht. Dies darf jedoch nicht geschehen; trotz der allseits bekannten Überlastung der Gerichte und der zu geringen Zahl an Richtern muss ein Sachverständigengutachten durch den Richter jedenfalls auf Schlüssigkeit hin überprüft werden; der Richter muss sich ein eigenes Bild machen, indem er das Gutachten so weit wie möglich nachvollzieht.[1055] Jedenfalls muss der Richter stets überprüfen, ob der Sachverständige bzw. das Sachverständigengutachten die Anforderungen erfüllt, die im Folgenden dargestellt werden sollen. Denn nur so kann der Richter die vermeintliche „Machtstellung des Sachverständigen“[1056] verhindern oder jedenfalls vermindern. Denn der Richter ist derjenige, der die gerichtliche Entscheidung zu verantworten hat, nicht der Sachverständige. Der Richter muss im Rahmen seiner freien Beweiswürdigung entscheiden, inwieweit dem Gutachten gefolgt werden kann. Das schließt eine unreflektierte, kritiklose Übernahme der Inhalte des Gutachtens durch den Richter aus. Denn die Bildung der richterlichen Überzeugung, die am Ende des Verfahrens steht und Grundlage für die gerichtliche Entscheidung ist, erfordert immer eine ausreichende Erforschung des Sachverhaltes;[1057] bei der Einholung und Verwertung von Sachverständigengutachten muss sich das Gericht hinsichtlich des Ergebnisses des Gutachtens seine eigene Überzeugung bilden und darf sogar von dem Ergebnis des Gutachtens abweichen,[1058] dies jedoch nur unter Begründung entsprechender eigener Sachkunde und einer entsprechenden Darlegung der maßgeblichen Erwägungen bzw. einer Begründung.[1059] Auch wenn das Gericht auf die Einholung eines Sachverständigengutachtens bzw. die Einschaltung eines Sachverständigen verzichtet, erfordert die Pflicht zur Erforschung des Sachverhalts von Amts wegen aus § 86 Abs. 1 Satz 1 VwGO eine Darlegung der eigenen Sachkunde durch das Gericht.[1060]

1055 Dies verlangt der BGH sogar für schwierige Fachfragen, vgl. *BGH*, Entscheidung vom 26. April 1955, 5 StR 86/55, BGHSt. 8, S. 113 ff.

1056 *Bremer*, Der Sachverständige, S. 21.

1057 *BVerwG*, Urteil vom 18. Juli 1986, Az.: 4 C 40-45/82 (juris) Orientierungssatz.

1058 Vgl. auch *Sendler*, Richter und Sachverständige, NJW 1986, S. 2907 ff., S. 2909.

1059 *BGH*, Urteil vom 21. Januar 1997, Az.: VI ZR 86/96 (juris) Rn. 10, 11.

1060 *Rixen* in *Sodan/Ziekow*, Verwaltungsgerichtsordnung Großkommentar, § 86 Rn. 108 m. w. N.

Es geht also im Ergebnis auch um Selbstschutz, indem ein Sachverständigengutachten nicht einfach unreflektiert übernommen wird; denn ist das Gutachten fehlerhaft und wird es vom Richter ungeprüft in die Entscheidung übernommen, ist möglicherweise auch die gerichtliche Entscheidung falsch und angreifbar.

aa) Anforderungen an Sachverständige, Gutachten und Sachverständigengutachten

Der Sachverständige soll sich von seinem Sachverstand und von nichts anderem leiten lassen.[1061]

Oberste Prinzipien für die Person des Sachverständigen sind Objektivität, Neutralität und Unabhängigkeit.[1062] Sachverständige, die von vornherein nicht als objektiv und neutral erscheinen, sind nicht als solche zu berufen.[1063] Nicht selten erweisen sich Sachverständige als interessengebunden.[1064] Dies kann man mit der Befangenheit des Richters vergleichen; ein Sachverständiger ist nicht als solcher zu berufen, wenn etwa wirtschaftliche Bindungen, frühere Beratungen oder Mitgliedschaften in einem beteiligten Verein oder Verband, ein Anstellungsverhältnis oder eine ständige Geschäftsbeziehung zu den Prozessbeteiligten vorliegt,[1065] insoweit gelten für ihn die gleichen Erwägungen, mit denen man auch einen Richter als befangen ablehnen kann. Auch ein eigenes, möglicherweise wirtschaftliches Interesse am Prozessausgang in einer bestimmten Weise disqualifiziert einen Sachverständigen.[1066] Neben den unbedingten Voraussetzungen Objektivität und Neutralität, die um Unabhängigkeit bzw. Unparteilichkeit erweitert werden müssen, muss der Sachverständige von der zu begutachten-

1061 *Gusy*, „Antizipierte Sachverständigengutachten“ im Verwaltungs- und Gerichtsverfahren, NuR 1987, S. 156 ff., S. 158.

1062 Vgl. *Gusy*, „Antizipierte Sachverständigengutachten“ im Verwaltungs- und Gerichtsverfahren, NuR 1987, S. 156 ff., S. 158; *Nicklisch*, Technische Regelwerke – Sachverständigengutachten im Rechtssinne?, NJW 1983, S. 841 ff., S. 847.

1063 *Gusy*, „Antizipierte Sachverständigengutachten“ im Verwaltungs- und Gerichtsverfahren, NuR 1987, S. 156 ff., S. 158.

1064 *Sendler*, Richter und Sachverständige, NJW 1986, S. 2907 ff., S. 2907.

1065 Vgl. *Gusy*, „Antizipierte Sachverständigengutachten“ im Verwaltungs- und Gerichtsverfahren, NuR 1987, S. 156 ff., S. 158.

1066 Vgl. *Gusy*, „Antizipierte Sachverständigengutachten“ im Verwaltungs- und Gerichtsverfahren, NuR 1987, S. 156 ff., S. 158.

den Thematik Kenntnis haben,[1067] er muss also – und dies ist durchaus auch von einem Richter überprüfbar – „ein anerkannter und zuverlässiger Vertreter seines Fachs und zur Beantwortung des konkreten Beweisthemas kompetent“[1068] sein.

Er muss einschlägige Fragen mit „wahr“ oder „unwahr“ beantworten können.[1069] Auf die basalen Voraussetzungen, wann eine Person genug Kenntnis zu einem Themenkomplex hat, ob sie dafür ein einschlägiges Hochschulstudium, eine einschlägige Ausbildung haben muss oder ob ein bestimmtes Maß an „Citizen Science“ ausreicht, wird noch einzugehen sein. Grundsätzlich sind die Einzelheiten des Erwerbs des Fachwissens nicht geregelt, dies ist jeweils im Einzelfall zu beurteilen.[1070] Jedoch ist an späterer Stelle auch auf § 36 GewO einzugehen, der für die öffentliche Bestellung von Sachverständigen Vorgaben macht.

Den Ergebnissen der sachkundigen Untersuchung muss der Sachverständige auch folgen.[1071]

Letztlich müssen Sachverständigengutachten stets dem aktuellen Stand der Wissenschaft entsprechen und dürfen nicht veraltet sein.[1072] Dies muss die Methode der Ergebnisfindung wie auch das Ergebnis bzw. die Ergebnisse selbst betreffen. Andere aktuelle wissenschaftliche Studien, Ergebnisse und Feststellungen müssen mit einbezogen und bewertet werden, sie dürfen nicht außen vor gelassen werden.

Zusammenfassend lässt sich sagen, dass ein Sachverständiger ein Experte mit Sachverstand zu dem zu begutachtenden Thema sein muss, der objektiv, neutral, unabhängig und unparteilich ist und dem Ergebnis seines mit aktuellen Methoden erstellten aktuellen Sachverständigengutachtens folgt.

1067 Vgl. *Gusy*, „Antizipierte Sachverständigengutachten“ im Verwaltungs- und Gerichtsverfahren, NuR 1987, S. 156 ff., S. 158.

1068 *Sendler*, Richter und Sachverständige, NJW 1986, S. 2907 ff., S. 2910 mit Verweis auf *Olzen*, Das Verhältnis von Richtern und Sachverständigen im Zivilprozeß (ZZP) 1980, S. 66-88.

1069 *Gusy*, „Antizipierte Sachverständigengutachten“ im Verwaltungs- und Gerichtsverfahren, NuR 1987, S. 156 ff., S. 158.

1070 *Wemdzio*, Die Bedeutung von Sachverständigen und Sachverständigengutachten in Verfahren vor Verwaltungsbehörden und -gerichten, NuR 2012, S. 19 ff., S. 21.

1071 *Wemdzio*, Die Bedeutung von Sachverständigen und Sachverständigengutachten in Verfahren vor Verwaltungsbehörden und -gerichten, NuR 2012, S. 19 ff., S. 21; *Gusy*, „Antizipierte Sachverständigengutachten“ im Verwaltungs- und Gerichtsverfahren, NuR 1987, S. 156 ff., S. 158.

1072 Vgl. *Vieweg*, Antizipierte Sachverständigengutachten – Funktion, Verwertungsformen, rechtliche Bedeutung, NJW 1982, S. 2473 ff., S. 2475.

Das Sachverständigengutachten seinerseits muss mit Hilfe anerkannter, aktueller wissenschaftlicher Methoden die Fragestellung zu einem Ergebnis beantworten, ohne dass andere wissenschaftliche Ergebnisse zu dem zu begutachtenden Thema außen vor gelassen werden.

bb) Das antizipierte Sachverständigengutachten

Antizipierte Sachverständigengutachten sind „vorweggenommene" Gutachten, die ebenfalls von Sachverständigen, aber unabhängig von einem konkreten Einzelfall gefertigt werden.[1073] Sie sind für eine Vielzahl von möglichen Fällen erstellt worden und haben die Aufgabe, z. B. durch Konkretisierung von unbestimmten Rechtsbegriffen eine einheitliche behördliche Entscheidungsweise und eine einheitliche Rechtsprechung zu gewährleisten.[1074] Zunehmend wird von der Rechtsprechung unmittelbar auf solche Gutachten zurückgegriffen und dieser Rückgriff nur kurz in den Entscheidungsgründen angesprochen, ohne die generelle Anwendbarkeit und Verwertbarkeit der Gutachten im Prozess zu problematisieren; lediglich, wenn einem Gutachten oder Regelwerk nicht gefolgt wird, etwa weil es veraltet ist, wird seitens der Gerichte mehr dazu ausgeführt.[1075] Darin zeigt sich, dass die Rechtsprechung in großen Teilen davon ausgeht, dass Regelwerke wie beispielsweise technische Regelwerke, aber auch das Säugetiergutachten antizipierte Sachverständigengutachten darstellen und damit Gutachten, denen kein stärkeres Beweismittel entgegengesetzt wer-

1073 *Wemdzio*, Die Bedeutung von Sachverständigen und Sachverständigengutachten in Verfahren vor Verwaltungsbehörden und -gerichten, NuR 2012, S. 19 ff., S. 20; *Nicklisch*, Technische Regelwerke – Sachverständigengutachten im Rechtssinne?, NJW 1983, S. 841 ff., S. 847; *Gusy*, „Antizipierte Sachverständigengutachten" im Verwaltungs- und Gerichtsverfahren, NuR 1987, S. 156 ff., S. 159.

1074 *Wemdzio*, Die Bedeutung von Sachverständigen und Sachverständigengutachten in Verfahren vor Verwaltungsbehörden und -gerichten, NuR 2012, S. 19 ff., S. 21.

1075 *Nicklisch*, Technische Regelwerke – Sachverständigengutachten im Rechtssinne?, NJW 1983, S. 841 ff., S. 848; vgl. auch *OVG Münster*, Urteil vom 12. April 1978, Az.: VII A 1112/74, DVBl. 1979, S. 316 f., S. 317; für die unmittelbare Heranziehung des Säugetiergutachtens siehe nur *VG Oldenburg*, Urteil vom 13. Februar 2013, Az.: 11 A 4220/12 (juris) Rn. 19; *VG Trier*, Beschluss vom 9. November 2012, Az.: 1 L 1179/12.TR (juris) Rn. 13; *OVG Lüneburg*, Urteil vom 18. Juni 2013, Az.: 11 LC 206/12 (juris) Rn. 30; *BayVGH*, Urteil vom 30. Januar 2008, Az.: 9 B 05.3146 und 9 B 06.2992 (juris) Rn. 28.

den kann und denen daher grundsätzlich zu folgen ist.[1076] Nur zum Teil liest man in gerichtlichen Entscheidungen eine etwas „vorsichtigere" Berufung auf antizipierte Sachverständigengutachten. So schreibt das VG Mainz in einer aktuellen Entscheidung: „Weiterhin können allgemeine Sachverständigenäußerungen in Form von antizipierten oder standardisierten Gutachten herangezogen werden und im Wege des Urkundsbeweises verwertet werden. Antizipierte Sachverständigengutachten in diesem Sinne sind allgemeine, für eine Vielzahl von vergleichbaren Fällen geschaffene Ausarbeitungen, die sich mit den speziellen Verhaltensbedürfnissen bestimmter Tierarten unter bestimmten Haltungsbedingungen beschäftigen, von anerkannten Sachverständigen für die jeweilige Tierart und Haltungsform und unter Gewährleistung von Objektivität und Neutralität erstellt wurden."[1077]

Zu den antizipierten Sachverständigengutachten zählen nicht nur die technischen Anleitungen Luft und Lärm, die als Allgemeine Verwaltungsvorschriften i. S. v. Art. 85 Abs. 2 Satz 1 GG erlassen wurden, sondern auch andere, viel vertreten im technischen Bereich erstellte technischen Normen der privatrechtlichen Normungsvereine wie DIN, VDE und VDI.[1078] Auch das Säugetiergutachten wird ohne weitere Begründung von vielen Gerichten als antizipiertes Sachverständigengutachten angesehen und die Inhalte übernommen.[1079] Der Technischen Anleitung zur Reinhaltung der Luft (TA Luft) als normkonkretisierenden Verwaltungsvorschrift schrieb das Bundesverwaltungsgericht in der *Voerde*-Entscheidung Verbindlichkeit auch für Gerichte zu.[1080] Diese Verbindlichkeit gilt jedoch nicht per se für

---

1076 So auch *Nicklisch*, Technische Regelwerke – Sachverständigengutachten im Rechtssinne?, NJW 1983, S. 841 ff., S. 848. Zweifel ob der Anerkennung des Säugetiergutachtens 2014 lassen die Ausführungen des Landesbeauftragten für Tierschutz des Landes Hessen erkennen, vgl. *Landesbeauftragte für Tierschutz Hessen*, Jahresbericht 2014, S. 11.

1077 *VG Mainz*, Beschluss vom 13. Juni 2016, Az.: 1 L 187/16.MZ (juris) Rn. 16.

1078 *Vieweg*, Antizipierte Sachverständigengutachten – Funktion, Verwertungsformen, rechtliche Bedeutung, NJW 1982, S. 2473 ff., S. 2473; kritisch und die Qualifikation der TA Luft und anderer abstrakter technischen Festlegungen als antizipiertes Sachverständigengutachten ablehnend *Rittstieg*, Das „antizipierte Sachverständigengutachten" – eine falsa demonstratio?, NJW 1983, S. 1098 ff.

1079 Vgl. für viele nur *VG Oldenburg*, Urteil vom 13. Februar 2013, Az.: 11 A 4220/12, Rn. 19 (juris); *VG Trier*, Beschluss vom 9. November 2012, Az.: 1 L 1179/12.TR (juris) Rn. 13; *OVG Lüneburg*, Urteil vom 18. Juni 2013, Az.: 11 LC 206/12 (juris) Rn. 30; *BayVGH*, Urteil vom 30. Januar 2008, Az.: 9 B 05.3146 und 9 B 06.2992 (juris) Rn. 28.

1080 *BVerwG*, Urteil vom 17. Februar 1978, Az.: I C 102.76, BVerwGE 55, S. 250 ff., S. 256.

alle antizipierte Sachverständigengutachten, sondern nur für die Sonderfälle der normkonkretisierenden Verwaltungsvorschriften wie der TA Luft und der Technischen Anleitung zum Schutz gegen Lärm (TA Lärm). Eine Pflicht zur Würdigung von (antizipierten Sachverständigen-)Gutachten durch Gerichte mag sich daraus ergeben, dass diese als präsente (Beweis)mittel bereits vorliegen und daher das Ermessen über die Erstellung eines (weiteren) Sachverständigengutachtens zu dem Thema reduziert sein könnte, was nicht nur der Prozessökonomie, der Kostenersparnis und der Durchführung des Prozesses in angemessener Zeit dient, sondern letztlich auch dem Rechtsschutzgedanken des Art. 19 Abs. 4 GG.[1081] Eine Pflicht, die Inhalte von antizipierten Sachverständigengutachten zu übernehmen, gibt es jedoch genau so wenig wie die Pflicht, eingeholten, „normalen“ Sachverständigengutachten zu folgen. Auch kann die grundsätzliche Pflicht der Heranziehung von antizipierten Sachverständigengutachten nur dann bestehen, wenn das bestimmte Gutachten tatsächlich auch als antizipiertes Sachverständigengutachten zu werten ist. Zwar kann das Gericht auch andere Erkenntnisse zur Bewertung eines Sachverhalts heranziehen; es muss sich folglich für die Wissensvermittlung nicht um ein Sachverständigengutachten oder auch nur ein antizipiertes Sachverständigengutachten handeln. Es kann sich das nötige Wissen also auch aus Büchern, privaten Gutachten oder sonstigen Publikationen aneignen, die möglicherweise auch als Urkundsbeweis in den Prozess eingeführt werden können.[1082] Jedoch kommt einem („echten“) wie auch einem antizipierten Sachverständigengutachten Beweiswert zu. Diese anderen Erkenntnisse muss der Richter entsprechend begründen, wenn er seine Entscheidung auf sie stützt.

Die Besonderheit von antizipierten Sachverständigengutachten und anderen (oft technischen) Regelwerken ist es, dass diese in den meisten Fällen von pluralistisch besetzten Sachverständigengremien erarbeitet werden. Diese Gremien sind oft mit dem interessierten und meist nicht unabhängigen und neutralen Sachverstand besetzt. Daher stellt sich die Frage, ob antizipierte Sachverständigengutachten in einem Verwaltungsverfahren/Verwaltungsprozess herangezogen werden dürfen, wenn sich im Nachhinein herausstellt, dass die mitwirkenden Sachverständigen möglicherweise selbst ein (wirtschaftliches) Interesse am Ausgang des Verfahrens haben.

1081 *Vieweg*, Antizipierte Sachverständigengutachten – Funktion, Verwertungsformen, rechtliche Bedeutung, NJW 1982, S. 2473 ff., S. 2475.

1082 *Nicklisch*, Technische Regelwerke – Sachverständigengutachten im Rechtssinne?, NJW 1983, S. 841 ff., S. 849.

Einen Sachverständigen würde man als Gericht bzw. als Behörde in solch einem Fall nicht berufen (dürfen).

cc) Anforderungen an antizipierte Sachverständigengutachten und an das Sachverständigengremium

Richtigerweise dürfen die oben genannten Anforderungen, die an einzelne Sachverständige gestellt werden müssen, nicht deckungsgleich auf die einzelnen Gremiumsmitglieder projiziert werden, sondern müssen auf das Sachverständigengremium als Ganzes angewendet werden,[1083] um den Besonderheiten des antizipierten Sachverständigengutachtens und der Ausarbeitung in einem Gremium Rechnung zu tragen. Das Sachverständigengremium muss als Ganzes objektiv, neutral, unabhängig und unparteilich sein. Dies wird durch eine interessenpluralistische Zusammensetzung verwirklicht,[1084] d. h., es muss gewährleistet sein, dass alle maßgeblichen Fachkreise und alle Interessen(-gruppen) objektiv und neutral berücksichtigt werden und dadurch Weisungs-, Abhängigkeits- und Interessenskonflikte neutralisiert werden.[1085] Nicht-sachliche Interessen sollen sich so nicht durchsetzen können.[1086] Daraus folgt, dass in einem Sachverständigengremium die „Sitze" paritätisch nach – meist kollidierenden – Interessen zu besetzen sind. Das Paritätsprinzip soll somit verhindern, dass sich das Interesse, welches mehrere „Sitze" auf sich vereint, durchsetzt und das

1083 So auch *Wemdzio*, Die Bedeutung von Sachverständigen und Sachverständigengutachten in Verfahren vor Verwaltungsbehörden und -gerichten, NuR 2012, S. 19 ff., S. 21; *Gusy*, „Antizipierte Sachverständigengutachten" im Verwaltungs- und Gerichtsverfahren, NuR 1987, S. 156 ff., S. 159; *Nicklisch*, Technische Regelwerke – Sachverständigengutachten im Rechtssinne?, NJW 1983, S. 841 ff., S. 844, 847.

1084 *Wemdzio*, Die Bedeutung von Sachverständigen und Sachverständigengutachten in Verfahren vor Verwaltungsbehörden und -gerichten, NuR 2012, S. 19 ff., S. 21; *Gusy*, „Antizipierte Sachverständigengutachten" im Verwaltungs- und Gerichtsverfahren, NuR 1987, S. 156 ff., S. 159; *Rittstieg*, Das „antizipierte Sachverständigengutachten" – eine falsa demonstratio?, NJW 1983, S. 1098 ff., S. 1098 f.

1085 *Wemdzio*, Die Bedeutung von Sachverständigen und Sachverständigengutachten in Verfahren vor Verwaltungsbehörden und -gerichten, NuR 2012, S. 19 ff., S. 21; *Vieweg*, Antizipierte Sachverständigengutachten – Funktion, Verwertungsformen, rechtliche Bedeutung, NJW 1982, S. 2473 ff., S. 2475.

1086 *Gusy*, „Antizipierte Sachverständigengutachten" im Verwaltungs- und Gerichtsverfahren, NuR 1987, S. 156 ff., S. 161.

Gutachten somit interessengeleitet in die eine oder andere Richtung verlagert und so möglicherweise die Richtigkeit des Ergebnisses – zugunsten eines Interesses – verfälscht.

Die Sachverständigen des Gremiums, jedenfalls aber das Gremium an sich muss auch weisungsfrei sein.[1087]

Weiter müssen die Ergebnisse bzw. Inhalte eines Gutachtens aufgrund eines fachlichen Konsenses zustande kommen.[1088] Im Bereich der technischen Normung haben die Ersteller technischer Regelwerke ihre Ergebnisse dem sogenannten „Konsensprinzip" unterstellt; das bedeutet, dass über den Inhalt einer Norm nicht die zahlenmäßige Mehrheit der Mitglieder des Gremiums entscheidet, sondern die gemeinsame, aufgrund einer fachlichen Auseinandersetzung mit dem Thema gebildete Auffassung.[1089]

Weitere Voraussetzung für die Qualifikation eines Werkes als antizipiertes Sachverständigengutachten ist das Erfordernis der Verfahrenspublizität.[1090] Nur mit Hilfe eines transparenten, dokumentierten und nach festgelegten, bestimmten Regeln durchlaufenem Verfahren zur Erstellung der Inhalte des Werkes ist es für einen Richter möglich, nachzuvollziehen, ob das Werk, welches möglicherweise als Sachverständigenbeweis in den Prozess eingeführt werden soll, unter solchen Umständen entstanden ist, die darauf schließen lassen, dass die Inhalte des Werkes als anwendbar erachtet werden können.

Die in das Werk aufgenommenen Ergebnisse müssen mit substantiellen Begründungen[1091] und – sofern sie auf anderen wissenschaftlichen Quellen beruhen oder diese zugrunde legen – mit einer Quellenangabe[1092] verse-

---

1087 *Gusy*, „Antizipierte Sachverständigengutachten" im Verwaltungs- und Gerichtsverfahren, NuR 1987, S. 156 ff., S. 159, 161; *Vieweg*, Antizipierte Sachverständigengutachten – Funktion, Verwertungsformen, rechtliche Bedeutung, NJW 1982, S. 2473 ff., S. 2475.

1088 So auch *Wemdzio*, Die Bedeutung von Sachverständigen und Sachverständigengutachten in Verfahren vor Verwaltungsbehörden und -gerichten, NuR 2012, S. 19 ff., S. 21; *Gusy*, „Antizipierte Sachverständigengutachten" im Verwaltungs- und Gerichtsverfahren, NuR 1987, S. 156 ff., S. 159.

1089 *Nicklisch*, Technische Regelwerke – Sachverständigengutachten im Rechtssinne?, NJW 1983, S. 841 ff., S. 847.

1090 So auch *Wemdzio*, Die Bedeutung von Sachverständigen und Sachverständigengutachten in Verfahren vor Verwaltungsbehörden und -gerichten, NuR 2012, S. 19 ff., S. 21.

1091 *Wemdzio*, Die Bedeutung von Sachverständigen und Sachverständigengutachten in Verfahren vor Verwaltungsbehörden und -gerichten, NuR 2012, S. 19 ff., S. 21.

1092 So auch *Nicklisch*, Technische Regelwerke – Sachverständigengutachten im Rechtssinne?, NJW 1983, S. 841 ff., S. 849.

hen sein. Dies soll zum einen der Tatsache Rechnung tragen, dass der Richter im Prozess bei Heranziehung eines antizipierten Sachverständigengutachtens nicht wie bei einem „normalen" Sachverständigengutachten, für das der erstellende Sachverständige geladen werden kann, die Möglichkeit hat, mit „dem Sachverständigen" zu sprechen und ihn sein Gutachten erläutern lassen kann; denn ein antizipiertes, also vorweggenommenes Sachverständigengutachten wird gerade nicht für den streitigen, gerichtsanhängigen Fall erarbeitet, sondern für eine Vielzahl von Fällen. Weiterhin sitzen nicht sämtliche Sachverständigen, die im erstellenden Gremium mitgewirkt haben, in der Verhandlung und können zu einzelnen Inhalten des Gutachtens befragt werden. Daher müssen die Inhalte des Gutachtens lückenlos belegt und begründet werden. Nur durch Einhaltung dieser Begründungs- und Belegungspflicht kann der Richter die Inhalte nachvollziehen. Zum anderen dient die Begründungs- und Belegungspflicht der Möglichkeit der Kontrolle der anderen wissenschaftlichen Werke, die seitens der Sachverständigen herangezogen werden. Denn es ist selbstverständlich, dass die Sachverständigen des Gremiums „das Rad" nicht neu erfinden müssen, sondern sich ihrerseits bei der Erstellung des Gutachtens auf andere wissenschaftliche Quellen, Studien oder auch Gutachten stützen. Um die „Legitimationskette" vom eigentlichen Gutachten bis hinunter zu den diesem zugrunde gelegten Quellen verfolgen zu können, müssen diese von den Gremiums-Mitgliedern im Gutachten offengelegt werden. So ist es z. B. für den technischen Sachverständigen selbstverständlich, dass dieser sich bezüglich des „Standes der Technik" seinerseits auf – von anderen Sachverständigen oder Sachverständigengremien erstellten – Gutachten stützt und auf diese zurückgreift.[1093] Natürlich müssen auch diese Sekundärquellen den Anforderungen an (antizipierte) Sachverständigengutachten entsprechen wie das eigentliche Gutachten, welches der Richter im Prozess heranziehen will.

1093 *Nicklisch*, Technische Regelwerke – Sachverständigengutachten im Rechtssinne?, NJW 1983, S. 841 ff., S. 849.

Auch muss das Werk mit seinen Inhalten aktuell sein.[1094] Es muss den „heutigen Stand der wissenschaftlichen (...) Erkenntnisse“[1095] darstellen. Gibt es zu dem streitigen Thema neuere Erkenntnisse und besteht die Möglichkeit, diese heranzuziehen, ist es ausgeschlossen, das Gutachten mit den älteren Erkenntnissen zu verwerten.[1096] Denn liegen neuere Erkenntnisse vor, ist davon auszugehen, dass diese dem neueren Erkenntnisstand und damit einer gewandelten Auffassung im Kreise der Sachverständigen entsprechen.[1097] Um die Aktualität des Werkes zu prüfen, welches im Prozess verwertet werden soll, kann es nötig sein, ein weiteres Sachverständigengutachten in Auftrag zu geben, welches sich mit dem Gegenstand der Aktualität des heranzuziehenden Werkes befasst.[1098]

Auch muss die Erstellung des Gutachtens durch das Sachverständigengremium lege artis durchgeführt werden.[1099] Diese Voraussetzung, die genauso für jeden einzelnen Sachverständigen wie auch für das gesamte Gremium gilt, hat zum Inhalt, dass jeweils nur solche Erfahrungssätze, Methoden und Lehrmeinungen anzuwenden sind, die in den jeweiligen Fachkreisen allgemein und zweifelsfrei als richtig und zuverlässig anerkannt sind.[1100] Dazu gehört auch, dass nicht nur fachlich, sondern auch generell im Sinne einer guten wissenschaftlichen Praxis gearbeitet wird. Nach den Empfehlungen der Kommission „Selbstkontrolle in der Wissenschaft“ der

---

1094 So auch *Wemdzio*, Die Bedeutung von Sachverständigen und Sachverständigengutachten in Verfahren vor Verwaltungsbehörden und -gerichten, NuR 2012, S. 19 ff., S. 21; *Gusy*, „Antizipierte Sachverständigengutachten“ im Verwaltungs- und Gerichtsverfahren, NuR 1987, S. 156 ff., S. 160; *Rittstieg*, Das „antizipierte Sachverständigengutachten“ – eine falsa demonstratio?, NJW 1983, S. 1098 ff., S. 1098 f.; *BVerwG*, Urteil vom 17. Februar 1978, Az.: 1 C 102.76, BVerwGE 55, S. 250 ff., S. 258.

1095 *BVerwG*, Urteil vom 17. Februar 1978, Az.: 1 C 102.76, BVerwGE 55, S. 250 ff., S. 258.

1096 *BVerwG*, Urteil vom 17. Februar 1978, Az.: 1 C 102.76, BVerwGE 55, S. 250 ff., S. 258; *OVG Münster*, Urteil vom 12. April 1978, Az.: VII A 1112/74, DVBl. 1979, S. 316 f.

1097 Für das Verhältnis der neueren VDI-Richtlinie 2058 aus dem Jahr 1973 zur TA Lärm aus dem Jahr 1968 *OVG Münster*, Urteil vom 12. April 1978, Az.: VII A 1112/74, DVBl. 1979, S. 316 f.

1098 *Gusy*, „Antizipierte Sachverständigengutachten“ im Verwaltungs- und Gerichtsverfahren, NuR 1987, S. 156 ff., S. 160.

1099 *Wemdzio*, Die Bedeutung von Sachverständigen und Sachverständigengutachten in Verfahren vor Verwaltungsbehörden und -gerichten, NuR 2012, S. 19 ff., S. 27.

1100 *Nicklisch*, Technische Regelwerke – Sachverständigengutachten im Rechtssinne?, NJW 1983, S. 841 ff., S. 847.

DFG[1101] gehört hierzu neben dem Arbeiten lege artis, dass Resultate dokumentiert werden, alle Ergebnisse konsequent angezweifelt werden und ehrlich miteinander umgegangen wird.[1102] Bezogen auf die spezielle Situation der Erstellung eines antizipierten Sachverständigengutachtens heißt dies, dass im Gutachten niedergeschriebene Ergebnisse wissenschaftlich fundiert und aufgrund anerkannter Methoden gefunden worden sein müssen. Sofern es weitere wissenschaftliche Ergebnisse zu den jeweiligen Themen gibt, sind diese unter Quellenangaben mit einzubeziehen, um der Kontrollierbarkeit Rechnung zu tragen. Diese dürfen nicht einfach ohne tragfähige Begründung außen vor bleiben.[1103] Alle Quellen und auch das Verfahren müssen nachverfolgbar und einsehbar sein. Aber nicht nur die wissenschaftlich zustande gekommenen Ergebnisse müssen dokumentiert werden. Wie oben gesehen, hat die Transparenz und Nachvollziehbarkeit des Entstehungsprozesses auch einen hohen Stellenwert für die Frage, ob ein Gutachten als antizipiertes Sachverständigengutachten und somit als Beweismittel in einen Prozess eingeführt werden kann. Alle Ergebnisse dürfen und müssen konsequent angezweifelt und kontrolliert werden. Die weiterhin in der Empfehlung der DFG genannte Ehrlichkeit gilt innerhalb des Gremiums, aber auch nach außen hin. In Bezug auf das Säugetiergutachtens hieße das, dass ehrlich von den Sachverständigen die Hintergründe von Vorschlägen zu z. B. Gehegegrößen offengelegt werden müssten, die meist nicht der artgerechten Haltung, sondern vielmehr der Verhinderung eines kostspieligen Umbaus der Gehege geschuldet sein dürften.

Die Ergebnisse des Gutachtens müssen fachlich richtig sein und müssen auf fachlich fundierten Aussagen beruhen.[1104] Nur ein fachlich richtiges Gutachten kann einen hohen Beweiswert in einem verwaltungsgerichtlichen Prozess erlangen. Insoweit ist auch die Betrachtung als „Kompromiss“ zwischen dem aktuellen wissenschaftlichen Stand und politisch Gewolltem nur sehr beschränkt möglich, nämlich nur im Rahmen einer grundrechtsrelevanten Abwägung der widerstreitenden Interessen. Als Folge dürfen Gutachten, die so sehr einen (politischen, wirtschaftlichen etc.)

1101 *DFG*, Kommission „Selbstkontrolle in der Wissenschaft“, Denkschrift Sicherung guter wissenschaftlicher Praxis, ergänzte Auflage 2013.

1102 *DFG*, Kommission „Selbstkontrolle in der Wissenschaft“, Denkschrift Sicherung guter wissenschaftlicher Praxis, Empfehlung 1, S. 15.

1103 So auch *Rittstieg*, Das „antizipierte Sachverständigengutachten“ – eine falsa demonstratio?, NJW 1983, S. 1098 ff., S. 1100, der von der „vollständigen Verarbeitung des wissenschaftlich-technischen Erfahrungsmaterials“ spricht.

1104 *Nicklisch*, Technische Regelwerke – Sachverständigengutachten im Rechtssinne?, NJW 1983, S. 841 ff., S. 848.

Kompromiss darstellen, dass die Wissenschaftlichkeit nicht mehr durchgängig gewährleistet ist, nicht als antizipierte Sachverständigengutachten qualifiziert werden.

Letztlich muss eine staatliche Mitwirkung und Kontrolle[1105] gewährleistet sein, wenn die Gutachten als antizipierte Sachverständigengutachten in behördlichen und gerichtlichen Verfahren ähnlich wie Rechtsnormen angewendet werden und gegenüber dem Adressaten der verwaltungsbehördlichen Maßnahme bzw. der gerichtlichen Entscheidung verpflichtende Wirkung entfalten sollen.

dd) Anforderungen an die Sachverständigen des Gremiums

Auch an die Person des Sachverständigen eines Gremiums sind verschiedene Anforderungen zu stellen. Wie oben gesehen, sind oft die einzelnen Sachverständigen nicht objektiv, neutral und unabhängig, sondern gehören oft dem interessierten, organisierten und wirtschaftlich abhängigen Fachverstand an. Jedoch muss, wie oben gesehen, jedenfalls das Gremium an sich diese Voraussetzungen erfüllen. Dazu ist es notwendig, dass bei der Auswahl der Sachverständigen nicht nur die Lobbyvertreter zum Zuge kommen, sondern dass so breit wie möglich angelegtes Fachwissen vertreten ist; sowohl die „Hauptströmung als auch davon abweichende Ansichten sind zu berücksichtigen“.[1106]

Die Sachverständigen müssen, wie auch bereits oben behandelt, ehrlich sein und lege artis arbeiten.

Der oft problematische Punkt ist der Sachverstand. Sachverständige müssen sachverständig sein. Dies ist hier näher zu beleuchten, da es nicht eindeutig geregelt ist, welcher Art dieser Sachverstand sein muss.

1105 So auch *Rittstieg*, Das „antizipierte Sachverständigengutachten“ – eine falsa demonstratio?, NJW 1983, S. 1098 ff., S. 1100.

1106 Mitteilung der Kommission über die Einholung und Nutzung von Expertenwissen durch die Kommission: Grundsätze und Leitlinien, „Eine bessere Wissensgrundlage für eine bessere Politik“ vom 11. Dezember 2002, S. 14.

ee) Sachverstand – Sachkunde – Fachwissen

Zunächst ist zu fragen, was „Sachverstand“ eigentlich ist. Denn zuweilen liest man, dass der Sachverständige „Sachverstand“[1107] haben muss; andere sprechen von einer erforderlichen, besonderen (erheblich über dem Durchschnitt liegenden)[1108] „Sachkunde“;[1109] an anderer Stelle wird von „Fachwissen“[1110] oder von „theoretischem und praktischen Wissen in einem Begutachtungsfeld“[1111] gesprochen. Gemeint ist wohl immer das gleiche: Der Sachverständige, ob als behördlicher, gerichtlicher Sachverständiger oder Mitglied in einem Sachverständigengremium muss immer das erforderliche Wissen über den zu begutachtenden Gegenstand haben. Hier wird im Folgenden der Begriff „Sachverstand“ genutzt.

ff) Anforderungen an den Sachverstand

Damit ist noch nicht geklärt, welche Anforderungen an den zu fordernden Sachverstand zu stellen sind. Fraglich ist insbesondere, ob ein abgeschlossenes Hochschulstudium in diesem Bereich bzw. eine einschlägige, abgeschlossene Berufsausbildung zu fordern ist, möglicherweise noch praktische Berufserfahrung über einen bestimmten Zeitraum hinweg, oder ob auch eine fachfremde Person, die möglicherweise ein geistes- statt naturwissenschaftliches Hochschulstudium oder möglicherweise gar kein Hochschulstudium absolviert hat und sich im Rahmen z. B. einer ehrenamtlichen Tätigkeit in einem Verband und/oder aus reinem Interesse für die Fachthematik ein bestimmtes Wissen angeeignet hat, welches hier als „Citizen Science“ bezeichnet wird, auch „Sachverstand“ i.S. der Anforderungen hat.

Der Begriff „Citizen Science“ ist im angelsächsischen Raum bereits ein populärer Begriff.[1112]

1107 So *Thieme*, Verwaltungslehre, Rn. 512 zum gerichtlichen Sachverständigen.

1108 So *BVerwG*, Urteil vom 27. Juni 1974, Az.: I C 10.73, BVerwGE 45, S. 235 ff., S. 238, jedoch zu gem. § 36 GewO öffentlich bestellten Sachverständigen.

1109 *Kallerhoff* in *Stelkens/Bonk/Sachs*, Verwaltungsverfahrensgesetz Kommentar, § 26 Rn. 68 zum Sachverständigen i. S. v. § 26 VwVfG.

1110 *Groß*, Das Kollegialprinzip in der Verwaltungsorganisation, S. 54 für den Sachverständigen.

1111 Für ein Sachverständigengremium *Scholl*, Der private Sachverständige im Verwaltungsrecht, S. 161.

1112 Vgl. *Finke*, Citizen Science, S. 7.

Der Citizen Scientist wird als „volunteer who collects and/or processes data as part of a scientific enquiry“[1113] umschrieben. Der Begriff der „Citizen Science“ wird hier als Wissen einer fachfremden Person, die möglicherweise ein geistes- statt naturwissenschaftliches Hochschulstudium oder möglicherweise gar kein Hochschulstudium absolviert hat und sich im Rahmen z. B. einer ehrenamtlichen Tätigkeit in einem Verband und/oder aus reinem Interesse für die Fachthematik ein bestimmtes Wissen angeeignet hat, verwendet; eine unmissverständliche deutsche Entsprechung zum Begriff „Citizen Science“ gibt es bislang nicht.[1114]

Nach wie vor findet Citizen Science hauptsächlich in der Umwelt- und Naturforschung statt;[1115] daher wird es teilweise auch als „ecological research tool“[1116] definiert. Ein bekanntes Beispiel in Deutschland ist die „Stunde der Gartenvögel“[1117] des NABU, eine Aktion, für die bundesweit seit bereits zwölf Jahren Bürger aufgerufen sind, Vogelarten in ihrem Garten zu bestimmen, zu zählen, und die Ergebnisse in einem Meldebogen an den NABU zu schicken. Die Daten werden vom NABU gesammelt und es werden Erkenntnisse daraus gezogen, um Vogelschutz zu betreiben. Bereits 2008 nahmen 45.000 Vogelfreunde teil, die in vielen Fällen ornithologische Laien sind.[1118] Eines der größten allgemeinwissenschaftlichen Citizen-Science Projekte des Computerzeitalters ist wohl Wikipedia; in dieser Enzyklopädie kann jeder Laie einen Beitrag schreiben, eine bestimmte (Vor-)bildung wird nicht vorausgesetzt.

Bei Citizen Science geht es darum, die Wissenschaftsgrenze für Nichtprofis auch in der Forschung durchlässiger zu machen;[1119] denn das Streben nach Wissen verbindet alle Bürger miteinander und nicht nur die akademisch gebildeten Wissenschaftler; Wissen geht auch vom Volk aus.[1120]

Dem Begriff „Citizen Science“ steht der Begriff „Professional Science“ gegenüber, der für die berufsmäßig ausgeübte Wissenschaft, die hauptsächlich in komplexen Einrichtungen wie Universitäten und auch privaten An-

---

1113 *Silvertown*, A new dawn for citizen science, Trends in Ecology and Evolution, Vol. 24 No.9, S. 467 ff., S. 467.

1114 *Finke*, Citizen Science, S. 217; wobei sich wohl immer mehr der Begriff "Bürgerwissenschaft" durchsetzt, https://de.wikipedia.org/wiki/Citizen_Science.

1115 Vgl. *Finke*, Citizen Science, S. 15.

1116 *Dickinson/Zuckerberg/Bonter*, Citizen Science as an Ecological Research Tool, Annual Review of Ecology, Evolution and Systematics 2010, S. 149 ff.

1117 www.stunde-der-gartenvoegel.de.

1118 https://de.wikipedia.org/wiki/Stunde_der_Gartenvögel.

1119 *Finke*, Citizen Science, S. 7.

1120 *Finke*, Citizen Science, S. 9.

stalten, Laboren usw. im Rahmen von Arbeits- und Auftragsverhältnissen durch Personen mit akademischen Abschlüssen in dem jeweiligen Fachgebiet stattfindet, hinter deren Träger Interessen stehen. Die Professional Science ist stark institutionalisiert und abhängig von Mitteln, z. B. in Universitäten, staatlichen wie auch privatwirtschaftlichen Instituten und Forschungsanstalten, und wird häufig als einzige bzw. als Alleinvertretung von Wissenschaft gesehen.[1121] Es existiert eine Spaltung zwischen Profis – Professional Science und Laien – Citizen Science in der Wissenschaft.[1122]

Jedoch kann auch Laienforschung qualitativ hochwertig sein; bestes Beispiel ist der wohl bekannteste Citizen Scientist Charles Darwin, der Theologie und etwas Medizin studiert hat, seine Forschungsergebnisse in der Naturforschung, in der er ein nicht akademisch vorgebildeter Laie war, aber heute noch wichtige Grundlage für evolutionsbiologische Lehren sind. Auch Gregor Mendels Vererbungslehre wird noch heute an Schulen und Universitäten gelehrt – auch Mendel war ein Citizen Scientist. Im Übrigen verfolgt auch Citizen Science die gleichen Ziele wie die Professional Science: Die Beschreibung eines Phänomens, die Erklärung dazu und die Nutzanwendung.[1123]

Im Ergebnis kann auch das Wissen von Nicht-Profis beachtlich sein, insbesondere in der Ethologie und ähnlichen Fachrichtungen, in denen man für Forschung keine teuren und aufwendigen Versuche machen muss, um Ergebnisse zu generieren, sondern einfach „nur" durch Beobachten und Nachdenken wichtige Schlüsse ziehen kann.

Von Citizen Scientists erarbeitetes Wissen ist darüber hinaus freies und unabhängiges Wissen und nicht von Institutionen und deren Zielen beeinflusst oder gesteuert, und bietet damit oft eine größere Gewähr der „Richtigkeit" als das Wissen, welches in oder im Auftrag von Institutionen erarbeitet wird, die von einem bestimmten Wissen Vor- bzw. Nachteile haben könnten.[1124] Denn in die Professional Science greifen Politik, Verwaltung und Wirtschaft oft hemmungslos ein und manipulieren diese, obwohl die

1121 *Finke*, Citizen Science, S. 13.

1122 *Finke*, Citizen Science, S. 28.

1123 *Finke*, Citizen Science, S. 65.

1124 Im Jahr 2012 schlug die britische medizinische Fachzeitschrift *The BMJ* (vormals British Medical Journal) nach einer eingehenden Prüfung Alarm, dass von Wissenschaftlern erarbeitete Daten sehr oft nicht der Wahrheit entsprechen, vgl. *The BMJ*, editors choice, 5. Januar 2012, Research misconduct is widespread and harms patients, abrufbar unter http://www.bmj.com/content/344/bmj.e14 und *The BMJ*, Missing trial data threatens the integrity of medicine, abrufbar unter http://www.bmj.com/press-releases/2012/01/05/missing-trial-dat

Wissenschaft eigentlich unabhängig und auf der Suche nach der „richtigen" Wahrheit sein sollte; die Professional Science ihrerseits nimmt diese Eingriffe weitestgehend einfach so hin und wehrt sich nicht.[1125] Dies wird z. B. dadurch deutlich, dass es zu den meisten Gutachten Gegengutachten gibt, die genau das Gegenteil belegen wollen; meist sieht man ihnen an, insbesondere, wenn man die Auftraggeber dahinter erkennt, wem die Gutachten zu dienen bestimmt sind, welche Interessen sie durchzusetzen suchen. Mit der freien und richtigen Wahrheit hat das freilich nichts zu tun.

Citizen Science ist auch in weiterer Hinsicht eine freie und unabhängige Wissenschaft, denn im Gegensatz zur Professional Science ist sie nicht institutionalisiert und ökonomisiert. Durch Institutionalisierung an Universitäten und Forschungseinrichtungen wird die Professional Science behindert, z. T. sogar gelähmt, weil Verwaltung und Selbstverwaltung große personelle und ökonomische Ressourcen binden. Auch durch die vielen Verwaltungsaufgaben, die immer komplexer werden, rücken immer mehr ökonomische Gründe in den Vordergrund, die die freie Wissenschaft ebenfalls behindern.[1126] Umfangreiche Mittel werden meist nur noch für Forschungen freigegeben, die bestimmten Interessen dienen; die Ergebnisse entsprechen sehr oft diesen Interessen.

Daher ist Citizen Science auch berufen, die Professional Science zu kontrollieren, denn dieser darf aus eben genannten Gründen nicht nur Vertrauen entgegengebracht werden, sondern ihr muss auch mit Misstrauen begegnet werden.[1127] Die Kontrolle der Professional Science ist eine wichtige gesellschaftliche Aufgabe, für die nur die Citizen Scientists in Frage kommen, denn würden Experten Experten kontrollieren, würde dies in einer Endlosschleife, nicht aber in einer Lösung enden.[1128]

Citizen Science besteht nicht nur – wie jedoch meist die Professional Science – aus einer Fachrichtung, z. B. Biologie, Recht oder Linguistik, sondern setzt sich transdisziplinär mit komplexen Sachzusammenhängen auseinander.[1129] Die Citizen Scientists zum Beispiel, die sich mit Tierschutz beschäftigen, blicken auf dieses Thema nicht nur aus einer Fach-

---

a-threatens-integrity-medicine. Betrug in der Wissenschaft ist weit verbreitet und bei der Aufdeckung solcher Betrugsfälle werden stets außerwissenschaftliche Instanzen genannt, vgl. nur *Fröhlich*, Betrug und Täuschungen in den Sozial- und Kulturwissenschaften, S. 270.

1125 *Finke*, Citizen Science, S. 48.

1126 Vgl. dazu *Finke*, Citizen Science, S. 46 ff.

1127 *Finke*, Citizen Science, S. 44.

1128 *Finke*, Citizen Science, S. 44, 66, 92 f.

1129 *Finke*, Citizen Science, S. 117.

richtung, in der sie beheimatet sind, sondern blicken mit einem biologischen, einem zoologischen, einem ethischen, einem gesellschaftspolitischen und einem rechtlichen Augen auf dieses Thema. Das Thema wird breit gefächert transdisziplinär behandelt. Diese Transdisziplinarität ist ein großer Vorteil der Citizen Science, deren Forscher sich zwischen den Grenzen der einzelnen Fachdisziplinen frei umherbewegen, die die Institutionen wie beispielsweise die Universitäten einengen und begrenzen. Auch bürgerschaftliches Engagement ist ein wichtiger Kernbereich der Citizen Science; insbesondere die in den letzten Jahren immer größer und professioneller werdenden NGOs und das Wissen, das diese in sich vereinen, werden stark unterschätzt.[1130]

Weitere Aufgabe der Citizen Science ist es, die Professional Science in eine für den Laien verständliche Sprache zu übersetzen: Wo in der Professional Science Publikationen in einer eigenen Fachsprache verfasst werden und auch die Kommunikation in dieser stattfindet, ist es Aufgabe der Citizen Scientists, diese schwer verständliche Sprache auf einfache Aussagen herunterzubrechen, so dass die breite Gesellschaft sie verstehen kann und an der Professional Science teilhaben kann.[1131]

Letztlich sind die Methoden der Citizen Science bodenständiger und lebensnäher als die der Professional Science, was aber nicht heißt, dass sie schlechter sind oder zu falschen oder unbrauchbaren Ergebnissen führen. Vielfach sind diese Methoden auch in der Professional Science anerkannt, werden jedoch zunehmend von komplexen, teuren und aufwendigen Versuchen abgelöst, deren Ergebnisse dann am Ende der Studie nicht von den Ergebnissen differieren, die auch mit der einfachen Methode gefunden wurden.

Vieles, was in der Professional Science mit großem Aufwand und mit teuren Methoden erforscht wird, kann auch mit der elementaren, lebensnahen Citizen Science erforscht werden. Ein Beispiel: In der Ethologie gibt es den grundlegenden methodischen Ansatz der deskriptiven Darstellung eines artspezifischen Verhaltens und den experimentellen Ansatz.[1132] Ohne das grundlegende Wissen aus dem deskriptiven Ansatz ist es problematisch, ein Experiment durchzuführen, weil die Kenntnis des artspezifischen Verhaltens fehlt.[1133] Oftmals finden Forscher etwas in experimenteller Forschung heraus, was genau so gut, wenn nicht sogar besser – und im Übri-

1130 Vgl. *Finke*, Citizen Science, S. 128.
1131 Vgl. *Finke*, Citizen Science, S. 90 f.
1132 *Tembrock*, Verhaltensforschung, S. 10.
1133 *Tembrock*, Verhaltensforschung, S. 10.

gen weniger tierbelastend – aufgrund der deskriptiven Beobachtung des Tieres in seinem natürlichen Lebensraum hätte herausgefunden werden können; es werden mit unglaublich hohem Aufwand Apparate gebaut und Studien durchgeführt, die Offensichtliches belegen sollen:[1134] Nerze (neovison vison) werden immer noch in kleinen Käfigen auf Pelztierfarmen gehalten, um ihr Fell zu Echtpelzkleidungsstücken zu verarbeiten. Mindestens eine Nerzfarm gibt es zurzeit in Deutschland noch.[1135] In der TierSchNutztV gibt es seit 2006 Vorschriften über die Anforderungen an das Halten von Pelztieren (heute §§ 38-43 TierSchNutztV). Bereits vor 2006 wurde und wird weiterhin aufwendig erforscht, was Nerze brauchen, um sie verhaltensgerecht unterzubringen.[1136] So gab es einen Versuch, mit dem erforscht werden sollte, wie wichtig es einem Nerz ist, ein Wasserbecken zum Baden zu benutzen.[1137] Um dies herauszufinden, wurden 18 Nerze in einem Haltungssystem aufgestallt, in dem sich hinter einer Tür Wasserbecken befanden. Die Türen, die von den Nerzen aufgedrückt werden konnten, waren mit Gewichten beschwert, die täglich um 0,25 kg schwerer gemacht wurden. In der Zeit des Versuchs wurde gemessen, wie oft die Nerze

---

1134 Vgl. auch *Sezgin*, Artgerecht ist nur die Freiheit, S. 27.

1135 Deutscher Tierschutzbund, Stand November 2015, abrufbar unter https://www.tierschutzbund.de/information/hintergrund/artenschutz/pelz/pelztierfarmen-in-deutschland/.

1136 *Mason/Cooper/Clarebrough*, Frustrations of fur-farmed mink, nature 2001, Vol. 410, S. 35 f.; *Brandl*, Ethologische Untersuchungen bei adulten Nerzen (Neovison vison) in einem Haltungssystem gemäß Tierschutz-Nutztierhaltungsverordnung, München 2014; *Brown*, Auswirkungen einer Haltungsform gemäß der Tierschutz-Nutztierhaltungsverordnung auf die Gesundheit und die Leistung von Amerikanischen Nerzen, München, 2013; *Gnann*, Untersuchungen zur Wasserhygiene und Tiergesundheit bei Nerzen (Neovison vison) in einem Haltungssystem gemäß Tierschutz-Nutztierhaltungsverordnung, München 2012; *Hagn*, Ethologische Untersuchungen zur Nutzung von offenen Wassersystemen bei Nerzen (Neovison vison), München 2009; *Kuscha*, Ethologische Untersuchungen zur Nutzung einer Schwimmrinne bei Nerzen (Neovison vison) in einem Haltungssystem gemäß Tierschutz-Nutztierhaltungsverordnung, München 2011; *Meixensperger*, Untersuchungen zu Tiergesundheit und Hygiene bei Nerzen (Neovison vison) in Haltungsformen mit Zugang zu offenen Wassersystemen, München 2011; *Nowak*, Ethologische Untersuchungen zur Verhaltensontogenese und Welpenaufzucht von Nerzen (Neovison vison) in einem Haltungssystem entsprechend der Tierschutz-Nutztierhaltungsverordnung, München 2014; *Sabaß*, Verhalten des Farmnerzes (Neovison vison): Eine Studie zur Aufzucht und Jungtiergruppenhaltung gemäß der aktuellen Tierschutz-Nutztierhaltungsverordnung, München 2014.

1137 *Mason/Cooper/Clarebrough*, Frustrations of fur-farmed mink, nature 2001, Vol. 410, S. 35 f.

die Türen aufzudrücken versuchten, und ob die Häufigkeit der Versuche geringer wird, wenn die Gewichte an den Türen immer schwerer werden bzw. wie attraktiv andere Beschäftigungsmöglichkeiten neben dem Wasserbecken sind. In dieser Studie „konnte gezeigt werden",[1138] dass der den Nerzen zur Verfügung gestellte Wasserpool die von mehreren zur Auswahl gestellten Beschäftigungsmöglichkeiten (eine Plattform, täglich neue Objekte, eine zweite Nestbox, Spielzeug, eine Plastikröhre und ein leerer Raum) die am höchsten geschätzte Ressource war, weil die Nerze sehr viel Zeit und Mühe darauf verwendeten, die Gewichte der Tür aufzustemmen.[1139] Daraus zog man den Schluss, dass Nerze gerne schwimmen und dass sie leiden, wenn ihnen das Wasserbad vorenthalten wird.[1140]

Diese eine von vielen zeit- und kostenaufwendige Studie belegt, was der Citizen Scientist durch Beobachtung des Nerzes in freier Natur und Lektüre von Naturbeschreibungen des Nerzes viel zeit- und kostensparender herausgefunden hätte: Der amerikanische Nerz ist ein hervorragender Taucher und Schwimmer und bevorzugt Biotope mit Gewässerbezug; seine hervorragende Anpassung an den Lebensraum Wasser kommt auch dadurch zum Ausdruck, dass er zum Teil Schwimmhäute zwischen den Zehen ausbildet. Neben seiner Bindung an Gewässer benötigt der Mink (Amerikanischer Nerz) stark bewachsene Uferzonen.[1141] Amerikanische Nerze sind an das Wasser gebunden. Man findet sie sowohl entlang von Flüssen und Seen als auch in Sümpfen und auch im Marschland.[1142] Diese Informationen kann man nicht nur durch teure Studien generieren, sondern durch reine Naturbeobachtung. Als ehemals zur Pelzproduktion eingeführtes und in Gefangenschaft gehaltenes Tier gibt es den amerikanischen Nerz seit den 1990er Jahren auch in Deutschland, als – wirtschaftlich bedingt – einige Pelzfarmen im Osten ihre Farmen schlossen und die Tiere einfach freiließen.[1143] Neben den eben genannten Fakten über die Lebensweise der Nerze sowie die Vermutung des Wildtierkatasters Schleswig-Holstein, dass sich die amerikanischen Nerze in naher Zukunft in Deutschland entlang der Gewässer-

---

1138 So *Hagn*, Ethologische Untersuchungen zur Nutzung von offenen Wassersystemen bei Nerzen (Neovison vison), München 2009, S. 22.

1139 *Mason/Cooper/Clarebrough*, Frustrations of fur-farmed mink, nature 2001, Vol. 410, S. 35 f.

1140 *Mason/Cooper/Clarebrough*, Frustrations of fur-farmed mink, nature 2001, Vol. 410, S. 35.

1141 http://www.wildtier-kataster.uni-kiel.de/pages/tierarten/saeugetiere/mink.php; *Marchesi/Mermod/Salzmann*, Marder, Iltis, Nerz und Wiesel, S. 28.

1142 https://de.wikipedia.org/wiki/Amerikanischer_Nerz.

1143 http://www.wildtier-kataster.uni-kiel.de/pages/tierarten/saeugetiere/mink.php.

achsen weiter ausbreiten,[1144] wird klar, dass Nerze Wasser zum Schwimmen und Baden brauchen, es also eine geschätzte – und im Übrigen eine die elementaren Bedürfnisse des Nerzes befriedigende – Ressource ist. Allein daraus kann man den Schluss ziehen, dass Nerze, denen Wasser zum Baden vorenthalten wird, leiden. Eine deskriptive Freilandstudie bei Wildtieren bzw. eine deskriptive Studie über die domestizierten Tierarten unter naturnahen Bedingungen – nicht aber die Ergebnisse von aufwendig und über eine lange Zeit dauernden experimentellen Studien, sind für die Bestimmung der Verhaltensgerechtheit nötig.

Gerade im Bereich der Ethologie spielt Citizen Science eine große Rolle, denn es geht nicht um große und aufwendige Laborversuche, die ein teures und komplexes „Versuchsdesign" erfordern. Nach der hier vertretenen Ansicht sind auch ethologische Versuche im Lichte des Art. 20a GG so tierschonend wie möglich durchzuführen, d. h., wenn man die Verhaltensgerechtheit auch durch Naturbeobachtung erlangen kann, diese Vorgehensweise einem experimentellen Versuch vorzuziehen ist. Die wesentlichen Fragen – die nach der Artgemäßheit und Verhaltensgerechtheit – können tatsächlich aufgrund einfacher Beobachtungen und deskriptiver Aufzeichnungen beantwortet werden. Wer herausfinden will, welches Haltungssystem für eine Kuh verhaltensgerecht ist, der muss sich – es ist so einfach wie es klingt – anschauen, wie diese sich in ihrer natürlichen oder jedenfalls so naturnah wie möglich gestalteten Umgebung verhält, und diese Ergebnisse auf das Haltungssystem übertragen: Kann die Kuh diese Bewegungen, Verhaltensmuster usw. auch darin ausführen? Wenn ja, ist das Haltungssystem verhaltensgerecht. Für diese Erkenntnisse braucht es weder eine besondere akademische Laufbahn, noch große Mittel oder ein Labor mit einem Versuchsaufbau, sondern einfach nur eine Gruppe von Tieren in einem so natürlich wie möglich gehaltenen Habitat. Citizen Science – die im Übrigen viel vertreten ist im Bereich der Tierbeobachtung – ist geradezu prädestiniert für die Konkretisierung der im Tierschutzgesetz enthaltenen unbestimmten Rechtsbegriffe.

Auch ein Citizen Scientist kann an einer Arbeitsgruppe zur Erstellung von Gutachten beteiligt sein und muss als Sachverständiger ernst genommen werden. Er nimmt zwar nicht als Professional Scientist an der Arbeitsgruppe teil, kann jedoch auch ein beachtliches Wissen haben und ist darüber hinaus auch noch berufen, die von der Professional Science gestellten Arbeitsgruppenmitglieder zu kontrollieren und deren „Gewicht" auszugleichen. Möglicherweise ist es die Angst vor dem „echten und unver-

1144 http://www.wildtier-kataster.uni-kiel.de/pages/tierarten/saeugetiere/mink.php.

schleierten“ Wissen der Citizen Scientists, die oft die Forderungen von Vertretern der Professional Science laut werden lässt, nur „Profis“ im Sinne von beruflichen Vertretern ihres Fachs, nicht aber „nur“ Laien in die Arbeitsgruppen und Fachgremien zuzulassen. Möglicherweise ist es auch – von der Lobby und oder sogar staatlicherseits – nicht gewollt, dass die Citizen Scientists dieses „echte und unverschleierte“ Wissen in die Arbeitsgruppe und somit in rechtsrelevante Prozesse, die Fertigung von Gutachten, einbringen.

Für Sachverständigengremien, die technische Normen erstellen, wird teilweise gefordert, dass diese nur mit besonders hervorragenden Experten besetzt werden, damit das Gutachten rechtlich ein besonderes Gewicht erlangt.[1145] Viele „Interessierte“ fielen damit aus der Personenauswahl zur Besetzung eines solchen Gremiums heraus, da die besondere Sachkunde bei diesen nicht bzw. nicht ausreichend vorhanden sei.[1146] Mit „Interessierten“ sind hier wohl die „Citizen Scientists“ gemeint. Nicht jedes Sachverständigengremium ist jedoch vergleichbar mit diesen Sachverständigengremien, die im Rahmen der Risikobewertung technisch sensible Richtwerte schaffen sollen, von denen beispielsweise die Genehmigung eines Atomkraftwerkes abhängen kann. Auch ist zu beachten, dass nicht nur Sach- und Fachkunde, sondern auch gesellschaftliche Anschauungen und gesellschaftliche Kontrolle der Experten durch Laien, die aber durchaus Sachverstand haben können, in die Sachverständigengremien eingebracht werden sollten, um eine Rückbindung an die Gesellschaft und deren moralische und ethische Anschauungen zu erreichen. Gleichwohl muss das Ergebnis der Sachverständigenberatungen natürlich sachlich und fachlich dem aktuellen Stand der Wissenschaft entsprechen.

Da keine gesetzliche Regelung existiert, die die Anforderungen an den Sachverstand von Sachverständigen in Sachverständigengremien näher konkretisiert, muss dies im Einzelfall je nach Sachverständigengremium und Begutachtungsgegenstand entschieden werden.

Deutlich wird dies auch in der Rechtsprechung, die auch je nach Begutachtungsgegenstand differenziert. So führt das Oberverwaltungsgericht Lüneburg zu einem Sachverständigen nach § 20 AtG aus: „Das Atomgesetz enthält keine Vorschriften über die erforderliche fachliche Qualifikation eines nach § 20 AtG zu bestellenden Sachverständigen. Wenn in § 21 Abs. 2

1145 *Nicklisch*, Technische Regelwerke – Sachverständigengutachten im Rechtssinne?, NJW 1983, S. 841 ff., S. 847.

1146 *Nicklisch*, Technische Regelwerke – Sachverständigengutachten im Rechtssinne?, NJW 1983, S. 841 ff., S. 847.

AtG die ‚erforderlichen fachlichen Kenntnisse' als Maßstab für die Angemessenheit der Sachverständigenvergütung genannt werden, so wird damit einerseits eine Selbstverständlichkeit zum Ausdruck gebracht, andererseits aber nichts dazu gesagt, welche Fachkenntnisse erforderlich sind. Wenn man davon ausgeht, daß ein von einer Behörde im Rahmen eines Verwaltungsverfahrens eingesetzter Sachverständiger über keine geringeren Qualifikationen verfügen darf als ein öffentlich bestellter Sachverständiger (§ 36 GewO), so folgt daraus das Erfordernis einer ‚besonderen Sachkunde'. Die Notwendigkeit einer solchen besonderen Sachkunde ergibt sich im atomrechtlichen Genehmigungs- und Aufsichtsverfahren schon aus dem Gegenstand der Begutachtung und den unter Umständen schwerwiegenden Folgen eines Fehlers des Sachverständigen. In der Rechtsprechung und Kommentarliteratur zu § 36 GewO besteht Übereinstimmung darüber, daß der Begriff der ‚besonderen Sachkunde' überdurchschnittliche Kenntnisse, Fähigkeiten und Erfahrungen in dem Sachgebiet voraussetzt, in welchem der Sachverständige tätig zu sein beabsichtigt. Teils werden ‚erheblich über dem Durchschnitt liegende Kenntnisse und Fähigkeiten', teils sogar ‚hervorragende Fachkenntnisse' verlangt (...). Bei Sachverständigen mit praxisorientierten Berufen und einem entsprechenden Gegenstand ihrer gutachterlichen Tätigkeit wird außer einer angemessen Vor- und Ausbildung eine längere Berufstätigkeit in dem jeweiligen Bereich als eine unerläßliche Voraussetzung für eine öffentliche Bestellung betrachtet (...). Praktische Erfahrungen auf dem Gebiet, auf welches sich die Sachverständigentätigkeit bezieht, lassen sich allerdings nicht nur durch ‚interne' Betätigungen – z. B. an verantwortlicher Stelle in einem vergleichbaren Betrieb –, sondern auch durch eine ‚externe' Befassung mit dem Gegenstand der Begutachtung, z. B. durch eine Prüftätigkeit, gewinnen. Bei entsprechend begrenzten Fragestellungen wird auch eine ausschließlich wissenschaftliche Beschäftigung mit dem Gegenstand der Begutachtung ausreichen."[1147]

Gerade im Bereich des § 2 TierSchG ziehen Gerichte aber immer öfter auch die Expertise von sogenannten Citizen Scientists heran. So hat das VG Mainz in einer Entscheidung um die verhaltensgerechte Unterbringung von Schafen der Rasse „Krainer Steinschaf" u. a. die Informationen eines (Hobby)-Schafhaltervereines herangezogen und auch damit die Anforderungen an eine ganzjährige Freilandhaltung dieser Schafrasse unterlegt. Es schreibt: „Dass das Krainer Steinschaf, das der Gruppe der Alpinen Steinschafe angehört, auch im Alpenraum im Winter in Ställen gehalten

1147 *OVG Lüneburg*, Urteil vom 2. Dezember 1994, Az.: 7 K 5895/92, NVwZ 1996, S. 606 ff., S. 608 m. w. N.

wird und bei der Auswahl von Koppeln auf das Vorhandensein von Unterständen zu achten ist, ergibt sich schließlich aus dem ebenfalls von dem Antragsgegner herangezogenen Internetauftritt der Arbeitsgemeinschaft „Alpines Steinschaf" deren Ziel es ist, den Erhalt des stark gefährdeten Alpinen Steinschafs zu sichern (www.alpines-steinschaf.de). Diese Vereinigung dürfte zwar eher aus Züchtern und sonstigen Praktikern als aus Tierärzten oder Fachwissenschaftlern bestehen. Die Auffassung der Arbeitsgemeinschaft zu den Haltungsbedingungen der Alpinen Steinschafe im alpinen Raum ist aber angesichts deren Zielsetzung nach Auffassung der Kammer zumindest als Indiz für eine artgerechte Haltung zum Wohl der Tiere unter Berücksichtigung ihrer Grundbedürfnisse zu werten."[1148]

Es wird also seitens der Rechtsprechung – je nach Begutachtungsgegenstand und der möglichen Folgen eines Fehlers in der sachverständigen Begutachtung – nur zum Teil an die Vorgaben für den nach § 36 GewO öffentlich bestellten Sachverständigen angeknüpft,[1149] zum Teil und gerade auch in der Thematik der artgerechten Tierhaltung jedenfalls auch unterstützend auf Citizen Science verwiesen.

Für den öffentlich bestellten Sachverständigen nach § 36 GewO wird weiter gefordert, dass die besondere Sachkunde die gesamte Bandbreite des Sachgebietes abdecken muss.[1150] Auch wird ein fundiertes Fachwissen in Theorie und Praxis gefordert, was regelmäßig eine langjährige, umfangreiche Erfahrung in einem ausgeübten Beruf voraussetzt.[1151] Auch muss der Sachverständige die Fähigkeit haben, seine Ergebnisse mündlich und schriftlich darzustellen, sich also adäquat und differenziert in der deutschen Sprache artikulieren können,[1152] um die gefundenen Ergebnisse auch der Behörde oder dem Gericht und damit Laien verständlich präsentieren zu können.

Die Europäische Kommission geht davon aus, dass Expertenwissen sehr viele Formen haben kann – von ihr werden neben wissenschaftlichen Fach-

---

1148 *VG Mainz*, Beschluss vom 13. Juni 2016, Az.: 1 L 187/16.MZ (juris) Rn. 21.

1149 So auch *Wemdzio*, Die Bedeutung von Sachverständigen und Sachverständigengutachten in Verfahren vor Verwaltungsbehörden und -gerichten, NuR 2012, S. 19 ff., S. 21.

1150 *VG Leipzig*, Urteil vom 15. August 2000, Az.: 5 K 429/99, GewArch 2001, S. 203; *Ennuschat* in *Tettinger/Wank/Ennuschat*, Gewerbeordnung Kommentar, § 36 Rn. 25.

1151 *Ennuschat* in *Tettinger/Wank/Ennuschat*, Gewerbeordnung Kommentar, § 36 Rn. 27 m. w. N.

1152 *Ennuschat* in *Tettinger/Wank/Ennuschat*, Gewerbeordnung Kommentar, § 36 Rn. 30 m. w. N.

kenntnissen auch Erfahrungen aus der Praxis genannt; weiterhin könne Expertenwissen auch aus besonderen nationalen oder regionalen Gegebenheiten resultieren.[1153] Das ist ein Hinweis darauf, dass es je nach Begutachtungsgegenstand durchaus auch Laien gibt, die trotz allem auf einem Fachgebiet Expertenwissen haben können, obwohl sie keine fachspezifische Ausbildung haben. Auch wird betont, dass es einen Teil der Qualität eines Gutachtens ausmachen kann, wenn verschiedene Arten von Expertenwissen hineinfließen.[1154]

Die Anforderungen an öffentlich bestellte Sachverständige gem. § 36 GewO sind entsprechend hoch. Bei der Beurteilung der Verhaltensgerechtheit von Unterbringungen von Tieren ist der Sachverstand nicht i. S. d. Sachverständigen nach § 36 GewO zu beurteilen. Hier geht es nicht um technische, risikobehaftete Daten, sondern um die Bewertung, was ein Tier einer bestimmten Tierart braucht, um verhaltensgerecht untergebracht zu sein bzw. artgemäß ernährt zu werden usw. Hier reicht der Sachverstand aus, den auch die sogenannten Citizen Scientists mitbringen, und der – wie oben gesehen – nicht minderwertiger sein muss als das Wissen der Experten aus den Fachgebieten der Zoologie, Ethologie usw., gerade weil die Ethologie auf dem Gebiet der Citizen Science stark vertreten ist und mit einfachen Methoden, die keine aufwendige und teure Technik voraussetzen, zu erforschen ist.

gg) Unabhängigkeit

Meist ist das tatsächliche Problem nicht der Sachverstand, den Profis wie auch Laien mitbringen können. Die Unabhängigkeit und Objektivität der Sachverständigen ist das weitaus größere Problem. Zwar ist es in einem Sachverständigengremium oft nicht zu vermeiden, dass ein einzelner Sachverständiger nicht unabhängig ist; dies soll gerade durch die paritätische Besetzung des Gremiums mit kollidierenden Interessen neutralisiert werden. Jedoch darf die fehlende Unabhängigkeit einzelner Sachverständiger auch nicht dazu führen, dass wissenschaftliche Studien oder gar geltendes

1153 Mitteilung der Kommission über die Einholung und Nutzung von Expertenwissen durch die Kommission: Grundsätze und Leitlinien, „Eine bessere Wissensgrundlage für eine bessere Politik“ vom 11. Dezember 2002, S. 6.

1154 Mitteilung der Kommission über die Einholung und Nutzung von Expertenwissen durch die Kommission: Grundsätze und Leitlinien, „Eine bessere Wissensgrundlage für eine bessere Politik“ vom 11. Dezember 2002, S. 10.

Recht nicht anerkannt werden, nur weil es inhaltlich nicht zu den Interessen dessen passt, von dem der Sachverständige abhängig ist. D. h., eine Zugehörigkeit zu einer bestimmten Lobbygruppe ist per se nicht schädlich. Sie darf aber nicht dazu führen, dass eine wissenschaftliche und ehrliche Arbeitsweise des ganzen Gremiums darunter zu leiden hat.

hh) Anforderungen an das Verfahren

Auch das Verfahren der Erstellung eines Gutachtens, welches später die Qualität eines antizipierten Sachverständigengutachtens erlangen soll, muss Regeln folgen, die es transparent und rechtsstaatlich gestalten. „Die Einbeziehung externen Sachverstands kann nur dann die inhaltliche Rationalität und das Vertrauen der Bürger in demokratische Entscheidungsabläufe stärken, wenn bestimmte Verfahrensgrundsätze gewahrt werden.“[1155]

Auch die EU-Kommission hat die Problematik um die Einholung externen Sachverstands bereits erkannt und hat im Jahr 2002 in einer Mitteilung Grundsätze und Leitlinien über die Einholung und Nutzung von Expertenwissen durch die Kommission veröffentlicht.[1156] Als Ziele dieser Grundsätze und Leitlinien werden in der Mitteilung die Mobilisierung des am besten geeigneten Expertenwissens und die Bestärkung der Auffassung der Kommission, dass der Prozess der Beschaffung und Nutzung von Expertenwissen glaubwürdig sein muss, angegeben.[1157] Der Prozess der Beschaffung und Nutzung von Expertenwissen soll mit den Grundsätzen und Leitlinien glaubwürdig gestaltet werden.[1158] Die Kommission gibt zu, selbst mit einer Vielzahl von miteinander in Widerstreit stehenden Expertenempfehlungen konfrontiert zu sein, die von Wissenschaftlern, von Personen aus der Praxis oder von Personen stammen können, die an der be-

1155 *Sommermann*, Sachverständige Politikberatung: Funktionsbedingung oder Gefährdung der Demokratie? – eine Skizze, in: *Sommermann*, Sachverständige Politikberatung, S. 19.

1156 Mitteilung der Kommission über die Einholung und Nutzung von Expertenwissen durch die Kommission: Grundsätze und Leitlinien, „Eine bessere Wissensgrundlage für eine bessere Politik“ vom 11. Dezember 2002.

1157 Mitteilung der Kommission über die Einholung und Nutzung von Expertenwissen durch die Kommission: Grundsätze und Leitlinien, „Eine bessere Wissensgrundlage für eine bessere Politik“ vom 11. Dezember 2002, S. 2.

1158 Mitteilung der Kommission über die Einholung und Nutzung von Expertenwissen durch die Kommission: Grundsätze und Leitlinien, „Eine bessere Wissensgrundlage für eine bessere Politik“ vom 11. Dezember 2002, S. 4.

treffenden politischen Frage ein unmittelbares Interesse haben.[1159] Wichtig sei es, dass die beteiligten Parteien und die breite Öffentlichkeit ebenfalls von der Fundiertheit der Entscheidungen überzeugt sind.[1160] Weiter geht die Kommission in der Mitteilung speziell auf das Verfahren der Wissensgenerierung ein: „Folglich ist das Zusammenspiel zwischen politischen Entscheidungsträgern, Sachverständigen, beteiligten Parteien und der breiten Öffentlichkeit ein entscheidender Teil der Politikgestaltung, und die Aufmerksamkeit darf nicht nur dem politischen Ergebnis gelten, sondern muss sich auch auf das eingeschlagene Verfahren richten."[1161] Im Weißbuch über das europäische Regieren vom Juli 2001 wurde folgendes festgestellt: „Oft ist nicht klar erkennbar, wer eigentlich die Entscheidungen trifft – Sachverständige oder Politiker. Zudem werden Inhalt und Objektivität der Expertenempfehlungen von einer besser informierten Öffentlichkeit zunehmend in Zweifel gezogen."[1162] Zentrale Grundsätze für die Kommission sind die Einholung von Gutachten von hoher Qualität; weiterhin sollte die einholende Stelle bei Einholung des Gutachtens und Nutzung des Expertenwissens offen sein; letztlich muss sichergestellt werden, dass die Methoden der Wissensgenerierung effizient und angemessen sind.[1163] Die soeben genannte Offenheit wird von der Kommission als Transparenzgebot verstanden: Das Fachwissen und die Empfehlung selbst sollen der Öffentlichkeit so rasch wie möglich zugänglich gemacht werden oder sogar die Öffentlichkeit zu Expertenanhörungen einzuladen.[1164] „Zentral ist die Schaffung von Transparenz hinsichtlich der Entscheidungsgrundla-

---

1159 Mitteilung der Kommission über die Einholung und Nutzung von Expertenwissen durch die Kommission: Grundsätze und Leitlinien, „Eine bessere Wissensgrundlage für eine bessere Politik" vom 11. Dezember 2002, S. 3.

1160 Mitteilung der Kommission über die Einholung und Nutzung von Expertenwissen durch die Kommission: Grundsätze und Leitlinien, „Eine bessere Wissensgrundlage für eine bessere Politik" vom 11. Dezember 2002, S. 3.

1161 Mitteilung der Kommission über die Einholung und Nutzung von Expertenwissen durch die Kommission: Grundsätze und Leitlinien, „Eine bessere Wissensgrundlage für eine bessere Politik" vom 11. Dezember 2002, S. 4.

1162 Kommission, Mitteilungen, Europäisches Regieren – ein Weissbuch [KOM(2001) 428 endgültig], (2001/ C 287/01), ABl. 12. Oktober 2001 S. 16.

1163 Mitteilung der Kommission über die Einholung und Nutzung von Expertenwissen durch die Kommission: Grundsätze und Leitlinien, „Eine bessere Wissensgrundlage für eine bessere Politik" vom 11. Dezember 2002, S. 12.

1164 Mitteilung der Kommission über die Einholung und Nutzung von Expertenwissen durch die Kommission: Grundsätze und Leitlinien, „Eine bessere Wissensgrundlage für eine bessere Politik" vom 11. Dezember 2002, S. 14.

gen."[1165] Nicht nur innerhalb der Arbeitsgruppe müssen die Entscheidungsgrundlagen offengelegt werden, auch der Rechtsanwender muss sie zurückverfolgen und kontrollieren können.

Insbesondere müssen (in diesem Fall tierschutzrechtliche) Normen auf der Grundlage vollständiger und zutreffender Fachkenntnisse, Erfahrungen und systematisch erhobener Informationen zustandekommen.[1166]

Aber nicht nur die Entscheidungsgrundlagen unterliegen dem Transparenzgebot; der Fortgang des Verfahrens zur Erstellung des Gutachtens selbst, die Besetzung der Arbeitsgruppe sowie die Methoden der Beschaffung, Erarbeitung und Bewertung der Inhalte müssen transparent sein.[1167] Die Arbeitsgruppe darf nicht hinter verschlossenen Türen tagen und ihre Ergebnisse ausarbeiten, während keine weitere Person mehr die Möglichkeit hat, im Nachhinein nachzuvollziehen, ob hinter den verschlossenen Türen das Gutachten durch Knobeln oder aufgrund fester Regeln aufgrund einer wissenschaftlichen Grundlage erarbeitet wurde.

ii) Anforderungen an die dem Verfahren nachgelagerte Situation

Letztlich ist es vonnöten, dass die staatliche Stelle, die die Erarbeitung des Gutachtens in Auftrag gegeben hat, die abgelieferten Ergebnisse in Form des Gutachtens selbst sachverständig bewerten kann, um eine völlige (fachliche) Abhängigkeit von dem Sachverständigengremium zu vermeiden; nötig ist ein auf das jeweilige Fachthema bezogene „Wissensmanagement".[1168] D. h., es erfordert eine gewisse Rückbindung der Inhalte der Sachverständigengutachten an die staatliche Stelle.

1165 *Sommermann*, Sachverständige Politikberatung: Funktionsbedingung oder Gefährdung der Demokratie? – eine Skizze, in: *Sommermann*, Sachverständige Politikberatung, S. 19.

1166 Insbes. *BVerfG*, Beschluss vom 12. Oktober 2010, Az.: 2 BvF 1/07, BVerfGE 127, S. 293 ff., S. 328.

1167 *Sommermann*, Sachverständige Politikberatung: Funktionsbedingung oder Gefährdung der Demokratie? – eine Skizze, in: *Sommermann*, Sachverständige Politikberatung, S. 20.

1168 *Sommermann*, Sachverständige Politikberatung: Funktionsbedingung oder Gefährdung der Demokratie? – eine Skizze, in: *Sommermann*, Sachverständige Politikberatung, S. 20; *König*, Operative Regierung, S. 126; vgl. auch Mitteilung der Kommission über die Einholung und Nutzung von Expertenwissen durch die Kommission: Grundsätze und Leitlinien, „Eine bessere Wissensgrundlage für eine bessere Politik" vom 11. Dezember 2002, S. 24.

b) Kritik am Säugetiergutachten

Spätestens seit der Aktualisierung im Jahr 1996 stand das Säugetiergutachten mit seinen Inhalten und dem Erstellungsverfahren im Brennpunkt der öffentlichen Kritik verschiedener Interessengruppen, nicht zuletzt, weil das Thema Zootierhaltung in den letzten Jahren mehr und mehr unter tierschutzrechtlichen und auch ethischen Gesichtspunkten diskutiert und in Frage gestellt wird.[1169] Die Kritik am aktuellen Säugetiergutachten bezieht sich hauptsächlich auf die Besetzung der vom BMEL berufenen Arbeitsgruppe, aber auch auf das Vorgehen im Hinblick auf die Wissensgenerierung, um die Haltungsansprüche der verschiedenen Tierarten im Hinblick auf die Vorgaben des § 2 TierSchG zu konkretisieren. Im Folgenden werden die wesentlichen Kritikpunkte, die sich in öffentlich zugänglichen Stellungnahmen, Pressemitteilungen und Aufsätzen finden, dargestellt. Da es kein offizielles Verfahrensprotokoll gibt, ist dies der einzige Ansatzpunkt, das Verfahren der Erstellung des Säugetiergutachtens so weit wie möglich zurückzuverfolgen.

Sodann muss bewertet werden, ob diese Kritikpunkte berechtigt und wie diese rechtlich zu bewerten sind.

aa) Zusammensetzung der Arbeitsgruppe

Es ist keine öffentliche Kritik an der Besetzung des Gremiums zu finden.

Das Sachverständigengremium müsste nach dem o. g. als Ganzes objektiv, neutral, unabhängig und unparteilich gewesen sein. Dies müsste trotz einzelner abhängiger und interessengeleiteter Mitglieder durch eine interessenpluralistische Zusammensetzung verwirklicht worden sein, d. h., es müsste gewährleistet gewesen sein, dass alle maßgeblichen Fachkreise und alle Interessen(gruppen) objektiv und neutral berücksichtigt werden und

---

1169 Vgl. nur für viele zu diesem Thema erschienenen Publikationen *Goldner*, Eingesperrte Tiere angaffen? Nein danke! Texte zur Zookritik, Norderstedt 2015; *ders.*, Lebenslänglich hinter Gittern, Aschaffenburg 2014; *Brückner/Schmidt*, Grenzen der Zootierhaltung, in: TIERethik 2014, Heft 9, S. 44-55; *Ehrenstein*, Schlechte Zoos sollen an den Pranger, die WELT, 16. Mai 2014; *Habekuß*, Wie viel Wasser braucht ein Delfin im Zoo?, ZEIT ONLINE, 8. Mai 2014, abrufbar unter https://www.zeit.de/wissen/umwelt/2014-05/zootiere-saeugetierabkommen-tierschutz-streit; *Hahn*, Tips und der Tod, SZ vom 19. Mai 2017; *Janovsky*, Arche Noah oder anachronistisches Tiergefängnis: Sind Zoos ein Zukunftsoder Auslaufmodell?, in: *Grimm/Otterstedt*, Das Tier an sich, S. 315 ff.

dadurch Weisungs-, Abhängigkeits- und Interessenskonflikte neutralisiert werden.[1170]

Dies ist bei der Besetzung der Arbeitsgruppe Säugetiergutachten mit dem aktuellen Säugetiergutachten erstmalig erfolgt, da mit drei Zoo-Vertretern, drei Tierschutz-Vertretern und vier „unabhängigen Sachverständigen" die wichtigsten interessierten Gruppen jedenfalls zahlenmäßig gleich berücksichtigt wurden.

bb) Nur zum Teil konsensuale Entscheidungen

Immer wieder jedoch wurden von den beteiligten „Parteien" der Arbeitsgruppe, den Zoo -Vertretern auf der einen Seite und den Tierschutz-Vertretern auf der anderen Seite, die Arbeitsbedingungen in der Arbeitsgruppe, die Arbeitsweise derselben und auch die Ergebnisse kritisiert.

An vielen Stellen fiel auf, dass die Vorstellungen über Mindestanforderungen für die Zootierhaltung seitens der Zoo-Vertreter und der Tierschutz-Vertreter sehr unterschiedlich waren bzw. sind; im Erstellungsprozess des Säugetiergutachtens seien z. T. Kompromisse gefunden worden, z. T. mussten die vier unabhängigen Sachverständigen und der Vertreter der Länderarbeitsgemeinschaft Verbraucherschutz eigene Vorschläge erarbeiten und dem BMEL vorlegen, weil ein Konsens unter den Zoo-Vertretern und den Tierschützern nicht zu erreichen gewesen sei.[1171] So habe sich das BMEL im Sommer 2012 entschlossen, nicht mehr mit den Parteien der Zoo-Vertreter und der Tierschutz-Vertreter zusammenzuarbeiten, sondern habe nur noch mit den vier unabhängigen Sachverständigen zusammenarbeiten wollen.[1172] In einigen Teilen beruhe das Säugetiergutach-

---

1170 Vgl. *Wemdzio*, Die Bedeutung von Sachverständigen und Sachverständigengutachten in Verfahren vor Verwaltungsbehörden und -gerichten, NuR 2012, S. 19 ff., S. 21; *Vieweg*, Antizipierte Sachverständigengutachten – Funktion, Verwertungsformen, rechtliche Bedeutung, NJW 1982, S. 2473 ff., S. 2475.

1171 Vgl. *Merz*, Tierschutzgemäße Zootierhaltung, Deutsches Tierärzteblatt 2013, S. 1642; s. auch Einleitung zum Säugetiergutachten 2014, *Habekuß*, Wie viel Wasser braucht ein Delfin im Zoo?, ZEIT ONLINE, 8. Mai 2014, abrufbar unter https://www.zeit.de/wissen/umwelt/2014-05/zootiere-saeugetierabkommen-tierschutz-streit.

1172 Vgl. Stellungnahme zum Entwurf des überarbeiteten Gutachten über Mindestanforderungen an die Haltung von Säugetieren des Verbandes Deutscher Zoodirektoren e. V., der Deutschen Tiergartengesellschaft und des Deutschen Wildgehegeverbandes e. V. vom 3. Mai 2012, S. 2; *Deutscher Tierschutzbund*, Neue Haltungsvorgaben für Säugetiere – eine unendliche Geschichte, DU ten daher schon nicht auf einer konsensualen Entscheidung der Arbeitsgruppe, so dass es die notwendigen Voraussetzungen eines antizipierten Sachverständigengutachtens nicht erfülle.[1173] Die Vertreter der Zoo- wie auch die Vertreter der Tierschutzseite weigerten sich wohl bis Ende des Jahres 2013, das Papier mitzutragen.[1174]

Wie oben gesehen sind konsensual zustande gekommene Inhalte eines Gutachtens eines Gremiums Voraussetzung für die Qualifikation als antizipiertes Sachverständigengutachten.

Dass das Säugetiergutachten nicht auf einer konsensualen Entscheidung der Sachverständigen beruht, zeigt sich schon an der Existenz und darüber hinaus an den weit auseinanderliegenden Inhalten der Differenzprotokolle der Zoo-Vertreter und der Vertreter der Tier- und Naturschutzverbände. Weiter hat das BMEL ab Sommer 2012 offenbar nur noch mit den vier unabhängigen Sachverständigen zusammengearbeitet, so dass die Meinungen und Anregungen der Zoo- und Tierschutzseite letztendlich keine Auswirkungen mehr auf das Ergebnis oder auf etwaige Modifikationen bereits gefundener Ergebnisse hatten.

Zwar wurde das Säugetiergutachten von allen Mitgliedern unterschrieben,[1175] was grundsätzlich dafür spricht, dass die darin enthaltenen Inhalte von allen Mitgliedern getragen werden. Jedoch wurde das Gutachten von den Tierschutz-Vertretern nur unterschrieben, um die Möglichkeit zu haben, ein Differenzprotokoll zu fertigen, die es ohne Unterschriften nicht gegeben hätte; gleichwohl wollte das BMEL das Säugetiergutachten auch ohne Unterschriften veröffentlichen, so dass die Vertreter der Tier- und Naturschutzverbände letztendlich unterschrieben, um ihre abweichenden Ergebnisse in einem Differenzprotokoll veröffentlichen zu können.[1176] Die

---

UND DAS TIER 3/2014, S. 14; dem Hinweis von Torsten Schmidt, der Mitglied der Arbeitsgruppe war, in einem Telefonat vom 30. August 2016 verdanke ich die Information, dass dies nur noch die Endredaktion der Gutachteninhalte betraf.

1173 Vgl. die Gemeinsame Stellungnahme der Tier- und Naturschutzverbände zum Entwurf des im Auftrag des BMELV überarbeiteten „Gutachten über Mindestanforderungen an die Haltung von Säugetieren“ vom April 2013, S. 1, die von sehr kontroversen Auffassungen zu einer großen Anzahl von Tierarten im speziellen Teil des Gutachtens und zu grundsätzlichen Fragen des Tierschutzes im allgemeinen Teil des Gutachtens spricht.

1174 *Landesbeauftragte für Tierschutz Hessen*, Jahresbericht 2014, S. 10.

1175 Vgl. Säugetiergutachten S. 246 f.

1176 Diesen Hinweis verdanke ich Laura Zodrow und James Brückner – beide Mitglieder des Sachverständigengremiums zur Überarbeitung des Säugetiergutachtens – im persönlichen Gespräch.

Unterschrift von allen Mitgliedern kann also gerade nicht als Zeichen dafür gesehen werden, dass die Inhalte des Säugetiergutachtens konsensual beschlossen wurden; im Gegenteil bekräftigen auch die Vertreter der Zooverbände, das Gutachten nicht als Sachverständige, sondern lediglich „als Verbandsvertreter“ unterschrieben zu haben, da sie zu zahlreichen Inhalten „größte Vorbehalte“ hegen.[1177] Sie sprechen sich damit selbst die Sachverständigeneigenschaft ab, so dass davon auszugehen ist, dass das Säugetiergutachten zwar von Sachverständigen erstellt wurde, aber von den Sachverständigen selbst nicht als sachverständige Aussage über die tierhalterischen Anforderungen für die im Gutachten geregelten Tierarten angesehen wird.

cc) Keine Unabhängigkeit, sondern vorrangig ökonomische Interessen seitens der Zoo-Vertreter

Vertreter des Tierschutzes kritisierten wiederholt, dass die Zoo-Vertreter kein Interesse an durch unabhängige Sachverständige erarbeiteten Inhalten zum Wohl der Tiere hätten, sondern einseitig und nur von ökonomischen Interessen geleitet die Inhalte des Säugetiergutachtens zu beeinflussen suchten.[1178] Es wird teilweise von massivem Druck gesprochen, der durch die Zoo-Vertreter auf die anderen Sachverständigen und auf das Ministerium ausgeübt worden sei.[1179]

So wird u. a. vermutet, es sei den durch die Tierschutz-Vertreter zu einem speziellen Thema befragten Zoo-Experten von Seiten der Zoo-Vertreter offenbar untersagt worden, zu einzelnen Sachverhalten Stellung zu nehmen.[1180]

Systematisch sei von den Vertretern der Zooverbände versucht worden, Anpassungen an die Bedürfnisse der Tiere dort zu verhindern, wo dies in

1177 Vgl. Säugetiergutachten, Differenzprotokoll der Vertreter der Zooverbände, S. 273.

1178 Vgl. *animal public e. V.*, Stellungnahme zu den neuen Mindestvorgaben für die Haltung von Menschenaffen in deutschen Zoos; *Habekuß*, Wie viel Wasser braucht ein Delfin im Zoo?, ZEIT ONLINE, 8. Mai 2014, abrufbar unter https://www.zeit.de/wissen/umwelt/2014-05/zootiere-saeugetierabkommen-tierschutz-streit.

1179 *animal public e. V.*, Stellungnahme zu den neuen Mindestvorgaben für die Haltung von Menschenaffen in deutschen Zoos.

1180 *Deutscher Tierschutzbund*, Neue Haltungsvorgaben für Säugetiere – eine unendliche Geschichte, DU UND DAS TIER 3/2014, S. 14.

den Zoos mit Kosten für Neu- und Umbauten an den Tiergehegen verbunden gewesen wäre.[1181] Vorschläge zu weitreichenden Erhöhungen der Raummaße von Seiten der Tierschutz-Vertreter seien von den Zoo-Vertretern als nicht wissenschaftlich belegbar abgewiesen worden – auch dann, wenn wissenschaftliche Belege, die auf die Notwendigkeit solcher Gehegevergrößerung hinwiesen – vorgelegt worden seien.[1182]

Tatsächlich finden sich in Stellungnahmen der Zoo-Vertreter einige Anhaltspunkte dafür: In diesen wird hauptsächlich kritisiert, dass die Inhalte des Entwurfs über Mindestanforderungen hinausgehen und in Folge kostenintensive Gehege-Umbaumaßnahmen in vielen Zoos erforderlich seien.[1183] In der Stellungnahme zum Entwurf des Säugetiergutachtens wurde von den Zoo-Vertretern vorgeschlagen, dass der Entwurf noch einmal von einer Gruppe, die sich aus einem unabhängigen Sachverständigen, dem Ländervertreter sowie einem der Zoo-Vertreter zusammensetzt, überarbeitet werden solle.[1184] Tierschutz-Vertreter sollten also gänzlich außen vor bleiben, der Entwurf vielmehr ohne deren Expertise noch einmal überarbeitet werden. Einige Zoobetreiber hielten manche Anforderungen des neuen Säugetiergutachtens für „völlig überzogen".[1185] Kleinere Gehegeflächen werden von Zoo-Vertretern z. B. damit gerechtfertigt, dass „Primaten

---

1181 *animal public e. V.*, Stellungnahme zu den neuen Mindestvorgaben für die Haltung von Menschenaffen in deutschen Zoos; *Deutscher Tierschutzbund*, Neue Haltungsvorgaben für Säugetiere – eine unendliche Geschichte, DU UND DAS TIER 3/2014, S. 12.

1182 *Deutscher Tierschutzbund*, Neue Haltungsvorgaben für Säugetiere – eine unendliche Geschichte, DU UND DAS TIER 3/2014, S. 12 nennt insofern „eindeutige wissenschaftliche Belege" für eine notwendige weitreichende Erhöhung von Gehegeflächen, vgl. dazu Differenzprotokoll der Vertreter der Tier- und Naturschutzverbände.

1183 Vgl. Stellungnahme zum Entwurf des überarbeiteten Gutachtens über Mindestanforderungen an die Haltung von Säugetieren des Verbandes Deutscher Zoodirektoren e. V., der Deutschen Tiergartengesellschaft und des Deutschen Wildgehegeverbandes e. V. vom 3. Mai 2012, S. 2.

1184 Vgl. Stellungnahme zum Entwurf des überarbeiteten Gutachten über Mindestanforderungen an die Haltung von Säugetieren des Verbandes Deutscher Zoodirektoren e. V., der Deutschen Tiergartengesellschaft und des Deutschen Wildgehegeverbandes e. V. vom 3. Mai 2012, S. 3; siehe auch *Berufsverband der Zootierpfleger e. V.*, Stellungnahme zum Gutachtenentwurf über die Mindestanforderungen an die Haltung von Säugetieren, S. 3; *Deutscher Tierschutzbund*, Neue Haltungsvorgaben für Säugetiere – eine unendliche Geschichte, DU UND DAS TIER 3/2014, S. 14.

1185 *Habekuß*, Wie viel Wasser braucht ein Delfin im Zoo?, ZEIT ONLINE, 8. Mai 2014, abrufbar unter https://www.zeit.de/wissen/umwelt/2014-05/zootiere-saeugetierabkommen-tierschutz-streit.

streiten müssten".[1186] Darauf, dass streitende Tiere sich in fest umgrenzten Gehegen oder Räumen nicht aus dem Weg gehen können, während sie in ihrem natürlichen Lebensraum – wo sie zwar auch streiten – aber auf einer größeren Fläche ausweichen, sogar abwandern könnten, wenn die Gruppe sie nicht mehr duldet, wird jedoch seitens der Zoo-Vertreter nicht eingegangen.

Weiter sei belegt, dass die reine Flächengröße kein Indikator für das Wohlbefinden der gehaltenen Tierart sei.[1187] Dem ist zuzustimmen, jedoch ist eine ausreichende Gehegestruktur natürlich auch ganz faktisch von einer entsprechenden Fläche abhängig. Jedoch kam die Studie, auf die hier verwiesen wurde,[1188] lediglich (auch nach einer Analyse anderer Literatur) zu dem Ergebnis, dass das sogenannte Enrichment, also die Strkuturierung von Gehegen, ein wirksames Mittel dafür ist, stereotypes Verhalten zu reduzieren.[1189]

Eine bloße Reduzierung von Verhaltensstörungen kann jedoch nicht die Verhaltensgerechtheit, die mit § 2 TierSchG vorgeschrieben ist, erreichen. Insbesondere hebt auch die Studie hervor, dass alleine die Strukturierung der Gehege ungenügend ist, um das Leid von Tieren in Gefangenschaft zu verhindern, sondern es auch die entsprechenden Gehegegrößen braucht:

1186 *Habekuß*, Wie viel Wasser braucht ein Delfin im Zoo?, ZEIT ONLINE, 8. Mai 2014, abrufbar unter https://www.zeit.de/wissen/umwelt/2014-05/zootiere-saeugetierabkommen-tierschutz-streit.

1187 Hier wird in der Stellungnahme des *Berufsverbandes der Zootierpfleger e. V.* vom 3. Mai 2013, S. 1 auf folgende Studie verwiesen: *Moreira/Brown/Moraes u. a.*, Effect of Housing and Environmental Enrichment on Adrenocortical Activity, Behavior and Reproductive Cyclicity in the Female Tigrina (Leopardus tigrinus) and Margay (Leopardus wiedii), Zoo Biology 26 (2007), S. 441 ff. Diese untersucht aber nur die weiblichen der im Titel der Studie behandelten Tierarten, die Ozelotkatze (leopardus tigrinus) und die Langschwanzkatze (leopardus wiedii), während die Behauptung in der Stellungnahme wohl sämtliche im Zoo gehaltenen Tierarten erfassen will.

1188 *Moreira/Brown/Moraes u. a.*, Effect of Housing and Environmental Enrichment on Adrenocortical Activity, Behavior and Reproductive Cyclicity in the Female Tigrina (Leopardus tigrinus) and Margay (Leopardus wiedii), Zoo Biology 26 (2007), S. 441 ff.

1189 *Moreira/Brown/Moraes u. a.*, Effect of Housing and Environmental Enrichment on Adrenocortical Activity, Behavior and Reproductive Cyclicity in the Female Tigrina (Leopardus tigrinus) and Margay (Leopardus wiedii), Zoo Biology 26 (2007), S. 441 ff., S. 456: „A review and meta-analysis of the evaluating the effectiveness of enrichment in reducing stereotypic behavior indicates that enrichment is a succesful technique for reducing stereotypic behavior in zoo animals".

„Our findings that behavioral inactivity and elevated fecal corticoid excretion were observed in the smaller enclosures indicate that adequate cage space is important to animal well-being, and that provision of hiding places alone may bei insufficient to prevent animal distress. (…) Overall, these results emphasize the importance of enclosure dimensions and enrichment when designing species-approriate environments."[1190] Dadurch wird klar, dass Strukturierungsmaßnahmen ohne die entsprechenden Gehegegrößen keine verhaltensgerechte Unterbringung darstellen; vielmehr ist beides wichtig; wenn Enrichment-Maßnahmen in Zoos durchgeführt werden, darf dies nicht auf Kosten der Gehegegröße gehen.

Weiter sollten nach Ansicht der Zoo-Vertreter alle Anforderungen, die nicht den Charakter von Mindestanforderungen haben [Anm. d. Verf.: also darüber hinaus gehen], noch einmal überarbeitet werden [Anm. d. Verf.: also nach unten korrigiert werden].[1191] Vehement wurde gefordert, die Anforderungen an den Raumbedarf für Wildtiere zu hinterfragen, ob diese nicht „überzogen" seien.[1192] Anknüpfend an einen Aufsatz, der den moralisch-rechtlichen Status von Wildtieren darzustellen sucht,[1193] wurde versucht zu begründen, dass „andere" Tiere als die in dem Aufsatz genannten Pferde, Bären und Elefanten „keinen nennenswerten autonomen Bewegungsbedarf" hätten und daher die Haltungsbedingungen der Wildtiere in Zoos an die Haltungsbedingungen der Nutztiere angepasst werden sollten, um eine Gleichbehandlung der Tiere i. S. v. Art. 3 Grundgesetz zu erreichen.[1194]

1190 *Moreira/Brown/Moraes u. a.*, Effect of Housing and Environmental Enrichment on Adrenocortical Activity, Behavior and Reproductive Cyclicity in the Female Tigrina (Leopardus tigrinus) and Margay (Leopardus wiedii), Zoo Biology 26 (2007), S. 441 ff., S. 457, 458.

1191 Vgl. Stellungnahme zum Entwurf des überarbeiteten Gutachtens über Mindestanforderungen an die Haltung von Säugetieren des Verbandes Deutscher Zoodirektoren e. V., der Deutschen Tiergartengesellschaft und des Deutschen Wildgehegeverbandes e. V. vom 3. Mai 2012, Anlage S. 2.

1192 Vgl. Stellungnahme zum Entwurf des überarbeiteten Gutachtens über Mindestanforderungen an die Haltung von Säugetieren des Verbandes Deutscher Zoodirektoren e. V., der Deutschen Tiergartengesellschaft und des Deutschen Wildgehegeverbandes e. V. vom 3. Mai 2012, Anlage S. 9; so auch *Berufsverband der Zootierpfleger e. V.*, Stellungnahme zum Gutachtenentwurf über die Mindestanforderungen an die Haltung von Säugetieren vom 3. Mai 2013, S. 1.

1193 *Richter/Kunzmann* u. a., Wildtiere in Menschenhand, Deutsches Tierärzteblatt 2012, S. 1550 ff.

1194 Vgl. Stellungnahme zum Entwurf des überarbeiteten Gutachtens über Mindestanforderungen an die Haltung von Säugetieren des Verbandes Deutscher Zoodirektoren e. V., der Deutschen Tiergartengesellschaft und des Deutschen

Hieraus kann geschlussfolgert werden, dass möglicherweise notwendige Gehegevergrößerungen und damit entsprechende Inhalte des Gutachtens aus Kostengründen verhindert werden sollten.

Zwar sind die Anforderungen an Unabhängigkeit und Neutralität, wie oben gesehen, nicht an den einzelnen Sachverständigen in der Gruppe, sondern an das Gremium an sich zu stellen.

Diesbezüglich ist durch eine paritätische Besetzung zwar grundsätzlich die Unabhängigkeit und Neutralität des Gremiums gewahrt. Oft haben sich jedoch die von den Zoo-Vertretern eingeforderten geringeren Gehegegrößen durchgesetzt;[1195] da von den Tierschutz-Vertretern vorgelegte wissenschaftliche Belege schlicht nicht anerkannt und dies auch vom BMEL bzw. der Moderation einfach hingenommen wurde. Eigene Quellen bzw. Quellen des Weltzooverbandes WAZA wurden ignoriert bzw. aus dem Internet gelöscht.[1196]

Wildgehegeverbandes e. V. vom 3. Mai 2012, Anlage S. 10 mit Verweis auf *Richter/Kunzmann* u. a., Wildtiere in Menschenhand, Deutsches Tierärzteblatt 2012, S. 1550 ff., S. 1550. Dies ist natürlich, da die Adressaten des Art. 3 GG nicht die Tiere, sondern allenfalls die dahinterstehenden Tierhalter sind, nicht korrekt ausgedrückt. Im Übrigen wäre der Fall aus dem aus Art. 20a GG folgenden Verschlechterungsverbot genau andersherum zu lösen: Die Haltungsbedingungen der Nutztiere müssten auf diejenigen der Zootiere angepasst werden. Denn einem Mastschwein stehen nach § 29 Abs. 2 der TierSchNutztV je nach Gewicht 0,5 bis 1,0 m^2 an uneingeschränkt nutzbarer Bodenfläche zu, nach dem Säugetiergutachten 2014 S. 211 dürfen auf 100 m^2 höchstens drei erwachsene Schweine gehalten werden.

1195 So z. B. bei den Fenneks, den Wölfen und anderen Hundeartigen, den Affen, den Eisbären und den Großkatzen, vgl. das Differenzgutachten der Vertreter der Tier- und Naturschutzverbände.

1196 So die Angabe der WAZA auf ihrer Homepage www.waza.org im Rahmen des „virtual zoo", http://www.waza.org/en/zoo, dass die Haltungsfläche von 20 m^2 für ein adultes Paar Fenneks „inakzeptabel klein" sei, und neue Anlagen mindestens 50 m^2 enthalten sollen, von der Homepage gelöscht. Im Säugetiergutachten 2014 wird die Haltungsfläche für ein Paar der Art Fennek (Vulpes zerda) auf mindestens 15 m^2 festgelegt. Das Differenzprotokoll der Vertreter der Tier- und Naturschutzverbände greift diese Flächenangabe auf und verweist zum einen auf den gelöschten Eintrag auf der Homepage der WAZA, zum anderen auf die Regelungen, die für Fenneks in der 2. Tierhaltungsverordnung, Anhang I, Nr. 7.10.6. eine Haltungsfläche von 100 m^2 vorschreiben. Anhaltspunkte, was die Empfehlungen des WAZA „virtual zoo" enthielten, hat die Tierschutzorganisation Vier Pfoten in einer Stellungnahme zusammengefasst, vgl. *VIER PFOTEN*, Stellungnahme zur Überarbeitung des Säugetiergutachtens, S. 7 ff.

dd) Mitwirkung von Sachverständigen, die Zoos generell ablehnen

Aus Richtung der Zoo-Vertreter kam die Kritik, dass in der Arbeitsgruppe Sachverständige von Tierrechts-Organisationen beteiligt wurden, die die Haltung von Tieren in Zoos generell ablehnen.[1197] Diesbezüglich wurde aber klar von den Tierschutz-Vertretern kommuniziert, dass die Frage der Abschaffung der Zoos in dem Überarbeitungsverfahren keine Rolle spielt.[1198]

Weitere, substantiierte Kritik ist nicht zu finden, so dass dieser Kritikpunkt nicht zu berücksichtigen ist.

ee) Mitwirkung von Sachverständigen ohne einschlägiges Hochschulstudium bzw. einschlägige Berufsausbildung

Teilweise wurden Vertreter der Tierschutz-Seite abgelehnt bzw. kritisiert, weil sie über keine einschlägige akademische oder berufliche Ausbildung verfügten, sondern nur ein bestimmtes, sich selbst angelesenes „Citizen-Science“ hätten und nur ehrenamtlich im Tierschutzbereich arbeiteten.[1199]

Im Bereich der Konkretisierung der unbestimmten Rechtsbegriffe des § 2 TierSchG geht es nicht um technisch sensible Normungen, die hohes

---

1197 *Peerenboom*, Rhein-Zeitung, Mindestgrößen für Gehege: Neues Gutachten bedroht den Neuwieder Zoo, 6. Juni 2013.

1198 Diesen Hinweis verdanke ich Laura Zodrow in einem Telefonat vom 18. Dezember 2014 sowie Torsten Schmidt in einem Telefonat vom 30. August 2016.

1199 Das wird z. B. in der Stellungnahme des *Berufsverbands der Zootierpfleger e. V.* vom 3. Mai 2013 deutlich, S. 2. Auf einer Homepage eines Mitgliedes der Arbeitsgruppe wird eine Stellungnahme des VDZ zitiert: „Er [Anm. d. Verf.: der VDZ] stellte fest, eine fachliche Ausbildung im Bereich der Biologie, Veterinärmedizin oder der Zootierpflege seien unerlässliche Voraussetzungen für die Beurteilung von Wildtierhaltungen. Die Gutachter müssten daher eine einschlägige Berufserfahrung nachweisen.“; vgl. http://www.saeugetiergutachten.de/ueberarbeitung-des-saeugetiergutachten-96.html; vgl. auch *Verband Deutscher Zoodirektoren*, Revision des Säugetiergutachtens – Stellungnahme des VDZ vom 6. April 2010, S. 3, abrufbar unter http://www.saeugetiergutachten.de/ueberarbeitung-des-saeugetiergutachten-96.html. Weiter heißt es auf der Homepage http://www.saeugetiergutachten.de/ueberarbeitung-des-saeugetiergutachten-96.html: „Es erwies sich auch als problematisch, (…), dass die sogenannten ‚unabhängigen Sachverständigen‘ selbst keine aktiven Tierhalter waren und zum Teil nur sehr limitierte Praxiserfahrung hatten, und dass die Leitung des Prozesses einer Person anvertraut worden war, die als Botanikerin anscheinend über keine Sachkunde hinsichtlich Tierhaltung verfügte.“

Fehlerfolgenpotential aufweisen und damit die Bevölkerung gefährden wie z. B. bei den sensiblen Regelungen des Atom- und Strahlenschutzrechts. Daher kann hier – wie oben gesehen – auch das Wissen von sogenannten Citizen Scientists herangezogen werden, das nicht zu unterschätzen ist. Es ist also nicht schädlich, dass einzelne Mitglieder der Arbeitsgruppe keine einschlägige tierhalterische oder biologische/zoologische Ausbildung bzw. ein Studium vorweisen konnten. Im Übrigen ist das Differenzprotokoll der Vertreter der Tier- und Naturschutzverbände durchgängig mit einschlägiger wissenschaftlicher (zoologischer, biologischer) Literatur belegt,[1200] was auf eine wissenschaftliche Arbeitsweise schließen lässt, wie sie gefordert wurde und im Ergebnis die Aussagen insbesondere des Differenzprotokolls der Vertreter der Tier- und Naturschutzverbände nachprüfbar macht. Das Differenzprotokoll der Zoo-Vertreter jedoch enthält kein Literaturverzeichnis und keine einzige Angabe eines wissenschaftlichen Beleges,[1201] so dass die Aussagen in diesem Differenzprotokoll nicht nachgewiesen und verifiziert werden können; durch den in dem Differenzprotokoll der Zoo-Vertreter an vielen Stellen praktizierten Rekurs auf die erfolgreiche Praktizierung der empfohlenen Vorgehensweise/Gehegegröße usw.,[1202] also auf die praktische Haltererfahrung, darf nicht abgestellt werden, da diese sich in bloßen Behauptungen erschöpft. Die von dem Europäischen Zoo-Dachverband (EAZA)[1203] erarbeiteten Haltungsempfehlungen für Zootiere („Husbandry Guidelines") können gerade nicht zur Nachkontrolle der Aussagen herangezogen werden, da diese nicht zur Verfügung gestellt wurden, wie gleich noch gezeigt werden soll.

1200 Vgl. Säugetiergutachten S. 248 ff., insbes. S. 267 ff.

1201 Vgl. Säugetiergutachten, Differenzprotokoll der Vertreter der Zooverbände, S. 298.

1202 Vgl. Säugetiergutachten, Differenzprotokoll der Vertreter der Zooverbände, S. 276 f. (allgemeine Anforderungen), 278 (Glossar), 279 (Zwerggleitbeutler und Eigentliche Kängurus), 280 (Rüsselspringer), 281 (Rüsseltiere), 283 (Spitzhörnchen), 286 (Herrentiere) 288 (Mäuse), 289 (Fledertiere), 290 (Bären), 291 (Robben), 296 (Giraffen und Okapis), 297 (Wale).

1203 European Association of Zoos and Aquaria.

ff) Keine Anerkennung von Inhalten österreichischer und schweizerischer Rechtsnormen

Es wird weiterhin kritisiert, dass die Vertreter der Zoos die Inhalte einer österreichischen Rechtsverordnung[1204] sowie schweizerische Vorgaben[1205] ohne Begründung nicht anerkannt hätten, weil sie fehlerhaft zustande gekommen seien.[1206] Das österreichische Bundesministerium für Gesundheit wurde daraufhin zur Stellungnahme aufgefordert; dieses teilte der Arbeitsgruppe mit, dass die in Rede stehende Anlage zur österreichischen Tierhaltungsverordnung von einer wissenschaftlichen Arbeitsgruppe erstellt worden ist, deren Vertreter im zoologischen Bereich tätig wären und dass dem Bundesministerium nicht bekannt sei, welchen „Fehler" diese Anlage enthalten sollte und warum deren Inhalte nicht für die Überarbeitung dieses Themenbereichs auch in anderen Ländern herangezogen werden könnte.[1207] Die 2. österreichische Tierhaltungsverordnung dient ebenso wie das Säugetiergutachten der Umsetzung der EU-Zoorichtlinie. Deren Inhalte können somit indizielle Wirkung haben und darauf hinweisen, wann eine Tierhaltung „hohen Anforderungen" i. S. d. Art. 3 Spiegelstrich 3 EU Zoo-RL genügt.[1208]

gg) Kritik am Verfahren und an der wissenschaftlichen und praktischen Grundlage

Das Verfahren der Überarbeitung des Säugetiergutachtens wurde z. T. als aufwendig und intransparent bezeichnet.[1209]

1204 2. Tierhaltungsverordnung über die Haltung von Wirbeltieren, die nicht unter die 1. Tierhaltungsverordnung fallen, über Wildtiere, die besondere Anforderungen an die Haltung stellen und über Wildtierarten, deren Haltung aus Gründen des Tierschutzes verboten ist, österreichisches BGBl. II Nr. 486/2004.

1205 Schweizer Tierschutzverordnung vom 23. April 2008.

1206 Vgl. die Gemeinsame Stellungnahme der Tier- und Naturschutzverbände zum Entwurf des im Auftrag des BMELV überarbeiteten „Gutachten über Mindestanforderungen an die Haltung von Säugetieren" vom April 2013, S. 17.

1207 Vgl. die Gemeinsame Stellungnahme der Tier- und Naturschutzverbände zum Entwurf des im Auftrag des BMELV überarbeiteten „Gutachten über Mindestanforderungen an die Haltung von Säugetieren" vom April 2013, S. 17.

1208 So auch *Hirt/Maisack/Moritz*, Tierschutzgesetz Kommentar, Anh. § 2 TierSchG Rn. 146.

1209 Vgl. die Gemeinsame Stellungnahme der Tier- und Naturschutzverbände zum Entwurf des im Auftrag des BMELV überarbeiteten „Gutachten über Mindest-

Die Überarbeitung des Säugetiergutachtens folgte keinem stringenten rechtlichen Rahmen oder einem Papier, in dem das Verfahren festgehalten wurde; die in der Arbeitsgruppe vertretenen Wissenschaftler haben die Arbeit weitestgehend in eigener Verantwortung organisiert.[1210] Hier ist bereits ein Ansatzpunkt für eine Gefahr zu erkennen: „Solange das externe Fachwissen in kontrollierten Verfahren, die eine ausgewogene Erhebung, Verarbeitung und Bewertung der Information ermöglichen, in den Entscheidungsvorgang eingespeist wird, geht die erwünschte Sachgerechtigkeit und Berechenbarkeit nicht verloren. Dies hängt freilich (...) von den Verfahren der Einbeziehung [Anm. der. Verf.: des externen Sachverstandes] ab."[1211]

In öffentlich zugänglichen Papieren und Publikationen ist zu lesen, dass sich die Arbeitsgruppe selbst einige Regeln gesetzt hat (z. B. die Erarbeitung der Inhalte auf der Grundlage wissenschaftlicher Kenntnisse, tiergartenbiologischer Erfahrungen und von verfügbaren Standards).[1212] Dies lässt sich auch dem Säugetiergutachten selbst entnehmen.[1213]

Auch die Konkretisierung des § 2 TierSchG wird im Säugetiergutachten selbst ausdrücklich festgehalten, also eine Bezugnahme u. a. auf die Konkretisierung der Anforderungen an eine verhaltensgerechte Unterbringung der verschiedenen Tierarten.[1214] Auch der Terminus „verhaltensgerechte Unterbringung" wird explizit verwendet.[1215] Auch § 42 Abs. 3 Nr. 1 BNatSchG, der eine art- und tiergerechte Gehegegestaltung vorschreibt,

---

anforderungen an die Haltung von Säugetieren" vom April 2013, S. 1; vgl. auch die Homepage www.saeugetiergutachten.de, wo es heißt: „Ein Protokoll dieser historischen Sitzung wurde nicht erstellt".

1210 Auskunft des BMEL, E-Mail vom 5. Januar 2015: „Sehr geehrte Frau Felde, auch nach weiterer Recherche kann ich Ihnen bei Ihrer Anfrage leider nicht weiterhelfen. Die in den Arbeitsgruppen vertretenen Wissenschaftler haben die Arbeit weitestgehend in eigener Verantwortung organisiert. Einen stringenten rechtlichen Rahmen oder ein Papier, in dem das Verfahren festgehalten wurde, hat es nicht gegeben.", E-Mail von Dr. Matthias Müller, BMEL.

1211 *Sommermann*, Sachverständige Politikberatung: Funktionsbedingung oder Gefährdung der Demokratie? – eine Skizze, in: *Sommermann*, Sachverständige Politikberatung, S. 15.

1212 Vgl. *Hofer/Merz u. a.*, Säugetiergutachten, Erklärung der unabhängigen Sachverständigen vom 7. Mai 2014 S. 1.

1213 Vgl. nur Säugetiergutachten 2014, S. 9, S. 11, S. 15.

1214 Vgl. Säugetiergutachten 2014, Anwendungsbereich und allgemeine Grundsätze, S. 9.

1215 Vgl. Säugetiergutachten 2014, Allgemeine und tiermedizinische Anforderungen, S. 12.

wird jedenfalls zitiert,[1216] so dass man davon ausgehen kann, dass sich die Arbeitsgruppe dieser Norm bewusst war.

Im Erarbeitungsprozess wurde sich nicht an diese Absprachen und selbst festgelegte Grundsätze gehalten.

Zur Arbeitsteilung wurden die einzelnen Kapitel des Säugetiergutachtens in verschiedenen Unterarbeitsgruppen erarbeitet und in der Gesamtgruppe anschließend abgestimmt. Dabei war in jeder Unterarbeitsgruppe je ein Vertreter der Zooverbände, ein Vertreter der Tierschutzverbände und ein unabhängiger Sachverständiger beteiligt.[1217]

Auch gab es Kritik an dem wissenschaftlichen Material, welches zur Bestimmung der *Artgemäßheit* und der *Verhaltensgerechtheit* der Haltung und Behandlung der Tiere herangezogen wurde bzw. herangezogen werden sollte.

Laut Einführung zum Säugetiergutachten 2014 soll neben wissenschaftlichen Grundlagen auch der aktuelle tierhalterische Erkenntnisstand berücksichtigt werden. Das Säugetiergutachten muss nach Ansicht des BMEL also auf einer wissenschaftlichen Grundlage auf der einen und auch einer die praktischen Haltererfahrungen berücksichtigenden Grundlage auf der anderen Seite beruhen.

Ein wesentlicher Kritikpunkt der unabhängigen Sachverständigen wie auch der Vertreter der Tierschutzverbände war, dass die von dem Europäischen Zoo-Dachverband (EAZA)[1218] erarbeiteten Haltungsempfehlungen für Zootiere („Husbandry Guidelines“) von den Zoo-Vertretern nicht zur Einsicht für alle Arbeitsgruppen-Mitglieder freigegeben wurden, sondern die Einsicht in diese verweigert wurde bzw. nur den Zoo-Vertretern zur Verfügung stand.[1219] Die Husbandry Guidelines, die für verschiedene Tierarten erarbeitet wurden und werden und von denen nur einige öffentlich zugänglich sind, enthalten sogenannte „best-practice-Vorgaben“, also Erfah-

---

1216 Vgl. Säugetiergutachten 2014, Anwendungsbereich und allgemeine Grundsätze, S. 10.

1217 Vgl. *Hofer/Merz u. a.*, Säugetiergutachten, Erklärung der unabhängigen Sachverständigen vom 7. Mai 2014 S. 1.

1218 European Association of Zoos and Aquaria.

1219 Vgl. *Merz*, Tierschutzgemäße Zootierhaltung, Deutsches Tierärzteblatt 2013, S. 1644; s. auch Kleine Anfrage zu den Haltungsbedingungen in Zoos, BT-Drs. 18/3683 S. 1 und die Gemeinsame Stellungnahme der Tier- und Naturschutzverbände zum Entwurf des im Auftrag des BMELV überarbeiteten „Gutachten über Mindestanforderungen an die Haltung von Säugetieren“ vom April 2013, S. 1; Differenzprotokoll der Tierschutzsachverständigen zum Säugetiergutachten 2014, S. 214.

rungen und aktuelle Erkenntnisse und Verbesserungsvorschläge der Zoobetreiber für das optimale Halten von Zootieren. Damit stellen diese Dokumente verschriftlichte Haltererfahrung dar, die laut Einleitung des Säugetiergutachtens 2014 auch Eingang in dieses finden sollte. Auch die EU-Zoorichtlinie[1220] verweist in ihrer Präambel auf diese Dokumente und hebt hervor, dass diese bei der Erstellung staatlicher Normen herangezogen werden könnten.[1221] Auch war die Heranziehung der Husbandry Guidelines zur Erstellung des Säugetiergutachtens eine Forderung des Landes Hessen, der damit ebenfalls nicht entsprochen wurde.[1222] Da diese Haltererfahrung von den meisten Mitgliedern der Arbeitsgruppe nicht eingesehen werden durfte, konnte sie nicht als Arbeitsgrundlage zur Erarbeitung des Säugetiergutachtens herangezogen werden. Dies betraf auch die Zuchtbücher der Europäischen Erhaltungszuchtprogramme (EEP), die auch u. a. eine Beurteilung der Zootierhaltung ermöglichen.[1223] Insbesondere für die Überarbeitung des Gutachtens hinsichtlich der Haltung von Delfinen wären diese Dokumente eine wertvolle Hilfe zur Beurteilung der Haltungsbedingungen gewesen.[1224]

Die Bundesregierung beantwortete eine Kleine Anfrage im Bundestag hinsichtlich des Vorliegens bzw. öffentlichen Einsehens dieser Dokumente dahingehend, dass weder die Husbandry Guidelines noch die EEP-Zuchtbücher dem BMEL vorlägen, die Arbeitsgruppe aber selbst dafür verantwortlich gewesen sei, diese in die Erarbeitung des Säugetiergutachtens mit einzubeziehen; nach Auffassung der Bundesregierung ist in dem Säugetiergutachten 2014 der aktuelle verfügbare tierhalterische Kenntnisstand berücksichtigt.[1225]

Je eher davon ausgegangen werden muss, dass die dem Expertengremium vorgelegten Informationen und Unterlagen unvollständig, lückenhaft oder überholt, oder aber auch gar nicht vorgelegt wurden, wie dies hier

1220 Richtlinie 1999/22/EG des Rates vom 29. März 1999 über die Haltung von Wildtieren in Zoos, ABl. EG vom 09. April 1999, L 94/24.

1221 Vgl. EU-Zoorichtlinie, Präambel.

1222 Vgl. die Gemeinsame Stellungnahme der Tier- und Naturschutzverbände zum Entwurf des im Auftrag des BMELV überarbeiteten „Gutachten über Mindestanforderungen an die Haltung von Säugetieren“ vom April 2013, S. 17.

1223 Kleine Anfrage zu den Haltungsbedingungen in Zoos, BT-Drs. 18/3683 S. 1; vgl. auch Artikel auf der Homepage des Bundes gegen Missbrauch der Tiere e. V., Vorstellung des Säugetiergutachtens im Bundeslandwirtschaftsministerium am 7. Mai 2014.

1224 *Hirt/Maisack/Moritz*, Tierschutzgesetz Kommentar, Anh. § 2 TierSchG Rn. 144.

1225 Antwort der Bundesregierung vom 21. Januar 2015 auf die Kleine Anfrage zu den Haltungsbedingungen in Zoos (BT-Drs. 18/3683), BT-Drs. 18/3792 S. 2.

der Fall war, desto weniger kann man mit Hilfe des Gutachtens eine ordnungsgemäße Konkretisierung der o. g. Normen sicherstellen.[1226] „Bei solchen Zweifeln liegt es nahe, dass von Länderministerien und Behörden eigene Gutachten zur Haltung der einzelnen Tierarten in Auftrag gegeben werden."[1227]

Die Vertreter der Zoos rechtfertigten die Vorenthaltung der Husbandry Guidelines damit, dass diese sehr viel höhere Anforderungen bzw. Empfehlungen für eine optimale Zootierhaltung vorgeben, im Säugetiergutachten aber gerade nur Mindestanforderungen festgelegt werden sollten.[1228] Die Husbandry Guidelines seien daher, weil weit über staatliche Mindestanforderungen hinausgehend, nicht geeignet, als Grundlage für die Erarbeitung des Säugetiergutachtens herangezogen zu werden.[1229] Das Selbstverständnis des Säugetiergutachtens ist jedoch dahingehend formuliert, dass sich die „Mindestanforderungen" des Säugetiergutachtens nicht als Untergrenze zur Tierquälerei verstehen, sondern in Anlehnung an die Hennen-Entscheidung des Bundesverfassungsgerichts aus dem Jahr 1999[1230] verstanden werden sollen.[1231]

Die bloße Festlegung von Mindestanforderungen an die Zootierhaltung würde auch § 42 Abs. 3 Nr. 1 BNatSchG widersprechen. Neben § 2 TierSchG wird durch das Säugetiergutachten auch diese Norm konkretisiert, diese verlangt die art- und tiergerechte Lage, Größe und Gestaltung und innere Einrichtung der Gehege. In der Zoo-Richtlinie, auf der § 42 BNatSchG beruht, ist in Art. 3 Spiegelstrich 3 gerade nicht von Mindestan-

1226 So auch *Hirt/Maisack/Moritz*, Tierschutzgesetz Kommentar, Anh. § 2 TierSchG Rn. 144.

1227 *Hirt/Maisack/Moritz*, Tierschutzgesetz Kommentar, Anh. § 2 TierSchG Rn. 144.

1228 Vgl. Stellungnahme zum Entwurf des überarbeiteten Gutachtens über Mindestanforderungen an die Haltung von Säugetieren des Verbandes Deutscher Zoodirektoren e. V., der Deutschen Tiergartengesellschaft und des Deutschen Wildgehegeverbandes e. V. vom 3. Mai 2012, Anlage S. 1, 2, 10.

1229 Vgl. Stellungnahme zum Entwurf des überarbeiteten Gutachtens über Mindestanforderungen an die Haltung von Säugetieren des Verbandes Deutscher Zoodirektoren e. V., der Deutschen Tiergartengesellschaft und des Deutschen Wildgehegeverbandes e. V. vom 3. Mai 2012, S. 1 und Anlage S. 10.

1230 *BVerfG*, Urteil vom 6. Juli 1999, Az.: 2 BvF 3/90, BVerfGE 101, S. 1 ff.

1231 So jedenfalls *Merz*, Tierschutzgemäße Zootierhaltung, Deutsches Tierärzteblatt 2013, S. 1642; dass dies zwar Konsens in der Arbeitsgruppe war, im Ergebnis aber keinen Niederschlag im Säugetiergutachten gefunden hat, bemängeln die Tierschutz- und Naturschutzverbände in ihrer gemeinsamen Stellungnahme zum Entwurf des im Auftrag des BMELV überarbeiteten „Gutachten über Mindestanforderungen an die Haltung von Säugetieren" vom April 2013, S. 1.

forderungen, sondern von „hohen Anforderungen“ an die Tierhaltung die Rede.

hh) Kritik an der Arbeitsweise der Gruppe

Weitere Kritik betrifft die Arbeitsweise der Arbeitsgruppe. Es wird von Seiten der Tierschutzverbände moniert, dass von Vertretern des Tier- und Naturschutzes für bestimmte Haltungsansprüche wissenschaftliche Begründungen vorgelegt wurden, diese jedoch durch die Zoo-Vertreter ignoriert wurden und letztendlich Inhalte des Säugetiergutachtens zustande kamen, die diesen wissenschaftlichen Grundlagen und Aussagen anerkannter, unabhängiger Wissenschaftler widersprachen, aber von den Vertretern der Zoos mit einem pauschalen Rekurs auf „praktische Haltererfahrungen“ durchgesetzt wurden.[1232] Als weiteres Problem kam hier hinzu, dass die Verschriftlichungen der „praktischen Haltererfahrungen“ den Mitgliedern der Arbeitsgruppe nicht zugänglich gemacht wurden (s. o.), so dass sich nicht verifizieren ließ, ob sich die Einwände der Zoo-Vertreter wirklich durch praktische Haltererfahrung begründen ließen. Offensichtlich ergaben sich diese Widersprüche aufgrund der Aussagen der Zoo-Vertreter, die die wissenschaftlich begründeten Anforderungen an die Gehegegrößen (u. a. für Primaten) deswegen nicht anerkennen wollten, da bei Aufnahme der wissenschaftlich belegten Erfordernisse umfangreiche Umbaumaßnahmen in den Zoos durchgeführt werden müssten, was verhindert werden sollte.[1233]

Im Ergebnis seien die neuen Inhalte des Säugetiergutachtens keine Mindeststandards, sondern befänden sich weit unter Mindeststandards an der Grenze zur Tierquälerei; die Inhalte des Säugetiergutachtens seien nicht an die Bedürfnisse der Tiere angepasst worden, sondern an die tatsächlichen Gegebenheiten in deutschen Zoos, so dass gegen den Grundsatz verstoßen wurde, dass Haltungssysteme den Bedürfnissen der Tiere angepasst werden

---

1232 Vgl. die Gemeinsame Stellungnahme der Tier- und Naturschutzverbände zum Entwurf des im Auftrag des BMELV überarbeiteten „Gutachten über Mindestanforderungen an die Haltung von Säugetieren“ vom April 2013, S. 2; vgl. auch Differenzprotokoll der Tierschutzsachverständigen zum Säugetiergutachten 2014, S. 214.

1233 Vgl. die Gemeinsame Stellungnahme der Tier- und Naturschutzverbände zum Entwurf des im Auftrag des BMELV überarbeiteten „Gutachten über Mindestanforderungen an die Haltung von Säugetieren“ vom April 2013, S. 2.

müssen[1234] und nicht umgekehrt.[1235] Trotz Vorliegens wissenschaftlicher Grundlagen für tierschutzgerechtere Gehege- und Beckengrößen habe sich die Zoo-Vertreter-Lobby durchgesetzt – die wissenschaftlichen Grundlagen seien daher unberücksichtigt geblieben.[1236]

Doch auch von der Seite der Zoos wurde umgekehrt den Tierschutz-Vertretern vorgeworfen, dass die Forderungen der Tierschutz-Seite jeder wissenschaftlichen Grundlage entbehrten.[1237] Es wurde den Tierschutz-Vertretern sogar willkürliches Handeln vorgeworfen; die Flächenmaße seien so großzügig formuliert worden, dass die Schließung von Zoos provoziert werden sollte.[1238]

Hierbei wird jedoch verkannt, dass seitens der Tierschützer jede Forderung an mehr Raum und Fläche wissenschaftlich belegt wurde,[1239] und diese Studien auch veröffentlicht und damit nachzuvollziehen sind, so dass nicht auf das Fehlen von wissenschaftlichen Grundlagen hingewiesen werden kann.

Grundlage des Säugetiergutachtens sollten wissenschaftliche Studien wie auch praktische Haltererfahrung sein. Die praktische Haltererfahrung ist im Ergebnis nicht Grundlage des Gutachtens geworden, denn die für einige Tierarten maßgeblichen Husbandry Guidelines standen den meisten Mitgliedern der Arbeitsgruppe nicht zur Verfügung. Behauptungen, die

---

1234 Vgl. nur *Hirt/Maisack/Moritz*, Tierschutzgesetz Kommentar, § 6 TierSchG Rn. 20; Begründung zum Entwurf eines Ersten Gesetzes zur Änderung des Tierschutzgesetzes, BT-Drs. 10/3158 S. 21; vgl. auch Präambel der Empfehlungen des Ständigen Ausschusses zum Übereinkommen über den Schutz von Tieren in landwirtschaftlichen Tierhaltungen, Empfehlungen für Haushühner, Pekingenten, Moschusenten, Hausgänse, Straußenvögel, Pelztiere; in diese Richtung auch jüngst *BVerwG*, Beschluss vom 8. November 2016, Az.: 3 B 11.16, NVwZ 2017, S. 404 ff., S. 405.

1235 Vgl. Presseportal, Pressemitteilung vom 7. Mai 2014, Ministerium stellt neuen Säugetiergutachten vor – Massive Kritik von Tierschutz-Organisationen.

1236 Vgl. Presseportal, Pressemitteilung vom 7. Mai 2014, Ministerium stellt neuen Säugetiergutachten vor – Massive Kritik von Tierschutz-Organisationen; vgl. auch Artikel auf der Homepage des Bundes gegen Missbrauch der Tiere e. V., Vorstellung des Säugetiergutachtens im Bundeslandwirtschaftsministerium am 7. Mai; vgl. auch Differenzprotokoll der Tierschutzsachverständigen zum Säugetiergutachten 2014, S. 214.

1237 Vgl. *Peerenboom*, Rhein-Zeitung, Mindestgrößen für Gehege: Neues Gutachten bedroht den Neuwieder Zoo, 6. Juni 2013.

1238 Vgl. *Peerenboom*, Rhein-Zeitung, Mindestgrößen für Gehege: Neues Gutachten bedroht den Neuwieder Zoo, 6. Juni 2013.

1239 Vgl. Quellenverzeichnis des Differenzprotokolls der Vertreter der Tier- und Naturschutzverbände, Anhang zum Säugetiergutachten, S. 248 ff., S. 267 ff.

seitens der Zoo-Vertreter auf die praktische Haltererfahrung gestützt werden, können nicht nachgeprüft werden. Daher fehlt dem Säugetiergutachten ein wesentlicher Teil der Grundlage. Denn die Grundlage eines Gutachtens muss allen Sachverständigen, dem leitenden Ministerium und letztlich auch dem entscheidenden Richter zur Verfügung stehen. Der pauschale Rekurs der Zoo-Vertreter auf „gute Haltererfahrung" war daher nicht zulässig, da keine Nachprüfbarkeit gegeben ist.

Auch der wissenschaftliche Konsens lag im Ergebnis nur z. T. vor, denn hinsichtlich einiger Tierarten wurden wissenschaftliche Studien zwar eingebracht, aber seitens der Zoo-Vertreter ignoriert bzw. als schwach bezeichnet und daher die Aufnahme der Inhalte einseitig von den Zoo-Vertretern verweigert.[1240] Auch geltende österreichische und schweizerische Verordnungen mit den Inhalten, die auch für das Säugetiergutachten maßgeblich waren, wurden als „fehlerhaft zustande gekommen" bezeichnet und daher von der Seite der Zoo-Vertreter nicht als Arbeitsgrundlage akzeptiert. Hingegen wurden gerade diese Verordnungen wiederum im Differenzprotokoll der Vertreter der Zooverbände mehrmals zitiert, u. a. mit Vorschlägen, bestimmte Inhalte der Schweizerischen bzw. Österreichischen Tierschutzverordnung zu übernehmen bzw. sich daran zu orientieren.[1241] Dies stellt ein widersprüchliches Verhalten dar.

Auch wurde mit der Aussage der Zoo-Vertreter, die Husbandry Guidelines würden Best Practice-Vorgaben machen und seien daher nicht geeignet, für die Erstellung von Mindestvoraussetzungen herangezogen zu werden, ein widersprüchliches Verhalten an den Tag gelegt. Denn Konsens bestand innerhalb der Arbeitsgruppe darüber, dass die Inhalte des Säugetiergutachtens gerade – trotz der Terminologie im Namen des Gutachtens – keine Mindestanforderungen darstellen sollen.[1242]

1240 So z. B. (schon bei der Überarbeitung des Säugetiergutachtens im Jahr 1996 geschehen) eine Dissertation über Raubkatzen in zoologischen Gärten: *Exner*, Ethologische und hygienische Untersuchungen über die Haltungsbedingungen von Raubkatzen in zoologischen Gärten, München, 1995. Auch das Differenzprotokoll der Vertreter der Tier- und Naturschutzverbände im Säugetiergutachten 2014 nimmt wieder Bezug auf diese Dissertation, vgl. S. 270.

1241 Vgl. Säugetiergutachten, Differenzprotokoll der Vertreter der Zooverbände, S. 276, 278, 279, 280, 282, 283, 293.

1242 So jedenfalls *Merz*, Tierschutzgemäße Zootierhaltung, Deutsches Tierärzteblatt 2013, S. 1642; dass dies zwar Konsens in der Arbeitsgruppe war, im Ergebnis aber keinen Niederschlag im Säugetiergutachten gefunden hat, bemängeln die Tierschutz- und Naturschutzverbände in ihrer gemeinsamen Stellungnahme zum Entwurf des im Auftrag des BMELV überarbeiteten „Gutachten über Mindestanforderungen an die Haltung von Säugetieren" vom April 2013, S. 1.

ii) Widersprüchliches Verhalten

Es wird weiter von den Tier- und Naturschutzverbänden kritisiert, dass sich die Vertreter der Zoos widersprüchlich verhalten hätten: So seien einige Gehegegrößen als zu groß abgelehnt worden, diese seien aber in den (nur z. T. öffentlich zugänglichen)[1243] Husbandry Guidelines der Welt-Zoo-Organisation (WAZA)[1244] als „inakzeptabel" [klein] bewertet worden.[1245] Selbst die Inhalte des Säugetiergutachtens in der fertigen Version hätten die von der WAZA als „inakzeptabel" klein abgelehnten Gehegegrößen noch unterschritten.[1246]

Die Vertreter der Zoos, die die o. g. Husbandry Guidelines als Arbeitsgrundlage der Arbeitsgruppe nicht zur Verfügung stellen wollten, kritisieren in ihrer Stellungnahme zum Entwurf des Gutachtens, dass das BMEL ab Sommer 2012 zuletzt nur noch mit den unabhängigen Sachverständigen arbeiten wollten, von denen jedoch keiner ein aktiver Wildtierhalter sei, somit seit Sommer 2012 keine praktische Haltererfahrung mehr in das Säugetiergutachten eingeflossen sei.[1247] Die letztlich in das Gutachten eingeflossenen Inhalte wurden von den Zoo-Vertretern als Kompromisse bezeichnet, die „in keiner Weise durch praktische tiergärtnerische oder zootierärztliche Erfahrung abgestützt sind".[1248]

Auch vielen qualitativen Anforderungen, die das Säugetiergutachten enthält, wird von den Zoo-Vertretern die Einbeziehung der Tierhalter-Erfahrung abgesprochen, die Vorgaben entsprächen nicht der Erfahrung der

---

1243 Hier wurde auf die Tierarten Fennek, Polarfuchs, Steppenfuchs und Rotfuchs abgestellt; die Husbandry Guidelines für einige Tierarten sind im Internet zu finden; in Folge dieser Beratungen wurden die Husbandry Guidelines, die o. g. Tierarten betreffend, aus dem Internet gelöscht.

1244 World Associacion of Zoos and Aquariums.

1245 Vgl. die Gemeinsame Stellungnahme der Tier- und Naturschutzverbände zum Entwurf des im Auftrag des BMELV überarbeiteten „Gutachten über Mindestanforderungen an die Haltung von Säugetieren" vom April 2013, S. 17.

1246 Vgl. die Gemeinsame Stellungnahme der Tier- und Naturschutzverbände zum Entwurf des im Auftrag des BMELV überarbeiteten „Gutachten über Mindestanforderungen an die Haltung von Säugetieren" vom April 2013, S. 17.

1247 Vgl. Stellungnahme zum Entwurf des überarbeiteten Gutachtens über Mindestanforderungen an die Haltung von Säugetieren des Verbandes Deutscher Zoodirektoren e. V., der Deutschen Tiergartengesellschaft und des Deutschen Wildgehegeverbandes e. V. vom 3. Mai 2012, S. 2.

1248 Vgl. Stellungnahme zum Entwurf des überarbeiteten Gutachtens über Mindestanforderungen an die Haltung von Säugetieren des Verbandes Deutscher Zoodirektoren e. V., der Deutschen Tiergartengesellschaft und des Deutschen Wildgehegeverbandes e. V. vom 3. Mai 2012, S. 2.

Zoo-Vertreter.[1249] Dies hätte aber durch Offenlegung der Husbandry Guidelines, die die nötige Haltererfahrung beinhalten, vermieden werden können.

Da in dem Entstehungsprozess des Säugetiergutachtens weder ein Protokoll geführt wurde noch einzuhaltende Regelungen festgeschrieben waren, deren Einhaltung letztlich nicht genau überprüft werden kann, ist es für einen Richter nicht nachvollziehbar, wie das Gutachten zustande gekommen ist.[1250] Wie oben gesehen, muss eine solche Transparenz für ein antizipiertes Sachverständigengutachten aber vorliegen. Nicht nur der Entstehungsprozess bleibt für den Richter intransparent, er kann auch die Husbandry Guidelines nicht einsehen, die schon der Arbeitsgruppe nicht vorgelegt wurden und somit Aussagen, mit denen wesentliche Inhalte des Gutachtens durchgesetzt wurden, nicht verifizieren.

Massiver Druck auf Mitglieder der Arbeitsgruppe und Ministerium entspricht nicht der Vorgehensweise einer guten wissenschaftlichen Praxis; diese sieht vielmehr eine Arbeit am wissenschaftlichen Sachargument vor, das auch dokumentiert wird.[1251]

Auch die nicht ausreichende Moderation des BMEL, das oftmals fehlende Intervenieren bei Beschwerden seitens der Mitglieder der Arbeitsgruppen läuft dem zuwider.

Weiter kann auch das Ignorieren und Abweisen von wissenschaftlichen (unabhängigen) Studien, das Unterdrücken der Husbandry Guidelines durch die Vertreter der Zooverbände, die argumentlose fehlende Anerkennung von österreichischen und schweizerischen geltenden Rechtsnormen sowie die Forderungen, alles noch einmal ohne die Vertreter der Tier- und Naturschutzverbände zu überarbeiten, nicht als Einhaltung der Grundsätze guter wissenschaftlicher Praxis angesehen werden, zumal die Vertreter der Zooverbände in ihrem Differenzprotokoll bemängeln, es sei [Anm. der

---

1249 Vgl. Stellungnahme zum Entwurf des überarbeiteten Gutachtens über Mindestanforderungen an die Haltung von Säugetieren des Verbandes Deutscher Zoodirektoren e. V., der Deutschen Tiergartengesellschaft und des Deutschen Wildgehegeverbandes e. V. vom 3. Mai 2012, S. 2.

1250 Der fehlende Verfahrensrahmen wurde mir am 5. Januar 2015 in einer E-Mail vom BMEL bestätigt: „Sehr geehrte Frau Felde, auch nach weiterer Recherche kann ich Ihnen bei Ihrer Anfrage leider nicht weiterhelfen. Die in den Arbeitsgruppen vertretenen Wissenschaftler haben die Arbeit weitestgehend in eigener Verantwortung organisiert. Einen stringenten rechtlichen Rahmen oder ein Papier, in dem das Verfahren festgehalten wurde, hat es nicht gegeben.", E-Mail von Dr. Matthias Müller, BMEL.

1251 Vgl. nur *DFG*, Denkschrift zur Sicherung guter wissenschaftlicher Praxis, S. 15.

Verf.: wohl von den Vertretern der Tier- und Naturschutzverbänden] die wissenschaftliche Literatur nicht allen Arbeitsgruppen-Mitgliedern zugänglich gemacht worden, auf der einige Ergebnisse beruhten.[1252] Auch wird seitens der Zoo-Vertreter in ihrem Differenzprotokoll mehrmals auf die schweizerische Tierschutzverordnung Bezug genommen und mit dieser argumentiert.[1253]

jj) Kritik an der Moderation durch das BMELV/BMEL

Deutliche Kritik wurde an der Moderation des Überarbeitungsprozesses des Säugetiergutachtens durch das BMELV vorgebracht. Aus Sicht der Tier- und Naturschutzverbände vorliegende Mängel wurden frühzeitig dem BMELV vorgebracht,[1254] jedoch sei nur wenig seitens des BMELV interveniert worden, u. a. einmal zu Beginn des Überarbeitungsverfahrens, als einige Zoo-Vertreter sich weigerten, mit einem sachverständigen Mitglied aus einer Tierrechtsorganisation überhaupt an einem Tisch zu sitzen; hier sei vom BMELV eine Rüge erteilt worden, dass jeder gehen könne, wer nicht mit den anderen berufenen Sachverständigen arbeiten wolle.[1255]

kk) Kritik an den langen Zeiträumen bis zur nächsten Aktualisierung

Kritisiert wird weiterhin, dass die Zeiträume zwischen den Aktualisierungen des Säugetiergutachtens zu lang waren (vgl. die Veröffentlichungen in den Jahren 1977, 1996, 2014) und auch weiterhin keine Pflicht besteht, das Säugetiergutachten in einem bestimmten Zeitraum neu zu überarbeiten.[1256] Im Säugetiergutachten 2014 in Punkt 9 des Abschnitts „I. Anwen-

---

1252 Vgl. Säugetiergutachten, Differenzprotokoll der Vertreter der Zooverbände, S. 274.

1253 Vgl. Säugetiergutachten, Differenzprotokoll der Vertreter der Zooverbände, S. 276, 278, 280, 282, 283, 293.

1254 Vgl. die Gemeinsame Stellungnahme der Tier- und Naturschutzverbände zum Entwurf des im Auftrag des BMELV überarbeiteten „Gutachten über Mindestanforderungen an die Haltung von Säugetieren“ vom April 2013, S. 1.

1255 Diesen Hinweis verdanke ich Laura Zodrow, Telefonat vom 18. Dezember 2014.

1256 Vgl. die Gemeinsame Stellungnahme der Tier- und Naturschutzverbände zum Entwurf des im Auftrag des BMELV überarbeiteten „Gutachten über Mindestanforderungen an die Haltung von Säugetieren“ vom April 2013, S. 4; vgl. auch Differenzprotokoll der Tierschutzsachverständigen zum Säugetiergutachdungsbereiches und allgemeine Grundsätze" findet sich der Passus „Eine regelmäßige Aktualisierung des Gutachtens auf der Grundlage neuer Erkenntnisse ist anzustreben." Hierdurch werde nicht klar, welchen Zeitraum „regelmäßig" meint und auch das Wort „anzustreben" sei viel zu unbestimmt um klar zu erkennen, was damit gemeint sei.[1257]

ll) Kritik an der Intransparenz des Verfahrens

Die Kritik, die man aus den obigen Ausführungen herleiten kann, bezieht sich auf die generelle Intransparenz des Überarbeitungsverfahrens. Da kein rechtlicher Rahmen wie z. B. eine Verfahrensordnung existiert, sondern die in den Arbeitsgruppen vertretenen Wissenschaftler nach Aussage des BMEL[1258] die Arbeit weitestgehend in eigener Verantwortung organisiert haben, lässt sich die Vorgehensweise der Arbeitsgruppe nicht bzw. nur zum Teil nachvollziehen. Lediglich aus persönlichen Erfahrungsberichten bzw. einigen wenigen öffentlichen Aufsätzen sowie aus dem Säugetiergutachten selbst lassen sich Anhaltspunkte finden, wie das Verfahren der Erstellung tatsächlich ausgesehen hat. Es ist daher unverständlich, warum die Bundesregierung in einer Antwort auf die Kleine Anfrage zum Tierschutz in Zoologischen Gärten davon ausgeht, dass der Entstehungsprozess im Übrigen transparent war.[1259]

---

ten 2014, S. 214, das eine Überprüfung des Gutachtens im fünf-Jahre-Rhythmus vorschlägt.

1257 Vgl. die Gemeinsame Stellungnahme der Tier- und Naturschutzverbände zum Entwurf des im Auftrag des BMELV überarbeiteten „Gutachten über Mindestanforderungen an die Haltung von Säugetieren" vom April 2013, S. 4.

1258 E-Mail vom 5. Januar 2015 vom Referat 321 beim BMEL (Dr. Matthias Müller): „Sehr geehrte Frau Felde, auch nach weiterer Recherche kann ich Ihnen bei Ihrer Anfrage leider nicht weiterhelfen. Die in den Arbeitsgruppen vertretenen Wissenschaftler haben die Arbeit weitestgehend in eigener Verantwortung organisiert. Einen stringenten rechtlichen Rahmen oder ein Papier, in dem das Verfahren festgehalten wurde, hat es nicht gegeben.", E-Mail von Dr. Matthias Müller, BMEL.

1259 BT-Drs. 17/12235 vom 31. Januar 2013, S. 4.

mm) Kritik an den Inhalten des Entwurfs bzw. an denen des veröffentlichten Säugetiergutachtens: Auch hier: Verböserung und damit Verstoß gegen rechtliche Vorgaben

Die Kritik bezieht sich auch auf den Entwurf bzw. das schlussendlich im Jahr 2014 veröffentlichte Säugetiergutachten mit dessen Inhalten.

Dem Entwurf zum Säugetiergutachten sowie dem veröffentlichten Gutachten wird vorgeworfen, dass es den Vorgaben des Art. 3 Abs. 3 der EU-Zoorichtlinie[1260] bzw. dem die EU-Zoorichtlinie konkretisierenden § 42 BNatSchG und auch § 2 TierSchG nicht genügt, die vorsehen, dass die Tierhaltung stets „hohen Anforderungen" genügen muss (Art. 3 Spiegelstrich 3 EU-ZooRL)[1261] bzw. dass Gehege nach Lage, Größe und Gestaltung und innerer Einrichtung art- und tiergerecht ausgestaltet sind (§ 42 Abs. 3 Nr. 1 BNatSchG).[1262] Weiter seien die Inhalte der Haltungsanforderungen einiger Tierarten als tierschutzwidrig anzusehen, was einen Verstoß gegen §§ 1, 2 TierSchG begründet.[1263] Eine verhaltensgerechte Unterbringung, wie sie § 2 TierSchG fordert, sei für bestimmte Tierarten unter Anwendung des Säugetiergutachtens nicht möglich.[1264] Von den Zoodirekto-

1260 Richtlinie 1999/22/EG des Rates vom 29. März 1999 über die Haltung von Wildtieren in Zoos, ABl. EG vom 9. April 1999, L94/24.

1261 Vgl. die Gemeinsame Stellungnahme der Tier- und Naturschutzverbände zum Entwurf des im Auftrag des BMELV überarbeiteten „Gutachten über Mindestanforderungen an die Haltung von Säugetieren" vom April 2013, S. 1; vgl. auch Differenzprotokoll der Tierschutzsachverständigen zum Säugetiergutachten 2014, S. 214 f.

1262 So u. a. *animal public e. V.*, Stellungnahme zu den neuen Mindestvorgaben für die Haltung von Menschenaffen in deutschen Zoos.

1263 Vgl. die Gemeinsame Stellungnahme der Tier- und Naturschutzverbände zum Entwurf des im Auftrag des BMELV überarbeiteten „Gutachten über Mindestanforderungen an die Haltung von Säugetieren" vom April 2013, S. 8, dies wird für das Beispiel der Einzelhaltung von Elefantenbullen und das weiter durch das Säugetiergutachten erlaubte Anketten der Elefanten für täglich 2-3 Stunden gezeigt, weitere Beispiele parsim; vgl. auch Artikel auf der Homepage des Bundes gegen Missbrauch der Tiere e. V., Vorstellung des Säugetiergutachtens im Bundeslandwirtschaftsministerium am 7. Mai 2014; vgl. auch Differenzprotokoll der Tierschutzsachverständigen zum Säugetiergutachten 2014, S. 214 f.

1264 Vgl. Artikel auf der Homepage des Bundes gegen Missbrauch der Tiere e. V., Vorstellung des Säugetiergutachtens im Bundeslandwirtschaftsministerium am 7. Mai 2014; *Deutscher Tierschutzbund*, Neue Haltungsvorgaben für Säugetiere – eine unendliche Geschichte, DU UND DAS TIER 3/2014, S. 14; vgl. auch Differenzprotokoll der Tierschutzsachverständigen zum Säugetiergutachten 2014, S. 214.

ren sei im Verfahren zur Erstellung des Säugetiergutachtens eine verhaltensgerechte Unterbringung stets gleichgesetzt worden mit der Abwesenheit von Schäden, Leiden oder Schmerzen; diese Mindestlösung sei unzureichend.[1265]

Die unabhängigen Sachverständigen gehen in ihrer Erklärung zum Säugetiergutachten davon aus, dass die Inhalte desselben die untere Grenze zu einer nicht tiergerechten Haltung darstellen, also Mindestanforderungen darstellen;[1266] im Ergebnis ist es also nicht bei dem anfänglichen Konsens der Arbeitsgruppe geblieben, dass die „Mindestanforderungen" des Säugetiergutachtens nicht die Untergrenze zur Tierquälerei darstellen sollen.

Die Kritik an den Inhalten des Säugetiergutachtens bezog sich von Seite der Tierschützer in vielen Fällen auf die Gehege-Raummaße.[1267] Die Vertreter der Zooverbände und auch die unabhängigen Sachverständigen betonten immer wieder, dass die Anforderungen an die Gehegegröße nur ein Aspekt neben anderen Anforderungen wie Gehegestruktur und Enrichment seien.[1268] Dem ist zuzustimmen, trotzdem dürfen entsprechende Raummaße nicht auf Kosten anderer, z. B. Enrichment-Maßnahmen und Gehegestruktur, völlig außer Acht gelassen werden, nur weil die anderen Maßnahmen kostengünstiger zu verwirklichen sind. Im Übrigen ist auch für ein angemessen strukturiertes Gehege rein faktisch eine gewisse Raumgröße nötig.

Weiter verstößt das Säugetiergutachten hinsichtlich einiger Tierarten gegen das einfache Gesetz, nämlich gegen § 2 TierSchG und gegen § 42 Abs. 3 Nr. 1 BNatSchG. Diese Normen verlangen jeweils mit den unbestimmten Rechtsbegriffen *artgemäß*, *verhaltensgerecht* und *art- und tiergerecht* eine bestimmte Konkretisierung durch das Säugetiergutachten. Diese Begriffe werden jedoch für einige Tierarten unzutreffend konkretisiert,[1269] worin der Verstoß gegen die o. g. Normen begründet ist. Gleichzeitig liegt

---

1265 James Brückner (Deutscher Tierschutzbund) auf der Pressekonferenz des BMEL am 7. Mai 2014 zum Säugetiergutachten.

1266 Vgl. *Hofer/Merz u. a.*, Säugetiergutachten, Erklärung der unabhängigen Sachverständigen vom 7. Mai 2014 S. 3.

1267 Siehe *Elefanten-Schutz Europa e. V.*, Schriftliche Stellungnahme zur Überarbeitung des „Gutachtens über Mindestanforderungen an die Haltung von Säugetieren" hinsichtlich der Haltung von Elefanten, S. 1; vgl. schon Differenzprotokoll der Vertreter der Tier- und Naturschutzverbände, Säugetiergutachten S. 250; *Deutscher Tierschutzbund*, Neue Haltungsvorgaben für Säugetiere – eine unendliche Geschichte, in: DU UND DAS TIER 3/2014, S. 12.

1268 Vgl. *Hofer/Merz u. a.*, Säugetiergutachten, Erklärung der unabhängigen Sachverständigen vom 7. Mai 2014 S. 1.

1269 U. a. für Primaten, Großkatzen, Elefanten, Delfine.

darin auch ein Verstoß gegen Art. 20a GG, aus dem u. a. das Verschlechterungsverbot folgt, nach dem die bereits bestehenden Vorgaben des Tierschutzrechts nicht mehr unterschritten werden dürfen; dies geschieht aber durch das Säugetiergutachten. Zwar ist dessen fehlende Rechtsverbindlichkeit zu berücksichtigen; faktisch wird es jedoch durch die tierschutzrechtlichen Anordnungen des Amtsveterinärs bzw. durch die diese bestätigende gerichtliche Entscheidung doch zu einem den Adressaten unmittelbar betreffenden Inhalt.

Auch die Aktualität des Säugetiergutachtens ist nicht gegeben. Zunächst sind – trotz der Veröffentlichung im Jahr 2014 – einige wissenschaftliche aktuelle Studien nicht in das Säugetiergutachten eingeflossen, so dass es nicht auf dem aktuellen wissenschaftlichen Stand ist.[1270] Weiterhin droht das Säugetiergutachten mit dem weiteren Zeitablauf in weiteren Teilen, nicht mehr aktuell zu sein, denn es ist nicht in Aussicht, wann das Säugetiergutachten wieder aktualisiert werden wird. Zwar wird im Vorwort des Gutachtens angestrebt, dieses regelmäßig zu aktualisieren.[1271] Der Blick in die Vergangenheit und die bisherigen Aktualisierungen (1977 – 1996 – 2014) zeigt jedoch, dass ohne verpflichtende Aktualisierung in einem bestimmten Zeitraum dies wieder nicht geschehen wird.

nn) Kein Vorliegen der Voraussetzungen, die ein antizipiertes Sachverständigengutachten erfüllen muss

Gerügt wurde, dass der in großen Teilen fehlende Konsens unter den Mitgliedern der Arbeitsgruppe verhindert, dass das Säugetiergutachten als antizipiertes Sachverständigengutachten angewendet werden kann.[1272] Auch die fehlende Aktualität in einigen Teilen verhindert, dass das Säugetiergutachten als antizipiertes Sachverständigengutachten angesehen werden kann. Auch die fehlende Beweiskraft ist ein Grund dafür: Anderslautende Gutachten und Studien sind in der Lage, die Beweiskraft von Gutachten zu mindern, so dass es eines Beweises durch ein ergänzendes Gutachten über die geschwächten Inhalte des Gutachtens bedarf. Aber auch Differenzpro-

1270 Vgl. Differenzprotokoll der Vertreter der Tier- und Naturschutzverbände, Säugetiergutachten S. 248 ff. m. w. N.

1271 Vgl. Säugetiergutachten S. 11.

1272 Vgl. die Gemeinsame Stellungnahme der Tier- und Naturschutzverbände zum Entwurf des im Auftrag des BMELV überarbeiteten „Gutachten über Mindestanforderungen an die Haltung von Säugetieren“ vom April 2013, S. 1.

tokolle sind in der Lage, die Beweiskraft eines Gutachtens zu schwächen.[1273] Die Beweiskraft des Säugetiergutachtens 2014 wird jedenfalls durch das Differenzprotokoll der Vertreter der Tier- und Naturschutzverbände gemindert. Das Differenzprotokoll der Vertreter der Zooverbände vermag die Beweiskraft des Säugetiergutachtens jedoch nicht zu mindern. Denn Differenzprotokolle sind nur dann, wenn sie sachlich begründet sind und auf einer richtigen Gesetzesauslegung beruhen, geeignet, die Beweiskraft eines Gutachtens zu mindern.[1274] Wie oben bereits festgestellt, ist das Differenzprotokoll nicht wissenschaftlich fundiert begründet; es wird lediglich auf die praktische Haltererfahrung verwiesen, die aber nur mit Hilfe der Husbandry Guidelines nachvollzogen werden kann, die aber nicht zugänglich sind. Eine andere, wissenschaftlich fundierte oder belegte Begründung für die Aussagen in dem Differenzprotokoll fehlen. Weiter gehen die Vertreter der Zooverbände in ihrem Differenzprotokoll davon aus, dass „Minimal zulässige Flächen- und Volumenangaben (..) durch den Nachweis festgelegt sein [müssen], dass eine Unterschreitung ein dauerhaftes Leiden der betroffenen Tiere verursacht".[1275] „Diese Aussage lässt erkennen, dass es nach Ansicht der Verfasser für eine verhaltensgerechte Unterbringung von Tieren ausreicht, wenn sich bei den Tieren keine Verhaltens- oder Funktionsstörungen als Anzeichen für anhaltende, erhebliche Leiden i. S. v. § 17 Nr. 2b) TierSchG zeigen; anscheinend wird weder akzeptiert, dass es für einen Verstoß gegen § 2 Nr. 1 TierSchG bereits ausreicht, wenn wesentliche Grundbedürfnisse von Tieren in einem erheblichen Ausmaß zurückgedrängt sind, noch dass nach § 2 Nr. 2 TierSchG Bewegungseinschränkungen bereits dann rechtswidrig sind, wenn sie nur zu ‚einfachen' Leiden oder Schäden führen."[1276] Da das Differenzprotokoll der Vertreter der Zooverbände auf einer falschen Gesetzesauslegung beruht, kann es nicht die Beweiskraft des Säugetiergutachtens einschränken.

Im Ergebnis wird das Säugetiergutachten durch das Differenzprotokoll der Vertreter der Tier- und Naturschutzverbände immens geschwächt, da in deren Differenzprotokoll Gehegegrößen und andere Haltungsanforderungen jeweils wissenschaftlich begründet und unter Rekurs auf die Rechtsprechung zur verhaltensgerechten Unterbringung von Wildtieren darge-

---

1273 *Hirt/Maisack/Moritz*, Tierschutzgesetz Kommentar, Anh. § 2 TierSchG Rn. 145.

1274 *Hirt/Maisack/Moritz*, Tierschutzgesetz Kommentar, Anh. § 2 TierSchG Rn. 145.

1275 Vgl. Säugetiergutachten 2014, Differenzprotokoll der Vertreter der Zooverbände, S. 297.

1276 *Hirt/Maisack/Moritz*, Tierschutzgesetz Kommentar, Anh. § 2 TierSchG Rn. 145.

legt werden. Auch andere Studien zu verschiedenen Tierarten sind in der Lage, die Inhalte des Säugetiergutachtens abzuschwächen.[1277]

Dies führt zu einem weiteren Problem, nämlich zu der Tatsache, dass einige andere, als antizipierte Sachverständigengutachten anerkannte Gutachten, die z. T. auch vom BMEL stammen bzw. von diesem in Auftrag gegeben wurden, den Inhalten des Säugetiergutachtens widersprechen. Das oben bereits genannte LANA-Gutachten empfiehlt auf S. 2, gänzlich auf die Haltung von Delfinen zu verzichten, während das Säugetiergutachten bestimmte Größen für Haltungsbecken definieren will.[1278] Die ebenfalls vom BMEL herausgegebenen Leitlinien für eine tierschutzgerechte Haltung von Wild in Gehegen aus dem Jahr 1995 sehen eine Gehegefläche von 2100 m^2 für ein Wolfspaar vor;[1279] das Säugetiergutachten 2014 sieht für ein Wolfspaar 300 m^2 vor.[1280] Zwar schließen die Leitlinien für eine tierschutzgerechte Haltung von Wild in Gehegen die Haltung von Wild in Zoologischen Gärten und Tierparks von ihrem Anwendungsbereich aus.[1281] Es ist jedoch nicht zu erkennen, warum wissenschaftliche Erkenntnisse über das Verhalten von Wölfen derart diametral auseinandergehen, je nachdem, ob die Wölfe in einem Zoo oder Tierpark oder in einem Gehege gehalten werden.

Im Ergebnis wird das Säugetiergutachten damit auch durch widersprüchliche andere Gutachten immens geschwächt, so dass dem Säugetiergutachten jedenfalls in Bereichen, die von anderen Gutachten anders bewertet werden, die Beweiskraft fehlt und es daher nicht die Qualität eines antizipierten Sachverständigengutachtens hat. In Folge müssen Landesministerien, andere Behörden und Gerichte dann die offenen Fragen mit Hil-

---

1277 Vgl. nur *Exner*, Ethologische und hygienische Untersuchungen über die Haltung von Raubkatzen in zoologischen Einrichtungen, München 1995; *Stephan*, Untersuchungen an Eisbären in europäischen zoologischen Gärten: Verhalten und Veränderungen von Stresshormon-Konzentrationen unter Berücksichtigung der Gehegegröße und Gruppenzusammensetzung, Karlsruhe 2006; *Schulze*, Wissenschaftliche Stellungnahme zur Neufassung des Gutachtens über Mindestanforderungen an die Haltung von Säugetieren (hier: Säugetiergutachten Wale und Delfine – Altfassung), Bochum/Hagen 2010.

1278 Vgl. Säugetiergutachten 2014, S. 232 ff.

1279 Leitlinien für eine tierschutzgerechte Haltung von Wild in Gehegen 1995, S. 14.

1280 Säugetiergutachten 2014 S. 186.

1281 Vgl. Leitlinien für eine tierschutzgerechte Haltung von Wild in Gehegen 1995 S. 1.

fe anderer Dokumente oder aufgrund eigener, in Auftrag gegebener Gutachten beantworten.[1282]

Ein Beispiel für die Verwendung von Gutachten, die im Nachhinein noch modifiziert wurden, ist das BMEL-Gutachten über Mindestanforderungen von Papageien aus dem Jahr 1995.[1283] Dieses soll, wie auch das Säugetiergutachten die Anforderungen des § 2 TierSchG hinsichtlich der Haltung von Papageien (Psittacidae) konkretisieren.

In Niedersachsen und anderen Bundesländern wird dieses Gutachten in der modifizierten Fassung des sogenannten Nicolai-Gutachtens angewendet.[1284] Hintergrund ist ein Schreiben des damaligen Umweltministers aus Niedersachsen, der in einem Schreiben ausführte, dass die Größenangaben des BML-Gutachtens „fachlich völlig ungenügend“[1285] seien. Bereits in den allgemeinen Ausführungen des Gutachtens falle auf, dass das natürliche Bewegungsbedürfnis der Tiere völlig unerwähnt geblieben sei.[1286] Grundvoraussetzung für die Festsetzung von Mindestnormen für die Wildtierhaltung müsse sein, „den Tieren die Möglichkeit zu geben, ihren natürlichen Bewegungsapparat, in diesem Fall die Flugmuskulatur, auch benutzen zu können“.[1287] Die vom BML ausgewiesenen Volierengrößen erlaubten den Vögeln jedoch keine Bewegungen, die man als Fliegen bezeichnen könne.[1288] Deshalb hätten auch die in das Gutachtergremium entsandten Experten des Deutschen Naturschutzrings (DNR) und des Deutschen Tierschutzbundes (DTB) erklärt, dass die Käfig- und Volierenmaße insgesamt zu klein seien.[1289] Diese Feststellungen seien richtig und ließen überdies den Schluss zu, dass insoweit nicht von einem Gutachten gesprochen werden könne, „sondern lediglich von der Meinungsäußerung der Majorität

---

1282 So auch *Hirt/Maisack/Moritz*, Tierschutzgesetz Kommentar, Anh. § 2 TierSchG Rn. 146.

1283 Abrufbar auf der Homepage des BMEL unter https://www.bmel.de/DE/Tier/Tierschutz/Tierschutzgutachten/_texte/GutachtenDossier.html.

1284 *Hirt/Maisack/Moritz*, Tierschutzgesetz Kommentar, Anh. § 2 TierSchG Rn. 134.

1285 Zitiert nach *Hirt/Maisack/Moritz*, Tierschutzgesetz Kommentar, Anh. § 2 TierSchG Rn. 134.

1286 Zitiert nach *Hirt/Maisack/Moritz*, Tierschutzgesetz Kommentar, Anh. § 2 TierSchG Rn. 134.

1287 Zitiert nach *Hirt/Maisack/Moritz*, Tierschutzgesetz Kommentar, Anh. § 2 TierSchG Rn. 134.

1288 Zitiert nach *Hirt/Maisack/Moritz*, Tierschutzgesetz Kommentar, Anh. § 2 TierSchG Rn. 134.

1289 Zitiert nach *Hirt/Maisack/Moritz*, Tierschutzgesetz Kommentar, Anh. § 2 TierSchG Rn. 134.

des Gremiums, die aus privaten, wissenschaftlichen oder Forschungsgründen ein Eigeninteresse an der Wildtierhaltung hat".[1290]

Weiter wird in dem Schreiben ausgeführt: „Schließlich möchte ich nochmals darauf hinweisen, daß in Niedersachsen, ebenfalls auf ein Gutachten gestützt, bei der Genehmigung von Papageiengehegen gem. § 45 Nds. Naturschutzgesetz (NNatG) seit ca. einem Jahrzehnt Mindestnormen durchgesetzt worden sind. Diese Verwaltungspraxis ist vom OVG Lüneburg rechtskräftig bestätigt worden. (…) Es ist den niedersächsischen Naturschutzbehörden und Tierschutzbehörden in gemeinsamer Anstrengung gelungen, in mehreren 100 Genehmigungsverfahren diese Normen, die den Vögeln ein Mindestmaß an Flugmöglichkeiten sichern, durchzusetzen. Das vom BML diesbezüglich als Gutachten vorgelegte Mehrheitsvotum konterkariert diese Arbeit, in dem plötzlich weitaus geringere Maße als ausreichend genannt werden. Es erübrigt sich, die Folgen zu erörtern, die eintreten werden, wenn andere Bundesländer dieses Mehrheitsvotum zur Anwendung bringen würden.

Solange der BML von seiner Verordnungsermächtigung, die Mindestnormen für die Wildtierhaltung festzulegen, keinen Gebrauch gemacht hat, liegt die Entscheidung, welche Normen bei der Umsetzung der einschlägigen artenschutzrechtlichen und tierschutzrechtlichen Bestimmungen Verwendung finden sollen, bei den Bundesländern. Niedersachsen beabsichtigt deshalb, das Gutachten nicht von der vom BML vorgelegten, sondern in geänderter Form anzuwenden. Folgende Änderungen wurden vorgenommen: (…)."[1291]

Durch das Nicolai-Gutachten werden die Anforderungen an die Haltung von Papageien nach § 2 TierSchG weitaus besser und zutreffender konkretisiert als durch das BML-Gutachten von 1995.[1292] Jedoch wird selbst bei dem Nicolai-Gutachten an verschiedenen Stellen bezweifelt, ob die Inhalte noch den Anforderungen des § 2 TierSchG entsprechen;[1293] die deutlich geringeren Maße des BML-Gutachtens seien jedoch eindeutig unzureichend.[1294]

1290 Zitiert nach *Hirt/Maisack/Moritz*, Tierschutzgesetz Kommentar, Anh. § 2 TierSchG Rn. 134.

1291 Schreiben des Niedersächsischen Umweltministeriums vom 6. Mai 1995 (liegt der Verfasserin in Kopie vor).

1292 *Hirt/Maisack/Moritz*, Tierschutzgesetz Kommentar, Anh. § 2 TierSchG Rn. 135.

1293 *Hirt/Maisack/Moritz*, Tierschutzgesetz Kommentar, Anh. § 2 TierSchG Rn. 135 mit Verweis auf *Kummerfeld*, Ziervögel, in: *Sambraus/Steiger*, Das Buch vom Tierschutz, S. 364 ff.

1294 *Hirt/Maisack/Moritz*, Tierschutzgesetz Kommentar, Anh. § 2 TierSchG Rn. 135.

oo) Kritik an der (Rechts-)Form Gutachten

Letztlich wird moniert, dass die Anforderungen an die Haltung von Säugetieren immer noch in einem Gutachten, welches nicht rechtsverbindlich ist, „geregelt“ werden und nicht in einer verbindlichen Rechtsverordnung wie auch die Haltung von Nutztieren.[1295] Hierzu wird auf die Rechtssituation in der Schweiz und in Österreich verwiesen, wo es zu dieser Sachmaterie rechtsverbindliche Rechtsverordnungen gibt.[1296] Hier stellt sich die Frage, ob der Verordnungsgeber nicht eine Pflicht hat, zu Rechtsmaterien Rechtsverordnungen zu erlassen, die schon seit Jahrzehnten nur als Gutachten immer wieder aktualisiert werden.

c) Zwischenfazit und Folge

Als Fazit bleibt festzuhalten, dass das Säugetiergutachten entgegen der Ansicht vieler Gerichte[1297] kein antizipiertes Sachverständigengutachten ist. Denn da das Gutachten ohne rechtlichen Rahmen und unter unklaren bis intransparenten und nicht einer wissenschaftlichen Arbeitsweise entsprechenden Umständen zustande gekommen ist, es in Teilen nicht aktuell ist und zuletzt die unbestimmten Rechtsbegriffe *artgemäß*, *verhaltensgerecht* und *art- und tiergerecht* hinsichtlich einiger Tierarten nicht korrekt konkretisiert bzw. verbösert, verstößt es gegen § 2 und TierSchG, gegen § 42 Abs. 3 Nr. 1 BNatSchG sowie gegen Art. 20a GG.

Folge hiervon ist, dass das Gutachten zwar als Wissensquelle bzw. als einfache Aussage über einen Sachverhalt in Verwaltungsverfahren und Verwaltungsprozess herangezogen werden darf, es jedoch nicht den Beweiswert eines antizipierten Sachverständigengutachtens hat, sondern einfach nur eine Erkenntnisquelle ist, derer sich der Amtsveterinär bzw. der Richter

1295 Vgl. die Gemeinsame Stellungnahme der Tier- und Naturschutzverbände zum Entwurf des im Auftrag des BMELV überarbeiteten „Gutachten über Mindestanforderungen an die Haltung von Säugetieren“ vom April 2013, S. 1.

1296 Vgl. Differenzprotokoll der Tierschutzsachverständigen zum Säugetiergutachten 2014, S. 249 mit Verweis auf die 1. und 2. Tierhaltungsverordnung (Österreich) bzw. die Tierschutzverordnung der Schweiz.

1297 Vgl. für viele *VG Oldenburg*, Urteil vom 13. Februar 2013, Az.: 11 A 4220/12 (juris) Rn. 19; *VG Trier*, Beschluss vom 9. November 2012, Az.: 1 L 1179/12.TR (juris) Rn. 13; *OVG Lüneburg*, Urteil vom 18. Juni 2013, Az.: 11 LC 206/12 (juris) Rn. 30; *BayVGH*, Urteil vom 30. Januar 2008, Az.: 9 B 05.3146 und 9 B 06.2992 (juris) Rn. 28.

zwar bedienen darf, deren Inhalte jedoch noch durch wissenschaftliche Studien belegt bzw. modifiziert und im Ergebnis bewiesen werden müssen. Das Säugetiergutachten darf also keinesfalls unreflektiert und ohne Beweise, die die Inhalte dessen verifizieren oder wiederlegen, angewendet werden.[1298]

3. Gutachten versus Rechtsverordnung – warum es statt des Säugetiergutachtens keine Verordnung über Mindestanforderungen an die Haltung von Säugetieren gibt

Das Säugetiergutachten als Konkretisierung der unbestimmten Rechtsbegriffe des § 2 TierSchG bzw. § 42 Abs. 3 Nr. 1 BNatSchG ist seit seiner erstmaligen Veröffentlichung im Jahr 1977 immer nur als Gutachten (wieder-)veröffentlicht worden, nie aber in eine Rechtsverordnung übernommen worden.

Schon der Gesetzesentwurf VI/2559 der Bundesregierung aus dem Jahr 1971[1299] sah in der Begründung zur Verordnungsermächtigung des damaligen § 13 TierSchG [heute: § 2a TierSchG] vor, dass die Mindestanforderungen des Tierschutzes in entsprechenden Verordnungen ihren Niederschlag finden werden.[1300] Auch mit der ersten großen Novelle des Tierschutzgesetzes von 1986 wurde keine andere Aussage getroffen.[1301] Wie oben bereits gesehen, sind Rechtsverordnungen jedoch nur in ökonomisch wichtigen Bereichen zustande gekommen, die gleichzeitig auch solche Bereiche darstellen, die unter supra- und internationalem Einfluss durch europäische Richtlinien, Verordnungen und den Übereinkommen des Europarates stehen. Trotzdem steht auch für die Zootierhaltung und für jede andere Tierhaltung, die geregelt werden soll, die Verordnungsermächtigung des § 2a TierSchG zur Verfügung. Diese gilt – wie oben gezeigt – gerade nicht nur für den Bereich der landwirtschaftlichen Tierhaltung.

1298 Zu diesem Ergebnis kommt auch *Gusy*, „Antizipierte Sachverständigengutachten“ im Verwaltungs- und Verwaltungsgerichtsverfahren, NuR 1987, S. 156 ff., S. 165 für technische Regelwerke: „Eine pauschale Rezeption ist demgegenüber unzulässig. Technische Regelwerke sind eben keine Rechtsnormen, die einfach angewandt werden können und müssen. Auch deshalb ist ihre Heranziehung auch nicht per se rechtens, sondern rechtsgebunden.“

1299 BT-Drs. VI/2559, 7. September 1971.

1300 BT-Drs. VI/2559, 7. September 1971, S. 11.

1301 Vgl. BT-Drs. 10/3158, 10. April 1985, S. 19.

Nicht nur Tierschützer kritisieren, dass die Gutachten nicht in Rechtsverordnungen übernommen werden sollen.[1302] Versteckte Kritik liegt auch in dem Schreiben des damaligen Umweltministers aus Niedersachsen, der in dem oben genannten Schreiben ausführte, dass die Größenangaben des BML-Gutachtens „fachlich völlig ungenügend"[1303] seien. In diesem Schreiben, das sich gegen das BMEL-Gutachten über Mindestanforderungen von Papageien aus dem Jahr 1995 wendet, heißt es weiter: „Solange der BML von seiner Verordnungsermächtigung, die Mindestnormen für die Wildtierhaltung festzulegen, keinen Gebrauch gemacht hat, liegt die Entscheidung, welche Normen bei der Umsetzung der einschlägigen artenschutzrechtlichen und tierschutzrechtlichen Bestimmung Verwendung finden sollen, bei den Bundesländern".[1304]

Dass zur Vorbereitung von Rechtsverordnungen Gutachten eingeholt werden, wurde am Beispiel der Vorschriften über die Anforderungen über das Halten von Kaninchen in der TierSchNutztV bereits dargelegt. Gutachten sind also die „Wegbereiter", die wissenschaftliche Grundlage, die einer Rechtsverordnung vorausgehen und deren außerjuristische Inhalte prägen. Daher stellt sich die Frage, warum die Inhalte des Säugetiergutachtens nie in eine Rechtsverordnung überführt wurden, trotz der o. g. Gesetzesmaterialien, die gerade nicht ankündigen, dass Gutachten die unbestimmten Rechtsbegriffe des Tierschutzgesetzes konkretisieren sollen, sondern dies eben rechtsverbindlich durch Rechtsverordnungen geschehen wird.

Für den Fall der Zirkusleitlinien wurde diese Frage im Jahr 2010 an die Bundesregierung herangetragen.[1305] Die Antwort lautete, dass zwar eine Überarbeitung der Zirkusleitlinien vorgesehen sei, nicht aber die Überführung in eine Rechtsverordnung. Als Gründe wurden fehlende wissenschaftliche Erkenntnisse über die in den Zirkusleitlinien behandelten Tierarten und die nicht miteinander vergleichbare Situation in den verschiede-

---

1302 Vgl. nur Gemeinsame Stellungnahme der Tier- und Naturschutzverbände zum Entwurf des im Auftrag des BMELV überarbeiteten „Gutachten über Mindestanforderungen an die Haltung von Säugetieren", April 2013 S. 1.

1303 Zitiert nach *Hirt/Maisack/Moritz*, Tierschutzgesetz Kommentar, Anh. § 2 TierSchG Rn. 134.

1304 Schreiben des Niedersächsischen Umweltministeriums vom 6. Mai 1995 (liegt der Verfasserin in Kopie vor), S. 2.

1305 Schriftliche Fragen mit den in der Woche vom 8. November 2010 eingegangenen Antworten der Bundesregierung, BT-Drs. 17/3736, S. 65.

nen Zirkussen genannt.[1306] Der erforderliche Handlungs- und Ermessensspielraum der Behörden solle nicht eingeengt werden.[1307]

Die wissenschaftlichen Studien, die dem Säugetiergutachten zugrunde liegen und weitere, die von Teilen der Arbeitsgruppe abgelehnt und daher nicht einbezogen wurden, lassen darauf schließen, dass das Argument der fehlenden wissenschaftlichen Erkenntnisse ins Leere geht. Auch im Bereich der landwirtschaftlich gehaltenen Tiere wurde im Jahr 2009 behauptet, es gebe für Kaninchen im Gegensatz zu anderen Nutztierarten weniger Erkenntnisse;[1308] mit der o. g. untersuchten Studie Hoy/Wagner, die jedoch ungeeignet war, s. o., wurde aber die Wissensgenerierung von der Bundesregierung bzw. vom BMEL in Auftrag gegeben. Dies ist jedoch nicht im Bereich der Zirkus- und Zootiere erfolgt. Selbst wenn man die Zirkusleitlinien und das Säugetiergutachten selbst als Auftragsgutachten zur Wissensgenerierung ansieht, wird durch die Aussage der Bundesregierung zur Beantwortung der o. g. Frage eingestanden, dass diese gerade keine wissenschaftlichen Sachverständigengutachten sind, wenn diese Inhalte selbst von der Bundesregierung nicht als gesicherte Kenntnisse als Grundlage für rechtsverbindliche Haltungsanforderungen angesehen werden. In Folge dürften die Gerichte diese schon deswegen nicht als antizipierte Sachverständigengutachten qualifizieren und anwenden.

Zu bemerken ist also, dass das Verfahren zur Erstellung von Rechtsverordnungen im „Vorverfahren“ der Wissensgenerierung feststeckt, dies aber wohl so von der Bundesregierung gewollt ist, die den Gutachten selbst die wissenschaftliche Anerkennung abspricht. Überträgt man dies auf die vielen Gutachten, die für den Bereich Wildtiere und Heimtiere von Arbeitsgruppen im Auftrag des BMEL erarbeitet wurden, so ist nicht zu erwarten, dass es außerhalb des Bereichs der landwirtschaftlichen Tierhaltung Rechtsverordnungen mit grundsätzlich bindenden Inhalten geben wird. Dies scheint so gewollt. Um die Gründe dieses Untätigbleibens herauszufinden, sind in einem Vergleich zwischen unverbindlichem Gutachten und

1306 Schriftliche Fragen mit den in der Woche vom 8. November 2010 eingegangenen Antworten der Bundesregierung, BT-Drs. 17/3736, S. 65.

1307 Schriftliche Fragen mit den in der Woche vom 8. November 2010 eingegangenen Antworten der Bundesregierung, BT-Drs. 17/3736, S. 65.

1308 Vgl. Stellungnahme der Bundesregierung zu der Entschließung des Bundesrates zum Tierschutz bei der Haltung von Kaninchen zu Erwerbszwecken, BR zu Drs. 115/09 (Beschluss), 7. April 2009, S. 1. Dass dies nicht stimmt, sondern wissenschaftliche Studien zum Verhalten von Kaninchen bereits lange vorher vorlagen, ist oben ausführlich dargestellt worden.

rechtsverbindlicher Rechtsverordnung die Vor- und Nachteile beider Konkretisierungsmodelle anhand der Charakteristika beider herauszuarbeiten.

a) Die Charakteristika eines unverbindlichen Gutachtens

Der Vorteil eines Gutachtens ohne Rechtsformqualität ist vorrangig, dass es nicht durch Gerichte in einem eigenen Verfahren überprüfbar ist. Zwar kann es von einem Gericht gänzlich unangewendet bleiben, sollte es ein Gericht für inhaltlich unzutreffend handeln. Dies verhindert jedoch nicht, dass andere Gerichte es – möglicherweise mangels besseren außerjuristischen Wissens – für zutreffend halten und es weiterhin anwenden; die Möglichkeit der Nichtigerklärung, die eine weitere Anwendung des Gutachtens durch alle anderen Gerichte verhindert, gibt es nicht. Das rein faktische Problem, welches hier hineinspielt, ist die fehlende Wissensgrundlage der Richter um genau die Inhalte, die benötigt werden, um die unbestimmten Rechtsbegriffe des Tierschutzrechts auszufüllen. Wissenschaftliche Literatur über das Verhalten von Elefanten, Tigern und Primaten steht in den Gerichtsbibliotheken grundsätzlich nicht zur Verfügung. Es ist zwar nicht unmöglich, es zu beschaffen;[1309] in Anbetracht der Überlastung der Gerichte wird es jedoch wahrscheinlich sein, dass lediglich die Inhalte des Gutachtens, die im Fall der ministeriellen Gutachten einfach über die Homepage des BMEL heruntergeladen werden können, übernommen werden. Diese werden dadurch verbindlich für den Betroffenen. Durch die Veröffentlichung durch das BMEL als staatliche Stelle wirken die Gutachten vertrauenswürdig, was ihre inhaltliche wissenschaftliche Fundiertheit und die Annahme, sie sind in einem rechtsstaatlichen Verfahren entstanden, vermuten lässt. Auch die Tatsache, dass verschiedene Interessengruppen bei der Erstellung beteiligt waren, lässt eine „Gesetzgebung unmittelbar durch das Volk" vermuten. Es scheint, als sei die Form der Gutachtenentstehung direkte Demokratie, Demokratie aus der Basis, nämlich der Mitglieder der Arbeitsgruppen, die z. T., wie oben gesehen, ganz „norma-

1309 So zog das VG Düsseldorf in einem Urteil vom 18. August 2014, Az.: 23 K 5500/12 (juris), in der es über die verhaltensgerechte Unterbringung von Königspythons (Phyton regius) zu entscheiden hatte, nicht nur das vom BMEL herausgegebene Gutachten „Mindestanforderungen an die Haltung von Reptilien" aus dem Jahr 1997 zur Wissensgenerierung heran, sondern auch verschiedene Fachartikel, Zeitschriftenaufsätze und andere Gutachten, um sich das Wissen über das Verhalten von Königspythons anzueignen. Diese spezifische Literatur wurde jedoch im konkreten Fall von der Klägerin vorgelegt.

le“ Bürger sind, die einen Zoo führen oder Mitglied in einer Tierschutzorganisation sind. Durch das scheinbar konsensual entstandene Ergebnis könnten sich Tiernutzer wie auch Tierschützer sicher sein, dass mit dem Gutachten alle Interessen berücksichtigt wurden und ein echter Kompromiss bei hoher Kohärenz mit dem aktuellen wissenschaftlichen Stand zu der jeweiligen Tierart durch das Gutachten wiedergespiegelt wird.

Aber schon das Verfahren der Entstehung eines solchen Gutachtens ist ein Charakteristikum: Denn wie oben gesehen, gibt es keinerlei gesetzlich festgeschriebene Vorgehensweise oder eine Verfahrensordnung für die Arbeitsgruppe. Das ist nicht bei allen Gutachten und Gremienbeschlüssen so: Im Gesundheitswesen ist z. B. der Gemeinsame Bundesausschuss (GBA) ein Gremium, welches durch den Gesetzgeber beauftragt ist, in verschiedenen Bereichen rechtsverbindlich über den Leistungsanspruch von gesetzlich Krankenversicherten zu entscheiden,[1310] was immer wieder die Frage nach der demokratischen Legitimation dieses Gremiums aufwirft.[1311] Hier fällt zwar auf, dass das Gremium Entscheidungen trifft, die die gesetzlich versicherten Personen bereits rechtsverbindlich betreffen, weswegen der GBA auch „kleiner Gesetzgeber“ genannt wird.[1312] Die Entscheidungen des GBA kommen jedoch aufgrund einer umfassenden Verfahrensordnung[1313] zustande, die transparente und rechtssichere Entscheidungen bezweckt, die dem allgemein anerkannten Stand der medizinischen Erkenntnisse (…) entsprechen.[1314]

Wie gesehen, ist die Rechtsverbindlichkeit anders als bei Entscheidungen des GBA bei den hier behandelten Gutachten gerade nicht gegeben. Wie aber bereits oben beschrieben, können die Inhalte der verschiedenen

---

1310 Die gesetzliche Grundlage für den GBA findet sich in § 91 Sozialgesetzbuch V (SGB V).

1311 Vgl. *BSG*, Urteil vom 31. Mai 2006, Az.: B 6 KA 13/05 R, BSGE 96, S. 261 ff.; *BSG*, Urteil vom 18. Dezember 2012, Az.: B 1 KR 34/12 R, BSGE 112, S. 257 ff.; *v. Wolff*, Zur Zulässigkeit von Mindestmengen am Beispiel der Versorgung von Frühgeborenen – zugleich ein Beitrag zur demokratischen Legitimation des G-BA nach seiner Umstrukturierung, NZS 2009, S. 184 ff.; *BVerfG*, Beschluss vom 10. November 2015, Az.: 1 BvR 2056/12, NZS 2016, S. 20 ff.; *Neumann*, Verantwortung, Sachkunde, Betroffenheit, Interesse: Zur demokratischen Legitimation der Richtlinien des Gemeinsamen Bundesausschusses, NZS 2010, S. 593 ff.

1312 *Korzilius*, Gemeinsamer Bundesausschuss: Wer kontrolliert den kleinen Gesetzgeber?, Deutsches Ärzteblatt 2013, S. 110.

1313 Die Verfahrensordnung des GBA (Stand: 16. April 2015), abrufbar unter https://www.g-ba.de/informationen/richtlinien/42/ umfasst aktuell 155 Seiten. Neben einer Verfahrensordnung unterliegt der GBA einer Geschäftsordnung.

1314 Vgl. § 1 Abs. 1 der Verfahrensordnung des Gemeinsamen Bundesausschusses.

Gutachten und Leitlinien zur Tierhaltung bereits durch eine amtstierärztliche (bestandskräftige) Verfügung, spätestens aber mit gerichtlich bestätigender Entscheidung für den Betroffenen rechtsverbindlich werden. Wegen Überlastung und schwieriger Erreichbarkeit anderer Studien zu dem Thema für ein Gericht ist die Gefahr groß, dass die Gutachten unreflektiert übernommen werden. Wie im Gesundheitswesen, in dem das Grundrecht der Versicherten auf körperliche Unversehrtheit aus Art. 2 Abs. 2 Satz 1 GG und auch staatliche Schutzpflichten betroffen sein können, sind auch im Bereich der Tierhaltung oft Grundrechte, insbesondere Art. 12 GG, aber auch das Staatsziel Tierschutz, betroffen. Es geht also auch hier um grundrechts- und verfassungsrelevante Entscheidungen und man kann auch hier bei den hier in Rede stehenden Gutachten nach einer demokratischen Legitimation fragen. Auf diese wird später eingegangen.

Es gibt bei dem Erstellungsverfahren für ein Gutachten weiterhin keine Zustimmungserfordernisse, z. B. des Bundesrates.

b) Die Charakteristika einer verbindlichen Rechtsverordnung

Die Rechtsverordnung ist für den sie anwendenden Amtsveterinär grundsätzlich bindend. Für das entscheidende Fachgericht besteht eine Nichtanwendungskompetenz dann, wenn die Norm der Rechtsverordnung (oder eines sonstigen Gesetzes im materiellen Sinn) verfassungswidrig ist.[1315] (Wie oben gesehen, ist das bei der TierSchNutztV der Fall.) „Die Fachgerichte können und müssen solche verfassungswidrige Normen unberücksichtigt lassen."[1316] Gleichwohl wird die TierSchNutztV von den Gerichten angewendet; die Verfassungswidrigkeit wird nicht erkannt oder aber ignoriert.[1317] Aktuelles Beispiel im Bereich der Sauenhaltung ist das Urteil des OVG Magdeburg zur Haltung von Sauen in Kastenständen, auf das später noch näher eingegangen werden soll.[1318] Dass auch das so gewollt ist, wird später in einem Vergleich der aktuellen Rechtsprechung dargelegt.

1315 *Michael/Morlok*, Grundrechte, Rn. 881.

1316 *Michael/Morlok*, Grundrechte, Rn. 881.

1317 Zutreffend erkennen die Verfassungswidrigkeit *Wollenteit/Lemke*, Die Vereinbarkeit der Haltung von abferkelnden Sauen in Kastenständen mit dem Tierschutzrecht und die Zulässigkeit eines Verbots dieser Haltungsform, NuR 2013, S. 177 ff., S. 177.

1318 *OVG Magdeburg*, Urteil vom 24. November 2015, Az.: 3 L 386/14, RdL 2016, S. 79 ff.

Für-nichtig-erklärbar bzw. (flächendeckend) aufhebbar ist eine Bundesrechtsverordnung nur durch das Bundesverfassungsgericht, dem auch diesbezüglich die Normverwerfungskompetenz zukommt. Voraussetzung hierfür ist, dass ein Antragsberechtigter i. S. v. Art. 93 Abs. 1 Nr. 2 GG – und das sind die Bundesregierung, eine Landesregierung oder ein Viertel der Mitglieder des Bundestages – eine abstrakte Normenkontrolle zum Bundesverfassungsgericht erhebt. Dies ist im Fall der Hennenhaltungsverordnung von 1987 im Jahr 1990 durch die Landesregierung Nordrhein-Westfalen[1319] bzw. im Jahr 2007, die entsprechende Regelung in der TierSchNutztV betreffend, durch die Landesregierung Rheinland-Pfalz[1320] geschehen. Jedoch herrscht seit den beiden wegweisenden Entscheidungen des Bundesverfassungsgerichts zur Legehennenhaltung Zurückhaltung. Im Januar 2019 hat das Land Berlin angekündigt, dass es einen Normenkontrollantrag beim Bundesverfassungsgericht bzgl. der Vorschriften in der Tierschutz-Nutztierhaltungsverordnung die Haltung von Schweinen betreffend stellen will.[1321]

Würde ein tauglicher Antragsteller die Inhalte der TierSchNutztV überprüfen lassen, so würde sich – insbesondere im Lichte des Art. 20a GG – ergeben, dass elementare Vorschriften aus der TierSchNutztV weder im Einklang mit Art. 20a GG stehen, noch mit § 2 TierSchG. Zwar prüft das Bundesverfassungsgericht grundsätzlich nur die Vereinbarkeit der angegriffenen Rechtsvorschrift mit der Verfassung, vordergründig wäre also ein Verstoß gegen Art. 20a GG zu prüfen, der – wie oben gesehen – jedenfalls hinsichtlich der Vorschriften über die Kaninchenhaltung vorliegt. Doch das Bundesverfassungsgericht hat in der zweiten Legehennenentscheidung aus dem Jahr 2010 klargestellt: „Dies schließt jedoch nicht aus, dass das Bundesverfassungsgericht, wenn eine Rechtsverordnung des Bundes mit zulässigem, ihre Vereinbarkeit mit dem Grundgesetz betreffendem Antragsgrund zur Prüfung gestellt ist, als Vorfrage oder im Hinblick auf eine spezifische verfassungsrechtliche Bedeutung bestimmter Vorgaben des einfachen Rechts auch die Vereinbarkeit der Verordnung mit einfachgesetzlichen Normen prüft."[1322] Es ist also nicht auszuschließen, dass das Bundes-

---

1319 aufgrund deren Antrags das Urteil des Bundesverfassungsgerichts vom 6. Juli 1999, Az.: 2 BvF 3/90, BVerfGE 101, S. 1 ff. entstanden ist.

1320 aufgrund deren Antrags das Urteil des Bundesverfassungsgerichts vom 12. Oktober 2010, Az.: 2 BvF 1/07, BVerfGE 127, S. 293 ff. entstanden ist.

1321 https://www.berlin.de/rbmskzl/aktuelles/pressemitteilungen/2019/pressemitteilung.772211.php.

1322 *BVerfG*, Urteil vom 12. Oktober 2010, Az.: 2 BvF 1/07, BVerfGE 127, S. 293 ff., S. 318 f.

verfassungsgericht, sollte ein Antrag bzgl. einer abstrakten Normenkontrolle zulässigerweise eingereicht werden, auch die Vereinbarkeit der Vorschriften der TierSchNutztV mit dem einfachgesetzlichen § 2 TierSchG prüft und zu dem hier vertretenen Ergebnis kommt – die entsprechenden Vorschriften der TierSchNutztV wären damit für nichtig zu erklären.

Hinsichtlich des Verfahrens zur Erstellung einer Rechtsverordnung im Tierschutzrecht bestehen strengere Anforderungen als bei einem bloßen Gutachten. Eine Verordnungsermächtigung besteht für die hier in Rede stehende Thematik in § 2a TierSchG. Jedoch müssen hier verfassungsrechtliche Vorgaben, insbesondere die des Art. 80 GG, eingehalten werden. Außerdem bedarf es für eine Rechtsverordnung aufgrund § 2a TierSchG gem. Art. 80 Abs. 2 GG i. V. m. § 2a Abs. 1 TierSchG der Zustimmung des Bundesrates. Hier ist in der Staatspraxis die Möglichkeit anerkannt, dass der Bundesrat einer Rechtsverordnung mit der Maßgabe von ihm angeführter, bestimmter inhaltlicher Änderungen zustimmt, diese Möglichkeit folgt mittelbar aus Art. 80 Abs. 3 GG, der dem Bundesrat ein Verordnungsinitiativrecht einräumt.[1323] Der Verordnungsgeber muss sich sodann an diese Änderungen halten, diese einfügen, denn die Zustimmung des Bundesrates ist, sofern sie erforderlich ist, Wirksamkeitsvoraussetzung für die Rechtsverordnung.

Bei den Vorschriften über die Anforderungen an das Halten von Kaninchen zeigte sich, dass der Bundesrat einige Verbesserungsvorschläge zu Gunsten der Tiere und des Tierschutzes gemacht hat und nur unter Änderung des Entwurfs nach diesen Vorschlägen zugestimmt hat. Diese wurden auch alle durch den Verordnungsgeber übernommen. Hier zeigt sich, dass der Bundesrat in der Lage ist, die Inhalte einer geplanten Rechtsverordnung zu verbessern, was der Verordnungsgeber nicht verhindern kann.

c) Zwischenfazit

Festzuhalten bleibt, dass durch die Konkretisierung der Inhalte des § 2 TierSchG durch Gutachten insbesondere Verfahrensvorschriften und Zustimmungserfordernisse umgangen werden können; auch ist eine deutschlandweite Nichtigerklärung für ein Gutachten – anders als bei einer Rechtsverordnung – nicht möglich, so dass es weiter dem einzelnen Gericht überlassen bleibt, ob das Gutachten für richtig gehalten und ange-

---

1323 *Mann* in *Sachs*, Grundgesetz Kommentar, Art. 80 Rn. 39.

wendet wird oder eben nicht. Dies ist auch Gesichtspunkten wie der Rechtssicherheit nicht zuträglich.

d) Pflicht zum Erlass von Rechtsverordnungen?

Als nächstes stellt sich die Frage, ob die Vorgaben des § 2 TierSchG, die momentan durch eine Fülle von Gutachten konkretisiert werden, durch Rechtsverordnung geregelt werden müssen. Zu fragen ist also nach einer Pflicht zum Erlass von Rechtsverordnungen.

U. a. im Bereich des Umweltrechts wird vertreten, dass dem Verordnungsgeber grundsätzlich Entschließungsermessen zukommt, ob und wann er eine Rechtsverordnung erlässt; von diesem Grundsatz gebe es jedoch zahlreiche Ausnahmen, die zu einer Pflicht zum Erlass von Rechtsverordnungen führen können.[1324] Das ist die allgemeine herrschende und nicht im Wesentlichen bestrittene Meinung.[1325]

Als Ausnahmen werden u. a. Verpflichtungen durch Legislative, Verpflichtungen aus dem Verhältnis zu Grundrechten des Bürgers oder aus vertraglichen Bindungen und den Staatsverträgen des Völker- und Europarechts genannt und untersucht.[1326]

Eine Verpflichtung durch die Legislative könnte sich aus einem bindenden Wortlaut einer Verordnungsermächtigung ergeben, die beispielsweise bestimmt, dass das Bundesministerium „.... durch Rechtsverordnung bestimmt“ oder „....durch Rechtsverordnung zu erlassen [hat]“. Davon, dass der Wortlaut der Ermächtigungsnorm einen Entschließungsermessensspielraum öffnen oder diesen verwehren kann, geht das Bundesverfassungsgericht[1327] und auch das Handbuch der Rechtsförmlichkeit aus.[1328]

1324 *Unruh/Strohmeyer*, Die Pflicht zum Erlaß einer Rechtsverordnung – am Beispiel des Umweltrechts, NuR 1998, S. 225 ff.

1325 Vgl. nur *Ossenbühl*, Rechtsverordnung, in: *Isensee/Kirchhof*, HdBStR, Bd. III: Das Handeln des Staates, § 64 Rn. 43; *Nierhaus* in Bonner Kommentar, Art. 80 GG Rn. 341; *Bauer* in *Dreier*, Grundgesetz Kommentar Band II, Art. 80 Rn. 53; *Remmert* in *Maunz/Dürig*, Grundgesetz-Kommentar, Art. 80 GG Rn. 119 m. w. N.; *Lepa*, Verfassungsrechtliche Probleme der Rechtsetzung durch Rechtsverordnung, AöR 105 (1980), S. 337 ff., S. 347.

1326 *Unruh/Strohmeyer*, Die Pflicht zum Erlaß einer Rechtsverordnung – am Beispiel des Umweltrechts, NuR 1998, S. 225 ff., S. 226.

1327 *BVerfG*, Urteil vom 6. Dezember 1972, Az.: 1 BvR 230/70 und 95/71, BVerfGE 34, S. 165 ff., S. 194.

1328 *Bundesministerium der Justiz*, Handbuch der Rechtsförmlichkeit, Teil C, 6.3 Verpflichtung oder Ermessen zum Erlass von Rechtsverordnungen, Rn. 391 ff.

Dabei ist zwar zu beachten, dass Art. 80 Abs. 1 GG nur von „ermächtigt“ spricht, was nach dem Wortsinn die „Verleihung einer Befugnis“[1329] bedeutet und nicht von „verpflichtet“. Jedoch wird in der Ermächtigung zum Handeln auch eine Befugnis zur Verpflichtung zum Handeln gesehen.[1330] Unabhängig davon ist jedenfalls der Wortlaut des § 2a TierSchG nicht dahingehend zu verstehen, dass eine Verpflichtung zum Verordnungserlass statuiert werden soll, denn dieser spricht nur davon, dass das BMEL ermächtigt wird, durch Rechtsverordnung (…) soweit es zum Schutz der Tiere erforderlich ist, die Anforderungen an die Haltung von Tieren nach § 2 näher zu bestimmen. Eine Verpflichtung durch die Legislative zur Verordnungsgebung ist durch den Wortlaut der Verordnungsermächtigung also nicht statuiert worden.

Aus den Gesetzesmaterialien ließe sich eine Pflicht jedenfalls aus deren Wortlaut herleiten: Die Entwurfsbegründung zur damaligen Verordnungsermächtigung in § 13 TierSchG (heute § 2a TierSchG) spricht davon, dass die Mindestforderungen des Tierschutzes (…) in entsprechenden Verordnungen ihren Niederschlag finden werden[1331] bzw. von den „zu erlassenden Verordnungen“.[1332]

Eine Pflicht zur Verordnungsgebung besteht jedoch auch in den Fällen, in denen die Thematik – hier die Tierhaltung i. S. v. § 2 TierSchG – wegen europarechtlicher Richtlinienvorgaben näher geregelt werden muss und der Gesetzgeber diesen Themenbereich an den Verordnungsgeber übertragen hat. Zwar kann auch der Gesetzgeber die Gestaltung der durch Richtlinie vorgegebenen Inhalte wieder an sich ziehen und selbst durch Gesetz regeln. In einigen Teilbereichen der Tierhaltung sind jedoch bereits Verordnungen erlassen worden: Umzusetzende Richtlinien sind hier u. a. die EU-Tierversuchsrichtlinie 2010/63/EU, die EU-Nutztierhaltungsrichtlinie 98/58/EG, die EU-Kälberhaltungsrichtlinie 2008/119/EG, die EU-Schweinehaltungsrichtlinie 2008/120/EG, die EU-Legehennenhaltungsrichtlinie 1999/74/EG und die EU-Masthühnerhaltungsrichtlinie 2007/43/EG. Diese Bereiche sind, wie oben gesehen, durch die TierSchVersV und die TierSchNutztV bereits durch Rechtsverordnungen geregelt. Die Pflicht zur Umsetzung ist hier also durch Verordnungsgebung erfolgt.

Neben Richtlinien zur Tierhaltung im wissenschaftlichen und landwirtschaftlichen Bereich gibt es jedoch auch die EU-Zoorichtlinie 1999/22/EG.

1329 *Nierhaus* in Bonner Kommentar, Art. 80 GG Rn. 172.
1330 *Nierhaus* in Bonner Kommentar, Art. 80 GG Rn. 345.
1331 BT-Drs. VI/2559 S. 11.
1332 BT-Drs. VI/2559 S. 12.

Diese ist mit den §§ 42, 43 BNatSchG zwar formal (dennoch zu spät)[1333] umgesetzt worden. Jedoch enthalten die beiden Vorschriften aus dem BNatSchG keine hinsichtlich der Tierarten konkretisierenden Vorschriften über deren Haltung, obwohl Art. 3 Spiegelstrich 3 der Richtlinie die Umsetzung einer artgerechten und hohen Anforderungen entsprechenden Haltung aller im Zoo gehaltenen Tiere vorgibt.[1334] § 42 Abs. 3 BNatSchG beschränkt sich darauf, die unbestimmten Rechtsbegriffe *artgerecht* und *tiergerecht* aus der Richtlinie zu übernehmen und so einfach „weiterzureichen", jedoch nicht unmittelbar sondern nur unter weiterer Einholung von (nicht rechtsverbindlichen) Sachverständigengutachten vollstreckbar für die im Zoo gehaltenen Tierarten zu regeln. Auch hier fehlt die weitere rechtsverbindliche Konkretisierungsebene, mit der für jede im Zoo gehaltene Tierart die Anforderungen an deren Haltung geregelt werden. Dies bemängelt auch der 2011 von dem Tierschutznetzwerk ENDCAP und der born-free Foundation[1335] veröffentlichte Zoo-Report,[1336] der in 21 europäischen Zoos und Rechtsordnungen die Umsetzung der Richtlinie evaluierte: „However, no additional provisions have been incorporated into the law and no guidance has been established to aid its effective application".[1337]

1333 Der EuGH stellte in einem Vertragsverletzungsverfahren im Jahr 2004 fest, dass Deutschland (mit Ausnahme einiger Bundesländer) die Zoorichtlinie aus dem Jahr 2009 noch nicht in deutsches Recht umgesetzt hatte, vgl. EuGH, Urteil vom 14. Oktober 2004, Rs. C-339/03 (Kommission ./. Deutschland), NuR 2005, S. 807. Erst 2009 ist das mit einer Novellierung des BNatSchG erfolgt.

1334 Der Wortlaut des Art. 3 Spiegelstrich 3 der EU-ZooRL 1999/22/EG lautet: *„Die Mitgliedstaaten ergreifen die Maßnahmen gemäß den Artikeln 4, 5, 6 und 7, um sicherzustellen, daß alle Zoos die nachstehenden Erhaltungsmaßnahmen anwenden: - Sie halten ihre Tiere unter Bedingungen, mit denen den biologischen und den Erhaltungsbedürfnissen der jeweiligen Art Rechnung getragen werden soll, wozu unter anderem eine artgerechte Ausgestaltung der Gehege gehört, und sie sorgen mit einem gut durchdachten Programm der tiermedizinischen Vorbeugung und Behandlung sowie der Ernährung dafür, daß die Tierhaltung stets hohen Ansprüchen genügt."*

1335 www.endcap.eu; www.bornfree.org.uk.

1336 *ENDCAP/Born free*, The EU-Zoo Inquiry 2011. An evaluation of the implemantation and enforcement of EC Directive 1999/22, relating to the keeping of animals in zoos. Report findings and recommendations, 2012.

1337 *ENDCAP/Born free*, The EU-Zoo Inquiry 2011. An evaluation of the implemantation and enforcement of EC Directive 1999/22, relating to the keeping of animals in zoos. Report findings and recommendations, 2012, S. 50; *ENDCAP/ Born free*, The EU-Zoo Inquiry 2011. An evaluation of the implemantation and enforcement of EC Directive 1999/22, relating to the keeping of animals in zoos. Report findings and recommendations, Country Report Germany, S. 6.

Auch hier könnte der Gesetzgeber durch Schaffung eines Gesetzes selbst tätig werden, wie schon die Existenz der Normen der §§ 42, 43 BNatSchG zeigt. Bislang ist dies aber nicht der Fall gewesen und auch nicht geplant.

Es bleibt festzuhalten, dass die EU-Zoorichtlinie hinsichtlich der Tierhaltung nur unbestimmte Rechtsbegriffe enthält, jedoch keine konkreten Vorgaben. Fraglich ist, inwieweit der deutsche Gesetz- bzw. Verordnungsgeber den unbestimmten Rechtsbegriff *artgerecht* auch noch in rechtsverbindlicher Weise konkretisieren muss oder dies durch untergesetzliche Gutachten geschehen darf.

Wenn eine Richtlinie den Mitgliedstaaten einen weiten Spielraum belässt, unterliegt die Wahlfreiheit hinsichtlich der Mittel zur Umsetzung der Inhalte ungeschriebenen Grenzen.[1338]

Zunächst muss der Umstand beachtet werden, dass Richtlinien wie alle anderen Unionsnormen einem praktischen Zweck dienen und deshalb in den Mitgliedstaaten eine effektive Wirkung entfalten müssen:[1339] „Ausfluss des Effektivitätsprinzips, das bei der Umsetzung der Richtlinien die entscheidende Rolle spielt, sind hohe Anforderungen an die Qualität des Umsetzungsakts. Deshalb müssen die Mitgliedstaaten verbindliche Maßnahmen ergreifen, die den Erfordernissen der Rechtssicherheit und Rechtsklarheit entsprechen. Die Mitgliedstaaten müssen ‚eine so bestimmte, klare und transparente Lage schaffen, dass der Einzelne seine Rechte in vollem Umfang erkennen und sich vor den nationalen Gerichten auf sie berufen kann.'[1340] Ist die Anwendung der Richtlinie nicht durch verbindliche und eindeutige Maßnahmen gewährleistet, sind die Betroffenen nicht in der Lage, ihre aus der Richtlinie erwachsenden Rechte durchzusetzen.[1341] Inwieweit eine Umsetzung der Richtlinie durch vorhandene unbestimmte Rechtsbegriffe zulässig ist, hängt letztlich von der inhaltlichen Genauigkeit der Richtlinie ab.[1342] Jedoch ist auch hier das unionsrechtliche Gebot der Rechtssicherheit einzuhalten.[1343] Auch den effet-utile-Grundsatz dürfte man hier berechtigterweise heranziehen können, nach dem die Maßnahmen bei der Richtlinien-Umsetzung zu ergreifen sind, durch welche die

---

1338 Streinz/*Schroeder*, EUV/AEUV, Art. 288 AEUV, Rn. 90.

1339 Streinz/*Schroeder*, EUV/AEUV, Art. 288 AEUV, Rn. 90 m. w. N.

1340 Vgl. nur *EuGH*, Rs. 29/84, Kommission/Deutschland, Slg. 1985, 1661 Rn. 23; Rs. C-360/87, Kommission/Italien, Slg. 1991, I-791 Rn. 12; Rs. C-220/94, Kommission/Luxemburg, Slg. 1995, I-1589 Rn. 10.

1341 Streinz/*Schroeder*, EUV/AEUV, Art. 288 AEUV, Rn. 90 m. w. N.

1342 Streinz/*Schroeder*, EUV/AEUV, Art. 288 AEUV, Rn. 93.

1343 Streinz/*Schroeder*, EUV/AEUV, Art. 288 AEUV, Rn. 93.

praktische Wirksamkeit der Richtlinie bestmöglich herbeigeführt wird.[1344] Die EU-Zoorichtlinie, die ausweislich ihres Art. 1 auch dem Schutz wildlebender Tiere dient, stellt lediglich die pauschale Pflicht auf, dass Zoos ihre Tiere unter Bedingungen halten müssen, mit denen den biologischen und den Erhaltungsbedürfnissen der jeweiligen Art Rechnung getragen werden soll, wozu unter anderem eine artgerechte Ausgestaltung der Gehege gehört.[1345] Auf jedwede Konkretisierung dieser Vorgaben hat die Richtlinie, aber auch der Bundesgesetzgeber in § 42 Abs. 3 Nr. 1 BNatSchG verzichtet. Der Vollzug dieser Norm, durch die die Zoorichtlinie formal umgesetzt wurde, obliegt den Ländern. Einem Zoo darf nur dann eine behördliche Betriebsgenehmigung nach § 42 Abs. 2 Satz 1 BNatSchG erteilt werden, wenn dieser die Vorgaben der Zoorichtlinie – die auch die artgerechte Haltung der Tiere vorschreibt – einhält.

Bislang ist keine rechtlich verbindliche oder – forderte man keine rechtsverbindliche, sondern ließe die Konkretisierung durch das Säugetiergutachten ausreichen – andere Konkretisierung erfolgt, die man als rechtssicher bezeichnen kann: Das Säugetiergutachten enthält eigene Vorgaben sowie zwei jeweils von den gutachtlichen Vorgaben immens abweichende Differenzgutachten die, je nach Auffassung der entscheidenden Behörde, auch angewendet werden können. Es ist nicht klar, wie eine artgerechte Haltung von Säugetieren auszusehen hat. Rechtssicherheit ist durch die Konkretisierung durch das Säugetiergutachten gerade nicht gewährleistet.[1346]

Zwar wurde die EU-Zoorichtlinie formal umgesetzt; neben der Umsetzungspflicht besteht aber auch die Durchsetzungspflicht, die sich auch an Exekutive und Judikative richtet, die der Richtlinie im Einzelfall Geltung verschaffen müssen.[1347] Eine unmittelbare Anwendung der Richtlinieninhalte ist aber mangels Bestimmtheit der Richtlinineninhalte nicht möglich.

Wie aber sogleich gezeigt werden soll, reicht es u. a. aus Gründen der Rechtssicherheit nicht aus, dass Exekutive und Judikative der Richtlinie je nach Einzelfall u. U. auf verschiedene Weise Geltung verschaffen; es ist

1344 *Hainthaler*, Die richtlinienkonforme Rechtsfortbildung im dreistufigen System der Richtlinienwirkungen, ZJS 2015/1, S. 13ff, S. 13.

1345 Art. 3 Spiegelstrich 3 der EU-Zoorichtlinie.

1346 So auch *Deutsche Juristische Gesellschaft für Tierschutzrecht e. V.*, Stellungnahme zur Überarbeitung des Gutachtens über Mindestanforderungen an die Haltung von Säugetieren (Säugetiergutachten), S. 6.

1347 *Hainthaler*, Die richtlinienkonforme Rechtsfortbildung im dreistufigen System der Richtlinienwirkungen, ZJS 2015/1, S. 13ff, S. 14.

vielmehr eine mittlere Konkretisierungsebene, die durch rechtsverbindliche Vorschriften gewährleistet wird, nötig.

Da mit § 2a TierSchG der Verordnungsgeber zur Konkretisierung der Haltungsbedingungen ermächtigt ist, ist die Konkretisierung der Haltung von Zootieren aus dieser unionsrechtlichen Pflicht jedenfalls von diesem zu erfüllen. Denn EU-Richtlinien müssen in verbindliches nationales Recht umgesetzt werden; die bloße Weitergabe der unbestimmten Rechtsbegriffe durch Gesetz und die Konkretisierung dieser durch ein bloßes rechtsunverbindliches Gutachten reichen hierfür nicht aus.[1348]

Daraus folgt, dass entweder der Gesetzgeber oder der Verordnungsgeber rechtsverbindliche Regelungen über die Anforderungen an eine artgerechte Tierhaltung für die von der Zoorichtlinie und den §§ 42, 43 BNatSchG betroffenen Tierarten schaffen muss, die also sämtliche Tiere bzw. Tierarten betreffen, die in Zoos gehalten werden. Daher fallen die Tierarten, die momentan im Säugetiergutachten behandelt werden, unter eine Pflicht des Gesetzgebers bzw. des Verordnungsgebers zur Schaffung von verbindlichen Rechtsnormen. Aber auch sämtliche andere Tierarten, d. h. auch Reptilien und Vögel, die von anderen Gutachten erfasst werden,[1349] müssen, sofern es Arten sind, die in Zoos gehalten werden, auch durch Gesetz bzw. Rechtsverordnung geregelt werden.

Es lässt sich also schon einmal festhalten, dass das Säugetiergutachten wegen einer europarechtlichen Verpflichtung zur Umsetzung einer Richtlinie mindestens die Qualität einer Rechtsverordnung haben müsste. Auch die Regelung durch Gesetz ist denkbar, sogar rechtstechnisch vorteilhafter, da aktuell nicht klar ist, inwieweit Regelungen zur Unterbringung von Tieren überhaupt durch Rechtsverordnung geregelt werden können oder ob es hier nicht aufgrund der Wesentlichkeitstheorie eines formellen Parlamentsgesetzes bedarf.[1350] Zusätzlich werden alle Tierarten, die in deutschen Zoos gehalten werden, von der Pflicht zur verbindlichen Regelung

---

1348 *Schroeder*, Grundkurs Europarecht, § 6 Rn. 45; so auch EuGH, Rs. 102/79 (Kommission ./. Belgien), Slg. 1980, 1473 Rn. 11 f.

1349 Z. B. könnten hier Tierarten darunter fallen, die zurzeit in den Gutachten über die Haltung von Kleinvögeln, Papageien, Reptilien, Greifvögeln und Eulen, Zierfischen usw. behandelt werden. Insbesondere das Gutachten über die Mindestanforderungen an die Haltung von Papageien ist, wie oben gesehen, keinesfalls mehr als „Gutachten" zu werten, da es Haltungsvorgaben macht, die nicht mit § 2 TierSchG vereinbar sind.

1350 Denn bzgl. der Vorschriften zur Unterbringung von Nerzen wurde am 8. Januar 2016 die Revision u.a zu der Frage zugelassen, ob eine Verordnungsregelung auf der Grundlage von § 2a Tierschutzgesetz zur näheren Bestimmung von Andurch Rechtsverordnung oder Gesetz betroffen, also viele Tierarten aus anderen Gutachten, die neben dem Säugetiergutachten bestehen.

Eine Pflicht zur Verordnungsgebung aus den Grundrechten kommt auch im Hinblick auf Art. 3 Abs. 1 GG in Betracht, aus Schutzpflichten und auch aus der Pflicht zur Verwirklichung von Staatszielbestimmungen wie des Art. 20a GG.[1351]

Hinsichtlich Art. 3 Abs. 1 GG ist nicht zu erkennen, wie und warum durch das Untätigbleiben des Verordnungsgebers eine Ungleichbehandlung erfolgen könnte.

Eine Verpflichtung aus staatlichen Schutzpflichten ist nur schwer zu begründen; hier ist kein menschliches Grundrecht einschlägig, dessen Schutz durch Erlass einer Rechtsverordnung verwirklicht werden müsste. Einer möglichen Pflicht aus der Staatszielbestimmung Tierschutz nach Art. 20a GG steht zwar kein subjektives Recht gegenüber, so dass eine solche mögliche Pflicht nicht justitiabel ist. Auch hat der Staat einen großen Ermessensspielraum, wie er das Staatsziel Tierschutz verwirklicht.[1352] Bereits vor der Schaffung des Staatsziels Tierschutz wurde jedoch bereits eine Pflicht zum Verordnungserlass unter einem zukünftigen Staatsziel Tierschutz angenommen.[1353] Eine jedenfalls mögliche Ermessensreduktion auf Null kann hier aber auch dann angenommen werden, wenn die Vorschriften des Tierschutzgesetzes, insbesondere § 2, ohne konkretisierende Rechtsverordnungen nicht vollziehbar wären. Denn eine Pflicht zur Verordnungsge-

---

forderungen hinsichtlich der Bewegungsmöglichkeiten und Unterbringung von Tieren nach § 2 Nr. 1 und 2 TierSchG auch dann mit dem Parlamentsvorbehalt vereinbar ist, wenn sie die gewerbliche Haltung von Nerzen unter den gegebenen Marktbedingungen ökonomisch untragbar macht, vgl. *BVerwG*, Beschluss vom 8. Januar 2016, Az.: 3 B 20/15, 3 B 20/15 (3 C 1/16) (juris). Nach der übereinstimmenden Erledigungserklärung hatte das BVerwG nur noch über die Kosten zu entscheiden (Beschluss vom 18. April 2017, Az.: 3 C 1/16). Wegen der Schwierigkeit der Rechtsfrage in der Hauptsache teilte das BVerwG die Kosten hälftig auf. Dies könnte man als Hinweis dafür werten, dass die Ansicht des OVG Schleswig, Regelungen wie die angegriffenen müssten durch formelles Gesetz erfolgen, sich nicht unbedingt auch vor dem BVerwG durchgesetzt hätte, hätte dieses in der Hauptsache über die Rechtsfrage entschieden.

1351 Vgl. *Unruh/Strohmeyer*, Die Pflicht zum Erlaß einer Rechtsverordnung – am Beispiel des Umweltrechts, NuR 1998, S. 225 ff., S. 229.

1352 Vgl. für viele *Unruh/Strohmeyer*, Die Pflicht zum Erlaß einer Rechtsverordnung – am Beispiel des Umweltrechts, NuR 1998, S. 225 ff., S. 231 zum Staatsziel Umweltschutz; *Hirt/Maisack/Moritz*, Tierschutzgesetz Kommentar, Art. 20a GG Rn. 5; *Murswiek* in *Sachs*, Grundgesetz Kommentar, Art. 20a Rn. 17.

1353 So *Caspar*, Tierschutz in die Verfassung? Gründe, Gegengründe und Perspektiven für einen Art. 20b GG, ZRP 1998, S. 441 ff., S. 445 f.

bung wird ausnahmsweise auch dann angenommen, wenn das Stammgesetz ohne Verordnung nicht vollziehbar ist bzw. wenn ohne Rechtsverordnung ein Teilbereich der Rechtsmaterie ungeregelt bleiben würde, Stammgesetz und Rechtsverordnung quasi eine „Zweckeinheit"[1354] bilden[1355] und der Gesetzgeber auf die Normierung durch den Verordnungsgeber angewiesen ist.[1356] Daher stellt sich die Frage, ob die Vorschrift des § 2 TierSchG nur unter der Existenz von Rechtsverordnungen vollziehbar ist oder ob auf Rechtsverordnungen, die die unbestimmten Rechtsbegriffe *artgemäß* und *verhaltensgerecht* konkretisieren, verzichtet werden kann.

aa) Konkretisierung durch den Amtstierarzt

Ein Ansatzpunkt ist § 15 Abs. 2 TierSchG, nach dem die zuständigen Behörden den beamteten Tierarzt im Rahmen der Durchführung des Tierschutzgesetzes als Sachverständigen beteiligen sollen. Sachverständigengutachten des beamteten Tierarztes können auch dazu herangezogen werden, um die Frage zu beantworten, ob eine Tierhaltung verhaltensgerecht ist.[1357] Das heißt, dass der einzelne Amtstierarzt, der für „seine" Behörde, meist die Kreisordnungsbehörde, tätig wird, im Rahmen des Verwaltungsverfahrens mit einer sachkundigen Beurteilung die unbestimmten Rechtsbegriffe des Tierschutzgesetzes konkretisieren darf; auch weitere eventuell beteiligte Behörden haben diese durch den Amtsveterinär getätigte Konkretisierung grundsätzlich hinzunehmen bzw. zu übernehmen.

1354 *Lepa*, Verfassungsrechtliche Probleme der Rechtsetzung durch Rechtsverordnung, AöR 105 (1980), S. 337 ff., S. 347.

1355 Vgl. auch *Unruh/Strohmeyer*, Die Pflicht zum Erlaß einer Rechtsverordnung – am Beispiel des Umweltrechts, NuR 1998, S. 225 ff., S. 227, *Lepa*, Verfassungsrechtliche Probleme der Rechtsetzung durch Rechtsverordnung, AöR 105 (1980), S. 337 ff., S. 347; *Nierhaus* in Bonner Kommentar, Art. 80 GG Rn. 345; *Ossenbühl*, Rechtsverordnung, in: *Isensee/Kirchhof*, HdBStR, Bd. III: Das Handeln des Staates, § 64 Rn. 43.

1356 *Unruh/Strohmeyer*, Die Pflicht zum Erlaß einer Rechtsverordnung – am Beispiel des Umweltrechts, NuR 1998, S. 225 ff., S. 227; *Lepa*, Verfassungsrechtliche Probleme der Rechtsetzung durch Rechtsverordnung, AöR 105 (1980), S. 337 ff., S. 347.

1357 *Hirt/Maisack/Moritz*, Tierschutzgesetz Kommentar, § 15 TierSchG Rn. 5.

Auch die Rechtsprechung räumt dem beamteten Tierarzt eine vorrangige Beurteilungskompetenz für die Frage ein, ob die Anforderungen des § 2 TierSchG eingehalten werden.[1358]

Jedoch müssen nach dem Willen des Gesetzgebers, der in den Gesetzesmaterialien zum Ausdruck kommt – wie oben gesehen – die Inhalte des § 2 TierSchG, insbesondere die Beantwortung der Frage, ob eine Unterbringung *verhaltensgerecht* für eine bestimmte Tierart bzw. ein bestimmtes Tier ist, von einem Ethologen konkretisiert werden.[1359] Dies entspricht dem Prinzip „Der richtige Gutachter für das richtige Sachgebiet".[1360] Der die Inhalte des § 2 TierSchG Konkretisierende muss also Ethologe bzw. jedenfalls Fachtierarzt für Ethologie oder Tierschutz sein.

Angesichts der tausenden in Deutschland gehaltenen Tierarten, der vielfältigen Aufgaben, für die die Veterinärbehörde zuständig ist – der Tierschutz nimmt hier nur einen Bruchteil der Aufgabenzuweisung ein – und der Tatsache, dass der Amtsveterinär zumeist nicht – jedenfalls nicht hinreichend genau genug – ethologisch vorgebildet ist, ist fraglich, ob die Aufgabe der Konkretisierung der unbestimmten Rechtsbegriffe des § 2 TierSchG durch den Amtsveterinär überhaupt hinreichend erfüllt werden kann.[1361]

Im Übrigen ist die Vorschrift des § 15 Abs. 2 TierSchG nach ihrem Wortlaut zunächst nur für das spezielle Verfahren, also für den Einzelfall, die Durchführung des Tierschutzgesetzes, einschlägig. Wenn beispielsweise ein Verwaltungsakt gegen einen Tierhalter erlassen werden soll – der in der Praxis natürlich durch einen für die Behörde tätigen Amtsveterinär und nicht durch einen Ethologen erlassen wird – oder dieser Verwaltungsakt in einem verwaltungsgerichtlichen Verfahren überprüft werden soll.

1358 Vgl. nur *BayVGH*, Beschluss vom 12. November 2013, Az.: 9 CS 13.1946 (juris); Urteil vom 30. Januar 2008, Az.: 9 B 05.3146, NVwZ-RR 2008, S. 691; *OVG Lüneburg*, Urteil vom 18. Juni 2013, Az.: 11 LC 206/12, NuR 2013, S. 584-587; *OVG Berlin-Brandenburg*, Beschluss vom 25. Mai 2012, Az.: OVG 5 S 22.11 (juris).

1359 Das verlangen, wie oben gesehen, die Gesetzesmaterialien, BT-Drs. 10/3158 S. 18.

1360 Vgl. *Hirt/Maisack/Moritz*, Tierschutzgesetz Kommentar, § 15 TierSchG Rn. 5. Dies sieht auch speziell für die hier vorliegende Materie das *OLG Frankfurt am Main* so, Beschluss vom 14. September 1984, Az.: 5 Ws 2/84, NStZ 1985, S. 130, vgl. auch *LG Darmstadt*, Beschluss vom 4. Oktober 1983, Az.: 5 Kls 4 Js 29471/81 (nicht rechtskräftig), NStZ 1984, S. 173 ff., S. 174.

1361 So schon *Erbel*, Zur Frage der landesgesetzlichen Regelung der Stellung und der Aufgaben eines Tierschutzbeauftragten, DÖV 1992, S. 189 ff., S. 192.

Das legt den Schluss nahe, dass der Amtsveterinär zwar im Einzelfall sachverständig bestimmen darf, was *artgemäß* oder *verhaltensgerecht* ist, es aber zwischen dem unbestimmten Rechtsbegriff des Tierschutzgesetzes und der konkreten Anwendung dessen durch den Amtsveterinär noch eine „mittlere Konkretisierungsebene" braucht. Diese stellt eine durch Ethologen festgelegte, den § 2 TierSchG konkretisierende Vorgabe dar, was für welche Tierart, anlehnend an deren Verhalten, *artgemäß* und *verhaltensgerecht* ist.

Eine jeweilige (alleinige) Konkretisierung des § 2 TierSchG durch den Amtsveterinär im konkreten Einzelfall ohne die eben genannte „mittlere Konkretisierungsebene" würde in Anbetracht der Anzahl der Amtsveterinäre und zuständigen Behörden zu einer flickenteppichartigen Konkretisierung und Anwendung des § 2 TierSchG führen, weil dieser möglicherweise von verschiedenen Amtstierärzten verschiedenartig konkretisiert wird. Dies würde zu einer erheblichen Rechtsunsicherheit führen und möglicherweise zu einer sehr weit auseinanderliegenden Verwaltungspraxis.

Auch der Gesetzesadressat, der Tierhalter, muss schon aufgrund der Lektüre der einschlägigen Vorschriften in der Lage sein, zu erkennen, was von ihm konkret gefordert wird, wie er seine Tierhaltung gestalten muss, um sie *artgemäß* und *verhaltensgerecht* zu gestalten. Auch daher braucht es zwischen dem einfachgesetzlichen § 2 TierSchG und der konkreten Anwendung des Tierschutzgesetzes durch den Amtsveterinär eben diese „mittlere Konkretisierungsebene", die abstrakt das Verhalten einer Tierart beschreibt (Ethogramm) und daraus die nötigen konkreten Vorgaben herleitet, wann eine Tierhaltung i. S. v. § 2 TierSchG – je nach Tierart – *artgemäß* und *verhaltensgerecht* ist. Denn es ist dem Tierhalter nicht zuzumuten, dass dieser die unbestimmten Rechtsbegriffe des Tierschutzgesetzes selbst konkretisiert und dann das sachverständige Urteil des Amtsveterinärs abwarten muss, ob dieser die gleiche Wertung trifft. Diese Vorgehensweise würde auch dem aus dem Rechtsstaatsprinzip herzuleitenden Bestimmtheitsgrundsatz[1362] zuwiderlaufen, nach dem der Betroffene durch Lesen des Gesetzestatbestandes erkennen können muss, wie die Rechtslage ist und sein Verhalten daran ausrichten kann.[1363] Die Anforderungen an den Bestimmtheitsgrundsatz hängen von der Eigenart des Regelungsgegenstandes und von dem Zweck der betroffenen Normart zusammen.[1364] Jedoch reichen

1362 Vgl. *Robbers* in *Bonner Kommentar*, Art. 20 Abs. 1 GG Rn. 2128.
1363 *Robbers* in *Bonner Kommentar*, Art. 20 Abs. 1 GG Rn. 2128.
1364 *Robbers* in *Bonner Kommentar*, Art. 20 Abs. 1 GG Rn. 2128.

ein, ja sogar mehrere unbestimmte Rechtsbegriffe in einer Norm – nämlich *artgemäß* und *verhaltensgerecht* – nicht aus, damit die Betroffenen in zumutbarer Weise feststellen können, ob die tatsächlichen Voraussetzungen für die in der Norm statuierte Pflicht gegeben sind.

Im Übrigen würde auch die Pflicht der Konkretisierung durch die Betroffenen selbst erstens den von den Gesetzesmaterialien vorgegebenen Konkretisierungsvorgang durch einen Ethologen unmöglich machen. Zweitens wäre das seit 2002 bestehende Staatsziel Tierschutz hierdurch immens abgeschwächt, weil viele Betroffene – sei es aus Unwissen oder aus wirtschaftlichen Gründen – die unbestimmten Rechtsbegriffe *artgemäß* und *verhaltensgerecht* nicht im Sinne der Norm konkretisieren würden, was die das Tierschutzgesetz vollziehende Verwaltung vor eine faktisch unlösbare Aufgabe stellen würde, denn sämtliche Tierhaltungen Deutschlands müssten darauf kontrolliert werden, ob der Tierhalter die unbestimmten Rechtsbegriffe im Sinne der Norm ausgelegt hat. Auch würden wiederum höchst unterschiedliche Konkretisierungen zu befürchten sein.

Es bleibt festzuhalten, dass eine „mittlere Konkretisierungsebene“ notwendig ist um das Tierschutzgesetz zu vollziehen. Ohne diese ist es hingegen nicht vollziehbar bzw. durch alleinige amtstierärztliche Konkretisierung mit unzumutbaren Unwägbarkeiten für den betroffenen Tierhalter verbunden, was einen Verstoß gegen das Bestimmtheitsgebot des Rechtsstaatsprinzips darstellt.

Noch stellen diese „mittlere Konkretisierungsebene“ die o. g. Rechtsverordnungen und Gutachten dar, die jedoch aus verschiedenen, oben geprüften Gründen nach der hier vertretenen Auffassung u. a. wegen inhaltlicher Verböserung und daraus resultierender Rechtswidrigkeit bzw. Verfassungswidrigkeit nicht angewendet werden dürfen.

Es fehlt daher zurzeit an einer wirksamen und verfassungsgemäßen mittleren Konkretisierungsebene. Das Tierschutzgesetz ist, soweit es unbestimmte Rechtsbegriffe enthält, die nicht weiter konkretisiert werden, im Ergebnis nicht bzw. nur unter großem Aufwand durch Einholung und Heranziehung von Sachverständigengutachten und für den betroffenen Bürger nicht vorhersehbar vollziehbar. Soweit dennoch die Vorgaben der nichtigen – weil verfassungswidrigen – Rechtsverordnungen vollzogen werden, verstoßen die Behörden gegen die in Art. 20 Abs. 3 GG festgelegte Bindung an das Gesetz.[1365]

1365 Vgl. dazu auch *Detterbeck*, Allgemeines Verwaltungsrecht mit Verwaltungsprozessrecht, Rn. 127.

bb) Konkretisierung durch Rechtsverordnung

Auch mit einer Rechtsverordnung können Rechtsunsicherheiten einhergehen. Denn der Amtsveterinär hat im Einzelfall die Befugnis, Anordnungen zu treffen, die über die Anforderungen einer Rechtsverordnung hinausgehen.[1366] Denn die Pflichten aus § 2 TierSchG und deren Inhalte können durch ausführende Bestimmungen des Verordnungsgebers nicht unanwendbar gemacht werden.[1367] Das heißt, die Behörde darf sich in den Bereichen, in denen es bereits Rechtsverordnungen zu einer bestimmten Tierart gibt, nicht darauf beschränken, einfach nur die jeweilige Rechtsverordnung anzuwenden; sie muss vielmehr zusätzlich prüfen, ob die in Rede stehende Verordnung die Gebote und Verbote aus § 2 zutreffend und vollständig konkretisiert hat oder nicht.[1368] Ist dies nicht der Fall, muss sie § 2 TierSchG über § 16a Abs. 1 Satz 2 Nr. 1 unmittelbar anwenden und darf Anordnungen erlassen, die über die Anforderungen der jeweiligen Rechtsverordnung hinausgehen.[1369] Dies folgt aus der Normenhierarchie, da Rechtsverordnungen die Inhalte des § 2 TierSchG nur konkretisieren, nicht aber einschränken dürfen, was jedoch – wie oben gesehen – in der TierSchNutztV geschieht. Die Befugnis der Einzelfallanordnungen, die über die Vorgaben einer Rechtsverordnung hinausgehen, wird jeweils auch ausdrücklich in den Verordnungsbegründungen genannt.[1370] Dem Amtsveterinär wird also eine Prüfungskompetenz und eine Nichtanwendungskompetenz für Rechtsverordnungen im Einzelfall eingeräumt.[1371]

1366 Z. B. zur TierSchHundeV *VG Aachen*, Beschluss vom 2. Mai 2013, Az.: 6 L 23/13 (juris) Rn. 32; vgl. auch BR-Drs. 612/92 S. 10 (Kälber), BR-Drs. 784/93 (Schweine), BR-Drs. 580/00 S. 8 (Hunde).

1367 *Hirt/Maisack/Moritz*, Tierschutzgesetz Kommentar, § 2 TierSchG Rn. 51; vgl. auch *Lorz/Metzger*, Tierschutzgesetz Kommentar, Einf. Rn. 67: „Werden somit einem Tier vermeidbare Schmerzen, Leiden oder Schäden zugefügt, obwohl die Mindestanforderungen von Haltungsverordnungen sämtlich erfüllt sind, ist das am Maßstab des § 2 Abs 1 und des § 1 S. 2 TierSchG zu messen. Dasselbe gilt für die anderen Sonderregelungen. Die Verwaltungsbehörde ist in einem solchen Fall zu den Maßnahmen nach § 16a I 1 befugt."

1368 *Hirt/Maisack/Moritz*, Tierschutzgesetz Kommentar, § 2 TierSchG Rn. 51, § 16a TierSchG Rn. 18.

1369 *Hirt/Maisack/Moritz*, Tierschutzgesetz Kommentar, § 2 TierSchG Rn. 51, § 16a TierSchG Rn. 18.

1370 Vgl. nur BR-Drs. 612/92 S. 10 (Kälber), BR-Drs. 784/93 (Schweine), BR-Drs. 580/00 S. 8 (Hunde).

1371 Die Nichtanwendung einer Norm durch die Behörde ist umstritten. Für Eil- und Ausnahmefälle ist es einfacher möglich, eine Norm unangewendet zu lassen. Zwar könnte es vorzugswürdig sein, dem handelnden Beamten eine „Vor-

Im Fall der Gutachten stehen dem Amtsveterinär und dem Richter also immer die Befugnis zu, diese nicht anzuwenden oder strengere oder mildere Anforderungen an eine Tierhaltung zu stellen, sofern sich der jeweilige Inhalt des Gutachtens als unzutreffende Konkretisierung des § 2 TierSchG erweist; im Fall von Rechtsverordnungen dürfen im Einzelfall durch den Amtsveterinär Anordnungen erlassen werden, die über die Voraussetzungen der Rechtsverordnung hinausgehen, wenn diese § 2 TierSchG nicht zutreffend konkretisiert. Diese Kompetenz hat auch der Richter, der Anordnungen des Amtsveterinärs, die über die Anforderungen einer Rechtsverordnung hinausgehen, bestätigen darf.

Ist aber die Rechtsverordnung rechtmäßig und verfassungsgemäß, so ist sie ein Modell zur Konkretisierung von unbestimmten Rechtsbegriffen, das grundsätzlich rechtlich verbindlich ist und über die Beteiligung des Bundesrates, die nach § 2a TierSchG vorgesehen ist, demokratisch mehr legitimiert ist als ein vom BMEL ohne Verfahrensvorschriften erstelltes Gutachten, bei welchem das Entstehungsverfahren nicht nachvollzogen werden kann.

cc) Konkretisierung durch bzw. Regelung im Gesetz

Wie oben gesehen, kann auch der Gesetzgeber selbst tätig werden; denn wo der Gesetzgeber dem Verordnungsgeber Verordnungsmacht erteilt, kann er diese auch wieder „zurückziehen“ und die Materie selbst durch Gesetz regeln.[1372]

Es braucht also zur Konkretisierung der unbestimmten Rechtsbegriffe des Tierschutzgesetzes jedenfalls eine Rechtsverordnung; auch ein Gesetz

---

lagepflicht“ an seinen Vorgesetzten aufzuerlegen und diese Vorlagepflicht – sofern der Vorgesetzte nicht anderer Meinung ist als der Vorlegende – so weit auszudehnen, bis die Norm eine „Instanz“ erreicht hat, die berechtigt ist, eine abstrakte Normenkontrolle zum Bundesverfassungsgericht gem. Art. 93 Abs. 1 Nr. 2 GG einzureichen, also eine Landesregierung, die Bundesregierung oder ein Viertel der Mitglieder des Bundestages. Jedoch kann ein Abwarten auf eine etwaige abstrakte Normenkontrolle und deren Ergebnis im Hinblick auf tierschutzrechtliche Anordnungen aus Tierschutzgründen nicht abgewartet werden; dies wäre auch nicht vereinbar mit der erheblichen Aufwertung, die der Tierschutz durch Art. 20a GG erfahren hat. Zum Streitstand über eine Nichtanwendungskompetenz der Behörden vgl. *Detterbeck*, Allgemeines Verwaltungsrecht mit Verwaltungsprozessrecht, Rn. 124 ff.

1372 *Ossenbühl*, Rechtsverordnung, in: *Isensee/Kirchhof*, HdBStR, Bd. III: Das Handeln des Staates, § 64 Rn. 14.

selbst könnte seine unbestimmten Rechtsbegriffe zu bestimmten machen, indem es die Inhalte hinreichend konkret normiert. Eine Pflicht zur Verordnungs- bzw. Gesetzgebung besteht im Hinblick auf Tierarten, die in Zoos gehalten werden, schon aus supranationalen Umsetzungspflichten. Im Hinblick auf alle anderen Tierarten (diese, die in bereits erlassenen, aber nichtigen Rechtsverordnungen behandelt werden, solche, die bisher nur in Gutachten behandelt werden und schließlich solche Tierarten, für die es bislang gar keine Konkretisierung dessen gibt, was *artgemäß* und *verhaltensgerecht* ist) muss das Tierschutzgesetz durch weitere gesetzliche Vorschriften, mindestens aber durch Verordnungsgebung vollziehbar gemacht werden.

Eine Regelungspflicht durch Rechtsverordnung oder Gesetz ist also für sämtliche Tierarten, die in Deutschland in Menschenhand gehalten werden, zu bejahen.

e) Warum es keine Rechtsverordnung gibt

Nachdem erarbeitet wurde, dass das Säugetiergutachten wie auch alle anderen Gutachten richtigerweise Rechtsverordnungen oder Gesetze sein müssten, ist zu fragen, warum es das Säugetiergutachten und die vielen anderen Gutachten noch gibt.

Für die Annahme, dass dies wohlüberlegt ist und auch in weiterer Zukunft eine Übernahme in eine Rechtsverordnung nicht geplant ist, sprechen einige Hinweise:

aa) Umgehung des Zustimmungserfordernisses des Bundesrates

Eine die Anforderungen an die Haltung von Tieren betreffende Rechtsverordnung bedürfte nach Art. 80 Abs. 2 GG i. V. m. § 2a Abs. 1 TierSchG der Zustimmung des Bundesrates.

Wie bereits oben gesehen, hat der Bundesrat bei der Erstellung des neuen Normenabschnitts der TierSchNutztV über die Anforderungen an das Halten von Kaninchen an vielen Stellen (zum größten Teil zwar nur marginale) Verbesserungsvorschläge gemacht und seine Zustimmung an die entsprechende Änderung des Verordnungsentwurfs geknüpft.[1373] Das legt nahe, dass bei der Konkretisierung durch Gutachten die Zustimmung des Bundesrates und dessen etwaige (zu Gunsten des Tierschutzes verbessernde) Änderungsforderungen umgangen werden sollen; denn die Gutachten des BMEL zur Konkretisierung des § 2 TierSchG durchlaufen nicht das strenge Verfahren, welches eine Rechtsverordnung durchlaufen muss.

Dass der Bundesrat viele Verbesserungsvorschläge für die Haltung von Wildtieren machen würde, ist angesichts der drei Bundesratsinitiativen[1374] für ein Verbot von einigen Wildtierarten im Zirkus zu erwarten.

bb) Mehr Akzeptanz durch Beteiligung von Tierschutzorganisationen

Ein weiterer Hinweis für die Gestaltung der Konkretisierung als Gutachten ist die Erreichung breiterer Akzeptanz, da an dem Verfahren der Gutachtenerstellung auch Vertreter des Tierschutzes beteiligt wurden.

Dies war möglicherweise erwünscht und ist auch als wünschenswert zu beurteilen, jedoch hat die Auswahl des Konkretisierungsmodells „Gutachten“ letztendlich nicht dazu beigetragen, dass die Vertreter des Tierschutzes durchgängig tierschutzgerechte (und damit § 2 TierSchG entsprechende) Inhalte im Säugetiergutachten platzieren konnten, da, wie oben gesehen, die Vertreter des Tierschutzes tiergerechte Inhalte oft nicht durchsetzen konnten.

Im Übrigen können – wie oben gesehen – auch im Entstehungsverfahren der Rechtsverordnungen Tierschutzorganisationen angehört werden. Auch die Berücksichtigung solcher Stellungnahmen in den Verordnungsinhalten ist möglich und vermehrt erforderlich.

1373 Beschluss des Bundesrates zur Fünften Verordnung zur Änderung der Tierschutz-Nutztierhaltungsverordnung BR-Drs. 570/12 (Beschluss) vom 20. September 2013.

1374 Die Initiativen sind jeweils von den Ländern Hessen (2003, BR-Drs. 595/03), Hamburg (2011, BR-Drs. 565/11) und Hessen, Saarland, Schleswig-Holstein, Rheinland-Pfalz und Thüringen (2016, BR-Drs. 78/16) ausgegangen und wurden jeweils im Bundesrat z. T. mit großer Mehrheit angenommen; letztlich wurden die Vorhaben jedoch jeweils von der Bundesregierung blockiert.

cc) Fehlende wissenschaftliche Erkenntnisse

Wie bei den Zirkusleitlinien bereits von der Bundesregierung angemerkt, könnten die Inhalte deswegen möglicherweise nicht als Rechtsverordnung ausgestaltet sein, weil keine gesicherten wissenschaftlichen Erkenntnisse für die zu regelnden Tierarten vorliegen und es in den Zoos unterschiedliche Bedingungen gibt.[1375]

Doch auch ein solches Argument trägt im Ergebnis nicht. Wo Erkenntnisse fehlen, müssen solche beschafft werden. So wie im Rahmen der TierSchNutztV, §§ 33 ff., die (im Ergebnis ungeeignete) Studie Hoy/Wagner[1376] in Auftrag gegeben wurde, müssen bzgl. Tierarten, die in Deutschland gehalten werden und zu deren Haltungsansprüchen wissenschaftliche Erkenntnisse fehlen, solche Studien in Auftrag gegeben werden. Richtigerweise müssen die Studien aber von einem Ethologen durchgeführt werden und nicht von lobbygeprägten Agrarwissenschaftlern.

Im Übrigen liegen heute für die meisten Tierarten Ethogramme, Naturbeschreibungen und Verhaltensstudien vor, die benötigt werden, um Anforderungen an *Artgemäßheit* und *Verhaltensgerechtheit* zu ermitteln. Wichtig ist jedoch im Bereich der Wildtiere, dass diese Ethogramme solche sein müssen, die aufgrund Freilandstudien erstellt wurden. Denn anlehnend an die Rechtsprechung des OVG Schleswig zur verhaltensgerechten Unterbringung von Wildtieren[1377] kommt es für die Frage, ob die Unterbringung eines wildlebenden Tieres verhaltensgerecht ist, auf die Lebensbedingungen und -umstände an, die das Tier in Freiheit gewohnt ist.[1378]

Soweit auf die verschiedenen Bedingungen in den Zoos abgestellt werden sollte, sind diese den Bedürfnissen der jeweiligen Tierart anzugleichen; hier kommt wieder der Grundsatz zum Tragen, dass die Haltungsbedingungen an das Verhalten der Tiere angepasst werden müssen und nicht

---

1375 In einer Anfrage an die Bundesregierung hatte diese auf die Frage, wie die Bundesregierung zu einer Übernahme der Inhalte der Zirkusleitlinie in einer Rechtsverordnung steht, geantwortet: „(...) Durch die Zirkusleitlinien werden die Haltungsanforderungen an eine Vielzahl von Tierarten beschrieben. Für diese liegen häufig keine ausreichend gesicherten Kenntnisse als Grundlage für rechtsverbindliche Haltungsanforderungen vor. Des Weiteren ist die Situation in den einzelnen Zirkusbetrieben sehr unterschiedlich und wenig vergleichbar. (...)"; vgl. BT-Drs. 17/3736 S. 65.

1376 *Hoy/Wagner*, Untersuchungen zur Gruppengröße und zum Flächenbedarf in der Mastkaninchenhaltung, Schlussbericht 15. April 2009.

1377 *OVG Schleswig*, Urteil vom 28. Juni 1994, Az.: 4 L 152/92, NuR 1995, S. 480 ff.

1378 *OVG Schleswig*, Urteil vom 28. Juni 1994, Az.: 4 L 152/92, NuR 1995, S. 480 ff., S. 480.

umgekehrt.[1379] Weiter ist dies essentielle Aussage des OVG Schleswig im eben genannten Urteil, das verlangt, dass sich die Unterbringung (damit sie verhaltensgerecht ist) soweit wie möglich an die natürlichen Lebensverhältnisse und Lebensräume der jeweiligen Tierart annähern muss.[1380]

dd) Fehlende Möglichkeit der (Norm-)Verwerfung

Möglicherweise ist ein Grund für die Gestaltung der Konkretisierung als Gutachten die fehlende Möglichkeit, das Gutachten gerichtlich anzugreifen und (flächendeckend) zu Fall zu bringen. Denn mangels Rechtsqualität gibt es auch keinen Rechtsweg gegen ein Gutachten, so dass dieses weiterhin von vielen Amtsveterinären und Richtern angewendet werden wird. Eine Bundesrechtsverordnung hingegen kann – wenn auch nur unter faktisch schweren Bedingungen, da nur eine Landesregierung, die Bundesregierung oder ein Viertel der Mitglieder des Bundestages eine solche erheben kann – durch eine abstrakte Normenkontrolle gem. Art. 93 Abs. 1 Nr. 2 GG i. V. m. §§ 76 ff. BVerfGG durch das Bundesverfassungsgericht flächendeckend für nichtig erklärt werden. Eine konkrete Normenkontrolle nach Art. 100 GG als Richtervorlage kommt nur bei formellen Gesetzen in Betracht. So kann der Bürger – auch in organisierter Form mittels Verbandsklage – keine Nichtigkeitsfeststellung einer Rechtsverordnung mit Wirkung erga omnes herbeiführen. Feststellungsklagen im Rahmen von Verbandsklagerechten sind nur in einigen Bundesländern geregelt und betreffen ausschließlich behördliche Entscheidungen.

Dass die Normenkontrolle einer Rechtsverordnung aber trotz allem nicht unmöglich ist, zeigen die beiden Hennen-Entscheidungen des Bundesverfassungsgerichts von 1999[1381] und 2010,[1382] gegen die jeweils Landes-

1379 Vgl. nur *Hirt/Maisack/Moritz*, Tierschutzgesetz Kommentar, § 6 Rn. 20; Begründung zum Entwurf eines Ersten Gesetzes zur Änderung des Tierschutzgesetzes, BT-Drs. 10/3158 S. 21; vgl. auch Präambel der Empfehlungen des Ständigen Ausschusses zum Übereinkommen über den Schutz von Tieren in landwirtschaftlichen Tierhaltungen, Empfehlungen für Haushühner, Pekingenten, Moschusenten, Hausgänse, Straußenvögel, Pelztiere; in diese Richtung auch jüngst *BVerwG*, Beschluss vom 8. November 2016, Az.: 3 B 11.16, NVwZ 2017, S. 404 ff., S. 405.

1380 *OVG Schleswig*, Urteil vom 28. Juni 1994, Az.: 4 L 152/92, NuR 1995, S. 480 ff., S. 480.

1381 *BVerfG*, Urteil vom 6. Juli 1999, Az.: 2 BvF 3/90, BVerfGE 101, S. 1 ff.

1382 *BVerfG*, Beschluss vom 12. Oktober 2010, Az.: 2 BvF 1/07, BVerfGE 127, S. 293 ff.

regierungen im Wege der abstrakten Normenkontrolle vorgegangen sind. Gegen das Säugetiergutachten jedoch ist der Rechtsweg gar nicht gegeben.

ee) Politische Einflüsse der Lobby

Weiter scheint es, als sollen mit der Auswahl der Konkretisierung durch Gutachten Lobbyinteressen befriedigt werden; denn die o. g. Gründe sprechen auch dafür, dass durch das fehlende Verordnungsverfahren, die fehlende Zustimmung des Bundesrates Verbesserungen der Inhalte vermieden wurden, die die Lobby verhindern wollte. Die Inhalte einer Rechtsverordnung wären grundsätzlich rechtsverbindlich für Gerichte. Diese müssten Rechtsverordnungen – bei Wirksamkeit – zwingend anwenden, sofern diese mit dem höherrangigen Recht vereinbar sind. Eine Rechtsverordnung, die die unbestimmten Rechtsbegriffe des § 2 TierSchG ordnungsgemäß konkretisiert und deswegen wirksam und daher anzuwenden ist, soll verhindert werden.

ff) Umgehung eines geregelten Verfahrens

Weiter könnte ein Grund für die Wahl des Gutachtens statt der Rechtsverordnung sein, das sonstige Verfahren der Entstehung zu umgehen. Wie oben gesehen, war der Entstehungsprozess des Säugetiergutachtens in kein Verfahren oder verfahrensrechtliches Gewand gekleidet. Fehlende Transparenz könnte hier das Ziel gewesen sein.

gg) Zwischenergebnis

Dass das Säugetiergutachten ein Gutachten ist und keine verbindliche Rechtsverordnung, ist politisch gewollt. Es scheint, als sollten Stimmen aus dem Tierschutz dadurch besänftigt werden, dass eine gewisse Anzahl von Vertretern des Tierschutzes an der Erstellung des Gutachtens mitwirken durften. Dass dies im Ergebnis nur wenige Auswirkungen hatte, sich vielmehr die Lobby oft durchsetzen konnte, ist nur durch vertieftes Nachforschen zu erkennen, da das Gutachten von allen Mitgliedern unterschrieben wurde.

f) Fazit zur Regelungspflicht

Im Ergebnis muss die Konkretisierung der unbestimmten Rechtsbegriffe von Tierschutzgesetz und EU-Zoorichtlinie jedenfalls rechtsverbindlich gestaltet werden, hier sind Rechtsverordnungen wie auch ein einfaches Gesetz möglich.

Für sinnvoller wird – angesichts des vor kurzem abgeschlossenen Verfahrens beim Bundesverwaltungsgericht[1383] ob der Regelbarkeit der Haltungsbedingungen von Tieren (nur) durch Rechtsverordnung – eine einfachgesetzliche Regelung gehalten. Das Bundesverwaltungsgericht hat in diesem Fall zwar nur noch über die Kosten entschieden, da eine Erledigung des Rechtsstreits eingetreten war, und folgendes gesagt: „Wirft der in der Hauptsache erledigte Rechtsstreit schwierige Fragen auf, so entspricht es nach der Rechtsprechung des Bundesverwaltungsgerichts regelmäßig billigem Ermessen, die Verfahrenskosten gemäß § 155 Abs. 1 Satz 2 VwGO zu teilen.[1384] Dies gilt auch im vorliegenden Fall. Auf die Nichtzulassungsbeschwerde des Beklagten hat der Senat die Revision zu der Frage zugelassen, ob eine Verordnungsregelung auf der Grundlage von § 2a TierSchG zur näheren Bestimmung von Anforderungen hinsichtlich der Bewegungsmöglichkeit und Unterbringung von Tieren nach § 2 Nr. 1 und 2 TierSchG auch dann mit dem Parlamentsvorbehalt vereinbar ist, wenn sie die gewerbliche Haltung von Nerzen unter den gegebenen Marktbedingungen ökonomisch untragbar macht. Ihre Beantwortung wirft Abgrenzungsfragen auf, die sich nicht einfach beantworten lassen. Danach entspricht es der Billigkeit, die Kosten des gesamten Verfahrens gegeneinander aufzuheben (§ 155 Abs. 1 Satz 2 VwGO).“[1385]

Das könnte so verstanden werden, dass die Revisionsentscheidung in der Hauptsache materiellrechtlich sehr schwierig gewesen wäre und keineswegs eindeutig ist, dass die extensive Anwendung der Wesentlichkeitstheorie durch das OVG Schleswig[1386] – immer dann, wenn Tierhaltungsregelungen die Berufswahlfreiheit tangieren, müssen sie durch Gesetz erlassen werden – gehalten worden wäre.

1383 Vgl. *BVerwG*, Beschluss vom 8. Januar 2016, Az.: 3 B 20/15, 3 B 20/15 (3 C 1/16) (juris); vorgehend *OVG Schleswig*, Urteil vom 4. Dezember 2014, Az.: 4 LB 24/12, AUR 2015, S. 71 ff. und *Schleswig-Holsteinisches Verwaltungsgericht*, Urteil vom 29. August 2012, Az.: 1 A 31/12 (juris).

1384 BVerwG, Beschluss vom 28. Juni 1991, Az.: 1 C 15.89, RdE 1992, S. 114.

1385 BVerwG, Beschluss vom 18. April 2017, Az.: 3 C 1/16 (juris).

1386 *OVG Schleswig*, Urteil vom 4. Dezember 2014, Az.: 4 LB 24/12, AUR 2015, S. 71 ff.

4. Inhalte der nichtigen Tierschutz-Nutztierhaltungsverordnung

Auch die Inhalte der Tierschutz-Nutztierhaltungsverordnung müssen, schon aufgrund des „Verpflichtungscharakters“[1387] des Staatsziels Tierschutz, neu in einer Rechtsverordnung geregelt werden. Denn das Verordnungsermessen der Exekutive wird bei einer evidenten Verfehlung der Anforderungen des § 2 TierSchG auf Null reduziert. Diese hat die Pflicht zum Tätigwerden (korrekte Umsetzung der Anforderungen des § 2 TierSchG hinsichtlich der in der TierSchNutztV geregelten Tierarten) zur Folge.[1388] Dies gilt für eine Verfehlung der Anforderungen durch die tatsächlich praktizierte Haltung, die nicht durch Rechtsverordnung o. ä. konkretisiert werden und für die daher ein Bedarf an Detailregelungen besteht,[1389] wie auch für die Verfehlung durch die Implementation ungeeigneter Rechtsvorschriften wie der aktuellen TierSchNutztV, deren Inhalte nicht geeignet sind, die Anforderungen des § 2 TierSchG zu erfüllen.

5. Die demokratische Legitimation des Säugetiergutachtens

Mangels Transparenz des Verfahrens der Erstellung des Gutachtens leidet das Säugetiergutachten an einer fehlenden demokratischen Legitimation, die auch durch Verfahren bzw. durch fehlende Verfahrensvorschriften geschaffen wird.[1390]

Daher muss das Säugetiergutachten mindestens die Qualität einer Rechtsverordnung haben, so dass dieses – wie alle anderen Gutachten, die durch das BMEL veröffentlicht wurden – lediglich ein Zwischenschritt der

1387 *Caspar/Schröter*, Das Staatsziel Tierschutz in Art. 20a GG, S. 43 ff.

1388 Vgl. *Caspar/Schröter*, Das Staatsziel Tierschutz in Art. 20a GG, S. 102 f.

1389 Vgl. *Wollenteit/Bruhn*, Rechtsgutachten zur Verfassungsmäßigkeit der „verschärften“ Haltungsvorgaben für Pelztiere in § 33 der TierSchNutztV, S. 4.

1390 Z. T. wird sogar die Transparenz in Verfahren der Verordnungsgebung moniert, vgl. *Maisack*, Tierschutzrecht. Haltung von Nutztieren, dargestellt an den Beispielen „Schweine“, „Hühner“ und „Enten“, in: *Grimm/Otterstedt*, Das Tier an sich, S. 198 ff., S. 216. Gegenstand war hier die Zweite Änderungsverordnung zur Tierschutz-Nutztierhaltungsverordnung vom 1. August 2006, deren Verordnungsentwurf zunächst vorsah, dass jedes Schwein Zugang zu Beschäftigungsmaterial erhalten sollte, das geeignet ist, das Erkundungsverhalten und Wühlbedürfnis der Tiere zu befriedigen. In der Endfassung ist das Wort „Wühlbedürfnis“ ersatzlos gestrichen worden – auf wessen Wunsch und Veranlassung, ließ sich wegen der fehlenden Transparenz des Verordnungsgebungsverfahrens nicht feststellen.

Wissensgenerierung zur Erstellung einer solchen Rechtsverordnung sein kann.

III. *andere Konkretisierungsmodelle für die Konkretisierung der unbestimmten Rechtsbegriffe des Tierschutzrechts*

Neben Bundesrechtsverordnungen und den gerade näher untersuchten Gutachten des BMEL werden tierschutzrechtliche Inhalte auch auf internationaler, europäischer und privater Ebene konkretisiert. Diese verschiedenen Modelle sollen kurz im Überblick dargestellt werden.

1. International: Die fünf Tierschutzkonventionen des Europarats und die Gutachten der OIE

Auf internationaler Ebene hat der Europarat, in dem jeweils Deutschland wie auch die EU Mitglied sind, die fünf „Tierschutzkonventionen" geschaffen, die für die Vertragsstaaten verbindliche, aber inhaltlich schwache[1391] Minimalgrenzen festlegen, die für folgende Themenbereiche einzuhalten sind, aber national jeweils auch strenger geregelt werden dürfen[1392] (sog. opting-up): Das Europäische Übereinkommen vom 13. Dezember 1968 über den Schutz von Tieren beim internationalen Transport regelt Minimalanforderungen für den Tiertransport. Das Europäische Übereinkommen vom 10. März 1976 zum Schutz von Tieren in landwirtschaftlichen Tierhaltungen regelt Minimalanforderungen für Nutztierhaltungen. Das Europäische Übereinkommen vom 10. Mai 1979 über den Schutz von Schlachttieren regelt Mindestanforderungen für den Schlachtbereich. Das Europäische Übereinkommen vom 18. März 1986 zum Schutz der für Versuche und andere wissenschaftliche Zwecke verwendeten Wirbeltiere regelt Mindestanforderungen in diesem Bereich und letztlich das Europäische Übereinkommen vom 13. November 1987 zum Schutz von Heimtieren regelt Mindestanforderungen im Heimtierbereich.

1391 *Steiger*, Tierschutzregelungen des Europarates, in: *Sambraus/Steiger*, Das Buch vom Tierschutz, S. 886 ff., S. 886, 889.

1392 So auch *Wollenteit*, Rechtsgutachten zur Zulässigkeit eines Verbotes der Pelztierhaltung und zur Zulässigkeit verschärfter Haltungsbedingungen für Pelztiere unter Berücksichtigung rechtsvergleichender Überlegungen, 2004, S. 10, 16.

Die genannten Abkommen sind jeweils von der EU wie auch von Deutschland ratifiziert worden und gelten damit (durch die Ratifizierungsgesetze[1393] bzw. die Umsetzungen in deutsches Recht) in Deutschland. Zusätzlich zu jedem Abkommen sind sogenannte Ständige Ausschüsse gebildet, die Empfehlungen ausarbeiten, z. B. die Empfehlung für das Halten von Rindern vom 21. November 1988 vom Ständigen Ausschuss zum Europäischen Übereinkommen zum Schutz von Tieren in landwirtschaftlichen Tierhaltungen.

So konkretisieren beispielsweise die Empfehlungen zur Haltung von Peking- und Moschusenten des Ständigen Ausschusses zum Übereinkommen zum Schutz von Tieren in landwirtschaftlichen Tierhaltungen die durch § 2 Nr. 1 TierSchG geschützten Grundbedürfnisse von Peking- und Moschusenten.[1394]

Die Übereinkommen enthalten jeweils aber keinen Durchsetzungsmechanismus, so dass die Einhaltung der darin enthaltenen Mindestanforderungen zunächst nicht durchsetzbar erscheint. Jedoch hat das Bundesverfassungsgericht in der Hennen-Entscheidung von 1999[1395] anschaulich dargestellt, dass die Mindestvorgaben der von Deutschland angenommenen Abkommen und der dazugehörigen Empfehlungen verbindlich sind und in das deutsche Recht korrekt – was durch die HHVO 1987 nicht geschehen ist – transformiert werden müssen.[1396] Weiter beschreibt das Bundesverfassungsgericht, dass diese Abkommen mitsamt den Empfehlungen zur weiteren Bestimmung und Verdeutlichung der Anforderungen des § 2 TierSchG herangezogen werden können: „Zur weiteren Bestimmung und Verdeutlichung der Anforderungen des § 2 Nr. 1 TierSchG an eine Käfig-

---

1393 Gesetz vom 12. Juli 1973 zu dem Europäischen Übereinkommen vom 13. Dezember 1968 über den Schutz von Tieren beim internationalen Transport, BGBl. II S. 721; Gesetz vom 25. Januar 1978 zu dem Europäischen Übereinkommen vom 10. März 1976 zum Schutz von Tieren in landwirtschaftlichen Tierhaltungen, BGBl. II S. 113; Gesetz vom 9. Dezember 1983 zu dem Europäischen Übereinkommen vom 10. Mai 1979 über den Schutz von Schlachttieren, BGBl. II S. 770; Gesetz vom 5. Juli 2004 zu dem Änderungsprotokoll vom 22. Juni 1998 zum Europäischen Übereinkommen zum Schutz der für Versuche und andere wissenschaftliche Zwecke verwendeten Wirbeltiere, BGBl. II S. 986; Gesetz vom 1, Februar 1991 zu dem Europäischen Übereinkommen vom 13. November 1987 zum Schutz von Heimtieren, BGBl. II S. 402.

1394 Vgl. dazu *Maisack*, Tierschutzrecht. Haltung von Nutztieren, dargestellt an den Beispielen „Schweine", „Hühner" und „Enten", in: *Grimm/Otterstedt*, Das Tier an sich, S. 198 ff., S. 199.

1395 *BVerfG*, Urteil vom 6. Juli 1999, Az.: 2 BvF 3/90, BVerfGE 101, S. 1 ff.

1396 *BVerfG*, Urteil vom 6. Juli 1999, Az.: 2 BvF 3/90, BVerfGE 101, S. 1 ff., S. 38 f.

haltung von Legehennen und damit zugleich zur Bestätigung des unter C. II. 3. a) gefundenen Ergebnisses kann auf normative Texte und amtliche Dokumente zurückgegriffen werden. Im Einzelnen handelt es sich hierbei um die Empfehlung für das Halten von Legehennen der Art Gallus Gallus des Ständigen Ausschusses vom 21. November 1986 (…). Die Empfehlung für das Halten von Legehennen der Art Gallus Gallus ist nach Maßgabe des Art. 9 ETÜ [Anm. der Verf.: Europäisches Übereinkommen zum Schutz von Tieren in landwirtschaftlichen Tierhaltungen] für Deutschland wirksam geworden. Gemäß Art. 16 der Empfehlung findet diese zwar in den einzelnen Vertragsstaaten keine unmittelbare Anwendung, sondern wird nach dem von jeder Vertragspartei für geeignet erachteten Verfahren umgesetzt. Dies ändert jedoch nichts daran, daß die Empfehlung für Deutschland als Vertragspartei gemäß Art. 9 ETÜ verbindlich ist."[1397] Im Weiteren führt das Bundesverfassungsgericht die Inhalte der genannten Empfehlung aus und legt dar, dass diese nicht korrekt in die HHVO übernommen wurden. So wurde der Verordnungsgeber durch das Bundesverfassungsgericht gezwungen, die Verordnungsinhalte im Hinblick auf die Anforderungen der Empfehlungen des Ständigen Ausschusses zum ETÜ abzuändern.

Jedoch ist zu beachten, dass den Übereinkommen und den dazugehörigen Empfehlungen nur bedingt die Qualität einer sachverständigen Äußerung zukommen kann,[1398] sondern dass sie lediglich „wenig mehr als einen kleinsten gemeinsamen Nenner"[1399] darstellen, den die Mitglieder des Europarates gefunden haben. Denn die Formulierung der Übereinkommen und der Empfehlungen sind durch erhebliche Rücksichtnahmen auf die heterogene Struktur in den Mitgliedstaaten geprägt und sind in erster Linie Ausdruck des zähen Ringens im Europarat sowie der Suche nach Kompromissen zwischen Tierschutz und vielfältigen wirtschaftlichen und politischen Zwängen.[1400]

1397 *BVerfG*, Urteil vom 6. Juli 1999, Az.: 2 BvF 3/90, BVerfGE 101, S. 1 ff., S. 38 f.

1398 So z. B. *VG Aachen*, Beschluss vom 22. Mai 2003, Az.: 6 L 92/03 (juris) Rn. 16.

1399 Vgl. *Wollenteit*, Rechtsgutachten zur Zulässigkeit eines Verbotes der Pelztierhaltung und zur Zulässigkeit verschärfter Haltungsbedingungen für Pelztiere unter Berücksichtigung rechtsvergleichender Überlegungen, 2004, S. 12.

1400 *Wollenteit*, Rechtsgutachten zur Zulässigkeit eines Verbotes der Pelztierhaltung und zur Zulässigkeit verschärfter Haltungsbedingungen für Pelztiere unter Berücksichtigung rechtsvergleichender Überlegungen, 2004, S. 12; *Steiger*, Tierschutzregelungen des Europarates, in: *Sambraus/Steiger*, Das Buch vom Tierschutz, S. 886 ff., S. 889.

Letzte veröffentlichte Empfehlung eines Ständigen Ausschusses war die Empfehlung des Ständigen Ausschusses des Europäischen Übereinkommens zum Schutz von Tieren in landwirtschaftlichen Tierhaltungen – Empfehlung für die Haltung von Fischen in Aquakultur aus dem Jahr 2006.

Die OIE[1401] (World Organisation for Animal Health, Weltorganisation für Tiergesundheit) ist eine Internationale Organisation mit zurzeit 180 Mitgliedern, die in Paris sitzt und im Rahmen der Tierseuchenbekämpfung u. a. optimierte Haltungsbedingungen für Tiere vorschlägt, um die Qualität von Lebensmitteln tierischer Herkunft zu verbessern. Auch Deutschland ist neben weiteren 179 Ländern ein Mitglied der OIE. Maßgeblich sind Inhalte des sogenannten „OIE Terrestrial Animal Health Code" und des „OIE Aquatic Animal Health Code". In den sog. Recommendations der dritten Globalen Konferenz zum Tierwohl wurden sämtliche Mitglieder der OIE aufgerufen, nationale Tierwohl-Standards zu implementieren: „OIE Members are requested to: (...) 2. Members that have not already done so should quickly nominate national Focal Points for Animal Welfare (...) under the authority of the National Delegate."[1402]

Zum Teil wird die OIE, die seit 2005 elf Sets von Tierwohlstandards erarbeitet hat, als [Anm. der Verf.: wohl international] wichtigster Standardsetzer für das Tierwohl bezeichnet.[1403] Jedoch wird auch erkannt, dass diese Standards z. T. nicht wirklich tierschädigendem Verhalten vorbeugen bzw. dieses verbieten, sondern eher den politischen und den Wirtschaftsakteuren nützen,[1404] zumal der Tierschutz und das Tierwohl nicht die Hauptaufgabe der OIE sind, sondern eher ein Nebengebiet, welches aufgrund von Verbrauchererwartungen geschaffen wurde neben dem eigentlichen Tätigkeitsbereich der OIE, der Verhinderung der grenzüberschreitenden Verbreitung von Tierseuchen zum Schutz der menschlichen Gesundheit.[1405]

1401 www.oie.int.

1402 *OIE*, Third OIE Global Conference on Animal Welfare Kuala-Lumpur, 6.-8. November 2012, Recommendations, abrufbar unter http://www.oie.int/animal-welfare/events/.

1403 *Peters*, Tierwohl als globales Gut: Regulierungsbedarf und -chancen, Rechtswissenschaft 2016, S. 363 ff., S. 370.

1404 *Peters*, Tierwohl als globales Gut: Regulierungsbedarf und -chancen, Rechtswissenschaft 2016, S. 363 ff., S. 371 beispielhaft für die OIE-Standards für Tiertransporte.

1405 Vgl. *Peters*, Tierwohl als globales Gut: Regulierungsbedarf und -chancen, Rechtswissenschaft 2016, S. 363 ff., S. 384.

Daher wird zu Recht bezweifelt, dass die OIE in der Lage ist, ein strenges und kohärentes Tierschutzregime zu entwickeln.[1406]

2. EU-Ebene: Richtlinien, Verordnungen, Tierschutzstrategie der EU, Mitteilungen und die EFSA

Auch auf EU-Ebene sind verschiedene Aktivitäten in der Tierschutzgesetzgebung zu beobachten. Ausgangspunkt ist Art. 13 AEUV, der das Bekenntnis der EU und ihrer Mitgliedstaaten zum Tierschutz festschreibt.

a) EU- Richtlinien

Jeweils zur Umsetzung in nationales Recht gibt es einige Richtlinien im Bereich Tierschutz, z. B. die EU-Tierversuchsrichtlinie 2010/63/EU,[1407] die EU-Nutztierhaltungsrichtlinie 98/58/EG,[1408] die EU- Kälberhaltungsrichtlinie 2008/119/EG,[1409] die EU-Legehennenrichtlinie 99/74/EG,[1410] die EU-Schweinehaltungsrichtlinie 2008/120/EG,[1411] die EU-Masthühnerrichtlinie 2007/43/EG[1412] und die EU-Zoorichtlinie 1999/22/EG.[1413] Diese stellen hinsichtlich des umzusetzenden Ziels jeweils nur Mindeststandards dar. Die Mitgliedstaaten haben jeweils das Recht, über diese Mindeststandards hinauszugehen, also strengere Anforderungen festzulegen (Opting-up); sie

---

1406 *Peters*, Tierwohl als globales Gut: Regulierungsbedarf und -chancen, Rechtswissenschaft 2016, S. 363 ff., S. 384 m. w. N.

1407 RL 2010/63/EU des Europäischen Parlaments und des Rates vom 22. September 2010 zum Schutz der für wissenschaftliche Zwecke verwendeten Tiere, ABl. Nr. L 276 S. 33.

1408 RL 98/58/EWG des Rates vom 20. Juli 1998 über den Schutz landwirtschaftlicher Nutztiere, ABl. EG Nr. L 221 S. 23.

1409 RL 2008/119/EG des Rates vom 18. Dezember 2008 über Mindestanforderungen für den Schutz von Kälbern, ABl. 2009 Nr. L 10 S. 7.

1410 RL 1999/74/EG des Rates vom 19. Juli 1999 zur Festlegung von Mindestanforderungen zum Schutz von Legehennen, ABl. EG Nr. L 203 S. 53.

1411 RL 2008/120/EG des Rates vom 18. Dezember 2008 über Mindestanforderungen für den Schutz von Schweinen, ABl. 2009 Nr. L 47 S. 5.

1412 RL 2007/43/EG des Rates vom 28. Juni 2007 mit Mindestvorschriften zum Schutz von Masthühnern, ABl. 2007 Nr. L 182 S. 19.

1413 RL 1999/22 EG des Rates vom 29. März 1999 über die Haltung von Wildtieren in Zoos, ABl. L 94/24.

dürfen die Mindestanforderungen jedoch nicht unterschreiten.[1414] Auch spiegeln sie oft nicht den vollständigen, aktuellen wissenschaftlichen Stand zur jeweiligen Tierart wider, denn nicht alle wissenschaftlichen Quellen setzen sich in der Agrarministerkonferenz durch.[1415]

Die genannten Richtlinien sind in Deutschland hauptsächlich im Tierschutzgesetz wie auch in der TierSchNutztV und in der TierSchVersV umgesetzt. Zur z. T. fehlerhaften Umsetzung der Inhalte der Nutztierhaltungs-RL der – hinsichtlich der artgerechten Haltung der verschiedenen Tierarten noch fehlenden – Umsetzung der EU-Zoorichtlinie siehe bereits oben. Auch die Umsetzung der EU-Tierversuchs-RL wird von einigen Stimmen als fehlerhaft bezeichnet.[1416]

b) Verordnungen

Von den unmittelbar geltenden EU-Verordnungen sind für das Tierschutzrecht – speziell für Vorgaben an die Anforderungen an Tierhaltungen – keine Verordnungen vorhanden, da den Bereich der Tierhaltung hauptsächlich Richtlinien abdecken. Möglicherweise ist nicht gewollt, dass flächendeckend für alle Mitgliedstaaten der EU einheitliche Haltungsvorgaben unmittelbar für die Tierhalter gelten. Jedoch wäre dies ein Vorteil. Denn das Argument, dass Tierhalter in den Nachbarstaat abwandern, weil dort die Vorschriften nicht so streng seien, würde dann nicht mehr tragen. So argumentieren jedoch viele Tierhalter insbesondere der industriellen Massentierhaltung, die so versuchen, den deutschen Gesetz- und Verordnungsgeber davon abzuhalten, strengere Vorschriften für die Tierhaltung zu normieren. Bislang lassen sich Gesetz- und Verordnungsgeber mangels einheitlicher EU-weiter Vorgaben wie oben gesehen darauf ein und erlas-

1414 Vgl. *Hirt/Maisack/Moritz*, Tierschutzgesetz Kommentar, Einf. Rn. 53.

1415 *Hirt/Maisack/Moritz*, Tierschutzgesetz Kommentar, Einf. Rn. 53.

1416 Vgl. z. T. schon zum Entwurf z. B. *Hirt/Maisack/Moritz*, Tierschutzgesetz Kommentar, Einf. Rn. 74; *Callies*, Tierschutz zwischen Europa- und Verfassungsrecht – Überlegungen am Beispiel der Tierversuchsrichtlinie, NuR 2012, S. 819 ff.; *Maisack*, Gutachten zu der Frage, ob und ggf. welche Bestimmungen der Richtlinie 2010/63/EU (EU-Tierversuchsrichtlinie) durch das Dritte Gesetz zur Änderung des Tierschutzgesetzes und die Tierschutz-Versuchstierverordnung nicht oder nicht ausreichend in deutsches Recht umgesetzt worden sind; *Peters*, Rechtsgutachten zu verschiedenen Fragen im Zusammenhang mit der EU-Tierversuchsrichtlinie; *DJGT e. V.*, Stellungnahme zur nicht korrekten Umsetzung der EU-Tierversuchsrichtlinie 2010/63/EU in deutsches Recht, *Maisack*, Zur Neuregelung des Rechts der Tierversuche, NuR 2012, S. 745 ff.

sen die Vorschriften sehr freundlich für die Tierhaltung, nicht aber für die Tiere.

c) Die Tierschutz-Strategie 2012-2015 der EU

Die Tierschutz-Strategie[1417] der EU-Kommission[1418] ist eine Mitteilung. Diese Maßnahme ist im AEUV nicht ausdrücklich vorgesehen wie z. B. Empfehlungen oder Stellungnahmen in Art. 288 Abs. 5 AEUV. Mitteilungen weisen die nationalen Stellen oder die privaten Rechtsanwender auf ihre Rechte und Pflichten aus dem Unionsrecht hin und formulieren einheitliche Rechtsanwendungsregeln für die Tätigkeit der Kommission.[1419] Es handelt sich hierbei grundsätzlich um unverbindliche Maßnahmen, die jedoch zu einer Selbstbindung der Kommission führen können; gegenüber den Mitgliedstaaten sind Mitteilungen nur verbindlich, wenn diese ihnen zugestimmt haben, sie daher also quasi-vertraglichen Charakter haben.[1420] Damit wird eine Mitteilung zum sogenannten administrativen „Soft Law" gezählt, dessen Charakter seine abgeschwächte Geltungsform bzw. seine rechtliche Unverbindlichkeit ist.[1421] Trotz rechtlicher Unverbindlichkeit sind Soft-Law-Maßnahmen wie Mitteilungen rechtlich nicht irrelevant.[1422]

In der Tierschutz-Strategie 2012-2015 wird festgestellt, dass eine mangelhafte Durchsetzung von EU-Vorschriften hinsichtlich des Tierschutzes in mehreren Mitgliedstaaten gang und gäbe ist[1423] und dass für einige Tierar-

---

1417 Erstmals hat die EU im Jahr 2006 eine Tierschutz-Strategie veröffentlicht, damals noch: Europäischer Aktionsplan für Tierschutz 2006-2010 vom 23. Januar 2006 (2009/2202(INI)). Dieser soll durch die neue Tierschutz-Strategie fortgesetzt werden, vgl. Mitteilung der Kommission an das Europäische Parlament, den Rat und den Europäischen Wirtschafts- und Sozialausschuss über die Strategie der Europäischen Union für den Schutz und das Wohlergehen von Tieren 2012-2015 vom 15. Februar 2012, COM (2012) 6 final/2, S. 3.

1418 Mitteilung der Kommission an das Europäische Parlament, den Rat und den Europäischen Wirtschafts- und Sozialausschuss über die Strategie der Europäischen Union für den Schutz und das Wohlergehen von Tieren 2012-2015 vom 15. Februar 2012, COM (2012) 6 final/2.

1419 Vgl. *Schroeder*, Grundkurs Europarecht, § 6 Rn. 25.

1420 *Schroeder*, Grundkurs Europarecht, § 6 Rn. 26.

1421 Vgl. *Schwarze*, Soft Law im Recht der Europäischen Union, EuR 2011, S. 3 ff., S. 3 f.

1422 *Schwarze*, Soft Law im Recht der Europäischen Union, EuR 2011, S. 3 ff., S. 5.

1423 Mitteilung der Kommission an das Europäische Parlament, den Rat und den Europäischen Wirtschafts- und Sozialausschuss über die Strategie der Europäten gar keine, die allgemeinen EU-Vorschriften konkretisierenden, Vorschriften existierten.[1424] Es soll geprüft werden, ob ein einheitlicher Rechtsrahmen für den Tierschutz eingeführt werden kann, der alle Tiere unter sich vereint.[1425]

Die Tierschutz-Strategie kann nicht selbst die unbestimmten Rechtsbegriffe des Tierschutzrechts konkretisieren, kann aber Maßnahmen vorsehen, die dies tun. So ist z. B. in der Tierschutz-Strategie 2012-2015 geplant, einen Durchführungsplan und Durchsetzungsmaßnahmen zur Gruppenhaltung von Sauen im Rahmen der Schweinehaltungsrichtlinie 2008/120/EG zu schaffen. Ein solcher wäre ein weiterer Weg zur Konkretisierung von Haltungsanforderungen von – in diesem Fall – Sauen.

Jedoch ist auch die Tierschutzstrategie 2012-2015 nicht durchgängig umgesetzt worden und eine Fortsetzung ab dem Jahr 2016 ist nicht erfolgt und auch bis heute (im Jahr 2019) nicht in Sicht.[1426]

d) Andere Mitteilungen und Gutachten

Neben der EU-Tierschutz-Strategie gibt es andere Mitteilungen der Kommission, die die Meinung der Kommission zu einem bestimmten Thema darstellen und eine Selbstbindung auslösen können. So zog das Bundesverfassungsgericht in der Hennen-Entscheidung im Jahr 1999[1427] zur Konkretisierung der Anforderungen des § 2 TierSchG speziell für Hennen die Mitteilung der Europäischen Kommission über den Schutz von Legehennen in verschiedenen Haltungssystemen vom 11. März 1998 heran, die besagt, dass ein Käfig mit einem Platzangebot von 450 cm^2 je Tier weder dessen

---

ischen Union für den Schutz und das Wohlergehen von Tieren 2012-2015 vom 15. Februar 2012, COM (2012) 6 final/2, S. 4.

1424 Mitteilung der Kommission an das Europäische Parlament, den Rat und den Europäischen Wirtschafts- und Sozialausschuss über die Strategie der Europäischen Union für den Schutz und das Wohlergehen von Tieren 2012-2015 vom 15. Februar 2012, COM (2012) 6 final/2, S. 6, hier wurde auf Kaninchen, Milchkühe und Fleischrinder Bezug genommen.

1425 Mitteilung der Kommission an das Europäische Parlament, den Rat und den Europäischen Wirtschafts- und Sozialausschuss über die Strategie der Europäischen Union für den Schutz und das Wohlergehen von Tieren 2012-2015 vom 15. Februar 2012, COM (2012) 6 final/2, S. 7.

1426 *Landesbeauftragte für Tierschutz Hessen*, Jahresbericht 2015 der Landesbeauftragten für Tierschutz in Hessen, S. 5.

1427 *BVerfG*, Urteil vom 6. Juli 1999, Az.: 2 BvF 3/90, BVerfGE 101, S. 1 ff.

Bedürfnissen gerecht wird noch eine Käfigausgestaltung zulässt.[1428] Weiter wird in der Mitteilung festgestellt, dass klar sei, dass der Batteriekäfig wegen seiner kleinen Größe und seines sterilen Umfelds das Wohlbefinden der Hennen erheblich beeinträchtigt.[1429] Auch hierauf verweist das Bundesverfassungsgericht und konkretisiert so die Anforderungen des § 2 TierSchG in Bezug auf eine verhaltensgerechte Unterbringung von Legehennen.[1430]

Die EFSA (European Food Safety Authority) ist eine Agentur der Europäischen Union, die die Europäische Kommission, das Europäische Parlament und auch die Mitgliedstaaten auf deren Ersuchen wissenschaftlich berät, aber auch wissenschaftliche Arbeiten in eigener Initiative durchführt. Die Themen, für die die EFSA zuständig ist, sind die Risiken im Bereich der Lebensmittelerzeugung, die Auswirkungen auf Lebens- und Futtermittelerzeugung und deren Sicherheit sowie Tiergesundheit, Tierschutz und Ernährung.

Wissenschaftlich erarbeitete Ergebnisse werden von verschiedenen Gremien (Panels) der EFSA erarbeitet und dann veröffentlicht. Das Gremium, welches sich mit Tierschutz beschäftigt, ist das Panel Tiergesundheit und Tierschutz (AHAW – Animal Health and Welfare). Ein hier bereits behandeltes Gutachten der EFSA ist das aus dem Jahr 2005 zu den verschiedenen Haltungssystemen für Kaninchen.[1431] Weitere Gutachten werden im EFSA Journal veröffentlicht und können auf der Homepage der EFSA[1432] abgerufen werden. Auch sie können zur Konkretisierung von unbestimmten Rechtsbegriffen herangezogen werden.

1428 *BVerfG*, Urteil vom 6. Juli 1999, Az.: 2 BvF 3/90, BVerfGE 101, S. 1 ff., S. 40, verweisend auf Mitteilung der Kommission über den Schutz von Legehennen in verschiedenen Haltungssystemen vom 11. März 1998, KOM (1998) 135 endg., 98/0092 (CNS), S. 16.

1429 Mitteilung der Kommission über den Schutz von Legehennen in verschiedenen Haltungssystemen vom 11. März 1998, KOM (1998) 135 endg., 98/0092 (CNS), S. 18.

1430 *BVerfG*, Urteil vom 6. Juli 1999, Az.: 2 BvF 3/90, BVerfGE 101, S. 1 ff., S. 41.

1431 *EFSA* 2005, Scientific Opinion of the Scientific Panel on Animal Health and Welfare on „The Impact of the current housing and husbandry systems on the health and welfare of farmed domestic rabbits".

1432 www.efsa.europa.eu.

3. Die private Ebene: Tierschutzmerkblätter von Interessengruppen

Auf privater Ebene sind viele Interessengruppen zu finden, die u. a. Merk- und Infoblätter z. B. zu einer bestimmten Tierart herausgeben, die auch gerne von Gerichten zur Unterstützung ihrer Meinung zitiert werden.[1433] Auch diese Merkblätter/Broschüren usw. müssen natürlich auf dem aktuellen Stand der Wissenschaft beruhen und sind daher hinsichtlich ihrer Inhalte insoweit genauso von Behörde oder Richter zu überprüfen wie die Aussagen eines (antizipierten) Sachverständigengutachtens. Auf die Bedürfnisse der Tiere gehen Tierschutzorganisationen in ihren Merkblättern und Informationsschriften zur artgerechten Tierhaltung ein.

1433 So zieht das *VG Trier* in der Entscheidung über die Verhaltensgerechtheit der Einzelhaltung eines Esels neben ministeriellen Empfehlungen zur Eselhaltung und dem Säugetiergutachten die Broschüre des Deutschen Tierschutzbundes „Artgerechte Eselhaltung“ zur Bestimmung der Verhaltensgerechtheit heran, vgl. *VG Trier*, Urteil vom 16. Juni 2014, Az.: 6 K 1531/13.TR (juris).

F) Lösungsvorschlag: Richtige Vorgehensweise zur Konkretisierung der unbestimmten Rechtsbegriffe *artgemäß* und *verhaltensgerecht*

Wie oben gesehen, müssen Konkretisierungen der Anforderungen des § 2 TierSchG durch ethologische, deskriptive Verhaltensbeschreibungen aller in Deutschland gehaltenen Tierarten erfolgen, aus denen konkrete Vorgaben für die Haltung (die Ernährung, Unterbringung, Pflege usw. umfasst) jeder Tierart erarbeitet werden müssen. Die Vorgaben müssen transparent und rechtswegfähig sein und müssen verbindliches Recht darstellen, welches auch vollzogen werden kann und muss. Letztlich muss auch ein „Zu wenig“ an Tierschutz einklagbar sein und nicht nur ein „Zu viel“.

I. Der Anhang zu § 2 TierSchG

Ein Anhang zu § 2 TierSchG wäre über diesen justitiabel und somit rechtswegfähig und kontrollierbar. Weiter würde er verbindliches Recht darstellen.[1434] Auch würde eine Normierung im TierSchG dem aktuellen Streit

1434 Einen ähnlichen Vorschlag macht *Martinez*, Paradigmenwechsel in der landwirtschaftlichen Nutztierhaltung – von betrieblicher Leistungsfähigkeit zu einer tierwohlorientierten Haltung, Rechtswissenschaft 2016, S. 441 ff., S. 452 ff., der (jedoch nur für die sogenannten Nutztiere) ein eigenes Kapitel im Tierschutzgesetz implementieren will, will die Vorschriften zu ihrer Haltung aber nur so ausgestalten, dass den Tieren ohne vernünftigen Grund weder Schmerzen, noch Leiden oder Schäden zugefügt werden i. S. v. § 1 Satz 2 TierSchG. Das ist jedoch nicht ausreichend, *Martinez* ignoriert damit die Vorgaben des § 2 TierSchG, nach dem Tiere – und das gilt auch für sogenannte Nutztiere – verhaltensgerecht untergebracht werden müssen. Damit schlägt *Martinez* – freilich ohne es ausdrücklich zu sagen – vor, dass die Vorschriften zur Haltung sogenannter Nutztiere außerhalb des Anwendungsbereichs des § 2 TierSchG implementiert werden soll; dies wäre jedoch im Hinblick auf das Verschlechterungshindernis in Art. 20a GG nicht möglich. Auch die Aussage, dass die wirtschaftliche Tierhaltung „damit“ tierschutzrechtskonform wäre, stimmt nicht, denn es reicht eben nicht, sich an § 1 Satz 2 TierSchG zu halten, sondern auch der ebenso wirksame § 2 TierSchG muss eingehalten werden. Auf diesen geht *Martinez* im Rahmen dieses *Vorschlags* jedoch mit keinem Wort ein.

aus dem Weg gehen, ob der Verordnungsgeber tierschutzrechtliche Regelungen treffen darf, die möglicherweise in die Berufswahlfreiheit der Tierhalter eingreifen könnten, wie jüngst das OVG Schleswig zu den in der TierSchNutztV festgeschriebenen Mindestgrößen für Haltungseinrichtungen für Nerze vermutete.[1435] Nachdem gegen dieses Urteil Revision beim Bundesverwaltungsgericht eingelegt wurde, die auch zugelassen wurde,[1436] ist der Rechtsstreit für erledigt erklärt worden. Aufgrund der hälftigen Kostenteilung und der Aussage des BVerwG, die nicht mehr zu entscheidende Rechtsfrage sei außerordentlich schwierig, kann davon ausgegangen werden, dass die Meinung des OVG Schleswig nicht unbedingt vor dem BVerwG gehalten hätte.[1437]

Vereinfachend würden sich gesetzliche Vorgaben auch auf die Arbeit der Rechtsprechung auswirken, die zwar noch unterstützend weitere Studien und wissenschaftlichen Erkenntnisse zur Bestimmung der Verhaltensgerechtheit von Unterbringungen heranziehen kann, die unbestimmten Rechtsbegriffe aber nicht mehr völlig alleine (wie z. B. in der Entscheidung zur Rackhaltung von Königspythons) konkretisieren müsste.

Letztlich würde eine gesetzliche Regelung auch den Bestimmtheitsgrundsatz einhalten, denn jeder tierhaltende Bürger könnte durch Lektüre des Gesetzes erkennen, welche Unterbringungserfordernisse in seiner Tierhaltung eingehalten werden müssen.

Grundlage des hier dargestellten Vorschlags zu einem Anhang zu § 2 TierSchG ist ein „ethologischer Teil", der von Ethologen erarbeitet werden muss bzw. dem ethologische Freilandstudien zugrundegelegt werden müssen. Diese müssen die Verhaltensweisen darstellen, die von Tieren in ihrem natürlichen Lebensraum (Wildtiere) bzw. in einem so weit wie möglich den natürlichen Lebensräumen nachempfundenen Freigehege (Haustiere) gezeigt werden. Dabei muss jedes Verhalten berücksichtigt werden, es müssen also alle Verhaltensweisen erhoben werden, die ein Tier einer Tierart zeigt.

1435 *OVG Schleswig*, Urteil vom 4. Dezember 2014, Az.: 4 LB 24/12, AUR 2015, S. 71 ff. Eine „Parlamentarisierung" des Tierschutzrechts fordert auch *Martinez*, Paradigmenwechsel in der landwirtschaftlichen Nutztierhaltung – von betrieblicher Leistungsfähigkeit zu einer tierwohlorientierten Haltung, Rechtswissenschaft 2016, S. 441 ff., S. 462 und *derselbe*, Tierschutzrechtliche Berufsverbote und Parlamentsvorbehalt – Anmerkungen zu OVG Schleswig-Holstein, Urteil vom 4. Dezember 2014, Az.: 4 LB 24/121, AUR 2015, S. 77 f.

1436 *BVerwG*, Beschluss vom 8. Januar 2016, Az.: 3 B 20/15, 3 B 20/15 (3 C 1/16) (juris).

1437 *BVerwG*, Beschluss vom 18. April 2017, Az.: 3 C 1/16 (juris).

Dieser ethologische Teil darf nur deskriptive Verhaltensbeschreibung darstellen und muss sich jeder Wertung oder Abwägung zu Gunsten der Tierhalter und zu Lasten der Tiere enthalten. Er ist also nichts weiter als ein Ethogramm einer Tierart, das die Grundlage des später daraus zu erarbeitenden Anhangs zu § 2 TierSchG darstellt. Die später vorzunehmende Abwägung zur Erstellung des Anhangs darf nicht in die Hand von Ethologen oder gar Agrarwissenschaftlern gegeben werden, sondern muss als rein juristische Aufgabe separat in einem Teil des Anhangs erfolgen, der unter Abwägung mit den Grundrechten der Tierhalter und im Lichte des Art. 20a GG die angemessenen Schlüsse zieht und konkrete Vorgaben festschreibt.

Dieser auf den ethologischen Teil folgende „juristische" Teil, der als Anhang zu § 2 TierSchG neu im Rahmen einer Tierschutzgesetz-Novelle in das Tierschutzgesetz einzufügen ist, muss sodann, auf dem ethologischen Teil basierend bzw. aus diesem entwickelt (Entwicklungsgebot), konkrete Vorgaben für Gehegemaße, Enrichment- und Strukturierungsmaßnahmen, Futterarten, Pflegemittel usw. enthalten, die vollzugsfähig sind.

Beide Teile müssen für jede in Deutschland gehaltene Tierart entwickelt werden und müssen ständig aktuell gehalten werden.

Zeigt sich jedoch im Rahmen der ethologischen Erhebungen, dass es für eine Tierart nicht möglich ist, diese verhaltensgerecht unterzubringen, so muss die Haltung dieser Tierart konsequenterweise als argumentum e contrario aus der unbedingten Pflicht der verhaltensgerechten Unterbringung in § 2 Nr. 1 TierSchG verboten sein.

Um einen Vollzug sicherzustellen, muss auch der Nicht-Vollzug bzw. ein zu wenig an Vollzug eingeklagt werden können. Daher betrifft der zweite Teil des Lösungsvorschlages die bundesweit einzuführende Verbandsklage für anerkannte Tierschutzvereine.

Bis zur Existenz dieses Anhangs kann der Vollzug des § 2 TierSchG richtigerweise nur mithilfe von ethologischen Gutachten erfolgen. Diese Gutachten dürfen nur das Verhalten einer Tierart beschreiben; die rechtliche Abwägung mit den Interessen der Tierhalter muss zwingend durch Behörde oder Richter erfolgen und darf nicht bereits im ethologischen Gutachten erfolgen, z. B. indem dieses das Verhalten von Tieren untersucht, die – ähnlich wie die oben untersuchte Studie Hoy/Wagner – ausschließlich das Verhalten von gekäfigten Kaninchen untersuchen, denen es bereits unmöglich gemacht wurde, ihre artgemäßen Verhaltensweisen zu zeigen.

II. Die tierschutzrechtliche Verbandsklage auf Bundesebene

Um das seit Jahrzehnten beklagte Vollzugsdefizit im Tierschutzrecht zu beheben, ist es nötig, auf Bundesebene eine tierschutzrechtliche Verbandsklage für anerkannte Tierschutzorganisationen einzuführen, um die Inhalte des „Anhang zu § 2 TierSchG" auch einklagen zu können. Im Bereich des Naturschutzrechts ist nach jahrzehntelangen Diskussionen, die in den 1970er Jahren aufkamen,[1438] im Jahr 2002 die Verbandsklage in das Bundesrecht eingeführt worden. Auch in anderen Rechtsgebieten wie im Wettbewerbsrecht, im Verbraucherschutzrecht und im Rahmen des Behindertengleichstellungsgesetzes gibt es Verbandsklagemöglichkeiten. Es existieren also schon seit vielen Jahren Durchbrechungen des Grundsatzes, dass die Erzwingbarkeit des (individualschützenden) objektiven Rechts vor Gericht demjenigen vorbehalten ist, der Träger dieses Rechts ist.[1439]

Im Tierschutzrecht gibt es das Verbandsklagerecht bislang nur auf Landesebene und nur in einigen Bundesländern. Den Anfang machte im Jahr 2007 Bremen, es folgten im Jahr 2013 Hamburg, Nordrhein-Westfalen,[1440] und das Saarland, seit 2014 gibt es die tierschutzrechtliche Verbandsklage in Rheinland-Pfalz und Schleswig-Holstein, 2015 folgte Baden-Württemberg. In Bayern wurde die Einführung im Jahr 2014 und zuletzt im März 2016 abgelehnt, in Hessen im Jahr 2012. Zuletzt in Niedersachsen ist im Jahr 2017 das Verbandsklagerecht für anerkannte Tierschutzvereine eingeführt worden. Die landesrechtlichen Ausgestaltungen sind höchst unterschiedlich. So reichen die Rechtsbehelfe von der Anfechtungsklage über die Feststellungsklage bis z. T. auch zur Verpflichtungsklage.

Ausgangspunkt für ein altruistisches Verbandsklagerecht ist die Tatsache, dass Tiere mangels Rechtssubjektivität keine Partei im Verwaltungsverfahren sein können und damit nicht beteiligtenfähig und nicht antragsbefugt sind, wie das VG Hamburg in der berühmten „Seehunde in der Nordsee"-

---

1438 Zur Verbandsklage im Naturschutzrecht vgl. *Schmidt/Zschiesche/Rosenbaum*, Die naturschutzrechtliche Verbandsklage in Deutschland, 2004; *Schlacke*, Rechtsschutz durch Verbandsklage, NuR 2004, S. 629 ff.

1439 Vgl. auch *Kloepfer*, Bonner Kommentar, Art. 20a GG, Rn. 104.

1440 Das Verbandsklagerecht in Nordrhein-Westfalen ist zum Ende des Jahres 2018 wieder abgeschafft worden, indem das TierschutzVMG-NRW, welches das Verbandsklagerecht regelte, nicht verlängert worden war. Am 12. Dezember 2018 hatte der Landtag gegen einen Gesetzentwurf der SPD- und Grünenfraktion gestimmt, das auslaufende Gesetz um ein Jahr zu verlängern, um es in diesem Zeitraum zu novellieren.

Entscheidung im Jahr 1988 entschieden hat.[1441] Daher kann nicht gegen ein Zu-wenig an Tierschutz, z. B. das fehlende Einschreiten der Veterinärbehörden geklagt werden, nicht durch Tiere mangels Beteiligtenfähigkeit und nicht durch Dritte mangels Antrags- bzw. Klagebefugnis.

Ausgehend von dem erheblichen Ungleichgewicht, welches trotz der Hebung des Tierschutzes auf Verfassungsebene besteht, ist ein bundesweites Verbandsklagerecht für anerkannte Tierschutzorganisationen nötig, um dem Tierschutz das durch die Verfassung bestätigte Gewicht zu verleihen. Insbesondere bei einem Untätigbleiben von Behörden angesichts tierschutzgesetzwidriger Zustände ist es zurzeit (außer auf landesrechtlicher Ebene in den oben erwähnten Ländern) nicht möglich, Rechtsschutz für ein Tätigwerden der Behörde nach § 16a TierSchG zu ersuchen. Nur gegen eine behördliche Anordnung, also ein vermeintliches, aus Sicht des Tierhalters zu-viel an Tierschutz, kann der Rechtsweg beschritten werden. Ähnlich ist es mit einer vom Tierhalter beantragten Genehmigung, z. B. für ein Tierhaltungssystem, welches möglicherweise tierschutzwidrig ist: Hier kann der Tierhalter gegen eine Versagung der Genehmigung klagen, jedoch gibt es noch keine Rechtsschutzmöglichkeit, die von Dritten gegen die Erteilung der Genehmigung ergriffen werden kann.[1442] Insbesondere ist hier der Staat, der die Einhaltung des Tierschutzrechts zu überwachen hat, ebenso wie auch der Tierhalter kein „idealer Sachwalter",[1443] so dass die gesetzliche Statuierung der Durchsetzung des Tierschutzrechts auch durch bürgerschaftliches Engagement in Gestalt anerkannter Tierschutzvereine als wirksames Mittel erscheint, dem Staatsziel Tierschutz mehr Gewicht zu verleihen. Denn Tierschutz ist ein Kollektivgut der Allgemein-

---

1441 *VG Hamburg*, Beschluss vom 22. September 1988, Az.: 7 VG 2499/88, NVwZ 1988, S. 1058 ff. In diesem Verfahren hatten mehrere Natur- und Umweltschutzvereine – zugleich als Geschäftsführer ohne Auftrag der Seehunde in der Nordsee – Widerspruch und ein einstweiliges Rechtsschutzersuchen gegen mehrere Genehmigungen von Bundesbehörden erhoben, die beigeladenen Wirtschaftsunternehmen gestatteten, Abfallstoffe in die Hohe See einzubringen (verklappen) bzw. auf hoher See zu verbrennen. Das VG Hamburg hatte den Antrag als unzulässig zurückgewiesen, da die Antragsteller zu 1, die Seehunde in der Nordsee, nicht beteiligtenfähig im Sinne von § 61 VwGO sind, und die Antragsteller zu 2, die Natur- und Umweltschutzverbände, nicht in eigenen subjektiv-öffentlichen Rechten betroffen sind, die VwGO jedoch keine Popularklage zulässt, soweit diese nicht durch andere gesetzliche Regelungen zugelassen ist. Dies war hier nicht der Fall.

1442 Vgl. auch *Hirt/Maisack/Moritz*, Tierschutzgesetz Kommentar, Einf. TierSchG Rn. 91; *Hager*, Das Tier in Ethik und Recht, S. 56.

1443 So *Kloepfer*, Bonner Kommentar, Art. 20a GG, Rn. 104 f.

heit, und angesichts der oben dargestellten Vorgehensweisen des Staates und der Tierhalter macht es hier durchaus Sinn, nicht dem Staat alleine die Überwachung desselben zu überlassen, sondern das Kollektiv, das sich in Tierschutzvereinen zusammengeschlossen hat, als „quasi-Aufsichtsbehörde“ mit Klagerechten ausgestattet an dem Schutz seiner Rechtsgüter mitwirken lässt.[1444] Dies entspräche der gemäß Art. 20a GG bestehenden Pflicht des Staates, einen effektiven Schutz der Tiere sicherzustellen; dafür reicht es nicht aus, dass gesetzliche Ge- und Verbote sowie Eingriffsermächtigungen zum Schutz der Tiere erlassen werden; es bedarf vielmehr auch verfahrensrechtlicher Normen, um eine möglichst weitgehende Verwirklichung dieser Schutzvorschriften durchzusetzen.[1445] Der Gesetzgeber hat zwar bei der Ausgestaltung des Staatsziels Tierschutz eine weite Gestaltungsfreiheit – diese entbindet ihn jedoch nicht von der Pflicht, ein möglichst effektives Mittel zur Erfüllung des Schutzauftrages zu wählen, und die Etablierung von entsprechenden (effektiven!) Mitwirkungs- und Klagerechten von anerkannten Tierschutzvereinen ist ein solches Mittel.[1446]

1444 Ähnlich *Kloepfer*, Bonner Kommentar, Art. 20a GG, Rn. 106.

1445 *Hirt/Maisack/Moritz*, Tierschutzgesetz Kommentar, Einführung TierSchG Rn. 91.

1446 *Hirt/Maisack/Moritz*, Tierschutzgesetz Kommentar, Einführung TierSchG Rn. 91.

G) Zusammenfassung, Ausblick und Erwartungen

In vielen Wissenschaftszweigen wie z. B. den Geistes- und Sozialwissenschaften kann man wohl schon seit einigen Jahren berechtigterweise von einem umfassenden *animal turn* sprechen.[1447] Dieser ist zwar bereits z. T. in der juristischen Literatur angekommen, nicht aber im Recht und in der Rechtsanwendungspraxis: Fast das gesamte Tierschutzrecht ist durchzogen von Verstößen gegen höherrangiges Recht, insbesondere gegen § 2 TierSchG und Art. 20a GG. Des Weiteren scheint es, als dass „gute" Vorschriften wie eben § 2 TierSchG, die einst vom historischen Gesetzgeber ins Gesetz kamen und heute nicht mehr ohne Weiteres aus den Gesetzen entfernt werden können, so gestaltet werden, dass sie nicht vollzugsfähig sind,[1448] es werden also nach der hier vertretenen Ansicht ungeeignete Maßnahmen zum Vollzug des Tierschutzrechts installiert.[1449] Soweit Vollzug tatsächlich stattfindet, findet dieser zur Beruhigung von Tierschützern statt – Exempel werden jeweils „nur" am sogenannten Kleinen Mann statuiert, der nicht zur Lobby der riesigen Massentierhaltungen und weiterer, (noch) starker Berufs- und Interessengruppen gehört.

Im Ergebnis werden die Anforderungen des § 2 Tierschutzgesetz in den allerwenigsten Fällen überhaupt durchgesetzt. In öffentlichen Aussagen

1447 Vgl. *Augsberg, S.*, Der Anthropozentrismus des juristischen Personenbegriffs – Ausdruck überkommener (religiöser) Traditionen, speziesistischer Engführung oder funktionaler Notwendigkeiten, Rechtswissenschaft 2016, S. 338 ff., S. 339; so auch *Peters*, Vom Tierschutzrecht zu Legal Animal Studies: Forschungsdesiderate und -perpektiven, Rechtswissenschaft 2016, S. 325 ff., S. 325.

1448 Weiteres Beispiel für unvollziehbares Recht ist § 11b TierSchG, vgl. dazu *Landesbeauftragte für Tierschutz Hessen*, Jahresbericht 2015, S. 19.

1449 *Schindler* beschreibt dies so: „Wenn in einer Bananenrepublik ein Gesetz den Interessen der Mächtigen zuwiderläuft, wird es schlicht ignoriert. Wenn in unserem Staat ein Gesetz mächtigen wirtschaftlichen Interessen zuwiderläuft, wird das Gesetz auch nicht korrekt angewendet. ABER, es wird stets, das ist man dem Volk schuldig, unter Einsatz politischer und wissenschaftlicher Kräfte die Fiktion erzeugt und erhalten, das Gesetz und höchstrichterliche Rechtsprechung werde beachtet.", vgl. *Schindler*, Verhaltensgerechte Unterbringung (§ 2 Tierschutzgesetz) nach dem Urteil des Bundesverfassungsgerichtes vom 6.7.1999 – Beispiel Käfighaltung, in: *DVG*, 7. Tagung der Fachgruppe „Angewandte Ethologie", Thema: Ethologie und Tierschutz, Weihenstephan, 8.-11. März 2000, S. 21 ff., S. 25.

staatlicher Organe wird die Vorschrift des § 2 TierSchG vielfach vollständig ignoriert und die staatlichen (Pseudo-)Aktivitäten für mehr Tierschutz mit den Erwartungen der Gesellschaft gerechtfertigt, nicht aber als gesetzliche Pflicht angesehen.[1450] Es wird auf freiwillige Vereinbarungen gesetzt,[1451] gesetzliche Pflichten werden ignoriert.

Wo es Konkretisierungen der Inhalte des § 2 TierSchG durch Rechtsverordnung oder Gutachten gibt, sind die Verfahren hierzu nicht in der Weise durchgeführt worden, wie es der Gesetzgeber vorsieht: Dieser Gesetzgeber aus dem Jahr 1986 hat in den Gesetzesmaterialien eine konkrete Anleitung zur Konkretisierung des § 2 TierSchG festgeschrieben, durch die klar wird, wer wie und mit welchen Mitteln die unbestimmten Rechtsbegriffe des § 2 TierSchG zu konkretisieren sind: Ethologen sind dazu bestimmt, mit der Methode der vergleichenden Beobachtung von Tieren im Freiland/im naturnahen Gehege und von Tieren im zu prüfenden Haltungssystem (nach Tschanz) zu prüfen, welches Haltungssystem verhaltensgerecht ist. Die Ergebnisse müssen mindestens durch Rechtsverordnung geregelt werden. Gutachten können nur ein Zwischenschritt zur Wissensgenerierung sein.

Gutachten müssten also Rechtsverordnungen sein, solche sind aber in den Themenbereichen, die bereits durch die unverbindlichen Gutachten abgedeckt sind, nicht geplant. Sofern § 2 TierSchG anhand von Konkretisierungen in Gestalt von Rechtsverordnungen oder Gutachten vollzogen werden, liegt wegen der Nichtigkeit dieser Konkretisierungswerke immer noch ein Verstoß gegen § 2 TierSchG vor.

Für falsch wird die Aussage gehalten, Tierschutz müsse sich ausschließlich an wissenschaftliche Erkenntnisse anlehnen und durch diese begründet und durchgesetzt werden.[1452] Denn die Wissenschaft produziert, gesteuert durch die Lobby der Tierhalter in den Bereichen Massentierhaltung

---

1450 Vgl. nur *Niedersächsisches Ministerium für Ernährung, Landwirtschaft und Verbraucherschutz*, Pressemitteilung vom 14. Februar 2011, abrufbar unter http://www.ml.niedersachsen.de/service/pressemitteilungen/neuer-tierschutzplan-fuer-niedersachsen-94218.html.

1451 *BMEL*, Eine Frage der Haltung – Neue Wege für mehr Tierwohl, Eckpunktepapier, S. 3; *BMEL*, Pressemitteilung vom 17. September 2014, Eine Frage der Haltung – neue Wege für mehr Tierwohl; *Niedersächsisches Ministerium für Ernährung, Landwirtschaft und Verbraucherschutz*, Pressemitteilung vom 14. Februar 2011, abrufbar unter http://www.ml.niedersachsen.de/service/pressemitteilungen/neuer-tierschutzplan-fuer-niedersachsen-94218.html.

1452 So z. B. Abgeordneter *Vit* (SPD), Deutscher Bundestag, 194. Sitzung vom 21. Juni 1972 (Stenografischer Bericht 11391 (A)); BT-Drs. VI/2559, Begründung zum Entwurf eines Tierschutzgesezes, S. 9; *Schultze-Petzold*, Das künftige Tierschutzgesetz, seine Vorstellungen und wissenschaftlichen Begründungen, und Zootierhaltung weiterhin ungeeignete Studien und Gutachten, die z. T. falsch sind und versuchen, Tierhaltungen aufgrund dieser vermeintlich wissenschaftlich zustande gekommenen Ergebnisse so lange wie möglich unter den aktuellen, gegen das Recht verstoßenden, Gegebenheiten durchführen zu können. Alle Verhaltensweisen von Tieren, die Platz und in weiterer Konsequenz teure Investitionen und Mehrarbeit erfordern, werden seitens der Tierhalter in den meisten Fällen nicht berücksichtigt.

Dem Tierschutz wird eine strukturelle Schwäche bescheinigt;[1453] die nach der hier vertretenen Ansicht seitens des Staates gewollt ist und u. a. auch daraus resultiert, dass die vom Tierschutzrecht Betroffenen, die Tiere, die Einhaltung des ihren Interessen dienenden Rechts nicht erzwingen können.[1454] Das Bundesrecht, aber auch das Landesrecht weist sehr viele Einbruchstellen für die Durchsetzung wissenschaftlicher und wirtschaftlicher Interessen auf, die dem verfassungsrechtlichen Tierschutzauftrag zuwiderlaufen.[1455]

Die Geringschätzung und Zurücksetzung von Tierschutzbelangen in allen staatlichen Aktionsbereichen hängt auch, aber nicht nur damit zusammen, dass sich weder das Tier selbst[1456] noch organisierte Gruppen, beispielsweise mit der Verbandsklage gegen ein zu wenig an Tierschutz zur Wehr setzen können.[1457] Verbandsklagen gibt es bislang nur in einigen Bundesländern, auf Bundesebene ist dies jedoch aus o. g. Gründen nicht zu erwarten.

Berl.Münch. Tierärztliche Wochenschrift 1972, S. 370 ff. S. 370; *derselbe*, Aktuelle Fragen der tierschutzrechtlichen Kasuistik, DtW 1974, S. 519 ff., S. 519; *derselbe*, Zu den gesellschaftspolitischen und wissenschaftlichen Leitlinien eines neuzeitlichen Tierschutzrechtes, in: *Fölsch/Nabholz*, Ethologische Aussagen zur artgerechten Nutztierhaltung, Tierhaltung Band 13, S. 13 ff., S. 18; überblickartig zu Reden zum Ausschluss von Emotionen im Rahmen der Entstehung des Tierschutzgesetzes von 1972 *von Gall*, Tierschutz als Agrarpolitik, S. 80 f.

1453 *Maisack*, Tierschutzrecht. Haltung von Nutztieren, dargestellt an den Beispielen „Schweine", „Hühner" und „Enten", in: *Grimm/Otterstedt*, Das Tier an sich, S. 198 ff., S. 199.

1454 Vgl. auch *Kloepfer*, Bonner Kommentar, Art. 20a GG, Rn. 103.

1455 So auch *Erbel*, Zur Frage der landesgesetzlichen Regelung der Stellung und der Aufgaben eines Tierschutzbeauftragten, DÖV 1992, S. 189 ff., S. 192.

1456 Vgl. hierzu den berühmt gewordenen Beschluss des VG Hamburg vom 22. September 1988, Az.: 7 VG 2499/88, NVwZ 1988, S. 1058 ff., in dem festgestellt wurde, dass die Seehunde in der Nordsee nicht beteiligungsfähig im Verwaltungsprozess sind.

1457 Vgl. auch *Maisack*, Tierschutzrecht. Haltung von Nutztieren, dargestellt an den Beispielen „Schweine", „Hühner" und „Enten", in: *Grimm/Otterstedt*, Das Tier an sich, S. 198 ff., S. 200.

Tierschutz ist staatlicherseits nicht so gewollt, wie ihn das Gesetz, insbesondere § 2 TierSchG vorsieht; hinter den staatlichen Maßnahmen, die angeblich für einen besseren Tierschutz ausgerufen werden, stecken Normen und Entscheidungen, die nur den Tierhalter begünstigen; so wird der staatliche Tierschutz zu Recht als „heuchlerisch“[1458] bezeichnet.

Es gibt viele Institutionen und Gremien, an denen Tierschutz-Vertreter beteiligt werden. So beispielsweise die vielen vom BMEL geschaffenen Arbeitsgruppen zur Überarbeitung der vielen Gutachten und Leitlinien zur Konkretisierung des § 2 TierSchG, aber auch Runde Tische, Kompetenzkreise und überregionale und EU-weite „Plattformen“ sowie staatliche Initiativen und Offensiven für mehr Tierwohl und auch gesetzlich festgeschriebene Kommissionen wie die Tierschutz-Kommissionen nach § 15 Abs. 1 Satz 2 und § 16b TierSchG, die auch u. a. mit Vertretern aus dem Tierschutz besetzt sind. Jedoch scheint es, als sollen damit die Tierschutz-Vertreter nur beschäftigt werden und abgelenkt von tatsächlichen Verbesserungen, die nicht eintreten. Von diesen Gremien angestoßene Bundesrats-Initiativen werden letztendlich von der Bundesregierung abgelehnt, viele Positionspapiere werden vorgestellt, die dem eigenen Handeln widersprechen. Diese pluralistisch zusammengesetzten Gremien mit letztendlich nur beratender Funktion können nur Diskussionsplattformen sein, auf denen Tierschutzbelange und Halterinteressen kontrovers diskutiert werden; eine effektive Aufgabe zur Durchsetzung des Tierschutzes vermögen sie nicht zu leisten.[1459]

Bemerkenswert ist weiter, dass sich die Bundesregierung seit Jahren intensiv mit den gesellschaftlichen Anforderungen an die landwirtschaftliche Tierhaltung befasst,[1460] jedoch nichts weiter passiert, so dass die Annahme gerechtfertigt erscheint, mit derartigen Floskeln solle die Gesellschaft beruhigt werden und auf die Annahme vertrauen, dass sich der Staat um Verbesserungen bemüht. Die Beschäftigung mit den gesellschaftlichen Anforderungen an eine artgerechte Nutztierhaltung ersetzt auch nicht den Vollzug des seit 1972 bestehenden Tierschutzgesetzes, das in § 2 bereits eine artgerechte Haltung zwingend vorschreibt – diese Norm muss nur vollzogen werden.

1458 *Augsberg, S.*, Der Anthropozentrismus des juristischen Personenbegriffs – Ausdruck überkommener (religiöser) Traditionen, speziesistischer Engführung oder funktionaler Notwendigkeiten, Rechtswissenschaft 2016, S. 338 ff., S. 341.

1459 So auch *Hirt/Maisack/Moritz*, Tierschutzgesetz Kommentar, Einführung TierSchG Rn. 92.

1460 So BMEL, Agrarpolitischer Bericht 2015, abrufbar unter http://www.bmel.de/SharedDocs/Downloads/Broschueren/Agrarbericht2015.pdf.

In Deutschland jedoch wird immer noch im Ergebnis auf weit ausufernden Plattformen viel diskutiert, in Arbeitsgruppen und Gremien werden Vorschläge erarbeitet und Studien durchgeführt. Aber den Tieren geht es nicht besser – obwohl das Gesetz und die Verfassung dies zwingend vorsehen und der Bundesminister dies wortreich zu Beginn der Initiative Tierwohl versprochen hat.

Im Ergebnis müssen die unbestimmten Inhalte des § 2 TierSchG unter Abwägung der gegenläufigen Interessen der Tierhalter und der Tiere konkretisiert werden. Der historische Gesetzgeber hat in den Gesetzesmaterialien dort eine Grenze gezogen, „wo die Haltung des Tieres nicht mehr seinen essentiellen Bedürfnissen gerecht wird."[1461]

Diese Grenze ist jedoch überschritten, und sie wurde nie unterschritten.

§ 2 TierSchG enthält viel. Würde diese Vorschrift so konkretisiert und vollzogen werden, wie es sein müsste, würde es in der Tierhaltung in Deutschland grundlegend anders aussehen. Das wissen auch staatliche Akteure. Letztlich ist auch nicht für alles ein wissenschaftliches Gutachten zu fordern, um Gesetze und Verordnungen überhaupt schaffen zu können. Die soll an einem bezeichnenden Beispiel am Schluss verdeutlicht werden:

„Frage ich meinen 5-jährigen Neffen, weshalb eine Henne Beine habe, so antwortet er mir: ‚Damit sie laufen kann'. Frage ich ihn, weshalb die Henne Flügel habe, so antwortet er mir: ‚Damit sie ein bisschen herumfliegen kann'. Diese einfachen Grundstrukturen des typischen Verhaltens eines Huhns sind Kindern offenbar noch bekannt. Sie brauchen dazu keine aufwendigen Sachverständigengutachten und keine Richtlinien oder Rechtsverordnungen. Ihnen genügt eine Portion gesunder Menschenverstand, um die Grundbedürfnisse einer Tierart feststellen zu können. Uns Erwachsenen, insbesondere uns Juristen, Sachverständigen und nicht zuletzt uns Verbrauchern, scheint dieser gesunde Menschenverstand – aus welchen Gründen und aus welcher Motivation auch immer – in weiten Teilen abhanden gekommen zu sein."[1462]

1461 BT-Drs. 10/3158, S. 18.

1462 Nach *Brandhuber*, Die rechtlichen Anforderungen des Tierschutzgesetzes an die Tierhaltung, in: *DVG*, Ethologie und Tierschutz, Weihenstephan, 16. bis 19. September 1998, S. 25 ff., S. 36; vgl. auch *Schindler*, Verhaltensgerechte Unterbringung (§ 2 Tierschutzgesetz) nach dem Urteil des Bundesverfassungsgerichtes vom 6.7.1999 – Beispiel Käfighaltung, in: *DVG*, 7. Tagung der Fachgruppe „Angewandte Ethologie", Thema: Ethologie und Tierschutz, Weihenstephan, 8.-11. März 2000, S. 21 ff., S. 23, der davon schreibt, dass die artgemäßen Bedürfnisse von Hennen, „das Scharren und Picken, die ungestörte und geschützte Eiablage, die Eigenkörperpflege, zu der auch das Sandbaden gehört, jedes Kind kennt. Im Landwirtschaftsministerium hingegen waren die Verhaltensbedürfnisse von Legehennen immer zweifelhaft. Hieran änderten auch eindeutige, ethologische Gutachten nichts."

Literatur- und Quellenverzeichnis

Advena, Ines: Rechtsgutachten zur Frage der Vereinbarkeit der Haltungsvorgaben für Mastschweine mit dem Tierschutzgesetz – ein Kommentar, Deutsches Tierärzteblatt (DTBl.) 2017 S. 926.

Ärzte gegen Tierversuche e. V.: Beschwerde wegen Verstoßes Deutschlands gegen die Umsetzung der Richtlinie 2010/63/EU, Stand 18. März 2016, abrufbar unter https://www.aerzte-gegen-tierversuche.de/images/pdf/recht/2016-03-18_beschwerde_eu_kommission.pdf (Zuletzt aufgerufen am 27. Januar 2019).

Akademie für Naturschutz und Landschaftspflege (ANL): Begriffe aus Ökologie, Umweltschutz und Landnutzung, München 1985.

ALTEX Edition (Hrsg.): TIERethik. Zeitschrift zur Mensch-Tier-Beziehung, Heft 9 2014/2, ZOO, Münster 2014.

Animal public e. V.: Stellungnahme zu den neuen Mindestvorgaben für die Haltung von Menschenaffen in deutschen Zoos, abrufbar unter http://www.giordano-bruno-stiftung.de/sites/default/files/download/5a_stellungnahme_gutachten.pdf (Zuletzt aufgerufen am 27. Januar 2019).

Aristoteles, Historia animalium. Bd. 1, abgedruckt in *Rapp, Christof* (Hrsg.), Aristoteles, Werke in deutscher Übersetzung, Berlin 2013.

Augsberg, Ino (Hrsg.): Extrajuridisches Wissen im Verwaltungsrecht, Tübingen 2013.

Augsberg, Ino: Multi-, inter-, transdisziplinär? Zum Erfordernis binnenjuristischer Metaregeln für den Umgang mit extrajuridischem Wissen im Verwaltungsrecht, in *Augsberg, Ino* (Hrsg.), Extrajuridisches Wissen im Verwaltungsrecht, S. 3-33, Tübingen 2013.

Augsberg, Steffen: Der Staat als Informationsmittler – Robin Hood oder Parasit der Wissensgesellschaft? –, DVBl. 2007, S. 733-741.

Augsberg, Steffen : Der Anthropozentrismus des juristischen Personenbegriffs – Ausdruck überkommener (religiöser) Traditionen, speziesistischer Engführung oder funktionaler Notwendigkeiten?, in *Dauner-Lieb, Barbara / Grigoleit, Christoph u. a.* (Hrsg.), Rechtswissenschaft 2016, S. 338-362.

Ax, Peter: Die stammesgeschichtliche Ordnung in der Natur in: Abhandlungen der mathematisch-naturwissenschaftlichen Klasse, Jahrgang 1985, Stuttgart.

Badura, Peter: Das normative Ermessen beim Erlaß von Rechtsverordnungen und Satzungen, in: *Selmer, Peter / v. Münch, Ingo* (Hrsg.): Gedächtnisschrift für Wolfgang Martens, Berlin, New York 1987, S. 25-37.

Bammert, Wolfgang J. / Birmelin, Immnuel / Graf, Bodo / Loeffler, Klaus / Marx, Dieter / Schnitzer, Ulrich / Tschanz, Beat / Zeeb, Klaus: Bedarfsdeckung und Schadensvermeidung – Ein ethologisches Konzept und seine Anwendung für Tierschutzfragen, Tierärztliche Umschau (TU) 1993, Band 48, S. 269-280.

Bartussek, Helmut: Neue Tendenzen in der Nutztierhaltung und der Tiergerechtheitsindex, in *Sambraus, Hans Hinrich / Steiger, Andreas* (Hrsg.), Das Buch vom Tierschutz, S. 70-83.

Battis, Ulrich / Krautzberger, Michael / Löhr, Rolf-Peter: Baugesetzbuch – BauGB –, Kommentar, 13. Auflage, München 2016.

Beckmann, Martin: Über den vernünftigen Grund im Sinne von § 1 S. 2 TierSchG bei der Tötung von männlichen Eintagsküken, NuR 2016, S. 384-390.

Beddall, Barbara G.: Historical notes on avian classification, Systematic Biology 6, S. 129-136; 1957.

Bender, Philipp: Lebensschutz im Tierschutzrecht und der Vorbehalt des Parlaments – Ein behördliches Tötungsverbot von „Eintagsküken" bedarf einer spezialgesetzlichen Ermächtigungsgrundlage, NWVBl. 2015, S. 212-216.

Berufsverband der Zootierpfleger e. V.: Stellungnahme zum Gutachtenentwurf über die Mindestanforderungen an die Haltung von Säugetieren, abrufbar unter http://www.zootierpflege.de/saeugetiergutachten.html (Zuletzt aufgerufen am 27. Januar 2019).

Bessei, Werner: Spezielle Aspekte bei der Haltung von Nutzgeflügel – Futteraufnahme und Eiablage –, Der praktische Tierarzt (Prakt. Tierarzt) 1984, S. 258-260.

Bettermann, Karl-August: Rechtsfragen des Tierschutzes, Teil 2, Rechtsgutachten zu den Straf- und Bußgeldvorschriften des Tierschutzgesetzes (§§ 17, 18), Stuttgart 1981.

Betz, Heidrun: Rückblick 2001: Tierschutz in der landwirtschaftlichen Tierhaltung, Der kritische Agrarbericht 2002, S. 187-203.

Betz, Heidrun: Entwicklungen und Trends 2015 – Mehr gesellschaftliche Akzeptanz für den Tierschutz, Der kritische Agrarbericht 2016, S. 229-241.

Beutler, Wilhelm / Stein, Gustav / Wagner, Hellmuth (Hrsg.): Der Staat und die Verbände. Gespräch veranstaltet vom Bundesverband der Deutschen Industrie in Köln am 27. März 1957, Heidelberg 1957.

Binder, Regina: Der „vernünftige Grund" für die Tötung von Tieren, NuR 2007, S. 806-813.

Blaha, Thomas: Tiergesundheit als Indikator für Tiergerechtheit in der Nutztierhaltung, in *Sambraus, Hans-Hinrich / Steiger, Andreas* (Hrsg.): Das Buch vom Tierschutz, S. 84-90.

Boback, Alfred Willy: Das Wildkaninchen (Oryctolagus cuniculus [Linné, 1758]), Wittenberg Lutherstadt 1970.

Bogner, Hermann / Grauvogl, Anton (Hrsg.): Verhalten landwirtschaftlicher Nutztiere, Stuttgart 1984.

Bogner, Hermann: Tierschutzaspekte bei der Haltung von Rindern, in *Fölsch, Detlef W. /Nabholz, Andreas*, (Hrsg.), Tierhaltung Band 13: Ethologische Aussagen zur artgerechten Nutztierhaltung, S. 42-48.

Bogner, Hermann: Nutztierethologie – Standort und Arbeitsrichtung einer Disziplin –, in Schule und Beratung 1983, S. IV-1 - IV-6.

Bonner Kommentar zum Grundgesetz, herausgegeben von *Kahl, Wolfgang / Waldhoff, Christian / Walter, Christian,* Loseblattsammlung, München, Stand: 182. Ergänzungslieferung 2016.

Von Borell, Eberhard / Hesse, Dirk / Knierim, Ute / Sundrum, Albert / Waiblinger, Susanne / van den Weghe, Sabine / Winckler, Christoph: Bewertung praktikabler Kriterien zur Beurteilung der Tiergerechtheit von Haltungssystemen, in *Landwirtschaftliche Rentenbank* (Hrsg.), Artgerechte Tierhaltung in der modernen Landwirtschaft – Diskussion neuer Erkenntnisse, Schriftenreihe Band 17, Frankfurt am Main 2002.

Von Borell, Eberhard / Hesse, Dirk: Bewertung von Einflussgrößen auf die tiergerechte Haltung von Schweinen, in *Landwirtschaftliche Rentenbank* (Hrsg.), Artgerechte Tierhaltung in der modernen Landwirtschaft – Diskussion neuer Erkenntnisse, Schriftenreihe Band 17, Frankfurt am Main 2002, S. 74-80.

Brandhuber, Klaus: Das neue Tierschutzgesetz – ein grundlegender Fortschritt für den Tierschutz?, NJW 1988, S. 1952-1957.

Brandhuber, Klaus: Die rechtlichen Anforderungen des Tierschutzgesetzes an die Tierhaltung, in *Deutsche Veterinärmedizinische Gesellschaft* (Hrsg.): DVG, Tagung der Fachgruppe Ethologie und Tierschutz, Weihenstephan, 16.-19. September 1998, Gießen 1999, S. 25-38.

Brandl, Sandra: Ethologische Untersuchungen bei adulten Nerzen (Neovison vison) in einem Haltungssystem gemäß Tierschutz-Nutztierhaltungsverordnung, Diss. vet. med., München 2014.

Braun, Susanne: Tierschutz in der Verfassung – und was nun? Die Bedeutung des neuen Art. 20a GG, DÖV 2003, S. 488-493.

Bremer, Heinz: Der Sachverständige. Seine Stellung im privaten und öffentlichen Recht, 2. Auflage, Heidelberg 1973.

Brown, Klaudia Annemarie: Auswirkungen einer Haltungsform gemäß der Tierschutz-Nutztierhaltungsverordnung auf die Gesundheit und die Leistung von Amerikanischen Nerzen (Neovison vison), Diss. vet. med., München 2013.

Brückner, James / Schmidt, Torsten: Grenzen der Zootierhaltung. Zur Tötungsfrage „überzähliger" Tiere in *ALTEX* (Hrsg.), TIERethik Heft 9 2014/2, S. 44-55.

Bruhn, Davina / Wollenteit, Ulrich: Rechtsgutachten zur Frage der Vereinbarkeit der Haltungsvorgaben für Mastschweine mit dem Tierschutzgesetz sowie zur Zulässigkeit einer Verschärfung der Haltungsvorgaben, April 2017.

Bruhn, Davina / Wollenteit, Ulrich: Konventionelle Schweinehaltung und Tierschutzgesetz, NuR 2018, S. 160-169.

Bruhn, Davina / Wollenteit, Ulrich: Konventionelle Schweinehaltung: Defizite freiwilliger Kennzeichnungssysteme – Regelungsspielräume im Lichte des Verfassungs- und Europarechts, NuR 2018, S. 234-245.

Bruhn, Davina: Rechtsgutachten 2018 zur Frage der Vereinbarkeit der geplanten Neuregelung der Haltung von Sauen im Deckzentrum mit dem Tierschutzgesetz, 2018, abrufbar unter https://www.vier-pfoten.de/kampagnen-themen/themen/schweine-haltung/kastenstand (Zuletzt aufgerufen am 27. Januar 2019).

Brummer, H.: Trichophagie – eine Verhaltensstörung bei Kaninchen, Deutsche tierärztliche Wochenschrift (DtW) 1975, S. 350-351.

Buhl, Amelie: Legal Aspects of the Prohibition on Chick Shredding in the German State of North Rhine-Westphalia, Global Journal of Animal Law 2013, No. 2.

Buhl, Amelie: Animal Welfare Law in Motion? – Comment on the latest Amendments to the Animal Welfare Act in Germany, Global Journal of Animal Law 2013, No. 1.

Bülte, Jens: Zur faktischen Straflosigkeit institutionalisierter Agrarkriminalität, Goltdammers Archiv für Strafrecht 2018, S. 35-56.

Bülte, Jens: Massentierhaltung – Ein blinder Fleck bei der Verfolgung von Wirtschaftskriminalität?, NJW 2019, S. 19-23.

Bund für Umwelt und Naturschutz Deutschland e. V. (BUND): Der Umbau der Nutztierhaltung muss jetzt beginnen! BUND-Hintergrund zur Nutztierhaltungsstrategie der Bundesregierung, Stand: 30. Juni 2017, abrufbar unter https://www.bund.net/aktuelles/detail-aktuelles/news/der-umbau-der-nutztierhaltung-muss-jetzt-beginnen/ (Zuletzt aufgerufen am 27. Januar 2019).

Bund gegen Missbrauch der Tiere e. V. (bmt): Vorstellung des Säugetiergutachtens im Bundeslandwirtschaftsministerium am 7. Mai, abrufbar unter http://web.archive.org/web/20140630051209/http://www.bmt-tierschutz.de/chance-auf-umfassenden-schutz-fuer-zootiere-verpasst/ (Zuletzt aufgerufen am 27. Januar 2019).

Bund gegen Missbrauch der Tiere e. V.: Stellungnahme des Bundes gegen Missbrauch der Tiere e. V. (bmt) zur Überarbeitung des Säugetiergutachtens und der Zirkusleitlinien im Auftrag des BMELV vom 28. April 2010.

Bündnis Jagdreform Hessen (BJH): Stellungnahme zum Entwurf der Hessischen Jagdverordnung und Verordnung zur Verlängerung der Geltungsdauer der Jägerprüfungsordnung (HJagdV), Sulzbach, 23. September 2015, abrufbar unter http://www.djgt.de/system/files/232/original/Stellungnahme_HJagdV_B%C3%BCndnis_Jagdreform_Hessen.pdf (Zuletzt aufgerufen am 27. Januar 2019).

Bundesministerium der Justiz (BMJ): Handbuch der Rechtsförmlichkeit, 3. Auflage, Bonn 2008.

Bundesministerium für Ernährung, Landwirtschaft und Forsten (BMELF): Kleine Mitteilungen. Reform des Tierschutzrechts geht zügig voran, Berliner und Münchener tierärztliche Wochenschrift (Berl.Münch.Tierärztl.Wochenschrift) 1973, S. 359.

Bundesministerium für Verbraucherschutz, Ernährung und Landwirtschaft (BMVEL): Gutachten über Mindestanforderungen an die Haltung von Säugetieren (Säugetiergutachten 1996), Bonn 1996.

Bundesministerium für Ernährung und Landwirtschaft (BMEL): Gutachten über Mindestanforderungen an die Haltung von Säugetieren (Säugetiergutachten 2014), Berlin 2014, abrufbar unter https://www.bmel.de/DE/Tier/Tierschutz/Tierschutzgutachten/_texte/HaltungSaeugetiere.html (Zuletzt aufgerufen am 27. Januar 2019).

Bundesministerium für Ernährung und Landwirtschaft (BMEL): Agrarpolitischer Bericht der Bundesregierung 2015, abrufbar unter https://www.bmel.de/SharedDocs/Downloads/Broschueren/Agrarbericht2015.html (Zuletzt aufgerufen am 27. Januar 2019).

Bundesministerium für Ernährung und Landwirtschaft (BMEL): Eine Frage der Haltung – Neue Wege für mehr Tierwohl, Eckpunktepapier, 2014, abrufbar unter http://www.bmel.de/DE/Tier/Tierwohl/tierwohl_node.html (Zuletzt aufgerufen am 27. Januar 2019).

Bundesministerium für Ernährung und Landwirtschaft (BMEL): Nutztierhaltungsstrategie – Zukunftsfähige Tierhaltung in Deutschland, Juni 2017.

Bundesregierung: Tierschutzbericht der Bundesregierung 2001, BT-Drs. 14/5712, Tierschutzbericht der Bundesregierung 1999, BT-Drs. 14/600.

Bundesverband deutscher Kaninchenfleisch- und -wollerzeuger e. V.: Stellungnahme des Bundesverbandes Deutscher Kaninchenfleisch- und -wollerzeuger zum Entwurf der Fünften Verordnung zur Änderung der Tierschutz-Nutztierhaltungsverordnung; Mindestanforderungen an die Haltung von Kaninchen, 17.4.2012, abrufbar unter http://www.kaninchen.org/homepage.php (Zuletzt aufgerufen am 27. Januar 2019).

Calliess, Christian / Ruffert, Matthias (Hrsg.): EUV/AEUV. Das Verfassungsrecht der Europäischen Union mit Europäischer Grundrechtecharta. Kommentar, 5. Auflage, München 2016.

Callies, Christian: Tierschutz zwischen Europa- und Verfassungsrecht – Überlegungen am Beispiel der Tierversuchsrichtlinie, NuR 2012, S. 819-829.

Campbell, Neil A. / Reece, Jane B. / Urry, Lisa A. / Cain, Michael L. / Wasserman, Steven A. / Minorsky, Peter V. / Jackson, Robert B..: Biologie, 10. Auflage, Hallbergmoos 2016.

Caspar, Johannes: Der vernünftige Grund im Tierschutzgesetz, NuR 1997, S. 577-583.

Caspar, Johannes: Tierschutz in die Verfassung? Gründe, Gegengründe und Perspektiven für einen Art. 20b GG, Zeitschrift für Rechtspolitik (ZRP) 1998, S. 441-446.

Caspar, Johannes: Tierschutz im Recht der modernen Industriegesellschaft. Eine rechtliche Neukonstruktion auf philosophischer und historischer Grundlage, Baden-Baden 1999.

Caspar, Johannes / Geissen, Martin: Das neue Staatsziel „Tierschutz“ in Art. 20a GG, NVwZ 2002, S. 913-917.

Caspar, Johannes / Schröter, Michael W.: Das Staatsziel Tierschutz in Art. 20a GG, Bonn 2003.

Caspar, Johannes / Cirsovius, Thomas: Bestandsschutz für Legebatterien? Zu den Auswirkungen des Bundesverfassungsgerichtsurteils zur Haltung von Legehennen in sog. Legebatterien, NuR 2002, S. 22-27.

Chmielewska, Justyna / Bert, Bettina / Grune, Barbara / Hensel, Andreas / Schönfelder, Gilbert: Der „vernünftige Grund“ zur Tötung von überzähligen Tieren. Eine klassische Frage des Tierschutzrechts im Kontext der biomedizinischen Forschung, NuR 2015, S. 677-682.

Cirsovius, Thomas: Geschäftsführung ohne Auftrag zur Sicherstellung des Tierschutzes – ein praktikabler Weg zur Entlastung der Exekutive, AUR 2005, S. 152-155.

Cirsovius, Thomas: Rechtfertigen wirtschaftliche Motive Verstöße gegen das Tierschutzgesetz?, NuR 2017, S. 665-670.

Czycholl, Irena / Kniese, Christiane / Büttner, Kathrin / Schrader, Lars / Krieter, Joachim: Eignung der Qualitativen Verhaltensbeurteilung als tiergestützter Indikator zur objektiven Erfassung positiver Emotionen, in *Giesecke, Daniel / Busch, Gesa u. a.* (Hrsg.), Tierhaltung im Spannungsfeld von Tierwohl, Ökonomie und Gesellschaft, S. 38-41.

Damaschke, Kurt: Der Einfluß der Verbände auf die Gesetzgebung, am Beispiel des Gesetzes zum Schutz vor gefährlichen Stoffen (Chemikaliengesetz), München 1986.

Darwin, Charles: On the Origin of Species by means of Natural Selections, or the Preservation of Favoured Races in the Struggle for Life (1859), Übersetzung J. Viktor Carus, Hamburg 2008.

Dathe, Heinrich: Der Zoologische Garten, Zeitschrift für die gesamte Tiergärtnerei, 23. Band, Heft 4/6, Leipzig 1957.

Dauner-Lieb, Barbara / Grigoleit, Christoph u. a. (Hrsg.): Tiere und Recht, Rechtswissenschaft 2016, Heft 3, Baden-Baden 2016.

Descartes, René: Abhandlung über die Methode des richtigen Vernunftgebrauchs, übersetzt von Kuno Fischer, Stuttgart 1975.

Detterbeck, Steffen: Allgemeines Verwaltungsrecht mit Verwaltungsprozessrecht, 14. Auflage, München 2016.

Dettmer, Jochen: Wir brauchen eine nationale Nutztierstrategie – Ein Rück- und Ausblick auf Stationen und Strategien zum Umbau der Nutztierhaltung, Der kritische Agrarbericht 2017, S. 68-71.

Deutsche Forschungsgemeinschaft (DFG): Denkschrift Sicherung guter wissenschaftlicher Praxis. Empfehlungen der Kommission „Selbstkontrolle in der Wissenschaft“, Weinheim 2013, abrufbar unter http://www.dfg.de/download/pdf/dfg_im_profil/reden_stellungnahmen/download/empfehlung_wiss_praxis_1310.pdf (Zuletzt aufgerufen am 27. Januar 2019).

Deutsche Gruppe der World Rabbit Science Associacion e. V. / DLG-Ausschuss für Kaninchenzucht und -haltung: Stellungnahme der Deutschen Gruppe der World Rabbit Science Association e. V. und des DLG-Ausschusses für Kaninchenzucht und -haltung zum „Entwurf der Fünften Verordnung zur Änderung der Tierschutz-Nutztierhaltungsverordnung; Mindestanforderungen an die Haltung von Kaninchen zu Erwerbszwecken“ des Bundesministeriums für Ernährung, Landwirtschaft und Verbraucherschutz, Gießen, 5.4.2012, abrufbar unter http://www.kaninchenwissen.de/bilder/StellungnahmeEntwurfVOKaninchen.pdf (Zuletzt aufgerufen am 27. Januar 2019).

Deutsche Juristische Gesellschaft für Tierschutzrecht e. V. (DJGT): Stellungnahme der DJGT zu dem Eckpunktepapier des BMELV vom 10.6.2011 zu den Mindestanforderungen an die Haltung von Kaninchen, Berlin, 3.8.2011, abrufbar unter http://www.djgt.de/thema/nutztierhaltung (Zuletzt aufgerufen am 27. Januar 2019).

Deutsche Juristische Gesellschaft für Tierschutzrecht e. V. (DJGT): Anmerkungen zum Entwurf eines Dritten Gesetzes zur Änderung des Tierschutzgesetzes, 13. Februar 2012, abrufbar unter http://www.djgt.de/system/files/91/original/Stellungnahme_DJGT_%C3%84nderungen_TierSchG.pdf (Zuletzt aufgerufen am 27. Januar 2019).

Deutsche Juristische Gesellschaft für Tierschutzrecht e. V. (DJGT): Stellungnahme zu dem neuen Entwurf des Bundesministeriums für Ernährung, Landwirtschaft und Verbraucherschutz (BMELV) für eine Fünfte Verordnung zur Änderung der Tierschutz-Nutztierhaltungsverordnung mit Regelungen für das Halten von Kaninchen, Berlin, 28.4.2013, abrufbar unter http://www.djgt.de/thema/nutztierhaltung (Zuletzt aufgerufen am 27. Januar 2019).

Deutsche Juristische Gesellschaft für Tierschutzrecht e. V. (DJGT): Stellungnahme zur nicht korrekten Umsetzung der EU-Tierversuchsrichtlinie 2010/63/EU in deutsches Recht, Februar 2014, abrufbar unter https://www.tierschutzbund.de/fileadmin/user_upload/Downloads/Stellungnahmen/Tierversuche/Stellungnahme_Umsetzung_EU-Richtlinie.pdf (Zuletzt aufgerufen am 27. Januar 2019).

Deutsche Juristische Gesellschaft für Tierschutzrecht e. V. (DJGT): Eingehende Auswertung des „Rechtsgutachtens zu verschiedenen Fragen im Zusammenhang mit der EU-Tierversuchsrichtlinie", vorgelegt am 25. April 2012 von Frau Prof. Dr. jur. Anne Peters, LL. M., Ordinaria für Völker- und Staatsrecht an der Universität Basel, abrufbar unter http://www.djgt.de/thema/tierversuche (Zuletzt aufgerufen am 27. Januar 2019).

Deutsche Veterinärmedizinische Gesellschaft (DVG) (Hrsg.): DVG, Tagung der Fachgruppe Ethologie und Tierschutz, Weihenstephan, 16.-19. September 1998, Gießen 1999.

Deutsche Veterinärmedizinische Gesellschaft (DVG) (Hrsg.): DVG, Ethologie und Tierschutz, 7. Tagung der Fachgruppe „Angewandte Ethologie", Weihenstephan 8.-11. März 2000, Gießen 2000.

Deutscher Tierschutzbund e. V. (DTB): Informationsbroschüren „Artgerechte Eselhaltung", 2013; „Die Haltung von Zwergkaninchen", 2011; „Zeichen für ein besseres Leben. Informationen zum Tierschutzlabel", unbekanntes Jahr; abrufbar unter https://www.tierschutzbund.de/information/service/publikationen/broschueren/ (Zuletzt aufgerufen am 27. Januar 2019).

Deutscher Tierschutzbund e. V. (DTB): Eckpunkte zur Novellierung des Tierschutzgesetzes, abrufbar unter https://www.tierschutzbund.de/fileadmin/user_upload/Downloads/Stellungnahmen/Recht/Eckpunktepapier_Novellierung_Tierschutzgesetz_110901.pdf (Zuletzt aufgerufen am 27. Januar 2019).

Deutscher Tierschutzbund e. V. (DTB): Neue Haltungsvorgaben für Säugetiere. Eine unendliche Geschichte, DU UND DAS TIER 3/2014, S. 10-15.

Deutscher Tierschutzbund e. V. (DTB): Stellungnahme zum Entwurf eines Dritten Gesetzes zur Änderung des Tierschutzgesetzes, BT-Ds 17/10572 vom 29.8.2012 [auch: BR-Ds. 300/12 vom 25.5.2012], 28.9.2012, abrufbar unter https://www.tierschutzbund.de/fileadmin/user_upload/Downloads/Stellungnahmen/Recht/Tierschutzgesetz-Aenderung.pdf (Zuletzt aufgerufen am 27. Januar 2019).

Deutscher Tierschutzbund e. V. (DTB): Zur Änderung des Tierschutzgesetzes, Stand Februar 2013.

Dickinson, Janis L. / Zuckerberg, Benjamin / Bonter, David N.: Citizen Science as an Ecological Research Tool: Challenges and Benefits, Annual Review of Ecology, Evolution and Systematics 2010, Vol. 41, S. 149-172.

Drawer, Klaus / Ennulat, Klaus J.: Tierschutzpraxis, Stuttgart, New York 1977.

Dreier, Horst (Hrsg.): Grundgesetz Kommentar, Band II: Artikel 20-82, 2. Auflage, Tübingen 2006.

Drescher, Birgit: Zusammenfassende Betrachtung über den Einfluß unterschiedlicher Haltungsverfahren auf die Fitness von Versuchs- und Fleischkaninchen – untersucht am Verhalten, dem Skelettsystem und den Nebennieren – mit einem Beitrag zur Pododermatitis ulcerosa des Kaninchens, Tierärztliche Umschau (TU) 1993, S. 72-76.

Drescher, Birgit / Breig, P.: Einfluß unterschiedlicher Haltungsverfahren auf die Nebennieren von Kaninchen, Tierärztliche Umschau (TU) 1993, S. 30-34.

Drescher, Birgit / Loeffler, Klaus: Einfluß unterschiedlicher Haltungsverfahren und Bewegungsmöglichkeiten auf die Kompakta der Röhrenknochen von Versuchs- und Fleischkaninchen, Tierärztliche Umschau (TU) 1991, S. 736-741.

Drescher, Birgit: Tiergerechte Kaninchenhaltung in der landwirtschaftlich-kommerziellen sowie in der privaten Hobbytierhaltung in *Deutsche Veterinärmedizinische Gesellschaft (DVG)* (Hrsg.), Ethologie und Tierschutz, 7. Tagung der Fachgruppe „Angewandte Ethologie", Weihenstephan 8.-11. März 2000, Gießen 2000, S. 103-113.

Dudenredaktion (Hrsg.): Duden Band 7, Das Herkunftswörterbuch, Etymologie der deutschen Sprache, 4. Auflage, Mannheim, Wien, Zürich 2007.

Durner, Wolfgang: Anmerkung zu BVerfG, 2. Senat, Beschluss vom 12. Oktober 2010 – 2 BvF 1/07 – Vorschriften zur Legehennenhaltung verfassungswidrig, DVBl. 2001, S. 97-100.

Eberle, Arnulf: Das neue Tierschutzgesetz, NJW 1973, S. 1405-1408.

Ehm, Frithjof / Robitsch, Katharina: Die Garantenstellung des Amtstierarztes, Zeitschrift für Lebensmittelrecht (ZLR) 2013, S. 730-737.

Ehrenstein, Claudia: Schlechte Zoos sollen an den Pranger, DIE WELT, 16. Mai 2014, abrufbar unter http://www.welt.de/128101883 (Zuletzt aufgerufen am 27. Januar 2019).

Eichler, Jutta: Stallkaninchen - Lebenslang grobe Tierquälerei, Tierschutz Nr. 79, 1989, S. 22-23.

Elefanten-Schutz Europa e. V.: Neue Mindestanforderungen an die Elefantenhaltung – Säugetiergutachten 2014: Stellungnahme von Elefanten-Schutz Europa e. V., abrufbar unter http://www.european-elephant-group.com/files/PDF/25-2014_saeugetiergutachten2014.pdf (Zuletzt aufgerufen am 27. Januar 2019).

Elefanten-Schutz Europa e. V.: Schriftliche Stellungnahme zur Überarbeitung des „Gutachtens über Mindestanforderungen an die Haltung von Säugetieren" hinsichtlich der Haltung von Elefanten, 14.8.2011.

ENDCAP / Born free: The EU-Zoo Inquiry 2011. An evaluation of the implementation and enforcement of EC Directive 1999/22, relating to the keeping of animals in zoos. Report findings and recommendations, 2012, abrufbar unter https://www.bornfree.org.uk/storage/media/content/files/Publications/FINDINGS%20%26%20RECOMMENDATIONS.pdf (Zuletzt aufgerufen am 27. Januar 2019).

ENDCAP / Born free: The EU-Zoo Inquiry 2011. An evaluation of the implementation and enforcement of EC Directive 1999/22, relating to the keeping of animals in zoos. Report findings and recommendations, Country Report Germany, 2012, abrufbar unter https://www.bornfree.org.uk/storage/media/content/files/Publications/FINDINGS%20%26%20RECOMMENDATIONS.pdf (Zuletzt aufgerufen am 27. Januar 2019).

Ennulat, Klaus J. / Zoebe, Gerhard: Das Tier im neuen Recht mit Kommentar zum Tierschutzgesetz, Stuttgart u. a. 1972.

Erbel, Günter: Staatlich verordnete Tierquälerei? – Zur Hennenhaltungsverordnung (HHVO) vom 10. Dezember 1987 und ihren gemeinschaftsrechtlichen Vorgaben –, DÖV 1989, S. 338-346.

Erbel, Günter: Zur Frage der landesgesetzlichen Regelung der Stellung und der Aufgaben eines Tierschutzbeauftragten, DÖV 1992, S. 189-199.

Erbel, Günter: Rechtsschutz für Tiere – eine Bestandsaufnahme anläßlich der Novellierung des Tierschutzgesetzes, DVBl. 1986, S. 1235-1258.

Erbs, Georg / Kohlhaas, Max (Begr.): Strafrechtliche Nebengesetze, Band 1, Loseblatt, München 2018.

European Commission / DG SANCO: The Welfare of Animals Kept for Fur Production, Report of the Scientific Committee on Animal Health and Animal Welfare, Adopted on 12-13 December 2001.

European Food Safety Authority (EFSA): Scientific Opinion of the Scientific Panel on Animal Health and Welfare on „The Impact of the current housing and husbandry systems on the health and welfare of farmed domestic rabbits", EFSA-Q-2004-023, adopted on 13./14. September 2005.

Exner, Cornelia Dagmar: Ethologische und hygienische Untersuchungen über die Haltungsbedingungen von Raubkatzen in zoologischen Gärten, München 1995.

Felde, Barbara: Das Tierschutz-Kaninchenbuch. Kaninchengerechte Haltung in der Wohnung und abwechslungsreiche Gehegegestaltung im Garten, Biebertal 2015.

Felde, Barbara: Anforderungen bei der Schweinehaltung in so genannten Kastenständen, NVwZ 2017, S. 368-372.

Felde, Barbara / Ort, Jost-Dietrich: Entscheidungsbesprechung zu OLG Naumburg, Urteil vom 22. Februar 2018 – 2 Rv 157/17, ZJS 5/2018, S. 468-476.

Felix, Günther: Einige Bemerkungen des rechtlichen Tierschutzes, JZ 1959, S. 85-86.

Fels, Michaela / Giersberg, Mona / Kemper, Nicole: Biometrische Untersuchungen zur Flächenabdeckung bei Mastkaninchen, in: KTBL-Schrift 505, Aktuelle Arbeiten zur artgemäßen Tierhaltung, Darmstadt 2014, S. 164-173.

Fischer, Thomas: Strafgesetzbuch und Nebengesetze, 66. Auflage, München 2019.

Finke, Peter: Citizen Science. Das unterschätzte Wissen der Laien, München 2014.

Fölsch, Detlef W.: Zu den Begriffen „artgemäß" und „verhaltensgerecht" in § 2 Abs. 1 des Tierschutzgesetzes – Spezielle Aspekte bei der Haltung von Nutzgeflügel, Der Praktische Tierarzt (Prakt. Tierarzt) 1984, S. 252-258.

Fölsch, Detlef W. / Nabholz, Andreas, (Hrsg.) Tierhaltung Band 13: Ethologische Aussagen zur artgerechten Nutztierhaltung. Tagungsbericht der Internationalen Gesellschaft für Nutztierhaltung (IGN), Basel, 22./23. Januar 1982, Basel u. a. 1982.

Food-Monitor: Angebliches „Gütesiegel" der GGE-Qualitätsgemeinschaft Kaninchen ist Konsumententäuschung, abrufbar unter http://www.food-monitor.de/2009/04/angebliches-guetesiegel-der-gge-qualitaetsgemeinschaft-kaninchen-ist-konsumententaeuschung/ (Zuletzt aufgerufen am 27. Januar 2019).

Friedrich-Loeffler-Institut (FLI): Kastenstandhaltung von Sauen im Deckzentrum, Empfehlungen FLI, Stand 17.7.2015, abrufbar unter http://www.wir-sind-tierarzt.de/2015/07/fli-zu-kastenstaenden-in-sauenhaltung/ (Zuletzt aufgerufen am 27. Januar 2019).

Fröhlich, Gerhard: Betrug und Täuschung in den Sozial- und Kulturwissenschaften, in *Hug, Theo* (Hrsg.): Einführung in die Wissenschaftstheorie und Wissenschaftsforschung Band 4, Wie kommt Wissenschaft zu Wissen, Hohengehren 2001, S. 261-273.

Von Gall, Philipp: Tierschutz als Agrarpolitik. Wie das deutsche Tierschutzgesetz der industriellen Tierhaltung den Weg bereitete, Bielefeld 2016.

Gansloßer, Udo (Hrsg.): Kurs Tiergartenbiologie, 3. Auflage, Fürth 2005.

Gesellschaft für Ökologische Tierhaltung (GÖT) e. V.: Stellungnahme zum Entwurf für die Tierschutz-Nutztierhaltungsverordnung Schweine vom 14. April 2003, abrufbar unter http://www.agrarbuendnis.de/fileadmin/Daten-KAB/KAB-Debatte-2003/GOET_Schweine.pdf (Zuletzt aufgerufen am 27. Januar 2019).

Giersberg, Monika Franziska / Fels, Michaela / Kemper, Nicole: Wie viel Platz braucht ein Mastkaninchen? Ergebnisse planimetrischer Untersuchungen, Forum Kaninchen: Kaninchenhaltung braucht Zukunft, EuroTier 2014.

Giesecke, Daniel / Busch, Gesa / Ikinger, Christina / Kühl, Sarah / Pirsich, Wiebke (Hrsg.): Tierhaltung im Spannungsfeld von Tierwohl, Ökonomie und Gesellschaft. Tagungsband zur Tierwohl-Tagung 2015 in Göttingen, Göttingen 2015.

Gnann, Claudia Friederike: Untersuchungen zur Wasserhygiene und Tiergesundheit bei Nerzen (Neovison vison) in einem Haltungssystem gemäß Tierschutz-Nutztierhaltungsverordnung, Diss. vet. med., München 2012.

Goetschel, Antoine F.: „Über Gebühr tiernutzerfreundlich“, Kommentar vom 17. September 2012, abrufbar unter http://www.spektrum.de/news/ueber-gebuehr-tiernutzerfreundlich/1165003 (Zuletzt aufgerufen am 27. Januar 2019).

Goldner, Colin (Hrsg.): Eingesperrte Tiere angaffen? Nein danke! Texte zur Zookritik, 6. Auflage, Norderstedt 2015.

Goldner, Colin: Lebenslänglich hinter Gittern. Die Wahrheit über Gorilla, Orang Utan & Co in deutschen Zoos, 1. Auflage, Aschaffenburg 2014.

Grafl, Beatrice / Polster, Sabrina / Sulejmanovic, Tarik / Pürrer, Bernhard / Guggenberger, Benjamin / Hess, Michael: Monitoring der Legehennengesundheit bei der Ausstallung in *Giesecke, Daniel / Busch, Gesa u. a.* (Hrsg.): Tierhaltung im Spannungsfeld von Tierwohl, Ökonomie und Gesellschaft. Tagungsband zur Tierwohl-Tagung 2015 in Göttingen, Göttingen 2015, S. 50-52.

Grauvogl, Anton: Zu den Begriffen „artgemäß“ und „verhaltensgerecht“ in Bezug auf die Nutztierhaltung, Der Praktische Tierarzt (Prakt. Tierarzt) 1984, S. 232-243.

Grimm, Herwig / Otterstedt, Carola (Hrsg.): Das Tier an sich. Disziplinenübergreifende Perspektiven für neue Wege im wissenschaftsbasierten Tierschutz, Göttingen 2012.

Groß, Thomas: Das Kollegialprinzip in der Verwaltungsorganisation, Tübingen 1999.

Große Beilage, Elisabeth: Untersuchungen an verendeten/getöteten Schweinen in Verarbeitungsbetrieben für tierische Nebenprodukte, Hannover 2017.

Grünberger, Klaus: Das neue Tierschutzrecht, Deutsche tierärztliche Wochenschrift (DtW) 1973, S. 55-57.

Gusy, Christoph: „Antizipierte Sachverständigengutachten“ im Verwaltungs- und Verwaltungsgerichtsverfahren, NuR 1987, S. 156-165.

Habekuß, Fritz: Wie viel Wasser braucht ein Delfin im Zoo?, ZEIT ONLINE, 8. Mai 2014, abrufbar unter https://www.zeit.de/wissen/umwelt/2014-05/zootiere-saeugetierabkommen-tierschutz-streit (Zuletzt aufgerufen am 27. Januar 2019).

Haferbeck, Edmund: Pelztierzucht - das sinnlose Sterben. Aktuelle Fragen – sachliche Antworten, Göttingen 1990.

Hager, Günter: Das Tier in Ethik und Recht, Tübingen 2015.

Hager, Günter: Die tierschutzrechtliche Generalklausel als Ermächtigungsgrundlage für ein Tötungsverbot, NuR 2016, S. 108-111.

Hager, Günter: Die tierschutzrechtliche Verbandsklage – Rechtspolitische Diskussion, NuR 2016, S. 831-835.

Hagn, Angela Katrin: Ethologische Untersuchungen zur Nutzung von offenen Wassersystemen bei Nerzen (Neovison vison), Diss. vet. med., München 2009.

Hahn, Thomas: Tips und der Tod, Süddeutsche Zeitung, 19. Mai 2017.

Hainthaler, Claudia: Die richtlinienkonforme Rechtsfortbildung im dreistufigen System der Richtlinienwirkungen, ZJS 1/2015, S. 13-22.

Hamburger Abendblatt: Regierung plant staatliches Tierschutz-Label, 3. Mai 2016, abrufbar unter http://www.abendblatt.de/nachrichten/article207522697/Regierung-plant-staatliches-Tierschutz-Label.html (Zuletzt aufgerufen am 27. Januar 2019).; 26. September 2016, Agrarminister Schmidt bereitet neues Tierschutz-Label vor, abrufbar unter http://www.abendblatt.de/politik/article208296893/Agrarminister-Schmidt-bereitet-neues-Tierschutz-Label-vor.html (Zuletzt aufgerufen am 27. Januar 2019).

Harrison, Ruth: Tiermaschinen, München 1965.

Heekerens, Nina: Untersuchungen zur Pododermatitis bei Kaninchen und Meerschweinchen, Hannover 2009.

Heidenreich, Klaus: Die Länderarbeitsgemeinschaft Naturschutz (LANA), NuR 2007, S. 89-93.

Von Heintschel-Heinegg, Bernd (Hrsg.): Beck'scher Online Kommentar StGB, 30. Edition, München, Stand: 1.3.2016.

Herzog, Felix: Nothilfe für Tiere?, JZ 2016, S. 190-197.

Hesse, Konrad: Grundzüge des Verfassungsrechts der Bundesrepublik Deutschland, 20. Auflage, Heidelberg 1995.

Hill, Hermann: Normsetzung und andere Formen exekutivischer Selbstprogrammierung, in *Hoffmann-Riem, Wolfgang / Schmidt-Aßmann, Eberhard / Voßkuhle, Andreas,* Grundlagen des Verwaltungsrechts Band II. Informationsordnung, Verwaltungsverfahren, Handlungsformen, München 2008, S. 959-1029.

Hirt, Almuth / Maisack, Christoph / Moritz, Johanna: Tierschutzgesetz. Kommentar, 2. Auflage, München 2007.

Hirt, Almuth / Maisack, Christoph / Moritz, Johanna: Tierschutzgesetz. Kommentar, 3. Auflage, München 2016.

Hofer, Heribert / Merz, Sabine / Orban, Siegfried / Todt, Dietmar / Triphaus-Bode, Matthias: Säugetiergutachten: Erklärung der unabhängigen Sachverständigen, 7. Mai 2014, Berlin, abrufbar unter https://www.tierschutz-tvt.de/index.php?id=50&no_cache=1&download=TVT-Stellungnahme_S%C3%A4ugetiergutachten_Erkl%C3%A4rung_unabh%C3%A4ngiger_Gutachter__Mai_2014_.pdf&did=176 (Zuletzt aufgerufen am 27. Januar 2019).

Hoffmann-Riem, Wolfgang / Schmidt-Aßmann, Eberhard / Voßkuhle, Andreas: Grundlagen des Verwaltungsrechts Band II. Informationsordnung, Verwaltungsverfahren, Handlungsformen, München 2008.

Hofreiter, Anton / Maisch, Nicole / Gehring, Kai: Fehlerhafte Umsetzung der EU-Tierversuchsrichtlinie beheben! Offener Brief an den Bundesminister für Ernährung Herrn Christian Schmidt vom 21. April 2016, abrufbar unter https://www.gruene-bundestag.de/fileadmin/media/gruenebundestag_de/themen_az/tierschutz/2016-04-21_Offener_Brief_Tierversuche.pdf (Zuletzt aufgerufen am 27. Januar 2019).

Hoy, Steffen / Wagner, Caroline: Untersuchungen zur Gruppengröße und zum Flächenbedarf in der Mastkaninchenhaltung, Schlussbericht vom 15.4.2009, Gießen 2009.

Hoy, Steffen: Gestaltung des Besamungszentrums unter besonderer Berücksichtigung der Haltung der Sauen in Kastenständen, S. 1, Proc. Schweinefachtagung/Jahrestagung 28.11.2016 Ergolding, Schriftenreihe der Bayerischen Landesanstalt für Landwirtschaft 11, (2016) S. 41-51.

Hoy, Steffen: Zur Beurteilung der Haltung güster und tragender Sauen aus wissenschaftlicher Sicht mit Blick auf Gesundheit und Leistung, Proc. 22. Mitteldeutscher Schweine-Workshop, Bernburg 27./28. Mai 2016, S. 66-77.

Hug, Theo (Hrsg.): Einführung in die Wissenschaftstheorie und Wissenschaftsforschung Band 4, Wie kommt Wissenschaft zu Wissen, Hohengehren 2001.

Iburg, Ulrich: Zur Unterlassungstäterschaft des Amtstierarztes bei Nichteinschreiten gegen Tiermisshandlungen, NuR 2001, S. 77-79.

Isensee, Josef / Kirchhof, Paul (Hrsg.): Handbuch des Staatsrechts der Bundesrepublik Deutschland Band III: Das Handeln des Staates, 2. Auflage, Heidelberg 1996.

Janovsky, Martin: Arche Noah oder anachronistisches Tiergefängnis: Sind Zoos ein Zukunfts- oder Auslaufmodell?, in *Grimm, Herwig / Otterstedt, Carola* (Hrsg.): Das Tier an sich. Disziplinenübergreifende Perspektiven für neue Wege im wissenschaftsbasierten Tierschutz, S. 315-330.

Jarass, Hans D. / Pieroth, Bodo: Grundgesetz für die Bundesrepublik Deutschland. Kommentar, 11. Auflage, München 2011.

Joerden, Jan C. / Busch, Bodo (Hrsg.): Tiere ohne Rechte? Berlin, Heidelberg 1999.

Juristen für Tierrechte: Stellungnahme der Juristen für Tierrechte zu dem Beschluss des Bundesrates vom 7.4.2006 zur Neuregelung der Schweine-, Kälber- und Legehennenhaltung (BR-Drucks. 119/06, Beschluss), 12. Mai 2006, abrufbar unter www.provieh.de/downloads_provieh/jft__gutachten.pdf (Zuletzt aufgerufen am 27. Januar 2019).

Kemper, Rolf: Rechtsgutachten über „Die Garantenstellung der Amtstierärztinnen und Amtstierärzte im Tierschutz" im Auftrag des Hessischen Ministeriums für Umwelt, ländlichen Raum und Verbraucherschutz – Landestierschutzbeauftragte Dr. Madeleine Martin -, 2006, abrufbar unter https://tierschutz.hessen.de/sites/tierschutz.hessen.de/files/content-downloads/Kemper_Garantenstellung%20der%20Amtstier%C3%A4rzte%20im%20Tierschutz_Sept2006.pdf; NuR 2007, S. 790-796.

Kemper, Rolf: Die besondere Bedeutung des § 16a TierSchG für die Garantenstellung der Amtstierärzte, Verwaltungsrundschau (VR) 2011, S. 125-131.

Kloepfer, Michael: Die tierschutzrechtliche Verbandsklage – eine Einführung, NuR 2016, S. 729-732.

Kloepfer, Michael / Rossi, Matthias: Tierschutz in das Grundgesetz? Zu den rechtlichen Konsequenzen einer Staatszielbestimmung „Tierschutz" im Grundgesetz – insbesondere zu ihren Auswirkungen auf die Forschungsfreiheit, JZ 1998, S. 369-378.

Kluge, Hans-Georg (Hrsg.): Tierschutzgesetz Kommentar, Stuttgart 2002.

König, Klaus: Konsultierende Regierung, in *Sommermann, Karl-Peter* (Hrsg.): Sachverständige Politikberatung. Funktionsbedingung oder Gefährdung der Demokratie?, 1. Auflage, Baden-Baden 2015, S. 43-52.

König, Klaus: Operative Regierung, Tübingen 2015.

Köpernik, Kristin / Plange, Diana: Rechtliche Aspekte der Mastkaninchenhaltung in Deutschland, Agrar- und Umweltrecht (AUR) 2012, S. 47-50.

Köpernik, Kristin: Das Töten von Eintagsküken auf dem Prüfstand, Agrar- und Umweltrecht (AUR) 2014, S. 290-293.

Köpernik, Kristin: Eintagsküken – Töten mit vernünftigem Grund? Urteilsanmerkung zu OVG Münster, Urteil vom 20. Mai 2016 – 20 A 488/15, Agrar- und Umweltrecht (AUR) 2016, S. 475-476.

Kompetenzkreis Tierwohl: Zwischenbericht des Kompetenzkreises Tierwohl an das Bundesministerium für Ernährung und Landwirtschaft vom Januar 2015, abrufbar unter http://www.bmel.de/DE/Tier/Tierwohl/_texte/Kompetenzkreis_Abschlussbericht.html (Zuletzt aufgerufen am 27. Januar 2019).

Kompetenzkreis Tierwohl: Abschlussbericht des Kompetenzkreises Tierwohl, Eine Frage der Haltung, Neue Wege für mehr Tierwohl vom 14. September 2016, abrufbar unter http://www.bmel.de/DE/Tier/Tierwohl/_texte/Kompetenzkreis_Abschlussbericht.html (Zuletzt aufgerufen am 27. Januar 2019).

Korzilius, Heike: Gemeinsamer Bundesausschuss: Wer kontrolliert den kleinen Gesetzgeber?, Deutsches Ärzteblatt 2013, S. 110.

Kotrschal, Kurt: Argumente für einen wissens- und empathiegestützten Tierschutz: Biologie, Soziales und Kognition, in *Grimm, Herwig / Otterstedt, Carola* (Hrsg.), Das Tier an sich, S. 135-171.

Kraft, Richard: Vergleichende Verhaltensstudien an Wild- und Hauskaninchen, Diss. Biol. Erlangen-Nürnberg 1976.

Kramer, Urs: Wirksamkeit der Hennenhaltungsverordnung – BVerfGE 101, 1, JuS 2001, S. 962-966.

Krott, Max / Suda, Michael (Hrsg.): Macht Wissenschaft Politik? Erfahrungen wissenschaftlicher Beratungen im Politikfeld Wald und Umwelt, 1. Auflage, Wiesbaden 2007.

Kummerfeld, Norbert: Ziervögel, in *Sambraus, Hans Hinrich / Steiger, Andreas* (Hrsg.)*:* Das Buch vom Tierschutz, S. 364-380.

Kuscha, Stefan: Ethologische Untersuchungen zur Nutzung einer Schwimmrinne bei Nerzen (Neovison vison) in einem Haltungssystem gemäß Tierschutz-Nutztierhaltungsverordnung, Diss. vet. med., München 2011.

Landbauforschung Völkenrode (Hrsg.): Legehennenhaltung. Berichte zum FAL-Forschungsschwerpunkt Tierschutz in der landwirtschaftlichen Nutztierhaltung, Sonderheft 60 (1981), Braunschweig-Völkenrode 1981.

Landesbeauftragte für Tierschutz Hessen: Jahresberichte 2013, 2014, 2015, 2017, abrufbar unter https://tierschutz.hessen.de/service/tierschutzbeauftragte-informiert-%C3%BCber-ihre-arbeit (Zuletzt aufgerufen am 27. Januar 2019).

Landestierärztekammer Hessen e. V.: Resolution zur Haltung von Nutztieren, Deutsches Tierärzteblatt (DTBl.) 2002, S. 55-56.

Landwirtschaftliche Rentenbank (Hrsg.): Artgerechte Tierhaltung in der modernen Landwirtschaft – Diskussion neuer Erkenntnisse, Schriftenreihe Band 17, Frankfurt am Main 2002.

Lehmann, M. / Wieser, R.: Indikatoren für mangelnde Tiergerechtigkeit sowie Verhaltensstörungen bei Hauskaninchen, KTBL-Schrift 1984, S. 96-107.

Leibniz-Institut für Zoo- und Wildtierforschung im Forschungsverbund Berlin e. V. (IZW): IZW Jahresbericht 2015, abrufbar unter http://www.izw-berlin.de/publikationen.html (Zuletzt aufgerufen am 27. Januar 2019).

Leicht, Walter H.: Ethologie einheimischer Säugetiere: Tiere der offenen Kulturlandschaft, Teil 1: Feldhase, Wildkaninchen, Heidelberg 1979.

Leif, Thomas / Speth, Rudolf (Hrsg.): Die fünfte Gewalt: Lobbyismus in Deutschland, Bonn 2006.

Leif, Thomas / Speth, Rudolf: Lobbyismus. Die fünfte Gewalt. Wie Lobbyisten die Prinzipien der parlamentarischen Demokratie unterlaufen. ZEIT ONLINE, 29.7.2016, abrufbar unter http://www.zeit.de/online/2006/10/lobbyismus (Zuletzt aufgerufen am 27. Januar 2019).

Leondarakis, Konstantin / Kohlstedt, Nicole: Die Reichweite des § 16a Tierschutzgesetz (TierSchG): Praktische Anwendung – Befugnisse und Pflichten der Exekutive, 2011, abrufbar unter https://tierschutz.hessen.de/sites/tierschutz.hessen.de/files/content-downloads/1166-W-09AnimalsAngels_Gutachten16a_pdf.pdf (Zuletzt aufgerufen am 27. Januar 2019).

Leondarakis, Konstantin / Liedtke, Lars: Gutachten über die Rechtmäßigkeit einer Anbindehaltung bei Rindern, 08/2008, abrufbar unter https://www.animals-angels.de/fileadmin/user_upload/bilder/animals_angels/downloads/gutachten/anbindehaltung.pdf (Zuletzt aufgerufen am 27. Januar 2019).

Leondarakis, Konstantin / Woesler, Claudia: Gutachten „Ungleichbehandlung von Nutz- und Heimtieren im deutschen Recht?", Göttingen 2005.

Lepa, Manfred: Verfassungsrechtliche Probleme der Rechtsetzung durch Rechtsverordnung, AöR 105 (1980), S. 337-370.

Leyhausen, Paul: Tierschutz-Thesen, in *Fölsch, Detlef W. / Nabholz, Andreas* (Hrsg.), Tierhaltung Band 13: Ethologische Aussagen zur artgerechten Nutztierhaltung, 1982, S. 7-12.

Leyhausen, Paul: Käfighaltung von Legehennen in sogenannten Legebatterien, NJW 1981, S. 1308-1309.

Lincke, Max: Das Wildkaninchen. Naturbeschreibung, Jagd, Fang, Abwehr und Verwertung, sowie die als Jagdgehilfen verwendeten Tiere, Neudamm 1943.

Lockley, R.M.: The Private Life of the Rabbit. An account of the life history and social behaviour of the wild rabbit, London 1980.

Loeffler, Klaus / Drescher, Birgit / Schulze, G.: Einfluß unterschiedlicher Haltungsverfahren auf das Verhalten von Versuchs- und Fleischkaninchen, Tierärztliche Umschau (TU) 1991, S. 471-478.

Von Linne, Karl, Systema naturae per regna tria naturae, Pars V Vol.1, Nachdruck, Dalton House 2015.

Von Loeper, Eisenhart: Tierschutz und Recht in *Sambraus, Hans Hinrich / Steiger, Andreas* (Hrsg.), Das Buch vom Tierschutz, S. 892-905.

Lorz, Albert: Das Recht der Massentierhaltung (Intensivtierhaltung), zugleich eine Besprechung von Fölsch (Herausgeber), Tierhaltung (Bd. 15): „Intensivhaltung von Nutztieren aus ethischer, ethologischer und rechtlicher Sicht“, NuR 1986, S. 237-242.

Lorz, Albert: Das neue Tierschutzrecht, NJW 1987, S. 2049-2053.

Lorz, Albert: Die Rechtsordnung und das Töten von Tieren, NuR 1992, S. 401-407.

Lorz, Albert: Tierschutzgesetz: Mit Rechtsverordnungen und europäischen Übereinkommen, Kommentar; 4. Auflage, München 1992.

Lorz, Albert / Metzger, Ernst: Tierschutzgesetz – Tierschutzgesetz mit Allgemeiner Verwaltungsvorschrift, Rechtsverordnungen und Europäischen Übereinkommen sowie Erläuterungen des Art. 20a GG, Kommentar, 6. Auflage, München 2008.

Mackensen, Henriette: Ein Leben auf Gittern, Tierschutzprobleme bei Mastkaninchen und das Warten auf eine rechtliche Regelung, Der kritische Agrarbericht 2007, S. 216-219.

Maisack, Christoph: Die Käfighaltung von Legehennen im Licht des Tierschutz- und des Grundgesetzes, NVwZ 1997, S. 761-764.

Maisack, Christoph: Zum Begriff des vernünftigen Grundes im Tierschutzrecht, Diss. jur., Baden-Baden 2007.

Maisack, Christoph: Tierschutzrecht. Haltung von Nutztieren, dargestellt an den Beispielen „Schweine“, „Hühner“ und „Enten“, in: *Grimm, Herwig / Otterstedt, Carola* (Hrsg.), Das Tier an sich, S. 198-234.

Maisack, Christoph: Was tut sich in Sachen „Nutztierschutz“ auf EU-Ebene, Vortrag im Rahmen der Nutztierschutztagung Raumberg-Gumpenstein 2012, abrufbar unter: http://www.raumberg-gumpenstein.at/cm4/de/forschung/publikationen/downloadsveranstaltungen/viewdownload/556-nutztierschutztagung-2012/4983-was-tut-sich-in-sachen-nutztierschutz-auf-eu-ebene.html (Zuletzt aufgerufen am 27. Januar 2019).

Maisack, Christoph: Zur Neuregelung des Rechts der Tierversuche, NuR 2012, S. 745-751.

Maisack, Christoph: Lebensschutz für Tiere. Das Konzept des vernünftigen Grundes im deutschen und österreichischen Tierschutzgesetz (rechtliche Ausgestaltung, Stärken und Schwächen), Vortrag an der Universität Zürich am 12. Dezember 2012, abrufbar unter https://mlr.baden-wuerttemberg.de/fileadmin/redaktion/m-mlr/intern/SLT_2012-Dez-12_Lebensschutz_fuer_Tiere.pdf.

Maisack, Christoph: Animal Welfaring, Über die Notwendigkeit und Möglichkeiten zur Förderung artgerechter Tierhaltungen durch die Gemeinsame Agrarpolitik (GAP) der EU, Der kritische Agrarbericht 2013, S. 218-225.

Maisack, Christoph: Gutachten zu der Frage, ob und ggf. welche Bestimmungen der Richtlinie 2010/63/EU (EU-Tierversuchsrichtlinie) durch das Dritte Gesetz zur Änderung des Tierschutzgesetzes und die Tierschutz-Versuchstierverordnung nicht oder nicht ausreichend in deutsches Recht umgesetzt worden sind, 18. Januar 2016, abrufbar unter https://www.gruene-bundestag.de/fileadmin/media/gruenebundestag_de/themen_az/tierschutz/PDF/Gutachten_Umsetzung_Tierversuche.pdf (Zuletzt aufgerufen am 27. Januar 2019).

Maisack, Christoph: Aktuelle Rechtsprechung zur Ausgestaltung von Kastenständen für Sauen (Anm. zu VG Magdeburg, 1 A 230/14, OVG Magdeburg, 3 L 386/14 und BVerwG, 3 B 11/16), NuR 2017, S. 456-463.

Von Mangoldt, Hermann (Begr.) / *Klein, Friedrich* (Fort.) / *Starck, Christian* (Hrsg.), Kommentar zum Grundgesetz Band 2: Artikel 20 bis 82, 6. Auflage, München 2010.

Marchesi, Paul / Mermod, Claude / Salzmann, Hans C.: Marder, Iltis, Nerz und Wiesel. Kleine Tiere, große Jäger, 1. Auflage, Bern, Stuttgart, Wien 2010.

Martin, Madeleine: Die Entwicklung des Tierschutzes und seiner Organisationen in der Bundesrepublik Deutschland, der Deutschen Demokratischen Republik und dem deutschsprachigen Ausland, Diss. vet. med., Berlin 1989.

Martinez, José: Tierschutzrechtliche Berufsverbote und Parlamentsvorbehalt – Anmerkungen zu OVG Schleswig-Holstein, Urteil v. 4.12.2014 – 4 LB 24/121-, Agrar- und Umweltrecht (AUR) 2015, S. 77-78.

Martinez, José: Paradigmenwechsel in der landwirtschaftlichen Nutztierhaltung – von betrieblicher Leistungsfähigkeit zu einer tierwohlorientierten Haltung, in *Dauner-Lieb, Barbara / Grigoleit, Christoph u. a.* (Hrsg.), Rechtswissenschaft 2016, S. 441-467.

Marx, Dieter: Spezielle Aspekte bei der Schweinehaltung, Der praktische Tierarzt (Prakt. Tierarzt) 1984, S. 248-252.

Marx, Dieter: Artbegriff und Evolution, Hamburg, Berlin 1967.

Marx, Dieter: Species Concepts and Definitions, in: *Mayr, Ernst* (Hrsg.): The Species Problem – A Symposium presented at the Atlanta Meeting of the American Associacion for the Advancement of Science, December 28-29, 1955, S. 1-22, Washington D.C. 1957.

Mason, Georgia / Cooper, Jonathan / Clarebrough, Catherine: Frustrations of fur-farmed mink, nature 2001, Vol. 410, S. 35-36.

Maunz, Theodor / Dürig, Günter (Begr.): Grundgesetz Kommentar (Stand: 84. EL 2018).

Meixensperger, Jeanette Agnes Margarethe: Untersuchungen zu Tiergesundheit und Hygiene bei Nerzen (Neovison vison) in Haltungsformen mit Zugang zu offenen Wassersystemen, Diss. vet. med., München 2011.

Melchers, Viola: Gütesiegel für eine tiergerechte Haltung. Höhere Tierschutz-Standards in der Nutztierhaltung durch eine Kennzeichnung von Produkten aus tiergerechter Produktion, Der praktische Tierarzt (Prakt. Tierarzt) 2012, S. 10-11.

Menschen für Tierrechte – Bundesverband der Tierversuchsgegner e. V.: Stellungnahme zum Entwurf einer Fünften Verordnung zur Änderung der Tierschutz-Nutztierhaltungsverordnung (Anforderungen an die Haltung von Kaninchen), Bad Sobernheim, 19.4.2012.

Merz, Sabine: Tierschutzgemäße Zootierhaltung. Bericht zur Überarbeitung des Säugetiergutachtens, Deutsches Tierärzteblatt (DTBl.) 2013, S. 1640-1645.

Meyer-Ravenstein, D.: Abfischen von „Weißfischen" unter Wettbewerbsbedingungen, NuR 1993, S. 152-153.

Michael, Lothar / Morlok, Martin: Grundrechte, 4. Auflage, Baden-Baden 2014.

Moreira, Nei / Brown, J.L. / Moraes, W. / Swanson, W.F. / Monteiro-Filho, E.L.A.: Effect of Housing and Environmental Enrichment on Adrenocortical Activity, Behavior and Reproductive Cyclicity in the Female Tigrina (Leopardus tigrinus) and Margay (Leopardus wiedii), Zoo Biology 26 (2007), S. 441-460.

Moritz, Johanna / Schmid, Erik: Staatsziel Tierschutz – Verantwortung der Behörde und der Gesellschaft, in *Grimm, Herwig / Otterstedt, Carola:* Das Tier an sich. Disziplinenübergreifende Perspektiven für neue Wege im wissenschaftsbasierten Tierschutz, S. 361-375.

Moritz, Johanna / Schönreiter, Sandra / Patzkewitsch, Dorian / Erhard, Michael: Haltung von Sauen in Kastenständen – eine Bewertung der tierschutzrelevanten Belange, Der praktische Tierarzt (Prakt. Tierarzt) 2016, S. 916-922.

Mühling, Peter: Artgerecht – tiergerecht: Bemerkungen zur Diskussion der Haltungsproblematik, in Gansloßer (Hrsg.), Kurs Tiergartenbiologie, Fürth 2005, S. 77-84.

Nachtsheim, Hans / Stengel, Hans: Vom Wildtier zum Haustier, 3. Auflage, Berlin, Hamburg 1977.

Neumann, Volker: Verantwortung, Sachkunde, Betroffenheit, Interesse: Zur demokratischen Legitimation der Richtlinien des Gemeinsamen Bundesausschusses, NZS 2010, S. 593-600.

Neyses, Wilhelm: Die Beteiligung von Interessenverbänden an der Gesetzesvorbereitung durch die Bundesregierung, Bochum 1968.

Nicklisch, Fritz: Technische Regelwerke – Sachverständigengutachten im Rechtssinne?, NJW 1983, S. 841-850.

Nolte, Jakob Julius: Die Verarbeitung von extrajuridischem Wissen im Verwaltungsgerichtsverfahren, in *Augsberg, Ino* (Hrsg.), Extrajuridisches Wissen im Verwaltungsrecht, Tübingen 2013, S. 241-252.

Nowak, Simone Jutta Brigitta: Ethologische Untersuchungen zur Verhaltensontogenese und Welpenaufzucht von Nerzen (Neovison vison) in einem Haltungssystem entsprechend der Tierschutz-Nutztierhaltungsverordnung, Diss. vet. med., München 2014.

Obergfell, Eva Ines: Ethischer Tierschutz mit Verfassungsrang. Zur Ergänzung des Art. 20a GG um „drei magische Worte", NJW 2002, S. 2296-2298.

Ogorek, Markus: Wo bleibt der Tierschutz? Rechtswidrigkeit der massenhaften Tötung von Eintagsküken, NVwZ 2016, S. 1433-1438.

Olzen, Dirk: Das Verhältnis von Richtern und Sachverständigen im Zivilprozeß, Zeitschrift für Zivilprozess (ZZP) 1980, S. 66-88.

Ort, Jost-Dietrich: Zur Tötung unerwünschter neonater und juveniler Tiere, NuR 2010, S. 853-861.

Ossenbühl, Fritz: Rechtsverordnung, in *Isensee, Josef / Kirchhof, Paul* (Hrsg.), Handbuch des Staatsrechts der Bundesrepublik Deutschland Band III: Das Handeln des Staates, S. 387-424.

Otto, Ch.: Ergebnisse ethologischer Untersuchungen, insbesondere zum Sozial- und Komfortverhalten in *Landbauforschung Völkenrode* (Hrsg.): Legehennenhaltung. Berichte zum FAL-Forschungsschwerpunkt Tierschutz in der landwirtschaftlichen Nutztierhaltung, Sonderheft 60 (1981), Braunschweig-Völkenrode 1981, S. 83-94.

Palandt, Otto (Begr.): Beck'sche Kurzkommentare Band 7, Bürgerliches Gesetzbuch mit Nebengesetzen, 78. Auflage, München 2019.

Papier, Hans-Jürgen: Zum Spannungsverhältnis von Lobbyismus und parlamentarischer Demokratie. Vortrag anlässlich der Vorstellung des Buches „Die fünfte Gewalt. Lobbyismus in Deutschland" am 24. Februar 2006 im Berliner Reichstag, abrufbar unter www.bpb.de/system/files/pdf/LD34GU.pdf (Zuletzt aufgerufen am 27. Januar 2019).

Peerenboom, Marcelo: Mindestgrößen für Gehege: Neues Gutachten bedroht den Neuwieder Zoo, Rhein-Zeitung, 6. Juni 2013, abrufbar unter http://www.rhein-zeitung.de/region/lokales/neuwied_artikel,-Mindestgroessen-fuer-Gehege-Neues-Gutachten-bedroht-den-Neuwieder-Zoo-_arid,606269.html#.VlWVhEbDFBo (Zuletzt aufgerufen am 27. Januar 2019).

Peters, Anne: Rechtsgutachten zu verschiedenen Fragen im Zusammenhang mit der EU-Tierversuchsrichtlinie, insb. zur Unionsrechts- und Verfassungskonformität des Entwurfs eines Dritten Gesetzes zur Änderung des Tierschutzgesetzes sowie des Entwurfs einer Verordnung zur Umsetzung der Richtlinie 2010/63/EU, 25. April 2012, abrufbar unter http://www.djgt.de/system/files/106/original/Rechtsgutachten_Umsetzung_EU-Tierversuchsrichtlinie.pdf (Zuletzt aufgerufen am 27. Januar 2019).

Peters, Anne: Vom Tierschutzrecht zu Legal Animal Studies: Forschungsdesiderate und -perspektiven, in *Dauner-Lieb, Barbara / Grigoleit, Christoph u. a.* (Hrsg.), Rechtswissenschaft 2016, S. 325-337.

Peters, Anne: Tierwohl als globales Gut: Regulierungsbedarf und -chancen, in *Dauner-Lieb, Barbara / Grigoleit, Christoph u. a.* (Hrsg.), Rechtswissenschaft 2016, S. 363-387.

Pfeiffer, Julius Ludwig: Das Tierschutzgesetz vom 24. Juli 1972. Die Geschichte des deutschen Tierschutzrechts von 1950 bis 1972, Frankfurt, Berlin u. a. 2004.

Pfohl, Michael: Strafbarkeit von Amtstierärzten, NuR 2009, S. 238-245.

Piotrowsi, J.: Begrüßungsrede, in *Landbauforschung Völkenrode* (Hrsg.): Legehennenhaltung. Berichte zum FAL-Forschungsschwerpunkt Tierschutz in der landwirtschaftlichen Nutztierhaltung, Sonderheft 60 (1981), Braunschweig-Völkenrode 1981.

Presseportal: Ministerium stellt neues Säugetiergutachten vor – Massive Kritik von Tierschutz-Organisationen, Pressemitteilung vom 7. Mai 2014, abrufbar unter http://www.presseportal.de/pm/111206/2730424 (Zuletzt aufgerufen am 27. Januar 2019).

Raspé, Carolin: Die tierliche Person. Vorschlag einer auf der Analyse der Tier-Mensch-Beziehung in Gesellschaft, Ethik und Recht basierenden Neupositionierung des Tieres im deutschen Rechtssystem, Berlin 2013.

Ray, John: Historia plantarum vol. 1, London 1686.

Reimer, Franz: Juristische Methodenlehre, 1. Auflage, Baden-Baden 2016.

Richter, Thomas / Kunzmann, Peter / Hartmann, Susanne / Blaha, Thomas: Wildtiere in Menschenhand. Überlegungen zum moralisch-rechtlichen und biologischen Status von Wildtieren, Deutsches Tierärzteblatt (DTBl.) 2012, S. 1550-1553.

Rittstieg, Andreas: Das „antizipierte Sachverständigengutachten" – eine falsa demonstratio?, NJW 1983, S. 1098-1100.

Rojahn, Armin: Zu den Begriffen „artgemäß" und „verhaltensgerecht" in § 2 Abs. 1 des Tierschutzgesetzes – Wertung aus der Sicht der Administration, in: Der Praktische Tierarzt (Prakt. Tierarzt) 1984, S. 243-248.

Rossi, Matthias: Föderale Regelungsbefugnisse für Verbandsklagerechte im Tierschutzrecht, NuR 2016, S. 733-741.

Roßnagel, Alexander: Rechtsetzung und technische Entwicklung, in: *Westphalen, Raban Graf von:* Deutsches Regierungssystem, München, Wien 2001, S. 613-632.

Rothfritz, Petra / Loeffler, Klaus / Drescher, Birgit: Einfluß unterschiedlicher Haltungsverfahren und Bewegungsmöglichkeiten auf die Spongiosastruktur der Rippen sowie Brust- und Lendenwirbel von Versuchs- und Fleischkaninchen, Tierärztliche Umschau (TU) 1992, S. 758-768.

Rühle, Andreas: Kaninchen würden Wiese kaufen. Haltung und Ernährung von Zwergkaninchen. Informationen für engagierte Halter, Norderstedt 2009.

Rulffes, R.: Wertung aus der Sicht des praktischen Tierschutzes, Der praktische Tierarzt (Prakt. Tierarzt) 1984, S. 261.

Rusche, Brigitte / Wirths, Frigga: Tierschutzsiegel – Eine neue Chance für den Tierschutz?, Der kritische Agrarbericht 2008, S. 214-219.

Sabaß, Leandra Nikola: Verhalten des Farmnerzes (Neovison vison): Eine Studie zur Aufzucht und Jungtiergruppenhaltung gemäß der aktuellen Tierschutz-Nutztierhaltungsverordnung, Diss. rer. biol. vet., München 2014.

Sachs, Michael: Grundgesetz. Kommentar, 7. Auflage, München 2014.

Sambraus, Hans Hinrich / Steiger, Andreas (Hrsg.)*:* Das Buch vom Tierschutz, Stuttgart 1997.

Sambraus, Hans Hinrich: Tierhaltung im Wandel – was wurde erreicht? Wo wollen wir hin?, Festvortrag 2008 anlässlich Verleihung von Tierschutzpreisen.

Sambraus, Hans Hinrich: Normalverhalten und Verhaltensstörungen, in *Sambraus, Hans Hinrich / Steiger, Andreas* (Hrsg.), Das Buch vom Tierschutz, S. 57-69.

Sambraus, Hans Hinrich: Nutztierkunde. Biologie, Verhalten, Leistung und Tierschutz, Stuttgart 1991.

Sambraus, Hans Hinrich: Sauenhaltung – wie sie ist und wie sie sein könnte, in *Fölsch, Detlef W. / Nabholz, Andreas* (Hrsg.), Tierhaltung Band 13: Ethologische Aussagen zur artgerechten Nutztierhaltung, S. 49-70.

Schindler, Wolfgang: Die Henne, das Ei und die europäische Kulturordnung, NJW 1996, S. 1802-1803.

Schindler, Wolfgang: Verhaltensgerechte Unterbringung (§ 2 Tierschutzgesetz) nach dem Urteil des Bundesverfassungsgerichtes vom 6.7.1999 – Beispiel Käfighaltung, in DVG (Hrsg.), 7. Tagung der Fachgruppe „Angewandte Ethologie“, Thema: Ethologie und Tierschutz, Weihenstephan, 8.-11. März 2000, Gießen, 2000, S. 21-31.

Schiwy, Peter: Kommentar zum Tierschutzgesetz und Sammlung deutscher und internationaler Bestimmungen, Band I, Loseblatt, Stand 2014.

Schlacke, Sabine: Rechtsschutz durch Verbandsklage. Zum Fortentwicklungsbedarf des umweltbezogenen Rechtsschutzsystems, NuR 2004, S. 629-635.

Schlolaut, Wolfgang / Rödel, Heiko: Zur tierschutzrelevanten Problematik der Aufzucht von Hauskaninchen, Amtstierärztlicher Dienst und Lebensmittelkontrolle (AtD) 2011, S. 114-121.

Scholtyssek, Siegfried: Geflügel, Stuttgart 1987.

Schmidt, Alexander / Zschiesche, Michael / Rosenbaum, Marion: Die naturschutzrechtliche Verbandsklage in Deutschland. Praxis und Perspektiven, Berlin, Heidelberg 2004.

Schmidt-Aßmann, Eberhard: Die Rechtsverordnung in ihrem Verhältnis zu Gesetz und Verwaltungsvorschrift, Festschrift für Klaus Vogel, Heidelberg 2000.

Schmitz, Friederike (Hrsg.): Tierethik. Grundlagentexte, Berlin 2014.

Schmitz, Friederike: Tierethik – eine Einführung, in *Schmitz, Friederike* (Hrsg.), Tierethik. Grundlagentexte, S. 13-73.

Scholl, Patrick: Der private Sachverständige im Verwaltungsrecht. Elemente einer allgemeinen Sachverständigenlehre, Baden-Baden 2005.

Schroeder, Werner: Grundkurs Europarecht, 4. Auflage, München 2015.

Schröder, Heinrich Josef: Gesetzgebung und Verbände. Ein Beitrag zur Institutionalisierung der Verbandsbeteiligung an der Gesetzgebung, Berlin 1976.

Schultze-Petzold, Herwig: Das künftige Tierschutzgesetz, seine Vorstellungen und wissenschaftlichen Begründungen, Berliner und Münchener tierärztliche Wochenschrift (Berl.Münch.Tierärztl. Wochenschrift) 1972, S. 370-373.

Schultze-Petzold, Herwig: Aktuelle Fragen der tierschutzrechtlichen Kasuistik, Deutsche tierärztliche Wochenschrift (DtW) 1974, S. 519-521.

Schultze-Petzold, Herwig: Zu den Grundlagen der Tierschutzrechtsetzung, Deutsche tierärztliche Wochenschrift (DtW) 1978, S. 330-331.

Schultze-Petzold, Herwig: Zu den gesellschaftspolitischen und wissenschaftlichen Leitlinien eines neuzeitlichen Tierschutzrechtes, in *Fölsch, Detlef W. / Nabholz, Andreas* (Hrsg.), Tierhaltung Band 13: Ethologische Aussagen zur artgerechten Nutztierhaltung, S. 13-22.

Schulze, Christian: Wissenschaftliche Stellungnahme zur Neufassung des Gutachtens über Mindestanforderungen an die Haltung von Säugetieren (hier: Säugetiergutachten Wale und Delfine – Altfassung), vom 8.4.2010, abrufbar unter https://www.wdsf.eu/wissen/wissenschaft-aktuell/199-wissenschaftliche-stellungnahmen-zum-thema-delfinhaltung-und-delfintherapie (Zuletzt aufgerufen am 27. Januar 2019).

Schwarze, Jürgen: Soft Law im Recht der Europäischen Union, Europarecht (EuR) 2011, S. 3-18.

Selmer, Peter / von Münch, Ingo (Hrsg.): Gedächtnisschrift für Wolfgang Martens, Berlin, New York 1987.

Selzer, Dieter: Vergleichende Untersuchungen zum Verhalten von Wild- und Hauskaninchen unter verschiedenen Haltungsbedingungen, Diss. Biol., Gießen 2000.

Sendler, Horst: Richter und Sachverständige, NJW 1986, S. 2907-2915.

Sezgin, Hilal: Artgerecht ist nur die Freiheit. Eine Ethik für Tiere oder Warum wir umdenken müssen, 4. Auflage, München 2014.

Silvertown, Jonathan: A new dawn for citizen science, Trends in Ecology and Evolution, Volume 24, No. 9, S. 267-471.

Smidt, D.: Schlußwort, in *Landbauforschung Völkenrode* (Hrsg.): Legehennenhaltung. Berichte zum FAL-Forschungsschwerpunkt Tierschutz in der landwirtschaftlichen Nutztierhaltung, Sonderheft 60 (1981), Braunschweig-Völkenrode 1981, S. 212.

Sodan, Helge / Ziekow, Jan (Hrsg.): Verwaltungsgerichtsordnung Großkommentar, 5. Auflage, Baden-Baden 2018.

Sodeikat, G.: Ethologische Befunde zum Funktionskreis Nestplatzsuche und Eiablage, in *Landbauforschung Völkenrode* (Hrsg.): Legehennenhaltung. Berichte zum FAL-Forschungsschwerpunkt Tierschutz in der landwirtschaftlichen Nutztierhaltung, Sonderheft 60 (1981), Braunschweig-Völkenrode 1981, S. 95-104.

Sojka, Klaus: Hennen-Käfighaltung und Tierschutzrecht, Monatsschrift für Deutsches Recht (MDR) 1987, S. 708-711.

Sommermann, Karl-Peter (Hrsg.): Sachverständige Politikberatung. Funktionsbedingung oder Gefährdung der Demokratie?, 1. Auflage, Baden-Baden 2015.

Sommermann, Karl-Peter: Sachverständige Politikberatung. Funktionsbedingung oder Gefährdung der Demokratie? – Eine Skizze, in *Sommermann, Karl-Peter* (Hrsg.): Sachverständige Politikberatung. Funktionsbedingung oder Gefährdung der Demokratie?, 1. Auflage, Baden-Baden 2015, S. 14-21.

DER SPIEGEL: Hinter dem Komma, Ausgabe Nr. 49, 1976, S. 94-95.

DER SPIEGEL: Familienkrach der Verhaltensforscher, Ausgabe Nr. 32, 1980, S. 50-58.

Stabsstelle der Landesbeauftragten für Tierschutz Baden-Württemberg (SLT): Stellungnahme zu dem Entwurf einer Fünften Verordnung zur Änderung der Tierschutz-Nutztierhaltungsverordnung – Abschnitt Kaninchen –, 17. 04. 2012, abrufbar unter www.mlr.baden-wuerttemberg.de/fileadmin/redaktion/m-mlr/intern/SLT_2012-Apr-17_Stellungnahme-Entwurf-Kaninchenhaltung.pdf (Zuletzt aufgerufen am 27. Januar 2019).

Starosta, Sonia: Amtliche Schlachthofbefunde als Datengrundlage für ein Tierwohl-Monitoring. Potentiale und Grenzen, in *Giesecke, Daniel / Busch, Gesa u. a.* (Hrsg.), Tierhaltung im Spannungsfeld von Tierwohl, Ökonomie und Gesellschaft, S. 34-37.

Stauffacher, Markus: Kaninchen, in: *Sambraus, Hans Hinrich / Steiger, Andreas* (Hrsg.), Das Buch vom Tierschutz, S. 223-234.

Stephan, Ulrike: Untersuchungen an Eisbären in europäischen zoologischen Gärten: Verhalten und Veränderungen von Stresshormon-Konzentrationen unter Berücksichtigung der Gehegegröße und Gruppenzusammensetzung, Karlsruhe 2006.

Steiger, Andreas: Tierschutzregelungen des Europarates, in *Sambraus, Hans Hinrich / Steiger, Andreas* (Hrsg.), Das Buch vom Tierschutz, S. 886-891.

Stelkens, Paul / Bonk, Heinz Joachim / Sachs, Michael: Verwaltungsverfahrensgesetz Kommentar, 9. Auflage, München 2018.

Stober, Rolf: Massentierhaltung und Gesetzesvorbehalt, NuR 1982, S. 173-177.

Stober, Rolf: Rechtsfragen zur Massentierhaltung. Rechtsgutachten zur Verfassungs- und Gesetzmäßigkeit des Entwurfs einer Hennenhaltungsverordnung, Königstein/Ts. 1982.

Stolting, Hermann / Zoebe, Gerhard: Das Tier im Recht, Handbuch für alle Tierschutzfragen, Frankfurt am Main, Wien 1962.

Streinz, Rudolf (Hrsg.): EUV/AEUV. Vertrag über die Europäische Union und Vertrag über die Arbeitsweise der Europäischen Union, 2. Auflage, München 2012.

Stucki, Saskia: Die Nutzung kommt vor dem Schutz – und andere Lehren aus der neuen Kükenrechtsprechung, in Rechtswissenschaft 2016, S. 521-541.

Stüer, Bernhard: Handbuch des Bau- und Fachplanungsrechts. Planung – Genehmigung – Rechtsschutz, 4. Auflage, München 2009.

Sundrum, Albert: Nutztierhaltungsstrategie des BMEL ist der Komplexität der Herausforderungen nicht angemessen – Kritische Anmerkungen zum Positionspapier des BMEL aus der Perspektive eines Nutztierwissenschaftlers, abrufbar unter https://www.uni-kassel.de/fb11agrar/fileadmin/datas/fb11/Tierern%C3%A4hrung_und_Tiergesundheit/Dokumente/Sundrum_Kritische_Auseinandersetzung_mit_der_Nutztierhaltungsstrategie_des_BMEL.pdf (Zuletzt aufgerufen am 27. Januar 2019).

TASSO e. V. / Deutsche Juristische Gesellschaft für Tierschutzrecht e. V. (DJGT): Ostern: Schlechte Zeiten für Langohren, Pressemitteilung vom 14. März 2016, abrufbar unter https://www.tasso.net/Presse/Pressemitteilungen/2016/Tiere-und-teures-Spektakel-fur-den-Steuerzahler (Zuletzt aufgerufen am 27. Januar 2019).

Tawfik, E.S. / Rahmann, G. / Schneider, K. / Sheikh-Berthold, N.: Bodenhaltung von Kaninchen. Untersuchungsergebnisse. Internationale Nutztierzucht und -haltung; Mitteilungsblatt der Universität Gesamthochschule Kassel, Kassel 1994.

Technical Committee to Enquire into the Welfare of Animals kept under Intensive Livestock Husbandry Systems: Report of the Technical Committee to Enquire into the Welfare of Animals kept under Intensive Livestock Husbandry Systems, London 1965.

Tegge, G. / Tegge, E.: Entgegnung zu K. Grünberger „Das neue Tierschutzgesetz" Dtsch. Tierärztl. Wschr. 1973, 55-59, Deutsche tierärztliche Wochenschrift (DtW) 1973, S. 234-237.

Tembrock, Günter: Zur Ethologie des Rotfuchses (*Vulpes vulpes* [L.]), unter besonderer Berücksichtigung der Fortpflanzung, in *Dathe* (Hrsg.), Der Zoologische Garten, Leipzig 1957, S. 289-532.

Tembrock, Günter: Verhaltensforschung. Eine Einführung in die Tier-Ethologie, Jena 1961.

Tettinger, Peter J. / Wank, Rolf / Ennuschat, Jörg: Gewerbeordnung Kommentar, 8. Auflage, München 2011.

The BMJ: Missing trial data threatens the integrity of medicine, 5. Januar 2012, abrufbar unter http://www.bmj.com/press-releases/2012/01/05/missing-trial-data-threatens-integrity-medicine (Zuletzt aufgerufen am 27. Januar 2019).

The BMJ: Editors Choice: Research misconduct is widespread and harms patients, 5. Januar 2012, abrufbar unter http://www.bmj.com/content/344/bmj.e14 (Zuletzt aufgerufen am 27. Januar 2019).

Thieme, Werner: Verwaltungslehre, 4. Auflage, Köln, Berlin u. a. 1984.

Thoroe, Carsten: Wissenschaftliche Politikberatung am Beispiel des wissenschaftlichen Beirats beim BML bzw. BMVEL/BMELV, in: *Krott, Max / Suda, Michael* (Hrsg.): Macht Wissenschaft Politik? Erfahrungen wissenschaftlicher Beratungen im Politikfeld Wald und Umwelt, 1. Auflage, Wiesbaden 2007.

Tiedemann, Uwe: „In der Nutztierhaltungsstrategie fehlen konkrete politische Maßnahmen" – Tätigkeitsbericht des BTK-Präsidenten, Deutsches Tierärzteblatt (DTBl.) 2017, S. 1366-1373.

Tier- und Naturschutzverbände: Gemeinsame Stellungnahme der Tier- und Naturschutzverbände zum Entwurf des im Auftrag des BMELV überarbeiteten „Gutachten über Mindestanforderungen an die Haltung von Säugetieren", April 2013, abrufbar unter http://www.djgt.de/system/files/130/original/Stellungnahme_Tierschutzverb%C3%A4nde_-_S%C3%A4ugetiergutachten_April_2013.pdf (Zuletzt aufgerufen am 27. Januar 2019).

Tierärztliche Vereinigung für Tierschutz e. V. (TVT e. V.): Merkblatt Nr. 78, Kaninchenhaltung (herkömmlich, intensiv), 2009; Stellungnahme der TVT von säugenden Sauen in „freien" Abferkelbuchten ohne Fixierung, August 2016; Stellungnahme der TVT Haltung von güsten und frühtragenden Sauen in Gruppen, Januar 2015; abrufbar unter https://www.tierschutz-tvt.de/index.php?id=50 (Zuletzt aufgerufen am 27. Januar 2019).

Tillmanns, Reiner: Tierschutz durch Rechtsverordnung. Die Hennenhaltungsverordnung auf dem Prüfstand des BVerfG, NVwZ 2002, S. 1466-1471.

Van Treel, Nicole: Untersuchungen zum Einfluss der Intensivhaltung von Mastkaninchen auf die Entstehung bestandsspezifischer Infektionskrankheiten und die Ausbildung ausgewählter Qualitätsmerkmale des Kaninchenfleisches, Diss. vet.med., Leipzig 2006.

Troxler, Josef: Gemeinsame Stellungnahme Volksanwaltschaft zur Haltung von Sauen in Kastenständen vom 31. Mai 2011.

Tschanz, Beat: „Artgemäß" und „verhaltensgerecht" – ein Vergleich, Der Praktische Tierarzt (Prakt. Tierarzt) 1984, S. 211-224.

Tschanz, Beat: Zusammenfassende Betrachtung der im Kolloquium dargestellten Ergebnisse aus tierschutzrelevanter und ethologischer Sicht, in *Landbauforschung Völkenrode* (Hrsg.): Legehennenhaltung. Berichte zum FAL-Forschungsschwerpunkt Tierschutz in der landwirtschaftlichen Nutztierhaltung, Sonderheft 60 (1981), Braunschweig-Völkenrode 1981, S. 196-211.

Unkelbach, Alexandra: Vorbereitung und Übernahme staatlicher Entscheidungen durch plural zusammengesetzte Gremien – Empirische und rechtliche Eckdaten des deutschen Gremienwesens auf Bundesebene –, Speyerer Forschungsberichte 216, Speyer 2001.

Unruh, Peter / Strohmeyer, Jochen: Die Pflicht zum Erlaß einer Rechtsverordnung – am Beispiel des Umweltrechts, NuR 1998, S. 225-232.

Unruh, Peter: Tierschutz mit Verfassungsrang – Auswirkungen auf Gesetzgebung, Vollzug und Gerichtsbarkeit, Deutsche tierärztliche Wochenschrift (DtW) 2003, S. 183-186.

Verband Deutscher Zoodirektoren e. V. (VDZ) / Deutsche Tierparkgesellschaft / Deutscher Wildgehegeverband e. V. (DWV): Stellungnahme zum Entwurf des überarbeiteten Gutachtens über Mindestanforderungen an die Haltung von Säugetieren vom 3. Mai 2012 und Anlage, abrufbar unter http://www.saeugetiergutachten.de/images/sn-sgtgutachten_vdz_dtg_dwv.pdf (Zuletzt aufgerufen am 27. Januar 2019).

Verband Deutscher Zoodirektoren e. V. (VDZ): Revision des Säugetiergutachtens – Stellungnahme des VDZ (6. April 2010), abrufbar unter http://www.saeugetiergutachten.de/images/stellungnahme_vdz_sugetiergutachten.pdf.

VIER PFOTEN: Stellungnahme zur Überarbeitung des Säugetiergutachtens, ohne Datum.

Vieweg, Klaus: Antizipierte Sachverständigengutachten – Funktion, Verwertungsformen, rechtliche Bedeutung, NJW 1982, S. 2473-246.

Volz, Susanne: Das politische Netzwerk in der Nutztierhaltungspolitik – Akteure, Strukturen und Einflußchancen –, Diplomarbeit an der Fakultät für Verwaltungswissenschaft der Universität Konstanz 1997.

Waiblinger, Susanne: Die Bedeutung der Veterinärmedizin für den Tierschutz, in *Grimm, Herwig / Otterstedt, Carola:* Das Tier an sich. Disziplinenübergreifende Perspektiven für neue Wege im wissenschaftsbasierten Tierschutz, S. 172-197.

Wartenberg, Marlene: Tierschutz und Vollzug in Europa, Der praktische Tierarzt (Prakt. Tierarzt) 2012, S. 1074-1075.

Weber, Jürgen: Die Interessengruppen im politischen System der Bundesrepublik Deutschland, Stuttgart, Berlin, Köln, Mainz 1977.

Weber, R. / Keil, N.M. / Fehr, M. / Horat, R.: Piglet mortality on farms using farrowing systems with or without crates, Animal Welfare 2007, S. 277-279.

Wechsler, Beat: Schwein, in *Sambraus, Hans Hinrich / Steiger, Andreas* (Hrsg.), Das Buch vom Tierschutz, S. 173-185.

Wegner, R.-M. / Rauch, H.-W. / Torges, H.-G.: Vergleichende Versuche mit Legehennen in Bodenhaltung mit und ohne Auslauf und in Käfigen. Planung, Ablauf und leistungsbezogene Ergebnisse, in *Landbauforschung Völkenrode* (Hrsg.): Legehennenhaltung. Berichte zum FAL-Forschungsschwerpunkt Tierschutz in der landwirtschaftlichen Nutztierhaltung, Sonderheft 60 (1981), Braunschweig-Völkenrode 1981, S. 23-38.

Wehner, Rüdiger / Gehring, Walter: Zoologie, 25. Auflage, Stuttgart, New York 2013.

Westphalen, Raban Graf von: Deutsches Regierungssystem, München, Wien 2001.

Wickler, Wolfgang: Sieben Thesen zum Tierschutz, in Der Tierzüchter 1980, Heft 6, S. 248.

Winckler, Christoph: Gemeinsame Stellungnahme Volksanwaltschaft zur Haltung von Sauen in Kastenständen vom 31. Mai 2011.

Wissenschaftliche Dienste des Deutschen Bundestages, Fachbereich WD 5: Mindestanforderungen an die Haltung von Säugetieren im Hinblick auf das Tierschutzgesetz (TierSchG) – Sachstand –, 2008.

Wissenschaftlicher Beirat für Agrarpolitik beim BMEL (WBA): Wege zu einer gesellschaftlich akzeptierten Nutztierhaltung. Gutachten, Berlin 2015.

Wissenschaftlicher Beirat für Agrarpolitik beim BMELV (WBA): Kurzstellungnahme: Einführung eines Tierschutzlabels in Deutschland, März 2011, abrufbar unter https://www.bmel.de/SharedDocs/Downloads/Ministerium/Beiraete/Agrarpoliti k/StellungnahmeTierschutzlabel.html (Zuletzt aufgerufen am 27. Januar 2019).

Von Wolff, Bodo: Zur Zulässigkeit von Mindestmengen am Beispiel der Versorgung von Frühgeborenen – zugleich ein Beitrag zur demokratischen Legitimation des G-BA nach seiner Umstrukturierung, NZS 2009, S. 184-193.

Wollenteit, Ulrich: Rechtsgutachten zur Zulässigkeit eines Verbotes der Pelztierhaltung und zur Zulässigkeit verschärfter Haltungsbedingungen für Pelztiere unter Berücksichtigung rechtsvergleichender Überlegungen, März 2004.

Wollenteit, Ulrich: Ist die konventionelle Pelztierzucht strafbar?, RdL 2002, S. 172-174.

Wollenteit, Ulrich / Bruhn, Davina: Rechtsgutachten zur Verfassungsmäßigkeit der „verschärften" Haltungsvorgaben für Pelztiere in § 33 der TierSchNutztV, Februar 2014, abrufbar unter http://www.djgt.de/artikel/2014/3/12/rechtsgutachten-zu -nerztierhaltung (Zuletzt aufgerufen am 27. Januar 2019).

Wollenteit, Ulrich / Lemke, Inka: Die Vereinbarkeit der Haltung von abferkelnden Sauen in Kastenständen mit dem Tierschutzrecht und die Zulässigkeit eines Verbots dieser Haltungsform, NuR 2013, S. 177-183.

Zeeb, Klaus: Praktische Anwendung des Bedarfsdeckungs- und Schadensvermeidungskonzeptes, Tierärztliche Umschau (TU) 1993, Band 48, 280-282.

Zeeb, Klaus: Tiergerechte Haltung von Legehennen aus der Sicht der forschungsbegleitenden Arbeitsgruppe des Senats der Bundesforschungsanstalten des Bundesministers für Ernährung, Landwirtschaft und Forsten, in *Landbauforschung Völkenrode* (Hrsg.): Legehennenhaltung. Berichte zum FAL-Forschungsschwerpunkt Tierschutz in der landwirtschaftlichen Nutztierhaltung, Sonderheft 60 (1981), Braunschweig-Völkenrode 1981, S. 14-22.

Zeeb, Klaus / Beilharz, R.G.: Angewandte Ethologie und artgemäße Tierhaltung, Tierärztliche Umschau (TU) 1980, 603-610.

Zentralverband Deutscher Rasse-Kaninchenzüchter e. V. (ZDRK): Mindestanforderungen an die Haltung zur Ergänzung der Tierschutz-Nutztierhaltungsverordnung; Eckpunktepapier; Stellungnahme des Zentralverbandes Deutscher Rasse-Kaninchenzüchter e. V. (ZDRK), 6. 7. 2011.